Baedeker

Allianz Ⓜ Reiseführer

W0173508

Vietnam

www.baedeker.com

Verlag Karl Baedeker

TOP-REISEZIELE ★ ★

**Vietnam hat mehr zu bieten als den touristischen Kriegspfad: Baudenkmäle
und Paläste künden von der jahrtausendealten Kultur und Geschichte, und auch
abseits davon verzaubert das Land mit unberührten Naturschätzen. Damit Sie
kein Highlight verpassen, haben wir hier die wichtigsten Reiseziele für Sie
zusammengestellt.**

*Die Farben Rot und Gold
beherrschen den Altarraum
des Literaturtempels in Hanoi,
eines der schönsten und
wichtigsten Heiligtümer
des Landes.*

• 1 Sa Pa

2 Hanoi
4 Trockene   3 Ha-Long-Bucht
Ha-Long-Bucht

5 Hue
• 6 Hoi An
7 My Son

8 Nha Trang •
Po Nagar

9 Tay Ninh •
• Cao-Dai-Tempel
• 10 Cu Chi   12 Phan Thiet •
                         Mui Ne
11 Saigon

13 Mekong-
Delta

»Gegenverkehr« in einem Kanal des Mekong

DIE BESTEN BAEDEKER-TIPPS

Von allen Baedeker-Tipps in diesem Buch haben wir hier die interessantesten für Sie zusammengestellt! Erleben und genießen Sie Vietnam von seiner schönsten Seite.

⚠ Unter deutschen Segeln
Sunsail gehört zu den ersten deutschen Anbietern von Chartertörns in Vietnam mit einer Basis in Nha Trang. ▶ **Seite 148**

Schiff ahoi!
Für Segeltörns herrschen bei Nha Trang ideale Bedingungen.

⚠ Reiswein probieren
Eine Spezialität des Hochlandes ist der honiggelbe Ruou can: Ein milder Wein aus Reis, Klebreis oder Getreide, der auf traditionelle Weise aus einem Tonkrug getrunken wird. ▶ **Seite 176**

⚠ Easy Rider auf Vietnamesisch
Eine Gruppe von Motorradfahrern kurvt ihre Fahrgäste auf alten russischen und DDR-Maschinen durchs Hochland und Da Lat. ▶ **Seite 202**

⚠ Da Nang Water Park
Wellenreiten mitten in der Stadt ist im fantasievoll gestalteten Da Nang Water Park möglich. ▶ **Seite 210**

⚠ Schlafen auf dem Wasser
Ein ganz besonderes Erlebnis: eine Übernachtung an Bord einer Dschunke inmitten der Ha-Long-Bucht. ▶ **Seite 234**

⚠ Typisches Röhrenhaus
Röhrenhäuser sind eine architektonische Besonderheit in Hanoi. Eines dieser Häuser kann man in der Ma May Street besichtigen. ▶ **Seite 253**

⚠ Schlangendorf Le Mat
Wen's vor Schlangen nicht gruselt, der sollte einen Abstecher nach Le Mat machen, wo Schlangen gezüchtet werden und Schlangenschnaps hergestellt wird. ▶ **Seite 275**

Achtung: Schlangenschnäpse fallen unter das Artenschutzabkommen und dürfen daher nicht als Souvenir mit nach Hause genommen werden!

Einfühlungsvermögen ...
*ist gefragt, wenn man die Bergvölker
bei Sa Pa besucht.*

❗ Verhalten bei den Bergvölkern
Wer die Angehörigen der Bergstämme
besucht, sollte einige Verhaltensregeln
beachten. ▶ **Seite 357**

❗ Überblick
Einen ersten Eindruck von Saigon ver-
schafft man sich am besten von ganz
oben. ▶ **Seite 358**

❗ Gottesdienst ohne Gedränge
Wer dem Gedränge von Tagesausflüglern
um die Mittagszeit entgehen möchte, plant
am besten einen Tag mehr für den Besuch
des Cao-Dai-Tempels ein. ▶ **Seite 394**

❗ Cao Lau
Wer Hoi An besucht, sollte auch seine
kulinarischen Besonderheiten kosten, z. B.
Cao Lau, Nudeln mit Sojabohnensprossen
und einigen Scheibchen Schweinefleisch in
einer leichten Suppe. ▶ **Seite 279**

❗ Kulinarische Spezialitäten
Auch Hue lockt mit Köstlichkeiten, wie
Banh Khoai, kleine knusprige Pfannkuchen
mit Shrimps, Schweinefleisch und Bohnen-
sprossen, oder eine spezielle Variante der
Reisnudelsuppe. ▶ **Seite 293**

❗ Wandern im Nationalpark I
Sechs kürzere Wanderwege führen durch
den Regenwald des Bach-Ma-National-
parks, unterwegs kann man auch übernachten. ▶ **Seite 309**

❗ Cham-Museum
Wer sich für die Cham-Kultur interessiert,
sollte in Phan Rang das kleine Cham-
Museum besuchen. ▶ **Seite 339**

❗ Fischsauce Nuoc Mam
Die Fischsauce, die als Dip bei keinem
Essen fehlen darf, wird in Mui Ne her-
gestellt. ▶ **Seite 341**

*Wer die bunte Pracht des Cao-Dai-
Tempels in Ruhe betrachten möchte,
sollte schon früh kommen.*

❗ Wandern im Nationalpark II
Zu den bisher erschlossenen Attraktionen
im Cuc-Phuong-Nationalpark führen
Exkursionen von ein bis drei Tagen mit
Führer, übernachtet wird in einem Dorf
der Muong. ▶ **Seite 401**

Reisfelder
Ein Mosaik von Grün überzieht das Land – Vietnam ist einer der größten Reisexporteure der Welt.
▸ **Seite 31**

HINTERGRUND

Drachenfrüchte
Die vitaminreichen Früchte schmecken mild-säuerlich und wachsen vor allem im Süden.
▸ **Seite 340**

PRAKTISCHE INFORMATIONEN VON A bis Z

Erbe Chinas
*In Hoi An hängt man
Käfige in die Türrahmen,
in denen Singvögel
zwitschern und zirpen.*
▶ **Seite 278**

TOUREN

REISEZIELE
VON A bis Z

Preiskategorien
▶ **Hotels**
Luxus: ab 2 Mio. VND / ab 100 €
Komfortabel: ab 500 000 VND / ab 25 €
Günstig: bis 500 000 VND / bis 25 €
Für eine Nacht im Doppelzimmer

▶ **Restaurants**
Fein & Teuer: ab 200 000 VND / ab 10 €
Erschwinglich: bis 200 000 VND / bis 10 €
Preiswert: bis 100 000 VND / bis 5 €
Für ein Hauptgericht

Hintergrund

IN EINEM LAND WIE VIETNAM SCHEINT UNS VIELES FREMD UND EIGENARTIG. DESHALB FINDEN SIE HIER ALLES WISSENSWERTE ÜBER NATUR UND BEVÖLKERUNG, RELIGIÖSE GEGEBENHEITEN UND DIE GESCHICHTE, UM DIESES FASZINIERENDE LAND BESSER KENNEN UND VERSTEHEN ZU LERNEN.

GOOD MORNING, VIETNAM!

Zuerst kamen die Chinesen. Ein Jahrtausend später die Franzosen, dann die Japaner, bald abgelöst von den Amerikanern. Heute kommen sie alle gleichzeitig und in friedlicher Mission: als Touristen. Wie kein anderes Land hat Vietnam in seiner 4000-jährigen Geschichte unter Kriegen und fremden Herrschern gelitten.

Doch David siegte über mehrere Goliaths und jetzt erhebt sich das kleine Land wie Phönix aus der Asche und verlässt die Riege der weltärmsten Länder – jedenfalls auf den ersten schnellen Blick. Die Vietnamesen gelten als die Deutschen Asiens. Nur mit Fleiß konnten sie sich aus einem zerbombten und napalmverbrannten Land nach wenigen Jahren an die Weltspitze der Reis-Exporteure arbeiten – und dabei die Amerikaner auf den dritten Platz verweisen. In den 1990er-Jahren überraschte Vietnam mit fast zweistelligen Wachstumsraten.

Not macht erfinderisch

Auf den Straßen wird auf Schritt und Tritt gehämmert und gebohrt, gehobelt und gefeilt, gekocht und gebrutzelt. Hier eine improvisierte Fahrrad-Werkstatt aus Holzschemel, Luftpumpe und Wasserschüssel, dort ein mobiler Getränkestand mit ganzen zehn Büchsen im Sortiment. Wie andere aus der Not eine Tugend, so machten die Vietnamesen ihre zahllosen Kriegsschauplätze zu lukrativen Touristenattraktionen, am berühmtesten sicher die Tunnel von Cu Chi oder der legendäre Ho-Chi-Minh-Pfad.

Drachen
Symbole für Weisheit und Macht

Die Trennung zwischen Nord und Süd scheint endgültig überwunden, die gesamte Nation – immerhin »Söhne von Göttern und Drachen« – eint der Stolz auf ihre historischen Ahnen. Zeugen der jahrtausendealten Kultur sind die mit reichlich Moos und Patina bedeckten Baudenkmäler, Paläste und Tempel. Vietnam verzaubert seine Besucher mit Naturschätzen, etwa der scheinbar mit mythologischen Wesen beseelten Urlandschaft in der Ha-Long-Bucht, und vielen Landstrichen, denen auch Napalm und Sprengstoff ihre Schönheit nicht rauben konnte, wie das weit verzweigte Mekong-Delta im Süden oder die Berge im Norden.

Tempel und Pagoden

Nahezu alle Weltreligionen haben in Vietnam ihre Spuren hinterlassen. Anders als in Europa spielt der Glaube hier auch im Alltag eine wichtige Rolle.

Sonne und Meer

Auch das Potenzial der schier endlosen Küste wurde mittlerweile entdeckt. Weiße Sandstrände, gesäumt von Palmen, locken mehr und mehr Badeurlauber ins Land.

Menschen und Märkte

Hautnah erlebt man Land und Leute, wenn man eintaucht in einen der bunten, lärmenden Märkte, wo alles gehandelt wird: Berge exotischer Früchte, Reissäcke, lebendes oder frisch gerupftes Geflügel, Meeresfrüchte, Korbwaren und Kegelhüte.

Herrscher und Helden

Große Dynastien, Kaiser und Staatsmänner hat das Land in seiner langen Geschichte gesehen. Sie hinterließen prachtvolle Paläste, herrliche Baudenkmäler und imposante Grabanlagen.

Buchten und Deltalandschaften

Wasser prägt das Landschaftbild: Ob im Delta des Roten Flusses ganz im Norden, in der urtümlichen Ha-Long-Bucht mit ihren zerklüfteten Karstbergen oder im Mündungsgebiet des Mekong im Süden.

Hochland und Gebirge

Mehrere Gebirgszüge durchziehen Vietnam von Nord nach Süd. Ganz im Norden türmt sich das zerklüftete Bergland von Tonkin auf, wo sich auch der höchste Berg Indochinas erhebt, der Fan Si Pan.

»Galápagos in Südostasien«

Ein exotischer Garten Eden empfängt den Reisenden und betört alle Sinne: rot leuchtender Flamboyant und Hibiskus, lila protzende Bougainvilleen und verführerisch duftender Frangipani. Obwohl Vietnam mit rund 84 Millionen Einwohnern eines der am dichtesten besiedelten Länder der Erde ist, haben sich einige zoologische Kuriositäten in schwer zugänglichen, meist bergigen Regionen behaupten können. Der WWF hält Vietnam für eines der biologisch wichtigsten Länder in Asien, Tierforscher sprechen gar von einem »Galápagos in Südostasien«: Wissenschaftler fanden in den 1980er- und 90er-Jahren Arten, die als längst ausgestorben galten, z. B. die Delacour-Languren und den Grauen Kleideraffen (1997). Man stieß außerdem auf den Riesen-Muntjak (bzw. seinen Schädel) als neue Hirsch-Spezies sowie eine neue antilopenähnliche Art namens Saola (auch: Vu-Quang-Ochse) – zwei von weltweit sechs neu entdeckten großen Säugetierarten im 20. Jahrhundert!

Tradition und Moderne

Die Vietnamesen sind unschlagbar in ihrem Drang, am Aufbruch in das 21. Jahrhundert teilzuhaben. Je weiter man allerdings die Urlaubszentren hinter sich lässt, desto weniger sieht man davon. Nach wie vor prägen durch die Felder watende Reisbauern das Land, während in Saigon und Hanoi mittlerweile Geschäftsleute mit Handy zum Stadtbild gehören und die kolonialen Kulissen immer weiter in den Schatten von Hochhaustürmen rücken. Immerhin: Die zahllosen my-

Kegelhüte *sind allgegenwärtig im Straßenbild.*

thologischen Wesen haben die Jahrtausende unbeschadet überstanden. Das vietnamesische Götter-Pantheon ist gigantisch, Tempel und Pagoden sind überbevölkert mit Göttern und Dämonen, Buddhas und Schutzgeistern, Höllenfürsten, Drachen, Einhörnern und anderen Wesen. Und alle wollen mit Opfergaben besänftigt sein. Am wichtigsten aber sind die Ahnen. Damit die Geisterseele nicht zum Poltergeist mutiert, spendieren Hinterbliebene an Feier- und Todestagen für sie Tee, Reis und Gemüse oder verbrennen kleine Pappgeschenke. Die Tempel strahlen bis heute eine zeitlose Atmosphäre aus: eine paukentönende Welt zwischen Lichterketten und Weihrauchschwaden. Die seit Ewigkeiten praktizierten, konfuzianisch geprägten Traditionen haben hier schon so viele Kriege überlebt, dass sie sicherlich auch den Invasoren der Moderne die Stirn bieten können.

Fakten

Welche Tiere in Vietnam gehören zu den bedrohten Tierarten? Ein kommunistisches Land mit kapitalistischen Wirtschaftsformen, wie passt das zusammen? Wo findet man welche kunsthandwerklichen Souvenirs? Auf den folgenden Seiten bringen wir Ihnen Vietnam in Zahlen und Fakten näher.

Naturraum

Die Gestalt Vietnams wird vorgezeichnet durch **natürliche Landschaftsgrenzen**. Dies sind im Osten das Südchinesische Meer, im Nordwesten und Westen dagegen ausgedehnte Bergländer, die das Land gegen seine Nachbarn abschirmen. Räumlich eng begrenzt sind dagegen die beiden großen Tieflandregionen Vietnams, nämlich das Delta des Roten Flusses im Norden und das Mekong-Delta im Süden. Sie sind die Reiskammern des Landes. Aufgrund der Lage dieser beiden fruchtbaren Tiefländer wie auch der Form des Landes wird Vietnam als »Bambusstange mit zwei Reisschalen« bezeichnet, abgeleitet von der Art und Weise, wie in Vietnam (und China) Lasten transportiert werden, nämlich an einer Tragestange mit zwei Körben.

»Bambusstange mit zwei Reisschalen«

Der Norden wird umrahmt von dem stark zerklüfteten Bergland von Tonkin, das sich in der chinesischen Provinz Yunnan sowie in Laos fortsetzt und fast drei Viertel der Fläche Nordvietnams einnimmt. Nahe der Grenze ragt der **Fan Si Pan**, mit 3143 m der höchste Berg Indochinas, empor. Das Gebirgsland (1000–1500 m) umschließt das Senkungsfeld des Roten Flusses und seiner Nebenflüsse, die nordöstlich der Hauptstadt Hanoi in den Roten Fluss münden. Aufgrund des großen Höhenunterschiedes, den der Rote Fluss auf seinem Lauf von 1200 km überwindet, führt er viel Schutt und Schlamm mit sich und sorgt durch seine Ablagerungen für die große Fruchtbarkeit des Landes. Durch die im Jahresverlauf stark schwankende Wasserführung und Brüche in die durch den Fluss selbst erzeugten Dämmen kam es in der Vergangenheit immer wieder zu verheerenden Überschwemmungskatastrophen, die erst durch die Anlage künstlicher Deiche unter Kontrolle gebracht werden konnten. Bac Bo ist das Kernland Vietnams, in dem ca. 40% der 82 Millionen Menschen leben, die sich jedoch sehr ungleichmäßig auf die einzelnen Regionen verteilen. Während die Bergländer nahezu menschenleer sind, drängen sich im Delta des Roten Flusses fast 2000 Menschen/km², womit es zu den am dichtesten besiedelten Regionen der Erde zählt.

Der Norden (bac bo)

Das Zentrum Vietnams, historisch gesehen die Region Annam, wird gebildet durch die über 900 km lange »Tragestange«. Im Norden der Region bildet das Gebirge eine schmale Kordillere, die parallel zum Südchinesischen Meer verläuft und an einigen Stellen bis zur Küste vorstößt. Daher beschränken sich die Tiefländer auf kleine Buchten, in denen die großen Städte liegen, wie z. B. Hue und Da Nang. Im südlichen Teil Zentralvietnams weitet sich das Gebirge zu einem **Hochland**. Die Höhen nehmen von Norden nach Süden immer mehr ab. Da Zentralvietnam keine Bodenschätze aufweist und sich die

Die Mitte (trung bo)

← *Bambus gibt es in zahlreichen Varianten – er wird als Lebensmittel, im Hausbau, für die Gartengestaltung und bei vielem mehr verwendet.*

Hügellandschaft bei Da Lat

landwirtschaftlich nutzbaren Gebiete auf einen schmalen Küsten-streifen beschränken, ist es wesentlich dünner besiedelt als der Nor-den. Auf 40% der Fläche leben nur 25% der Bevölkerung. Die Stär-kezentren befinden sich in den kleinen Tieflandbecken entlang der Küste, z. B. um Hue, Da Nang und Nha Trang, während die Hoch-länder eine geringe Bevölkerungsdichte aufweisen.

Der Süden (nam bo) Südvietnam, auch als Cochinchina bekannt, nimmt etwa 35% der Fläche Vietnams ein und besteht im nördlichen Teil aus einem brei-ten und niedrigen Hügelland, das nach Süden allmählich in das **Me-kong-Delta** übergeht. Der Mekong durchfließt Vietnam auf den letz-ten 200 km seines Laufs und bildet an der Küste ein Delta, das mit 45 000 km² dreimal so groß ist wie das des Roten Flusses im Norden und damit die zweite große Reiskammer des Landes bildet. Im Ge-gensatz zum Roten Fluss besitzt der Mekong in dem riesigen, in Kambodscha gelegenen Tonle Sap ein Rückhaltebecken, das die Was-serführung des Flusses reguliert. Daher kommt es im Mekong-Delta seltener zu Überschwemmungen als im Norden.

Inseln und Inselgruppen Zu Vietnam gehören einige Inselgruppen im Südchinesischen Meer und im Golf von Siam. Ein landschaftlicher Höhepunkt sind die zu Tausenden in bizarrer Form aus dem Meer aufragenden Kalkinseln in der Ha-Long-Bucht im Norden nahe der chinesischen Grenze. Ganz im Süden vor der kambodschanischen Küste befindet sich die größte Insel Phu Quoc und vor dem Mekong-Delta gelegen die Insel Con Dao. Die dort lagernden Öl- und Gasreserven wurden mittler-weile zum größten Devisenbringer des Landes.

Pflanzenwelt

Gleichmäßig über das Jahr verteilte Niederschläge und ganzjährig hohe Temperaturen führen zu einem äußerst raschen und üppigen Pflanzenwachstum im tropischen Regenwald. Es gibt keine ausgeprägten Zeiten der Blüte, der Reife oder des Laubabwurfs – alles geschieht gleichzeitig und nebeneinander her. Unter den tropischen Klimabedingungen ist die Zersetzung des organischen Pflanzenmaterials sehr hoch, sodass sich ein Baum aus dem eigenen Laubfall regenerieren kann.

Regenwälder

In den Überschwemmungsbereichen der Flussdeltas und Meeresküsten findet man Sumpf- und Mangrovenwälder. Sie werden im Wechsel der Gezeiten zweimal am Tag überflutet, sodass nur noch die oberen Baumstämme und Baumkronen aus dem Wasser schauen. Die Bäume weisen hohe Stelzwurzeln und Atemwurzeln auf, die bei Ebbe aus dem Wasser ragen.

Mangrovenwälder

Der tropische Tieflandswald weist mit 40 bis 100 verschiedenen Baumarten die größte Artenvielfalt aller Wälder auf. Das dichte Kronendach der in fünf bis sechs Stockwerken übereinander angeordneten Bäume sorgt für eine **starke Sonnenfilterung**, sodass im Inneren der Wälder ein ständiges Dämmerlicht herrscht. Bodenbewuchs ist daher selten. Dagegen findet man Kletterpflanzen und Epiphyten, daneben auch viele Orchideen, die der Sonne entgegenstreben. Zudem gibt es echte Schmarotzerpflanzen, die die hohen Bäume nicht allein als Standort benutzen, um mehr Sonnenlicht zu erhalten, sondern als Nahrungsquelle, was die Wirtspflanzen schließlich zum Absterben bringt.

Trockenwälder im Tief- und Bergland

Oberhalb einer Höhe von 700–900 m geht der Wald in den **tropischen Bergwald** über. Aufgrund der niedrigeren Temperaturen ist er artenärmer, das Wachstum ist zudem verlangsamt. Baumfarne und niedere Palmen sind charakteristisch für das feuchte und mäßig warme Klima dieser Höhenstufe. Daneben findet man schon laubabwerfende Bäume wie Eichen sowie Nadelhölzer.

Mit den **Rodungen** der Wälder begann man in den Tiefländern des Roten Flusses und des Mekong-Deltas, die sich vorzüglich zum Reisbau eignen.

Die Mekongarme sind von Palmen gesäumt.

Diese Reisbaulandschaften sind mittlerweile derart eng mit unserem Bild von Vietnam verbunden, dass sie schon gar nicht mehr als künstlich geschaffen angesehen werden. Erst mit dem zunehmenden Bevölkerungsdruck im 20. Jahrhundert wurden auch die Bergwälder in Mitleidenschaft gezogen.

Beim **Brandrodungswanderfeldbau** wird ein Stück Land gerodet und bebaut, bis es erschöpft ist. Danach überlässt man den Boden zur Regeneration sich selbst und zieht weiter, um an einem anderen Ort wieder ein Stück Land zu roden. Wenn sich der Boden erholt hat, kann man zum Ende der Periode wieder an den Ausgangspunkt zurückkehren, und der Wanderzyklus beginnt von neuem. Durch die wachsende Bevölkerung muss entweder die Rotationsgeschwindigkeit erhöht werden, wodurch sich der Boden nicht mehr richtig erholen kann, oder die Rodungsflächen werden vergrößert, was zu vermehrter Waldvernichtung führt. Die Folge: Der Waldanteil nahm zwischen Anfang und Mitte des 20. Jahrhunderts von 80% auf 50% ab.

Kriegsfolgen Eine weitere starke Reduzierung der Waldbestände war während des Vietnamkriegs zu verzeichnen, als die Amerikaner nicht nur einen militärischen, sondern auch einen **ökologischen Krieg** führten. Nicht nur Dämme und Deiche wurden bombardiert, auch Erdrutsche wurden künstlich ausgelöst und die Vegetation mit Pflanzengiften besprüht. Dies diente vor allem dazu, dem in den Sumpfwäldern des Mekong-Deltas operierenden Vietcong seine natürliche Deckung zu nehmen.

? **WUSSTEN SIE SCHON …?**

■ Während des Vietnamkrieges wurden insgesamt 72 Millionen Tonnen Pflanzenvernichtungsmittel (Agent Orange, Agent Blue und Agent White) über Vietnam abgeworfen, vor allem über dem Süden des Landes. Dies führte zum Verlust von ungefähr 2,2 Millionen Hektar Waldland und einem Fünftel der landwirtschaftlichen Nutzfläche.

Wurde Wald in früherer Zeit allein dazu gerodet, um neues Ackerland zu erschließen, so geriet er in neuerer Zeit zunehmend selbst ins Blickfeld als Lieferant tropischer **Edelhölzer** wie Teak- oder Sandelholz, das vorzugsweise ins Ausland exportiert wird. Bei der immensen Pflanzenvielfalt des tropischen Regenwaldes ist das Schlagen und Abtransportieren einzelner Baumarten eine äußerst flächenaufwändige Angelegenheit, d. h. es müssen dazu große Areale abgeholzt werden. Große Anstrengungen zur Wiederaufforstung werden seit den frühen 1990er-Jahren unternommen, die jährliche Waldvernichtung wird dadurch aber kaum kompensiert. Auch hat eine Aufforstung mit schnell wachsenden Weichholzpflanzen wie z. B. **Eukalyptus** bei weitem nicht die ökologische Schutzwirkung eines artenreichen tropischen Regenwaldes.

Kulturpflanzen In Vietnam wurden rund 7000 verschiedene Pflanzenarten gezählt, doch die gesamte Bandbreite wird auf etwa 12 000 Spezies geschätzt. Rund 40% der Pflanzen sind endemisch. Etwa 2300 pflanzliche Arten finden im Alltag Verwendung als Nahrungsmittel, Medizin, Tierfutter und Nutzhölzer. Die wichtigsten Kulturpflanzen sind Reis (▶ Baedeker Special S. 316), Tee, Kaffee, Kautschuk und Tabak. Zudem werden Mais, Süßkartoffeln, Maniok, Erdnüsse, Baumwolle, Zuckerrohr und Sojabohnen angebaut. Im Mekong-Delta gibt es große Obst- und Gemüseplantagen, vor allem wachsen hier schmackhafte Früchte wie Rosenäpfel, Ananas, Rambutan, Jackfruit, Pomelos, Mangos, Papayas und Bananen.

Zudem gibt es etwa 1500 Holzarten: von Palmen und Bambus über Teakholz, Eichen und Fichten bis zum Mangrovenbaum an der Küste. Unter den Blumen finden sich so farbenprächtige und exotische Sorten wie Frangipani, Hibiskus und Hunderte wilder Orchideenarten.

Frangipani: Blütendüfte sorgen für Wohlbefinden.

Tierwelt

Vietnam ist ein Paradies für Tierforscher. In kaum einem anderen Land sind in den vergangenen Jahren so viele Arten (wieder-)entdeckt worden, etwa 1997 der Große Kleideraffe. Es gibt in Vietnam 280 Arten von **Säugetieren**, darunter viele vom Aussterben bedrohte Tiere wie das Java-Nashorn und den asiatischen Elefanten. 180 Reptilienarten, 80 verschiedene Spezies von Amphibien und 2600 Fischfamilien wurden gezählt. In der Vogelwelt haben die Forscher zwischen 773 und 850 Gattungen von Vögeln aufgelistet, wovon elf endemisch sind. Etwa 6000 verschiedene Insektenformen bereichern zudem die vietnamesische Fauna.

Nashörner

Zu den am meisten bedrohten Tierarten weltweit gehören die Nashörner, die in Asien fast ausgerottet sind. Nur wenige Exemplare des Java-Nashorns sollen noch im Cat-Tien-Nationalpark leben. Sie werden wegen ihres wertvollen Horns gejagt, denn vor allem in China, Taiwan und Korea behandelt man damit Potenzprobleme, Fieber und Nasenbluten, Schlaflosigkeit und Epilepsie.

Elefanten

In Vietnam kommen schätzungsweise noch 400 bis 600 wild lebende Dickhäuter in verschiedenen Provinzen vor, beispielsweise in Lai Chau, Da Lat, Kon Tum, Dac Lac und Tay Ninh. Der Cat-Tien-Nationalpark gehört zu den wichtigsten Lebensräumen für Elefanten in

Vietnam. Wie die Nashörner sind auch die Elefanten wegen der Jagd auf ihre Stoßzähne stark bedroht. Schon seit Jahrhunderten werden Elefanten in Vietnam domestiziert, vor allem die Bergvölker nutzen sie als Arbeitstiere. Im Zentralen Hochland bei Buon Ma Thuot werden im Dorf Ban Don Elefanten gezüchtet. Im Frühjahr veranstalten die Bewohner hier ein mehrtägiges Volksfest mit Trachten, Tänzen und Elefanten-Wettrennen; die so behäbig wirkenden Tiere beschleunigen dabei problemlos auf fast 40 km/h.

Tiger Die Population der wild lebenden Tiger ist in Vietnam seit dem 19. Jahrhundert um 95 % geschrumpft. Heute soll es in den vietnamesischen Nationalparks und den Grenzregionen zu Laos und Kambodscha noch maximal 100 bis 150 Tiger geben. Noch bis vor wenigen Jahrzehnten wurden **Großjagden** auf diese Tiere veranstaltet. Ihre Überlebenschance ist sehr gering, da die Lebensräume immer weiter eingeschränkt werden. Tiger werden vor allem wegen ihres Felles und der Knochen bzw. anderer Körperteile gejagt. In Vietnam befindet sich Tigerknochen in einer weit verbreiteten Rheumasalbe, in Laos werden die Nasenhaut des Tigers gegen Hundebisse und Tigerzähne zur Fiebersenkung verwendet! Seit 1993 und 1994 gelten in den Hauptverbraucherländern China, Taiwan und Südkorea Verbote für den Handel mit Produkten von Tigern.

Affen Es gibt zahlreiche Arten von Affen in den vietnamesischen Wäldern. Unter den Gibbons ist der »Crested Gibbon« endemisch, am weitesten verbreitet sind die Makaken. In den frühen 1990er-Jahren wur-

Das erste Foto eines lebenden Vu-Quang-Wildrindes zeigt ein vier bis fünf Monate altes weibliches Kalb im botanischen Garten von Hanoi.

den die Delacour-Affen im Cuc-Phuong-Nationalpark wiederentdeckt. Zu den bedrohtesten Spezies gehört der »Tonkin Snub-nosed Monkey«, von dem es nur noch rund 300 Exemplare in den Kalksteingebieten im Norden geben soll. Die Affen werden allerdings nur sehr selten gesichtet, da sie sich meist in den Baumkronen verstecken.

Die sensationelle Entdeckung einer neuen **Antilopenart** im Vu-Quang-Naturreservat im Nordwesten von Vietnam machte 1992 weltweit Schlagzeilen. Das scheue, nachtaktive Tier (Pseudoryx nghetinhensis) mit den langen scharfen und geriffelten Hörnern war von einer Delegation aus WWF und Forstministerium gefunden worden; eine von sechs im 20. Jahrhundert **neu entdeckten Säugetierarten** weltweit! Experten schätzen ihre Zahl auf 300 bis 400 Exemplare.

Die Bedeutung der Wasserbüffel als Arbeitskraft bei der Bestellung der Felder ist nicht zu unterschätzen.

Schildkröten

Die Ho-Guom-Schildkröte ist die größte Süßwasser-Schildkröte weltweit. Sie erreicht bis zu 130 kg Gewicht. In Vietnam ist sie vor allem wegen ihrer Rolle in der Le-Loi-Legende (▶Hanoi) berühmt. Im Hoan-Kiem-See und im Hoa-Binh-Stausee sollen noch einige wenige Exemplare leben.

Haus- und Arbeitstiere

Eines der wichtigsten traditionellen Haustiere in Vietnam ist der Wasserbüffel, der vor rund 2000 Jahren aus China eingeführt worden ist. Wasserbüffel sind als Zug- und Lasttiere unentbehrlich und aus der vietnamesischen Kulturlandschaft nicht wegzudecken. Außerdem gehören auf dem Land Schweine (eine typisch vietnamesische Variante sind die Hängebauchschweine), Rinder, Gänse, Hühner, Ziegen, Katzen und Hunde zum Haus. Meist laufen sie in den Dörfern und auf den Feldern frei herum. Während man in den Reisanbaugebieten Tiere nur zum Eigenbedarf hält, wird im Hügel- und Bergland sowie in den Trockengebieten Vieh (Rinder, Schafe) gezüchtet. Die Hmong sind für die **Züchtung** von Pferden und Rindern bekannt. Milchwirtschaft beginnt erst langsam eine Rolle zu spielen. Im Zentralen Hochland bei Buon Ma Thuot werden Elefanten zu Arbeitstieren ausgebildet.

Vogelwelt

In Vietnam leben rund 800 verschiedene Vogelarten. Elf davon sind in Vietnam endemisch, z. B. der Halsbandhäherling. Einige Vogelspezies sind stark vom Aussterben bedroht, da ihre Lebensräume (meist Sumpfgebiete) schrumpfen.

In und über den Reisfeldern bekommt man nur wenige gefiederte Exemplare zu Gesicht – daher zieht es immer mehr Ornithologen aus dem Ausland in die **vietnamesischen Nationalparks**. In deren Lagunen- und Sumpflandschaften kann man noch seltene Vögel wie Kraniche, Kormorane, Fasane, Pfauen, Nashorn-Vögel und Schlangenadler beobachten.

Zu den wichtigsten Beobachtungsgebieten gehören der Cat-Tien-Nationalpark, die Wälder des Tam-Dao-Plateaus bei Hanoi, der Cuc-Phuong-Nationalpark, das My-Hoa-Vogelreservat bei Ben Tre sowie die Berge der Truong-Son-Kette und in der Umgebung Da Lats.

Umwelt- und Tierschutz

Maßnahmen Erst 1992/1993 hat die vietnamesische Regierung Gesetze zum Schutz von Flora und Fauna verabschiedet, seit 1992 besteht ein Ausfuhrverbot für rohe Nutzhölzer. Zwei Jahre danach trat Vietnam dem **Washingtoner Abkommen über Artenschutz** bei, wodurch der Handel mit bedrohten Tierarten offiziell verboten wurde. Die Durchsetzung und Kontrolle lassen allerdings zu wünschen übrig.

Seit Mitte der 1980er-Jahre unterstützen internationale Tierschutzorganisationen die vietnamesische Regierung beim Erforschen ihrer reichhaltigen Fauna. Im »Roten Buch« werden seit 1990 alle Tiere verzeichnet, die vom Aussterben bedroht sind bzw. nur noch sehr selten in Vietnam vorkommen. Derzeit sind das rund 78 Tierarten, darunter 83 Vogel- sowie 54 Reptilien- und Amphibienarten, deren Jagd strengstens verboten ist. Doch der Aberglaube in die Heilkräfte von Substanzen und Extrakten tierischer Herkunft ist gerade in Asien noch weit verbreitet.

Die **Tierzucht** ist eine Maßnahme, um die wild lebenden Tiere vor der Jagd und Ausrottung zu schützen und gleichzeitig den Menschen eine Verdienstquelle zu verschaffen. Die Bauern und Jäger werden seit den 1970er-Jahren mit der Zucht von bedrohten Arten (Wild, Schlangen, Krokodile, Elefanten) betraut. Die Idee, die dahinter steckt, ist folgende: Die früheren Wilderer und die Angehörigen der Bergstämme werden mit ihren wertvollen Kenntnissen über die Lebensweise der Tiere auf diese Weise zu Tierschützern. Andere Regierungsprojekte sind die Kautschuk- und Zimtplantagen in den schützenswerten Gebieten, um so alternative Verdienstmöglichkeiten zu schaffen, beispielsweise für ehemalige Baumfäller.

Bevölkerung · Politik · Wirtschaft

Schnelles Bevölkerungswachstum Mit 82 Millionen weist Vietnam etwa dieselbe Einwohnerzahl auf wie die BR Deutschland und gehört damit zu den bevölkerungsreichen Ländern Südostasiens, die rasch wachsen. Zwischen 1960 und 1993 hat sich die Einwohnerzahl mehr als verdoppelt, allerdings sehr ungleich verteilt. Zwischen den extrem dicht besiedelten Tiefländern und den nahezu menschenleeren Hochländern herrscht in Vietnam ein krasser Gegensatz.

In Nordvietnam hat man schon ab 1963 versucht, der schnellen Bevölkerungszunahme durch Aufklärungskampagnen zur **Familienplanung** entgegenzuwirken. Propagiert wird die Zweikind-Familie, die Heraufsetzung des Heiratsalters und die Festlegung des Geburtszeitpunkts für das erste Kind nicht vor dem 22. Lebensjahr der Frau. Zudem wird ein Abstand zwischen beiden Kindern von mindestens fünf Jahren empfohlen.

Entsprechend der hohen Geburtenzahl weist Vietnam einen großen Anteil junger Menschen auf. Über 50% der Bevölkerung sind unter 20 Jahre und 71% unter 30 Jahre alt. Das bedeutet, dass mehr als zwei Drittel der Einwohner nach dem Krieg geboren wurden, zumindest aber den Krieg nicht mehr bewusst miterlebt haben. Auch dies ist ein Grund für den raschen gesellschaftlichen Wandel, der sich heute in Vietnam abspielt, und für die pragmatische Haltung, die man gegenüber dem ehemaligen Erzfeind Amerika an den Tag legt.

Sehr junge Bevölkerung

Vietnam verfügt über ein vergleichsweise gut ausgebautes Bildungssystem. Der Schulunterricht ist bis zur 6. Klasse kostenlos. So konnte die **Analphabetenrate** seit 1979 von 16% auf weniger als 6% gesenkt werden. Allerdings spielt sich das alles auf einem relativ geringen Niveau ab. Nach einer Studie der Weltbank von 1997 sind verschiedene Faktoren zu beklagen: u. a. zu große Klassen, zu wenig Unterrichtsstunden, schlecht ausgebildete und unterbezahlte Lehrer sowie viele Schulabbrecher.

Bildungswesen

Mehr als die Hälfte aller Vietnamesen ist jünger als 20 Jahre.

Frauen der Bergvölker in ihrer traditionellen Kleidung (von links nach rechts):

Frau vom Volk der Nung
Lao-Frau mit handgearbeitetem Schmuck
Meo-Mädchen mit typischer Haarpracht
Frau vom Volk der Flower Hmong
Black Hmong-Frau

EINE BUNTE SCHAR

Etwa neun Millionen Einwohner Vietnams gehören einer der zahlreichen ethnischen Minderheiten an. Während sich die Bevölkerungsgruppen der Tiefländer oft nur durch Traditionen, Religion oder Lebensweise voneinander unterscheiden, erkennt man die Bergvölker allein an ihrem Aussehen als eigenständige Gruppen.

Die größte Gruppe unter den Minderheiten stellen die **Auslandschinesen** (Hoa) dar. Die Mehrheit davon lebt im Süden Vietnams. Die Chinesen sind vor allem in Wirtschaft und Handel tätig. Bei der Machtübernahme Südvietnams durch den Norden kontrollierten Chinesen im Süden den Großhandel zu 100%, daneben fast das gesamte Import-Export-Geschäft, 80% der Schwerindustrie, ebenso die Textilproduktion und Nahrungsmittelverarbeitung. Ihre Lebensbedingungen verschlechterten sich allerdings rapide, als 1978 die Betriebe verstaatlicht wurden. Dies geschah zeitgleich mit dem Anwachsen der Spannungen zwischen Vietnam und China infolge der vietnamesischen Kambodscha-Politik, was 1979 sogar zum Krieg zwischen beiden Ländern führte. Die Folge war eine starke Fluchtbewegung, die die chinesische Bevölkerung um über eine Million auf die Hälfte reduzierte. Die Flüchtlinge suchten als Boat people (▶ Baedeker Special S. 62) sowohl Zuflucht im Mutterland China als auch in Übersee. Die wirtschaftlichen Reformen der Regierung seit Ende der 1980er-Jahre erlauben es aber den Chinesen wieder, in ihren angestammten Tätigkeitsfeldern aktiv zu werden.

Die Cham

Die ebenfalls im Tiefland wohnenden Cham sind Nachfahren des einstmals mächtigen Reiches von **Champa**, das bis zu seiner Eroberung im Widerstreit mit Vietnam und dem Reich der Khmer, dem heutigen Kambodscha, lag. In den Jahrhunderten nach der Einnahme des Reichs ging die Bevölkerung immer mehr in den Vietna-

mesen auf, sodass sich heute nur noch etwa 100 000 Menschen zu dieser Volksgruppe bekennen. Die Cham, die früher dem Hinduismus anhingen, sind heute Muslime, also nicht nur eine ethnische, sondern auch eine religiöse Minderheit.

Die Khmer

Die **Khmer** siedeln im Mekong-Delta, das von Vietnam seit dem 18. Jahrhundert in Besitz genommen wurde. Ihre Zahl beläuft sich auf 900 000 Menschen und hat durch Flüchtlinge aus Kambodscha während der Herrschaft der Roten Khmer (1975–1979) noch zugenommen. Wie ihre Landsleute in der Heimat sind sie ganz dem Theravada-Buddhismus verhaftet und unterscheiden sich dadurch in ihrer Lebensauffassung stark von den Vietnamesen. Ganz auf die Erlangung einer besseren Wiedergeburt fixiert, fehlt ihnen das Streben nach materiellem Reichtum. Da nach ihrem Glauben jeder selbständig den Weg zur Erleuchtung suchen muss, haben sie nicht den ausgeprägten Gemeinschaftssinn der Vietnamesen. Dies drückt sich sogar in der Siedlungs-

weise aus, denn ihre Dörfer bestehen aus verstreut liegenden und auf Stelzen stehenden Holzhäusern.

Die Bergvölker

Die Bergvölker sind nach Aussehen und Habitus so verschieden von den Vietnamesen, dass sie sofort als eigenständige Volksgruppen zu erkennen sind. Von den Franzosen wurden sie **Montagnards** genannt, ein Begriff, der sich erhalten hat und von den Bewohnern selbst verwendet wird. Von den Vietnamesen werden sie dagegen oft als »moi« bezeichnet, d. h. Wilde, wobei die Vorbehalte gegen die teils völlig andere Lebensweise dieser Völker zum Ausdruck kommen.

Im Gegensatz zu den Vietnamesen leben sie nicht vom Nassreisanbau, sondern von Ackerbau in Form von **Brandrodungswanderfeldbau** und von Viehzucht. Sie bewohnen keine kompakten Dörfer wie die Vietnamesen, sondern lockere Streusiedlungen mit Pfahlbauten oder im Süden z. T. auch Langhäusern. Außerdem wird der Anbau von Kaffee, Tee oder Tabak ausgeweitet, die nur in den tropischen Hochlagen wachsen. Durch die Ein-

*Kinder aus
dem Volk der
Red Dao*

führung dieser neuen Feldfrüchte soll nicht nur der weitverbreitete Opiumanbau reduziert, sondern die Bevölkerung auch zu einer sesshaften Lebensweise animiert werden.

Um die Bergregionen stärker an das vietnamesische Kernland anzubinden, werden auch vermehrt Vietnamesen angesiedelt, was die Bergbewohner allerdings immer mehr zur Minderheit in ihrem eigenen Siedlungsgebiet macht. Schließlich befinden sich in den Bergregionen des Nordens auch die gesamten Bodenschätze des Landes.

Bergvölker des Südens

Die größte Gruppe der in den Bergländern des Südens lebenden Minderheiten sind die **Jarai** mit 250 000 Menschen. Sie leben von der Rinder- und Pferdezucht und betrieben ursprünglich einen Wanderfeldbau mit Trockenreis, Gemüse und Süßkartoffeln, heute dagegen zunehmend auch Kaffee, Tee und Tabak. Ihre südostasiatische Herkunft ist noch sichtbar in ihrer Siedlungsweise in Form von Langhäusern, wie sie auch auf der Insel Borneo gepflegt wird.

Bergvölker des Nordens

Die Bergstämme des Nordens tragen wesentlich häufiger als die im Süden **eigene Trachten**, die sie nicht nur von den Vietnamesen, sondern auch untereinander unterscheiden. Für Reisende ist es ein Erlebnis, über einen Markt zu spazieren und die bunten Trachten zu bewundern. Bei Frauen weit verbreitet ist Silberschmuck, der bei den Vietnamesinnen völlig unüblich ist. Die größten Gruppen sind die **Tay** mit 1,2 Millionen Menschen in den Grenzregionen zu China. Sie gelten in Kultur und Religion als stark »vietnamisiert« und sind in Politik und Verwaltung gut vertreten. Weitere Gruppen sind die **Nung**, die aus Südchina kommen und Wanderfeldbau und Viehzucht betreiben, genauso wie die **Thai**, die sich je nach Kleidung in Rote, Weiße oder Schwarze Thai unterteilen lassen und auch in Laos, China und Thailand vorkommen. Die **Muong** gelten als Nachfahren der vietnamesischen Ureinwohner, sind also schon sehr lange im Land, während die **Hmong** (Meo) erst im 19. Jahrhundert aus Südchina nach Vietnam einwanderten.

Vietnam Ethnische Minderheiten

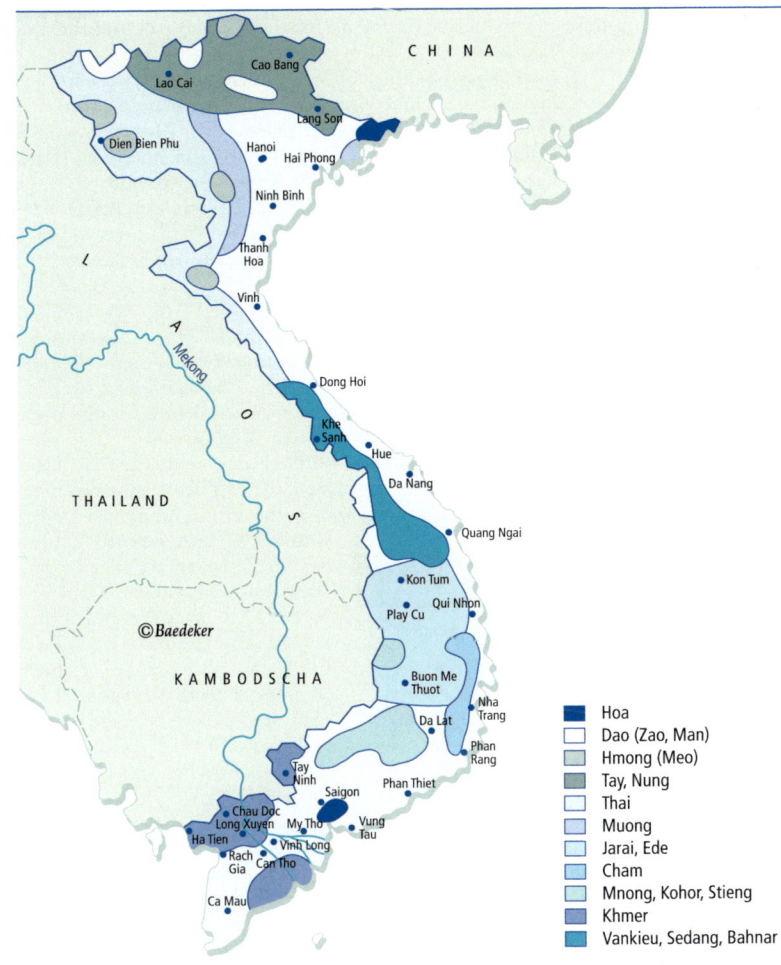

Legende:
- Hoa
- Dao (Zao, Man)
- Hmong (Meo)
- Tay, Nung
- Thai
- Muong
- Jarai, Ede
- Cham
- Mnong, Kohor, Stieng
- Khmer
- Vankieu, Sedang, Bahnar

Ungefähr 88% der im Land lebenden Menschen sind Vietnamesen. **Vietnamesen** Damit gehört Vietnam, ähnlich wie Kambodscha oder Thailand, zu den Ländern Südostasiens mit einer relativ **einheitlichen Bevölkerungsstruktur**. Die Vietnamesen gingen hervor aus einer Vermischung austro-indonesischer Völker, die übers Meer nach Norden kamen, und mongolischer Stämme, die auf dem Landweg bzw. über die großen Ströme und die dazwischenliegenden Gebirgszüge einwanderten. Ihre wirtschaftliche Grundlage ist seit jeher der Nassreisanbau, der sich auf die Tiefländer beschränkt. Die 100-m-Höhenlinie stellt so etwas wie eine Grenze dar, oberhalb derer man bis heute nur wenige Vietnamesen antrifft.

In ihrer **Siedlungsweise** mussten sie sich den starken jahreszeitlichen Wasserschwankungen und den häufigen Laufveränderungen der Flüsse sowie den Dammbauten zur Bändigung der Wassermassen anpassen. Daher haben sich in Vietnam mit Ausnahme von Hanoi (und später auch Saigon) keine Städte entwickelt. Alle anderen heute existierenden Städte des Landes gehen auf Gründungen der Franzosen zurück. Auch heute leben noch 80% der Vietnamesen in Dörfern, die streng hierarchisch gegliedert sind und den Einzelnen ganz in den Dienst der Gemeinschaft stellen.

Ethnische Minderheiten
Baedeker Special
S. 24 ►

Zwar machen die ethnischen Minderheiten in Vietnam nur 12% der Bevölkerung aus, bei der großen Gesamteinwohnerzahl sind dies aber immerhin fast 9 Millionen Menschen. Charakteristisch für Vietnam ist der Gegensatz zwischen relativ kleinen, sehr dicht und überwiegend von Vietnamesen bevölkerten Tiefländern sowie großen, sehr dünn besiedelten und von Minderheiten bewohnten Hochländern. Hinzu kommen Völkerschaften, die von den Vietnamesen auf ihrem Weg nach Süden unterworfen und in ihr Land eingegliedert wurden. So setzt sich die Gruppe der Minderheiten aus einer bunten Schar von nach Herkunft und Verbreitung völlig unterschiedlichen Bevölkerungsgruppen zusammen. Insgesamt zählt man in Vietnam **54 verschiedene Gruppen**, deren Zahl von einigen tausend bis zu mehreren Millionen reicht.

Den Minderheiten der Tiefländer ist gemein, dass sie von Fremden meist nicht als solche erkannt werden, denn äußerlich unterscheiden sie sich meist kaum von den Vietnamesen. Die Unterschiede liegen vor allem in Tradition, Religion, Lebensweise, Schrift und Siedlungsform. Ganz anders verhält es sich mit den Minderheiten, die die Bergregionen bevölkern. Sie erkennt man allein vom Aussehen her als eigenständige Gruppe.

> **!** **_Baedeker_ TIPP**
>
> **Ethnologisches Museum Hanoi**
> Wer sich für die verschiedenen ethnischen Gruppen interessiert, sollte in Hanoi das 1998 eingeweihte Ethnologische Museum besuchen. Die Ausstellung beschäftigt sich intensiv mit den verschiedenen Volksgruppen und ihren kulturellen Eigenheiten.

Politik

Staat

Die Sozialistische Republik Vietnam ging 1976 hervor aus der Vereinigung der Demokratischen Republik Vietnam (vormals Nordvietnam) und der Republik Südvietnam. In der Präambel zur Verfassung heißt es in Anlehnung an einen Satz des ehemaligen amerikanischen Präsidenten Abraham Lincoln: »Die Volksrepublik Vietnam ist ein Staat des Volkes, durch das Volk und für das Volk«.

Gemäß der Verfassung ist die Kommunistische Partei Vietnams (KPV) mit über 2 Millionen Mitgliedern die alleinige politische Kraft im Lande. Sie bestimmt nicht nur die Richtlinien der Politik, ihre Mitglieder besetzen auch sämtliche Spitzenämter in Politik und Verwaltung. Die Partei ist omnipräsent auf allen Ebenen der Gesellschaft. Jeder Bürger sollte Mitglied der Partei oder einer ihrer Unterorganisationen sein.

Kommunistische Partei

Zahlen und Fakten *Vietnam*

Lage und Fläche
▶ Südöstliches Land des Hinterindischen Subkontinents
▶ rund 332 800 km²
▶ 1650 km Nord-Süd-Ausdehnung
▶ zwischen 40 und 550 km breit
▶ Hauptstadt: Hanoi
▶ Anrainerstaaten: Laos, Kambodscha und China

© Baedeker

Bevölkerung
▶ rund 84 Mio. Einwohner
▶ Volksgruppen: 88% Vietnamesen, 1% Chinesen, 2% Thai, 1% Khmer und weitere ethnische Minderheiten, die sich auf insg. 54 Gruppen verteilen
▶ Bevölkerungsdichte: 256 Einw./km² (80% in Dörfern)
▶ Durchschnittsalter: 24 Jahre
▶ Analphabetenrate: 6%

Religion
▶ 55% Buddhisten
▶ 8% Christen
▶ 3% Caodaisten
▶ 1% Muslime
▶ ca. 17% Sonstige

Staat
▶ Sozialistische Republik mit Ein-Parteien-System (Kommunistische Partei Vietnams KPV)
▶ Staatsoberhaupt: Präsident Nguyen Minh Triet
▶ Regierungschef: Premierminister Nguyen Tan Dung
▶ Parlament: Nationalversammlung mit 498 Sitzen, wählt den 17-köpfigen Staatsrat
▶ Verwaltungsstruktur: 59 Provinzen und 5 Stadtverwaltungen

Wirtschaft
▶ Jährliches Pro-Kopf-Einkommen (2004): 540 Euro
▶ Arbeitslosenquote: 5–6%
▶ Beschäftigungsstruktur: 67% Landwirtschaft und Fischfang, rd. 20% Dienstleistung und Handel, 13% Industrie und Handwerk
▶ Wirtschaftswachstum: 8%
▶ Touristen: rd. 3,5 Mio. pro Jahr (2005)

Erwähnenswert ist der **6. Parteikongress** 1986, der als Reformparteitag in die Geschichte einging, denn es wurde die neue Wirtschaftspolitik Doi Moi eingeführt. Auf dem 7. Parteitag 1991 wurde die Wirtschaftspolitik festgeschrieben, der Erwerb von Grund und Boden verbrieft und Privateigentum garantiert. Da der Parteikongress nur etwa alle fünf Jahre tagt, übernimmt in der Zwischenzeit das Zentralkomitee dessen Aufgabe. Es besteht aus über 170 Mitgliedern und hält zweimal im Jahr Sitzungen ab, die als Plenum bezeichnet werden.

Nationalversammlung und Staatsrat

Die Nationalversammlung, ein Einkammerparlament mit ca. 500 Deputierten, ist die höchste gesetzgebende Körperschaft in Vietnam. Sie wird vom Volk in fünfjährigem Turnus gewählt bzw. meist nur bestätigt. Dennoch herrscht in Vietnam **Wahlpflicht**. Zweimal im Jahr tritt die Nationalversammlung für etwa vierzehn Tage zusammen und berät über Gesetze, die meist schon vorher von Politbüro und Partei erlassen wurden. Am Schluss steht, nach oft kontroverser Diskussion, die einstimmige Verabschiedung dieser Gesetze. Die Nationalversammlung entscheidet über Krieg und Frieden und steht dem Obersten Gericht vor. Auch die Ernennung und Entlassung von hohen Staatsbeamten (Minister, Richter etc.) gehört zu ihren Aufgaben.
Aus den Reihen der Nationalversammlung wird der 17-köpfige **Staatsrat** gewählt. Er ist das höchste Organ der Nationalversammlung und zugleich höchster Repräsentant des Staates. In der Verfassungsreform von 1992 wurde die kollektive Staatsführung durch einen Staatspräsidenten ersetzt. Diese Funktion wird seit September 1997 von Tran Duc Luong wahrgenommen.

Ministerrat

Der Ministerrat stellt die Regierung und setzt sich zusammen aus einem Premierminister und den Fachministern, die für die Umsetzung und Anwendung der von der Nationalversammlung verabschiedeten Gesetze zuständig sind.

Ausblick

Vietnam hat seit dem Ende des Krieges enorme Veränderungen in allen Bereichen des politischen Lebens durchgemacht. Dies ist bemerkenswert, weil sich die politische Führung bis September 1997 seit der Teilung des Landes kaum geändert hat. Dadurch war ein Wechsel an der Spitze des Staates schon aus Altersgründen unumgänglich. Der Staatspräsident Tran Duc Luong und der Ministerpräsident Phan Van Khai wurden 1997 in ihre Ämter gewählt. Auf dem 9. Parteitag im April 2001 konnte sich der bisherige Parlamentspräsident Nong Duc Manh durchsetzen als Nachfolger des orthodoxen Le Kha Phieu, Generalsekretär der Kommunistischen Partei. Seine Wahl wurde nicht nur von der Bevölkerung, sondern auch von einheimischen und ausländischen Geschäftsleuten als Stärkung des Reformflügels in Hanoi begrüßt. Nong Duc Manh aus dem Volk der Tay ist der erste vietnamesische Parteichef, der einer ethnischen Minderheit angehört; nicht dementierten Gerüchten zufolge soll er ein unehelicher Sohn des immer noch sehr verehrten Staatsgründers Ho Chi Minh sein.

Wirtschaft

Grundlage der vietnamesischen Wirtschaft ist seit alters her der **Wirtschafts-** **Nassreisanbau** in den Tiefländern, dem Delta des Roten Flusses im **struktur** Norden und dem Mekong-Delta im Süden. Daneben spielt die Fischerei eine große Rolle, einerseits wegen der langen Küste des Landes und andererseits wegen der zahlreichen Bewässerungsteiche in den Reisanbaugebieten, die zur Fischzucht benützt werden. Auch heute noch sind 66% der Bevölkerung in der **Landwirtschaft** tätig. Im Gegensatz dazu ist der industrielle Sektor, in dem nur 13% der Bevöl-

? WUSSTEN SIE SCHON …?

■ … dass Vietnam der weltweit größte Produzent von schwarzem Pfeffer ist, der zweitgrößte Produzent von Kaffee (nach Brasilien), Reis und Cashewnüssen sowie die Nr. 4 bei Kautschuk und die Nr. 7 bei Tee (2004)?

kerung arbeiten, unterentwickelt, ebenso wie der Dienstleistungssektor mit 20%. Damit weist Vietnam die klassischen Merkmale wirtschaftlicher Unterentwicklung auf. Mit einem Durchschnittseinkommen von 520 Euro (2004) gehört Vietnam statistisch gesehen zu den ärmsten Ländern der Welt.

Die Voraussetzungen für die vietnamesische Landwirtschaft sind gar ◄ Landwirtschaft nicht schlecht. Die fruchtbaren Tiefländer ermöglichen einen Reisanbau, der nicht nur den Eigenbedarf deckt, sondern Vietnam auch zu einem der **größten Reisexporteure** der Welt macht. Die Palette der Anbauprodukte wird ergänzt durch typische Hochlandprodukte wie Kaffee, Tee, Süßkartoffeln und Kautschuk.

Arbeiterinnen beim Setzen der kleinen Reispflänzchen

Industrie ► Auch die Voraussetzungen für eine stärkere Industrialisierung des Landes sind gegeben, denn Vietnam ist reich an Bodenschätzen wie Anthrazitkohle und Metallen (Eisenerz, Bauxit, Mangan, Chrom, Zink, Silber) sowie die Energieträger Kohle und Erdöl.

Natürliche Hemmnisse Dass Vietnam trotzdem bis heute zu den ärmsten Ländern der Welt zählt, hat teilweise natürliche Gründe, denn die Bodenschätze sind mit Ausnahme des Erdöls ausschließlich im äußersten Norden Vietnams zu finden, was bei der großen Ausdehnung des Landes und der ungleichmäßigen Bevölkerungsverteilung zu Transportproblemen führt.

Ziegelei im Süden Vietnams

Vor allem war es aber eine ganze Kette von **Fehlentwicklungen**, Fehlentscheidungen und politischen wie wirtschaftlichen Katastrophen, die verhindert hat, dass Vietnam eine Entwicklung entsprechend den anderen großen südostasiatischen Ländern Thailand, Malaysia oder Indonesien durchmachen konnte. Dazu kommt die Ausbeutung als Kolonie Frankreichs, die Zweiteilung des Landes nach dem Abzug der Franzosen und der Vietnamkrieg.

So übernahm Nordvietnam bei seinem Einmarsch in den Süden ein Land, das wirtschaftlich schwer unter den Kriegsfolgen zu leiden hatte. Zusätzlich stand es vor der Aufgabe, zwei völlig unterschiedlich strukturierte Landesteile vereinheitlichen zu müssen. Dabei wurde das Wirtschaftssystem des Nordens auf den Süden übertragen. Dies bedeutete zunächst die **Kollektivierung** der Landwirtschaft. Die an Selbständigkeit und privates Wirtschaften gewöhnten Bauern im Süden drängte man in immer größere Genossenschaften. Ab 1978 wurden auch Industrie und Handel verstaatlicht, wodurch insbesondere den in Südvietnam ansässigen Chinesen ihre wirtschaftliche Grundlage entzogen wurde.

Außenwirtschaft Wegen des vietnamesischen Einmarsches in Kambodscha und des anschließenden Grenzkrieges mit China fiel der nördliche Nachbar als Handelspartner aus. Andererseits hatten auch die USA einen **Handelsboykott** verhängt, dem sich die ASEAN-Staaten anschlossen. Dadurch wendete sich Vietnam nicht nur militärisch, sondern auch wirtschaftlich den Staaten des Warschauer Paktes zu und wurde Mitglied im Rat für gegenseitige Wirtschaftshilfe. Vor diesem Hintergrund geriet Vietnam Ende der 1970er-Jahre in eine schwere Wirtschaftskrise. Selbst Reis, das Grundnahrungsmittel der Vietnamesen, musste importiert werden.

Ähnlich wie in der Sowjetunion markiert das Jahr 1986 auch für Vietnam einen Wendepunkt, denn durch den Tod des Staatschefs Le Duan gelangten jüngere, undogmatische Politiker an die Macht. Sie beschlossen auf dem **6. Parteitag** im Dezember eine neue, reformorientierte Wirtschaftspolitik, die unter dem Begriff Doi Moi bekannt wurde. Dabei wurde ein Übergang von der Planwirtschaft zur Marktwirtschaft beschlossen, wobei sich Staat und Partei aus der Wirtschaft zurückziehen sollten und nur noch den politischen Anspruch aufrechterhielten.

Neue Wirtschaftspolitik Doi Moi

In der Landwirtschaft wurden an die Familien langfristige Pachtverträge des einstmals kollektivierten Bodens vergeben. Produktion und Absatz wurden in die Hand der Familien gelegt, nur die Bestellung von Düngemitteln und Maschinen bzw. Ackergerät oblag weiterhin den Kooperativen. Auch im industriellen Sektor wurden seit 1987 keine Planvorgaben mehr gemacht, Rohstoffbeschaffung, Produktion und Finanzierung waren fortan Sache der Unternehmen selbst.

◀ Neue Eigentumsverhältnisse

Die Durchführung der Wirtschaftsreformen war in zwei Stufen vorgesehen. In der ersten Stufe von 1991 bis 1995 sollte die Wirtschaftskrise überwunden werden, in der zweiten Stufe bis zum Jahr 2000 der Anschluss an die Nachbarländer vollzogen werden. Bis dahin war eine Steigerung des Nationaleinkommens pro Kopf von 200 US-Dollar auf 400 US-Dollar pro Jahr geplant, 80% der Bevölkerung sollten Zugang zu sauberem Wasser haben, 95% sollten mit Rundfunk ausgestattet sein und 80% mit Fernsehen. Die Vorgaben konnten zwar nicht vollständig erfüllt werden, doch trotzdem betrug das durchschnittliche **Wirtschaftswachstum** in diesen Jahren 6–8%.

◀ Zweistufenplan

Die Vereinigten Staaten beendeten 1994 das Wirtschaftsembargo, nahmen 1995 offiziell diplomatische Beziehungen mit Vietnam auf und seit 2000 besteht ein Wirtschaftsabkommen zwischen den Ländern. 1995 wurde Vietnam zudem Mitglied in der Vereinigung der ASEAN-Staaten, die einstmals als Verband antikommunistischer Länder gegründet worden war.

Vietnam, das bis 1988 noch Lebensmittel einführen musste, konnte 1989 bereits wieder 1,4, sechs Jahre später 2 Millionen Tonnen Reis exportieren und ist heute eines der Hauptausfuhrländer für Reis. In den Bergländern wurden die Anbauflächen erweitert und die Palette der Anbauprodukte verbreitert und solche Produkte, die überwiegend in den Export gehen, wie Kaffee, Tee und Kautschuk. Der Anteil der Landwirtschaft am **Bruttosozialprodukt** Vietnams betrug 2004 etwa 21%. Aufgrund seiner langen Küsten und seiner häufig künstlich angelegten Binnenseen war Vietnam schon immer eine Exportnation für Fischereiprodukte. Auch hier konnten die Exportmengen erheblich gesteigert werden.

Wirtschaftssektoren
◀ Landwirtschaft

Gerade die Industrie wurde von der neuen Wirtschaftspolitik extrem hart getroffen, denn die mit Hilfe der Sowjetunion und anfangs auch mit China aufgebaute Schwerindustrie arbeitete besonders unrentabel. Im Gegensatz zur Landwirtschaft konnten diese Betriebe nicht

◀ Industrie

an eine privatwirtschaftliche Tradition anknüpfen, sondern waren von Anfang an als Staatsbetriebe konzipiert. Der **Wegfall der Subventionen** ließ die Produktion schrumpfen und entließ viele Werksangehörige in die Arbeitslosigkeit. Umgekehrt befindet sich die Leichtindustrie (Nahrungsmittel und Bekleidung) erst im Aufbau, sodass sich Produktion und Export von Industrieprodukten immer noch auf niederem Niveau bewegen. Trotzdem trug die Industrie 2004 etwa 40% zum Bruttosozialprodukt Vietnams bei.

Bodenschätze ▶ Vietnam ist reich an Bodenschätzen, die sich größtenteils im Norden des Landes befinden. Dazu zählen große Lager von hochwertiger Anthrazitkohle bei Hai Phong nahe der chinesischen Grenze, deren Vorräte auf mehrere Milliarden Tonnen geschätzt werden. Es gibt große Eisenerzlager bei Lao Cai im Nordwesten, wo sich auch Phosphatlagerstätten befinden. Daneben existieren kleinere Vorkommen an Chrom, Mangan und Titan, Kupfer, Zink, Zinn und Bauxit sowie von den Edelmetallen Gold, Silber und Antimon. Im Südchinesischen Meer wurden große **Erdöl- und Erdgaslagerstätten** entdeckt. Die Ölförderung betrug 2002 etwa 17 Mio. Tonnen und machte 20% der Exporte aus.

Dienstleistung ▶ Auch der tertiäre Sektor entwickelt sich in den letzten Jahren rasant – im Jahre 2004 erwirtschaftete er 39% des Bruttosozialprodukts. Es sind gerade die kleinen Dienstleistungsbetriebe auf Familienbasis, die das Alltagsbild in jeder vietnamesischen Stadt prägen und die Menschen mit allen Gütern und Dienstleistungen versorgen können.

Wenn das Meerwasser verdunstet ist,
muss man das Salz nur noch zusammenkehren.

Als einer der Hauptantriebsmotoren dafür entpuppt sich der zuneh- ◀ Tourismus
mende Tourismus, seitdem Vietnam auch als Reiseland immer beliebter wird. Die Zahl der ausländischen Besucher betrug 2005 rund
3,5 Mio. Entsprechend schnell entwickelte sich die Zahl der **Hotel-**
neubauten, nicht nur für Geschäftsreisende und Gruppentouristen,
sondern auch für Einzelreisende. Wie in vielen Bereichen ist auch
hier der Süden der Wachstumsmotor. Gerade beim Fremdenverkehr
macht sich die Nähe zu Thailand bemerkbar, denn innerhalb weniger Jahre hat sich hier ein Wirtschaftssektor entwickelt, in dem auch
der Einzelreisende vom kleinen privaten Hotel über eine vielfältige
Gastronomie bis zum privaten Transportsystem mit Minibussen alles
zur Verfügung hat.

Bei allen positiven Entwicklungen in den letzten Jahren bringt der   **Probleme der**
Übergang zur Marktwirtschaft auch enorme Probleme für Vietnam   **neuen Wirt-**
mit sich. Das größte sind zweifellos die Arbeitslosen. Durch die   **schaftspolitik**
Schließung unrentabler Staatsbetriebe werden viele Beschäftigte in   ◀ Arbeitslosigkeit
die Arbeitslosigkeit entlassen. Dies fällt in eine Zeit, in der auch zahlreiche Arbeitskräfte aus Übersee nach Vietnam zurückkehren, vor allem aus den ehemaligen Ländern des Warschauer Paktes. Gleichzeitig
müsste aber wegen des starken Bevölkerungszuwachses jährlich für
1 Million Menschen zusätzlich Arbeit geschaffen werden.
Ein weiterer Punkt ist die zunehmende Kluft zwischen Arm und   ◀ Soziale
Reich. So wie es eine kleine Anzahl von Menschen gibt, die durch   Unterschiede
die ökonomischen Reformen innerhalb kurzer Zeit zu Geld gekommen sind, so lebt die große Mehrheit der Bevölkerung immer noch
an der Armutsgrenze. Laut CIA (2002) leben 29% sogar unter der
Armutsgrenze (1998 waren es noch 37%).

Religion

Politisch wie kulturell im Spannungsfeld zwischen Süd- und Ostasien   **Geistige Vielfalt**
gelegen, haben in Vietnam nahezu alle Weltreligionen ihre Spuren
hinterlassen. Im Gegensatz zu den Nachbarländern Laos und Kambodscha mit ihrer Allgegenwart des Buddhismus herrscht in Vietnam
eine wesentlich größere Vielfalt an geistigen Strömungen. Im Land
selbst entstanden sind die Ahnenverehrung und der Animismus. Von
außen kam dagegen der Buddhis-
mus, sowohl aus China in Form
des Mahayana (Großes Fahrzeug),
als auch aus Indien als Hinayana
(Kleines Fahrzeug). Der Hinduismus war die Religion der Cham in
Mittelvietnam, deren Nachfahren
sich heute zum Islam bekennen.

Der Ahnen wird an kleinen Altären in den Wohnungen der Familien und in Pagoden gedacht.

Von europäischen Missionaren wurde schließlich der Katholizismus ins Land gebracht. Hinzu kommen etliche, meist regional operierende Sekten, die aber in der jüngeren Vergangenheit eine große, auch politische Bedeutung hatten. Anders als in Europa spielt die Philosophie auch im Alltagsleben eine wichtige Rolle. Hier sind in erster Linie der Konfuzianismus und der Taoismus zu nennen.

Religiöse Toleranz

Die verschiedenen geistigen Strömungen rivalisieren nicht miteinander, sondern ergänzen sich. Während es Europäern unmöglich erscheint, gleichzeitig Christ und Buddhist zu sein, ist es umgekehrt für einen Vietnamesen kein Problem, sich zu beiden Religionen zu bekennen, genauso wenig wie für einen Inder, Hindu und Christ zu sein. Daher sind also **Doppelnennungen** bei Religionsangaben durchaus nichts Besonderes.

Ahnenverehrung

Die Ahnenverehrung kann als urvietnamesisch angesehen werden, da sie nicht von außen ins Land gebracht wurde. Sie hatte nie mit der Ablehnung anderer Religionen zu kämpfen, sondern wurde neben allen anderen Glaubensformen praktiziert. Ausgehend von der Überlegung, dass die Menschheit aus wesentlich mehr Toten als Lebenden besteht, kommt der Verehrung der Verstorbenen in einer würdigen Form eine große Bedeutung zu. Der Tod steht dabei nicht im Mittelpunkt, wohl aber der Tote selbst, der nach der Vorstellung der Vietnamesen als **Geisterseele** weiterlebt und fortwährend der Fürsorge durch die Lebenden bedarf. Die Geisterseele stellt nicht nur die Verbindung her zwischen den Lebenden und den Toten, sondern auch zu den zukünftigen Generationen.

Durch das Abbrennen von Räucherstäbchen und Opfergaben (z. B. Lebensmittel) am Ahnenaltar wird die Verehrung an wichtigen Feiertagen bzw. am Geburtstag oder Todestag des Verstorbenen ausgedrückt. Bei wichtigen Entscheidungen werden die Toten um Rat gefragt, ebenso über alle Entwicklungen unterrichtet. Die Totenverehrung ist Grundlage der gesamten Religiosität der Vietnamesen, insbesondere ihres Glaubens an Geister und Dämonen.

Als ursprünglich bäuerliches Volk, das stark von Gunst oder Ungunst der Natur abhängig ist, hat sich in Vietnam ein ausgeprägter Animismus entwickelt. Grundlage dafür ist die Vorstellung, dass das Universum in **drei Sphären** (Himmel, Erde, Menschheit) unterteilt ist. Ong Troi, der Herrscher des Himmels, wacht über deren Gleichgewicht, wobei er von den Geistern der Erde, der Berge und des Wassers unterstützt wird. Innerhalb dieser Ordnung haben auch die vier heiligen Tiere, denen man an vielen Bauwerken in Vietnam begegnet, ihren Platz. Der Drache steht dabei als Symbol für den König (auch Macht und Intelligenz), der Phönix für die Königin, Schönheit und Frieden. Langes Leben wird der Schildkröte zugesprochen, die gleichzeitig auch den Schutz des Reiches sichern soll. Und zu guter Letzt der mythische Kylin, eine Art Einhorn, der mit der Weisheit in Verbindung gebracht wird.

Glaube an Geister und Dämonen

Man nimmt an, die Natur sei von Geistern und Dämonen beseelt, die den Menschen wohl oder übel gesonnen sein können. Durch **Opfergaben** gibt es aber die Möglichkeit, diese gnädig zu stimmen. Solche Geister leben u. a. in Steinen, Pflanzen oder Tieren. Jedes Haus und jedes Dorf hat seine eigenen Schutzgeister, die in Tempeln und Gemeindehäusern verehrt werden.

Manchmal handelt es sich dabei um eine legendäre Figur wie Bach Ma, eine taoistische Gottheit oder eine historische Persönlichkeit.

Konfuzianismus

Der chinesische Philosoph Konfuzius entwarf vor rund 2500 Jahren ein streng hierarchisches Gesellschaftsmodell, das jedem Individuum seinen Platz in der Gemeinschaft zuweist mit genau festgelegten Rechten und Pflichten. Je strenger sich der Einzelne an dieses Modell hält, desto besser funktioniert die Gesellschaft und desto stärker ist das Reich. Nach Meinung des Konfuzius funktioniert der Staat wie eine **große Familie**, d. h. beide sind nach denselben Richtlinien aufgebaut.

Innerhalb seines Gesellschaftsmodells unterscheidet er fünf Formen des Zusammenlebens: Herrscher – Untertan, Herr – Knecht, Mann – Frau, älterer Bruder – jüngerer Bruder sowie Freund – Freund. Dabei stellen die ersten vier Paare eine Beziehung der Über- und Unterordnung dar, das letzte dagegen eines von Gleich zu Gleich.

? **WUSSTEN SIE SCHON …?**

■ … dass die in Tempeln geopferten Obstteller voller Bedeutung sind? Eine Kokosnuss zum Beispiel steht für Genügsamkeit, ein Papaya für Vergnügen, der grüne stachlige Zimtapfel erfüllt einen Wunsch, die Pflaumen verheißen ein hohes Alter, die rosafarbene Drachenfrucht verleiht Macht und Stärke, und die »Augen des Drachen« (Longans) sollen eine entspannende Wirkung haben.

Pflichtbewusstsein ist die Grundforderung an sämtliche Mitglieder einer Gesellschaft. Für die Untergebenen kommen Loyalität, Gehorsam und Unterordnung gegenüber Herrn und Herrschern hinzu, während diese Vorbildfunktion haben und Fürsorge gegenüber den Untergebenen walten lassen müssen.

Menschenbild Konfuzius sucht das Edle im Menschen, wobei der Edle alle **Tugenden** verkörpert wie Bildung, Toleranz, Pflichtbewusstsein, Gemeinsinn und Gerechtigkeit. Je mehr eine Person diesem Idealbild entspricht, desto eher ist sie auch berechtigt, Führungsfunktionen in einem Staat zu übernehmen. Diese Tugenden sind aber nicht angeboren, sondern müssen durch Bildung und Studium erst erworben werden. Daher hat Bildung, unabhängig vom sozialen Stand, für Konfuzius allergrößte Bedeutung. Konfuzius lehnt daher eine Erbmonarchie ab und plädiert stattdessen für eine Auslese der Herrscher, die sich streng an den Prüfungen orientiert.

Wirkung Die große Wirkung des Konfuzianismus in späterer Zeit beruht wesentlich darauf, dass seine Lehre auch von dem einfachen Volk verstanden wurde, denn Konfuzius war der Meinung, dass eine Philosophie, die nicht nachgelebt werden kann, auch keine Existenzberechtigung habe. Indem er dem Volk einige wenige klare Regeln in die Hand gab, ermöglichte er es den Menschen, auch danach zu leben. Allerdings fand seine Lehre erst Jahrhunderte nach seinem Tod Verbreitung und diente über 2000 Jahre hinweg als **Staatsphilosophie**. In der Endphase des chinesischen Kaiserreichs 1908 wurde Konfuzius sogar heilig gesprochen. Der Konfuzianismus erreichte Vietnam

Die Achtung vor Älteren ist eine Säule des Konfuzianismus.

im 2. Jahrhundert und wurde zur beherrschenden Philosophie. Bevor sie in den Staatsdienst eintreten konnten, wurden bis zum Jahr 1915 die Beamtenanwärter in konfuzianischer Lehre geprüft (▶S. 260).

Lange Zeit blieb der Konfuzianismus die vorherrschende Philosophie, doch sie verkam auch langsam. So wurden die Herrscher in Vietnam nicht ausgewählt, sondern es wurde das dynastische System beibehalten, wodurch nicht unbedingt die fähigsten Leute das Land regierten. Die Herrscher waren zwar gerne bereit, die Rechte in Anspruch zu nehmen, die ihnen der Konfuzianismus zugestand, ohne aber deren Pflichten zu erfüllen. Daneben entwickelte sich eine Gelehrtenzunft, die ihre Aufgabe darin sah, die reine Lehre zu bewahren, aber nicht mehr weiterzuentwickeln. Auf diese Weise erstarrte der Konfuzianismus in einer rückwärts gewandten Haltung, die die Vergangenheit glorifizierte und daher immer weniger in der Lage war, neuen Entwicklungen zu begegnen. Nicht zuletzt deshalb war es für die europäischen Kolonialmächte im 19. Jahrhundert einfach, in Vietnam Fuß zu fassen.

Wandlungen

Im Alltagsleben spielt der Konfuzianismus allerdings bis heute eine große Rolle, denn alle Umbrüche der letzten 100 Jahre haben nicht vermocht, die hierarchischen Strukturen in Staat und Familie aufzulösen. Dies merkt man beispielsweise daran, dass man im Gespräch immer zuerst nach dem **Alter** gefragt wird, wobei die Regel gilt: Je älter, desto besser. Dies dient dazu, zwischen beiden Personen eine Rangfolge herzustellen, die eine Einschätzung des anderen erlaubt. Außerdem gibt es in Vietnam jeweils eigene Begriffe für den älteren und den jüngeren Bruder sowie für die ältere und die jüngere Schwester. Auch dies dient dazu, die Position unter den Familienangehörigen festzulegen.
Nicht zuletzt hätte sich Konfuzius auch bestätigt gesehen in dem Sieg des gesellschaftlich wie politisch straff organisierten Nordens über den in viele Gruppen und Cliquen zersplitterten Süden, von denen jede nur ihre eigenen Interessen im Auge hatte.

Konfuzianismus heute

Taoismus

Im Gegensatz zum Konfuzianismus ist der Taoismus eine Naturphilosophie, die auf den chinesischen Philosophen Laotse zurückgeht, der im 6. Jahrhundert v. Chr. in Nordchina lebte. Zentraler Punkt seiner Philosophie ist das Tao (Dao), wörtlich übersetzt **»der Weg«**. Laotse versteht darunter eine allen Dingen innewohnende Kraft, die mit unseren Sinnen aber nicht erfassbar ist. Sie wirkt nicht durch ihre Stärke, sondern durch ihre (scheinbare) Schwäche, durch ihre Unmerklichkeit. Als Beispiel hierfür dient das Wasser als schwächstes Medium, das aber in der Lage ist, den stärksten Stein auszuhöhlen. Laotse nimmt keine Wertung vor zwischen Gut und Schlecht, denn das Tao wohnt beiden inne, und das Wasser kann seine Wirkung nur

Naturphilosophie nach Laotse

Dem Herrscher des Nordens wird Macht über die Winde zugesprochen.

im Zusammenspiel mit dem Stein tun. Diese Vorstellung wird symbolisiert durch **Yin und Yang**, das männliche und das weibliche Urelement, das in seinem Zusammenspiel und seiner wechselseitigen Durchdringung zu Harmonie führt.

Idealbild des Taoismus ist der souveräne Mensch (der Weise). Er hat Autorität, ohne autoritär sein zu müssen. Allein durch seine Anwesenheit leitet er die Menschen und vermittelt ihnen die Gewissheit, dass alles seine Ordnung hat, ähnlich einem Dirigenten, der mit wenigen Bewegungen seines Taktstocks ein ganzes Orchester zum Zusammenspiel bringt. Gesetze, Verordnungen und Verbote lehnt Laotse ab, denn sie zeigen bereits einen Mangel an **Souveränität**. Obwohl seine Lehre in dem Buch Tao-te-ching (Daodejing) niedergeschrieben wurde, ist Laotse gegen schriftliche Verlautbarungen, da sie bereits eine Auswahl und damit eine Einengung darstellen. Auch Ratschläge werden nicht erteilt, weil sie eine Bewertung in Gut und Böse mit sich bringen. Stattdessen verbreitet Laotse seine Ansichten in manchmal scheinbar paradoxen Sinnsprüchen. So schreibt er z. B. über den vollkommenen Herrscher: »Liebt er das Volk und regiert das Land, so kann er ohne Tun sein. Mit Ungeschäftigkeit gewinnt man das Reich.«

Taoismus und Spiritualität Seinen spirituellen Ausdruck findet der Taoismus in der Verehrung von Göttern, Geistern und Dämonen der Natur. Diese wurden in ein hierarchisches System eingebunden, an deren Spitze der **Jadekaiser** Ngoc Hoang steht. Unterstützt wird er von Bac Dau (Stern des Nordens), der über die Toten wacht, und Nam Tao (Stern des Südens), der über die Lebenden Buch führt. Ihnen untergeordnet sind die vier Mütter, die für die vier Himmelsrichtungen stehen, aber auch die Elemente Himmel, Erde, Wasser und Holz darstellen. Es gibt wenige rein taoistische Tempel in Vietnam. Meist finden sich taoistische und buddhistische Gottheiten nebeneinander, oder man verehrt sie in Gemeinschaftshäusern und auf Hausaltären.

Buddhismus

Siddharta Gautama – Begründer des Buddhismus Die Lehre des Buddhismus geht zurück auf Siddharta Gautama, einen Prinzen, der im 5. Jahrhundert v. Chr. in Nordindien am Fuß des Himalaya lebte. In Reichtum und Luxus aufgewachsen, traf er bei einem Ausritt auf einen alten, einen kranken und einen toten

Menschen sowie auf einen Mönch. Diese Begegnungen wurden für ihn zum Schlüsselerlebnis, und er entschied sich, dem höfischen Leben zu entsagen und fortan den **Sinn des Lebens** zu suchen. So folgte er verschiedenen philosophischen Schulen, ohne eine befriedigende Antwort auf seine Fragen zu erhalten. Im Alter von etwa 30 Jahren gelangte er aber durch eigene Meditation zur Erkenntnis, er wurde zum Buddha, was so viel wie »der Erleuchtete« bedeutet. In den folgenden Jahrzehnten wanderte er durch Indien und verbreitete seine Lehre, ehe er im Alter von ungefähr 80 Jahren verstarb bzw. ins Nirwana einging.

Lebenszyklus

Wie alle östlichen Religionen geht auch der Buddhismus von einer zyklischen Lebensauffassung aus – d. h. Geburt, Tod und Wiedergeburt folgen in einer ewigen Reihe aufeinander. Buddha lehrt, dass alles Leben Leiden ist und dass es das Ziel des Menschen sein muss, diesen Zyklus zu durchbrechen. Leiden bedeutet in diesem Zusammenhang allerdings nicht körperlichen Schmerz, sondern **Nutzlosigkeit und Schein**, da alles Irdische vergeht. Der Grund für das Gefangensein der Menschen in diesem ewigen Lebenszyklus ist, dass sie an irdischen, speziell materiellen Gegenständen hängen. Erst wenn es gelingt, sich von den vergänglichen Dingen des Lebens zu lösen, wird man zur Erleuchtung kommen und diesen ewigen Kreislauf durchbrechen. Der Erleuchtete wird nicht mehr wiedergeboren, sondern geht ins Nirwana ein. Das Nirwana bedeutet nicht Paradies im christlichen Sinn, sondern es meint das Verlöschen aller irdischen Existenz in einem Zustand höchster Meditation.

> **? WUSSTEN SIE SCHON …?**
>
> ■ Buddha selbst soll der Legende nach mehr als 500 Leben bis zur Erleuchtung benötigt haben.

Achtfacher Pfad

Die Fähigkeit zur Erleuchtung wohnt nach Meinung Buddhas allen Menschen inne, sie muss nur geweckt werden. Um zur Erleuchtung zu kommen, hat Buddha Regeln aufgestellt, den so genannten achtfachen Pfad. Er besteht aus: 1. der richtigen Erkenntnis, 2. dem richtigen Denken, 3. der rechten Rede, 4. den rechten Taten, 5. dem rechten Lebenserwerb, 6. der rechten Bestrebung, 7. der rechten Aufmerksamkeit, 8. der rechten Konzentration.
Buddha ging nicht davon aus, dass der Mensch in einer Lebensspanne die Erleuchtung erreichen kann, sondern dass er sich von Wiedergeburt zu Wiedergeburt hocharbeitet und irgendwann in einer fernen Existenz ins Nirwana eingeht.

Menschenbild

Gelassenheit und Zuversicht sind die Wesenszüge der Buddhisten. Sie wissen, dass sie nichts versäumen, denn was in diesem Leben verwehrt bleibt, kann im folgenden nachgeholt werden. Sie sind keine Asketen, streben aber auch nicht nach Wohlstand, da alles Irdische (Materielle) vergänglich ist. Gleichzeitig besteht aber auch die Zuver-

Wächterfigur aus der Tay-Phuong-Pagode bei Hanoi

BUDDHA & CO.

Wer die beeindruckenden Heiligtümer Vietnams besucht, dem wird immer wieder eine Fülle fremd anmutender Statuen begegnen. Sie haben alle ihre speziellen »Merkmale«, an denen sie erkannt werden können, und nach einer Weile sind sie einem gar nicht mehr so fremd.

Buddha wird in verschiedenen Erscheinungen verehrt. **Sakyamuni**, den historischen Buddha Siddharta Gautama, erkennt man meist an seiner schlichten Erscheinung als Asket, oft als Lehrender mit seinen Lieblingsschülern. Meist sitzt er auf einem Lotosthron, manchmal trägt er verlängerte Ohrläppchen, ein drittes Auge auf der Stirn und gelocktes Haar. **Amitabha**, der Buddha der Vergangenheit, steht den Menschen auf dem Weg der Läuterung bei. In manchen Darstellungen hat er einen besonders langen rechten Arm, mit der er die ganze Menschheit umarmen kann, oder er wird von gnadenreichen Bodhisattvas (s. u.) begleitet. Sehr häufig findet man auch den Buddha der Zukunft, **Maitreya** oder Di Lac, lachend und mit einem dicken Bauch. Von ihm heißt es, er kehre alle 5000 Jahre auf die Erde zurück, um die Menschen zu retten. **Bodhisattvas** sind erleuchtete Wesen, die nicht ins Nirwana eingehen, sondern auf der Erde bleiben, um anderen zu helfen. Am beliebtesten ist ohne Zweifel die Göttin der Barmherzigkeit **Quan Am**, die als weiblicher Bodhisattva oft ganz in Weiß dargestellt wird. Sie ist in den verschiedensten Formen zu sehen: eine Flasche mit dem Wasser der Reinheit haltend, mit 100 Armen und Augen versehen als Zeichen ihrer Macht oder auf einem Lotosblatt stehend mit einem Kind auf dem Arm, was kinderlosen Frauen Fruchtbarkeit verheißt. Der bekannteste männliche Bodhisattva ist dagegen **Avalokiteshvara**. Er wird in der Regel in Meditationshaltung gezeigt, einen Wasserbehälter und Lotos haltend. Manchmal hat er auch vier Arme und trägt Rosenkranz und Buch.

Wächter und Höllenrichter

In buddhistischen Pagoden wird man außerdem Wächterfiguren, Gruppen der zehn Höllenrichter und 18 Arhat finden. Der mildtätige **Ong Thien** mit dem weißen Gesicht und der bösartige, rotgesichtige **Ong Ac** sind Wächter des buddhistischen Glaubens. Die **Zehn Höllenrichter** (meist in zwei Reihen zu je 5 Figuren aufgestellt) erwarten den Menschen nach seinem Tod. Jeder von ihnen ist für eine

Fremde, sonderbare Figuren bevölkern Pagoden und Tempel.

andere Sünde (Mord, Betrug etc.) zuständig, und sobald man von einem abgeurteilt ist, wird man an den nächsten weitergegeben. Nach dem abschließenden Urteil aller Richter wird die arme Seele schließlich an die **Mutter Meng** weitergegeben. Sie verabreicht dem mittlerweile geläuterten Sünder die Suppe des Vergessens, sodass er vollkommen rein und unbelastet wiedergeboren werden kann. Vor allem in den Pagoden Nordvietnams sind realistische Darstellungen der **Arhat** (La Han), heilige Asketen, zu sehen.

Andere Figuren

An Nebenaltären findet man auch Statuen der Pagodenstifter, besonders verdienstvoller Mönche, Ahnengeister, Helden und anderer nicht buddhistischer Schutzgottheiten. Vor allem taoistische Götter und Dämonen haben auch in buddhistischen Heiligtümern ihren Platz. Der bedeutendste ist der **Jadekaiser** mit seinen Gehilfen Bac Dau (Stern des Nordens) und Nam Tao (Stern des Südens), die über die Toten und die Lebenden Buch führen. Zudem kann man in den Höfen oftmals Grotten für die Naturgeister entdecken.

In chinesischen Pagoden und Versammlungshallen dürfen auch **Thien Hau**, die Patronin der Seefahrer, sowie **Quan Cong**, der chinesische General

der Drei Königreiche mit seinen Helfern und dem Zauberpferd, nicht fehlen. Thien Hau, ursprünglich die Tochter eines Fischers aus der chinesischen Provinz Fujian, wird meist sitzend mit einer flachen Krone gezeigt. Der grüngesichtige Thien Ly Nhan und der rotgesichtige Thuan Phuong helfen der Göttin, Wettervorhersagen zu machen.

Glückssymbole

Auch zieren allerlei Glückssymbole die Heiligtümer, beispielsweise **Drachen** in vielen Formen, die im asiatischen Raum als göttlich und wohltuend, nicht als gefährlich und böse wie in unseren Märchen gelten. Einige Besucher werden sich wundern, in Tempeln, auf Gräbern oder Särgen ein **Hakenkreuz** (Swastika) zu sehen. Ursprünglich ist es ein Glückszeichen der Buddhisten, das die Nationalsozialisten übernommen und seiner eigentlichen Bedeutung entfremdet haben. Die Swastika symbolisiert das Herz Buddhas und steht für ein langes Leben. Es wird sowohl links- als auch rechtslaufend gebraucht. Das **Yin-Yang-Symbol** schließlich hat seinen Ursprung im Taoismus. Ein Kreis ist hierbei durch eine S-förmige Linie geteilt und trennt einen hellen und einen dunklen Part voneinander. So versinnbildlicht es den Dualismus, der allen Dingen innewohnt.

Altar mit verschiedenen Buddha-Statuen und reichhaltigen Gaben

sicht, eines Tages die irdische Existenz hinter sich lassen zu können. Gegenüber allen Mitgeschöpfen wird **Nachsicht** geübt, da sie sich – wie man selbst – auf dem mühsamen Weg zur Erleuchtung befinden.

Mahayana-Buddhismus

Der Buddhismus kam im 2. Jahrhundert aus zweierlei Richtungen nach Vietnam, auf dem nördlichen Weg über China in Form des Mahayana (Großes Fahrzeug) und auf dem südlichen Weg von Indien her als Hinayana (Kleines Fahrzeug). Der Mahayana-Buddhismus ist in ganz Ostasien verbreitet und stellt auch in Vietnam die **Hauptrichtung** dar. Nach seiner Auslegung gibt es nicht nur Buddhas, sondern auch so genannte Bodhisattvas. Dies sind Menschen, die den Zustand der Erleuchtung schon erreicht haben, aber freiwillig auf den Eingang ins Nirwana verzichten, um anderen Menschen auf ihrem Weg dorthin zu helfen. Mit deren Unterstützung können nicht nur Mönche zur Erleuchtung kommen, sondern auch gewöhnliche Sterbliche.

Hinayana-Buddhismus

Der Hinayana, der hauptsächlich in Burma, Thailand, Laos und Kambodscha verbreitet ist, lehrt dagegen, dass jeder Einzelne für sich allein den Weg zur Erleuchtung finden muss. Außerdem kann ein Mensch erst als **Mönch** zur Erleuchtung kommen. Der Weg ins Nirwana steht also immer nur wenigen Menschen offen, daher die Bezeichnung »Kleines Fahrzeug«.

Wirkung des Buddhismus

Seine größte Förderung erhielt der Buddhismus vom 10. bis 12. Jahrhundert, als er zur Staatsreligion in Vietnam wurde. In dieser Zeit entstanden viele Tempel und Klöster. Ab dem 13. Jahrhundert wurde er allerdings vom Konfuzianismus wieder zurückgedrängt, der ihm Staatsferne und fehlendes soziales Engagement vorwarf. Der Buddhismus entwickelte sich zur Religion des Einzelnen. Dabei fand er allerdings weniger Anhänger bei den gebildeten Bevölkerungsschichten als beim einfachen Volk.

Da die wenigsten Leute mit dem theoretischen Gebäude des Buddhismus vertraut waren, suchten sie eher Zuflucht und Hilfe bei den Bodhisattvas. Ganz oben in der Hierarchie der buddhistischen Heilsgestalten stehen die Buddhas der drei Generationen (Vergangenheit, Gegenwart und Zukunft). Der Buddha der Vergangenheit A Di Da (Amitabha) hilft dem Menschen auf dem Weg der Läuterung. Wohingegen der Buddha der Gegenwart Thich Ca Mau Ni, der dem historischen Buddha Siddharta Gautama entspricht, als Lehrer gilt und Di Lac (Maitreya) als Buddha der Zukunft immer lachend und dickbauchig gezeigt wird. Unter den Bodhisattvas ist die beliebteste Figur die Göttin der Barmherzigkeit (Quan Am oder Guan Yin). Die buddhistischen Heilsbringer wurden aber mit den Gottheiten anderer Religionen zu einer ganzen Götterwelt erweitert. Daher finden sich in buddhistischen Tempeln häufig auch taoistische Gottheiten oder Elemente der Ahnenverehrung (▶Baedeker Special S. 42).

Buddhismus und Spiritualität

Christentum

Auf die europäischen Entdecker folgten im Allgemeinen direkt die Missionare – in Asien genau wie in Amerika. Im Gegensatz zu Amerika trat das Christentum aber in Konkurrenz zu den dort bereits existierenden Religionen.
Die ersten Aktivitäten sind aus dem frühen 16. Jahrhundert überliefert, denn bereits 1533 wurde erstmals von einem Verbot der »Lehre eines Jesus« gesprochen. Missionierungen durch Dominikaner aus Spanien, Portugal und Frankreich folgten, ab dem 17. Jahrhundert auch durch Jesuitenpatres, die vorher aus Japan ausgewiesen worden waren. Zu nennen ist hier vor allem **Alexandre de Rhodes**, der zuerst in Annam (Mittelvietnam), später auch in Tonkin (Nordvietnam) tätig war. Neben seiner missionarischen Tätigkeit entwickelte er auch das erste vietnamesisch-spanisch/portugiesische Wörterbuch und brachte dadurch die lateinische Schrift nach Vietnam, die hier auch heute noch geschrieben wird. Am Ende seines Aufenthalts schätzte man die christliche Gemeinde in Vietnam auf ungefähr 300 000 Menschen.

Missionierung Vietnams

Obwohl es das ganze 18. Jahrhundert hindurch zu Christenverfolgungen kam, wuchs die Zahl der Gläubigen bis zum Beginn der Nguyen-Dynastie im frühen 19. Jahrhundert auf 400 000 an. Mit der Hinwendung zu den Lehren des Konfuzius kam es zwischen 1825 und 1883 zu erneuten Verfolgungen, denen rund 100 000 Christen zum Opfer fielen.

Christenverfolgungen

Christentum nach der Vereinigung Nach der Machtübernahme durch die Kommunisten im Jahre 1975 mussten die Christen die gleichen Beschränkungen hinnehmen wie die anderen Religionsgemeinschaften auch: Einschränkung der Bewegungsfreiheit, Sonntagsarbeit, Schließung von Priesterseminaren etc. Doch trotz der wechselvollen Geschichte bekennen sich heute ca. 4 Millionen Menschen zum Christentum (vor allem zum Katholizismus). Damit verfügt Vietnam unter den asiatischen Ländern über den zweithöchsten Anteil an Christen – nach den Philippinen.

Islam

Islam »light« Der Anteil der Muslime an der Bevölkerung Vietnams beträgt heute etwa 0,5%, wobei es vor allem die Volksgruppe der Cham ist, die sich zu dieser Religion bekennt. Die Cham bildeten vom 4. bis 14. Jahrhundert eine regionale Macht in Zentralvietnam mit hinduistischem Glauben.

Nach ihrer Unterwerfung durch die Vietnamesen traten die Cham zum Islam über. Dieser neue Glauben wurde vom 7. bis 10. Jahrhundert durch arabische Händler und Seefahrer auch nach Südostasien gebracht, allerdings fand er in Vietnam keine große Verbreitung. So bilden die Cham heute eine **isolierte Glaubensinsel** ohne Verbindung zu den Zentren des Islam. Daher werden die religiösen Gebote auch weniger streng gepflegt als in den arabischen Ländern. Die vietnamesischen Muslime pilgern nicht nach Mekka, das fünfmalige Gebet am Tag wird nur freitags praktiziert und auch der Fastenmonat Ramadan wird auf drei Tage verkürzt. Außerdem werden neben dem Islam auch andere in Vietnam übliche Formen der Religiosität gepflegt, wie z. B. der Animismus oder die Ahnenverehrung.

Sekten

Caodaismus Wie schon dargestellt, werden in Vietnam viele Religionen und geistige Strömungen nebeneinander praktiziert. Noch einen Schritt weiter geht hierbei die Glaubensgemeinschaft der Cao Dai, zu der sich heute etwa 2 Millionen Menschen bekennen und die ganz auf **Südvietnam** beschränkt ist. Sie versucht nämlich, alle diese Religionen in einem Glauben zu vereinigen. Gegründet wurde die Cao-Dai-Sekte in den 1920er-Jahren von dem Spiritisten Ngo Van Chieu. Cao Dai sieht sich als dritte und letzte Offenbarung der Religionen, die sich schon zweimal offenbart haben – in früherer Zeit durch Moses und mythische Gestalten der östlichen Religionen, danach durch die historischen Gestalten Konfuzius, Laotse, Buddha, Jesus und Mohammed. Die dritte Offenbarung zeigt sich in Gestalt des Cao Dai, der höchsten Gottheit, die die Menschen erlösen wird. Ihr Zeichen ist ein Auge auf einer Weltenkugel, auf die ein Strahlenbündel gerichtet ist. Ihre Lehre bedient sich der Glaubenssätze aller Religionen, die aber dem Außenstehenden ziemlich zufällig ausgewählt erscheinen. In spiritistischen Sitzungen versuchen ihre Mitglieder mit der höchsten Gottheit Kontakt aufnehmen. Als Medium hierfür dienen auch historische Figuren wie der französische Schriftsteller Victor Hugo oder der Begründer der chinesischen Republik Sun Yatsen.

Die **Organisation** der Cao Dai ist straff und orientiert sich an der katholischen Kirche, wobei aber auch Frauen das Priesteramt ausüben dürfen. Der Hauptsitz der Cao Dai, der so genannte Heilige Stuhl, befindet sich in Tay Ninh, nordwestlich von Saigon nahe der kambodschanischen Grenze.

Die Hoa-Hao-Sekte wurde 1939 von dem Mönch Huynh Phu So gegründet und nach dessen Heimatort im Mekong-Delta benannt. Er predigte einen **Reformbuddhismus**, der auf Prunk und Repräsentation verzichtet und ein einfaches Leben propagiert. Aufgrund seiner Verbindung zu Spiritisten wurde Huynh Phu So von den Franzosen für verrückt erklärt und in ein Irrenhaus gesteckt, wo es ihm aber gelang, den Institutsleiter von seiner Religion zu überzeugen. Im Zweiten Weltkrieg baute er mit japanischer Hilfe eine schlagkräftige Armee auf, die Teile des Mekong-Deltas kontrollierte. Nach einem Streit mit den Vietminh wurde Huynh Phu So im Jahre 1947 ermordet. Neun Jahre später wurde auch der militärische Arm der Sekte von der Diem-Regierung zerschlagen.

Hoa-Hao-Sekte

Die Anhängerschaft der Hoa-Hao-Sekte wird heute auf etwa 1,5 Millionen Gläubige geschätzt. Es fällt schwer, ihre Anzahl genau zu bestimmen, da sie keine eigenen Tempel besitzen und ihre Mitglieder auch nicht durch besondere Kleidung hervortreten.

Symbol des Caodaismus: das alles sehende Auge

Geschichte

Chinesen, Franzosen, Japaner und schließlich sogar die große Weltmacht Amerika, alle erhoben sie wie auch immer geartete Ansprüche auf das kleine Land in Südostasien. Und alle wurden sie besiegt und mussten unverrichteter Dinge abziehen.

Frühe Reiche und Kulturen

7.–3. Jh. v. Chr.	Bronzezeit (Dong-Son-Kultur) und das Reich Van Lang der legendären Hung-Könige
3. Jh. v. Chr.	Zusammenschluss einiger Fürstentümer zum Reich Au Lac
111 v. Chr.	Beginn der tausendjährigen Herrschaft Chinas
931/938	Sieg über China, Unabhängigkeit wird eingeleitet

Es gibt verschiedene Theorien über die ethnologische Abstammung der Vietnamesen. Heute wird allgemein angenommen, dass die Viet eine stark aufgesplitterte Völkergruppe melanesisch-indonesischen Ursprungs waren, die im Süden Chinas siedelte. Ihre Angehörigen zogen im 4. Jahrhundert v. Chr. allmählich nach Süden in das **Delta des Roten Flusses**.

Legenden der Frühzeit

Die ersten Jahrtausende der rund 4000-jährigen Geschichte der Vietnamesen verlieren sich größtenteils in Legenden, bei denen Drachenkönige und Bergfeen sowie die beiden Völker Han und Viet die Hauptrolle spielen. So sollen 100 Viet-Fürstentümer im 3. Jahrtausend v. Chr. aus dem Reich Bach Viet des Drachenkönigs und der Urmutter Au Co hervorgegangen sein. Doch alle Viet-Stämme wurden schließlich im 3. und 2. Jahrhundert v. Chr. unter dem Einfluss der Han-Chinesen fast gänzlich sinisiert. Das Königreich Van Lang war vermutlich eine der letzten legendären Dynastien, die wissenschaftlich nicht eindeutig belegt werden können.

Die Dong-Son-Kultur ist nach einem nordvietnamesischen Dorf (Provinz Thanh Hoa) benannt, in dem Archäologen 1924 u. a. Beile, Dolche und Gürtelschnallen fanden. Die zweifellos bemerkenswertesten Überreste der Dong-Son-Ära sind **Bronzetrommeln** (▶ S. 405), von denen mehr als 150 in Vietnam gefunden wurden.

Dong-Son-Kultur

Mit der Gründung des Königreichs Au Lac löste sich Vietnam im 3. Jahrhundert v. Chr. aus dem Reich der Mythen und Legenden. Einige Fürstentümer im Delta des Roten Flusses hatten sich vermutlich um 257 v. Chr. unter An Duong Vuong (auch Thuc Phan) zusammengeschlossen, um gemeinsam Angriffe der Chinesen abzuwehren.

Königreich Au Lac

Der chinesische General Trieu Da eroberte Au Lac nach mehrmaligen erfolglosen Angriffen, begründete das Königreich Nam Viet um 200 v. Chr. und legte den Grundstein für die Trieu-Dynastie. Die Hauptstadt seines Reiches, das von China weitgehend unabhängig war, befand sich in der Nähe des heutigen Guangzhou (Kanton).

Unabhängiges Reich Nam Viet

← *Auf König Tu Ducs Grabstele in Hue wird sein Leben beschrieben.*

Chinesische Kolonie und Unabhängigkeit

**Chinesisches
Protektorat
Giao Chi**

Im Jahr 111 v. Chr. gelang dem Han-Kaiser Wudi die Eroberung des Reiches Nam Viet, das er zum chinesischen Protektorat mit Namen Giao Chi (»Land der Barfüßigen«) machte. Damit begann die rund 1000-jährige Herrschaft der Chinesen über die »Barbaren« in Vietnam. Die Unterwerfung hatte die Ausbeutung der Rohstoffe in Vietnam, regelmäßige Tributzahlungen und die kontinuierliche Einwanderung der Chinesen zur Folge. Der Alltag veränderte sich durch den chinesischen Einfluss so stark, dass der Adel der Viet schließlich aufbegehrte und um seine nationale Identität kämpfte. Im Jahr 40 kam es zum **Aufstand der Trung-Schwestern** und ihren Gefolgsleuten. Sie ernannten sich zu Königinnen und herrschten drei Jahre lang, ehe die chinesischen Truppen sie überwältigten. Viele adlige Viet wurden verbannt oder wanderten aus. Ab dem 7. Jahrhundert nannten die Chinesen das vietnamesische Gebiet Annam, das »befriedete Land«. Doch es kam weiterhin zu Aufständen und Aufruhr gegen die chinesischen Besatzer.

Seit dem 2. Jahrhundert gelangten die **Lehren Buddhas** durch Pilger von Indien nach Vietnam. Die meisten Vietnamesen nahmen später die Dhyana-Lehre des indischen Mönches Bodhi Dharma (6. Jh.) an, der den Zen-Buddhismus begründete.

Diese Pfähle sollen bei der Schlacht am Bach Dang River die chinesischen Schiffe durchbohrt haben (Historisches Museum Hanoi).

Als die Chinesen im eigenen Reich durch den Untergang der Trang-Dynastie geschwächt waren, konnte der vietnamesische General Ngo Quyen nach jahrelangen Schlachten 939 die Unabhängigkeit Vietnams erlangen und die Ngo-Dynastie begründen – die **erste rein vietnamesische Dynastie**. Seine Hauptstadt sollte Co Loa sein, der alte Regierungssitz des Königreiches Au Lac. Nach dem Tod Ngo Quyens (944) kämpften Generäle und Fürsten um die Macht, bis einer von ihnen, Dinh Tien Hoang, im Jahr 968 siegte und das Königreich Dai Co Viet schuf.

Reich Dai Co Viet

Die großen Dynastien

1009–1225	Ly-Dynastie führt Beamtenwesen ein.
10. Jh.	Konfuzianismus wird Staatsreligion.
1288	Tran Hung Dao besiegt die Mongolen.
16. Jh.	Trinh und Nguyen teilen das Land unter sich auf.
1771–1802	Tay-Son-Aufstand
1802	Hue wird Hauptstadt unter Kaiser Gia Long (Nguyen).

Die erste bedeutende Dynastie Vietnams entstand während der Herrschaft der Ly. Unter dem ersten König Ly Thai To wurde die Hauptstadt im Jahr 1010 nach Thang Long, dem heutigen Hanoi, verlegt. Viele wichtige und **weit reichende Reformen** fielen in seine Regierungszeit: Er schuf ein Beamtenwesen, das durch Abgaben und Steuern finanziert werden konnte und nicht mehr nur aus kaiserlichen Familienmitgliedern bestand. Die allgemeine Wehrpflicht wurde eingeführt. Auch Wissenschaft und Kultur erlebten eine Blütezeit, zudem entstand die chinesisch-vietnamesische Schriftsprache Chua Nom. Der Deichbau wurde entwickelt und konnte die alljährlich steigenden Wassermassen im Delta des Roten Flusses bändigen.

Ly-Dynastie

Die Herrscher der Ly-Dynastie waren große Anhänger des Buddhismus. Bei der Bildung der Gelehrten wurde allerdings die Verbreitung der konfuzianischen Philosophie gefördert, die ab dem 10. Jahrhundert zur **Staatsreligion** erhoben wurde. Das einfache Volk vermischte die buddhistische, konfuzianische und taoistische Lehre mit animistischen Glaubenselementen zum Volksbuddhismus, der im Großen und Ganzen bis heute praktiziert wird. Ly Thanh Tong, der dritte Ly-Herrscher, besiegte im 11. Jahrhundert die Cham und besetzte ihre nördlichen Provinzen. Das gesamte Reich nannte er Dai Viet.

Der mit der Ly-Dynastie verwandte Tran-Clan übernahm die Regentschaft in Dai Viet. Eines der Familienmitglieder der Tran erlangte Berühmtheit durch seine glorreichen Siege über die Mongolen: Tran

Tran-Dynastie

Hung Dao hatte 1288 die zahlenmäßig weit überlegenen Truppen des **Mongolenführers Kublai Khan** am Bach-Dang-Fluss in die Flucht geschlagen. Die Tran vergrößerten ihr Reich aber auch auf friedliche Weise, etwa durch die Heirat einer Königsschwester mit dem Cham-König im Süden zu Beginn des 14. Jahrhunderts. Das Reich Champa wurde zum Tribut zahlenden Vasallenstaat gemacht, doch 1371 und 1377 überfielen die Cham-Truppen die Hauptstadt Thang Long, zerstörten den kaiserlichen Palast und annektierten die südlichen Provinzen.

Doppelherrschaft Trinh und Nguyen

Der ehrgeizige Provinzgouverneur Mac Dang Dung hatte 1527 in der allmählich zerfallenden Le-Dynastie die Macht vorübergehend an sich gerissen, konnte sich jedoch nur kurz halten. Die 1533 wieder eingesetzte Le-Dynastie herrschte ab jetzt eigentlich nur noch dem Namen nach, denn die Fäden zogen die Mitglieder der feudalen Familien Trinh und Nguyen. In dieser Epoche erlebten die Schönen Künste eine Blütezeit, besonders die **Keramiken** aus Vietnam waren in ganz Asien begehrt und wurden nachgeahmt.

Die Macht über den Marionettenkönig aus der Le-Dynastie erlangten die zunächst mächtigeren Trinh durch die Einheirat in die kaiserliche Familie und die Besetzung wichtiger militärischer Posten im Norden des Landes. Die Nguyen weiteten ab dem Ende des 16. Jahrhunderts ebenfalls ihre Macht aus und errichteten ihre Höfe in Zentralvietnam. Die beiden Familien lieferten sich einen über Jahrzehnte andauernden Bürgerkrieg, bis sie schließlich Vietnam um 1673 unter sich aufteilten. Die Nguyen konnten ihren Herrschaftsbereich – mit militärischer Unterstützung der inzwischen auf dem Seeweg eingetroffenen Portugiesen – dann stetig nach Süden bis an den Golf von Siam ausbauen. Ende des 17. Jahrhunderts besaßen sie eine beachtliche Flotte aus 133 Schiffen. Der Nguyen-Clan schlug seinen Regierungssitz 1687 in Phu Xuan, dem heutigen Hue, auf. Von hier aus eroberten sie 1767 Kambodscha und verdrängten die Khmer aus dem Mekong-Delta, wo sie zuvor etwa 1694 die Stadt Gia Dinh (Saigon) gegründet hatten.

Die berühmten Dynastischen Urnen in Hue: Symbol für die Kaiser der Nguyen-Dynastie

Tay-Son-Aufstand

Im Jahre 1771 begann der Aufstand gegen die beiden Fürstenfamilien Trinh und Nguyen. Anführer waren drei Brüder aus Tay Son, die sich mit Hilfe von unzufriedenen Bauern und Soldaten gegen die hohe Besteuerung, die verheerende Korruption und **schlechte Wirtschaftslage** im Lande auflehnten. Letzten Endes erfolgreich, denn die Tay-Son-Rebellen konnten 1776/1777 das Herrschaftsgebiet der Nguyen-

Dynastie erobern. Diese jahrelangen Unruhen nutzten wiederum die Chinesen der Qing-Dynastie, um erneut einen Angriff auf das geteilte, durch Bauernaufstände und interne Machtkämpfe aufgeriebene Land zu wagen. Vergeblich – sie wurden von einem der Tay-Son-Brüder (der sich mittlerweile Kaiser Quang Trung nannte) 1789 wieder aus Thang Long vertrieben.

Der einzige überlebende Nguyen-Fürst, Nguyen Anh, besiegte die **Nguyen-Dynastie** Tay-Son-Brüder nach zwei Jahrzehnten des Kampfes und Exils in Siam endgültig – wenn auch mit Hilfe der Franzosen. Er eroberte nacheinander die Städte Saigon und Hue zurück und marschierte in Hanoi ein. Im Jahr 1802 ernannte er sich unter dem Namen Gia Long zum ersten Kaiser der Nguyen-Dynastie, der letzten vietnamesischen Dynastie. Die Nachbarländer Laos und Kambodscha wurden bei Feldzügen zu Vasallenstaaten gemacht. Hauptstadt des wiedervereinigten Reiches Viet Nam war Hue (ab 1804). In dieser Epoche stand Vietnam unter den zunehmenden Machtansprüchen zweier fremder und rivalisierender Länder: China und Frankreich. Unter der Herrschaft des Kaisersohnes Minh Mang und seines Nachfolgers Thieu Tri verschlechterten sich die vietnamesisch-französischen Beziehungen zusehends.

Unter fremden Herrschern

1862/1863	Beginn der französischen Kolonialherrschaft
1940–1945	Japan besetzt Vietnam.
1946–1954	Erster Indochinakrieg
1954	Genfer Indochina-Konferenz: Teilung des Landes

Französische Kolonialherrschaft

Im Jahre 1858 landeten französische Kriegsschiffe in Da Nang (damals Tourane). Nur ein Jahr später hatten die Franzosen Gia Dinh (Saigon) und gegen Ende des 19. Jahrhunderts auch den Norden mit Hanoi erobert. Die Kolonialtruppen besetzten nach und nach das gesamte indochinesische Terrain (Kambodscha, Laos und Vietnam). Die Herrschaft im Land ging 1862/1863 vertraglich von den Nguyen auf Frankreich über. Vietnam wurde unterteilt in die Kolonie Cochinchina im Süden sowie die Protektorate Annam im Zentrum und Tonkin im Norden. Besonders die **reichhaltigen Bodenschätze** (vor allem Kohle und Zinn) und landwirtschaftlichen Produkte (wie Kautschuk, Reis, Tabak, Tee und Kaffee) lohnten den Einsatz im Fernen Osten.

Französischer Kolonialherr in Riksha mit Kuli (Anfang 20. Jh.)

Mit Hilfe Frankreichs wurde aber auch die Infrastruktur mit einem Straßennetz, Eisenbahnstrecken, Hafenanlagen, Bergwerken und Fabriken aufgebaut. Finanziert wurden diese Projekte durch Steuern und das staatliche Monopol auf den Opiumhandel.

Im 20. Jahrhundert verstärkten sich die Anzeichen für eine antikoloniale Bewegung. Sie kamen vor allem aus der gebildeten Oberschicht, deren Söhne und Töchter teilweise sogar in französischen Schulen und Universitäten unterrichtet worden waren. Im Jahre 1930 wurde in Hong Kong die Kommunistische Partei Vietnams (später KP Indochinas) gegründet.

Erste Widerstandsbewegungen

Der heftigste Widerstand gegen die Franzosen fand Ende dieses Jahres in Zentralvietnam mit einer Erhebung der Bauern und Arbeiter in **Nghe An** statt. Doch die französischen Kolonialherren schlugen die nationalistischen Bewegungen und Aufstände mit äußerster Gewalt nieder und verbannten die Oppositionellen, u. a. auf die Gefängnisinsel Con Dao, darunter fast die gesamte Führungsschicht der vietnamesischen KP. Elf Jahre später gründete sich unter Führung von Ho Chi Minh (►Berühmte Persönlichkeiten) die kommunistische Liga für die Unabhängigkeit Vietnams, die auch Vietminh (Viet Minh) genannt wurde. Der Vietminh wurde bei seinem Kampf gegen die Besatzungsmacht Japan in den folgenden Jahren von den Vereinigten Staaten von Amerika unterstützt und mit Waffen ausgerüstet.

Zweiter Weltkrieg

Während des Zweiten Weltkrieges war es nämlich erneut zu einer Doppelherrschaft in Vietnam gekommen: Die Japaner hielten das Land seit 1940 besetzt, duldeten aber weiterhin die französische Verwaltung. Japan erklärte Vietnam erst 1945 für unabhängig, nachdem es die französische Kolonialarmee gegen Kriegsende doch noch entwaffnet und interniert hatte. Nun durfte Nguyen-Kaiser Bao Dai (► Berühmte Persönlichkeiten) kurzzeitig das Land unter Aufsicht der Japaner regieren, bis diese im August des gleichen Jahres kapitulierten.

Unabhängigkeitserklärung

Nach der Kapitulation der Japaner ergriff Ho Chi Minh die Gelegenheit und rief den **bewaffneten Aufstand** aus. Am 2. September 1945 erklärte er in Hanoi die Unabhängigkeit des Landes – die Demokratische Republik Vietnam (DRV) war gegründet. Bao Dai musste abdanken. Erstmals fanden im Januar 1946 in ganz Vietnam Wahlen statt, in der der Vietminh siegte.

Erster Indochinakrieg

Die ehemaligen französischen Kolonialherren hatten zwar das französisch-vietnamesische Abkommen von Hanoi unterzeichnet, das die Unabhängigkeit der DRV anerkannte, doch sie besetzten Saigon und Hanoi kurz darauf erneut. Mit dem Beschuss des Hafens Hai Phong im November 1946 begann offiziell der Erste Indochinakrieg zwischen Vietnam und Frankreich, ein viele Jahre währender Partisanenkampf. Dabei war die Regierung Ho Chi Minhs gezwungen, in den Untergrund zu gehen und sich in den schwer zugänglichen Bergen im Norden bei Cao Bang zu verstecken. Der ehemalige Kaiser Bao Dai wurde von den Franzosen 1948 erneut als Regent des formell unabhängigen Staates Vietnam eingesetzt. So entwickelte sich der ehemals rein koloniale Konflikt zum internationalen Stellvertreterkrieg und spaltete die Nationen während des »Kalten Krieges« schließlich weltweit: Während China und die Sowjetunion den Norden mit Waffen unterstützten und als legitime Regierung anerkannten, stellten sich die westlichen Staaten auf die Seite Frankreichs und seiner Marionette Bao Dai.

Nachdem die Franzosen jahrelang militärisch keine nennenswerten Erfolge gegen die Befreiungsbewegung erzielen konnten, kam es im äußersten Norden bei Dien Bien Phu 1954 zur entscheidenden

◀ Schlacht um Dien Bien Phu

Gemälde der Unabhängigkeits-Proklamation im Historischen Museum Hanoi

Schlacht. Die französischen Truppen wurden von den Soldaten der Vietnamesischen Volksarmee (VVA) in ihrer Festung belagert, beschossen, ausgehungert und schließlich besiegt. In den 55 Tagen der Belagerung bis zum 7. Mai 1954 fielen rund 3000 Franzosen. Vietnamesischer Oberbefehlshaber war General Vo Nguyen Giap, der später auch die amerikanischen Truppen immer wieder herausforderte.

Teilung Vietnams

Erneute Teilung Vietnams

Auf der **Genfer Indochina-Konferenz** trafen sich im April 1954 in Paris die beteiligten Kriegsgegner, die Nachbarländer Laos und Kambodscha und die Weltmächte (USA, die Sowjetunion und China sowie Großbritannien), um die Zukunft des südostasiatischen Landes zu bestimmen. Die als Provisorium beschlossene **Demarkationslinie** am 17. Breitengrad bei Dong Ha sollte das Land lediglich bis zu den gesamtvietnamesischen Wahlen im Juli 1956 trennen. Doch Dong Ha wurde zur dauerhaften Grenze für die nächsten 21 Jahre. Das Genfer Abkommen ist weder von Südvietnam noch von den USA unterzeichnet worden.

Der Norden – Demokratische Republik Vietnam

Im Norden des faktisch erneut geteilten Landes regierten die Kommunisten unter Führung von Ho Chi Minh in der Hauptstadt Hanoi. Die Demokratische Republik Vietnam entwickelte sich zu einem sozialistisch geprägten Landesteil, in dem städtische und bäuerliche Familienbetriebe verstaatlicht wurden und der alleinige Herrschaftsanspruch der Kommunistischen Partei galt. Die Machthaber begannen das Land nördlich des 17. Breitengrades systematisch zu säubern und lösten damit eine **Flüchtlingswelle** von rund 1 Million Nordvietnamesen nach Süden aus. Denunziationen und Hinrichtungen von angeblichen Landesverrätern waren an der Tagesordnung. Eine 1955/1956 rigoros durchgesetzte Bodenreform verunsicherte die Bevölkerung zusätzlich, wodurch es zu weiteren Unruhen im Norden kam.

Der Süden – Republik Südvietnam

In Saigon, der Hauptstadt des prowestlichen Südens, wurde im Oktober 1955 die Republik Südvietnam ausgerufen, in der der Antikommunist und Katholik Ngo Dinh Diem herrschte. Die in Genf für Juli 1956 vereinbarten gesamtvietnamesischen Wahlen ließ er aus Angst vor einem wahrscheinlichen Sieg der Kommunisten gar nicht erst stattfinden. Stattdessen hatte sich Ngo Dinh Diem bei einem manipulierten Referendum im Süden als Präsident bestätigen lassen. Die französischen Truppen zogen erst 1956 aus Südvietnam ab. Dafür traten die USA mit der Entsendung militärischer Hilfe und Berater verstärkt ab Mitte der 1950er-Jahre in den Konflikt mit dem Norden ein. Der südvietnamesische Regierungschef entwickelte sich unterdessen immer mehr zum **Diktator** und ging mit unverhohlener Härte gegen Buddhisten und politisch Andersdenkende vor, was 1963 öffentliche Selbstverbrennungen buddhistischer Mönche und Demonstrationen südvietnamesischer Studenten zur Folge hatte.

Vietnamkrieg

1963	Sturz des südvietnamesischen Diktators Diem
1964–1975	Zweiter Indochinakrieg
1975	Einmarsch der Nordvietnamesen (FNL) in Saigon und Machtübernahme

Südvietnamesische Guerillas waren seit 1956 bei Widerstandskämpfen aktiv, sie wurden als Vietcong (vietnamesische Kommunisten) bezeichnet. Die regulären Truppen Südvietnams waren durch weit verbreitete Korruption und zahlreiche Deserteure bereits erheblich geschwächt. Durch die politische Verfolgung in den Untergrund getrieben, gründete die südvietnamesische Opposition mit kommunistischer Unterstützung aus Hanoi 1960 die FNL, die **Nationale Befreiungsfront Südvietnams**. Seit Beginn der 1960er-Jahre schickten die USA stetig Militärberater nach Südvietnam: Ihre Zahl stieg von 2000 (Ende des Jahres 1960) auf 16 300 (Ende 1963). Hintergrund war die so genannte Dominotheorie, denn die westlichen (vor allem die amerikanischen) Politiker befürchteten nach einem Sieg der Kommunisten in Vietnam weitere Umstürze in den Nachbarländern. Nach mehreren gescheiterten Putschversuchen wurde Ngo Dinh Diem schließlich 1963 von den Militärs mit Hilfe der CIA und dem Wissen Präsident John F. Kennedys gestürzt und erschossen. **Kriegsvorbereitungen**

Als offizieller Kriegsbeginn und Auslöser des Vietnamkrieges (Zweiter Indochinakrieg) gilt ein **Vorfall im Golf von Tonkin**: Der US-Zerstörer »Maddox« geriet vor der nordvietnamesischen Küste im August 1964 in ein Feuergefecht mit zwei Torpedobooten. Wie sich bei amerikanischen Untersuchungen später herausstellte, war die »Maddox« in ein geheimes Manöver mit der südvietnamesischen Marine verwickelt gewesen. Der Vorfall wurde von US-Präsident Lyndon B. Johnson zum Anlass genommen, die weitere Verstärkung der amerikanischen Truppen im Süden und die Bombardierung Nordvietnams zu befehlen, mit fast einhelliger Zustimmung im US-Kongress. Merkwürdigerweise lag die so genannte Tonkin-Resolution aber schon Monate vor dem vermeintlichen Angriff in der Schublade des Präsidenten – so berichtete die »New York Times« später mit Auszügen aus den streng geheimen »Pentagon Papers«. **Vorfall im Golf von Tonkin**
Es kam nie zu einer offiziellen Kriegserklärung der Amerikaner an Nordvietnam. »Rolling Thunder« lautete das Einsatzkommando, mit dem die ersten US-Kampftruppen im März 1965 an der vietnamesischen Küste bei Da Nang landeten. Ihre Zahl stieg in den nächsten vier Jahren von 25 000 auf über eine halbe Million.

Mit modernsten Waffen sollten die kommunistischen Soldaten von den US-Truppen aus dem Süden vertrieben und der Norden besiegt **Mit »Tigerfallen« gegen US-Panzer** werden. Doch der Vietcong kämpfte mit **Guerillataktik** auf einem ihm vertrauten Terrain, teils mit Unterstützung der ländlichen Bevölkerung. Durch die repressive Herrschaft in den Jahren zuvor hatten die Machthaber in Saigon die Sympathie vieler Bauern in den umkämpften Gebieten verloren. Die Vielzahl der Kriegsopfer unter der Zivilbevölkerung tat ein Übriges – viele aus den Kriegsgebieten fliehende Südvietnamesen liefen zu den Kommunisten über. Schließlich wurden große Teile der Landbevölkerung in so genannte Wehrdörfer und in die Städte umgesiedelt, womit dem Vietcong seine Versorgungsquelle entzogen werden sollte. »Charlie«, wie die US-Truppen die südvietnamesischen Untergrundkämpfer bald nannten, sorgte mit Tretminen, Tigerfallen, Überraschungsangriffen und Sabotageakten für große Verluste auf Seiten der Amerikaner. Die heute für Touristen geöffneten **Tunnel von Cu Chi** machten den Vietcong quasi unsichtbar, und so gelang es den kommunistischen Kämpfern, sich in einem weit verzweigten Tunnelsystem unaufhaltsam sogar der südvietnamesischen Hauptstadt Saigon zu nähern. Tagsüber schienen die US-Truppen die Oberhand zu haben, nachts jedoch schlug der

Vietnamkrieg Orientierung

Vietcong zurück und brachte der Weltmacht empfindliche Niederlagen bei. Doch ein militärischer Gesamtsieg der kommunistischen Partisanen war aufgrund der Übermacht aus amerikanischen, südvietnamesischen und alliierten Soldaten (u. a. Australier und Südkoreaner) unmöglich. Mehr als 600 000 Alliierte kämpften gegen rund 200 000 kommunistische Soldaten aus dem Norden und Süden. Um die **militärische Patt-Situation** zu beenden, erwägten die Militärs in den USA sogar den Einsatz von Nuklearwaffen in Vietnam.

Um den Dschungelkrieg zu gewinnen, befahl der US-Oberbefehlshaber General Westmoreland schließlich den Einsatz der dioxinhaltigen Chemikalie **»Agent Orange«**. Große Gebiete wurden zur »Feuer-frei-Zone«; bevorzugtes Ziel der Entlaubungsaktionen mit Napalmbomben und Sprengstoff war der so genannte **Ho-Chi-Minh-Pfad** (▶ DMZ), ein etwa 16 000 km langes und weit verzeigtes Wegenetz, das sich z. T. auf südlaotischem und kambodschanischem Grenzgebiet befand. Auf diesen Pfa-

Sicherlich eines der prägendsten Bilder des Jahrhunderts: Nick Ut drückte den Auslöser, als ihm ein schreiendes Mädchen aus Trang Bang entgegenlief.

den brachten nordvietnamesische Kämpfer pausenlos (militärischen) Nachschub in den Süden und kehrten sofort für neue Einsätze wieder in den Norden zurück.

Die Wende im Kriegsgeschehen trat zum vietnamesischen Neujahr Tet am 31. Januar 1968 ein. Trotz des Waffenstillstandes für diesen Feiertag griffen die Kämpfer Ho Chi Minhs und die Vietcong landesweit die Stellungen der amerikanischen und regulären südvietnamesischen Verbände an – mit geringem militärischen Erfolg und hohen Verlusten für die Kommunisten (schätzungsweise 30 000–50 000 Tote), aber auch mit verheerenden Folgen für die US-Regierung. Denn die Fernsehbilder zeigten einige Vietcong-Soldaten auf dem Gelände der US-Botschaft und straften die seit Jahren übertriebenen amerikanischen Erfolgsmeldungen über das nahe Kriegsende Lügen. Die Bilder lösten geradezu einen Schock in der amerikanischen Öffentlichkeit aus. **Überraschung zum Tet-Fest 1968**

Im Jahre 1968 schlug die Stimmung schließlich auch in den USA um: Immer mehr Kriegsveteranen und als Invaliden zurückgekehrte GIs schlossen sich der **Antikriegsbewegung** an. In Amerika und Westeuropa gingen Millionen Menschen auf die Straße, um die Beendigung des Vietnamkrieges zu fordern. Präsident Johnson kündigte im gleichen Jahr offizielle Friedensverhandlungen an, die schließlich im Mai in Paris begannen. Der Waffenstillstand, eine der Voraussetzungen für die Aufnahme der Verhandlungen, dauerte nur kurz – die Kriegshandlungen wurden bald fortgesetzt und schließlich sogar offiziell auf die Nachbarländer Laos und Kambodscha ausgeweitet. Unter Präsident Richard Nixon wurde die Vietnamisierung des Konfliktes ab Juli 1969 vollzogen: Der schrittweise Abzug der US-Armee sollte durch die Aufrüstung der regulären südvietnamesischen Truppen ausgeglichen werden.

Bericht-erstattung In keinem anderen Krieg hatte die unzensierte Berichterstattung in den Medien eine derartig durchschlagende Wirkung – allerdings ganz anders als die amerikanischen Militärstrategen geplant hatten. So ließ die Berichterstattung über die **Massaker bei My Lai** (16. März 1968) das öffentliche Meinungsbild vollends kippen. Bei einem 90-minütigen »search and destroy«-Einsatz hatten US-Soldaten 504 Dorfbewohner erschossen: Alte, Frauen, Kinder und Babys. Eine noch größere, bis heute symbolische Wirkung auf die Weltöffentlichkeit hatten aber die Bilder aus Trang Bang (1972). Sie zeigten u. a. ein nacktes Mädchen, das vor der Zerstörung seines Dorfes durch amerikanische Napalmbomben weinend dem Fotografen Nick Ut entgegenlief.

? WUSSTEN SIE SCHON …?

■ Insgesamt waren im Vietnamkrieg 7,5 Millionen Tonnen Bomben beim Luftkrieg (sowie die gleiche Menge im Bodenkrieg) in Indochina explodiert – mehr als dreimal so viel wie im gesamten Zweiten Weltkrieg. Der Krieg kostete die Amerikaner rund 150 Milliarden US-Dollar. Die Gesamtzahl der toten Soldaten und Zivilisten wird auf bis zu 3,5 Millionen geschätzt.

Trotz der 1968 begonnenen Friedensgespräche und geheimer Verhandlungen wurde der Krieg noch Jahre fortgesetzt, auch mit schweren Bombardierungen Hanois. Erst am 27. Januar 1973 unterzeichneten die Kontrahenten das **Pariser**

Langes Ende des Vietnamkrieges **Abkommen** über die Beendigung des Krieges und den Abzug der Amerikaner. Doch die nationale Aussöhnung war immer noch nicht in Sicht. Die Regierung in Nordvietnam trieb die Eroberung des Südens nach dem Abzug der US-Truppen offensiv voran – Anfang 1975 mit einem Generalangriff. Als sich die nordvietnamesischen Truppen unaufhaltsam **Saigon** näherten, desertierten und flüchteten Tausende von Soldaten der südvietnamesischen Armee. Präsident Nguyen Van Thieu trat zurück und floh ebenfalls – nach Großbritannien. Am 30. April 1975 zogen die nordvietnamesischen und kommunistischen Truppen in Saigon ein und eroberten den Präsidentenpalast, ohne auf nennenswerte Gegenwehr der südvietnamesischen Armee zu stoßen. Die Republik Südvietnam kapitulierte bedingungslos.

Die Bilanz war allerdings grauenvoll: Millionen Tote, Hunderttausende verletzt, verkrüppelt oder vermisst. Außerdem zogen schätzungsweise 10 Millionen Flüchtlinge und Ex-Soldaten entwurzelt durch das kriegszerstörte Land. Noch immer gelten rund 1600 US-Soldaten als vermisst: die so genannten MIA's (»missing in action«).

Selbst heute fordern die Millionen Liter versprühter **Giftgase** ihre Opfer – unter den Nachkommen der US-Veteranen ebenso wie in Form von unzähligen embryonalen Missgeburten in vietnamesischen Kliniken. Die Dioxine wirken Jahrzehnte nach Kriegsende weiter in der Nahrungsmittelkette und erzeugen Gebärmutterkrebs. Die Bombardierungen hatten das Land in Schutt und Asche gelegt: Zahllose Fabriken, Schulen und Krankenhäuser, Verkehrswege und zivile Dörfer und fast die Hälfte aller Städte waren zerstört. Wildtiere und ein Großteil der Wälder wurden ebenfalls vernichtet.

Einheit und Zeit des Sozialismus

1976	Sozialistische Republik Vietnam wird gegründet.
1978	Verbot des privaten Handels
1979–1989	Besetzung Kambodschas, Sturz des Terrorregimes
1979	Straffeldzug Chinas, schwere Wirtschaftskrise
1986	Parteitag beschließt Reformen.
1994	Ende des US-Wirtschaftsembargos
2001	Neuer Parteichef der Kommunistischen Partei wird der als gemäßigt geltende Nong Duc Manh.
2003	Lungenkrankheit SARS und Vogelgrippe lähmen Tourismuswirtschaft.
2006	Vietnam soll Mitglied der Welthandelsorganisation WTO werden.

Bei den ersten gesamtvietnamesischen Wahlen im April 1976 gewannen erwartungsgemäß die Kommunisten. Am 2. Juli 1976 wurde die Sozialistische Republik Vietnam (SRV) gegründet und die beiden Landeshälften wiedervereint. Ho Chi Minh konnte diesen Triumph nicht mehr miterleben: Bereits 1969 war der nordvietnamesische Präsident gestorben. Die Eingliederung des kapitalistischen Südens nach 20 Jahren Trennung ließ die Kommunistische Partei nun mit rigiden Maßnahmen durchführen. Dazu gehörten neben der Kollektivierung der Wirtschaft in Südvietnam auch die so genannten Umerziehungslager. Die Folgen des radikalen Umbruchs im Süden waren katastrophal. Die Religionsausübung wurde stark beschränkt, die politische Verfolgung traf auch Künstler, Journalisten und Intellektuelle. Nach der Verstaatlichung der landwirtschaftlichen Betriebe zu Genossenschaften verboten die Machthaber in Hanoi 1978 schließlich auch jeglichen privaten Handel. Die Enteignungen lösten die bis dahin größte Fluchtbewegung aus – vor allem die chinesischstämmige Bevölkerung floh über Land und über das Südchinesische Meer: Rund 2 Millionen Menschen haben Vietnam zwischen 1975 und 1990 verlassen, zumeist als Boat people (▶ Baedeker Special S. 62). Außenpolitisch näherte sich die Hanoier Regierung der Sowjetunion, zum Unmut der Chinesen.

Folgen der Wiedervereinigung

In Vietnam machten sich allmählich wieder die alten Expansionsbestrebungen in Richtung Laos und Kambodscha bemerkbar. Ende des Jahres 1978 begann die vietnamesische Großoffensive in das Nachbarland Kambodscha. Die vietnamesische Armee marschierte im Januar 1979 in der kambodschanischen Hauptstadt Phnom Penh ein und stürzte das Terrorregime Pol Pots. Der Völkermord war beendet, die zehnjährige Phase der Besetzung des Nachbarn bis September

Besetzung Kambodschas

Ein Vietnamese klettert an Bord des Versorgungsschiffes »White Plains« der US-Marine, das ein Boot mit 29 Flüchtlingen aufgegriffen hat.

FLUCHT ÜBER DAS MEER

Nach dem Ende des Vietnamkrieges (1975) flohen rund 2 Mio. Menschen, so genannte Boat people, aus dem kommunistisch gewordenen Land. Hauptsächlich ethnische Chinesen, wohlhabende Geschäftsleute, die von den neuen Machthabern verfolgt wurden, verließen die Sozialistische Republik Vietnam.

Viele hatten während des Krieges für die Amerikaner oder für internationale Konzerne gearbeitet und wurden nun zu Tausenden enteignet und in **»Umerziehungslager«** gesteckt. Oder sie verloren auf Jahrzehnte ihre Arbeitserlaubnis – ehemalige Händler und Geschäftsleute sollten nun auf den Feldern in den »Neuen Ökonomischen Zonen«, als Fischer, am Fließband oder notfalls als Cyclo-Fahrer ihren Lebensunterhalt verdienen. Viele flohen auch vor dem Gefängnis, weil sie oder Familienangehörige auf der »falschen Seite« gekämpft hatten.

Gefährliche Überfahrten

So z.B. Huynh Hanh, der erst 17 Jahre alt war, als er 1977 Hals über Kopf aus Vietnam flüchtete. Nach der Machtübernahme der Kommunisten im Süden galten seine Brüder, die in der südvietnamesischen Armee gewesen waren, als Verräter. Sofort wurde die Apotheke seines Vaters in Saigon beschlagnahmt. Hanh musste die Flucht allein antreten. Von meterhohen Wellen wurde der Fischerkahn, in dem er nach Thailand flüchtete, hin- und

hergeschüttelt. Für die 24 Flüchtlinge an Bord reichte das **Trinkwasser** gerade mal einen Tag. Piraten wurden von den Habseligkeiten der Flüchtenden angelockt und überfielen die Boote. Hanh gelangte schließlich über Lager in Thailand und Italien nach Deutschland, wo er als Flüchtling anerkannt wurde. Er machte eine Ausbildung, und bald ließ er seinen Vater nach. Der Rest der Familie ist heute in alle Teile der Welt zerstreut. Doch weil die Oma zu Hause im Sterben lag, kehrte Hanh nach Vietnam zurück. Denn die Angehörigen sind bis zum Tode zu versorgen und zu ehren – so verlangt es der konfuzianische Verhaltenskodex von den Kindern und Kindeskindern. Der junge Mann, nun KFZ-Mechaniker bei einer deutschen Niederlassung in Saigon, wirkt im Gespräch eher wie ein Deutscher als wie ein Vietnamese. Er klagt über **Schikanen der Behörden** und die Behandlung als Bürger 2. Klasse sowie über die weitverbreitete Armut in seiner neuen alten Heimat. Die Rückkehr nach 18 Jahren Konsumgesellschaft, deutscher Ordnung und Dis-

Ein Flüchtlingsboot kentert beim Anlegen an die »Cap Anamur«. Alle Flüchtlinge konnten aber gerettet werden. Das deutsche Hilfsschiff »Cap Anamur« rettete in den 1970er-Jahren rund 9000 Vietnam-Flüchtlingen das Leben.

ziplin war wie ein Schock. Karl Marx ist den allgegenwärtigen **korrupten Gestalten** gewichen, so Hanhs erster Eindruck: Schon am Flughafen musste er heimlich 100 Dollar extra für das Visum zahlen, damit er ohne Probleme seine Heimat betreten durfte.

Kontingentflüchtlinge

Rund 33 000 Boat people aus Vietnam strandeten in der Bundesrepublik und wurden als sog. Kontingentsflüchtlinge aufgenommen. Nach dramatischen Fernsehbildern von ertrinkenden Schiffbrüchigen aus dem Südchinesischen Meer begegnete den Flüchtlingen Ende der 1970er-Jahre eine beispiellose Hilfsbereitschaft. So machte Niedersachsen 1978 mit einer Aufnahmezusage der qualvollen Odyssee von 1000 Bootsflüchtlingen ein Ende, die auf dem Schiff »Hai Hong« schon Monate vor der malaiischen Küste warteten – Malaysia verweigerte die Einreise, da das Land am stärksten von der Flüchtlingswelle betroffen war. Mit Spenden finanzierten die Bundesdeutschen das Rettungsschiff **»Cap Anamur«**. Die Vietnamesen hatten hierzulande Anspruch auf finanzielle Hilfen, Sprachkurse und Umschulungen. Doch schon bald galt die Aufnahmebereitschaft nur noch den Familienangehörigen – die Obergrenze von 38 000 Kontingentflüchtlingen sollte nicht überschritten werden.

Heimkehrer wider Willen

Seit dem Repatriierungsabkommen von 1990 und mit finanzieller Hilfe der EU kehrten vor allem die Wirtschaftsflüchtlinge wieder nach Hause zurück, die wenigsten freiwillig. Jeder Heimkehrer erhielt bis zu 410 US-Dollar zur **Wiedereingliederung**, mehr als ein Jahresgehalt für den Durchschnittsvietnamesen.

Die Anwesenheit des UN-Hochkommissariats für Flüchtlinge in Hanoi und Saigon sollte verhindern, dass die Rückkehrer diskriminiert werden. Doch wie intensiv die Betreuung von hunderttausen Repatriierten im ganzen Lande durch eine Handvoll UN-Beobachter sein kann, bleibt fraglich. Zumal die einstigen Landeskinder nicht gerade mit offenen Armen empfangen wurden. Die heimgekehrten Boat people und die zur gleichen Zeit zurückgeschickten Vertragsarbeiter aus den ehemals kommunistischen Staaten sorgten für einen immensen Nachschub im **Arbeitslosenheer**. Die meisten hatten Probleme bei der Arbeitssuche, neben den Schwierigkeiten im Umgang mit der schleppenden Bürokratie und Korruption. Und so wehrten sich viele mit allen Mitteln gegen die Rückführung, sogar mit Selbstverstümmelung und Selbstmorddrohungen – wie bei der zwangsweisen Abschiebung der letzten Boat people aus Hongkong.

1989 mittels einer vietnamgesteuerten Regierung begann. Die Chinesen, die die Roten Khmer während ihres grauenhaften Regimes unterstützt hatten, reagierten auf den Einmarsch der Vietnamesen in Kambodscha mit einer Strafaktion, dem so genannten Erziehungsfeldzug, an der nordvietnamesischen Grenze im Frühjahr 1979.

Vietnam in der Gegenwart

Erneuerung – Doi Moi

Seit 1979 kündigte sich der Zusammenbruch der vietnamesischen Wirtschaft an. Die Gründe waren offensichtlich: zerstörte Infrastruktur und lahm gelegte Industrie, Naturkatastrophen, enorme Militärausgaben, die 1978 eingestellte Wirtschaftshilfe aus China, das von den USA und anderen westlichen Staaten auf ganz Vietnam ausgeweitete Embargo, eine verheerende Inflation (um 1000 %), die Flucht des Kapitals und der gebildeten Bevölkerungsschicht ins Ausland, die wachsende Korruption, ethnische Widerstandsbewegungen und die weitgehend internationale Isolation nach der Besetzung Kambodschas. Die Notwendigkeit von durchgreifenden **Reformen** wurde auch den Machthabern in Hanoi immer deutlicher. In den 1980er-Jahren vollzog sich zudem ein Generationswechsel im Politbüro, dem dann die »Erneuerung des Denkens« (doi moi) folgte. Auf dem 6. Parteitag 1986 beschlossen die Delegierten ein wirtschaftliches Reformprogramm, das beispielsweise die Dezentralisierung und mehr Marktwirtschaft, die Erlaubnis betrieblicher Eigeninitiativen und Jointventures sowie Leistungsprämien für Arbeiter und Betriebe ermöglichen sollte. Spätestens mit dem Zusammenbruch der Sowjetunion und der Auflösung des Ostblocks 1989 wurden diese Reformen zwangsläufig durchgesetzt. Anfang 1988 kam es erneut zu einer **Hungerkatastrophe** im Norden. Daraufhin schaffte die Regierung die Genossenschaften in der Landwirtschaft endgültig ab; die Bauern durften das Land fortan wieder pachten und ihre Ernte selbst vermarkten. In der 1992 geänderten Verfassung wurde das Recht auf Privateigentum verankert, abgeschafft dagegen wurden z. B. das Recht auf kostenlose Bildung und Gesundheitsversorgung.

Phase der Öffnung und Normalisierung

Seit den 1990er-Jahren sehen ausländische Beobachter in Vietnam bereits einen der asiatischen »Tiger« und »Drachen« – wie Hongkong, Taiwan, Südkorea, Singapur und Thailand – heranwachsen, beeindruckt angesichts der zeitweilig fast zweistelligen Wachstumsraten. Vor allem im Export holte die kriegsgebeutelte Nation schlagartig auf, seit man sich von der einst stark geförderten Schwerindustrie wieder mehr der landestypischen und immer noch vorherrschenden Agrarproduktion zuwandte: Vietnam ist einer der **größten Reisexporteure** weltweit – nachdem der Export von Reis erst 1989 wieder aufgenommen worden war! Die horrende Inflationsrate ist auf ein normales Level zurückgegangen. Vietnam lockt ausländische Investoren mit großen Ölvorkommen, freizügigen Gesetzen, hoher Arbeitsmoral und niedrigen Löhnen.

Mittlerweile hat sich der Wachstumsprozess wieder verlangsamt. Auch zeigen sich die Schattenseiten der Boom-Wirtschaft, zum Beispiel die hohe Arbeitslosigkeit und der unvermeidbare Bankrott vieler unrentabler Staatsbetriebe. Verbessert hat sich jedoch der Lebensstandard der Städter in Vietnam, vor allem sie profitieren von den (wieder aufgenommenen) Investitionen ihrer Auslandsverwandtschaft. Präsident Bush führte erstmals 1990 wieder Gespräche mit Regierungsvertretern aus Vietnam. Vier Jahre später hoben die Vereinigten Staaten von Amerika ihr 1975 verhängtes Wirtschaftsembargo endgültig auf. Mit der **Öffnung der amerikanischen Botschaft** in Hanoi im Jahre 1996 haben sich die

Geschichtsträchtiger Händedruck

Beziehungen zwischen den einstigen Kriegsgegnern weitgehend normalisiert. Im November 2000 besuchte Bill Clinton Vietnam als erster US-Präsident nach 25 Jahren. In einer live im Fernsehen übertragenen Rede betonte er den Willen zur weiteren Normalisierung der Beziehungen.

Im April 2001 wurde der als gemäßigt geltende Abgeordnete Nong Duc Manh zum neuen Parteichef der Kommunistischen Partei gewählt. Zum ersten Mal steht damit ein Vertreter einer ethnischen Minderheit (Thai) an der Spitze der Partei.

Bei den Kongress-Wahlen im April 2006 bestätigte die Kommunistische Partei Nong Duc Manh als Generalsekretär für eine zweite Periode. Vizepremier Nguyen Tan Dung soll Premier Phan Van Khai nachfolgen, der wie Präsident Tran Duc Luong nach zehn Amtsjahren abtritt. Das Amt Luongs soll Nguyen Minh Triet übernehmen.

Große Sorgen bereitet derzeit die Vogelgrippe in Vietnam, wo bis Februar 2006 bereits über 40 Personen an dem Virus gestorben sind. Obwohl eine Ansteckung bei Reisen sehr unwahrscheinlich ist, verzeichnet die vietnamesische Tourismusindustrie starke Einbußen.

Perspektiven

In den vergangenen Jahren mussten auch die Letzten der ca. 90 000 Bootsflüchtlinge, die nach Ende des Vietnamkriegs 1975 geflohen waren und nicht als Flüchtlinge anerkannt wurden (▶ Baedeker Special S. 62), in ihre Heimat zurückkehren. Sorgen macht den internationalen Beobachtern das immer noch zu hohe Bevölkerungswachstum von fast 1,3% (2002) pro Jahr. Politisch herrscht weiterhin die **Ein-Parteien-Regierung** in Hanoi – eine Opposition und eine wirklich demokratische Entwicklung mit pluralistischem Parteiensystem ist in Vietnam nicht in Sicht, Oppositionellen drohen weiterhin langjährige Haftstrafen. Bei aller wirtschaftlichen Liberalisierung behalten die Genossen der vietnamesischen Kommunistischen Partei die Zügel fest in Händen und die alleinige politische Kontrolle im Land. Ein Lichtblick war der Erfolg der Antikorruptionskampagne: die Amtsenthebung von Vizepräsident Ngo Xuan Loc Ende 1999.

Kunst und Kultur

Welches war das goldene Zeitalter vietnamesischer Kunst und Architektur? Was ist die Sapekenklapper? Wie werden die Neujahrsbilder, die man beim Tet-Fest überall sieht, hergestellt? Hier finden Sie Antworten.

Kunstgeschichte

Architektur und Bildhauerei

Bei einer Reise durch Vietnam wird man den verschiedenartigsten **Überblick über** Bauten begegnen: schlichten Häusern mit Strohdach und Bambus- **die Baukunst** wänden, eleganten Kolonialvillen, nüchternen sozialistischen Plattenbauten sowie postmodernen Hochhäusern mit spiegelverglasten Fronten. Zu den beeindruckendsten Bauten gehören sicherlich Paläste und Kaisergräber, Tempel, Pagoden und Gemeinschaftshäuser.

Diese wurden etwas »haltbarer« aus Holz, Stein und Ziegeln erbaut und meist mit Schnitzereien und Skulpturen geschmückt. Von den zahlreichen, im 18. und 19. Jahrhundert errichteten Festungen sind mit Ausnahme von **Hue** nur noch Ruinen oder Wachtürme erhalten. Gerade an der Zitadelle von Hue lassen sich fremde Einflüsse dieser Zeit deutlich ablesen – zum einen das Vorbild Pekings und seiner Verbotenen Stadt, zum anderen der französische Festungsbau. Hier

> ## _i_ Geomantie
>
> ■ Eine mehr als tausend Jahre alte, aus China stammende Lehre besagt, dass jeder Ort schlechte oder gute Eigenschaften besitzt. Bei der Anlage von Grabmälern, Palästen, Tempeln und auch normalen Wohnbauten wird ein Ausgleich der Urkräfte »yin« und »yang« angestrebt. Man »misst« die Eigenschaften der Orte mit Hilfe kompassähnlicher Instrumente mit Magnetnadel.

und an den Grabanlagen der Umgebung spielen nicht nur ästhetische, sondern auch geomantische Gesichtspunkte eine wichtige Rolle. Angestrebt wurde die absolute Harmonie von Kunst und Natur, um das Schicksal günstig zu beeinflussen.

Die Franzosen ließen während ihrer Kolonialherrschaft in **Hanoi** und **Saigon** Verwaltungs- und Repräsentationsgebäude sowie Stadtvillen erbauen, geschmückt mit Stuck und Kolonnaden. Angepasst an das tropische Klima wurden Fensterläden und Veranden zugefügt. Einen etwas rustikalen Touch mit Ziegeldächern und Holzbauten erhielten die Wohnhäuser außerhalb der Zentren und in Ferienorten wie Da Lat und Sa Pa. Noch heute tragen etwa ein Drittel der Kolonialbauten Hanois Züge des Art déco, teilweise verbunden mit asiatischen Elementen (z. B. Oper, Residenz des britischen Botschafters). In den 1930er-Jahren entwickelten einige vietnamesische Architekten den puristischen Stil, in dem die Villen Bao Dais in Da Lat, Vung Tau und So Son erbaut wurden.

Die Bildhauerei befasste sich fast ausschließlich mit **religiösen The-** **Bildhauerei** **men** und ergänzte so die aufwändigen Pagodenbauten und Grabanlagen. Die Sakralgebäude – meist mit geschnitzten Säulen und anmutig geschwungenen Dächern geschmückt – vereinigen oftmals Symbole

← _Kalligraf in der Thien-Hau-Pagode in Cholon_

mehrerer Glaubensrichtungen. Neben Buddhas und Bodhisattvas sind fast immer auch Figuren taoistischer Gottheiten, Ahnengeister und lokaler Schutzgötter zu finden (▶Baedeker Special S. 42). Ihre Gestaltung zeichnet eine ungeheure Kunstfertigkeit aus, sei es bei kunstvoll gedrechseltem Gitterwerk, fantasievollen Lackierungen, außergewöhnlichen Holzplastiken oder überbordendem Dachschmuck. Beeindruckend sind auch die steinernen Stelen in manchen Pagodenanlagen, die von der Grundsteinlegung oder einer anderen wichtigen historischen Begebenheit berichten. Die interessantesten Figuren und Reliefs entstanden zweifellos in der Cham-Kultur.

Geschichte der Cham

Die betagten, aber ausgesprochen interessanten Türme, denen man zwischen Phan Thiet und Da Nang begegnet, sind Relikte der Cham, einer indisierten Dynastie, die mehr als 1400 Jahre lang über Teile Mittel- und Südvietnams herrschte. Nach chinesischer Überlieferung hatte ein Mann namens Khu Lien sich mit einigen lokalen Fürsten bei Quang Tri 192 v. Chr. zusammengetan, um sich gegen die Han-Chinesen im Norden zu schützen, und einen unabhängigen Staat gegründet. Bald vereinigte **Champa** den Küstenstreifen von Phan Thiet bis Dong Hoi, und am Ende des 4. Jahrhunderts umfasste es vier Provinzen: Amaravati (Umgebung von Hue und Da Nang), Vijaya (um Qui Nhon), Kauthara (um Nha Trang) und Panduranga (heutiges Phan Thiet bis Phan Rang). Die Hauptstadt des ersten vereinigten Reiches wurde Simhapura (Löwenstadt), etwa zur gleichen Zeit wurde mit der Anlage der Tempelstadt My Son begonnen. Aufgrund der Lage zwischen den Khmer im Süden und Gruppen der Viet (damals noch unter chinesischer Herrschaft) im Norden musste sich Champa ständig gegen die Nachbarn verteidigen. Vor allem zwischen dem 3. und 5. Jahrhundert kam es immer wieder zu harten Auseinandersetzungen mit Chinesen. Die Kämpfe gegen die Khmer waren besonders schwer während des 12. und 13. Jahrhunderts und gipfelten schließlich in der partiellen Zerstörung Angkors im heuti-

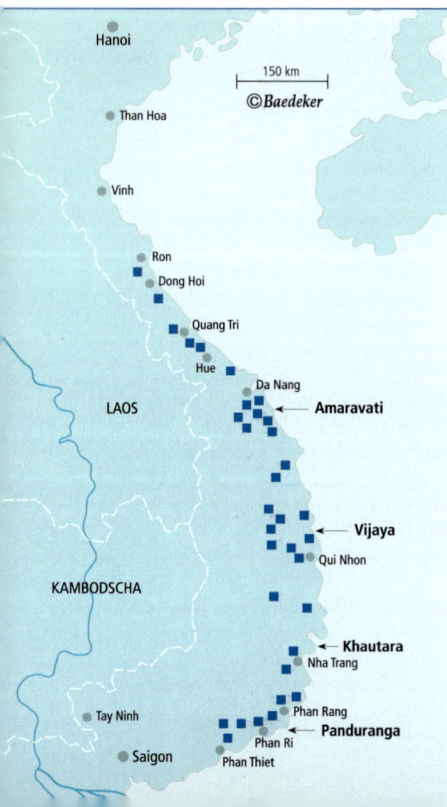

Cham-Heiligtümer *Orientierung*

Die Tempelgruppe bei Nha Trang ist der Muttergöttin Po Nagar geweiht.

gen Kambodscha. Unter Binasuor expandierte das Reich weiter, doch als er 1390 starb, hatten die Viet schon die Region um Indrapura unter ihre Herrschaft gebracht. Bei dem entscheidenden Schlag der Viet wurde 1471 Vijaya eingenommen. Die Cham mussten ihre Kapitale in den Süden verlegen und büßten gewaltig an Macht ein. In den folgenden Jahrhunderten herrschten sie noch nominell über das Gebiet zwischen Phan Rang und Phan Thiet, doch als der letzte unabhängige Cham-König 1697 starb, war von dem einst so mächtigen Reich nicht viel mehr als ein Vasallenstaat der Viet übriggeblieben. Kaiser Minh Mang machte auch dem um 1820 ein Ende. Heute leben noch ca. 100 000 Nachfahren der Cham in Vietnam.

Wenn es jemals eine goldene Epoche vietnamesischer Kunst und Architektur gegeben hat, war es die des Cham-Reiches. Leider sind aufgrund der Verwitterung im tropisch-heißen Klima, wegen Plünderungen und Bombardierungen von den einst 250 Stätten nur etwa 20 erhalten. Die interessantesten Cham-Anlagen sind Po Klong Garai, Po Re Me (beide ►Phan Rang), Po Nagar (►Nha Trang), Thap Doi (►Qui Nhon) und My Son. Einen guten Überblick bietet die hervorragende Sammlung im Cham Museum in Da Nang.

Kultur der Cham

Die frühesten Stücke gehören zur **Tempelanlage von My Son** und wurden auf das 8. Jahrhundert datiert. Sie sind der indischen Kunst dieser Zeit zwar ähnlich, zeigen aber schon einen eigenen Charakter, vor allem in der naturalistischen Darstellung der Menschen.

Die Religion der Cham war der Hinduismus, durchsetzt mit Elementen des Buddhismus und des Volksglaubens. Im späten 14. Jahrhun-

VIETNAMESISCHE PAGODE

Während der Ly- und der Tran-Dynastie (11.–14. Jh.) erreichte die Pagoden-architektur ihren Höhepunkt, doch nur noch wenige sind aus dieser Zeit erhalten. Da man meist Holz als Baustoff verwendete, das im feuchtheißen Klima Vietnams schnell verwitterte, mussten die Heiligtümer in regelmäßigen Abständen erneuert werden. Häufig wurden sie dabei nicht nur rekonstruiert, sondern auch umgebaut.

⏱ Besichtigung:
Am besten geeignet ist jeweils der 1. oder 15. Tag eines Mondmonats (Halbmond oder Vollmond), da dann die meisten Gläubigen kommen.

Anlage
In ihrer Gliederung lehnt sich die vietnamesische Pagode stark an chinesische Vorbilder an. Meist zeigt ihr Grundriss die Form eines liegenden H oder eines auf dem Kopf stehenden T. Das Areal, entlang einer Nord-Süd-Achse errichtet, ist in der Regel von einer 2–3 m hohen Mauer umgeben.

1 Tor (Tam quan)
In die Tempelanlage führt ein dreifaches Tor. Manche sind prächtige Bauwerke mit Ziegeldach und Säulenreihen; andere bestehen aus einfachen Pfosten mit Querbalken.

2 Tempelgebäude (chua)
Die Funktion des Tempels erfordert ebenfalls eine Dreiteilung. Die zunehmende religiöse Bedeutung wird vom Eingang bis zum Hauptaltar durch einen deutlichen Anstieg unterstrichen.

3 Haupteingang
Die Haupteingänge der Pagoden werden nur an Festtagen geöffnet. Von hier gewinnt man den besten räumlichen Eindruck.

4 Vorhalle (tien duong)
In der Vorhalle finden Requisiten für die Tempel-feste Platz, aber auch Statuen von Ahnengeistern oder lokalen Göttern und Schutzgeistern.

5 Zentrale Halle (thien huong)
Im Raum der Räucheropfer steht ein Altar im Mittelpunkt, wo Gebete verrichtet und Opfer niedergelegt werden. Auf dem Altar thront das Buddha-Kind, oft von anderen Statuen begleitet. Der Raum ist mit Schnitzereien an Säulen und Gebälk geschmückt.

6 Hauptaltarhalle (thuong dien)
Im Hauptraum drängen sich die Statuen auf einem steil emporsteigenden Altar bis unter das Gebälk: die Buddhas der drei Generationen, der Jadekaiser mit seinen Jüngern, die Höllenkönige. Auch Statuen der Stifter und andere Gottheiten treten hier auf.

7 Wohnräume
In den Galerien rund um die Chua oder in einem schlichten Gebäude hinter der Pagode leben die Mönche und finden Pilger Unterkunft. Hier sind ebenfalls Statuen der Stifter und Erbauer sowie Bilder der Äbte zu sehen.

8 Glockenturm
Im Hof erhebt sich der Glockenturm. In einfachen Pagoden ist dies nur ein Holzgerüst, oft zeugen aber kunstvolle Pavillons vom Reichtum der Pagode.

9 Stupaanlagen
Im Hof der Pagode wurde die Asche der Mönche und Äbte in Grabdenkmälern, so genannten Stupas, bestattet. Die Höhe der Stupa richtete sich nach Alter und Rang des Verstorbenen.

Vietnamesische Pagode Orientierung

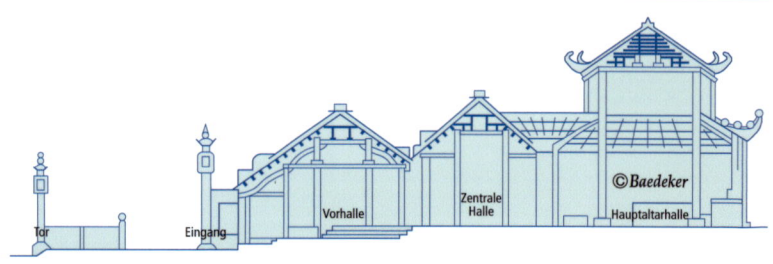

Tor — Eingang — Vorhalle — Zentrale Halle — Hauptaltarhalle — ©Baedeker

Nicht nur buddhistische Statuen bevölkern die Altäre, auch taoistische Götter, chinesische Schutzgeister, Drachen oder verdienstvolle Mönche und Helden trifft man hier an.

Die wohl schönste Tempelfigur Vietnams, eine Quan Am mit tausend Armen, findet man in der Chua But Thap bei Hanoi.

Steinerne Löwen und grimmige Wächter empfangen Besucher am Eingang. Diese Wächterfiguren fehlen in keiner Pagode, auch wenn sie sich in Kleidung und Aussehen oft unterscheiden.

Stupaanlage des Chua Chuc Thanh in Hoi An. In solchen Grabstätten wurden die Mönche und Äbte beigesetzt.

...taltar findet man ...ecken, in die bren... ...rstäbchen gesteckt ...r Ahnen zu gedenken ...r zu ehren.

dert kamen islamische Einflüsse hinzu. Bauwerke und Skulpturen waren im Wesentlichen religiös geprägt. Die verstorbenen Herrscher wurden als Gottkönige verehrt und mit hinduistischen Gottheiten, vor allem Shiva, verschmolzen. Auch Ganesha, Vishnu und Lakshmi wurden daher entlehnt. Die Urmutter Uroja scheint lokalen Vorstellungen zu entstammen. Meist wurde sie als Brust oder Brustwarze dargestellt (Abb. ▶S. 324). Doch sie kann auch die Züge der Gattin Shivas, Bhagavati, tragen – in den Po-Nagar-Türmen bei Nha Trang wird sie als Frau verehrt. Dass auch Einwirkungen aus Java vorhanden waren, zeigen Kala- und Makara-Figuren sowie der bootsähnliche Dachaufbau mancher Gebäude.

Um ihre Götter angemessen ehren zu können, ließen die Chamkönige imposante Ziegelbauten errichten. Im Mittelpunkt eines typischen Komplexes ragte der **Kalan (Turm)** empor, dessen Inneres das Sanktum mit einem Götterbild barg. Meist war ein Lingam, das phallische Symbol Shivas, dargestellt. Bei Reinigungsritualen wurde er mit heiligem Wasser übergossen, das durch eine Rinne im Sockel, der das weibliche Gegenstück (Yoni) darstellte, abfloss.

Die vietnamesische Pagode

Ursprünglich bezeichnete das vietnamesische Wort »chua« nur eine buddhistische Pagode, doch mittlerweile wird der Begriff auch für die Tempel anderer Glaubensrichtungen verwendet. Zudem sind in den meisten buddhistischen Heiligtümern auch Schutzgeister sowie taoistische und konfuzianische Gottheiten zu finden (▶Baedeker Special S. 42). Die meisten Bauten, die man heute besuchen kann, stammen aus dem 18. und 19. Jahrhundert. Oft wurden sie bei Restaurierungen nicht nur rekonstruiert, sondern auch umgebaut. Ein dreiteiliges Tor (tam quan) im Süden führt zu den Tempelgebäuden, die inmitten eines Parks, manchmal mit See und Glockenturm, liegen. Die Chua ist immer dreigeteilt, d. h. eine größere Halle wurde in drei Altarräume unterteilt. Von außen fällt auf, dass die geschwungenen Dächer trotz ihrer Größe und Ornamentfülle relativ leicht wirken – ein Effekt, der durch hochgezogene Dachenden und verzierte Firste erzeugt wird.

Die Vorhalle ist meist einfach gestaltet, Wächterfiguren und lokale Gottheiten haben hier ihren

! **Baedeker TIPP**

Schuhe ausziehen!

Bevor man das Haupheiligtum einer buddhistischen Pagode betritt, muss man die Schuhe ausziehen. Wer nicht barfuß hineingehen möchte oder die angebotenen Hausschuhe nicht so angenehm findet, nimmt sich am besten beim Sightseeing stets ein Paar Söckchen mit.

Platz. Leicht erhöht folgen dann die zentrale Halle und die Hauptaltarhalle. Im zweiten Raum stehen ein schlichter Altar und Tische, auf denen Räucherstäbchen und Lebensmittel als Opfergaben dargebracht werden. Auch hier kann man vielerlei Statuen finden wie die kindliche Darstellung Buddhas oder den lachenden Buddha der Zukunft. Ihre Anordnung ist in jedem Tempel unterschiedlich, es

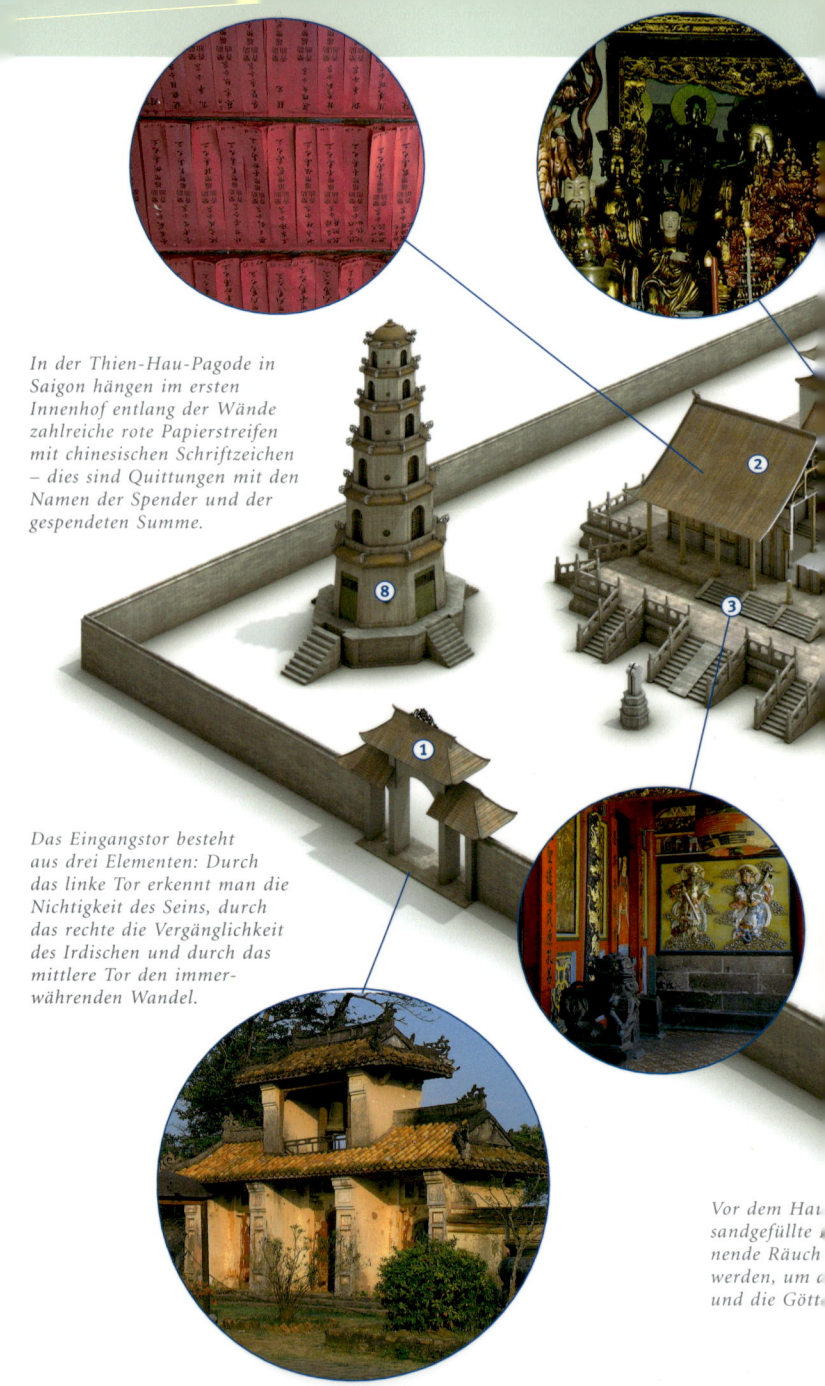

In der Thien-Hau-Pagode in Saigon hängen im ersten Innenhof entlang der Wände zahlreiche rote Papierstreifen mit chinesischen Schriftzeichen – dies sind Quittungen mit den Namen der Spender und der gespendeten Summe.

Das Eingangstor besteht aus drei Elementen: Durch das linke Tor erkennt man die Nichtigkeit des Seins, durch das rechte die Vergänglichkeit des Irdischen und durch das mittlere Tor den immerwährenden Wandel.

Vor dem Hau… sandgefüllte … nende Räuch… werden, um … und die Götte…

können bis zu 100 Statuen sein. Grundsätzlich gilt, dass eine ungerade Anzahl auf den einzelnen Stufen stehen muss und dass die wichtigste Figur immer in der Mitte platziert ist. Ganz oben thronen dann die Buddhas der drei Generationen.

Im hinteren Teil der gesamten Anlage liegen die Wohn- und Schlafräume der Mönche oder Nonnen. Manchmal stehen in den Hallen relativ unauffällige Altäre, an denen der toten Ordensleute gedacht wird; in anderen Pagodengärten sind kleine Stupaanlagen mit den Grabstätten der einstigen Klosterbewohner vorhanden.

Musik, Theater und Film

Musik

Musik gehörte im alten kaiserlichen Vietnam zu den sechs freien Künsten (mit den Zeremonien, dem Schießen, Reiten, Richten und Rechnen), und sie zählte neben dem Schachspiel, der Dichtung und der Malerei zu den vier **»Vergnügungen des Lebens«**. Gemäß der konfuzianischen Überzeugung, dass Musik veredelnde Auswirkungen auf die Menschen habe, schätzten und förderten die Herrscher Vietnams die Tonkunst. Nach der Abdankung des letzten vietnamesischen Kaisers (1945) verschwanden der Hofstaat, die Musiker und Schauspieler, Sänger und Tänzer. Die feudale und aristokratische Kultur sollte endgültig überwunden werden. Mittlerweile bemühen sich einige engagierte Gruppen wieder um die Hofkunst. In Hue kann man Darbietungen dieser Art besuchen.

Höfische Musik

Musiker mit traditionellen Instrumenten

Die buddhistischen Priester deklamieren ihre Sutren und Gebete in einer Mischform aus Vorlesen und Singen. Zudem wird der meist gleichmäßige Rhythmus der Gebete mit Glöckchen oder einem kleinen Gong unterstrichen. Häufig benutzen die Priester auch schellenförmige, mit Schnitzereien verzierte Holztrommeln. Bei manchen Zeremonien werden sie von Fiedel, Laute, einer kleinen einfelligen Trommel und Holzklappern begleitet.

Religiöse Zeremonial- und Kultmusik

Bei Trauerfeiern in Südvietnam sind fünf Musiker für Feier- oder Bestattungsmusik zuständig. Sie untermalen die einzelnen Kulthandlungen mit entsprechender Musik. Dabei spielen sie normalerweise

Zeremonialtrommeln, ein Büffelhorn, das mit einem Holzstab geschlagen wird, eine Oboe, Gongs und Becken sowie die einfellige Bechertrommel. Gesang ist bei diesen Trauerfeiern ausschließlich den Sargträgern vorbehalten: Wenn sie den Sarg forttragen, stimmen sie Lieder an, die die Seele des Verstorbenen »begleiten« sollen.

Klassische Unterhaltungsmusik

Die **»Musik von Hue«** gelangte am Anfang des 18. Jahrhunderts zur Blüte. Sie wird solistisch oder in kleinen, drei bis sechs Instrumente umfassenden Ensembles vorgetragen. Meistens kommen Saiteninstrumente zum Einsatz, aber auch Querflöte, Trommel und Sapekenklapper (s.u.). Heute wird diese virtuose Musik wieder öfter öffentlich aufgeführt, beispielsweise im ehemaligen Kaiserpalast von Hue. In derselben Tradition wie die Musik von Hue steht die **»Musik der Liebhaber«** in Südvietnam. In beiden nimmt der Gesang eine wichtige Rolle ein: In der Musik von Hue singen vor allem Frauen, im Süden haben sich auch Sänger hervorgetan. Einem größeren Publikum ist diese Musik im so genannten erneuerten Theater zugänglich. Eines der populärsten – und viele Zuhörer zu Tränen rührenden – Stücke der südvietnamesischen Unterhaltungsmusik heißt Heimweh nach der Vergangenheit (vong co).

Historische Folkloregruppe im Literaturtempel von Hanoi

Wichtigster Bestandteil der Volksmusik sind die Lieder (hat), die das Leben des Volkes und die »vietnamesische Seele« besingen. Diese Seele kommt in den Melodien und Liedern, der Poesie und Dichtung zum Ausdruck und ist oft von Sentimentalität, tiefer Melancholie und Liebe zum Land erfüllt. Viele Volkslieder erzählen von Liebesleid, der Vergänglichkeit der Natur – und der Arbeit. In Vietnam hat jede Zunft, jeder Berufsstand seine eigenen Lieder. Traditionell sind die der Bauern und Landarbeiter am stärksten vertreten.

Volkslieder

Über 6% der Gesamtbevölkerung Vietnams gehören ethnischen Minderheiten an, von denen die meisten abgeschieden im zentralen Hochland und in den Bergregionen des Nordens leben. Sie alle pflegen eigene Musik- und Tanztraditionen, die mit indonesischen, thailändischen oder burmesischen verwandt sind.

Musik der ethnischen Minderheiten

Ein original vietnamesisches Percussionsinstrument ist die Sapekenklapper Sinh Tien. Sie ist aus Holz und vereint die Eigenschaften von Klapper, Rassel und Kratze. Sie entfaltet ihren Klang, wenn mit einem hölzernen Stab über die Rillen gestrichen und rhythmisch darauf geklopft wird. Die Sapekenklapper ist in der klassischen und auch in der Volksmusik zu hören. Wenn Musiker im Wasserpuppentheater oder im Theater »hat cheo« eine Abendstimmung auf dem Land vermitteln wollen, benutzen sie ein hölzernes Instrument, das an eine Zuckerzange erinnert. Wenn die elastisch-federnden Zangen zusammengedrückt werden und die feinen Zacken aufeinander schlagen und vibrieren, klingt es, als ob ein Frosch aus voller Kehle quakt.

Sapekenklapper

Ein ganz besonderes Instrument ist das Monochord (dan bau), eine schmale lang gestreckte Kastenzither mit einer Saite, die an einem Ende an einem Wirbel, am anderen Ende in einer hölzernen Halbkugel angebracht ist. Diese Kugel steckt an einem elastischen, leicht gekrümmten Bambusstab. Der Spieler biegt diesen Stab mit der linken Hand zur Seite und ändert so die Tonhöhe. Mit der rechten Hand reißt er mit einem Bambusstift-Plektrum die Saite an, deren Spannung er ständig verändert. Das Instrument ist überwiegend in Nordvietnam zu Hause.

Monochord

Theater

Das Hat Cheo ist das populäre volkstümliche Theater Mittel- und Nordvietnams und wurde im Allgemeinen im Hof des Gemeindehauses aufgeführt. Schminke und Kostüme sind denkbar einfach – alle Requisiten passen in eine Kiste. Die Schauspieler verkörpern typisierte Charaktere: den Armen, den Reichen, die Alte, den Possenreißer, den Mönch oder den Helden. Ihre Texte sind meistens von beißendem Spott gegen die Machthaber durchzogen – was ihnen schon oft in der Geschichte Ärger und Berufsverbot einbrachte. Sie

Volkstheater (hat cheo)

Aufführung im Stadttheater von Saigon

geißeln Laster und preisen (buddhistische) Tugenden, indem sie – gespickt mit aktueller Zeitkritik – volksnahe Schicksale und das Leben der Helden darstellen. Sie spielen Szenen und Sketche, tanzen und singen volkstümliche Lieder. Auch alte Lieder der verschiedenen Berufe sind hier noch konserviert. Bis heute ist die Improvisation fester Bestandteil des Spiels, an dem sich das Publikum lautstark beteiligt. Ebenso gehört ein Musikensemble untrennbar zu einer Aufführung dieses Singspiels.

Klassisches Theater (hat tuong)

Das klassische Theater Hat Tuong ist von der chinesischen Oper beeinflusst. Seine Wurzeln reichen ins 12. und 13. Jahrhundert. Später gehörte es fest zur höfischen Unterhaltung. Kaiser Tu Duc höchstpersönlich hat sogar Texte für das »hat tuong« geschrieben. Generell sollen die Tuong-Stücke den **Nationalgeist** festigen und Loyalität gegenüber den Herrschern befördern. Ihre Themen sind vorwiegend der nationalen Geschichte entnommen, wie etwa die der Schwestern Trung oder des Befreiers Le Loi. In Südvietnam wird dieses Theater Hat Boi genannt, d. h. Lieder, die im Kostüm und mit Gebärden vorgetragen werden. Die Kostüme des höfischen »hat tuong« sind kostbarer als die des Cheo-Spiels, und es enthält mehr zeremonielle Elemente. Die Gesten der Mimen sind sehr stilisiert, ihre Botschaft ist die des **Konfuzianismus**. Sobald sie die Bühne betreten, erkennen die Zuschauer an Schminke und Kleidung die Identität der dargestellten Charaktere. Ein rot geschminktes Gesicht signalisiert ihnen sofort Mut, Ehrlichkeit und Loyalität, ein weißes dagegen Brutalität und Hinterlist.

Aus Nordvietnam stammt eine weltweit einzigartige Kunstform: das Wasserpuppentheater. Es hat zwar Einflüsse vom Cheo-Spiel und teilweise auch vom klassischen Theater aufgenommen, aber seine Hauptmotive findet es im Alltagsleben der vietnamesischen Bauern und in alten Legenden. Im und auf dem Wasser schweben, tanzen, pflügen und pflanzen die aus Holz gefertigten Puppen und führen kleine, oft herrlich ironische Geschichten auf. Musiker spielen zu diesem faszinierenden Theater verschiedene Percussionsinstrumente aus Metall und Holz, Saiteninstrumente und verschiedene Bambusflöten. Außerdem singen sie und verleihen den Puppen ihre Stimmen (▶Baedeker Special S. 216).

Wasserpuppen-theater (mua roi nuoc)

Der Ursprung des Wasserpuppentheaters liegt in den religiösen Feiern und Wasserritualen der Landbevölkerung. Vermutlich entstand es, als die Puppenspieler im Delta des Roten Flusses trotz heftiger Monsunschauer und Überflu-

> **!** *Baedeker* TIPP
>
> **Wasserpuppentheater**
> Heute können Wasserpuppentheater in Hue (am Parfümfluss), in Hanoi (u. a. im Literaturtempel oder im Thang-Long-Theater nahe dem Hoan-Kiem-See) und auch in Saigon (im Historischen Museum) besucht werden.

tungen auch zur Regenzeit ihre Geschichte aufführen wollten und so ihre einzigartige Technik entwickelten. Erwähnt sind Aufführungen vom Wasserpuppentheater bereits im 11. Jahrhundert, doch man nimmt an, dass diese Volkskunst auf dem Land bereits noch früher existierte. Ab dem 16. Jahrhundert entstanden feste Spielstätten, so etwa in der Thay-Pagode (Quoc Oai, Son-Tay-Provinz ▶Hanoi, Umgebung) oder im Dong-Tempel (Dong Anh, Hanoi). Hier sind auch die kleinen Tempel für den Wassergott noch erhalten, von denen aus die Spieler ihre Puppen tanzen ließen.

Vietnam im Film

Total erschöpft, vollkommen verdreckt und schwer bepackt schlägt sich eine Gruppe junger US-Soldaten durch den Dschungel. Hitze, Moskitos, Angst und Verzweiflung. Der Vietcong ist überall und nirgends. Die Spannung steigt ins Unerträgliche. Dann plötzlich: Mörsergranaten durchbohren die feuchte Luft und die verschwitzten Körper der Soldaten. Schreie, Blut, Verletzte, Tote.

Hollywood und Vietnam

Hollywood goes Vietnam. Jeder von uns hat schon solche Filme gesehen. Zahllose Streifen benutzten in den 1970er- und 1980er-Jahren den Vietnamkrieg der USA als bloße Staffage für brutale Kampfszenen in exotischer Landschaft. Meist allerdings im Studio gedreht und lediglich angereichert mit Landschaftsaufnahmen aus Thailand oder den Philippinen, denn bis vor kurzem war den Filmemachern die sozialistische Republik Vietnam verschlossen. Die **Klischees** solcher Vietnamfilme, die mit dem Land selbst kaum etwas zu tun hatten, werden dennoch oft für Realität gehalten. Das Bild vom schlitzäugigen, unberechenbaren Vietcong hat sich in den Köpfen der Kinozuschauer fester eingeprägt, als viele zugeben wollen. Harte Action-Movies und so genannte Veteranen-Filme bilden dabei die große Masse, von ein paar wenigen sehenswerten Ausnahmen abgesehen, die wirklich etwas von Land und Kultur zeigen.

Kriegsfilme Der bekannteste Vietnamfilm ist zweifellos **»Apocalypse Now«**. Im Jahre 1979 für die Rekordsumme von 30,5 Mio. US-Dollar gedreht, wurde »Apocalypse Now« von Francis Ford Coppola mit der Goldenen Palme von Cannes ausgezeichnet und erhielt einen Oscar für die beste Kameraführung. Doch auch diese Geschichte nimmt einige der üblichen Klischees auf: Ein amerikanischer Captain erhält den Auftrag, einen Colonel zu liquidieren, der nicht mehr zurechnungsfähig ist und sich im Dschungel als Herrscher aufspielt. Ähnlichen Inhalt zeigen »Rambo II – Der Auftrag« (USA 1985) mit Sylvester Stallone, »Full Metal Jacket« (Regie: Stanley Kubrick, USA 1987) und »Missing in Action« (USA 1984). Im Letzteren geht es um ein Straflager amerikanischer Kriegsgefangener in Vietnam.

Auch in »Platoon« (USA 1986, Drehbuch und Regie: Oliver Stone) haben vor allem harte Männer das Wort: langes Warten unter sengender Sonne, gefährliche Patrouillen, plötzliche Kämpfe. Dass historische Tatsachen hierbei nicht nur verleugnet, sondern regelrecht entstellt werden, scheint den Machern und dem Publikum egal. Es geht um muskelbepackte Einzelkämpfer und Ersatzväter in Uniform. Um nur ein Beispiel zu nennen: das **Massaker von My Lai**, stattgefunden am 16. März 1968, wird in »Platoon« zu einem idyllischen Spektakel, bei dem lachende GIs, kleine Kinder auf den Schultern und im Arm, das brennende Dorf My Lai über saftig grüne Reisfelder verlassen. In Wahrheit richteten amerikanische Soldaten bei diesem Massaker mehr als 500 meist wehrlose Zivilisten brutal hin, in der Mehrzahl Frauen, Kinder und Greise. Reihenweise vergewaltigte und verstümmelte Vietnamesinnen werden im Film lediglich durch das Zuknöpfen einer geöffneten Soldatenhose angedeutet. Über historische Tatsachen erfährt man also nicht viel, umso mehr aber über die Verdrängung des Geschehenen in der amerikanischen Gesellschaft.

Veteranen-Filme Eine zweite Gruppe von Filmen zeigt diese Verletzung noch deutlicher: der Veteranen-Film. Gezielt beschäftigten sich diese Produktionen mit den physischen und psychischen Verletzungen, verbunden mit der verzweifelten Frage, was man als amerikanischer GI überhaupt im Dschungel Vietnams verloren hatte. Die Filme zeigen verkrüppelte Heimkehrer, die Vietnam als Zerstörung ihrer Gesundheit, aber auch ihrer Persönlichkeit erlebten. Dazu gehören »Coming Home« (USA 1978), der die Dreiecksgeschichte der Frau eines Vietnamkämpfers (Jane Fonda) erzählt, die während dessen Abwesenheit eine Beziehung mit einem Vietnam-Kriegsinvaliden eingeht. Ebenso werden »Heroes« (USA 1977) oder »Welcome Home« (USA 1989 mit Kris Kristofferson) zu diesem Genre des zerbrochenen Heimkehrers gezählt. Am bekanntesten aber ist **»Geboren am 4. Juli«** (USA

Szenenfoto aus »Apocalypse Now«

1989), in dem Oliver Stone den Wandel eines nun querschnittsge-
lähmten GIs zum engagierten Kriegsgegner beschreibt. »Asche und
Glut« (USA 1982) dagegen greift die besonderen Wiedereingliede-
rungsschwierigkeiten schwarzer US-Soldaten auf, die innerhalb der
Gesellschaft wie auch in der Armee zu den Underdogs gehörten.

Eine Ausnahme von den stets verwendeten Stereotypen bildet »Dear
America – Letters from Vietnam«, eine Collage, gedreht 1987 in den
USA, die tatsächlich an Freundinnen, Mütter und Ehefrauen verfasste Briefe amerikanischer Soldaten mit Original-Filmmaterial des
Kriegsgeschehens und damaliger US-Nachrichtensendungen verarbeitet. Durch die Originalbilder des Kriegsgeschehens kann dabei
keine falsche Abenteuerromantik im Schützengraben aufkommen.
Ein unbedingt sehenswerter Vietnamfilm, der zeigt, dass es sogar
möglich ist, das Thema als Komödie und doch mit Tiefgang zu
behandeln: **»Good Morning Vietnam«** (USA 1987). Der neue Discjo-
ckey Adrian Cronauer (Robin Williams) eines Soldatensenders wird
wegen seiner frechen Sprüche schnell zum Liebling der Hörer, doch
sein loses Mundwerk führt zu Ärger mit den Vorgesetzten. Als Cro-
nauers vietnamesischer Freund als Vietcong entlarvt wird, wird der
DJ versetzt. Die Tragikomödie zeigt Anteilnahme für die Opfer auf
beiden Seiten des Kriegs und stimmt trotz ihres atemberaubenden
Tempos nachdenklich.

Populäre Klischees und aufregende Exotik statt Authentizität vermittelt erwartungsgemäß dagegen die Verbindung Asiens mit dem Liebesfilm. »Der Liebhaber« (Frankreich/England 1991), nach dem au-

Empfehlenswerte
Ausnahmen
dieser Genres

Liebesfilme

tobiografischen Roman der französischen Schriftstellerin Marguerite Duras, zeigt den chinesischen Schauspiel-Star Tony Leung als reichen Chinesen, der eine junge Französin in die Geheimnisse der Liebe einweiht. Ebenfalls ein Liebesfilm des französischen Indochina der 1930er-Jahre ist das Melodram »Indochine« mit Cathérine Deneuve (ebenfalls Frankreich 1991). Immerhin wurde er als erster europäischer Film an den Originalschauplätzen in der Ha-Long-Bucht, der Trockenen Ha-Long-Bucht und auf den Kautschukplantagen vor Saigon gedreht. Die koloniale Besitzerin einer Plantage erzählt vor dem historischen Hintergrund des nahen Endes der Kolonialzeit die Dreiecksgeschichte ihrer vietnamesischen Adoptivtochter und ihres gemeinsamen Liebhabers.

Der Krieg aus vietnamesischer Sicht

Regisseur Oliver Stone hat nach mehreren konventionellen Vietnam-Filmen (»Platoon«, »Geboren am 4. Juli«) auch einen aus vietnamesischer Sicht gedreht. Die stark veränderte Verfilmung des lesenswerten Buches »Geboren in Vietnam« von Le Ly Hayslip erschien unter dem Filmtitel **»Zwischen Himmel und Hölle«** (USA 1993).
Le Ly Hayslip schildert darin autobiografisch ihre Jugend auf dem Dorf, in das immer mehr der Krieg eindringt. Sie wird erwachsen zwischen Bombenhagel, Vietcong-Training und den Verdächtigungen, eine Kollaborateurin mit den Südvietnamesen zu sein. Als Hausmädchen flieht sie in die Großstadt, dort wird sie vom Hausherrn geschwängert und von dessen Gattin auf die Straße gesetzt. Als Schwarzmarkthändlerin verdient sie dann den Lebensunterhalt für sich und ihren Sohn, bis sich eine große Chance bietet. Ein Soldat (Tommy Lee Jones) verliebt sich in sie und nimmt sie mit in die USA. Doch Buch und Film enden hier nicht: die sozialen Schwierigkeiten in einer fremden Kultur, der Wunsch und die Sehnsucht nach Rückkehr in die Heimat, gleichzeitig aber auch das Wissen, dass die zurückgebliebenen Verwandten ohne Hilfe entsetzlichen Hunger leiden und großer Gefahr ausgesetzt sind – all das wird nicht ausgespart. Le Ly besucht 1986, unmittelbar nach der Öffnung Vietnams, ihre Familie, und der Kontrast zwischen Amerika und Vietnam wird aufs Neue deutlich. Aber auch dieser Film spart nicht mit amerikanischer Rührseligkeit.

Filme vietnamesischer Regisseure

Vu Le My

Leider gibt es kaum Filme, die von Vietnamesen aus deren Sicht gedreht worden sind. Eine absolute Ausnahme bildet **»Wo der Krieg vorbeizog«** von Vu Le My. Dieser Film, ausgezeichnet 1997 auf dem Ökomedia-Festival, stellt endlich einmal die Folgen der Zerstörungsmaschinerie des Krieges dar. Betroffene sprechen in diesem Dokumentarfilm über ihr Leid und darüber, dass noch immer missgebildete Kinder zur Welt kommen. Sie beschreiben ihre Schmerzen und Krankheiten, mit denen sie noch heute zu kämpfen haben. Körperlich und seelisch entstellt, vegetieren Kinder ohne Gliedmaßen, ohne

Augen oder mit riesigen Köpfen, die erst lange nach Kriegsende geboren wurden, ohne finanzielle oder medizinische Hilfe von außen.

Deutschen Zuschauern von Programmkinos eher bekannt sind die beiden Werke des vietnamesischen Regisseurs Tran Anh Hung. In seinem ersten Film, **»Der Duft der grünen Papaya«**, zeigte der Vietnamese Tran Anh Hung (gedreht 1993 in Frankreich) ästhetisch und kunstvoll das Leben einer Dienerin in Vietnam zu Beginn des 20. Jahrhunderts. Obwohl auch dieser Film, wie so viele zuvor, gar nicht in Vietnam, sondern in französischen Studios gedreht worden ist, so transportiert er doch eine eindrucksvolle und fast authentische Stimmung.

Tran Anh Hung

Mit **»Cyclo«** (1995) dagegen macht Tran Anh Hung das Vietnam der Gegenwart zum Thema. Die lärmenden Straßen, Slums und Bars von Saigon sind Schauplätze dieses schnellen und düster-gewalttätigen Films. Jugendbanden liefern sich darin Kämpfe, und die Stadt zuckt dabei wie im Fieber. Ein junger Cyclo-Fahrer und seine Schwester geraten darin unter die Mörder. Tempo und Stimmung dieses Films reißen einen mit hinein in die verwirrende Schnelligkeit der Stadt. Er macht deutlich, dass sich die Gesellschaft des Landes dramatisch verändert und die Familie ihren festen Zusammenhalt verliert. Dieser auch zärtlich-poetische Film zeichnet neben dem Dokumentarfilm »Wo der Krieg vorbeizog« von Vu Le My am stärksten ein realistisches Bild des heutigen Vietnam.

Kunsthandwerk

Kunsthandwerk ist in Vietnam sehr vielfältig und weit verbreitet. Vor allem in den Zentren Saigon, Hue und Hanoi kann man eine große Auswahl finden. Denn in den umliegenden Handwerksdörfern leben fast alle Bewohner von den besonderen Fertigkeiten, auf die man sich spezialisiert hat. Lackarbeiten, Keramiken, Stickereien, Schnitzereien und Intarsienarbeiten werden hauptsächlich in Souvenirläden angeboten, während man auf den Dorfmärkten sehr schöne Korb- und Bambussachen kaufen kann. Auf das Weben, Färben und Besticken von Textilien haben sich vor allem die Bergvölker spezialisiert.

Die ursprünglich aus China stammenden Lackarbeiten werden heute überall feilgeboten und sind seit mindestens 1500 Jahren in Ge-

! **Baedeker TIPP**

Künstlern über die Schulter geblickt
Wer sich für die einzelnen Arbeitsgänge der Lacktechniken genauer interessiert, kann Staats- und Familienbetriebe in Hanoi und Saigon besichtigen, in denen Lackarbeiten hergestellt werden. Eine kleine Ausstellung ist diesem besonderen Verfahren im Kunstmuseum in Hanoi gewidmet.

Lackarbeiten brauch. Der schwarze oder braune Lack wird aus dem Harz des Son-Baumes gewonnen. Allerdings gibt es große Qualitätsunterschiede in Herstellung und Verarbeitung. Früher zeichneten sich gute Arbeiten durch bis zu zweihundertmaliges Lackieren, Lufttrocknen und stundenlanges Polieren aus, was Monate bis Jahre dauern kann. Heute sollten die Stücke wenigstens ein dutzendmal lackiert worden sein. Erst dann wird das Motiv aufgemalt bzw. das Muster für die Einlegematerialien (Muscheln oder Eierschalen) eingeritzt. In der Provinz Song Be, südwestlich von Saigon, stellen Handwerksbetriebe seit Jahrhunderten diese Waren her.

Neujahrsbilder Untrennbar mit dem Tet-Fest (▶Baedeker Special S. 116), dem wichtigsten Feiertag im Jahr, sind die Neujahrsbilder (tranh tet) verbunden. Die auf Seide oder Papier gedruckten Farbholzschnitte werden an Hauseingängen und in Wohnungen aufgehängt. Sie sollen das Böse bannen und Glück bringen. Diese ursprünglich bäuerliche Tradition wird seit dem 15. Jahrhundert in allen Kreisen gepflegt und ist nationales Kulturgut geworden. Die begehrtesten Bilder stammen aus dem **Dorf Dong Ho**, das etwa 50 km von Hanoi entfernt liegt. Dort gestalten kleine Familienbetriebe und eine Kooperative jährlich über 500 000 Drucke solcher Grafiken. In Hanoi kann die Herstellung dieser Holzschnittbilder in der Hang-Trong-Gasse im Handwerkerviertel der Altstadt bewundert werden.

Lackwaren und Möbel im klassischen Design

Zuerst fertigen die Künstler einen Entwurf an. Sie übertragen ihn auf einen Holzblock und schnitzen dann einen Druckstock. Nach dem Druck erscheinen die Umrisse der Motive schwarz, die Flächen werden mit dem Pinsel ausgemalt. Traditionell werden die dafür verwendeten Farben aus Blüten, Früchten, Rinde, Blättern, Asche oder zerstoßenen Mineralien hergestellt – Rezepturen, die von den Künstlern eigens entwickelt und natürlich geheim gehalten werden. Heute verdrängen immer mehr synthetische (und billigere) Farben die Naturfarben. Zuletzt werden die Grafiken noch mit einem glänzenden Überzug versehen, für den ursprünglich fein zermahlene Perlmuscheln benutzt werden sollten.

Glücksbringer dieser Art werden zum Tet-Fest verschenkt.

Die Neujahrsbilder zeigen Episoden aus der nationalen Geschichte oder Volkssagen, Szenen aus dem Alltag – etwa eine Bäuerin mit einem Wasserbüffel –, Helden, Schutzgeister und natürlich die Segen spendenden Tiere: Der Hahn schützt das Haus vor Unheil, die Gans symbolisiert Sanftmut, der Frosch Tapferkeit, das Schwein Wohlstand und Fruchtbarkeit. Blumen verheißen Glück, der Pfau verkündet Schönheit und Frieden. Ein Jahr lang schmücken die Glücksbringer die Häuser – bis sie am nächsten Tet durch neue ersetzt werden und es wieder heißt: »Auf dem Hof brennt das Feuerwerk, an der Wand hängt des Hahnen Bild ...«.

Die Figuren des Wasserpuppentheaters (▶ Baedeker Special S. 216) sind aus dem weichen und leichten Holz des weit verbreiteten Feigenbaums geschnitzt. Zwischen 30 cm und 1 m sind sie groß: Boote und Bälle, die Büffel, Enten und Drachen, Bauern, Kinder, Könige und Feen. Damit das Wasser sie nicht allzu sehr angreift, werden sie von den Puppenmachern mit Harzen und Lacken wasserfest überzogen. Zusätzlich soll dies auch resistent gegen Holzwürmer machen. Darüber werden dann Farben, auch Gold und Silber, aufgetragen. Die Puppenkörper und ihre unteren Gliedmaßen sind aus einem Stück Holz geschnitzt, Kopf und Arme werden durch Gelenke beweglich gehalten. Bei den Aufführungen in Teichen oder Wasserbecken liegt die Basis der 1–5 kg schweren Puppen unter Wasser. Bewegt werden sie mit einer 3–4 m langen Holz- oder Bambusstange. An ihr sind kleine Ruder und oft noch Schnüre angebracht. Mit der Stange kann der Spieler die Puppe dann schieben, ziehen und zur Seite, nach vorne und hinten wenden; mit den Schnüren bewegt er Arme, Kopf und Gliedmaßen. Auch wenn das Äußere der Puppen stilisiert ist, so wirken ihre Bewegungen und ihr Ausdruck meist sehr realistisch.

Figuren des Wasserpuppentheaters

In Vietnams Wäldern wachsen viele Edelhölzer wie Mahagoni, Teak, Eisenholz oder Rosenholz. Vor allem an den Verzierungen alter Ge-

Weitere Schnitzarbeiten

meindehäuser und den Ornamenten chinesischer Pagoden zeigt sich die Kunstfertigkeit der Schnitzer. In der Altstadt Hanois und in den Werkstätten Hoi Ans kann man zusehen, wie kleine Meisterwerke (Dachverzierungen, Figuren, Möbelstücke) entstehen, z. T. auch mit Perlmuttintarsien.

Kleinere Figuren (meist Wasserbüffel und Elefanten) werden auch aus Büffelhorn, Elfenbein oder Schildpatt angeboten. Allerdings dürfen diese nach dem Washingtoner Artenschutzabkommen nicht nach Europa oder in die USA eingeführt werden!

Keramik und Porzellan

Die Produktion von Keramik hat eine lange Tradition in Vietnam. Ursprünglich wurden dafür geflochtene Formen mit Ton beschichtet und gebrannt, erst später wurden Verfahren und Formen verfeinert. Auffallend ist, dass die verschiedenen Dynastien unterschiedliche Techniken, Farben und Motive bevorzugten: jadefarben oder blau, mehr oder weniger transparent und variabel in der Glasur.

Die Chinesen hatten die Kunst des Glasierens eingeführt. Während der Tran-Dynastie (1225–1400) wurden Ziegel, Kacheln und Keramiken noch hauptsächlich in Grün-, Ocker- und Brauntönen produziert, im 15. Jahrhundert entwickelte man eine Vorliebe für die blauweiße Keramik, die auch heute noch gefertigt wird. Unter den Nguyen-Fürsten entstand in Hue etwa 200 Jahre später das kräftig blaue Porzellan, das in Gestalt und Ornamenten den chinesischen Einfluss zeigte. Bis heute gehören Hue und die Handwerksdörfer Bat Trang und Tho Ha bei Hanoi (▶ S. 275) zu den Töpferzentren des Landes.

Auf den Märkten kann man allerlei bunte Keramik als Souvenir erwerben.

Rein asiatische Motive wie Landschaften, Blumen oder Dorfszenen herrschen bei Seidenmalerei und Seidenstickerei vor. Die Malerei entstand vermutlich im 13. Jahrhundert, ursprünglich als Kalligraphie, der nach und nach kleine Naturszenen hinzugefügt wurden. Tischdecken, Blusen und Kimonos werden oft mit Drachen, Vögeln und chinesischen Schriftzeichen verziert. Bekannt sind hierfür die Seidengeschäfte in Saigon, in der Altstadt Hanois (Hang Trong) und die Schneidereien in Hoi An. Kunstvolle, seidengestickte Bilder kann man dagegen in der Galerie der Bao-Dai-Villa (Da Lat) ansehen und auch kaufen.

Seidenmalerei und -stickerei

Im ganzen Land sieht man Männer und Frauen auf den Straßen und Feldern arbeiten. Als Sonnenschutz dienen ihnen die allgegenwärtigen Kegelhüte, die durch ihre Form vollkommen sind und – egal wie die Sonne steht – dafür sorgen, dass sich der Kopf immer im Schatten befindet. Gefertigt werden sie aus jungen Palmenblättern; diese werden auf Rahmen aufgezogen, fixiert und festgeknüpft. Die einfacheren Modelle kann man im ganzen Land bekommen, doch besonders schön sind die Exemplare aus Hue. Zwischen die einzelnen Palmblattlagen werden hier Scherenschnitte mit romantischen Motiven oder Verse gelegt, die leicht durchscheinen, wenn man den Hut gegen das Licht hält. Zudem kann man bunt bestickte Exemplare finden. Und auch bei den Kinnbändern, die zum Halt der Hüte dienen, werden Unterschiede gemacht: Es gibt sie aus Baumwolle, Samt und Seide.

Kegelhüte sind aus dem Straßenbild nicht wegzudenken.

Flechten von Kegelhüten

Die kunsthandwerklichen Fertigkeiten der ethnischen Minderheiten sind sehr vielseitig: Stoffe, Schmuck und Korbwaren werden fast überall hergestellt. Hervorzuheben sind die feinen **Webarbeiten der Muong** und die indigoblau gefärbten und bestickten **Kleider der Bahnar**. Wer sich genauer interessiert, sollte das Ethnologische Museum in Hanoi besuchen, in dem viele der Techniken erläutert werden. Zudem kann man in der Van Mieu Street (neben dem Literaturtempel) in den Geschäften Craft Link und Hoa Sen Gallery die Vielfalt (Stoffe, Webarbeiten, Lackarbeiten, Holzfiguren etc.) der Produkte kennen lernen, evtl. einige Stücke kaufen. Mit dem Gewinn dieser Läden werden Projekte für die Bergvölker und Straßenkinder finanziert.

Kunsthandwerk der Minderheiten

Berühmte Persönlichkeiten

Fast jeder kennt das Foto des neunjährigen nackten Mädchens, das nach dem Abwurf einer Napalmbombe aus seinem Dorf rennt, aber die wenigsten wissen, wie es Phan Thi Kim Phuc danach ergangen ist. Lesen Sie hier nach!

Bao Dai (1913–1997)

Bao Dai (eigentl. Nguyen Vinh Thuy) war der letzte Kaiser der **Letzter Kaiser** Nguyen-Dynastie, die von 1802 bis 1945 in Vietnam herrschte. Doch **Vietnams** seit Annam, das Kernland des Kaiserreiches, 1883 französisches Protektorat geworden war, regierten die Monarchen nur noch dem Namen nach.

Als sein Vater Khai Dinh 1925 starb, folgte Bao Dai ihm zwar formell auf dem Thron. Der Dreizehnjährige wurde zu dieser Zeit aber in Europa erzogen und kam erst sieben Jahre später in seine Heimat zurück, um repräsentative Pflichten zu erfüllen. Während des Zweiten Weltkriegs geriet Vietnam unter japanische Herrschaft; ungefähr zur gleichen Zeit entstand die nationalistische Widerstandsbewegung **Vietminh**, die sich gleichermaßen gegen die Japaner wie auch gegen die Franzosen richtete. Nach der Kapitulation der Japaner musste auch Bao Dai am 24. August 1945 abdanken. Vorerst blieb er sogar »Berater« der Vietminh-Regierung, die am 2. September 1945 die Unabhängigkeit des Landes proklamierte.

Im März 1946 entschloss sich Bao Dai nach Hongkong zu reisen, dann nach Genf, wo er zwei Jahre später von den Franzosen, die ihren Einfluss weiter ausbauen wollten, zur Rückkehr nach Annam überredet wurde. Am 14. Juni 1949 setzten sie ihn sogar in ihrem Einflussbereich (Mittel- und Südvietnam) als »Staatschef« ein. Bao Dai berief daraufhin den Katholiken Ngo Dinh Diem zu seinem engsten Berater. Während der nächsten Jahre war seine Position recht unklar, denn er hielt sich meist an der Côte d'Azur auf. Nach der Niederlage von Dien Bien Phu 1954 zog sich Frankreich aus Indochina endgültig zurück, doch als das weitere Schicksal des Landes auf der **Genfer Indochina-Konferenz** beraten wurde, blieb Bao Dai lieber in seiner Villa in Cannes. Das Ergebnis der Verhandlungen war ein brüchiger Waffenstillstand und die Teilung des Landes am 17. Breitengrad. Diem wurde Präsident Südvietnams, unterstützt von den Vereinigten Staaten von Amerika. Er veranlasste die Auflösung der kaiserlichen Garden, womit Bao Dais letzte Stütze in Vietnam verloren ging.

Nach einer Volksbefragung am 23. Oktober 1955, die zu seinen Ungunsten ausfiel, wurde der einstige Kaiser 1957 per Gesetz enteignet. Offensichtlich verfügte er aber bereits über genügend Mittel im Ausland. Denn von nun an lebte er im Exil, vorzugsweise in seinem Domizil an der Französischen Riviera. Im hohen Alter von 83 Jahren verstarb Bao Dai am 31. Juli 1997 in Paris.

← *Das Denkmal Ho Chi Minhs vor dem Rathaus in Saigon ist eines der beliebtesten Fotomotive der Vietnamesen.*

Marie-Charles David de Mayréna (1842–1890)

Abenteurer

Eine der kuriosesten Episoden der vietnamesischen Kolonialgeschichte ist die des Franzosen Marie-Charles David de Mayréna, die durchaus Parallelen zu Joseph Conrads »Heart of Darkness« (dt. »Herz der Finsternis«) aufweist. Der Roman handelt von einem Europäer, der sich selbst zum Herrscher eines abgelegenen Teils Belgisch-Kongos ernennt – eine Geschichte, deren Grundzüge später auch Francis Ford Coppola in seinem Film »Apocalypse Now« verarbeitete.

Der Lebenslauf des eher windigen de Mayréna war ziemlich abwechslungsreich, u. a. versuchte er sich in der französischen Armee, als Banker und schließlich als Pflanzer im Süden Vietnams. Im Jahre 1888 schickte ihn der Gouverneur zu einer Expedition in die Berge, bei der ihn Hunderte von Trägern und Soldaten begleiteten. Was dann genau geschah, weiß niemand. Doch am Ende (in Kon Tum) war nur noch Alphonse Mercurol bei ihm. Mit Hilfe der französischen Missionare traf er mit Stammeshäuptlingen der Sedang zusammen, die schon bald – wohl wegen seiner blauen Augen und seines herrischen Auftretens – in seinen Bann gerieten. Mayréna nutzte die Situation und rief sich selbst als König Marie I. von Sedang aus, Mercurol erhielt den Titel eines Marquis von Hanoi. So residierte er in einer Strohhütte, entwarf eine eigene Flagge, schuf Gesetze, stellte eine Armee auf und erklärte den benachbarten Jarai den Krieg. Trotz allem wurde ihm das majestätische Gebaren nach ein paar Monaten langweilig, da er letztlich weniger an Macht als an Geld interessiert war. Er brach seine Zelte hier ab und begann, aus seinem Titel Kapital zu schlagen. Umringt von Höflingen lebte er in teuren Saigoner Hotels. Und auch in Europa versuchte er seine Erscheinung in klingende Münze umzusetzen, indem er fiktive Titel und Konzessionen verkaufte. Auf die Dauer konnte er aber nicht vermeiden, dass seine Geschichte hässliche Risse bekam und ihm immer weniger Glauben geschenkt wurde. Im Jahre 1890 kehrte er schließlich nach Asien zurück, wo er sehr bescheiden auf der malaysischen Insel Pulau Tioman bis zu seinem Tod lebte. Vermutlich verstarb Mayréna an einem Schlangenbiss.

Ho Chi Minh

▶Baedeker Special S. 261

Phan Thi Kim Phuc (geb. 1963)

UNESCO-Botschafterin

Eines der einprägsamsten Pressebilder dieses Jahrhunderts zeigt ein kleines, nacktes Mädchen, das zusammen mit anderen Menschen aus einem brennenden Dorf flüchtet und schreiend auf den Betrachter zuzurennen scheint. Es wurde zum Sinnbild für den Vietnamkrieg und die Schrecken des Krieges überhaupt (Abb. ▶S. 59).

Kurz nach einem Napalmbombenabwurf war der vietnamesische **Fotograf Nick Ut** am 8. Juni 1972 in Trang Bang angekommen. Grauenhafte Bilder wie diese boten sich ihm zuhauf – und er drückte auf den Auslöser. Die 9-jährige Phan Thi Kim Phuc hatte bei dem Angriff Verbrennungen dritten Grades erlitten, an denen sie auch heute noch leidet. Nach langen Krankenhausaufenthalten und einem Studium auf Kuba lebt sie heute in Kanada. Mittlerweile ist sie selbst Mutter von zwei Kindern. Im Jahre 1997 wurde Phan Thi Kim Phuc zur UNESCO-Botschafterin ernannt. Ein Jahr zuvor hatte sie dem amerikanischen Verantwortlichen für den Angriff auf ihr Dorf bei einem persönlichen Treffen vergeben.

 Baedeker TIPP

»Das Mädchen hinter dem Foto«
Wer mehr über das Leben von Phan Thi Kim Phuc erfahren möchte, lese die Biografie von Denise Chong (Brunnen, 2005).

Alexandre de Rhodes (1591–1660)

Als einziges asiatisches Land verfügt Vietnam über eine Schrift, die auf lateinischen Buchstaben basiert – wie kam es dazu? Im Zuge der Missionierung Südostasiens gelangte 1627 Alexandre de Rhodes, ein französischer Jesuit, der neben mehreren europäischen Sprachen auch das Chinesische beherrschte, nach Vietnam. Schon nach sechs Monaten war er in der Lage, seine Predigten auf vietnamesisch zu halten. Und um das Evangelium einem möglichst großen Kreis zugänglich zu machen, entwickelte er die Schrift »quoc ngu«, ein auf lateinischen Buchstaben basierendes, phonetisches Alphabet, das bis heute für die vietnamesische Sprache verwendet wird. Dann gab er einen Katechismus und ein Lexikon heraus, indem er das Vietnamesische in lateinische Schriftzeichen transkribierte, – womit ein vollständiges Lexikon für Latein, Portugiesisch und Vietnamesisch vorlag, geschrieben in lateinischen und chinesischen Schriftzeichen. Doch neben der Alphabetisierung und der Unterweisung im christlichen Glauben vermittelten die Missionare den Vietnamesen noch andere Fertigkeiten wie die Grundlagen des Schiffsbaus oder die Herstellung von Uhren und Schusswaffen.

Immer zwischen Hanoi, Macao, Paris und Rom unterwegs, um Geld und Unterstützung für seine Arbeit zu bekommen, wurde Rhodes auch in Europa bekannt. Aufgrund seines Wirkens übertrug der Vatikan den Missionsauftrag in Indochina vermehrt Priestern aus Frankreich. Dies half den Franzosen später enorm dabei, hier Fuß zu fassen und ihre Macht als Kolonialherren auszubauen. Am Hof von Hanoi, wo Rhodes seit 1627 ein gern gesehener Gast war, bildete sich allerdings langsam eine Front gegen ihn. Denn der Mönch vertrat nicht nur eine kompromisslose Haltung zu vietnamesischen Traditionen wie Buddhismus, Ahnenkult und Polygamie. Er erhielt auch großen Zulauf bei seinen Predigten, was vor allem die konfuzianischen Gelehrten störte. Schließlich wurde Rhodes 1630 dazu gezwungen,

Missionar

das Land zu verlassen und nach Macao zu gehen. In den folgenden Jahren kehrte er mehrmals illegal nach Südvietnam zurück, bis er 1645 endgültig des Landes verwiesen wurde. Im Alter von 69 Jahren verstarb Alexandre de Rhodes 1660 in Isfahan (Persien).

Thich Quang Duc (1897–1963)

Mönch

Am frühen Morgen des 11. Juni 1963 brachen einige buddhistische Mönche von der Xa-Loi-Pagode in Saigon auf zur Ecke Cach Mang Thang Tam/Nguyen Dinh Chieu Street. In Meditationshaltung ließ sich der aus Hue angereiste, 66-jährige Thich Quang Duc auf der Straße nieder. Seine Begleiter übergossen ihn mit Benzin und zündeten ihn an – als Protest gegen die **Diskriminierung der Buddhisten** durch die Regierung des katholischen Präsidenten Diem. Als die Flammen Thich Quang Duc zu verzehren begannen und sich zufällig anwesende Fußgänger vor ihm auf die Knie warfen, kamen auch westliche Journalisten und Fotografen dazu. Am Tag nach diesem grausigen Ereignis waren die Titelseiten der internationalen Zeitungen voll davon.

Doch die Übergriffe auf Klöster, Verwüstungen und Morde an mehreren hundert Nonnen und Mönchen gingen weiter, Diem verhängte das Kriegsrecht. Die Xa-Loi-Pagode wurde zum Zentrum des Protestes, es kam zu Massendemonstrationen. Und mehr als 30 Mönche und Nonnen folgten dem Beispiel Thich Quang Ducs, um auf diese Weise gegen die Politik Diems und die Einmischung der USA in Südvietnam zu protestieren. Auch zwei junge Amerikaner schlossen sich an und verbrannten sich öffentlich im November 1968, einer vor dem Pentagon und ein anderer in der Nähe des UN-Gebäudes. Auf der ganzen Welt war man schockiert, aber weniger noch wegen der **Selbstmorde** als über die zynische Reaktion der Schwägerin des Präsidenten, der legendären Madame Nu, die dazu nur meinte: »Lasst sie brennen, wir werden dazu applaudieren.« Für die Macht des Präsidenten Diem hatte die Selbstverbrennung Thich Quang Ducs allerdings auch den Anfang vom Ende eingeleitet. Die Weltöffentlichkeit wandte sich von ihm ab und kurze Zeit später wurde er mit seinem Bruder bei einem Militärstreich getötet.

Trung-Schwestern (gest. 43 n. Chr.)

Freiheits-kämpferinnen

Die Schwestern Trung sind die bekanntesten und am meisten verehrten Heldinnen der vietnamesischen Geschichte. Denn ihre Rebellion gilt nach wie vor als der berühmteste Aufstand gegen die Chinesen, deren Herrschaft in Vietnam immerhin fast 1200 Jahre andauerte.

Im Jahre 111 v. Chr. war Vietnam von den Chinesen erobert und zum Protektorat Giao Chi erklärt worden. Trung Tac war mit dem Feudalherrn Thi Sach verheiratet, den die Chinesen 40 n. Chr. exekutieren ließen. Zusammen mit ihrer Schwester Trung Nhi verbündete sie sich mit den anderen Fürsten, sie stellten eine Armee auf und befehligten diese auch – so erfolgreich, dass der chinesische Gouverneur fliehen musste. Bald erklärten sich die Trung-Schwestern zu **Königinnen** über das nun unabhängige vietnamesische Gebiet. Doch ihre Herrschaft währte nicht lange: Drei Jahre später marschierten die chinesischen Truppen wieder ein; diesmal wurde der Widerstand blutig niedergeschlagen. Es heißt, Trung Tac und Trung Nhi seien gefangen genommen und geköpft worden. Doch eine andere Version erzählt, die beiden hätten sich, um der Festnahme zu entgehen, in die Fluten des Hat Giang gestürzt. In Vietnam werden die Schwestern auch heute noch als Symbole des Unabhängigkeitskampfes verehrt. Fast jede Stadt hat eine Straße nach ihnen benannt, viele Tempel sind ihnen geweiht und einige Denkmäler wurden zu ihren Ehren errichtet. Bei der alljährlichen Gedenkfeier am 2. Tag des 5. Mondmonats werden die Statuen der Königinnen zur rituellen Waschung in die Flüsse getragen.

Alexandre Yersin (1863–1943)

Alexandre Jean Emile Yersin wurde am 22. September 1863 in Rougemont im schweizerischen Kanton Waadt als Sohn französischer Eltern geboren. Nach einem Medizinstudium ging er nach Frankreich, wo er Louis Pasteur traf und einige Zeit mit ihm zusammenarbeitete. Als Schiffsarzt kam er in den Fernen Osten, wo es ihn 1891 nach Nha Trang verschlug. Bei einer seiner Erkundungstouren entdeckte er zwei Jahre später den Bergort Da Lat. Wegen seiner Schönheit und des gemäßigten Klimas empfahl er ihn als geeigneten Urlaubsort, woraufhin Da Lat zum beliebten Ferienziel der Franzosen avancierte. Im folgenden Jahr 1894 half er in Hong Kong die Cholera-Epidemie einzudämmen. Bald nach seiner Rückkehr richtete er in Nha Trang ein Laboratorium ein, das 1902 zum Pasteur-Institut wurde, dem ersten außerhalb Frankreichs. Hier gelang es ihm auch, unabhängig von S. Kitasato, den **Erreger der Pest** zu finden, zu deren Behandlung er ein nach ihm benanntes Serum entwickelte. Des Weiteren baute er eine Rinderzuchtfarm auf, um Seren und Impfstoffe zu gewinnen. In den 50 Jahren, die er bis zu seinem Tod in Nha Trang verbrachte, reformierte Yersin das vietnamesische Gesundheitswesen entscheidend, oft auch gegen den Willen seiner Auftraggeber. Neben seinen Erfolgen als Mediziner zeichneten ihn noch viele weitere Interessen und Fähigkeiten aus: Yersin wird z. B. die Einführung der Kaffee- und der Kautschukpflanze in Vietnam zugeschrieben, zudem soll er die industrielle Kautschukverarbeitung vorangetrieben haben. Als er sich vom aktiven Arbeitsleben zurückgezogen hatte, befasste er sich vor allem mit Astrologie, Fotografie und den gewässerkundlichen Gegebenheiten der Nha-Trang-Bucht. Im Alter von 79 Jahren starb Alexandre Yersin am 1. März 1943, sein Leichnam wurde in Suoi Dua, einem Dorf südlich von Nha Trang, beigesetzt.

Tropenarzt

Praktische Informationen

IST DIE VOGELGRIPPE
FÜR TOURISTEN IN
VIETNAM GEFÄHRLICH?
WIE SPRICHT MAN VIETNAMESEN AN? UND WAS
BEKOMMT MAN IM RESTAURANT, WENN MAN
»THIT HEO« BESTELLT? NÜTZLICHE HINWEISE,
DAMIT DER URLAUB GELINGT.

Anreise · Reiseplanung

Mit dem Flugzeug
Internationale Flughäfen befinden sich in Saigon (7 km vom Zentrum) und in Hanoi (30 km vom Zentrum), wobei der Tan Son Nhat International Airport in Saigon öfter von ausländischen Gesellschaften angeflogen wird als der Noi Bai International Airport in Hanoi.

Von Frankfurt fliegt die Lufthansa dreimal wöchentlich nach Saigon, ebenso die Vietnam Airlines von Frankfurt nach Saigon bzw. Hanoi (der einzige **Direktflug ab Deutschland**). Außerdem steuern weitere europäische und asiatische Fluggesellschaften von Europa regelmäßig Saigon an, beispielsweise KLM, British Airways und Air France. Thai Airways fliegt mehrmals wöchentlich von Frankfurt und München über Bangkok nach Saigon und Hanoi. Bei Flügen mit asiatischen Linien muss generell innerhalb Asiens umgestiegen werden, auch bei Garuda Indonesia, Singapore Airlines oder der australischen Qantas. Stopover sind in Dubai, Bangkok, Singapur, Kuala Lumpur und Hongkong möglich.

Von den meisten asiatischen Hauptstädten und allen Nachbarländern gibt es mindestens eine tägliche Direktverbindung nach Saigon und Hanoi. Die Flugzeit aus Europa beträgt 11–13 Stunden, je nach Flugroute und Zwischenstopps. Für die Reisesaison ab Oktober sollte man **frühzeitig buchen**. Tickets werden vor allem zur Zeit des Tet-Festes im Januar/Februar knapp, da dann auch viele Vietnamesen, die im Ausland leben, in ihre Heimat reisen (▶ Baedeker Special S. 116).

Inlandsflüge ▶
Vietnam Airlines fliegt vorwiegend mit modernen Airbus-Maschinen (ATR und Fokker werden nur noch auf den Strecken nach Kambodscha, Laos und Kanton eingesetzt). Die Verbindungen und Flugzeiten in alle größeren Städte und Provinzhauptstädte sind in den Touristenbroschüren abgedruckt (u. a. in »What's on in Saigon« oder »Time out«). Reservierungen und Ticketkauf sind in allen Städten auch in Reisebüros möglich, sollten aber vor der Abreise rechtzeitig stattfinden. Die Flüge sind in der Regel pünktlich, außer in Monsunzeiten, wenn Start und Landung gelegentlich aufgrund der Wetterlage verschoben werden müssen. Zum Flughafen in Hanoi und Saigon gibt es einen Minibusservice, der von Vietnam Airlines organisiert wird.

Ausreise ▶
Eine Ausreisesteuer (airport tax) wird bei der Ausreise aus Vietnam erhoben und ist an einem Extraschalter zu bezahlen (zurzeit 12–14 US$, auch in VND zahlbar). Zwei bis drei Tage vor dem Abflug müssen die Flüge im jeweiligen Airline-Büro telefonisch bestätigt werden (confirmation).

Über Land
Seit kurzem ist es möglich, von Europa mit der Bahn nach Vietnam zu reisen, was allerdings nicht unbedingt billiger als ein Flugticket ist. Spezial-Veranstalter organisieren auf Wunsch die gesamte Reise mit Anschlüssen (▶Reiseveranstalter S. 95, z. B. Lernidee).

▶ WICHTIGE ADRESSEN ANREISE

VIETNAM AIRLINES

▶ in Deutschland
Rossmarkt 5
60311 Frankfurt/Main
Tel. 0 69/2 97 25 6-0
und -40/-42/-50
Fax 0 69/2 97 25 6-20
www.vietnam-air.de
reservation@vietnam-air.de

▶ in der Schweiz
Airline Center
Schanzeneggstraße 1
8002 Zürich
Tel. 0 44/2 86 99 25
Fax 0 44/2 86 99 26
vietnamairlines@
zrh.airlinecenter.ch

▶ in Saigon
Tel. 08/8 32 03 02 (international)
Tel. 08/8 25 83 77 (national)

▶ in Hanoi
Tel. 04/8 32 03 20
www.vietnamairlines.com

PACIFIC AIRLINES

▶ in Hanoi
Tel. 04/9 55 05 50
www.pacificairlines.com.vn

WEITERE AIRLINES

▶ Lufthansa
Tel. 01 80/3 80 38 03
www.lufthansa.com
Saigon: 19–25 Nguyen Hue
(14. St.), Tel. 08/8 29 85-29/-49

▶ British Airways
Tel. 0 18 05/26 65 22
www.britishairways.com

▶ KLM
Tel. 0 18 05/21 42 01
www.klm.com

FLUGHÄFEN

▶ Saigon
(Ho-Chi-Minh-Stadt)
Tan Son Nhat International Airport
Visitors Information and Service
Center
Tel. 08/8 48 67 11 und 8 48 53 83
Fax 08/8 48 67 12
www.saigonairport.com
sasco@hcmc.vnn.vn
(tgl. 9.00–23.00 Uhr;
Shuttlebus; Taxi in die Stadt:
2,50 Euro/50 000 VND)

▶ Hanoi
Noi Bai International Airport
Tel. 04/8 86 65 27
(Taxi: 8,50 Euro/10 US$;
Shuttlebus in die Altstadt)

▶ Da Nang
International Airport
Tel. 05 11/81 18 11 und 83 03 39

REISEVERANSTALTER

▶ Geoplan
Amalienstraße 14
12247 Berlin
Tel. 0 30/79 74 22 79
Fax 0 30/79 74 22 80
www.geoplan.net
Einer der führenden Asien-Spezia-
listen im deutschsprachigen Raum,
Angebote für First-Class, aber auch
Budget-Reisen, Badeverlängerun-
gen möglich.

▶ Lernidee Erlebnisreisen
Eisenacher Straße 11
10777 Berlin
Tel. 0 30/7 86 00 00
Fax 0 30/7 86 55 96
www.lernidee.de
Organisiert Bahnreisen nach Viet-
nam, Mekongreisen usw.

▶ **Müller und Partner**
Friedrichstraße 130 C
10117 Berlin
Tel. 0 30/30 88 92-0
Fax 0 30/30 88 92 60
www.mnp.de
Großes vietnamesisches Reisebüro mit Zweigstellen in Saigon und Hanoi, Deutsch sprechende Reiseleiter vor Ort.

▶ **Wikinger Reisen**
Kölner Straße 20
58135 Hagen
Tel. 0 23 31/90 46
Fax 0 23 31/90 47 40

www.wikinger.de
Gruppen- oder Individualreisen für Abenteurer, Trekking, Radtouren, Kajaktouren usw.

▶ **Exotissimo**
Friedrich-Ebert-Str. 16
40210 Düsseldorf
Tel. 0211/36 77 99 55
Fax 0211/36 77 99 56
info@forstner-destinations.de
Einer der ersten und besten Veranstalter für alle möglichen Touren in Indochina, nicht ganz billig.

Die **Visa** für die Einreise über Land müssen vorher beantragt werden und sind für alle internationalen Grenzübergänge gültig. In allen Nachbarländern Vietnams befinden sich Botschaften und Konsulate. Die Öffnung der **Grenzübergänge** hängt in dieser Region allerdings stark von der jeweiligen politischen Situation ab – in den vergangenen Jahren hat sich die Situation stabilisiert, kurzzeitige Änderungen sind aufgrund der anhaltenden Grenzstreitigkeiten und jahrhundertealten Animositäten jedoch nicht auszuschließen. Deswegen sollte man sich stets vor Reiseantritt erkundigen, wie die aktuelle politische Situation aussieht und ob die Grenzen passierbar sind.

Mit dem Zug Seit dem Frühjahr 1996 fährt die Bahn wieder zweimal wöchentlich von Hanoi nach Kunming (Provinz Yunnan) und nach Peking in China. Die Fahrtzeit beträgt etwa 32 Stunden und länger (Liegewagen, Route über den Grenzübergang Lao Cai–Heiku). Die Formalitäten können trotz gesonderter Abfertigung von Ausländern etwas langwierig sein, dabei werden auch bei gültigem Visum nicht selten »special fees« als kleine private Nebeneinnahme der Zöllner erhoben. Man sollte unbedingt darauf achten, dass der **Grenzübergang Lao Cai** im Visum eingetragen ist (Antrag: Einwanderungsbehörde beim Innenministerium oder über Reisebüros). Es gibt Abteile der 2. und 3. Klasse; eine Reservierung sollte mehrere Tage im Voraus vorgenommen werden.

Mit dem Bus oder Sammeltaxi Aus China kommend ist der Grenzübergang Lang Son (Dong Dang) in der Provinz Guangxi auch für Europäer geöffnet. Bis nach Hanoi muss man weitere 160 km zurücklegen. Außerdem gibt es einen Grenzübergang bei Hai Ninh (Mong Cai) im Nordosten (Straße 18) sowie bei Lao Cai (Heiku) im Nordwesten Richtung Yunnan. Über den Landweg gelangt man auf der jetzt asphaltierten Route 9 vom Nachbarland Laos (Savannakhet) über den Grenzübergang Lao Bao nach Mittelvietnam (Dong Ha) sowie weiter nördlich über den Keo-Nua-Pass bei Cau Treo (Höhe der Stadt Vinh). Von Phnom Penh in Kambodscha erreicht man Vietnam in ca. 5 Stunden über die N 22 in der Provinz Tay Ninh (Grenzübergang Moc Bai).

Vietnam hat eine Küste von über 3200 km Länge, und in jedem größeren Küstenort gibt es einen Hafen – ideale Voraussetzungen für eine Reise mit dem Frachter oder mit dem Kreuzfahrtschiff. Diese Art der Anreise ist zwar nicht billig, erfreut sich aber dennoch zunehmender Beliebtheit. Die Kreuzfahrten starten in verschiedenen Ländern Asiens, z. B. Thailand, bzw. sie führen von Vietnam in die Zielhäfen in Thailand, Hongkong und Singapur. In Vietnam werden die Häfen Hai Phong, Ha Long-City, Da Nang, Nha Trang, Saigon und Vung Tau angelaufen. Zu buchen sind die Touren bei Vietnam Tourism und Saigon Tourist (Star Cruises Company und Kien Giang Tourist Company). **Mit dem Schiff**

Seit einigen Jahren gelangt man im Süden Vietnams auf dem Mekong von Chau Doc über den Grenzort Vinh Xuong (Bootstransfer) oder Tinh Bien (Straße) nach **Kambodscha** (Visum vorher besorgen). Möglich ist dies mit täglich verkehrenden Schnellbooten (z. B. über Victoria Hotel in Chau Doc und Kim Travel in Saigon). Visa für Kambodscha sind innerhalb eines Tages über die kambodschanische Botschaft in Vietnam zu erhalten.

Reisedokumente

Zur Einreise nach Vietnam sind ein gültiger Reisepass und ein Visum notwendig. Die Visaangelegenheit kann bei Gruppen und Einzelreisenden über einen deutschen oder vietnamesischen Reiseveranstalter (in der Regel billiger) bzw. direkt bei der vietnamesischen Botschaft erledigt werden. Dies sollte man so früh wie möglich in die Wege leiten (Dauer etwa 7–10 Tage). Auch von den Botschaften oder Reisebüros in den Nachbarländern Vietnams können Visa ausgestellt werden (Botschaften: ▶Auskunft). Visa gelten 2 oder 4 Wochen (55 bzw. 64 Euro) und können in Vietnam bei den Einwanderungsbehörden und über lokale Reiseveranstalter verlängert werden, ansonsten werden pro überschrittenem Tag bei der Ausreise 5 US$ kassiert. Bei einer offiziellen Einladung kann auch eine längere Aufenthaltsdauer gewährt werden. **Reisepass und Visum**

> **!** *Baedeker* TIPP
>
> **Visum prüfen**
>
> Man sollte sofort nach Erhalt das Visum und die darin eingetragenen (Einreise-)Daten sorgfältig prüfen – hier kam es in der Vergangenheit immer wieder zu Problemen, weil Behördenstempel nicht korrekt waren (dies gilt besonders für »multiple entry«-Visa mit mehrmaliger Einreise).

Es gibt außerdem die Möglichkeit der so genannten **Multivisa**, die in-

Mehrfache (Wieder-)Einreise aus den Nachbarländern klusive der Behördengebühr aus Hanoi 88–100 Euro kosten und für eine längere Aufenthaltsdauer gelten. Da die mehrfache Einreise (multiple entry) nur selten von der vietnamesischen Botschaft in Berlin gewährt wird, empfiehlt sich vor einem eventuellen Abstecher in Vietnams Nachbarländer ein Besuch in einem Reisebüro in Saigon oder Hanoi. Dort kann u. U. für die erneute Einreise nach Vietnam ein **Re-entry-Visum** besorgt werden. In den Nachbarländern sind ebenfalls Visa für Vietnam zu erhalten, beispielsweise in Reisebüros in Bangkok oder Hong Kong innerhalb von 24 Stunden.

Reisekrankenversicherungen Die heimische Krankenversicherung gilt für Vietnam nicht. Auf alle Fälle empfehlenswert ist daher der Abschluss einer Reisekrankenversicherung für das Ausland, mit Rücktransport im Notfall.

Zollbestimmungen

Ein- und Ausfuhr in Vietnam Bereits im Flugzeug werden die »**entry card**« sowie die **Zollerklärung** an die Passagiere verteilt. Der Zollbeamte bekommt dann beides sowie den zweiten ausgefüllten Visumsantrag und den Pass vorgelegt. Vor der Einreise muss zudem die **weiß-gelbe Zollerklärung** ausgefüllt werden (den gelben Durchschlag unbedingt aufheben!). Die grüne Durchschrift der Einreisekarte wird ebenfalls bis zur Ausreise aufbewahrt; sie wird auch bei der Anmeldung in den Hotels benötigt. Die Einfuhr von Waffen, Munition und Sprengstoffen, leicht brennbaren Materialien, Drogen (Todesstrafe!), regierungskritischer Literatur und Pornografie ist verboten. Die Ein- und Ausfuhr von Dong (Landeswährung) ist gleichfalls verboten. Nach Vietnam dürfen folgende Mengen zollfrei eingeführt werden: 1,5 l hochprozentiger Alkohol oder 2 l Wein, 200 Zigaretten oder 50 Zigarren oder 250 g Tabak, Geschenke bis 300 US$, Bargeld bis 3000 US$.

Besonders zu beachten sind die Verbote durch das Washingtoner Artenschutzabkommen. Mit der steigenden Zahl an Fernreisen stoßen Zollfahnder an europäischen Flughäfen immer öfter auf verbotene Waren in den Urlaubskoffern. Bekannt ist Vietnam bereits für ge-

> ## ! *Baedeker* TIPP
>
> ### Das Auswärtige Amt warnt
>
> Schon der Besitz geringer Drogenmengen führt oft zu hohen Freiheitsstrafen; ab dem Besitz von 20 kg Opium bzw. 600 g Heroin sowie bei sexuellem Missbrauch von Kindern droht in Vietnam die Todesstrafe. Diese wurde in letzter Zeit auch bei Ausländern vollstreckt!

Washingtoner Artenschutzabkommen schmuggelte Produkte **bedrohter Tierarten**, viele Läden bieten derlei Gegenstände offen an. Man darf sich keinesfalls auf die Zusicherung der Verkäufer verlassen, das Elfenbein stamme von zahmen oder bereits toten Elefanten ...

Spätestens am europäischen Zoll wird der Verstoß gegen das Artenschutzabkommen entdeckt und mit Geldstrafen bis zu 55 000 Euro bzw. Haft bis zu fünf Jahren geahndet. Man sollte daher unbedingt auf folgende Produkte beim Souvenirkauf verzichten: alle Produkte aus tierischen Häuten (z. B. Schlangenleder, Krokodilhäute), Fellen (Leoparden, Bären), Panzer (auch Schildpatt!), Hörner (Rhinozeros, Rehwild), Krallen (Tiger usw.), Zähnen (auch Elfenbein!), Federn sowie »traditionelle fernöstliche Medizin«, bestehend aus tierischen Körperteilen (u.a. Bärentatzen, Tigerpenis, Schlangenliköre). Verboten ist selbstverständlich auch der Transport von lebenden Tieren, wie Zierfischen, Vögeln, Insekten und Reptilien oder Souvenirkästen mit aufgespießten Schmetterlingen o.ä. Mitgeführte Orchideen und Kakteen können ebenfalls Ärger bringen, wenn kein Kaufnachweis einer entsprechenden Zuchtfarm vorgelegt werden kann.

Auskunft

Leider gibt es in Deutschland derzeit kein vietnamesisches Fremdenverkehrsamt. Auskünfte zu Visumfragen erteilen die Botschaft und die konsularische Vertretung in Bonn. Außerdem sind in Deutschland einige auf Vietnam spezialisierte Reiseveranstalter und Reisebüros (▶Anreise, S. 95) sowie Vereine ansässig.   **Hinweis**

 ## WICHTIGE AUSKUNFTADRESSEN

IN DEUTSCHLAND
▶ **Indochina Services**
Enzianstraße 4a
82319 Starnberg
Tel. 0 8151/77 02 22
Fax 0 8151/77 02 29
www.indochina-services.com
info@is-eu.com

in *Saigon*:
27 F, Tran Nhat Duat, 1. Bez.
in *Hanoi*:
Xay Dung Hotel (3. St.), 20 The Giao Street, Hai Ba Trung District

▶ **Bundesverband Deutsch-Vietnamesische Gesellschaft e.V.**
Postfach 140 241
40072 Düsseldorf
Tel. 02 11/48 97 72
Fax 02 11/48 95 62

Zweigstelle Berlin:
Tel. 030/28 04 09 90
Fax 030/28 04 09 93
www.vietnam-dvg.de

▶ **Ostasiatischer Verein (OAV)**
Bleichenbrücke 9
20354 Hamburg
Tel. 0 40/3 57 55 90
Fax 0 40/35 75 59 25
www.oav.de

IN VIETNAM
▶ **Vietnam Tourism**
in *Saigon*:
234 Nam Ky Khoi Nghia, 3. Bez.
Tel. 08/9 32 67 76 und 9 32 62 76
Fax 08/9 32 58 11
www.vietnamtourism.com
in *Hanoi*:
30 A Ly Thuong Kiet
Tel. 04/8 25 75 52

▶ **Saigon Tourist**
23 Le Loi, 1. Bez., Saigon
Tel. 08/8 29 22 91 und
8 22 58 74, 8 22 58 87, 8 29 50 00
Fax 08/8 24 32 39 und 8 29 10 26
www.saigon-tourist.com
saigontourist@sgtourist.com.vn

VIETNAMESISCHE BOTSCHAFTEN IN DEUTSCHLAND

▶ **Botschaft der Sozialistischen Republik Vietnam**
Elsenstraße 3
12435 Berlin
Tel. 0 30/53 63 01-03 (Visa-Abtlg.)
und 53 63 01-30
Fax 0 30/53 63 02 00
und 53 63 01 00
www.vietnambotschaft.org
(Download der Visaanträge,
telefonisch sehr schlecht zu
erreichen)
info@vietnambotschaft.org
Mo., Fr. 9.30–12.00, 14.00–16.30,
Mi. 9.30–12.00 Uhr

▶ **Konsularische Vertretung**
Konstantinstraße 37
53179 Bonn
Tel. 02 28/35 70 21-22
Fax 02 28/35 18 66
bonn@vietnambotschaft.org
Mo., Fr. 9.30–12.00, 14.00–16.30,
Mi. 9.30–12.00 Uhr

▶ **Honorarkonsulat**
Am Baumwall 7
20459 Hamburg
Tel. 0 40/36 97 96 61
Fax 0 40/36 20 88

IN ÖSTERREICH

▶ **Botschaft der SR Vietnam**
Felix-Mottl-Straße 20
A-1190 Wien
Tel. 01/3 68 07 55
Fax 01/3 68 07 54

IN DER SCHWEIZ

▶ **Ambassade de la République Socialiste du Vietnam**
Schlösslistraße 26
CH-3008 Bern
Tel. 0 31/3 88 78 78
Fax 0 31/3 88 78 79
www.vietnamconsulate.ch
vietsuisse@bluewin.ch

BOTSCHAFTEN IN VIETNAM

▶ **Deutsche Botschaft**
29, Tran Phu, Hanoi
Tel. 04/8 45 38 36-7 und 8 43 02 45
(24-Std.-Not-Tel. 09 03 40 70 33)
Fax 04/8 45 38 38 und 8 43 99 69
www.hanoi.diplo.de
info@deutschebotschaft.de
Mo. bis Fr. 8.30–11.30 Uhr

▶ **Deutsches Generalkonsulat**
126 Nguyen Dinh Chieu,
3. Bez., Saigon
Tel. 08/8 29 24 55 und 8 29 19 67
Fax 08/8 23 19 19
info@hoch.diplo.de
gk-hochiminh@hcm.fpt.vn
Mo. bis Fr. 8.30–11.30 Uhr

▶ **Schweizer Botschaft**
44B Ly Thuong Kiet Street
(Hanoi Central Building)
GPO Box 42, Hanoi
Tel. 04/9 34 65 89
Fax 04/9 34 65 91
vertretung@han.rep.admin.ch
Mo. bis Do. 8.30–12.00,
13.00–17.30, Fr. 8.30–12.30 Uhr

▶ **Schweizer Konsulat**
2 Ngo Duc Ke St. (14. Stock,
Me Linh Point Tower),
1. Bez., Saigon
Tel. 08/8 25 87 80
Fax 08/8 25 8760
Mo. bis Fr. 8.00–12.00,
13.30–17.00 Uhr

▶ **Österreichische Botschaft**
53 Quang Trung Street
(8. Stock), Hanoi
Tel. 04/943 30 504
Fax 04/9 43 30 55
austrianembassyhanoi@fpt.vn
hanoi-ob@bmaa.gv.at
Mo. bis Fr. 9.00–12.30,
13.30–17.00 Uhr

IM INTERNET
▶ **www.auswaertiges-amt.de**
Infos zu Land, Einreise, Sicherheit,
Reisewarnungen usw.

▶ **www.vietnam-freunde.net**
Zumeist aktuelle Informationen
und Kontaktforum

▶ **www.discover-vietnam.de**
Rundreisen und Individualreisen,
Reisetipps, Forum und Infos

▶ **www.forum-vietnam.de**
Reisetipps von Travellern

▶ **www.vietnamnews.
vnagency.com.vn**
Homepage der Tageszeitung
»Vietnam News«

▶ **www.kinderhilfe-hyvong.de**
Langjähriger Berliner Hilfsverein
mit Projekten für (Waisen-)Kinder
in Bergdörfern

Badeurlaub

Eine 3200 km lange Küste, weiße Sandstrände, gesäumt von Palmen und Kasuarinen, locken immer mehr Badeurlauber nach Vietnam. Allerdings ist die Infrastruktur in vielen Badeorten derzeit noch mangelhaft. Es fehlen beispielsweise nahe Flugplätze, und viele westliche Gäste vermissen den bequemen Zugang zu den Traumstränden wie in Thailand oder auf den Philippinen – ein Bungalow unter Palmen direkt am Strand. **Badeorte in Vietnam**

Vung Tau, Da Nang, Nha Trang und Phan Thiet (Mui Ne) gelten als die bekanntesten Badeorte mit der besten Infrastruktur. Der Standard lässt jedoch oft noch zu wünschen übrig. Nur wenige Hotelanlagen genügen bisher internationalen Ansprüchen und bieten beispielsweise Bungalows und Chalets direkt am Meer. Auch einige **Inseln** werden zurzeit als Badeorte ausgebaut, so Lang Co, Con Dao, Tuan Chau (Ha-Long-Bucht), Qui Nhon, Van Dou (Bai-Tu-Long-Bucht) und Phu Quoc. Leider setzt sich beim touristischen Ausbau sehr oft die in Asien beliebte Variante des riesigen Hotelklotzes mit Golfplatz, Karaoke-Diskotheken und Disneyland-ähnlichen Vergnügungsstätten durch. Weite Küstenabschnitte im Süden und das gesamte Mekong-Delta sind mit Mangroven bewachsen und wegen des schlammigen Untergrundes zum Baden ungeeignet.

Menschenleere Traumstrände wird man in Vietnam jedoch vergebens suchen; falls man doch fündig wird, sind die kleinen Paradiese eventuell noch gar nicht ans Stromnetz angeschlossen, so etwa die idyllischen Lao-Inseln vor der Küste bei Da Nang. Denn Vietnam ist ein **bevölkerungsreiches Land**, und dies ist an der Küste allgegenwärtig. Knatternde Fischerboote im Morgengrauen, ganze Dorfgemeinschaften, die die Netze an Land ziehen, reger Handel mit frisch gefangenen Meeresfrüchten, oft direkt neben dem Liegestuhl (z. B. in Phan Thiet/Mui Ne) – darauf sollten Touristen in Vietnam eingestellt sein. An den bekannten Stränden offerieren unzählige fliegende Händler allerlei Produkte und Dienstleistungen (von Kokosnüssen und Ananas über T-Shirts bis hin zur Massage). Liegestuhl und Sonnenschirm müssen immer extra bezahlt werden.

Strandorte

Con Dao

Die bergige Insel Con Dao (▶ Reiseziele, S. 413) steht unter Naturschutz und verdankt ihren Bekanntheitsgrad der Gefängnisanlage, die die Franzosen hier im 19. Jh. errichteten. Heute kann das ehemalige Gefängnis als Museum und Gedenkstätte besucht werden. Die bewaldeten Inselberge fallen dramatisch ins Meer ab, es gibt weite einsame Sandstrände. Flüge verbinden die Insel mehrmals wöchentlich mit Saigon. Ein renoviertes Hotel der Mittelklasse hat hier bereits eröffnet. Beste Reisezeit: zwischen März und Juli.

Cua Dai

Der schöne lange Sandstrand Cua Dai (ca. 5 km westlich von Hoi An) mit den vorgelagerten Inseln Cham und Cam Kim verfügt über einige herrliche komfortable Strandressorts zwischen dem Fluss Song Do und den Dünen, darunter das luxuriöse Victoria Resort. Verpflegung gibt es an Imbissständen unter Kasuarinen. (Möglichst früh buchen in der Hauptsaison August bis Oktober und Dezember bis Februar.)

Da Nang / China Beach

Da Nang ist auf dem besten Weg, sich zum internationalen Badeort mit vielen Bars und Karaoke-Clubs zu entwickeln. Weltweit berühmt wurde die sanft geschwungene und scheinbar endlose Badebucht südlich von Da Nang namens China Beach (▶ Reiseziele, S. 212). Hier, wo die ersten amerikanischen Bodentruppen im März 1965 mit rasselnden Panzerketten an Land gingen und wo zehn Jahre später Flüchtlingsboote mit unbekanntem Ziel in See stachen, entstanden die ersten First-Class-Herbergen für ausländische Besucher. Palmen gibt es wie Sand am Meer, bald wohl auch Hotels und Gästehäuser. In der Zeit zwischen August und Oktober können **Taifune** das Gebiet heimsuchen. Besonders im Winter treten gefährliche Strömungen auf. Beste Badezeit: von April/Mai bis Juli.

Rund um die Ha-Long-Bucht
Tuan Chau ▶

Die Tuan-Chau-Halbinsel ist erst 2002 sprichwörtlich aus dem Boden gestampft worden (ca. 10 km südlich von Ha Long City): ein künstlich wirkendes Strandresort-Eiland mit Damm zum Festland und mit Blick auf die Felsen-Kulisse der Ha-Long-Bucht und die »Skyline« von Ha Long City. Einige erstklassige moderne Hotels am

Auch an entlegeneren Stränden wird man von Händlerinnen mit Getränken und Früchten versorgt.

schmalen Stück Strand und preiswertere Unterkünfte in der zweiten Reihe am Hang. Im Blick der Touristiker sind hier offensichtlich asiatische Touristen mit ihren Familien. In der kleinen »Kopie« des Sydney Opera Houses am Strand finden Veranstaltungen, z. B. Delfinshows, statt. Ein 18-Loch-Golfplatz ist geplant.

Auf der größtenteils felsigen Nationalpark-Insel Cat Ba, seit 2005 **Biosphärenreservat** unter UNESCO-Schutz, gibt es einige idyllische, aber winzige Badebuchten (Lan Ha, Cat Co und Cat Vang, am Wochenende im Sommer überlaufen). Die meisten Hotels stehen an der Promenade von Cat Ba City, ein bisher einziges wunderschönes Luxushotel liegt ruhig am kleinen Cat-Co-3-Strand, weitere sind in der benachbarten Bucht im Bau. ◀ Cat Ba

Auf den versprengten Ha-Long-Bucht-Inseln lockt der eine oder andere Strand – mehr oder weniger mit Sonnenschirmen ausgestattet. Die verschlickten Strände von Bai Chay in Ha Long City sind nicht zum Baden geeignet, ebenso der trubelige Strand von Do Son bei Hai Phong (mit Kasino).

Außerdem findet man einsame Strände in der benachbarten (östlich gelegenen) und noch nicht so überlaufenen **Bai-Tu-Long-Bucht**: z. B. auf der noch ländlich geprägten Halbinsel Van Don (einfache bis mittelklassige Unterkünfte und ein »Öko«-Hotel der unteren Mittelklasse vor imposanter Felsenkulisse mit eigenem Strandstück) und den beiden bisher nur mit Stelzenhütten und einfachen Steinbungalows erschlossenen Sandstränden auf der Insel Quan Lan. Aber es wird eifrig gebaut. ◀ Van Don ◀ Quan Lan

Beste Badezeit in der gesamten Ha-Long-/Bai-Tu-Long-Bucht: Mai bis September/Oktober (Regenzeit vor allem Juli/August, gelegentliche Taifune zwischen August bis Oktober), im Winter (Dezember/Januar bis März/April) zu nasskalt zum Baden.

Lang Co   Der beste Blick auf die kleine Halbinsel (50 km südlich von Hue, ▶ Reiseziele, S. 214) mit ihrem langen Sandstrand ergibt sich bei der Fahrt über den Wolkenpass, sofern die Wolken den Blick auf diesen paradiesischen Küstenabschnitt freigeben: Blauer Ozean schäumt an den goldenen Strand, Fischerboote unter Palmen, eine tiefblaue Lagune im Hinterland. Der kleine Fischerort liegt neben einem Strandresort der oberen Mittelklasse. Allerdings ist beim Baden Vorsicht geboten: Es kann zu **gefährlichen Strömungen** kommen.

Phan Rang,   In der Nähe der berühmten Cham-Ruinen nahe Phan Rang (ca.
Ninh Chu   100 km südlich vom Badeort Nha Trang) erstreckt sich ein herrlicher
und Ca Na   halbmondförmiger Strand: Ninh Chu. Es gibt ein relativ einfaches Hotel mit Bungalows am meist leeren Strand und Strandimbiss. Noch etwas weiter nach Süden (ca. 25 km) liegt Ca Na, das ebenfalls mit seinem schönen einsamen Strand lockt – allerdings gleich hinter der viel befahrenen N 1 (einige einfache Häuschen und Taucherresort vorhanden).

Nha Trang   Der bekannteste Badeort Vietnams ist in der Hafenstadt Nha Trang (▶ Reiseziele, S. 329) entstanden, allerdings schon zur Zeit der französischen Kolonialherrschaft. Ein 5 km langer Sandstrand zieht sich an der Uferstraße entlang, Palmen und Flamboyant-Bäume spenden

Idyllisch liegt das »Evason Hideaway« an einer Bucht bei Nha Trang.

Schatten. Nachts herrscht Hochbetrieb in den vielen Strandrestaurants, Cafés, Imbissständen und Bars. Wasserski, Windsurfen, Scooter, Tauchen, Schnorcheln, Segeln und Parasailing gehören zum aquatischen Ferienangebot. Tagesausflüge per Boot führen zu den vorgelagerten Inseln und ihren schönen Stränden, zum Beispiel zur allseits beliebten **Bambusinsel** (Hon Tre) und zu den **Korallenriffen** von Hon Mun.

Hinter Nha Trang folgen einige noch einsame Sandstrände: etwa 50 km nördlich Doc Let auf der Halbinsel Hon Khoi mit zwei relativ einfachen Strandresorts. Die Halbinsel Hon Gom (ca. 60 km nördlich von Nha Trang) ist seit kurzem erst mit einer Straße zu erreichen. An ihrer Ostseite liegen Sandstrände mit Dünen und Kasuarinen. Von dem Inseldorf Dam Mon führt ein Abstecher nach Whale Island (Hon Ong, mit Schnellboot in fünf Minuten): eine Insel mit kleinen Paradiesbuchten zwischen markanten Seychellen-Felsen, versteckten Badebuchten mit kristallklarem Wasser. Bisher steht hier nur eine einzige herrliche Bungalowanlage (mit Stromversorgung) unter französisch-vietnamesischer Leitung mit Vollverpflegung im (Seafood-)Restaurant. Hier kann man tauchen, wo schon Jacques-Yves Cousteau in den 1930er-Jahren unterwegs war (wer Glück hat, sieht zwischen April und Juli **Wale oder Walhaie**), man kann schnorcheln, windsurfen, segeln oder einfach nur relaxen (beste Badezeit: Juni bis Oktober, Tauchen von Februar bis Mitte Oktober).

Auf dem Festland einige Kilometer weiter nach Norden findet sich ein weiterer kilometerlanger und einsamer Kasuarinen-Strand in einer Bucht beim Fischerdorf Dai Lanh (ca. 70 km nördl. von Nha Trang) hinter Dünen mit wenigen spartanischen Hotels und Zeltplätzen, bisher vorwiegend vietnamesische Badeurlauber.

Der Strand mit zahlreichen Strandhotels und Bungalowanlagen aller Preisklassen liegt rund 10 km von Phan Thiet entfernt (▶Reiseziele, S. 341). Wer hierher kommt, sucht Ruhe und Erholung an kilometerlangen Sandstränden mit kleinen Fischerdörfern. Abwechslung bieten Wassersportmöglichkeiten (bei Wellengang besonders Windsurfen), ein Golfplatz, die Überreste eines Cham-Heiligtums sowie ein Ausflug zu den berühmten Sanddünen von Mui Ne.

Die abgelegene Insel nahe der kambodschanischen Küste – mit 625 km² das größte Eiland Vietnams – galt lange als Geheimtipp (▶ Reiseziele, S. 346). Doch es herrscht bereits rege Bautätigkeit, ein neuer Flughafen soll 2007 auf der Insel gebaut werden. Phu Quoc liegt im Golf von Thailand und wird in der Saison mehrmals täglich von Saigon angeflogen (eine Stunde Flugzeit) sowie mindestens dreimal in der Woche ab dem Städtchen Rach Gia (30 Minuten). Von den Küstenorten Rach Gia (ca. 2 Stunden) und Hat Tien im Mekong-Delta verkehren täglich (Nacht-)Fähren und moderne Schnellboote. Die Insel ist von dichtem **naturgeschütztem Regenwald** auf hügelig-bergigem Terrain bedeckt und hat unzählige unbewohnte

Marginalien:

◀ Doc Let

◀ Hon Gom

◀ Hon Ong

◀ Dai Lanh

Phan Thiet/ Mui Ne

Phu Quoc

Badebuchten, vor allem im Süden und Westen – insgesamt 40 km Sandstrand mit Palmenschatten. Es haben mehrere komfortable Resorts mit Pools an den Stränden in den jüngsten Jahren eröffnet, daneben gibt es einfachere Bungalow-Unterkünfte. Ausflüge können zu Wasserfällen, Höhlen, Pfefferplantagen und den mehr als 100 vorgelagerten Inseln unternommen werden – Fischerboote bringen die Touristen hierher zum Schnorcheln über Korallenbänken. Die Gegend gehört zu den besten Tauchgründen Vietnams mit Sichtweiten bis zu 50 m.

Qui Nhon Im Süden der Hafenstadt Qui Nhon locken einige schöne Sandstrände und Buchten zwischen Dünen und Felsen – ein erst vor kurzem völlig neu erschlossenes internationales Badeziel mit viel Potenzial. Die ehemalige US-Basis Quy Nhon mit Flughafen und langer Startbahn lässt die Vietnamesen auf viele Touristen aus dem Ausland hoffen. Bisher hat hier ein luxuriöses Resort direkt am Strand einer kleinen Bucht seine Pforten eröffnet, es gibt außerdem einige kleinere einfache Backpacker-Unterkünfte und Stadthotels.

Vung Tau Vung Tau ist immer noch der Badeort für die Einwohner von Saigon (▶ Reiseziele, S. 406). In zwei Autostunden oder einer Stunde per Schnellboot ist man bereits am Meer. An Wochenenden und Feiertagen füllen sich die zahlreichen Hotels und Strände mit vietnamesischen Familien, Liebespärchen und Betriebsgruppen auf Tagesausflug. Die vier Strände reichen für westliche Ansprüche an Badefreuden, Hygienestandards und Traumkulisse allerdings nicht unbedingt aus. Zu den Attraktionen gehören zahlreiche Souvenirstände, einige Tempel sowie die große Jesus-Statue auf dem Hügel über dem Meer. Etwas weniger touristisch und ruhiger ist der kleine Ort Long Hai im Norden, der ebenso lange, aber noch relativ ruhige Strände bietet.

Mit Behinderung unterwegs

Das Reisen für Behinderte in Vietnam kann extrem anstrengend werden. Es gibt für (Geh-)Behinderte keinerlei Fahrstühle in Museen oder Hotels (außer in den Luxushotels), keine Gehwegrampen oder entsprechend ausgestattete Verkehrsmittel. Es empfiehlt sich daher, in großen internationalen Hotelketten zu übernachten (die meist über einige behindertengerechte Zimmer verfügen) und mit einem Mietwagen und Chauffeur durch Vietnam zu reisen. Vor allem das Vorankommen zu Fuß in den Städten ist schon für Nicht-Behinderte eine nervenaufreibende Herausforderung, der Verkehr scheint gnadenlos. Ebenso die **Toilettengänge**: Noch sind asiatische (ursprünglich französische) Hocktoiletten weit verbreitet, vor allem auf dem Land.

Allerdings sind viele Vietnamesen sehr hilfsbereit und allein durch die vielen Kriegsversehrten aus dem Vietnamkrieg den Umgang mit Behinderten im Alltag gewohnt. Man sollte sich aber unbedingt im Vorfeld der Reise über entsprechend ausgestattete Hotels und ggf. spezielle Reiseveranstalter informieren.

 ## WICHTIGE ADRESSEN

▶ **BSK-Reise-Service**
Bundesverband Selbsthilfe
Körperbehinderter (BSK)
Altkrautheimer Straße 20
D-74238 Krautheim
Tel. 0 62 94/42 81-0
www.bsk-ev.org

▶ **Bundesarbeitsgemeinschaft Hilfe für Behinderte**
Kirchfeldstraße 149
40215 Düsseldorf
Tel. 0211/31 00 60
Fax 0211/31 06 48
www.bagh.de

Elektrizität

Die Netzspannung beträgt 220 Volt Wechselstrom (50 Hertz) in den Städten, auf dem Land meist noch 110 Volt. Sowohl russische Runddorn- (im Norden) als auch amerikanische Flachpolstecker (im Süden) sind im Gebrauch. In den meisten Hotels passen die europäischen Stecker von zu Hause. Zur Sicherheit sollte ein Adapter mitgenommen werden.

Essen und Trinken

Das Essen spielt in Vietnam eine wichtige Rolle, es geht um wesentlich mehr als um die reine Nahrungsaufnahme – eine ganze Lebensphilosophie rankt sich um die Mahlzeiten. Die Vietnamesen essen nicht nur einfach zwischendurch, sondern dreimal täglich ausgiebige Mahlzeiten zu ein- und derselben Stunde am Tag (gut zu wissen beim Planen der Mietwagentouren mit Fahrer und Reiseleiter!). Ein französischer Ethnologe kam beim Beobachten der Essensrituale gar zu dem Schluss: »Die Sorge um eine gefüllte Reisschale beschäftigt den Vietnamesen nicht nur in seinem jetzigen Leben, sondern auch danach in seinem künftigen.« So erklären sich auch die vielen **Speiseopfer** bei der Ahnenverehrung auf dem Hausaltar.

Die Bedeutung des Essens liegt in der vietnamesischen Geschichte begründet, die über Jahrtausende von Kriegen, Dürre und Über-

Essen als Philosophie

Meist werden die Gerichte mit viel Liebe zum Detail dekoriert.

schwemmungen, Seuchen und anderen Katastrophen bestimmt war. Not macht bekanntlich erfinderisch, und so landen noch heute alle möglichen Lebewesen im Kochtopf.

Regionale Vorlieben Wie das Land aus drei Regionen besteht – Norden, Mitte, Süden – so gibt es drei kulinarische Traditionen. Im Norden ist der **chinesische Einfluss** am stärksten. Pfannengerührte und geschmorte Gerichte, Reisbrei und Suppen sind in dieser Gegend, wo das Klima kühler und trockener ist, besonders beliebt. Da hier nicht so viele Gewürze und Kräuter wachsen, sind die Speisen auch weniger stark aromatisiert. Im Winter versammelt man sich gern um ein auf dem Tisch stehendes Holzkohleöfchen, um genau wie in China mit den Stäbchen Fleisch- und Gemüsestücke in einer Brühe zu garen. Bekannte nordvietnamesische Gerichte sind die Hanoi-Suppe (pho bac), Spargelsuppe mit Krebsfleisch (mang tay nau cua) und würzig gefüllte Tofuschnitten (dau hu nhoi).

In der Zentralregion, der Gegend um Hue, erreichte die Küche einen hohen Grad an Raffinesse. Die Kunst des Essens wurde als wesentlicher Bestandteil der feinen Lebensart angesehen. Besondere Aufmerksamkeit wurde dabei dem Garnieren und der **Präsentation der Speisen** gewidmet, die den königlichen Gaumen erfreuen sollten. Die Köche aus Hue sind bekannt für ihre Schweinswürste, süße und salzige Reiskuchen und für Suppeneinlagen aus einer Mischung von gebratenem Tomatenmark, Chilis und Garnelensauce. Bei Hue werden auch viele europäische Gemüsesorten verwendet: Artischocken, Blumenkohl, Spargel und Kartoffeln.

Die Küche des Südens ist einfacher, aber auch schärfer als die des Nordens. Auf den fruchtbaren Böden gedeihen exotische Früchte und Gemüse in bester Qualität, sie werden roh zu den Speisen gereicht. Das schnelle Pfannenrühren und Sautieren wird hier dem Frittieren und langsamen Schmoren vorgezogen, und kräftig gewürzte Currys sind üblich. Der **französische Einfluss** zeigt sich am deutlichsten in der Verwendung von Spargel, Tomaten und Kartoffeln, die aber auf vietnamesische Art zubereitet werden. Grillgerichte sind auch hier beliebt. Ein Brauch des Südens ist, bei Tisch Stückchen von gebratenen oder gegrillten Speisen zusammen mit rohem Gemüse und Kräutern in ein Salatblatt zu wickeln. Dieses Päckchen wird dann in eine scharfe Sauce getunkt.

Der Tag beginnt für die meisten Vietnamesen mit einer Nudelsuppe. **Drei ausgiebige** Auch am Morgen würzt man bereits mit Pfeffer und frisch geschnittenen Chilischoten. Gefrühstückt wird reichhaltig und meist schon **Mahlzeiten** sehr früh am Morgen. Mittags und abends gibt es gekochten Reis, dazu wird eine Mischung aus würzigen und milden, weichen und harten Speisen, Fleisch, Fisch und Gemüse zusammengestellt. Ein Charakteristikum der vietnamesischen Küche ist die Kombination sich gegenseitig ergänzender Zutaten unterschiedlicher Konsistenz zu neuen Geschmacksverbindungen, bei denen die Zunge zugleich fühlen und schmecken kann. Farblicher Kontrast und die Verbindung unterschiedlicher Aromen spielen ebenfalls eine große Rolle. Viele Gerichte vereinen Gekochtes mit rohem Gemüse und selbst Pfannengerührtes wird mit wenig Fett zubereitet. Überhaupt verwenden Vietnamesen so wenig Fett wie möglich und bevorzugen zum Braten pflanzliche Öle.

ℹ Zwischen Asien und Europa

■ Die Küche Vietnams bildet innerhalb der asiatischen Küche einen kulinarischen Höhepunkt, denn Asien und Europa scheinen sich hier zu einer leichten, gut bekömmlichen und außerordentlich leckeren Mischung zu vereinen. Verglichen mit der Schärfe der thailändischen oder indischen Küche sind die vietnamesischen Speisen eher mild. Die vorherrschende Geschmacksrichtung wird durch die Zugabe vieler frischer Kräuter, vor allem Koriander, bestimmt.

Die Ausstattung der Restaurants ist oftmals sehr einfach. Man sollte **Restaurants** sich allerdings nicht von Holzbänken, Plastikstühlen und Plastikgeschirr oder befleckten Tischdecken abschrecken lassen. Ausländer bekommen meist ungefragt Löffel und Gabel statt der Stäbchen gereicht. Speisekarten gibt es in den Gaststätten größerer Orte oft auch in Englisch oder Französisch. Das Bedienungspersonal in vietnamesischen Restaurants spricht nur selten Englisch. Es kann vorkommen, dass **Preise** auf den Speisekarten fehlen, man sollte dann unbedingt vor der Bestellung nach dem Preis fragen. Oftmals sind Preise für verschiedene Portionsgrößen angegeben, meist reicht die erste Portionsgröße für eine Person aus. Grüner Tee wird überall kostenlos serviert, die dazugestellten Knabbersachen wie gesalzene Mandeln oder Trockenfisch mit Chilisauce kosten extra, auch die gereichten feuchten Handtücher.

Relativ früh (mittags gegen 12.00 und abends zwischen 18.00 und 20.00 Uhr) füllen sich die Restaurants mit einheimischen Gästen. Vietnamesen essen gerne in großen Runden mit der ganzen Familie oder den Geschäftspartnern. Je größer die Runde, desto opulenter das Mahl: Alle bestellten Speisen kommen zur gleichen Zeit auf den Tisch, und jeder Gast kann von jeder Bestellung kosten, indem er sich mit Stäbchen etwas in seine Reisschüssel füllt (nie zu viel!). Ein Essen mit Vietnamesen kann mitunter relativ **lebendig** ablaufen und wird meist von lauter (Live-)Musik begleitet. Vor allem in volkstümlichen, aber auch in besseren Restaurants muss man auf einige typische Nebengeräusche wie Schlürfen, Spucken, Schmatzen und Rülpsen gefasst sein. Oft wird auch geraucht und lautstark mit dem Handy kommuniziert.

Speiseangebot in Restaurants Meist werden Geflügel, mariniertes Schweine- oder Rindfleisch, gegrillte Schweinerippchen, Rindfleisch in dünnen Scheiben und Gehacktes sowie Fisch in allen Varianten angeboten. Bun Cha heißen die Nudelgerichte mit gefülltem Fleisch, dazu wird meist rohes Ge-

Garküchen findet man in allen Orten – außer Suppen erhält man hier Reisgerichte oder gebratene Meeresfrüchte und viele andere Leckereien.

müse auf einem Extrateller serviert. Das Entscheidende ist jedoch die
Sauce, und die soll in Hanoi die beste des Landes sein, denn hier
werden Pfefferminzblätter als Kräuter hinzugegeben. Zu den protein-
reichen Hauptnahrungsmitteln, die auch für viele Vietnamesen erschwinglich sind, gehört der Fisch.
Ob Krabben oder Krebse, Langus-
ten oder Hummer, Muscheln oder
Schnecken, Garnelen oder Tintenfisch, Makrele oder Karpfen, Tun-
oder Haifisch – in Vietnam sind
Fisch und Meeresfrüchte relativ
preiswert, schmackhaft und kommen vor allem in den Küstenorten
immer frisch auf den Tisch.
Als **Nachtisch** empfiehlt sich Obst.
Ananas, Wassermelonen, Bananen,
Litschis, Longan, Mangos, Papayas

> **!** *Baedeker* TIPP
>
> **Keine Angst vor gebratenen Hunden!**
> Kein Tourist muss befürchten, dass man ihm
> einen gebratenen Hund, rohes Affenhirn oder
> eine zerlegte Python als Mahlzeit »unter-
> schiebt«. Dies sind teure Delikatessen, die
> ausschließlich in speziellen Lokalen angeboten
> werden.

und Pomelos sind nur einige der köstlichen Sorten, die in Vietnam
wachsen. In besseren Restaurants bekommt man auch frittierte Bananen, mit Reiswein flambierte Ananas oder die traditionellen Ko-
kosnussdesserts. Oft wird auch der Regenbogendrink, ein kaltes Süß-
getränk aus gemahlenen Mungbohnen, Agar-Agar und Kokosnuss-
milch, als Nachtisch gereicht. Natürlich kann man auch »westliche«
Desserts wie Crème Caramel, Eis oder Früchtesorbets bestellen. In
den Großstädten gibt es zudem gute, gelegentlich sehr süße Kuchen
aus Teig oder Klebreis.

Einzelne Speisen

Seit Jahrtausenden bauen die Vietnamesen Reis (▶ Baedeker Special **Reis**
S. 316) an, der vietnamesische Alltag wäre ohne ihn nicht denkbar.
»Moi ong xoi com« (»Lassen Sie sich den Reis schmecken«) sagte
man früher, womit dessen Bedeutung erkennbar wird. Heute heißt
»Guten Appetit« eher »Chuc an ngon!« oder »Xin moi!«. Leider bestellen die meisten Touristen in allen Ländern Asiens den überall angebotenen gebratenen Reis – nicht wissend, was sie verpassen. Diese
Reis-Gemüse-Pfannen sind eher die unterste Stufe kulinarischer Expeditionen in die Landesküche. Vietnamesen essen Reis meist gekocht, die Zutaten werden entweder auf dem Teller gemischt oder
getrennt dazu gereicht.

Die Vietnamesen lieben ihre Fischsauce, sie ist mehr als nur ein Salz- **Fischsauce**
ersatz. Nuoc mam wird in Fabriken im Mekong-Delta und auf der **(nuoc mam)**
Insel Phu Quoc hergestellt (▶ S. 341, 346). Das Rezept ist denkbar
einfach: Gesalzene Sardinen werden in Fässern etwa ein Jahr gelagert
und fermentiert, der Sud wird in Flaschen abgefüllt und zu Hause
mit Zitronensaft, Essig, frischem Chili, Zucker, Pfeffer, Knoblauch
und Koriander verfeinert.

Suppen

Es gibt in Vietnam an jeder Ecke Suppenküchen oder wandelnde Köchinnen, die ihre Küche mit der Schultertrage immer bei sich haben bzw. als kleine Schrankkarren vor sich herschieben. In den Suppenküchen werden auf niedrigen Bänken und Hockern beispielsweise zum Frühstück die traditionellen, spottbilligen Suppen gegessen. Auch zum Mittagessen oder am Abend gehört immer eine Suppe auf den Tisch.

Aus dem Norden stammt die würzige Suppe namens **Pho**, mittlerweile eine Nationalspeise: Sie besteht aus Reis- oder Weizennudeln, die mit hauchdünnen Rindfleisch-Scheiben, Huhn oder Garnelen und ein paar Sojabohnensprossen gekrönt werden. Darüber wird die (seit Stunden!) kochende Fleischbrühe gegossen, eine dampfende und scharfe Angelegenheit. Wer möchte, bekommt noch ein rohes Ei darüber. Die Suppe ist bereits gewürzt mit Pfeffer, Minze, Koriander, zerstoßenem Chili und Zitronensaft – wer mag, gibt noch ein wenig salzige Fisch- oder Sojasauce und die auf dem Tisch bereitgestellten Kräuter dazu.

Außer dieser weit verbreiteten Variante gibt es süß-saure (chinesische) Suppen sowie rein säuerliche Suppen, die mit Shrimps oder Fisch, Tomaten und Zwiebeln eingelegt sind (**canh chua**). Nudelsuppen werden mit Löffel und Stäbchen verspeist; die Stäbchen stehen meist auf dem Tisch bereit. Mien ist eine chinesische Glasnudelsuppe mit Fleischbällchen, Chao ist eine ziemlich dicke Reissuppe, und die süßliche Che wird mit Kokosmilch zubereitet. Nicht versäumen sollte man den Feuertopf, eine Art vietnamesisches Fondue: In einem großen blechernen Samowar oder im Tontopf werden die Zutaten (Fisch, Seafood, Rindfleisch, Gemüse, Glasnudeln) von den Serviererinnen in den brodelnden Suppensud getan und am Tisch gegart.

Vorspeisen, Beilagen und Snacks

Die kleinen, pikanten **Frühlingsrollen** (cha gio) sind frittiert oder gegart. Die mit Gemüse, Hackfleisch oder Krabben, Garnelen, Glasnudeln, zerhackten Zwiebeln und Sojabohnensprossen gefüllten Frühlingsrollen werden vom Gast meist selbst in Salatblätter oder dünnes Reispapier eingewickelt. Dann tunkt man das kleine Paket in eine Flüssigkeit aus Fischsauce, Chili, Pfeffer und Zitronensaft (nuoc cham). Eine Schale mit Salaten und Kräutern wie Koriander, Melisse, Minze, Zitronengras und Basilikum steht ebenfalls meist auf dem Tisch. Westliche Ausländer, die nur kurze Zeit zum Urlaub in Asien sind, sollten sich allerdings mit rohem Gemüse, Salaten und Kräutern vorsehen. **Vietnamesisches Omelette** ist abwechslungsreich gefüllt mit zahlreichen Gemüsen und Fleisch. Mit Shrimps oder Fleisch gefüllte Teigtaschen sind eine weitere Spezialität an der Küste. Am Straßenrand wird außerdem eine Art Eierkuchen verkauft, gefüllt mit Fleisch (banh bao). Knusprige Fladen aus Sesam und Reismehl werden über Holzkohle gebacken, aber auch würzig-scharfe Sa-Giang-Chips aus Garnelenpaste und Mehl (banh phong tom) stehen in einigen Restaurants als kleine Vorspeise bereit und werden in alle Welt exportiert.

Anders als in China werden vietnamesische Frühlingsrollen in Salatblätter oder Reispapier gewickelt und in einen Dip getunkt verspeist.

An den Straßenständen werden **Sandwiches aus Baguette** angeboten (com tay cam oder banh mi pate), belegt je nach Wunsch mit Käse, Hühnchen, Fisch oder Schweinefleisch, Gemüse und Zwiebeln, meist ziemlich scharf gewürzt. Auf Holzkohle gegrilltes Fleisch ist ebenfalls ein beliebter Snack für unterwegs. Gleiches gilt für die überbackenen Bananen aus den Körben der Straßenhändlerinnen.

Die Vietnamesen kennen verschiedene Arten von Nudeln – entweder gelb (mi, aus Weizenmehl und Eiern) oder weiß (banh, aus Reis). Die durchsichtigen dünnen Glasnudeln werden hauptsächlich als Suppeneinlage verwendet. **Nudeln**

Regelmäßig zu den Vollmondfesten füllen sich die Läden und Straßenstände mit den goldgelben Banh Nuong und Banh Deo – den kleinen runden Mondkuchen. Aus gebratenem Klebreis, Reismehl und Zuckerwasser werden diese typisch vietnamesischen Leckerbissen gezaubert. Je nach Geschmacksrichtung entstehen in den Backstuben verschiedene Varianten aus Kokosmilch, Sesamkörnern, Schweinefett, Cashew- und Erdnüssen, Mandeln und Eiern sowie Hühnerfleisch. **Mooncakes**

Getränke

Der Tee wird gewöhnlich frühmorgens für den ganzen Tag gekocht und unter einem wattierten Teewärmer warm gehalten. Er wird Besuchern sofort nach der Ankunft zusammen mit Nüssen, getrockneten Früchten und Kuchen angeboten. Dabei wird etwas Tee in die **Tee**

Tee gehört immer dazu.

Schale gegossen und mit heißem Wasser aus der Thermosflasche verdünnt. Es gibt viele Teesorten, getrunken wird vor allem **grüner und schwarzer Tee**. Der Unterschied liegt in der Verarbeitung: Grüner Tee besteht aus unmittelbar nach dem Pflücken gerösteten Teeblättern, die nicht fermentiert werden. Schwarzer Tee dagegen wurde vorgetrocknet, fermentiert und danach geröstet. Zusätzlich gibt es viele Teesorten, die mit getrockneten Blüten aromatisiert werden. Besonders beliebt sind Chrysanthemen-, Jasmin-, Lotus-, Hibiskus- und Rosenblütenaroma. Die getrockneten Blüten lässt man im Tee, damit sie ihren Duft und ihr Aroma entfalten können.

Softdrinks und Säfte

Weiter gibt es Mineralwasser, Soda, Softdrinks wie Cola oder Sprite und die süße Sojabohnenmilch (sua dau nanh), die allerdings für den westlichen Gaumen Geschmackssache ist. Eine gute Alternative sind **frisch gepresste Obstsäfte** und Kokosnusssaft. An vielen Straßenständen (und Restaurants) kann man eine Kokosnuss aussuchen und sie mit der Machete aufschlagen lassen. Des Weiteren wird Zuckerrohr am Straßenrand frisch ausgepresst. Leitungswasser sollte grundsätzlich nicht getrunken werden (▶Gesundheit).

Kaffee

Zum Abschluss des Essens bestellt man den so genannten Französischen Kaffee (ca phe sua). Es ist ein am Tisch in Gläser gefilterter Kaffee, der mit dem kleinen Blechfilter auf dem Glas serviert wird, solange der Kaffee noch durchläuft. Häufig steht das Glas wiederum in einer Schale mit heißem Wasser, damit der Kaffee nicht kalt wird. Dieser Kaffee wird bereits mit Kondensmilch und viel Zucker serviert.

Alkohol

Das vietnamesische Wort für **Wein**, Ruou, bezeichnet die verschiedensten alkoholischen Getränke. Ein bekanntes Nationalgetränk heißt Ruou De oder Choum. Es ist ein starker farbloser Alkohol, der aus Klebreis hergestellt wird und japanischem Sake ähnelt. Er wird nur bei besonderen Gelegenheiten warm getrunken und dient dabei dem Ausbringen von Trinksprüchen.

An jeder Straßenecke Vietnams hängen die Schilder der singapurianischen Brauerei Tiger Beer. Sie lässt ihr vergleichsweise starkes **Bier** im Land herstellen. Ein anderes Jointventure ist das französische BGI-Bier. Doch auch vietnamesische Flaschenbiere schmecken gut: Ba-Ba-Ba (333) löste das Saigon Export ab und ist meist in Dosen erhältlich.

Speisekarte ▶Sprache

Feiertage · Feste · Events

Seit Jahrtausenden werden die traditionellen Feste nach dem Stand des Mondes berechnet. Das Mondjahr hat zwölf Monate und beginnt Mitte Januar. Jedes Jahr ist durch ein anderes Tier aus dem Tierkreis gekennzeichnet (Hund 2006, Schwein 2007, Ratte 2008 ...). Mittels des rund 4600 Jahre alten Kalenders errechnen Astrologen noch heute die glückbringenden Tage – und die Tage, die Unheil bringen.

 ## FESTKALENDER

FEIERTAGE

▶ **Staatliche Feiertage**
1. Januar: Neujahr
(vom Westen übernommen)
3. Februar: Gründungstag
der KP (1930)
30. April: Tag der Befreiung der
Südrepublik/Saigons und der
Vereinigung (1975)
1. Mai: Internationaler Tag der
Arbeit
19. Mai: Geburtstag von
Ho Chi Minh (1890)
2. September: Unabhängigkeitstag
(1945)
3. September: Todestag von
Ho Chi Minh (1969)

▶ **Sonstige Feiertage**
24./25. Dezember: Weihnachts-
feiertag mit Mitternachtsmessen
(für Christen vor allem im Süden)

JANUAR/FEBRUAR

▶ **Landesweit**
Tet-Fest. Die wichtigste Feier aller
Vietnamesen ist das Neujahr (tet
nguyen dan), das mindestens drei
Tage zwischen Mitte Januar und
Mitte Februar (manchmal Anfang
März) gefeiert wird: mit Opfer-
gaben und Geschenken, Familien-
besuchen, festlich geschmückten
Straßen und Wohnungen sowie
leckeren Klebreiskuchen.

▶ **Sinh**
Fest der Ringkämpfe. In dem Dorf
am südlichen Ufer des Huong
(Parfüm)-Flusses (Thua Thien Hue
Provinz) versammeln sich Tausende junger Männer aus den
umliegenden Provinzen: kampf-
bereit und stolz. Bei den traditionellen Ringkämpfen messen sie
Talent und Kraft. Hinterher wird
Reiswein und »bia« gebechert.

MÄRZ/APRIL

▶ **Tay Nguyen/Buon Don**
Fest des Elefantenrennens. Am
Serebok-Fluss in Buon Don (Dak
Lak Provinz) kann der kampf-
erfahrene Stamm der M'Nong um
den dritten Mondmonat zeigen,
was er drauf hat – besser: die hier
gezüchteten Elefanten. Bei dem
Rennen beschleunigen die behäbig
wirkenden Tiere auf fast 40 km/h
auf der 1–2 km langen Renn-
strecke.

APRIL/MAI

▶ **Landesweit**
Phat Dan – Geburtstag Buddhas.
Die vietnamesischen Buddhisten
begehen am 8. Tag des vierten
Mondmonats den Geburtstag von
Buddha – die Tempel sind voller
Weihrauch, Opfergaben und Be-
tenden.

GLÜCKLICHES NEUES JAHR!

Bereits eine Woche vor dem Neujahrstag beginnen die Feierlichkeiten: Am 23. Tag des 12. Mondmonats wird zu Hause eine Zeremonie abgehalten, bei der Opfergaben wie Früchte, Blumen, Speiseopfer und Papiergeschenke auf dem Hausaltar präsentiert werden.

Dadurch wohlgesonnen und gut gelaunt verlässt nun der Küchengott Tao Quan das Haus und zieht in den Himmel, um dem dortigen Herrscher, dem Jadekaiser, seinen alljährlichen Bericht über die irdischen Zustände zu erstatten. Erst am Neujahrsabend kehrt er wieder zur Erde zurück. Und so müssen sich in dieser einen Woche die Vietnamesen selbst um den Schutz ihres Hauses vor bösen Geistern kümmern. Zu diesem Zweck sind die Häuser mit Lichterketten und die Straßen mit roten Bannern behangen, und die Wohnstuben werden mit rotgoldenem Dekor, Blumen und Orangenbäumen ausgeschmückt. In den Dörfern werden oft auch Bambusstangen mit alten Kleidungsstücken in die Gärten gestellt, um damit die Geister zu vertreiben. Das Neujahrsfest Tet ist der Höhepunkt des Jahres. Da man sich in Vietnam nach dem Mondkalender richtet, wird Tet vom 1. bis zum 7. Tag des 1. Monats (Ende Januar/Anfang Februar) gefeiert. Offiziell sind drei Tage zum Neujahrsfest arbeitsfrei, aber die meisten Vietnamesen nehmen eine ganze Woche Urlaub.

Zeit für die Familie

Denn mit Tet kommt nicht nur der Jahreswechsel, sondern die lang ersehnte Zeit für große Familientreffen und Festessen. Die Leute bezahlen ihre Schulden, sie bereinigen Streitigkeiten, sie kaufen neue Kleider und verschicken Glückwunschkarten. Die auf rotes Seidenpapier gemalten chinesischen Schriftzeichen wünschen ebenfalls Glück und werden im Haus oder an der Haustür aufgehängt. Im Dörfchen Dong Ho, in der Nähe Hanois, werden das ganze Jahr über traditionelle Neujahrsbilder (▶ S. 82)

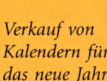
Verkauf von Kalendern für das neue Jahr

gefertigt, die Szenen aus Legenden und Mythen oder Glückssymbole wie reife, runde Früchte, Fische oder wohlgenährte Kinder zeigen. Bis 1995 gehörten auch Feuerwerke und Knallfrosch-Ketten unverzichtbar zu den Tet-Festlichkeiten. Doch die Regierung verbot die letzten Male diese jahrhundertealte Tradition, nachdem es zu schweren Unfällen mit einigen Toten gekommen war.

Ein Neujahrsfest ohne **großes Essen** ist unvorstellbar. Vor allem dürfen Banh Chung oder Banh Day nicht fehlen: Die mit Schweinefleisch und Sojabohnen gefüllten, runden Klebreiskuchen sind in Bananenblätter gewickelt und symbolisieren Erde und Himmel. Auch wenn es die finanzielle Situation der Familie eigentlich nicht erlaubt, wird für ein Familienbankett alles aufgefahren, was der Markt hergibt, denn so wie heute soll es ja das ganze Neue Jahr über sein.

Ehre den Ahnen

In den **Tempeln** herrscht zudem Hochbetrieb, besonders zum mitternächtlichen Wechsel des Mondjahres. Viele Gläubige versammeln sich hier,

um die Ahnen zu dieser Stunde zu ehren und die guten Geister mit auserwählten Speisen und vielen Räucherstäbchen wieder auf der Erde willkommen zu heißen. Innerhalb der Familien werden dann kleine **Geschenke** ausgetauscht.

Symbole

Und auch der Aberglaube hat jetzt Hochkonjunktur. Alles, was um Tet geschieht, ist symbolbeladen. So soll nicht nur der erste Besuch, sondern auch das erste wahrnehmbare Geräusch im Neuen Jahr (außer dem Feuerwerk!) Aufschluss über den Verlauf des kommenden Jahres bringen: Ein Hahnenschrei beispielsweise bedeutet viel Arbeit und eine schlechte Ernte, Hundegebell dagegen verheißt Vertrauen und Zuversicht, und ganz schlecht wird es dem ergehen, der eine Eule schreien hört – sie kündigt nämlich Epidemien und Unglück für die gesamte Gemeinde an! Pech bringt es auch, wenn zu dieser Zeit Glas bricht, Wäsche gewaschen und geflucht oder unanständig geredet wird – denn so etwas lockt nur die bösen Geister herbei!

MAI

▶ **Thap Ba**
Po-Nagar-Fest. Fest des Volkes der Cham mit Bootsrennen und traditionellen »boi«-Gesängen.

▶ **Mekongdelta**
Khmer-Neujahrsfest. Die Khmer feiern ihr Neujahr in allen Khmer-Pagoden des Mekong-Deltas am 13.–15. Tag des vierten Mondmonats.

APRIL BIS JUNI

▶ **Nui Sam (Chau Doc)**
Ba Chua Xu – Wallfahrt auf den Nui Sam. Am 22.–26. Tag des vierten Mondmonats findet die Wallfahrt auf den Nui-Sam-Berg statt.

JULI/AUGUST

▶ **Landesweit**
Trang Nguyen (Vu Lan) – Fest der Vergebung. Zum Gedenken der Ahnen und ihrer herumirrenden Geister gibt es einen weiteren Feiertag (15. Tag des 7. Mondmonats): das »Fest der Vergebung«. Zu diesem Zeitpunkt entscheiden der Jadekaiser und die Höllenfürsten über die Sünden ihrer Schützlinge auf Erden, die Geister der Verstorbenen wandern umher und kehren für diesen Tag nach Hause zurück.

AUGUST

▶ **Hue**
Hon-Chen-Tempelfest. Das Tempelfest findet zweimal jährlich im 3. und 7. Mondmonat statt: 10 km westlich von Hue treffen sich die Gläubigen zu Schauspielaufführungen und Prozessionen am Parfüm-Fluss zu Ehren der Heiligen Mutter Thien Y A Na – der Fluss ist erleuchtet im Schein kleiner Lichterschiffchen und beleuchteter Boote.

SEPTEMBER

▶ **Do Son**
Fest des Büffelkampfes. Das berühmte Fest am 9. Tag des achten Mondmonats ehrt den Beschützer der Fischer aus dieser Gegend bei Hai Phong: Dieu Tuoc Ton Than. Nach Ritualen folgt ein (meist unblutiger) Büffelkampf – der Sieger hat leider nichts von seinem Sieg, beide Büffel werden zu Ehren des Heiligen geschlachtet und verspeist.

▶ **Vung Tau**
Fest des Nghinh Ong. Im »Walgrab«-Tempel von Vung Tau findet eine bunte Feier am Todestag der Lang Ca Ong (16. Tag des 8. Mondmonats) statt, drei hier vor der Küste gestrandeter Wale: Die Fischer glauben bis heute an die Wunderkraft der imposanten Säugetiere. Eine mit Blumen geschmückte Bootsprozession, eine Tuong-Oper und Gesänge, Kung-Fu und viele Opfergaben erinnern an das hochverehrte Tier.

OKTOBER/NOVEMBER

▶ **Soc Trang (Mekongdelta)**
Ghe-Ngo-Festival (Ok Om Bok). Mit dem Vollmondfest Ook Om Book danken die Khmer im Mekongdelta am 14./15. Tag des zehnten Mondmonats mit Opfergaben ihrer Mondgöttin, die Glück und Reichtum bringt. Laternen und fliegende Lampions beleuchten den Himmel, Opfergaben werden auf kleinen Bananenblatt-Flößen dem Mekong oder einem seiner vielen Fluss-Arme im Delta übergeben.
Auf dem Soc-Trang-Fluss findet etwa zur selben Zeit das Ghe-Ngo-Bootsrennen statt.

Geld

Die vietnamesische Währung ist der Dong. Es gibt Banknoten (à 100, **Währung und**
200, 500, 1000, 2000, 5000, 10 000, 20 000 und 50 000), die sich teil- **Zahlungsmittel**
weise sehr ähnlich sehen; seit 2004 auch Münzen (à 200, 500, 1000,
2000, 5000) und neue zusätzliche Scheine à 100 000 und 500 000. Seit
Anfang der 1990er-Jahre ist der Wechselkurs relativ stabil.

In Hotels, Restaurants, Reisebüros, beim Mietwagenverleih, an Bahn- **Dollars**
schaltern, am Flughafen und bei Arztbesuchen werden oft noch US- **mitnehmen!**
Dollar als Zahlungsmittel verlangt, es kann aber selbstverständlich
auch in der Landeswährung Dong bezahlt werden. Für Marktbesu-
che, bei Cyclofahrten, auf der Post und in ländlichen Gegenden sollte
man immer kleinere Scheine in Dong oder Dollar bei sich führen.
Obwohl der Euro mittlerweile fast überall akzeptiert wird, empfiehlt
sich bei Reisen in abgelegene Gebiete auf dem Land die Mitnahme
von US-Dollar in bar oder einigen US$-Reisechecks.

Mit den gängigen Kreditkarten (Visa-, Master-, Diners Club, teilwei- **Kreditkarten**
se American Express) kann man in vielen Hotels, Restaurants, Läden,
Supermärkten und Reiseagenturen bezahlen (teils hohe 3–4% Ge-
bühren, zuvor fragen!). An immer mehr Geldautomaten (ATM), die
sich in vielen Banken, Einkaufszentren, Flughäfen und Hotels (vor
allem Hanoi, Saigon, Nha Trang) befinden, kann man außerdem
Bargeld bis zu 130 US$ abheben (1% Gebühr, auch mit der EC-Karte
Maestro möglich). Die Deutsche Bank hat ihren Sitz im Saigon Center (14. Stock) in der Le Loi Street in Saigon. Ebenfalls empfehlenswert sind **Reisechecks**, die in Banken, Hotels, Postämtern und Flughäfen gegen Vorlage des Reisepasses eingelöst werden können (meist
2% Gebühr). Die Banken sind von Montag bis Freitag geöffnet
(meist eine Stunde in der Mittagszeit geschlossen).
Bei Verlust von Kredit- oder Bankkarten kann man seit dem 1. Juli ◀ Verlust
2005 den **Sperr-Notruf** unter der **Tel. 00 49/116 116** erreichen. Er gilt
auch für Handys und weitere sperrbare Medien.

ℹ Wechselkurse

- 10 000 VND (Dong) = 0,47 EURO
- 10 000 VND = 0,63 US$
- 10 000 VND = 0,77 sFr
- 1 € = 22 270 VND
- 1 US$ = 16 540 VND
- 1 sFr = 13 480 VND

(Stand: Juni 2007)

Gesundheit

Krankheits-vorbeugende Maßnahmen

Vor allem in den ersten Tagen empfiehlt sich Vorsicht bei allen Speisen mit rohem Gemüse, Salaten und nicht schälbarem Obst. Danach sollte man abwägen und nicht grundsätzlich auf landestypische Speisen verzichten. Besonders bei einer privaten Einladung kann es unhöflich wirken, wenn der Gast die ihm zuerst angebotenen Speisen ablehnt!

Der Körper verbraucht beim Schwitzen mehr Flüssigkeit als in heimischen Breitengraden, und so sollten mindestens 2 l/Tag als Ausgleich getrunken werden. Meist sind die **Eiswürfel** nicht zu beanstanden, da sie aus abgekochtem Wasser bereits in Würfelform hergestellt werden. Wer seine Getränke trotzdem lieber ohne Eis haben möchte, muss bei der Bestellung auf den Sonderwunsch hinweisen: »khong co da« heißt »ohne Eis, bitte«.

Suppen sind selbst für empfindliche Mägen ungefährlich, da sie kochendheiß serviert werden, das zusätzlich gereichte kalte Gemüse muss man ja nicht unbedingt mitessen. **Fleisch** sollte grundsätzlich sehr gut durchgebraten und niemals halb roh bzw. lauwarm verspeist werden. In Orten, die einige Fahrtstunden von der Küste entfernt liegen, sollte man in einfachen Gaststätten möglichst auf Fisch verzichten, da nie sicher ist, ob die Kühlung während des Transportes unterbrochen gewährleistet war.

Sollte man trotz aller Vorsichtsmaßnahmen Probleme mit dem Verdauungssystem bekommen, helfen Kohletabletten sowie ausreichende Flüssigkeits- und Elektrolytaufnahme.

Um einen Sonnenbrand oder Sonnenstich zu vermeiden, gewöhnt man den Körper erst allmählich an die **intensive Sonneneinstrahlung** und verwendet ausreichend Sonnenschutz mit einem hohen Lichtschutzfaktor.

Impfungen

Es besteht keinerlei Impfpflicht für Vietnam. Lediglich bei der Einreise aus Ländern, in denen Gelbfieber herrscht, ist eine Impfung vorgeschrieben. Außerdem werden Auffrischimpfungen empfohlen für Polio und Tetanus (Wundstarrkrampf, auch in Kombination mit Diphtherie), sobald diese mehr als zehn Jahre zurückliegen, und He-

▶ **WICHTIGE ADRESSEN**

▶ **AEA International SOS**
24-Std.-Notruf
auch Zahnklinik
65 Nguyen Du Street, Saigon
Tel. 08/8 29 85 20
und 8 29 84 24

▶ **AEA International SOS**
31 Hai Ba Trung, Hanoi
Tel. 04/9 34 05 55 und 9 34 06 66

▶ **Bach Mai International Hospital**
Giai Phong Street, Hanoi
Tel. 04/8 69 37 31

patitis A sowie die Schluckimpfung gegen Typhus. Die Gefahr von Cholera kann dadurch ausgeschaltet werden, indem man nur abgekochtes Wasser zu sich nimmt. Dengue-Fieber und Japanische Encephalitis sind vereinzelt in Vietnam aufgetreten.

Vietnam gehört zum Verbreitungsgebiet der Malaria. Die Gefahr in städtischen Gebieten wird als gering eingeschätzt, anders dagegen bei Reisen in ländliche und waldreiche Regionen (z. B. Cat-Tien-Nationalpark, Zentrales Hochland, Mekong-Delta usw.), auf Flüssen oder an Küstengebieten. Die Mücken sind während und kurz nach den **Monsunzeiten** besonders verbreitet. Daher sollte eine Prophylaxe eingenommen werden (verschreibungspflichtig) oder wenigstens ein »Standby«-Präparat für den Notfall mitgenommen werden. Auf alle Fälle sollte man sich rechtzeitig vor der Abreise (ca. 6 Wochen vorher) bei einem der Landestropeninstitute oder einem Tropenmediziner beraten lassen. Ebenfalls tritt Dengue-Fieber mit ähnlichen Symptomen wie der Malaria auf.
Um das Risiko zu verringern, empfiehlt sich die Mitnahme eines **Moskitonetzes** (vor allem für Hotels ohne Klimaanlage) und die Anwendung von Mückenschutzmitteln ab der Dämmerung und im Morgengrauen. Lange feste Socken sowie langärmelige, helle Kleidung erhöhen ebenfalls den Schutz vor Mückenstichen. Einen weiteren Schutz versprechen die Hersteller von Rauchspiralen (coils).
Man sollte sofort einen Arzt aufsuchen, wenn grippeähnliche Symptome wie Fieber, Schüttelfrost, Schwindel und Kopfschmerzen auftauchen, auch Monate nach der Rückkehr aus Vietnam!

Vietnam gehört mittlerweile zu den Ländern mit einer rapide steigenden **Aids-Rate**. Wenn man jegliches Risiko einer Infektion durch fremdes Blut ausschalten will, sollte man auch Einwegspritzen für etwaige Arztbesuche sowie Plastikhandschuhe besorgen. In Vietnam herrscht ein ausgeprägtes Problembewusstsein in puncto Aids. In fast jedem Dorf und an vielen Straßenecken in den Städten stehen Tafeln, auf denen die Übertragungswege und die Gefahren erklärt werden.

Malariaprophylaxe

> ! *Baedeker* TIPP
>
> **Vogelgrippe**
>
> In Vietnam grassiert die Vogelgrippe, die u. U. auf Menschen übertragen werden kann, es kam in Vietnam bereits zu Todesfällen. Deswegen sollte man keinen direkten Kontakt zu gefiederten Tieren haben, Geflügelmärkte und Bauernhöfe meiden. Der Genuss von Hühnerfleisch wird dagegen als unbedenklich eingestuft.

In den Tropen sollte man so viel wie möglich trinken ...

Medizinische Versorgung Die ärztliche Versorgung in Saigon und Hanoi entspricht europäischem Standard. Je ländlicher die Gegend, desto schlechter ist allerdings die medizinische Versorgung. In den Apotheken sind gängige Medikamente aus westlichen Pharmakonzernen vorhanden, man sollte allerdings auf das Verfallsdatum achten. Malaria-Bluttests werden überall von den Ärzten durchgeführt.

Mit Kindern unterwegs

Gesundheitsmaßnahmen Die Exotik Vietnams ist leider auch verbunden mit einem gewissen Mangel an Hygiene – was Kinder meist nicht stört. Aber Eltern sollten dies unbedingt schon vor der Reise beachten und ihre Kinder entsprechend impfen lassen (neben den Impfungen für die üblichen Kinderkrankheiten ggf. eine Typhus- und Tetanus-Impfung). Wer in Malariaregionen reist (außerhalb der großen Städte, ▶ Gesundheit), sollte sich über vorbeugende Maßnahmen (Moskitonetz, Mückenlotion, helle und den Körper bedeckende Kleidung) und ggf. Medikamente in den deutschen Tropeninstituten und beim Düsseldorfer Centrum für Reisemedizin (www.crm.de) beraten lassen – allerdings rechzeitig, d. h. mindestens sechs Wochen vor Reisebeginn! Außerdem wichtig: auf jeden Fall auf ungeschältes Obst sowie Salate und

▶ **TIPPS FÜR KIDS**

▶ **Da Nang Water Park**
2–9 St. Hoa Cuong Ward, Da Nang, Tel. 05 11/64 05 06
Wellenreiten, Whirlpools, Wasserfälle und Riesenrutsche
2 km südlich des Stadtzentrums, über die verlängerte Trung Nu Vuong Richtung My-Khe-Strand

▶ **Delfinshow**
Freizeithalle auf der Tuan-Chau-Halbinsel (ca. 5 km westlich von Ha Long City)
Dressierte Delfine, Seelöwen und Robben zeigen dreimal am Tag Kunststücke.

▶ **Wasserpuppentheater**
Thay-Pagode am Drachensee
40 km südwestlich von Hanoi im Dorf Sai Son

▶ **Phu Dong Waterpark**
Tran Phu Street, Nha Trang Beach
Tel. 0 58/52 18 44
Nördlich vom Ana Mandara Resort
Wasserrutschen, Springbrunnen, gleich daneben großer Rummel mit Karussells

▶ **Zoo und Botanischer Garten Saigon**
2 Nguyen Binh Khiem Street, Saigon
Eine Besonderheit des Zoos in Saigon sind die Komodo-Echsen

▶ **Dam Sen Water Park**
3 Hoa Binh, Saigon, 11. Bezirk
www.damsenpark.com.vn
Ruderboote, Riesenrutschen, Mini-Eisenbahn und vieles mehr

rohes Gemüse verzichten, auf nicht abgekochtes Wasser und Milch, Speiseeis und Eisstücke sowie scharf gewürzte Speisen. Grundsätzlich sollte für Kinder gelten: keine Speisen vom Straßenstand, vor allem kein gegrilltes Fleisch. Selbst der erwachsene Organismus muss sich erst eine Weile an die »vietnamesischen« Bakterien gewöhnen, Kinder sind entsprechend anfälliger.

Mit Kindern reisen

Wer seine Kinder mit nach Vietnam nimmt, muss allerdings erstmal die lange Flugzeit (11–13 Std. oder länger) überstehen, meist mit einmaligem Umsteigen – und die Zeitverschiebung. In Vietnam angekommen, kann die Reise durchs Land sehr anstrengend werden: lange Fahrten in beengten (Mini-)Bussen, hektisch-lauter und gefährlicher Verkehr und nicht immer gut ausgestattete und saubere Unterkünfte.

Kleinkinder

Einige »Kleinigkeiten« sollten Eltern von Babys unbedingt mitnehmen: Kinderausweis und Impfpass (bzw. eigener Reisepass oder Eintragung im Pass der Eltern), Babynahrung und Einmal-Windeln, Sonnenmütze und Sonnenschutz für Kinder. All die Mühe wiegt vielleicht die Hingabe und Zuwendung wieder auf, mit der die Vietnamesen meist auf Kleinkinder reagieren – je blonder, desto überschwänglicher.

Knigge

Generelle Regeln

Die Vietnamesen beurteilen ihr Gegenüber nach ihrer Kleidung (Shorts für Männer und Frauen sind tabu in allen Gotteshäusern sowie auf dem Land ungeeignet). Und nach dem Alter. Deswegen sollte man sich nicht wundern, wenn beim Kennenlernen zuerst nach dem **Geburtsjahr** gefragt wird. Dies beruht auf dem konfuzianischen Glauben: Dem weiseren Älteren gebührt stets mehr Respekt. Wenn der Reisende nun aber jünger ist als sein Reiseleiter oder Dolmetscher, als die Straßenhändlerin oder Verkäuferin? Kein Problem, wenn man sich als Fremder an einige Regeln hält.

> **i Anrede**
>
> ■ Die stets dreigeteilten Namen der Vietnamesen lesen sich von hinten: Vorne steht der Familienname, am Ende der Vorname. In der Mitte erkennt man oft das Geschlecht: Thi ist weiblich, Van männlich.

Wer sich in Vietnam über etwas ärgern sollte, darf seinen Ärger ruhig für sich behalten, denn bei lautstarkem Gehabe und Protest verlieren nur alle Beteiligten das Gesicht. Wundern Sie sich nicht, wenn auf eine Ihrer Fragen nicht eingegangen wird: Entweder wäre die Antwort eine negative oder Ihr Gegenüber weiß keine Antwort. Und bei Verabredungen nicht vergessen: In Asien gehen die Uhren anders!

Verhalten in der Öffentlichkeit

Trinkgeld In Vietnam ist es unüblich, Trinkgelder zu geben. In den Hotels (und oft Lokalen) sind bis zu 15% Steuer und Servicezuschlag enthalten. Allerdings wird bei einem durchschnittlichen Monatsgehalt von 43 Euro ein kleines Dankeschön gern gesehen. Wenn in einem Tempel von den Mönchen oder Nonnen zum **Gebet** geladen wird, sollte eine Geldspende in die aufgestellten Holzkisten als Zeichen des Dankes selbstverständlich sein. Meistens entzündet man ein oder drei Räucherstäbchen (Letzteres ist üblich bei Problemen, Todesfällen), fünf gelten der Heiligen Mutter des Waldes und sieben den wandernden Seelen.

Kriegsveteranen und bettelnde Kinder Nicht selten begegnen dem Reisenden in Vietnam noch Kriegsveteranen: Man kann eine Spende (kleine Dong-Scheine) geben, da es in Vietnam keine kostenlose Gesundheitsversorgung mehr gibt. Allerdings treibt eine Vielzahl von Banden ihr Unwesen, die absichtlich Verletzungen und sogar Verstümmelungen herbeiführen oder die Verletzungen hollywoodreif »inszenieren« und extra präparieren. Bettelnden Frauen mit halb ohnmächtigen Babys auf dem Arm wird nachgesagt, die Kinder seien nicht ihre eigenen und mit Beruhigungsmitteln ruhig gestellt. Ob man bettelnden Kindern Bonbons oder Geld gibt, muss jeder Reisende selbst entscheiden, aber man sollte bedenken: Die Kinder verdienen als Bettler irgendwann mehr als ihre arbeitenden Eltern und gehen dann nicht mehr zur Schule. Man unterstützt die weit verbreitete Kinderarbeit, indem man ihnen Postkarten oder Zigaretten abkauft. Oft werden Kinder von Banden eingesetzt, die die Einnahmen später abkassieren. Man kann die Kinder natürlich auch zum Essen einladen, was viele gerne annehmen.

> ! **Baedeker** TIPP
>
> ### Auf dem stillen Örtchen
>
> Die Toiletten in den Restaurants sind meist noch asiatische (ursprünglich französische) Hocktoiletten, bei denen mit einem Schöpfbehälter per Hand gespült wird; Toilettenpapier (immer in den Müllbehälter) sollte man bei Ausflügen oder Stadtrundfahrten immer mitnehmen.

Feilschen ▶Preise · Vergünstigungen

An Strand und Pool Auf gar keinen Fall »oben ohne« oder nackt baden! Der Strand (generell die Öffentlichkeit) ist auch kein geeigneter Ort für Liebeshandlungen, so romantisch der Sonnenuntergang über dem Meer auch sein mag – dies würde eindeutig gegen die guten Sitten verstoßen.

Fotografieren Vor dem Fotografieren sollte man Vietnamesen immer höflich fragen und ein »Nein« oder Kopfschütteln akzeptieren, auch wenn die Vietnamesen dabei herzlich lachen: Es kann Frauen sehr peinlich sein, in Straßen- oder Arbeitskleidung fotografiert zu werden. Auch Straßenhändler mit Schwarzmarktprodukten oder bestimmte Bergstämme lassen sich nicht gerne ablichten! Eine nette Geste: Man kauft ihnen etwas ab, lässt sich die Adresse aufschreiben und schickt einen Abzug aus Europa.

Bei einer Einladung

Mittlerweile begrüßen sich die Vietnamesen mit Handschlag nach westlicher Art (die Ältesten zuerst) – wer traditionell grüßen will, kreuzt die Arme vor der Brust und verbeugt sich leicht. Bei einem Besuch bei Vietnamesen zu Hause stehen meist vor der Schwelle die **Schuhe** aller Hausbewohner. Wer seine Schuhe auszieht, kann nichts falsch machen, auch wenn der Gastgeber lächelnd abwinkt. Nur die Fußsohlen sollte man dann tunlichst nicht einer Person entgegenstrecken, dies wäre gegenüber Buddhisten unhöflich. **Begrüßung**

Bei einer Einladung zum Essen wird am besten ein kleines, nett verpacktes Gastgeschenk mitgebracht und mit beiden Händen überreicht (etwa Blumen, Buntstifte für die Kinder, Obst, Zigaretten). Und die Visitenkarten bei geschäftlichen Anlässen nicht vergessen – diese auszutauschen ist ein obligatorisches Ritual. **Geschenke**

Man muss nur freundlich fragen ...
Die meisten Vietnamesen lassen sich gerne fotografieren.

Beim Essen Man sollte sich außerhalb Saigons und Hanois nicht wundern, wenn aus Platz- und Tischmangel auf einer Matte am Boden gegessen wird (erst der Hausherr mit den Gästen, dann der Rest der Familie). Es wäre unhöflich, die dem Gast zuerst angebotenen Speisen und Getränke abzulehnen. Mit »xin moi« beginnt das Mahl: Bitte zugreifen! Beim Essen mit Vietnamesen geht es meist recht laut und ungezwungen zu, auch in den öffentlichen Lokalen: Da wird nach Leibeskräften geschmatzt und geschnalzt, geschlürft und gerülpst, mit dem Handy telefoniert und geraucht. Nicht essbare Reste wie Knochen, Gräten und Servietten wischt man oft noch vom Tisch. Und bloß nicht die Essstäbchen am Ende in den übrig gebliebenen Reis stecken – das beschwört einen Todesfall herauf!

> ! **Baedeker TIPP**
>
> **Grußformeln**
>
> Die Vietnamesen haben zig Grußformen, je nach Alter und konfuzianisch-gesellschaftlicher Stellung und zu allem Überfluss teils auch unterschiedlich im Norden und Süden – für Touristen kaum zu durchschauen. Nichts falsch machen Fremde mit dem allgemeinen Gruss: xin chao (gesprochen: sin chao).

Literatur und Film

Sachbücher **Chong**, Denise: Das Mädchen hinter dem Foto. Die Geschichte der Kim Phuc. Brunnen, 2005
Fast minutiöse, aber packend geschriebene Rekonstruktion des Lebens der Kim Phuc und des Kriegsgeschehens und der schweren Zeit danach. Es schildert die unglaubliche Obszönität der Arbeit von Kriegsreportern – und ihre absolute Notwendigkeit.

Heyder, Monika: Kulturschock Vietnam. Reise Know-how Verlag Rump, 2003
Ob Konfuzius, Wahrsager, Zähneschwärzen, richtig Feilschen oder richtig Gesicht bewahren – fundierte Vor-Reise-Lektüre, um Land und Leute besser zu verstehen.

McNamara, Robert S.: Vietnam. Das Trauma einer Weltmacht. Hoffmann und Campe, 1996
Das beste politische Buch über Vietnam. Mc Namara, US-Verteidigungsminister von 1961–1968, zeigt aus sehr persönlicher Sicht, wie die USA in den Krieg hineingezogen wurden und warum er nicht zu gewinnen war.

Miethig, Martina: Vietnam. Bruckmann, 2003
Mit leichter Feder geschriebenes Länderporträt und Bildband zugleich, abseits der Klischees, farbenfroh und stimmungsvoll bestückt mit Bildern der Fotografen Josef Beck und Frank Peterschröder.

Page, Tim: Ein anderes Vietnam. Bilder des Krieges von der anderen Seite. National Geographic, 2002
Der Vietnamkrieg einmal aus nordvietnamesischer Sicht, etwa von dem persönlichen Fotografen Ho Chi Minhs oder aus den Reihen des Vietcong. In den Begleittexten erinnern sich US-Fotoreporter und ihre vietnamesischen Kollegen.

Routhier, Nicole: Vietnam. Eine kulinarische Entdeckungsreise in 150 Rezepten. AT-Verlag Aarau 1996
Routhier, geboren in Saigon und heute Chefköchin in New York, ist die Tochter eines Franzosen und einer Vietnamesin. Sie zeigt Höhepunkte chinesischer, mongolischer, thailändischer und europäischer Einflüsse auf die Küche Vietnams. Haute Cuisine.

Schneider, Wolfgang: Apokalypse Vietnam. Rowohlt, 2002
Ganz und gar nicht »objektive« Sicht auf den Krieg anhand von Interviews mit amerikanischen und vietnamesischen Zeitzeugen und ausführlicher Chronik.

Ziegler, Thomas: Die Amphibien und Reptilien Vietnams. Natur- und Tierverlag, 2002
Spezielles über Vietnams Fauna mit 382 herrlichen Farbfotos.

Vietnam. Bilder eines Krieges. Zambon Verlag, 1999
Schonungslose Bildersprache und Texte: Das Buch dokumentiert den Kampf des vietnamesischen Volkes um Unabhängigkeit gegen Franzosen und Amerikaner sowie die Hinterlassenschaften des chemisch-biologischen Krieges.

Belletristik

Duras, Marguerite: Der Liebhaber. Suhrkamp, 2004
Duras, selbst in Indochina geboren, erzählt die heikle, zwischen Liebe und Prostitution schwankende Geschichte einer jungen Französin und eines älteren Chinesen. Erotik ohne Scham und ohne eine Spur von Koketterie.

Greene, Graham: Der stille Amerikaner. dtv, 2003
Klassiker der Vietnam-Literatur, zugleich Liebesgeschichte und spannender politischer Krimi. Die junge Vietnamesin Phuong verlässt während des Kolonialkriegs gegen die Franzosen ihren Geliebten, um sich einem Amerikaner zuzuwenden. Von dessen Geheimauftrag ahnt sie nichts.

O'Brian, Tim: Was sie trugen. S. Fischer, 2001
Kriegserinnerungen eines Amerikaners in 22 fiktiven Episoden, die einen Einblick geben von der »tödlichen Langeweile« des Krieges, dem Töten und Sterben, den Marotten von US-Soldaten und was sie (bei sich) trugen: Nylons von der Freundin, Schokolinsen, das Neue Testament, erstklassiges Dope ...

Stahlbaum, Dietrich: Der Ritt auf dem Ochsen oder Auch Moskitos töten wir nicht (Karin Fischer Verlag, 2000
Der Autor war 1949–1954 im ersten Indochina-Krieg als französischer Legionär und kehrte als Pazifist nach Deutschland zurück.

Vietnamesische Autoren

Duong Thu Huong: Bitterer Reis. Goldmann, 1993
Bekanntester Roman der vietnamesischen Autorin, der auch verfilmt worden ist. (Momentan vergriffen, soll wieder aufgelegt werden.)

Duong Thu Huong: Liebesgeschichte vor der Morgendämmerung erzählt. Horlemann, 1992
Luu, eine einfache Frau vom Dorf, rächt sich verbissen an ihrem Ex-Ehemann. Mit Hilfe der kommunistischen Partei lässt sie ihn bespitzeln. Privates Familienglück wird zur öffentlichen Parteisache, Luus Machtgelüste zerstören jede Liebe.

Hayslip, Le Ly: Geboren in Vietnam. Heyne, 1994
Während einer Reise in die eigene Vergangenheit blickt Le Ly zurück auf ihre Jugend als Bauernmädchen und Kollaborateurin während des Vietnamkriegs. Vermutlich der beste Roman über Vietnam. Wurde von Oliver Stone verfilmt (»Zwischen Himmel und Hölle«).

Pham, Andrew X.: Mond über den Reisfeldern. Auf den Spuren meiner Familie durch Vietnam. Goldmann, 2003
Ein junger Amerikaner schildert die Flucht aus Vietnam als »Boat people« in seiner Kindheit mit der Familie und die Erlebnisse bei seiner »Heimkehr« mehr als 20 Jahre später, wo er mit dem Rad durchs Land radelt – witzig, spannend und sensibel.

Pham Thi Hoai: Sonntagsmenü. Unionsverlag, 2005
Mit Ironie, Schalk und zarter Erotik wird in elf Kurzgeschichten das Alltagsleben in Hanoi geschildert. Es entsteht das Bild einer kalten Welt, in der die Beziehungen verlogen, die Geschäfte krumm, die Dichter angepasst und die Beamten korrupt sind.

Vietnam im Film

»Good Morning Vietnam« (USA, 1987): Robin Williams als DJ bei einem Soldatensender in Saigon. Komödie mit Tiefgang.

»Dear America – Letters from Vietnam« (USA, 1987): Collage aus Briefen amerikanischer Soldaten und originales Filmmaterial aus dem Vietnamkrieg.

»Zwischen Himmel und Hölle« (USA, 1993, Regisseur: Oliver Stone): Der Vietnamkrieg aus vietnamesischer Sicht.

»Cyclo« (Vietnam, 1995, Regisseur: Tran Anh Hung): Der Film zeigt die Veränderungen in der vietnamesischen Gesellschaft und die Auswirkungen auf die Jungen.

»Der stille Amerikaner« (USA/Australien, 2002, Regisseur: Phillip Noyce): Jüngste Verfilmung des Klassikers von Graham Greene mit Michael Caine in der Hauptrolle des britischen Korrespondenten Thomas Fowler, der während des Indochinakrieges der frühen 1950er mit dem jüngeren, aber mysteriösen Amerikaner Pyle um seine schöne Geliebte Phuong konkurriert.

Medien

In Vietnam erscheinen einige einheimische Tages- und Wochenzeitungen in Englisch, beispielsweise die »Saigon Times Daily«, »Vietnam News«, »Vietnam Weekly«, die »Vietnam Business« und die »Vietnam Economic News«. Außerhalb der Großstädte sind diese aber nur schwer zu erhalten. Darin finden sich auch Hinweise zu Restaurants und Unterhaltungsangeboten. Internationale Zeitschriften und Magazine bekommt man in den großen Hotels, an Kiosken und über Straßenhändler in Saigon und Hanoi, wie die »Bangkok Post«, die »FAZ«, «Süddeutsche Zeitung«, »Die Welt«, der »Spiegel«, »International Herald Tribune« oder »Newsweek«.
Speziell für Touristen liegen in den Hotels monatlich bzw. wöchentlich erscheinende (Anzeigen-)Broschüren aus. **»What's on in Saigon?«** und **»Time out«** enthält u. a. Flugtermine und Restaurantadressen.

Zeitungen und Zeitschriften

Im Satellitenfernsehen sind die Programme von CNN, ABC, Star plus sowie französische, australische, indonesische und japanische Sender zu empfangen. Englischsprachige Nachrichten werden im Staatsfernsehen abends ausgestrahlt.

Fernsehen

Auf die gewohnte Lektüre muss man in den großen Hotels nicht verzichten.

Notrufe

ALLGEMEINE NOTRUFE

▶ **Polizei**
Tel. 113

▶ **Feuerwehr**
Tel. 114

▶ **Rettungsdienst**
Tel. 115

AUTOMOBILCLUBS

▶ **ACE-Notrufzentrale Stuttgart**
Tel. 00 49/18 02 34 35 36

▶ **ADAC-Notrufzentrale München**
Tel. 00 49/89 22 22 22
ADAC-Ambulanz
Tel. 00 49/89 76 76 76

▶ **ÖAMTC-Notruf Wien**
Tel. 00 43/19 82 82 82

RETTUNGSDIENSTE

▶ **Deutsche Rettungsflugwacht Stuttgart**
Tel. 00 49/7 11 70 10 70

▶ **DRK-Flugdienst Bonn**
Tel. 00 49/2 28 23 00 23

▶ **Schweizerische Rettungs-flugwacht Zürich**
Tel. 00 41/1 14 14
Tel. 00 41/1 3 83 11 11

Öffnungszeiten

Geschäfte Die meisten Geschäfte öffnen täglich gegen 8.00 Uhr und schließen zwischen 19.00 und 22.00 Uhr; manchmal wird eine Mittagspause gemacht. Kaufhäuser und Supermärkte sind von 8.00 bis 18.00 geöffnet, manche bis 21.00 Uhr. Die Märkte betreiben ihr Tagesgeschäft bereits von 6.00 Uhr morgens bis gegen 18.00 Uhr; Straßenmärkte kann man meist länger besuchen. Die Poststellen mit Telefonvermittlung sind täglich zwischen 7.30 und 19.00 bzw. 20.00 Uhr geöffnet. Die meisten Büros haben Mo. bis Fr. von ca. 7.30 bis 16.30 Uhr Sprechstunde, in der Mittagszeit ist kein Ansprechpartner anwesend (variabel zwischen etwa 11.30 und 14.00 Uhr).

Restaurants sind ungefähr von 10.00 bis gegen 22.00/23.00 Uhr offen. Bei **Banken** verhält es sich unterschiedlich, in der Regel Mo. bis Fr. von etwa 7.30 bis 11.30 sowie 13.30 bis 15.30/16.00 Uhr.

❓ WUSSTEN SIE SCHON …?

■ Für Öffnungszeiten von Sehenswürdigkeiten und Museen gibt es in Vietnam keine Gewähr, in Broschüren abgedruckte sind oft nicht verbindlich. Selbst wenn man vorher anruft und sich vergewissert, kann es dann vor Ort doch ganz anders und geschlossen sein!

Museen sind täglich von 8.00 bis 11.30 und 13.30 bis 16.00 Uhr ◀ Museen
(manche bis 17.00 oder 17.30 Uhr) zugänglich, einige allerdings am
Montag und an Feiertagen geschlossen.

An staatlichen Feiertagen sind die Banken, Ämter und auch einige **An Feiertagen**
Museen geschlossen. Die meisten Läden bleiben jedoch geöffnet.
Während der Feierlichkeiten zum traditionellen Tet-Neujahr im Ja-
nuar/Februar bleiben viele vietnamesische Restaurants geschlossen.
Sonntags ruhen sich auch die fleißigen Vietnamesen aus, d. h. die
Büros und Ämter sind geschlossen.

Post · Telekommunikation

Die Auslandspost wird am besten direkt bei den Postämtern abgege- **Post**
ben. An vielen Hotelrezeptionen werden Briefmarken verkauft und
ebenfalls die Post entgegengenommen. Briefe (Porto: 12 000 Dong)
und Postkarten (8000 Dong) nach Europa sind mindestens sieben bis
zehn Tage unterwegs, manchmal auch länger. Faxe sind grundsätzlich teuer (1 Seite ca. 8 US$).

Auslandsgespräche sind am günstigsten von den immer mehr ver- **Telefonieren**
breiteten **Internet-Telefon-Läden** (vor allem in Saigon und Hanoi),
und werden außerdem in Postämtern und Hotels vermittelt (ab ca.
1,30 US$/Min.). Selbstwahl ist möglich, mit einer Telefonkarte auch
von einigen öffentlichen Telefonzellen (ca. 65 Cents/Min; Karten ab
30 000 Dong, für Auslandsgespräche ab 150 000 und 300 000 Dong).
Vor der Reise sollte man sich bei seinem Betreiber über die aktuelle ◀ Mobiltelefone
Tarifsituation und Roamingabkommen erkundigen (D1, E-Plus, O₂,
Vodafone etc. sind in Vietnam vertreten), außerdem kann man eine
vietnamesische SIM-Card (Prepaid) benutzen, was bei Anrufen nach
Deutschland etwa um die Hälfte billiger ist (ca. 2 US$/Min., Karten

▶ WICHTIGE NUMMERN

▶ Vorwahlen
Deutschland: 00 49
Schweiz: 00 41
Österreich: 00 43
Vietnam: 00 84

▶ Auskunft
116 (Telefonnummern)
1080 (englische Auskunft über
Fahrpläne, Hotelbuchungen usw.)

▶ Billiger telefonieren
Mit den Vorwahlen 171, 177 und
178 kann man billiger nach Hause
oder in Vietnam telefonieren: Man
wählt die 171 + 00 + Ländervor-
wahl ... oder 171 + 1 (wartet auf
den Verbindungston) + Länder-
vorwahl ...

ab 400 000 Dong; keine SMS möglich). Mobiltelefone zur Miete in Hanoi unter Tel. 04/8 21 84 65, in Saigon unter Tel. 08/8 24 23 82. (Weitere Infos bei vietnamesischen Betreibern: www.vnpt.com.vn, www.gpc.vnn.vn sowie www.gsmworld.com)

Preise · Vergünstigungen

Babys (bis 2 Jahre) fliegen in Vietnam umsonst, für Kinder bis zu zehn Jahren zahlt man bei Transporten (Flüge und Bus) oder Ausflügen meist nur den halben Preis. Ansonsten zahlen Ausländer teils noch höhere Preise als die Vietnamesen (z. B. Eintritte).

Feilschen   Wer in Asien nicht handelt, ist selber schuld – und verdirbt manchmal sogar die Preise. Allerdings wird nicht überall und um jeden Preis gefeilscht: So haben Supermärkte, Restaurants, Ärzte, Bahn- und Flugtickets selbstverständlich feste Preise. Auch bei Artikeln im Pfennigbereich ist Handeln eher peinlich und führt zum Gesichtsverlust. Bei der Unterkunftssuche, auf Märkten, an Obstständen, in Souvenirgeschäften und bei Rikschafahrern ist dagegen Handeln oberste Pflicht und bringt oftmals ein bis zwei Drittel Preisnachlass. Wichtig dabei sind Geduld und ein freundliches Lachen. Beim Feilschen mit Rikschafahrern und Markthändlern sollte man immer deutlich machen, ob man mit US-Dollar oder Dong bezahlt – nicht dass der Vietnamese nach vollbrachter Leistung fünf Dollar statt 5000 Dong (25 Cents) erwartet.

 WAS KOSTET WIE VIEL?

**Einfache Mahl-
zeit (Land)**
ab 20 000 VND

**Einfache Mahl-
zeit (Stadt)**
ab 100 000 VND

**Eine Nacht im
Doppelzimmer**
ab 300 000 VND

**Eine Nudel-
suppe**
ab 5000 VND

**Eine Flasche
Wasser**
ab 3000 VND

**Bahnticket Sai-
gon–Hanoi**
ab 400 000 VND

Reisezeit

Vietnam ist wegen seiner geografischen Länge in zwei bzw. drei große klimatische Zonen aufgeteilt, die außer dem kühleren Hochland
von den Monsunwinden bestimmt werden. Als Wetterscheide gilt
der Wolkenpass zwischen Hue und Da Nang. Im Norden herrscht
subtropisches Klima mit heißen Sommern und milden Wintern, im
Süden warmes tropisches Klima.   **Zwei Wetterzonen**

---

i Monsun

- Das Wort Monsun stammt vom
  arabischen »mausim« ab und
  bezeichnet einen Wind, der
  im Laufe des Jahres seine
  Richtung zweimal ändert: Im
  Sommer weht er aus Süd-
  westen, im Winter aus Nordosten. Die Araber nutzten
  diese Winde, um mit ihren
  Handelsschiffen im Sommer
  nach Indien zu segeln und
  im Winter zurückzukehren.

Der Monsun unterscheidet sich durch feuchte, Regen bringende
Winde (aus Südwest) oder trockene Winde (aus Nordwest). Es kann
zwischen Mai und November sehr feucht werden: Vietnam ist eine
der **regenreichsten Regionen** der Welt. Allerdings ist der Regenfall
selten lang andauernd (außer um Hue, Hanoi und Da Lat). Im August und September/Oktober suchen Taifune und tropische Zyklone
mit einer Windgeschwindigkeit von bis zu 160 km/h die Küste in
Mittel- und Nordvietnam heim, fegen mit ungeheurer Macht über
die Palmen und jagen einen dichten grauen Regenschleier vor sich
her – Überflutungen ganzer Landstriche und Zerstörungen an Deichen, Brücken und Häusern sind die Folge. Die gefährdeten Regionen sollten zu Monsunzeiten gemieden werden. Generell ist die beste
Reisezeit für Vietnam im Dezember und Januar – dann fällt am wenigsten Regen, und es ist noch nicht so heiß.   **Monsun**

Der Süden ist heißer und tropischer als der Norden (vor allem im
April und Mai), die Temperaturen liegen bei durchschnittlich 30 °C.
Südvietnam ist geprägt durch den Südwest-Monsun mit starken,
aber kurzen Regenfällen – meist ab April/Mai bis Oktober – und
sehr hoher Luftfeuchtigkeit über 90%. Die Trockenzeit liegt zwischen
November und April. Die kühlste, trockenste und angenehmste Reisezeit für den Süden ist von November/Dezember bis Januar.   **Der Süden**

In Zentralvietnam an der Küste macht sich der Nordost-Monsun mit **starken Taifunen** von August bis Dezember bemerkbar. Häufig kommt es in dieser Zeit zu Überschwemmungen: Die Küstenstraßen und Bahnverbindungen müssen dann unter Umständen wegen Überflutung gesperrt werden, selbst Flüge werden manchmal gestrichen. Unter den touristischen Zielen ist besonders Hue betroffen, wo manchmal ganze Stadtteile unter Wasser stehen können. Die Weiterfahrt von Hue in den Norden kann in dieser Zeit sehr anstrengend werden, da viele Flüsse über die Ufer treten. Beste Reisezeit ist die

Vietnam Klimastationen

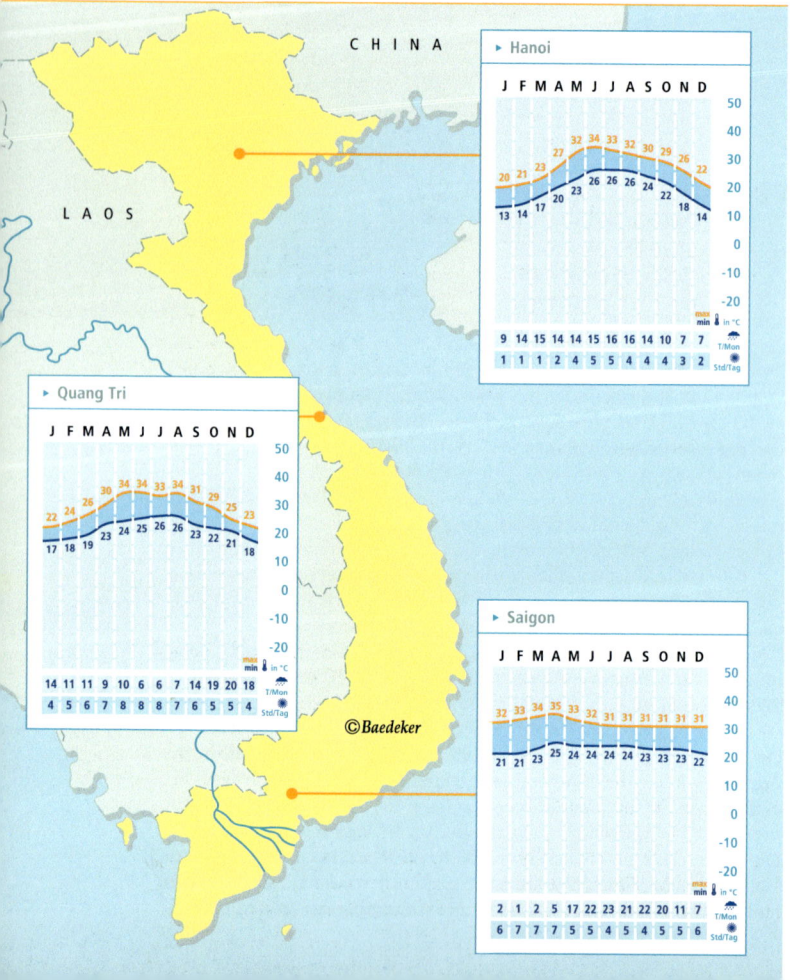

©Baedeker

trockenere Periode zwischen Juni und Juli/August. Die südliche Zentralküste ist regenärmer, in Nha Trang fällt der meiste Regen im Oktober und November.

Im Hochland um Da Lat herrschen kühlere Temperaturen um 20–25 °C, die nachts noch weiter abkühlen. Der Regenfall kann hier tagelang anhalten; die trockenste Zeit ist zwischen Dezember und März.

Das zentrale Hochland

Im subtropischen Norden Vietnams gibt es zwei Jahreszeiten: Sommer und Winter. Die Sommer- und Regenzeit ist zwischen Mai und Oktober. Mit durchschnittlich 25 °C sind die Temperaturen hier angenehmer als im tropischen Süden (Hanoi im Januar: durchschnittlich 17 °C, im Juli: 29 °C). Auch die Winter und Nächte sind kühler mit viel Nieselregen, die Temperatur kann auf 10 °C sinken. Die meisten Niederschläge fallen im Juli und August. Allerdings kommt es im Norden auch außerhalb des Monsuns zu Regenfällen, meist Nieselregen, und sogar Nebel. Beste Reisezeit: November bis Mai.

Der Norden

Gegen die intensive **Sonneneinstrahlung** sollten neben Sonnenschutzmittel mit hohem Lichtschutzfaktor und Sonnenbrille auch ein Sonnenhut sowie langärmelige Kleidung oder ein Tuch (im Falle eines Sonnenbrandes) mitgenommen werden. Eine leichte Strickjacke oder ein Pullover sind ebenfalls zu empfehlen, da Klimaanlagen die Hotelzimmer, Restaurants, Mietwagen und Taxis oft in eisgekühlte Räume verwandeln – die Erkältungsgefahr dabei ist nicht zu unterschätzen. Ansonsten sei die Mitnahme von leichter, locker sitzender Baumwoll- oder Leinenkleidung empfohlen, für die Dämmerung auch lange Socken und langärmelige helle Kleidung als Mückenschutz. Für die unterschiedlichen Regenzeiten kann ein Regencape von Vorteil sein.

Passende Kleidung

Shopping

Neben den klassischen Souvenirs wie Korbwaren, Webarbeiten, Keramik und den hübschen Kegelhüten haben sich in den vergangenen Jahren immer mehr schicke Deko-Souvenirs für zu Hause behauptet: Kissenbezüge und papierne oder seidene Lampionlampen, Möbelstücke im kolonialen Design aus Rosenholz, oder wie wäre es mit trendigen Flipflops mit Bambusfußbett und Zimt-Riemchen (ayurvedisch gegen den Schweiß) ...?

Die Kunst des Holzschnitzens zu Dekorationszwecken wird seit etwa 1000 Jahren in Vietnam praktiziert. Die bunten oder schwarz-weißen Holzschnitte sind auch bei Vietnamesen vor allem zur Neujahrszeit

Neujahrsbilder

! Baedeker TIPP

Achtung, verboten!

Beim Souvenirkauf sollte selbstverständlich auf alle tierischen Produkte, wie Schlangen- oder Krokodilhäute, Reptilienkrallen, in Schnaps eingelegte Schlangen, Schildpatt, Tigerfelle, Korallen, Perlmutt sowie lebende Tropenfische verzichtet werden.

sehr beliebt und stellen meist glückbringende Inhalte dar, wie Schweine oder Hähne. Von dem Holzausfuhrverbot sind diese Kunsthandwerksprodukte ausgenommen. In der Nähe Hanois liegt das traditionelle **Holzschnitzerdorf Dong Ho** (▶Reiseziele, S. 275).

Seit fast 1000 Jahren gibt es das Töpferhandwerk in Vietnam schon. Viele Tempel und Häuser wurden

Keramiken mit bunten Keramikkacheln auf dem Dach ausgestattet. Jede Dynastie hatte ihre eigene charakteristische Töpferkunst, etwa die blauen Keramiken der Nguyen-Dynastie im 17. Jahrhundert aus Hue. Einen guten Überblick verschaffen die Historischen Museen in Hanoi und Saigon. In **Binh Hoa**, nördlich von Saigon, gibt es ein Kunstgewerbezentrum mit Fabriken und Familienbetrieben zur Herstellung von Keramiken. Zu den beliebtesten Mitbringseln gehören die handgemachten Elefanten. Vorsicht ist geboten bei »antiken« Waren aus vermeintlich jahrhundertealten Dynastien. Sollte es sich tatsächlich um echte Antiquitäten handeln, lässt der Zoll sicherlich nicht mit sich reden.

Seide Seidenraupenzucht und Seidenweberei werden seit rund 1000 Jahren in Vietnam praktiziert. Seidenstoffe und maßgeschneiderte Kleidung sind vor allem in Saigon preiswert zu erhalten. Innerhalb von ein bis zwei Tagen fertigen die Schneider nach Vorlage Kleider an. Man sollte die Preise vergleichen und nach einem Rabatt für mehrere Kleidungsstücke fragen. Wer über **Hoi An** reist, sollte die Schneidereien in der Le Loi Street besuchen. Über Nacht kann man hier Anzüge, Kimonos und Kleider zu günstigen Preisen nähen lassen.

Lackwaren Das ursprünglich aus China stammende Kunsthandwerk wird heute überall feilgeboten und ist seit mindestens 1500 Jahren in Gebrauch. Der schwarze oder braune Lack wird aus dem Harz des Son-Baumes gewonnen. Besonders weit verbreitet und teilweise sehr billig sind

die Perlmuttarbeiten: Schmuckkästchen, Schreibtischutensilien und Betelnussschalen, Aschenbecher, Teeservices und Essstäbchen, Musikinstrumente und Altäre bis hin zu Wandbildern, Schränken und kompletten Sitzgarnituren. Sight-seeing-Touren führen regelmäßig zur **Lackwarenfabrik Lam Son** in der Nähe des Omni-Hotels in Saigon.

Neben den traditionellen Farben und Motiven werden auch zunehmend etwas zurückhaltendere Designs angeboten, die moderner und weniger ausgefallen wirken. Vor allem Schüsseln, Schalen, Tabletts u. ä. kann man in diesem Stil finden.

Viele touristische Erzeugnisse und Alltagsgegenstände werden aus **Rattan und Bambus** hergestellt, z. B. klassische Instrumente. Zur Souvenir-Palette gehören auch handgewebte Teppiche und Decken. Auf den Märkten gibt es ein reichhaltiges Angebot an grünem Tee und Gewürzen. Gold, Silber

Figuren aus dem Wasserpuppentheater sind ein beliebtes Souvenir.

und Edelsteine (Rubine, Jade) sollte der erwerben, der sich wirklich auskennt, und dann auch nur in lizenzierten Geschäften. Opiumpfeifen als Souvenir könnten bei der Ausreise zu Problemen führen, da der Verkauf eigentlich nicht erlaubt ist.

Sicherheit

Wer ganz sicher gehen will, lässt wertvollen Schmuck zu Hause. Gut geeignet zur Aufbewahrung von Bargeld sind die Hotelsafes, unterwegs eignen sich Geldgürtel, Brustbeutel und Bauchbinden.

Schmuck und Bargeld

Ein trauriges Kapitel, aber bisher vor allem auf Saigon beschränkt: Leider haben die Belästigungen durch kleine und große Gauner seit der Öffnung arg zugenommen. Da werden Touristen auf der Dong-Khoi-Promenier-Allee von ganzen Kinderbanden bestürmt und mit lauter Handelsgut abgelenkt, während einer der Kleinsten einen Griff in die Hosentasche oder den Bauchgürtel versucht. Auch unter den Zeitungs- und Kartenverkäufern soll es einige begabte Taschendiebe geben. Vorsicht auch vor kontaktfreudigen »Hello my friend«-Typen, besonders wenn sie dann kein weiteres Wort englisch sprechen! Immer vorsehen sollte man sich im Gedränge auf Märkten, am Flughafen und in Bahnhöfen – **Taschendiebstahl** ist hier verbreitet. Selbst beim gemütlichen Cyclofahren sollte der Besucher aufpassen, denn der Klau im Cyclo ist eine der beliebtesten Methoden der Großstadtbanden. Besonders gewarnt sei vor nächtlichen Cyclofahrten oder Spaziergängen. Opfer von Diebstählen können ihr Glück bei der Hotline der Polizei versuchen: Tel. 8 33 00 28, 8 39 92 50.

Tricks und Gaunereien

In den Restaurants sollte die Rechnung geprüft und eventuell reklamiert werden, beispielsweise wenn Obst o.ä. nicht bestellte Speisen zwar nicht verzehrt, aber doch berechnet wurden – eine durchaus übliche Schummelei in Vietnam.

Minen und Kriegsschrott Es gibt noch immer die Gefahr durch nicht explodierte Minen und Bombenschrott, besonders in den einst stark bombardierten Gegenden, wie die ehemalige **Entmilitarisierte Zone**, der 17. Breitengrad (Dong Ha, My Son), der frühere Ho-Chi-Minh-Pfad sowie grundsätzlich die Grenzgebiete zu Laos und Kambodscha. Selbst in der Gegend um Cu Chi sieht man noch gelegentlich Minensucher mit Helm und Detektoren. Daher sollte man bei Tempelbesichtigungen oder Wanderungen nie von den markierten Wegen abweichen!

Sprache

Lateinische Schrift Vietnam verfügt als einziges asiatisches Land über eine Schrift mit lateinischen Buchstaben. Zur Erleichterung der Aussprache sind alle vietnamesischen Wörter mit einer einfachen Aussprache (in eckigen Klammern) versehen.

SPRACHFÜHRER VIETNAMESISCH

Zahlen

0	khong/linh [chong/lin]	17 muoi bay [muöbei]
1	mot [mot']	18 muoi tam [muödahm]
2	hai [hai]	19 muoi chin [muötschin]
3	ba [bah]	20 hai muoi [haimuö]
4	bon [bohn]	21 hai muoi mot [haimuö mot']
5	nam [nam]	30 ba muoi [bahmuö]
6	sau [sau]	40 bon muoi [bohnmuö]
7	bay [bei]	50 nam muoi [namuö]
8	tam [dahm]	60 sau muoi [saumuö]
9	chin [tschin]	70 bay muoi [beimuö]
10	muoi [muö]	80 tam muoi [dahmuö]
11	muoi mot [muömot]	90 chin muoi [tschinmuö]
12	muoi hai [muöhai]	100 mot tram [mo'dscham]
13	muoi ba [muöbah]	1000 mot ngan [mo'dnjahn]
14	muoi bon [muöbon]	10 000 muoi ngan [muönjahn]
15	muoi nam [muönam]	½ mot phan hai [mot fanha
16	muoi sau [muösau]	¼ mot phan tu [mot' fandö

Auf einen Blick

Ja	Co; U, Da [go/öh/sa]
Nein	Khong [chong]
Vielleicht	Co le [go lä]
Bitte	Xin/Lam on [sin/lahm ön]
Danke	Cam on [gahm ön]
Gern geschehen (bitte).	Khong sao. [chong sau]
Entschuldigung! Pardon!	Xin loi! [sin leu]
Wie bitte?	Lap lai/Lam on. [lablai/lahm ön]
Ich verstehe (nicht).	Toi (khong) hieu. [teu chong hju]
Was ist das?	Cai nay la cai gi? [kai nai la kai ji]
Können Sie (Herr/Dame) mir bitte helfen?	Ong/Ba co the giup toi duoc khong? [ong/bä ko tä jub teu duak chong]
Ich möchte (nicht) ...	toi (khong) muon/can ... [teu (chong) muen/ gan]
Das gefällt mir (nicht).	Toi rat (khong) thich. [teu ra' (chong) tik']
Haben Sie (Herr/Dame) ...?	Ong/Ba co ...? [ong/bah ko]
Wie viel kostet es?	Gia (tien) bao nhieu? [sa din bau nju]
Wie viel Uhr ist es?	May gio roi? [mai sjö reu]

Kennen lernen

Guten Tag!/Abend!	Loi chao. [löj tschau]
Hallo!/Grüß dich!/Tschüss!	Chao! [tschau]
... zu einem älteren/jüngeren Herrn	... Ong./Anh. [ong/an]
... zu einer alten/älteren/jüngeren Dame	... Ba./Chi./Co. [bah/tschi/goh]
Wie geht es Ihnen/dir?	Ong co khoe khong? [ong goh kuä chong]
Mein Name ist ...	Ten toi la ... [tenn teula]
Auf Wiedersehen!	Tam biet! [dahm bi-eh']

Auskunft

links/rechts/geradeaus	Trai/Phai/Thang [trei/fei/thangh]
nah/weit	Gan/Xa [gan/sa]
Bitte, wo ist ...?	Lam on /o dau ...? [lahm ön/ö dau]
... der Hauptbahnhof?	... Nha ga [nja ga]
... der Flughafen?	... Phi cong [fih gung]
... das Hotel?	... Khach san [chak' sahn]
Ich möchte ... mieten.	Toi muon thue ... [teu mu-en tü-e]
... ein Fahrrad.	... xedap [sä dab]
... ein Auto/Taxi.	... xe hoi/tac-xi [sä heuö/taksi]
Wie weit?	May khoang cach? [mai chwang gatsch]

Tankstelle

Wo ist bitte die nächste Tankstelle? ...... O dau co tram xang gan nhat?
[ö dau goh dahm sang gannjat']

Ich möchte ... Liter. .... Toi muon ... Lit [teu mu-en lit']
Normalbenzin/Superbenzin/Diesel. ...... Xang binh thuong/Xang Supe/Dau.
[sang bin te-ung/sang suppe/jau]

Benzin mit/ohne Blei. .... Dau niem chi/khong chi.
[jau nimh tschi/chong tschi]

Voll tanken, bitte. .... Day Binh, lam on. [dai bin, lahm ön]

Unfall

Hilfe! .... Giup Do!
Achtung!/Vorsicht! .... Chu Y! [tschu-i]/Coi Chung! [geu ##king]
Rufen Sie schnell ... . Ong lam on goi nhanh ...
[ong lahm ön geu najnn]

... einen Arzt. .... Bac Si. [baksi]
... Krankenwagen. .... Xe cuu thuong. [sä guhtöong]
... die Polizei. .... Cong an. [gong ahn]
Es war meine/Ihre Schuld. .... Toi co/Ong ta loi. [teu goh/ong tah leu]
Geben Sie mir bitte Ihren Namen .... Ong lam on cho toi biet ten Ong
und Ihre Anschrift. va dia chi. [ong lahm ön tscho teu bie'
tehn ong wa di-e tschi]

Einkaufen

Wo finde ich ...? .... Toi tim o dau ...? [teu dihm ö dau]
... Apotheke .... Nha thuoc tay [nja tuok dai]
... Fotoartikel .... Tiem ban do chup hinh
[di-em ban doh tschub hin]

... Bäckerei/Brotladen .... Tiem banh mi [di-em banmi]
... Kaufhaus/Geschäft .... Cua hang [guhang]
... Lebensmittelgeschäft .... Hang thuc pham kho [hang dög famcho]
... Markt .... Cho [tschö]
Wann wird das Kaufhaus öffnen / .... Cua hang bach hoa tong hop mo
schließen? cua/dong cua/vao luc may gio? [guhang
batsch hwatong höb mögu/dongu wau lu'maijo]

Was kostet dieses ...? .... Quyen ... nay gia bao nhieu?
[gwi-en ... naija baunju]

Bank

Wo ist hier bitte ... . O dau co ... [ö dau ko]
... eine Bank? .... ngan hang? [n'nan hang]
... eine Wechselstube? .... doi tien? [deu di-en]

Ich möchte ... Euro
(Schweizer Franken, US-Dollar)
in Dong wechseln.

Toi muon doi ... tien Euro (tien
Thuy Si, tien Dola) ra dong.
[teu mueng deu ... ti-en dök (ti-en au, tien
tui-se, ti-en dohla) rahdong]

Post

Was kostet ...   Bao nhieu tien ... [bau nju ti-en]
... ein Brief?   ... mot bi thu? [mot' bih tö]
... eine Postkarte?   ... mot thiep goi? [mot'ti-eb geu]
... nach Deutschland?   ... toi nuoc Duc? [teu nök dök]

Übernachtung

Könnten Sie mir bitte ... empfehlen?   Ong co the tim cho toi ...?
                                        [ong goh tä tihm tscho teu]
... ein Hotel   ... Khach san. [chak' sahn]
... eine Pension.   ... Phong tro. [fang dscho]
Haben Sie noch ...   Ong co con can ... [ong goh gon gän]
... ein Einzelzimmer?   ... Phong rieng? [fang ri-eng]
... ein Zweibettzimmer?   ... Phong doi? [fang deu]
... mit Dusche/Bad?   ... voi Phong tam? [weu fang damm]
... für eine Nacht?   ... cho mot dem? [cho mot'dehm]
... für eine Woche?   ... cho mot tuan? [tscho mot'dun]
Was kostet das Zimmer mit ...   Gia tien bao nhieu mot phong
                                  voi ... [sa din bau njiu mot' phong voi]
... Frühstück?   ... an sang? [ansang]
... Halbpension?   ... an sang va an chieu? [ansang wa
                                  antschju]

Arzt

Können Sie mir einen Arzt   Omg co the tim, cho toi mot
empfehlen?   Ong bac si? [ong goh tä timh, tscho
                                   teu mot' ong baksi]
Ich habe ...   Toi co ... [Teu ko]
... hier Schmerzen.   ... dau o' day. [dau o dai]
... Fieber.   ... sot. [sot]
... Durchfall.   ... tieu chay. [diu tschai]
... Kopfschmerzen.   ... dau dau/nhu't dau.
                                   [daudau/njit'dau]
... Zahnschmerzen.   ... dau rang/nhu't rang.
                                   [daurang/njit'rang]

Essen

Wo gibt es hier ...	O dau co ... [ödau go]
... ein gutes Restaurant?	... nha hang ngon? [nja hang n'nong]
... eine gemütliche Kneipe?	... tiem bia lich su? [di-em bia lik'sö]
Reservieren Sie uns bitte für heute Abend einen Tisch für vier Personen.	Ong/lam on, cho chung toi mot ban bon nguoi toi nay. [ong/lahm ön tscho tschung teu mot' bahn bohn n'nöi teunai]
Auf Ihr Wohl!	Chuc mung Ong! [tschuk' möng ong]
Erfreut, Sie kennen zu lernen!	Han hanh duoc gap ong! [han hann dög'gab ong
Das Essen ist sehr gut.	Thuc an rat ngon. [tuk an rat'n'nong]
Bezahlen, bitte.	Tinh tien, lam on! [tin di-en, lahm ön]

Speisen und Getränke

Frühstück — Bua an diem tam/bua an sang

caphe den [kafee dähn]	Kaffee schwarz
ca phe sua/da [kafee schuö/da]	Kaffee mit Milch/Eis
tra denh/xanh [dscha dähn/san]	Schwarztee /grüner Tee
bahn mi [banmih]	Brot/Toast
bo [bö]	Butter
pho mat [fomat']	Käse
mut nhu [mö'njö]	Marmelade
doi [soi]	Wurst
trung/luoc/chien [dsöng/luog/tschi-en]	weiches Ei/hartes Ei/Spiegelei
trung op la [dsöng obla]	Omelett
yoghurt [jo-uhr]	Joghurt

Suppen und Vorspeisen — xup

nuoc leo [nök leau]	Hühnerbrühe
bun thang [buntang]	Suppen-Eintopf
chao [tschau]	Reissuppe mit Einlage (Huhn/Schwein/ Pilze/Gewürze etc.)
canh chua ca [gantschwa gah]	Fischsuppe (scharfsauer)
lau [lau]	Fisch-Gemüsesuppe
pho (bo/ga) [fö (bo/ga)]	Reisnudelsuppe (mit Rind/Huhn)
mien luon/ga [mi-en luön/ga]	Glasnudelsuppe mit Aal/Huhn
an chay [antschai]	vegetarisches Gericht (mit Tofu)
cha gio [kajo]	Frühlingsrolle

Fisch und Meeresfrüchte — ca/do bien

ca [gah]	Fisch
ca luoi [gahlöi]	Seezunge
ca thu [gahtu]	Tunfisch
ca ngu [gah n'nö]	Zander
ca map [gahmab]	Hai

cua [gwo]	Krabben
tom nho [domnjo]	Shrimps
tom lon/to [domlöhn/domdo]	Hummerkrabben/Garnelen
muc [mög]	Tintenfisch
so [soh]	Austern

Fleisch und Geflügel	**cac mon thit**
thit bo [ti'bo]	Rindfleisch
thit be [ti'be]	Kalbfleisch
thit cuu non [ti'gihnong]	Lammfleisch
thit heo [ti'häo]	Schweinefleisch
thit bam [ti'bam]	Hackfleisch
thit ga [ti'ga]	Huhn
thit vit [ti'wid']	Ente
thit chim [ti'tschihm]	Vogel

Reisgerichte	**com**
com trang/com chien [gömdschang/göm tschi-en]	gekochter/gebratener Reis
banh cuon [ban gwen]	gedünsteter Reiskuchen mit Hackfleisch
com tay cam voi ga/heo ... [göm daigam wöi ga/häo]	Reis, Pilze, Gewürze und Hühner-/Schweinefleisch
com xuon nuong [göm söeu nöeng]	Reis mit Rippchen vom Rost
com chien nhan chau [göm tschi-en njantschau]	gebratener Reis mit Allerlei (Shrimps, Schwein, Huhn)

Nudelgerichte	**mi**
mi (chien) [mi tschi-en]	(gebratene) Nudeln
bun xao [bunsau]	Reisnudeln
mien [mi-en]	Glasnudeln

Gemüse	**rau cai**
rau xao [rausau]	gekochtes Gemüse
mang [mang]	Bambussprossen
ca [gah]	Auberginen
xa-lach [sala']	Salat
bap cai/sup-lo [babgai/sublö]	Kohl/Blumenkohl
ca rot [karo']	Karotten
dua leo [su leau]	Gurken
ca chua [katschwa]	Tomate
hanh [hann]	Zwiebel
toi [deu]	Knoblauch
gung [göng]	Ingwer

dua chua [süatschwa]	saurer Bohnenkeimsalat
khoai tay (chien) [chwaidai/tschien]	Kartoffeln/Bratkartoffeln
nuoc mam [nöc mamm]	Fischsauce
mam tom [mamm tom]	Shrimpssauce
xa [sah]	Zitronengras

Vietnamesische Spezialitäten .... dat biet

bo bay mon [bobai mong]	Rindfleisch auf sieben verschiedene Arten zubereitet
cha [tscha]	gegrilltes Schweinefleisch
bun cha [buntscha]	gegrillter Schweinefleischspieß
gio [jo]	Schweine-Hackfleisch in Blättern gegart
cha ca [tschaka]	gegrillter Fleischspieß
mam chung [mamtsching]	fermentierter Fisch mit Fleisch-/Gemüsefüllung
heo rung [häu röng]	Wildschwein
cho [tscho]	Hund (nur im Winter)
ech tam bot ran [äkdam bot'ram]	Froschschenkel im Teig
oc noi [ogneu]	Schnecken (mit Schweinefleisch)
ba ba [baba]	Schildkröte
men [män]	Reh
ran ho/tran [rangho/dschan]	Kobra-/Pythonschlange
doi [seu]	Fledermaus

Nachspeisen .... trang mieng

chao tom [tschautom]	gegrilltes Zuckerrohr
banh bao [banbau]	kleine Kuchen mit Fleisch-/Gemüsefüllung
banh chung [bantsching]	Klebreiskuchen
banh xeo chay [bansäo tschai]	Klebreiskuchen mit Früchtefüllung (und Sesam)
banh xeo man [bansäo man]	Klebreiskuchen mit Fleischfüllung (und Krabben, Ei, Salat)
banh dau xanh [ban dausan]	Bohnenkuchen
mut [möt']	kandierte Frucht

Obst .... trai cay/hoa qua

bom/tao [bom/dau]	Apfel
dao [dau]	Pfirsich
man [mang]	Pflaume
le [leh]	Aprikose
quit [gwid']	Mandarine
dau [jau]	Erdbeere
chanh [tschann]	Limone
chuoi [tschu-e]	Banane

cam [gahm]	Orange
nho [njo]	Weintrauben
thom [töm]	Ananas
buoi [böi]	Grapefruit
dua hau [juahau]	Wassermelone
mang cau [mang gau]	Zimtapfel
roi [reu]	Wasserapfel
xoai [so-ai]	Mango
bo [bö]	Avocado
nhan [njahn]	Longan
khe [che]	Carambola (Sternfrucht)
dua [sua]	Kokosnuss
sau rieng [sau ri-eng]	Durian
oi [eu]	Guave
mit [mi']	Jackfruit
vai [wai]	Litschi
mang cut [mang gug]	Mangostane
dudu [duhduh]	Papaya
trung ca [dschöng ga]	Passionsfrucht
tao ta [dauda]	Jujube (chinesische Dattel)
hong xiem [haung si-em]	Khaki (Sapodilla)
hong [haung]	Scharonfrucht
sung/va [sung/wa]	Feige

Alkoholische Getränke .... **ruou**

bia [bih-a]	Bier
ruou trang/ruou do [rou dschang/rou doh]	Weißwein/Rotwein
mot ly/mot chai [mod'li/mo'tschai]	ein Glas/eine Flasche
ruou de [rou de]	Reisschnaps
ruou nep thang [rou nebtahng]	Klebreis-Schnaps

Alkoholfreie Getränke .... **nuoc ngot**

nuoc soi [nök säu]	heißes Wasser
nuoc suoi [nök swe]	Mineralwasser
nuoc chanh [nök tschann]	Zitronensaft/-limonade
nuoc dua [nök jua]	Kokosmilch
nuoc soda [nök soda]	Limonade/Seven up
xa xi [sasi]	Colamix/Spezi
nuoc xoai [nök so-ai]	Mangosaft
nuoc cam [nök gahm]	Orangensaft
nuoc bom [nök bom]	Apfelsaft
nuoc da [nökda]	Eiswürfel

Übernachten

Die Palette an Unterkünften reicht von einfachen Gästehäusern und Minihotels, ehemaligen Kolonialbauten und Mittelklasseunterkünften, First-Class-Hotels bis hin zu supermodernen Luxusherbergen, die sich allerdings größtenteils noch auf Saigon, Hanoi und die Badeorte Da Nang, Nha Trang und Phant Thiet/Mui Ne beschränken.

Gästehäuser/Minihotels Gästehäuser und Minihotels bieten einfache, kleine und meist saubere Zimmer ohne Klimaanlage, meist mit Bettwäsche und manchmal mit Handtüchern, dafür ohne tägliche Zimmerreinigung. Sie eignen sich vor allem für **Rucksackreisende**. Oft wird in diesen Unterkünften die Toilette und Dusche gemeinsam mit anderen Etagengästen geteilt, es gibt aber auch richtige Schnäppchen mit eigenem Duschbad und Warmwasser! Wer länger in einem Ort bleibt, sollte daher die Suche nicht so schnell aufgeben. Manche Zimmer haben keine Fenster, andere wiederum sind mit einem Balkon ausgestattet.

Preiskategorien

- Luxus: ab 2 Mio. VND / 100 €
- Komfortabel: ab 500 000 VND / 25 €
- Günstig: bis 500 000 VND / 25 €
für ein Doppelzimmer pro Nacht
ohne Frühstück

- Hotels und Pensionen ▶Reiseziele von A bis Z

Die Mittelklassehotels im unteren Preisbereich entsprechen nicht immer den europäischen Erwartungen an Service, Sauberkeit und Ausstattung. Hier tropft schon mal

Mittelklasse-Hotels nervtötend der Wasserhahn, und die air condition hört sich an wie eine neben dem Hotel liegende Autobahn. In dieser Preislage sind die Zimmer mit Dusche, Balkon und Schrank sowie mit TV, Telefon, Kühlschrank und Radio ausgestattet. Manchmal besitzt das Zimmer lediglich ein Fenster zum Lichthof oder zum Flur. Das Hotel verfügt i. d. R. über ein Restaurant, meist einen Fahrstuhl und manchmal auch einen Swimmingpool. Das Personal spricht nicht immer ausreichend Englisch.
Wer auf einen gewissen internationalen Standard Wert legt, sollte die gehobenere Kategorie der Mittelklasse-Hotels wählen. Hier werden alle touristischen Wohn-Bedürfnisse ausreichend befriedigt.

First Class Zur Ausstattung gehören in dieser Preislage Dusche und/oder Badewanne, Klimaanlage, Satelliten-TV und Hotelvideos, Telefon, Minibar, Zimmersafe usw. Die Hotels bieten außerdem Swimmingpools, Karaoke-Bars, Diskotheken, 24 Stunden geöffnete Coffee-Shops, Fitnesseinrichtungen und Business-Center und somit alle erdenklichen Unterhaltungs- und Service-Angebote. Die Reservierung läuft häufig über **Pauschalbelegung** der ausländischen Reiseveranstalter, wobei es i.d.R. zu günstigeren Preisen kommt. Auch viele ausländische Geschäftsleute sind hier zu Dauertarifen untergebracht.

Die Luxusklasse bietet internationalen Standard (5 Sterne) mit allen Annehmlichkeiten und hervorragend ausgebildetem Personal. Die Zimmer sind luxuriös eingerichtet. Swimmingpool, mehrere Spezialitäten-Restaurants usw. gehören ebenfalls zum Hotel.

Luxushotels

Urlaub aktiv

Das Golffieber ist mittlerweile auch in Vietnam ausgebrochen. Besonders asiatische und amerikanische Touristen haben dazu beigetragen, dass in den vergangenen Jahren eine Reihe von Golfanlagen im Land entstanden sind. Im Hochland hat man allerdings schon zu Kaisers Zeiten Golf gespielt – Bao Dai selbst schwang den Schläger auf dem Golfplatz in Da Lat.

Golf

Was liegt angesichts der 3200 km langen Küste näher, als Wassersport zu treiben? Die meisten First-Class-Hotelanlagen am Strand in den Badeorten bieten verschiedene Arten des feuchten Vergnügens: Paddel- und Segelboote, Katamarane, Surfbretter und Parasailing, manchmal auch Wasserski. Einige westlich geführte Tauchschulen (mit PADI-Qualifikation) haben sich an Vietnams Küste angesiedelt. Beste Tauchzeit ist von Mai bis Juni, aber auch im Winter ist das

Wassersport

◀ Tauchen

Nach dem Wasserspaß gibt's Ballspiele am Strand.

Tauchen an Vietnams Küsten möglich (von August bis Dezember Taifungefahr in Mittelvietnam, zwischen Oktober und November/ Dezember verstärkt Regen und weniger gute Meeressicht in Nha Trang). Die Meeressicht soll am klarsten und tiefsten rund um **Phu Quoc** reichen (bis 50 m), es gibt auch dort mindestens eine Tauchbasis. Die Tagestouren mit zwei Tauchgängen kosten circa 33–60 Euro bzw. 40–70 US$.

Windsurfen ▶ Die besten Wellenreiter-Regionen für Kite- und Windsurfen liegen bei **Da Nang** (hier hat auch der einzige vietnamesische Surfclub seinen Sitz) und **Mui Ne** bei Phan Thiet.

Kajaking, Rafting, Canyoning ▶ Beste Kajak-Gegend ist die Traumkulisse in der Ha-Long-Bucht und rund um die Cat-Ba-Insel mit ihren Tausenden Inselbergen, die sich aus dem smaragdgrünen Wasser wie steinerne Dinosaurier erheben. Mit dem Kanu gleitet man durch Mangroven und Höhlen direkt an die Strände. Übernachtet wird meist auf den Booten oder an abgelegenen Stränden in Zelten (eine Zwei-Tages-Tour kostet etwa ab 55 Euro/65 US$). Rafting- bzw. Kajaktouren werden ebenfalls angeboten (rund um Da Lat und in den Nationalparks Cat Tien und Yok Don), ebenso Canyoning und Abseilen an Wasserfällen rund um Da Lat.

Trekking- und Wandertouren dürfen nicht ohne offizielle Genehmigung und einen vietnamesischen

Trekking- und Wandertouren ▶ Trekkingführer unternommen werden. Auf eigene Faust durch Vietnams Wälder zu streifen ist auch wegen der eventuell (noch) nicht explodierten Kriegsüberreste nicht zu empfehlen. In den Wandergebieten oder Nationalparks gibt es oft polizeiliche Checkpoints, außerdem könnten sich die erklommenen Gipfel als militärisches Sperrgebiet entpuppen. Richtige Trekkingtouren dauern bis zu einer Woche mit achtstündigen Tagesmärschen, übernachtet wird bei den Angehörigen der Bergstämme z. B. der Hmong, Muong oder Thai in sehr einfachen Holzhütten. Teilweise gehören Kanufahrten, Schlauchbootausflüge und Elefantenausritte zum Programm. Wer eine Wandertour mit Bustransport für nur einen Tag bucht, landet unweigerlich in einem der bereits touristisch vermarkteten Minderheitendörfer. In der **Regenzeit** ist Trekking wegen der vermehrten Blutegel und der verschlammten Pfade nicht zu empfehlen. Eine Malaria-Vorsorge und umfassender Mückenschutz sind in ländlichen Gegenden unerlässlich, besonders in der Regenzeit.

Zu Trekkinggebieten haben sich vorerst die folgenden Regionen entwickelt: die Provinzen nahe Da Lat und Dac Lac, der Cuc-Phuong-Nationalpark im Norden, das Hochplateau von Tam Dao sowie Hoa Binh/Mai Chau. Auch Touren auf den höchsten Berg Vietnams, den

Eine Wandergruppe im Bergland wird von Red Dao begleitet.

Fan Si Pan (3143 m), werden zwischen November und April beispielsweise bei Saigon Tourist im Trekking-Programm angeboten (Übernachtung in Zelten, auf Wunsch mit Trägern). Rund um den Fan Si Pan kann die Temperatur allerdings auf den Gefrierpunkt sinken (beste Zeit Oktober/November und nach der Winterzeit ab März bis Mai)!

Höhlentouren

Caving heißt der neue Trendsport. Die berühmteste und längste Höhle ist die 19 km lange Phong Nha-Höhle (▶ Reiseziele, S. 226), die seit 2003 zum UNESCO-Schutzgebiet gehört. Heute erkunden Höhlenkletterer die sagenhafte Grotte auf den Spuren der Forscher, auch die Karstregion um Bac Bo gilt als eine der besten Orte für Höhlentouren, besonders in der Lai-Chau-Provinz nahe der Stadt Tam Duong, die Region um Son La, Hai Giang und Cao Bang.

Sonstiges

Wer gerne Tischtennis, Federball, Badminton oder Volleyball spielt, kann sich frühmorgens in den Parks und Plätzen von Saigon und Hanoi unter die Frühsport treibenden Vietnamesen mischen. Dabei können Freunde des Tai Chi auch Bewegungen der (meist älteren) Vietnamesen studieren.
Federball und Indiaca werden hier übrigens auch mit den Füßen gespielt. Eis laufen kann man ebenfalls in Saigon (Ky Hoa Ice Skating, 16A Le Hong Phong, 10. Bezirk). Wer sich für Pferderennen interessiert, sollte am Wochenende die Rennbahn in Phu Tho aufsuchen und sich zwischen die Menge wagen – keine extravaganten Hüte,

▶ WICHTIGE ADRESSEN

GOLF

▶ **Vietnam Golf Club**
Long Thanh My Ward,
9. Bez., Saigon
Tel. 08/2 80 00-15/-16/-17
Fax 08/2 80 01 27
www.vietnamgolfcc.com

▶ **Vietnam Royal Country Club**
Tel. 08/8 99 74 84
Fax 08/8 99 13 52

▶ **Weitere Infos:**
www.vietnamgolfresorts.com
www.vietnamgolftours.com

TAUCHEN

▶ **Jeremy Stein's Rainbow Divers**
52 Tran Phu, Nha Trang
Tel. 0 58/82 99 46
oder 09 13/40 81 46
www.divevietnam.com
info@divevietnam.com

▶ **Blue Diving Club**
Hotel Vina, 66 Tran Phu,
Nha Trang
Tel. 0 58/52 70 34
Fax 0 58/52 70 43
www.vietnam-diving.com
bluedivingclub@hotmail.com

KAJAKING, RAFTING, CANYONING

▶ **Asiatica Travel**
1203 (Gebäude M3-M4), Nguyen
Chi Thanh, Dong-Da-Bezirk,
Hanoi
Tel. 04/2 66 28 16
Fax 04/2 66 28 18
info@asiaticatravel.com

▶ **Buffalo Tours in Hanoi**
11 Hang Muoi, Hanoi
Tel. 04/8 28 07 02
Fax 04/8 26 93 70
www.buffalotours.com
info@buffalotours.com

Golf spielen auf dem Platz bei Phan Thiet

▶ **Buffalo Tours in Saigon**
Tel. 08/8 279179
saigon@buffalotours.com

▶ **Phat Tire Ventures**
73 Truong Cong Dinh, Da Lat
Tel. 0 63/82 94 22
Fax 0 63/82 03 31
www.phattireventures.com
info@phattireventures.com

TREKKING

▶ **Footprint Vietnam Travel**
6 Le Thanh Tong, Hanoi
Tel. 04/9 33 28 44
Fax 04/9 33 28 55
www.footprintsvietnam.com
footprint@hn.vnn.vn

▶ **Asiatica Travel**
▶Rafting

▶ **Saigon Tourist**
▶Auskunft, S. 100

CAVING

▶ **Footprint Vietnam Travel**
▶Trekking

VETERANENTOUREN

▶ **Vietnam Tourism**
▶Auskunft, S. 99

▶ **Ho Guom Inserimex Tourist Company**
in Hanoi:
10 Hang Bot, Ton Duc Thang
Tel. 04/7 34 07 44
Fax 04/8 23 54 85
www.inserimex.com
inserhan@fpt.vn

in Saigon:
411 Dien Bien Phu, 3. Bezirk
Tel. 08/9 29 01 99
Fax 08/9 29 02 00
insersaigon@hcm.vnn.vn

MOTORRADTOUREN

▶ **Saigon Tourist, Vietnam Tourism**
beide ▶Auskunft, S. 99/100

▶ **Viet Travel**
190 Pasteur Street, 3. Bez., Saigon
Tel. 08/8 22 88 98
Fax 08/8 29 91 42
www.vietravel-vn.com
info@vietravel-vn.com

▶ **Weitere Infos**
www.minskclubvietnam.com
www.freewheelin-tours.com

FAHRRADTOUREN

▶ **Vietnam Tours**
Weißdornweg 16, 53177 Bonn
Tel. 02 28/7 07 84 74-75
Fax 02 28/5 55 46 26
mobil: 01 73/5 15 71 92
www.vietnam-tours.de
gresser@vietnam-tours.de

▶ **Footpring Vietnam Travel**
▶Trekking

Einige Veranstalter bieten Radtouren an, bei denen viel befahrene Strecken (N 1, steile Bergstraßen) mit dem Bus zurückgelegt werden, auf ruhigen Nebenstraßen lädt man dann die Räder aus (z. B. Wikinger Reisen, ▶Anreise, S. 96)

▶ **Weitere Infos**
www.cyclingvietnam.net
www.biking-asia.com

SPRACHREISEN

▶ **Hanoi Language Tours**
www.hanoilanguagetours.com

▶ **Department for Vietnamese Language for Foreigners an der Universität Saigon**
www.vietnamese-language.com.vn

aber echtes Volksvergnügen mit vielen wetteifrigen Vietnamesen. Außerdem gibt es in Saigon und Hanoi Bowling-Center, Kinos und jede Menge anderer Vergnügungsstätten.

Spezialtouren

Veteranentouren Vietnam ist ein Land, das wie kein anderes seine Kriegsgeschichte im Tourismus vermarktet, z. B. bei Veteranentouren. Dabei besuchen die ehemaligen Soldaten aus den (westlichen) alliierten Ländern die alten Schlachtfelder und Stützpunkte, Museen und Kriegsmaterialienmärkte, die entmilitarisierte Zone und die Reste des Ho-Chi-Minh-Pfades. Auch alte Ruinen und Festungen wie Khe Sanh im Norden und die Tunnel von Cu Chi oder andere Tunnelreste stehen dabei auf dem Programm. Hier treffen die Teilnehmer sich auch mit den einstigen Feinden, dem Vietcong.

Motorradtouren Für einige ist es die Erfüllung eines lang gehegten Traumes: Einmal auf zwei Rädern von Nord nach Süd oder umgekehrt auf der Nationalstraße 1 durch ganz Vietnam fahren. Nicht selten begegnet dem Reisenden eine ganze Armada Motorräder. Da diese Touren, wie auch mit dem Auto, offiziell noch nicht alleine gemacht werden dürfen, haben sich einige Veranstalter auf diese Zweirad-Klientel spezialisiert. Die Organisatoren besorgen die **notwendigen Papiere**, da der deutsche und auch der Internationale Führerschein in Vietnam oft nicht anerkannt wird. Die Teilnehmer dieser zwei- bis dreiwöchigen Motorradtouren haben die Wahl zwischen Harley Davidson, BMW, Honda und Kawasaki oder einigen Oldtimern. Die Straßenverhältnisse erfordern allerdings auch gute Fahrkünste und Reaktionsschnelligkeit.

Fahrradtouren Wer unmotorisiert mit dem Fahrrad von Süden nach Norden fährt, kann die ca. 1700 km lange Strecke zwischen Saigon und Hanoi in drei bis vier Wochen bewältigen, je nach eingelegten Stopps. Die eigenen Fahrräder können als Flugfracht aufgegeben oder ein neues Fahrrad in Saigon gekauft werden.
Wer sich einer Gruppe anschließen möchte, kann diese Reise bei Veranstaltern buchen.

Helikopter-Touren Wer wenig Zeit und viel Geld hat, kann Vietnam auch aus der Luft mit einem gecharterten Hubschrauber bereisen. Zu den Zielen gehören Saigon, Cu Chi, Tay Ninh (Landung auf dem Black Lady Mountain), Da Lat, Vung Tau (über die Ölbohrinseln im Südchinesischen Meer), Con Dau, Hanoi, aber auch weniger zugängliche Regionen in den Bergen wie Dien Bien Phu und die Ha-Long-Bucht im Norden. Vor allem der Flug von Hanoi über die **Kalksteinriesen in der Ha-Long-Bucht** ist ein spektakuläres Erlebnis. Die Tagespreise starten bei 1000 US-Dollar. Zu buchen ist diese Tour beispielsweise über Vietnam Tourism (►Auskunft).

Verkehr

Stadtverkehr

Es gibt in Vietnam sowohl Ampeln als auch Zebrastreifen. Trotzdem gehört ein gewisses Maß an Durchsetzungsvermögen und Mut zum Überqueren einer Straße. Dabei gilt: Nicht zu lange am Straßenrand auf eine Lücke im scheinbar endlosen Verkehrstrom warten, sondern Augen auf und durch! Man sollte dabei stets den Verkehr im Blick behalten und die Mopeds notfalls mit Handzeichen stoppen. Am Rande von Landstraßen ist Vorsicht geboten, auch wenn die Vietnamesen selbst oft auf dem Asphalt sitzen und plaudern.

Verhalten als Fußgänger

In der Stadt sind die weißen und gelben Taxis v.a. für die Fahrten mit viel Gepäck geeignet. Es gibt Taxistände in den Städten Saigon und Hanoi, Vung Tau und Da Lat, andernorts können Wagen mit Fahrer an der Hotelrezeption bestellt werden. Der Fahrpreis ist sehr billig und richtet sich nach dem eingeschalteten Taxameter (6000 VND/km), kann aber für einen längeren Zeitraum (z. B. einen Tagesausflug) auch ausgehandelt werden.

Taxis

In den dreirädrigen Fahrradrikschas sitzt der Fahrgast vor dem Cyclo-Fahrer in einem mehr oder weniger bequemen Sessel. Die Fahrer fahren entweder um die Blocks oder warten an Märkten, Bahnhöfen, Hotels, Restaurants und Sehenswürdigkeiten auf potenzielle Fahrgäste. Mit einem Zettel, auf dem das Hotelpersonal das gewünschte Ziel in Vietnamesisch aufgeschrieben hat, kann es losgehen. Die vor den Hotels wartenden Fahrer sind meist besserzahlende Kunden gewohnt als ihre herumkurvenden Kollegen. Wer des Feilschens noch nicht so mächtig ist, aber trotzdem keinen der oft geforderten Fantasiepreise zahlen möchte, begibt sich am besten zu Fuß einige Meter weiter und hält mit Winken einen anderen Fahrer an. Häufig können die Cyclo-Fahrer einige Brocken englisch (v.a. in Saigon), andere kennen nicht einmal die Hauptstraßen. Hilfreich für die Verhandlungen um den Fahrpreis sind einige Zahlen in Vietnamesisch oder Fingersprache. Für einen US-Dollar bringt der Cyclo-Fahrer seinen Gast in der Innenstadt zu jedem gewünschten Ort. **Nachts** sollte man wegen wiederholter Überfälle und Geldstreitereien aber grundsätzlich ein Taxi nehmen.

Cyclos

Im Norden trägt der Verkehrsteilnehmer auf den Straßenschildern manchmal noch Kegelhut.

Immer mehr Straßen im Zentrum Saigons und Hanois werden für die Fahrradrikschas gesperrt (z. B. Dong Khoi, Nguyen Hue und Le Loi). Also nicht wundern, wenn der Fahrer eine vermeintlich falsche Richtung einschlägt! Die Fahrer bieten am Zielort meistens an, bis zur Rückkehr zu warten. Wer dies nicht will, muss es deutlich verneinen.

Mofataxis In Saigon, Hanoi oder auch in kleineren Städten wie Vung Tau und Nha Trang kann man sich von Mopedfahrern in der Gegend herumfahren lassen; der Fahrpreis muss aber vorher ausgehandelt werden. Das Moped und die Fahrtüchtigkeit des Fahrers sollte dabei allerdings ebenfalls eine Rolle spielen. Am Abend ist diese Transportart wenig empfehlenswert.

Fahrräder Man kann natürlich auch selbst in die Pedale treten. Eine äußerst angenehme Art, in kleineren Städten wie Hue, Da Lat, Nha Trang und Vung Tau vorwärts zu kommen, ist das Leihfahrrad. In Großstädten wie Saigon und Hanoi ist dies eine eher nervenaufreibende und schweißtreibende Fortbewegungsart – immer mitten im unendlichen Strom aus motorisierten Zweirädern. Die Fahrräder haben in der Regel keine Klingel, Gangschaltung oder Licht; die Bremse sollte vorher auf alle Fälle getestet werden. Es gibt an vielen Stellen extra **bewachte Fahrrad-Parkplätze**, diese sollten auch gegen eine kleine Gebühr benutzt werden.

Unglaublich, was auf Cyclos alles transportiert werden kann ...

Es gibt in Saigon und Hanoi erstaunlich moderne Stadtbusse, allerdings ist das System für Ausländer etwas schwierig zu durchschauen. Wer kein festes Sightseeing-Programm hat, kann sich jedoch im City-Bus mit unbekanntem Ziel durch die Stadt fahren lassen und gelangt so garantiert zu einigen Sehenswürdigkeiten (z. B. mit dem blauen Bus, der vom Me Linh Platz über Le Loi nach Cholon verkehrt). Die neuen Busse sind angenehm, da sie selten überfüllt sind. **Stadtbusse**

Schienenverkehr

Das vietnamesische Eisenbahnnetz umfasst rund 3000 km und wurde während der französischen Kolonialzeit angelegt. Die noch heute einspurigen Gleise sind in einem maroden Zustand, Brücken teilweise seit der Kriegszeit zerstört oder erst seit kurzem wiederaufgebaut. Die wichtigsten Strecken sind die Nord-Süd-Verbindung von Saigon nach Hanoi und Hai Phong sowie zur Grenze nach Lao Cai. Beliebt bei Touristen ist die Nord-Süd-Strecke mit dem mehrmals täglich verkehrenden **Wiedervereinigungszug** zwischen Saigon und Hanoi, inzwischen auch mit klimatisierten Abteilen (32–41 Std.). **Eisenbahn**
Die Tickets sollten rechtzeitig, d. h. etwa drei Tage zuvor, am Bahnhofsschalter gekauft bzw. im Reisebüro gebucht werden. Es gibt vier verschiedene Klassen, **Buchungen** für die Liegewagen-Abteile der 1. und 2. Klasse sind unerlässlich: Die Wahl besteht zwischen hartem (Strohmatten) und weichem Bett (im 4-Bett-Abteil) sowie hartem und weichem Sitzplatz. Drei Mahlzeiten sind im Reisepreis inbegriffen. Die Ausstattung des Zuges kann nicht mit europäischem Standard verglichen werden, doch die Fahrt ist trotzdem relativ bequem, wenn auch beengt. Die **Liegewagen** (soft berth) sind die bequemste Variante der Zugreise, allerdings im Verhältnis relativ teuer, da man für annähernd denselben Preis per Flugzeug wesentlich schneller ans Ziel kommt. Die Preise sind für Ausländer höher als für Vietnamesen. Für die Nord-Süd-Reise ist der Zug immer noch empfehlenswerter als die relativ anstrengende Fahrt auf der Nationalstraße 1, der einzigen Nord-Süd-Verbindung – zumal ab Da Nang Richtung Norden weniger Sehenswürdigkeiten sind als im südlichen Teil des Landes.
Ein **Expresszug des Victoria-Hotels** verkehrt zwischen Sa Pa, Hanoi und Lao Cai (chin. Grenze) viermal wöchentlich (Tel. 08/8 37 30 31, www.victoriahotels-asia.com, reservation@victoriahotels-asia.com).

Busverkehr

Nichts für Reisende mit wenig Zeit ist das Busfahren über Land. Der veraltete Fuhrpark der Regionalbusse soll nach und nach durch neue Busse (aus deutscher Produktion) ersetzt werden. Nicht selten sind Wracks und liegen gebliebene Busse am Wegrand zu sehen. Die Sitzreihen in den scheppernden Vehikeln sind für asiatische Staturen gebaut, was vor allem großen Europäern etwas zu schaffen macht. **Express- und Minibusse**

Auf Serpentinen schlängelt sich die N 1 über den Wolkenpass.

Auf einigen Hauptstrecken verkehren auch die Expressbusse, die zwar bequemer erscheinen und nach Fahrplan starten (meist früh morgens), aber dafür etwas überteuert sind. Für die steigende Zahl an Touristen werden zwischen den wichtigsten Touristenorten mehrmals täglich klimatisierte (Mini-)Busse eingesetzt. Mit diesen preiswerten **»Open-Tour-Tickets«** (reine Touristenbusse!) kommt man auf festen Routen und zu festen Abfahrtszeiten bequem durchs Land, man kann die Reise, wann immer man möchte, in verschiedenen Orten unterbrechen und wird vom Hotel abgeholt. (Preisbeispiel: Saigon–Hanoi: 22–28 US$, saisonabhängige Preise; Info: www.open tourvn.com). Allerdings: »Augen zu und durch« scheint das Motto der Fahrer zu sein, die das Fahrzeug über die löchrigen Straßen jagen und nachts nicht selten übermüdet sind. Pausen werden Tag und Nacht an den Garküchen und Restaurants am Straßenrand eingelegt. **Buchen** kann man diese Fahrten z. B. über das alternative und bekannte Reiseunternehmen Sinh Café (248 De Tham Street, 1. Bezirk, Saigon, Tel. 8 36 73 38, Fax 8 36 93 22, www.sinhcafevn.com). Ein ähnlich günstiger Veranstalter ist Kim Travel, vor allem für den Bootsgrenzverkehr nach Kambodscha (270 De Tham Rd, Saigon, Tel. 08/8 36 98 59). Reservierungen für die Mini- und Expressbusse sollten einen Tag zuvor im Reisebüro oder am Busbahnhof stattfinden, ansonsten begibt man sich möglichst früh am Morgen zum Busbahnhof und versucht sein Glück. Zeit darf dabei allerdings keine Rolle spielen ...

Schiffsverkehr

Per Schiff/Fähren An der 3200 km langen Küste von Vietnam verkehren seit 1990 Kreuzfahrtschiffe. Auf der Route werden die Seehäfen von Saigon,

Vung Tau, Da Nang, Nha Trang, Hai Phong und die Ha-Long-Bucht/Hong Gai angesteuert. Die staatliche Schifffahrtgesellschaft Vinaship fährt innerhalb Vietnams von Hai Phong nach Saigon.

Im Mekong-Delta und in der Ha-Long-Bucht, vor den Küsten und auf Flüssen werden allerorten Touren mit Ausflugsbooten angeboten: das **Barkenboot** »Cai Be Princess« fährt beispielsweise ab Saigon durch die Kanäle und Flussarme des Mekong-Delta und in Hue kann man im **Hausboot** den Huong-Fluss (Parfümfluss) entlangtreiben. Im alten Stil mit **Dschunken** (Sampans) erkunden viele die Gegend um Nha Trang, Hue und die Ha-Long-Bucht. Es ist auch möglich, von Saigon mit dem **Schnellboot** von Vinaexpress innerhalb von einer Stunde nach Vung Tau zu fahren. Auch verkehren Tragflächenboote von Greenlines und Fähren von Saigon nach Vung Tau, ebenso täglich Expressboote (auch private Boote und das Hotelschiff des Victoria-Hotels) ins benachbarte Kambodscha. Das neue Tu Trang Speedboat verbindet Saigon mit Phnom Penh über die Stationen Can Tho (Cai Rang) und Chau Doc.

Mietwagen

Am bequemsten kann man Vietnam kennen lernen, wenn man einen Wagen mietet – allerdings sind diese **nur mit Fahrer** (selten Englisch sprechend) zu buchen. Verschiedene Modelle sind in allen größeren Städten über Agenturen, Reisebüros und Hotels zu mieten. Der Preis setzt sich zusammen aus gefahrenen Kilometern, und manchmal werden zusätzlich Kosten für die Begleiter erhoben (für Übernachtung und eine Mahlzeit). Es gibt aber auch Pauschalangebote. Generell gilt: Mehrere Angebote vergleichen!

Mietwagen

Der deutsche und auch der internationale Führerschein werden in Vietnam nicht anerkannt! Die Städte selbst auf zwei motorisierten Rädern zu erkunden, erfreut sich zunehmender Beliebtheit unter den Ausländern. Offiziell ist dies Touristen aber nicht erlaubt. Wer es trotzdem wagt, muss seinen Pass beim Ausleiher abgeben und bei Straßenkontrollen mit einer Geldbuße rechnen. Zudem sollte man sich darüber im Klaren sein, dass es keine Versicherung gibt und im Falle eines Unfalles der vermeintlich reiche Ausländer meist die Schuld hat. In Vietnam herrscht **Rechtsverkehr**. Straßenschilder sind auf dem Land relativ selten, aber grundsätzlich in lateinischer Schrift.

Selbst fahren

Zeit

Vietnam liegt sechs Stunden vor der mitteleuropäischen Zeit (MEZ). Während der Sommerzeit beträgt die Zeitverschiebung fünf Stunden.

Touren

VIETNAM BLICKT AUF EINE 4000-JÄHRIGE
GESCHICHTE ZURÜCK UND IST REICH AN
HISTORISCHEN UND KULTURELLEN STÄTTEN.
HINZU KOMMEN 3000 KILOMETER KÜSTE
UND UNBERÜHRTE NATUR IN DEN BERGEN.
ZU DEN SCHÖNSTEN ORTEN FÜHREN UNSERE
TOURENVORSCHLÄGE.

TOUREN DURCH VIETNAM

Motorisiert einmal von Süden nach Norden oder doch Wandern in den Bergen? Mekong-Delta, Ha-Long-Bucht oder beides? Vier Vorschläge sollen Ihnen die Wahl erleichtern.

TOUR 1 **Von Süd nach Nord durchs ganze Land**
Sie starten in Saigon im Süden des Landes und besuchen im Reiseverlauf berühmte Kolonial- und Kaiserstädte, historische Ruinenstätten, Strände mit Palmen und die schönsten Landschaften im äußersten Norden des Landes. ▶ **Seite 163**

TOUR 2 **Von Saigon ins Hochland**
Diese kurze, aber abwechslungsreiche Tour führt in die Berge mit einem Abstecher in einen der tierreichsten Nationalparks Vietnams (Cat Tien), wo die letzten Java-Nashörner des asiatischen Festlands leben. Am Ende der Tour ruht man sich am Strand von Phan Thiet aus. ▶ **Seite 166**

TOUR 3 **Ins Mekong-Delta**
Wasser, so weit das Auge schauen kann: Im Mekong-Delta trifft man auf Schwimmende Märkte und Obstgärten, Fischzüchter und Reispapierhersteller, Tempel und Pagoden. ▶ **Seite 168**

TOUR 4 **Berge und Meer**
Von der Hauptstadt Hanoi geht's zuerst in die Berge: zum Wandern oder auch zum Souvenirkauf bei den noch Trachten tragenden Bergvölkern. Danach lockt das UNESCO-Wunder Ha-Long-Bucht, eine der zauberhaftesten Kulissen des Landes mit Tropfsteinhöhlen und zerklüfteten Kalksteinbergen mitten im Meer – wie von mystischen Drachen bewohnt. ▶ **Seite 170**

Geheimnisvoll liegen die Inseln der Ha-Long-Bucht im morgendlichen Nebel.

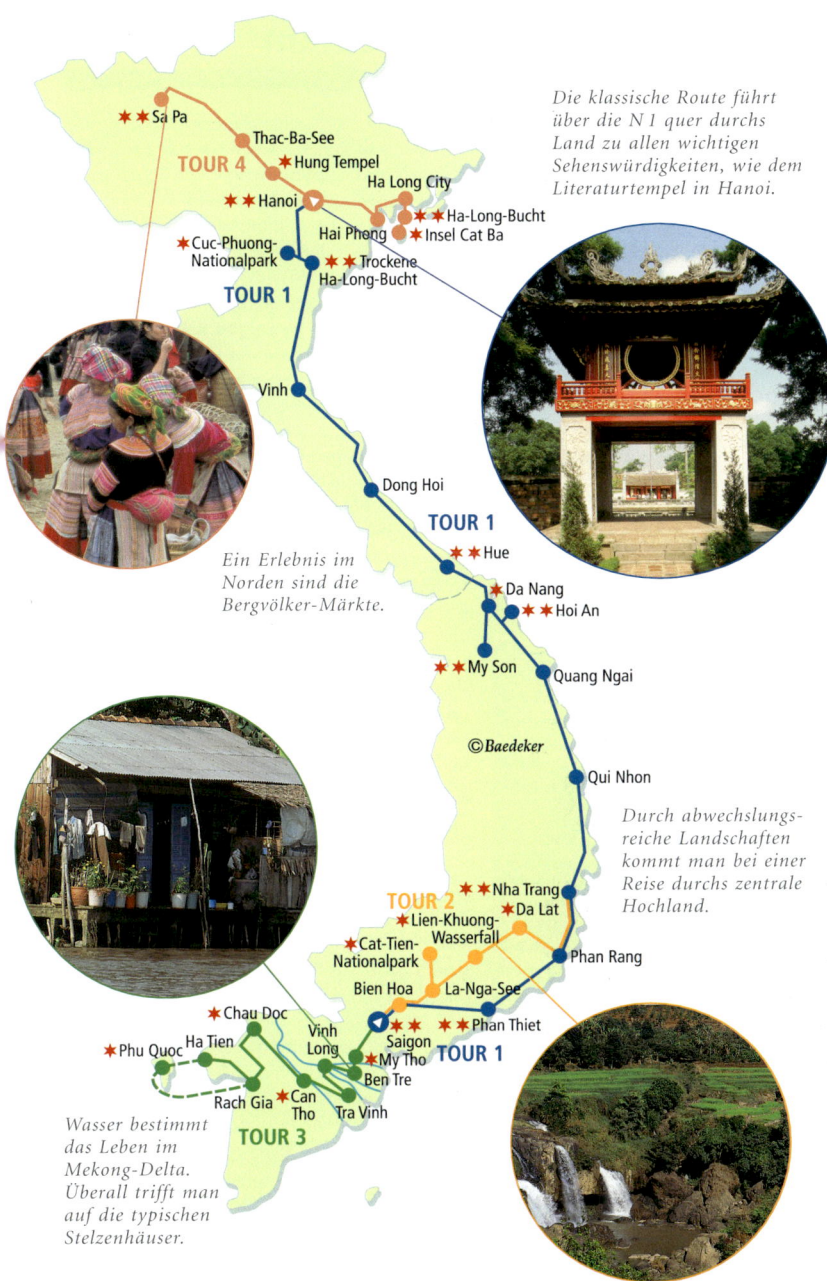

Die klassische Route führt über die N 1 quer durchs Land zu allen wichtigen Sehenswürdigkeiten, wie dem Literaturtempel in Hanoi.

Ein Erlebnis im Norden sind die Bergvölker-Märkte.

Durch abwechslungsreiche Landschaften kommt man bei einer Reise durchs zentrale Hochland.

Wasser bestimmt das Leben im Mekong-Delta. Überall trifft man auf die typischen Stelzenhäuser.

Sa Pa
Thac-Ba-See
TOUR 4
Hung Tempel
Ha Long City
Hanoi
Ha-Long-Bucht
Cuc-Phuong-Nationalpark
Hai Phong
Insel Cat Ba
Trockene
Ha-Long-Bucht
TOUR 1
Vinh
Dong Hoi
TOUR 1
Hue
Da Nang
Hoi An
My Son
Quang Ngai
©Baedeker
Qui Nhon
TOUR 2
Nha Trang
Lien-Khuong-Wasserfall
Da Lat
Cat-Tien-Nationalpark
Bien Hoa
Phan Rang
La-Nga-See
Chau Doc
Saigon
Phan Thiet
Phu Quoc
Ha Tien
Vinh Long
My Tho
TOUR 1
Rach Gia
Can Tho
Ben Tre
Tra Vinh
TOUR 3

Unterwegs in Vietnam

Vielfalt Was es in Vietnam zu erleben gibt, ist höchst widersprüchlich. Von der Hafenstadt Da Nang in Zentralvietnam beispielsweise kann man gleich drei **UNESCO-Weltkulturerbestätten** besuchen: Die Tempelstadt My Son, die Kaiserstadt Hue und die Altstadt von Hoi An. Auf den Spuren der Kolonialherren pilgern die Anhänger von berühmten Schriftstellern wie Graham Greene oder Marguerite Duras durch herrliche Kolonialbauten und verwitterte Villen, wo die Dielen knarren und die Badewannen auf Löwenpranken stehen.

Gleichzeitig trifft man aber überall auf die **Folgen des Krieges**, der freilich auch vor den altehrwürdigen Stätten nicht Halt gemacht hat. Vietnam hat in den 1990er-Jahren seine Kriegsschauplätze zu lukrativen Touristenattraktionen gemacht: Dollar-Eintritt für das Kriechen

Kleiner Hütejunge in Cat Cat nahe Sa Pa in den Bergen.

durch die legendären Vietcong-Tunnel in Cu Chi, Veteranentreffen an der früheren Demarkationslinie, Motor-Rallye auf dem Ho-Chi-Minh-Pfad, Bootsfahrten in den Mangroven des einst von Napalm völlig kahlgebrannten Mekong-Deltas. Viel ist heute vom Krieg nicht mehr zu sehen. Doch so harmlos die Reisfeld-Kulisse auch aussieht: Ein Drittel aller abgeworfenen Bomben ist bis heute nicht explodiert.

Das »dritte Gesicht« Vietnams sind die zahlreichen **Strände und Küstenabschnitte**. Die mehr als 3000 Kilometer lange Küste verheißt unglaubliches Potenzial. Die vietnamesischen Strände werden erst seit rund einem Jahrzehnt für den ausländischen Tourismus erschlossen – umso beachtlicher ist die rasant gestiegene Zahl der luxuriösen und originellen Strandresorts in den jüngsten Jahren.

Und noch eine vierte Urlaubsvariante bietet sich in Vietnam an: **Wanderurlaub in den Bergen**. Der »Öko-Tourismus« treibt allerdings bisweilen merkwürdige Blüten. Man sollte sich nicht wundern, wenn bei einem mehrtägigen Trekkingausflug in Bergdörfer rund um Sa Pa abends das Neonlicht mit dem Sternenhimmel »konkurriert« und von den Gastgebern Nescafé statt vietnamesischem Kaffee serviert wird. Die bergige Gegend um Sa Pa mit dem höchsten Berg Vietnams (Fan Si Pan, 3143 m), das Hochplateau Tam Dao sowie die Gegend bei Mai Chau im Norden sind die beliebtesten Wanderregionen in Vietnam. Weitere Trekkingzentren sind das Hochland bei Da Lat und Dak Lak, die Nationalparks Yok Don, Cuc Phuong und Bach Ma.

Ein Mietwagen mit Chauffeur ist die beste Möglichkeit, das Land auf eigene Faust kennen zu lernen, aber natürlich auch die teuerste. Fast das gesamte Land ist jedoch mit **organisierten Minibus-Touren** von Touristenorten aus relativ bequem zu bereisen: Man erreicht so alle Badeorte, Kultur-Highlights und Städte, alle Nationalparks usw. (es gibt spezielle, spottbillige Open-Tour-Tickets, wo man die Strecke an diversen Orten unterbrechen kann). Der Kontakt zu Vietnamesen ergibt sich eher bei der Reise in den öffentlichen Bussen (oder auch in anderen privaten, nicht auf Touristen spezialisierten Minibus-Unternehmen), wofür man jedoch etwas mehr Zeit einplanen sollte.

Mit dem Auto oder dem Bus

Wer mit dem Fahrrad durch sein Reiseland fährt, hat oft besonders nahe und intensive Eindrücke und Erlebnisse von Land und Leuten. Allerdings gibt es in Vietnam keine »richtigen« Fahrradwege wie in Europa, man fährt also immer auf den Straßen, wo auch die Autos, Busse, Ochsengespanne usw. unterwegs sind. Das kann manchmal sehr nervenaufreibend sein, bedenkt man den oft abenteuerlichen **asiatischen Fahrstil**. Auf ruhigeren Nebenstrecken ist eine Reise per Fahrrad durch Vietnam sicher empfehlenswert, aber solche gibt es eben sehr wenige. Wer sich mit dem Fahrrad gar durch die großen Städte wie Hanoi und Saigon wagt, der sollte ausgesprochen nervenstark, routiniert und trainiert sein. Eine gute Alternative zur Individualreise per Drahtesel sind die geführten Radtouren in der Gruppe ohne Gepäck und durch den Begleitbus ergänzt. In Deutschland gibt es zahlreiche Anbieter solcher Touren, meistens durchs Mekong-Delta oder die Ha-Long-Bucht.

Mit dem Fahrrad

Tour 1 Von Süd nach Nord durchs ganze Land

Tourlänge: ca. 1750 km   **Tourdauer:** ca. 14–21 Tage

Von der lebendigen Metropole Saigon im schwülen Süden in die Hauptstadt und Verwaltungszentrale Hanoi im kühleren Norden. Landschaftliche Attraktionen und historisch bedeutende Sehenswürdigkeiten liegen entlang dieser Strecke, Zwischenstopps können in einigen Badeorten eingelegt werden, außerdem ein Abstecher in die Berge.

Der erste Teil der Tour führt von ❶ ✳ ✳ **Saigon** nach vier bis fünf Stunden Fahrt vorbei an Reis- und Zuckerrohrfeldern, Obstständen und Rinderherden an die lange Küste Vietnams – zum Baden. Etwa 20 km von der Fischer- und Hafenstadt ❷ ✳ ✳ **Phan Thiet** entfernt wurden sehr gute Hotel- und Bungalowanlagen am Strand der Halbinsel Mui Ne angesiedelt.

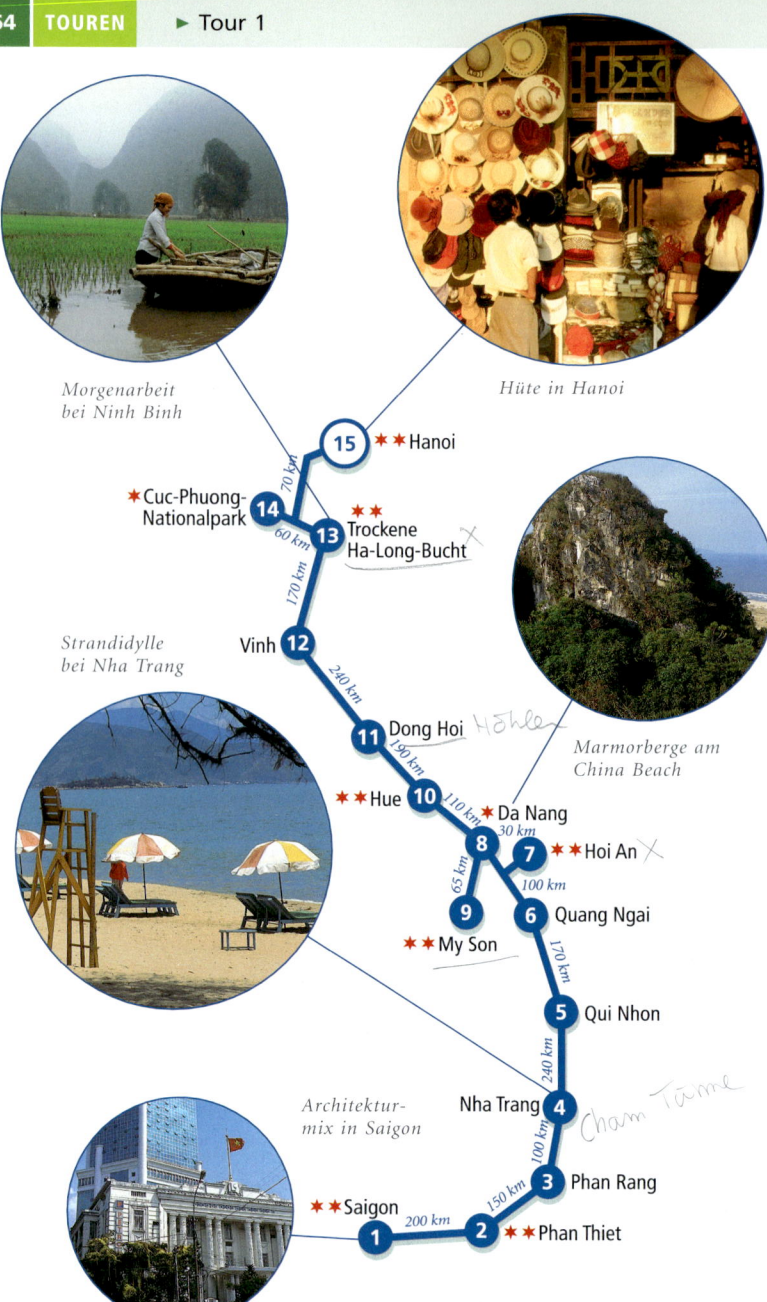

*Morgenarbeit
bei Ninh Binh*

Hüte in Hanoi

15 ★★ Hanoi

★ Cuc-Phuong-
Nationalpark **14** 70 km ★★
13 Trockene
60 km Ha-Long-Bucht

170 km

Vinh **12**

*Strandidylle
bei Nha Trang*

240 km

11 Dong Hoi Höhle

190 km

*Marmorberge am
China Beach*

★★ Hue **10** 110 km ★ Da Nang
8 30 km
7 ★★ Hoi An
65 km 100 km
9 **6** Quang Ngai
★★ My Son

170 km

5 Qui Nhon

240 km

*Architektur-
mix in Saigon*

Nha Trang **4** Cham Türme

100 km

3 Phan Rang

150 km

★★ Saigon **2** ★★ Phan Thiet
1 200 km

Auf dem Weg nach Norden empfiehlt sich nun bei ❸**Phan Rang** ein Besuch der sehenswerten Cham-Türme (Po Ro Me, Po Klong Garai). Bei der Weiterfahrt passiert man den Hafen Cam Ranh, den die US-Marine im Vietnamkrieg als Stützpunkt benutzte. Auch in der Nähe des Badeortes ❹ ✱ ✱ **Nha Trang** können Cham-Bauwerke (Po Nagar) besichtigt werden. Das Ozeanische Institut mit seinem Aquarium, Fischzuchtanlagen oder auch Taucherausflüge auf die vorgelagerten Inseln gehören hier zum obligatorischen Besucherprogramm während eines mehrtägigen Aufenthalts.

Entlang der Küste fährt man über die spektakuläre Strand- und Passstraße: Etwa 80 km nördlich von Nha Trang überquert man auf holprigem Untergrund den Dai-Lanh-Pass oberhalb der Küste und hat von hier eine schöne Aussicht auf die bergige Halbinsel Hon

✔ **NICHT VERSÄUMEN**

- Mui Ne: Badestopp am goldgelben Strand
- Nha Trang: Bootstouren, Tauchen und Schnorcheln in dem trubeligen Badeort
- Da Nang: die Marmorberge erklimmen und das Cham-Museum besuchen
- Hoi An: das Städtchen beeindruckt mit chinesischen Tempeln und Handelshäusern
- Hue: kaiserliche Atmosphäre in Palästen und Grabmälern
- Ninh Binh: in der Trockenen Ha-Long-Bucht erheben sich zerklüftete Kalkberge aus den Reisfeldern

Gom. Auf den nächsten 100 km rücken die Berge wieder näher an die Küste heran – ein wunderschöner Abschnitt der Strecke. Dann geht es weiter nach ❺**Qui Nhon**, einer Küstenstadt mit einigen von der Khmer-Baukunst beeinflussten Cham-Türmen (Thap Doi; etwa 3 km außerhalb des Stadtzentrums gelegen).

Fischerhäfen und palmenbestandene Strände säumen die Nationalstraße 1, bis nach 170 km der Ort ❻**Quang Ngai** erreicht ist. Von hier aus wird hinter der Flussbrücke auf eine Landstraße Richtung Meer abgebogen, falls man den 14 km entfernten Ort Son My und die dortige Gedenkstätte für die Opfer des Massakers von My Lai besichtigen möchte.

Auf der Nationalstraße 1 bei Thanh Phuoc An zweigt rechts eine Landstraße nach ❼ ✱ ✱ **Hoi An** ab. Die kleine Stadt am Fluss Thu Bon hat bereits seit rund 1000 Jahren eine wichtige Bedeutung als asiatischer Handelshafen. Sie lohnt einen Abstecher wegen ihrer schönen Handelshäuser, den chinesischen Tempeln und der überdachten Japanischen Brücke. Das weitere 30 km entfernt liegende ❽ ✱ **Da Nang** ist heute die viertgrößte Stadt Vietnams und kann auf eine jahrtausendealte Geschichte zurückblicken. Der kilometerlange China Beach und die Marmorberge lohnen einen Besuch.

Von Da Nang geht es auf schlechten Straßen zu der Tempel- und Ruinenstadt der Cham, ❾ ✱ ✱ **My Son**. Hier sollte man auf keinen Fall von den markierten Wegen abweichen – My Son wurde im Vietnamkrieg stark bombardiert!

Eine herrliche Panoramastrecke steht nun auf dem Programm: Die Küstenstraße verläuft zwischen Da Nang und der alten Kaiserstadt ❿ ✱ ✱ **Hue** in 496 m Höhe über den Hai-Van-Pass – bei gutem Wetter bietet sich vom Wolkenpass ein geradezu atemberaubender Blick auf die Halbinsel und Lagune Lang Co.

Die ehemalige Entmilitarisierte Zone (DMZ) liegt weiter nördlich am 17. Breitengrad um das Gebiet des Ben-Hai-Flusses. Beim Ort Ho Xa zweigt eine Landstraße nach Vinh Moc und zu den dortigen, im Original erhaltenen Vietcong-Tunneln ab. Im weiteren Verlauf der N 1 bietet sich ein Stopp in ⑪**Dong Hoi** mit Besuch der berühmten Phong-Nha-Höhlen an. Dann sind es noch weitere 197 km nach ⑫**Vinh.** 15 km westlich im Ort Kim Lien steht das restaurierte Haus, in dem Ho Chi Minh aufgewachsen ist.

Bei der Weiterfahrt nach ⑮ ✱ ✱ **Hanoi** erreicht die Nationalstraße das Delta des Roten Flusses, eine fruchtbare und dicht bevölkerte Ebene, die seit Jahrtausenden von Überflutungen heimgesucht wird. Doch zuvor durchquert die Straße die ⑬ ✱ ✱ **Trockene Ha-Long-Bucht,** eine märchenhafte Landschaft mit steil aufragenden, wild bewachsenen Kalksteinriesen, die zwischen den Reisfeldern in der Umgebung der Stadt Ninh Binh (93 km südlich Hanois) liegt. In der Nähe kann man sich im Ruderboot durch die Kanäle fahren lassen, z. B. zu den Grotten von Tam Coc.

Etwa 10 km hinter Ninh Binh ist auf der holprigen Landstraße 12A ein Abstecher in den ⑭ ✱ **Cuc-Phuong-Nationalpark** möglich, der älteste und meistbesuchte in Vietnam. Dieses Naturschutzgebiet, in dem auch übernachtet werden kann, ist für seine Baumriesen und Höhlen bekannt.

Tour 2 Von Saigon ins Hochland

Tourlänge: ca. 600 km   **Tourdauer:** ca. 7 Tage

Diese Route gehört zu den abwechslungsreichsten Vietnams. Sie führt von der südvietnamesischen Metropole zu einem der artenreichsten Nationalparks im Zentralen Hochland um Da Lat und über einen atemberaubenden Bergpass zurück an die Küste nach Nha Trang oder nach Phan Thiet.

Auf der Nationalstraße 1, etwa 30 km nordöstlich von ❶ ✱ ✱ **Saigon,** kann bei ❷**Bien Hoa,** einem Zentrum für Kunsthandwerk, der erste Stopp eingelegt werden. Nach einigen weiteren Kilometern biegt man auf die Nationalstraße 20 ab, die in die Berge führt. Hier geht es vorbei an Kautschukplantagen und weiten Feldern mit Obstbäumen. Am ❸**La-Nga-See** (auch Tri-An-Stausee) gibt es Hausboote und schwimmende Dörfer zu sehen, in denen die Fischer leben. Will man den ❹ ✱ **Cat-Tien-Nationalpark** (ca. 150 km nördlich von Saigon) besuchen, muss man der Schotterpiste, die im Ort Ma Da Gui links abzweigt, folgen.

*Schon die französischen Kolonial-
herren wussten Nha Trang zu
schätzen und nannten es »Nizza
des Ostens«. Kilometerlange Sandstrände machen es bis heute
zum beliebten Badeort.*

8 ✱ ✱ Nha Trang

6
✱ Da Lat

Cat-Tien-
Nationalpark **4**

5 ✱ Lien-Khuong-
Wasserfall

7

Phan Rang

60 km
110 km
100 km

Bien Hoa **3**
140 km
70 km
La-Nga-See

2
30 km

1 ✱ ✱ Saigon

*Nördlich
von Da Lat
bei Buon Ma
Thuot wird der
beste Kaffee des Landes
angebaut. Im Bild: Grüne
unreife, erntereife rote,
getrocknete und geröstete
Kaffeebohnen.*

*Auf Fässern
schwimmt eine
Siedlung im La-
Nga-See.*

Vom Nationalpark geht es zurück auf die Schotterpiste Richtung
Nationalstraße 20. Langsam schraubt sich diese hoch auf 1500 m Höhe in die Provinz Lam Dong, wo dichter Dschungel die Passstraße
umgibt. Am Wegrand liegen einige pittoreske Tempelschreine und
Wasserfälle. Das Hochplateau erreicht man bei dem Städtchen Bao
Loc, in dessen Umgebung Teefabriken und Seidenraupenfarmen zu
besichtigen sind. Eine kleine Rast kann man am **5** ✱ **Lien-Khuong-
Wasserfall** einlegen. Haushohe Plakatwände kündigen schließlich die
ruhige Bergstadt **6** ✱ **Da Lat** an, deren Umgebung für Wanderungen
bestens geeignet ist.
Ein mehrtägiger Abstecher könnte beispielsweise von Da Lat über die
nicht durchgehend gut ausgebaute N 27 nach Westen in die Provinzhauptstadt Buon Ma Thuot führen. Aus dieser Gegend soll der beste
Kaffee Vietnams stammen. Besucher können hier in einfachen Unter-

künften oder bei den Bergvölkern der Stieng, Ede und Mnong übernachten. Zudem bietet sich ein Besuch in dem Dorf Ban Don (Buon Don, ca. 45 km nordwestlich) an, in dem Elefanten gezüchtet werden. Über den gleichen Weg geht es wieder zurück nach Da Lat.

Man verlässt Da Lat zunächst südwärts über die N 20 in Richtung Osten nach ❼ **Phan Rang**. Dabei führt die Fahrt am Don-Duong-Stausee (auch Da Nhim) und dem riesigen Wasserkraftwerk vorbei. Der landschaftlich faszinierende Ngoan-Muc-Pass, von dem bei gutem Wetter sogar die rund 60 km entfernte Küste zu erblicken ist, windet sich allmählich von rund 1000 m Höhe in die Küstenebene hinunter, bis wieder Palmen und Kakteen die Landschaft beherrschen. Etwa 6 km vor der Küstenstadt Phan Rang erblickt man die Cham-Heiligtümer Po Klong Garai und Po Ro Me aus dem 13. und 14. Jahrhundert. Auf der Nationalstraße 1 geht es nun nordwärts dem Fischer- und Badeort ❽ ✱ ✱ **Nha Trang** entgegen. Dabei passiert man zunächst zwei weitere Türme der Cham (Hoa Lai) und weiter nördlich den Hafen Cam Ranh, der den Amerikanern zwischen 1964 und 1973 als Marinestützpunkt diente. Zur Pause laden auf dieser Strecke die auf Stelzen gebauten Restaurants am Meer ein.

Alternativ dazu könnte man von Phan Rang auch auf der N 1 an der Küste südlich Richtung Saigon zurückfahren und dabei unterwegs nach weiteren 150 km einen Badestopp in der Nähe von Phan Thiet einlegen. Sanddünen, Salzberge und Fischerorte bestimmen hier die Küstenszenerie.

Tour 3 Ins Mekong-Delta

Tourlänge: ca. 200 km   **Tourdauer:** ca. 2 Tage

Vom trubeligen Saigon ist es ein Katzensprung in die amphibische Welt des Mekong-Deltas – die »Reiskammer der Nation«. Hier kann man die Städte Ben Tre und Can Tho besuchen – oder man lässt sich ein paar Tage lang auf den neun Flussarmen und Kanälen des Mekong treiben.

In das Mekong-Delta führt die Nationalstraße 1 in Richtung Süden, doch es verkehrt auch ein Fährboot zwischen ❶ ✱ ✱ **Saigon** und My Tho. Flussarme und Kanäle ziehen sich durch die Landschaft, geprägt von Reisfeldern, Bambusdickichten, Obstplantagen, Orchideengärten sowie Aufzuchtfarmen für Fische und Shrimps. Erster Stopp ist die Provinzhauptstadt ❷ ✱ **My Tho**, in der die Vinh-Trang-Pagode und eine Schlangenfarm besichtigt werden können. Per Fähre geht es weiter nach ❸ **Ben Tre**, wo die berühmte Fischsauce hergestellt und Kokosnüsse verarbeitet werden. Nach einer Bootsfahrt durch die mangrovenbewachsenen Kanäle können die Tagesausflügler jetzt die Rückfahrt antreten. Wer mehr Zeit hat, kann in ❹**Vinh Long** im Herzen des Mekong-Deltas übernachten – die kleine Stadt ist von den zwei Armen des Mekong, dem Tien und dem Hau, umgeben.

Von Vinh Long fährt man weiter ostwärts nach ❺**Tra Vinh**, wo einige Khmer-Pagoden zu bewundern sind: Ba Om soll mehr als 1000 Jahre alt sein. In Cai Be ist der Schwimmende Markt, der auch mit einem Boot zu erreichen ist, eine farbenprächtige Attraktion. Man lässt sich nun per Fähre nach ❻✳ **Can Tho** übersetzen. Einen Besuch wert ist auch hier der Schwimmende Markt bei Phung Hiep, zu dem man per Boot oder Bus gelangen kann.

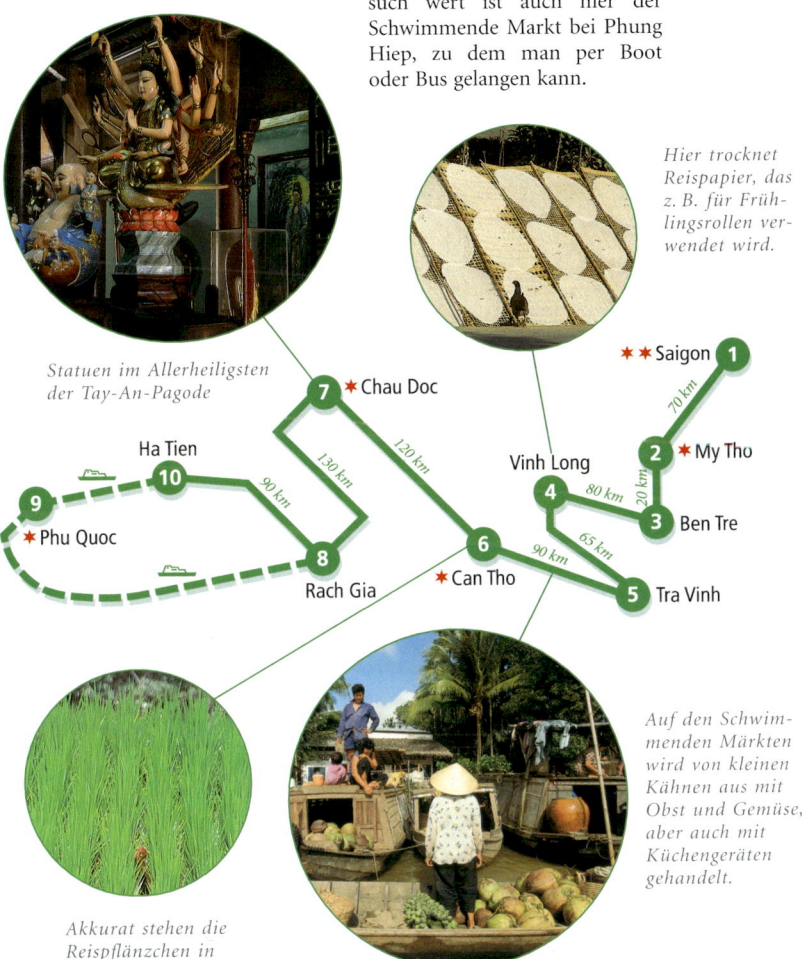

Hier trocknet Reispapier, das z. B. für Frühlingsrollen verwendet wird.

Statuen im Allerheiligsten der Tay-An-Pagode

✳✳ Saigon ①

② ✳ My Tho

Ha Tien ⑦ ✳ Chau Doc

⑩

⑨ 130 km   120 km

✳ Phu Quoc   90 km   Vinh Long

④ 80 km   20 km

⑧   ⑥   ③ Ben Tre

Rach Gia   ✳ Can Tho   65 km

90 km   ⑤ Tra Vinh

70 km

Auf den Schwimmenden Märkten wird von kleinen Kähnen aus mit Obst und Gemüse, aber auch mit Küchengeräten gehandelt.

Akkurat stehen die Reispflänzchen in Reih und Glied ...

Eine Alternative wäre die Weiterfahrt Richtung Westen (mit Boot oder auf der Straße Nr. 91) nach ❼ ✳ **Chau Doc**, wo nahe der kambodschanischen Grenze der Sam-Berg, ein beliebtes Pilgerziel, emporragt. Die Rückfahrt erfolgt auf der gleichen Straße nach Long Xuyen. Von ❽**Rach Gia** bringt ein modernes Speedboot die Gäste in 2,5 Stunden zur größten Insel Vietnams, ❾ ✳ **Phu Quoc** – das Eiland ist die westlichste Region im Süden Vietnams und liegt bereits im Golf von Thailand. Wer will, kann von Rach Gia über eine relativ schlechte Straße (N 80) weitere 90 km in den äußersten Südwesten bis zum Hafen von ❿**Ha Tien** vorstoßen. Die Gegend ist bekannt für ihre Schildkrötenzuchtstationen und die bizarren Felsformationen im Meer. Von hier ist ebenfalls eine sehr lange, unbequeme Fährüberfahrt nach Phu Quoc möglich.

Tour 4 Berge und Meer

Tourlänge: ca. 1100 km   **Tourdauer:** 6–10 Tage

Berge und Meer – beides kann man auf dieser herrlichen Tour miteinander verbinden: Zuerst geht es per Zug in die Gegend um das malerische Bergstädtchen Sa Pa, wo man entlang von Reisterrassen wandern und mit den Bergstämmen um Souvenirs feilschen kann. Nach drei oder vier Tagen fährt man über Hanoi an die Küste zurück – immer Richtung Meer nach Ha Long City, wo schon die Ausflugsboote und Dschunken warten für den (Segel-)Törn in die Welt der Drachen.

Um in das kleine Bergstädtchen Sa Pa nahe der chinesischen Grenze zu gelangen, kann man mit dem (Nacht-)Zug nach Lao Cai fahren (7–10 Std.) und von dort die restlichen 38 km mit dem Bus oder Taxi nach Sa Pa zurücklegen. Oder man nimmt die etwas beschwerliche Fahrt mit dem Bus von ❶ ✳ ✳ **Hanoi** auf sich (insgesamt 380 km, ca. 8–10 Std. inklusive aller Pannen), bei der man jedoch mehr von der herrlichen Landschaft sieht. Man könnte die Fahrt mit einem Abstecher zum ❷ ✳ **Hung-Tempel** nordwestlich von Hanoi verbinden (über die N 2 Richtung Industriestadt Viet Tri, wo nach weiteren 12 km ein Schild die Abzweigung zu den Heiligtümern der legendären Könige zeigt).
Zurück auf der N 2 geht es weiter bis Doan Hung, dann biegt man links auf die Straße Nr. 70 ab und fährt vorbei am ❸**Thac-Ba-See**. Langsam bemerkt man, wie die Landschaft sich verändert: Man sieht auf einmal terrassenförmige Anbauflächen, Palmen mit fast kreisrunden Wedeln und imposante Häuser auf Stelzen. Die letzte Etappe vor Lao Cai (38 km nördlich von Sa Pa) verläuft entlang des Roten Flusses, an dessen anderer Uferseite bereits China liegt.

In südwestlicher Richtung fährt man dann auf den größten Berg Vietnams Fan Si Pan (3143 m) zu, den direkten Nachbarn ❹ ★ ★ **Sa Pas**. Hier kann man Bergwanderungen und Spaziergänge unternehmen oder einfach den Markt besuchen, an dem Hmong und Rote Dao ihre Waren anbieten.

Über die gleiche Strecke oder mit dem Zug geht es wieder zurück nach Hanoi, wo man auf der N 5 mit dem Auto oder Bus nach weiteren 100 km östlich ❺**Hai Phong** erreicht. Von hier sind es auf der neuen Autobahn noch ca. 60 km nach ❻**Ha Long City** (die Doppelstadt Bai Chay und Hong Gai); man kann jedoch von Hai Phong auch die Fähre dorthin nehmen. Von Ha Long City stechen die Boote und Dschunken in See: vorbei an den rund 2000 bizarr zerklüfteten Felsinseln der ❼ ★ ★ **Ha-Long-Bucht** im Golf von Tonkin, man legt an Höhlen und schwimmenden Dörfern an und erkundet die ❽ ★ **Insel Cat Ba**, die größte Insel in der Ha-Long-Bucht, und ihren Nationalpark.

Wer mehr Zeit hat und etwas weniger touristische Orte im Norden Vietnams sucht, kann einen Abstecher mit Fähren auf die Insel Quan Lan und die Halbinsel Van Don in der benachbarten Bai-Tu-Long-Bucht einplanen.

Die Inseln der Ha-Long-Bucht sind von Tropfsteingrotten durchzogen.

❹ ★ ★ Sa Pa
160 km
❸ Thac-Ba-See
110 km
❷ ★ Hung Tempel
100 km
❶ ★ ★ Hanoi
100 km   ❺   60 km   ❻ Ha Long City
Hai Phong   ❼ ★ ★ Ha-Long-Bucht
❽ ★ Insel Cat Ba

Im Hügelland nördlich des Hung-Tempels wird auf großen Plantagen Tee angebaut.

Auf Cat Ba leben die Menschen zunehmend vom Tourismus. Etwa die Hälfte der Insel nimmt der Nationalpark ein.

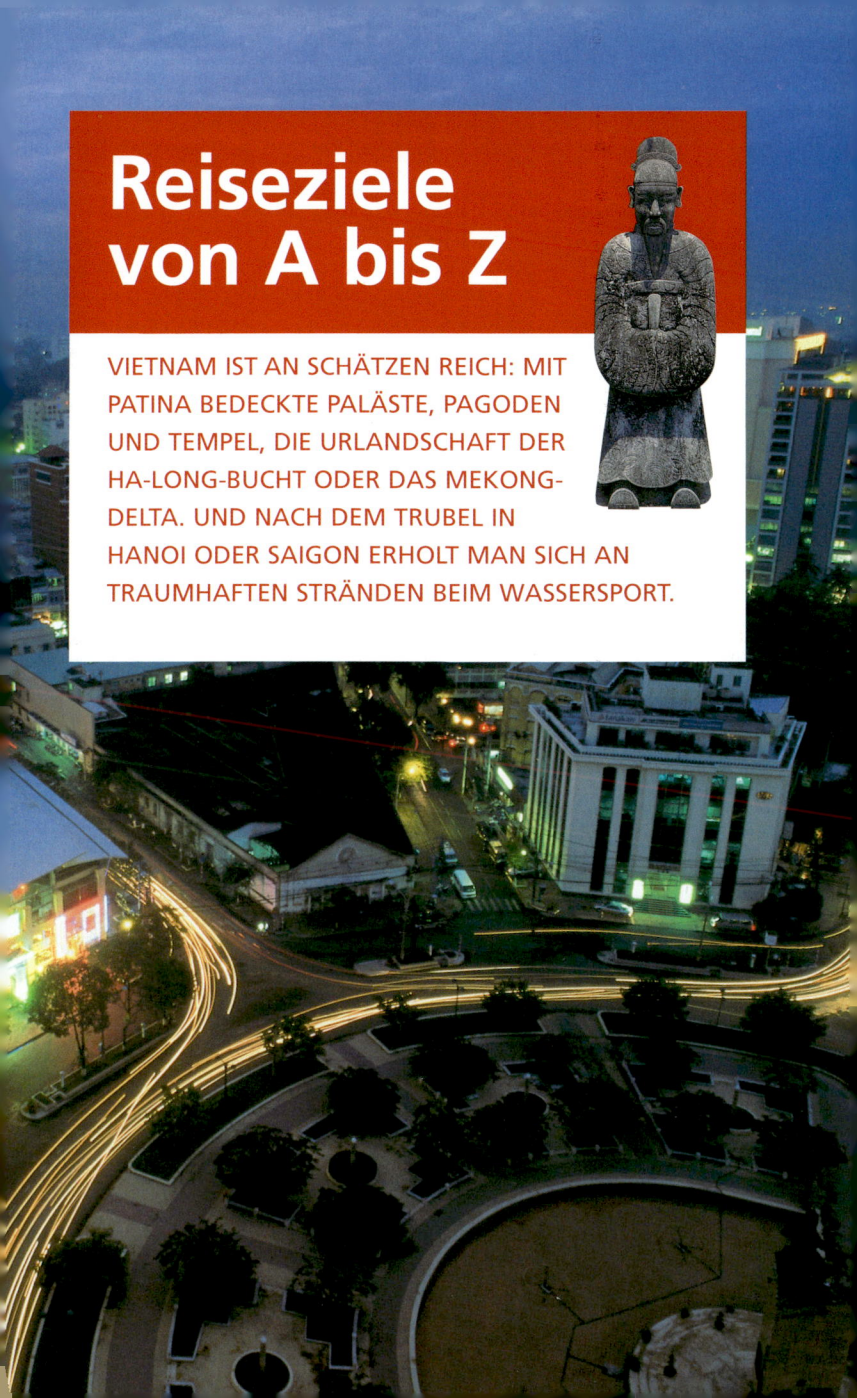

Reiseziele von A bis Z

VIETNAM IST AN SCHÄTZEN REICH: MIT PATINA BEDECKTE PALÄSTE, PAGODEN UND TEMPEL, DIE URLANDSCHAFT DER HA-LONG-BUCHT ODER DAS MEKONG-DELTA. UND NACH DEM TRUBEL IN HANOI ODER SAIGON ERHOLT MAN SICH AN TRAUMHAFTEN STRÄNDEN BEIM WASSERSPORT.

Buon Ma Thuot

Provinz: Dak Lak (Hauptstadt)   **Region:** Zentrales Hochland
Einwohnerzahl: 160 000

Wasserfälle, herrliche Hügellandschaft und Elefanten – das sind die Hauptattraktionen des abgelegenen Dak-Lak-Hochlandes um die Provinzhauptstadt Buon Ma Thuot. Auch der nahe gelegene Yok-Don-Nationalpark lockt Abenteuerlustige mit Wild und Wildnis, Trekking und Elefanten-Safaris.

Reizvolles Hochland
Kaffee-, Tee- und Kautschukplantagen prägen das Bild der größten Provinz des Landes, aber auch Reis- und Maisfelder sowie Rinderherden. Trotz der Zuwanderung vieler Vietnamesen in diese Region spielen die Bergvölker, vor allem Ede und Mnong, noch eine wichtige Rolle. Bekannt ist die Gegend auch für ihre Elefanten. Bis in die 1930er-Jahre hinein galt die Umgebung Buon Ma Thuots als **Jagdparadies**; selbst heute gibt es in den Wäldern noch einen großen Wildbestand. Die Seen, vor allem der Dak-Lak-See im Süden, sind bekannt für ihren Fischreichtum. Allerdings sind an einigen Stellen des Waldes die Auswirkungen von Agent-Orange-Einsätzen und Abholzung kaum zu übersehen.

Sehenswertes in Buon Ma Thuot

Panzerdenkmal
Der zentrale Platz Buon Ma Thuots wird von einem gewaltigen Panzerdenkmal dominiert, das an die Ereignisse vom 10. März 1975 erinnert, als Vietcong- und nordvietnamesische Truppen die Stadt »befreiten« und die Niederlage Südvietnams nicht mehr aufzuhalten war.

Vor allem in den Bergregionen Vietnams findet man solche Pfahlbauten.

BUON MA THOUT ERLEBEN

AUSKUNFT

Dak Lak Tourist
3 Phan Chu Trinh
Tel. 0 50/85 21 08 und 85 23 22
www.daklaktourist.com
Außerdem im Hotel Dam San
(s. u., tgl. 7.00–17.00 Uhr)

VERKEHR

Provinz-Airport Buon Ma Thuot
(10 km außerhalb): Tel. 0 50/95 50 55

FESTE

Elefantenfest
Jedes Jahr im März rennen am
Serepok-Fluss die schwergewichtigen
Tiere um die Wette. Es gibt auch ein
Kanu-Wettpaddeln und viel Folklore-
Darbietungen mit Musik und Speisen.
Weitere Elefanten-Spektakel finden in
Ban Don statt, wo die Dickhäuter
sogar Fußball spielen.

MARKT

Wer gerne das Leben und Treiben am
Markt beobachtet, sollte den täglich
stattfindenden großen Lebensmittel-
markt in der Quang Trung Street
nicht versäumen.

ESSEN

▶ **Preiswert**
Quan Ngon
72–74 Ba Trieu
Tel. 0 50/85 19 09
Großes Lokal, wo man im Stelzenhaus
oder im Garten vietnamesisch speisen
kann, neben den üblichen Speisen
gibt es hier für die Region Typisches,
wie geräuchertes Wild und Geflügel.

ÜBERNACHTEN

▶ **Komfortabel**
Cao Nguyen Hotel
65 Phan Chu Trinh
Tel. 0 50/85 59 60, Fax 85 19 12
Staatliches Hotel mit gehobenem
Standard, sämtliche Räume verfügen
über Sat-TV.

▶ **Preiswert**
Dam San Hotel
212–214 Nguyen Cong Tru
Tel. 0 50/85 12 34, Fax 85 23 09
damsantour@dng.vnn.vn
Das beste Hotel der Stadt, etwas
östlich des Zentrums: hübsche Zimmer mit Parkett, Sat-TV und Badewanne. Pool, Tennis, gutes Restaurant.

Interessant ist ein Besuch im Dak-Lak-Museum (Volkskunde- bzw.
Ethnologie-Museum in der Nguyen Du Street, Ecke Le Duan Street),
in dem man sehr viel über die Provinz, ihre Flora und Fauna sowie
ihre Kultur erfahren kann. Herausragend ist die **Sammlung zu den
ethnischen Minderheiten** der Umgebung – es sollen 31 Gruppen
sein. Zu den Exponaten gehören vor allem Kleidungsstücke und Musikinstrumente, aber auch Geräte zur Zähmung von Elefanten sowie
das Modell eines Ede-Stelzenhauses.

Dak-Lak-Museum
🕐
Öffnungszeiten:
tgl. 7.30–11.30,
13.30–16.30

Umgebung von Buon Ma Thuot

Etwa 20 km südwestlich von Buon Ma Thuot (N 14) fällt am Serepok-
Fluss der »Jungfrauen«-Wasserfall in die Tiefe. Hier können Abenteuerlustige sich im Abseilen und Felsklettern üben (über das Touris-

Trinh Nu
Wasserfall

tenbüro zu buchen), zu Fuß oder auf dem Elefanten- oder Pferderücken die idyllische Gegend erkunden, in Höhlen vorstoßen, einen Bootsausflug machen oder angeln. Einfache **Übernachtungsmöglichkeiten** bieten Bungalows und ein traditionelles Langhaus, ein Lokal versorgt die Gäste.

Buon Tur

Zu den schön gelegenen und Gischt sprühenden Dray-Sap-Fällen gelangt man von Buon Ma Thuot aus in südwestlicher Richtung über Doc Lap. Zuvor lohnt es sich allerdings, nach 14 km nach links zum Dorf Buon Tur abzubiegen, dessen Bewohner zur Ede-Minorität gehören und von Viehzucht und Gemüseanbau leben. Obwohl das Dorf vietnamisiert wurde, kann man noch Reste der **kulturellen Identität der Ede** erkennen. Die herausragende Stellung der Frau im matriarchalischen System ist nach wie vor intakt, sie gilt als Haushaltsvorstand und Mittelpunkt der Familie. Als Großfamilien leben die Ede in etwa 30 m langen Pfahlbauten, die in kleinere Teile für die jeweiligen Ehepaare mit ihren Kindern unterteilt sind. Unter den Häusern tummeln sich Rinder, Schweine und Geflügel.

Dray-Sap-Wasserfälle

Wenige Kilometer weiter kann man mitten im Regenwald die bogenförmigen Dray-Sap-Wasserfälle (zugänglich 6.00–19.00 Uhr) entdecken. Mit einer Höhe von fast 15 m und einer Breite von über 100 m ist die Sicht an diesem Ort vor lauter Sprühnebel ein wenig behindert; das erklärt auch den Namen der Fälle, denn Dray Sap bedeutet »Wasserfall des Nebels«. Besonders erfrischend kann man die Gischt an der linken Seite des Pools genießen, zu der man durch Bambusdickicht und über Felsen gelangt.

! **Baedeker TIPP**

Reiswein probieren

Eine Spezialität des Hochlandes ist der honiggelbe Ruou can: Ein milder (zwanzigprozentiger) Wein aus Reis, Klebreis oder Getreide, der auf traditionelle Weise und stets in der Gruppe mit langen biegsamen »Strohhalmen« (can) aus einem Tonkrug (che) getrunken wird. Dazu kann man geräuchertes Wild, Kalbsbraten, Brathühnchen oder leckeren Com lam (in Bambus gekochten Klebreis) essen.

Der Yok-Don-Nationalpark, mit insgesamt 115 000 ha der größte Vietnams, liegt nahe der Grenze zu Kambodscha, nur 37 km westlich von Buon Ma Thuot. In den Mischwäldern wachsen viele Arten von pharmazeutisch verwertbaren Pflanzen sowie Orchideen und verschiedene Bambusarten. Die Blätter der Bambushölzer sind besonders bei Elefanten beliebt – 80 bis 100 Dickhäuter sollen in den grasreichen

★

Yok-Don-Nationalpark

Wäldern des Nationalparks leben. Außerdem wollen die Wildhüter noch einige Tiger und sogar **Leoparden** in einem für Besucher gesperrten Bereich gezählt haben. Stärker verbreitet sind Gibbons, Sambarwild, Wölfe, Wildbüffel, Krokodile sowie Nashornvögel, Pfauen und Fasane. Fast 500 Pflanzenarten, rund 50 Säugetierarten, davon etwa die Hälfte vom Aussterben bedroht, und 245 registrierte Vogelarten sind in dem Gebiet anzutreffen.

Besonders beliebt sind hier die Expeditionen auf Elefanten, die man für einige Stunden, aber auch für einige Tage buchen kann. Neben der schönen Landschaft und dem besonders artenreichen Tierbestand kann man auf dem Gebiet auch die Überreste des Ho-Chi-Minh-Pfades und einiger Schlachtfelder sehen. Den Besuch des Yok-Don-Nationalparks sollte man möglichst außerhalb der Regenzeit (April bis Oktober) planen. Übernachtungsmöglichkeiten sind in einem Camp mit Hütten und in den umliegenden Dörfern vorhanden.

Im ganzen Land bekannt ist das Elefantendorf Ban Don, das nur 2 km vom Yok-Don-Nationalpark bzw. ca. 45 km nordwestlich von Buon Ma Thuot entfernt liegt. In seiner Umgebung siedeln Khmer, Thai, Lao und Jarai. Ban Don selbst wird vornehmlich von den Minoritäten Mnong und Ede bewohnt, die beide matriarchalisch organisiert sind. Wilde Elefanten werden von den Mnong gejagt und mit Hilfe zahmer Artgenossen gefangen und domestiziert. Später werden sie meist zum **Transport von Edelhölzern** eingesetzt.

Elefantenführer im Dorf Ban Don

Ungefähr 50 Tiere leben ständig in Ban Don. Am Rand des zeitweise von Touristen überlaufenen Dorfes kann man sich das Grab des legendären Khonsonuk (1850–1924), der seinerzeit der berühmteste Elefantenfänger weit und breit gewesen ist, zeigen lassen. Unter seinen 244 gezähmten Elefanten soll sich auch ein weißes Exemplar befunden haben, das er dem König von Siam schenkte. Noch immer kommen Elefantenführer (Mahouts) hierher, um Gaben zu bringen und für eine erfolgreiche Zähmung zu bitten. Einige Gräber der Umgebung zeigen Pfauen auf Stoßzähnen, die als erlesene Gaben für das nächste Leben angesehen wurden.

★
Elefantendorf Ban Don

Einen Ausflug ist auch der 500 ha große Dak-Lak-See (Ho Dak Lak), 50 km südlich von Buon Ma Thuot, wert. Seine Lage am Fuß der Annamitischen Berge ist sehr hübsch; lohnend ein kleiner Aufstieg, um die Aussicht über den See und seine Umgebung zu genießen. Für seinen Fischreichtum und den vielfältigen Vogelbestand (u. a. Kraniche und Störche) ist er weithin bekannt. Direkt am See stehen die Überreste eines kleinen Palasts des früheren Kaisers Bao Dai (▶Berühmte

Dak-Lak-See

Persönlichkeiten). Besonders im Frühjahr kommen viele Vietnamesen hierher, um bei **Boots- und Elefantenrennen** zuzuschauen. Interessant ist zudem ein Besuch des benachbarten Dorfes der Mnong. Besucher können Ausflüge in den flachen See mit Ruderbooten oder auf dem Elefantenrücken unternehmen.

✳ Can Tho

C 7

Provinz: Can Tho (Hauptstadt)
Einwohnerzahl: 500 000

Region: Mekong-Delta

Can Tho, die größte Stadt im Mekong-Delta, ist eine gute Drehscheibe für Ausflüge in den amphibischen Delta-Alltag. Von hier aus kann man – am besten sehr früh morgens – im Boot die schwimmenden Märkte in der Region besuchen, einen Abstecher in die sumpfigen Mangroven im tiefsten Süden des Landes machen und am Abend auf der Flusspromenade am Can-Tho-Fluss flanieren.

Sehenswertes in Can Tho

✳
Munirangs-syaram-Pagode

Die Munirangsyaram-Pagode (36 Hoa Binh Street) wurde 1946 erbaut. Sie dient der Khmer-Gemeinde Can Thos (ca. 2000 Mitglieder) als Tempel. Da die Khmer dem Theravada-Buddhismus anhängen,

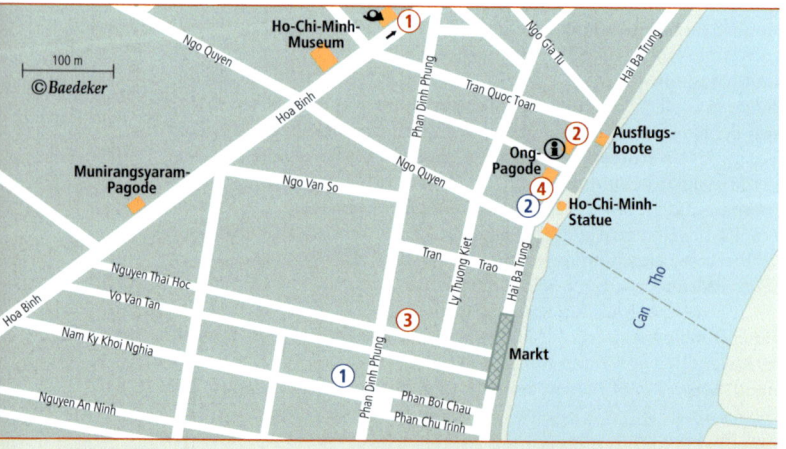

Can Tho Orientierung

100 m
© Baedeker

Ho-Chi-Minh-Museum ①
Ngo Quyen
Ngo Gia Tu
Ha Ba Trung
Phan Dinh Phung
Tran Quoc Toan
Hoa Binh
② Ausflugs-boote
Ong-Pagode ⓘ
Ngo Quyen
Ngo Van So
④
② Ho-Chi-Minh-Statue
Munirangsyaram-Pagode
Tran Trao
Ly Thuong Kiet
Hai Ba Trung
Can Tho
Nguyen Thai Hoc
Vo Van Tan
Hoa Binh
③
Nam Ky Khoi Nghia
① Phan Dinh Phung
Markt
Nguyen An Ninh
Phan Boi Chau
Phan Chu Trinh

Übernachten
① Victoria Can Tho Hotel
② Quoc Te International Hotel
③ Saigon Can Tho Hotel
④ Tay Ho

Essen
① Quan Com Vietnam
② Nam Bo

findet man keine Darstellungen von Bodhisattvas, Göttern oder Schutzpatronen, sondern nur Abbildungen des historischen Buddha Sakyamuni. Durch ein mächtiges, reich verziertes Portal gelangt man in den Hof der Pagode. Im oberen Stockwerk ist eine 1,5 m hohe Buddha-Statue unter einem heiligen Bodhibaum zu sehen. Die hier lebenden Mönche heißen die Besucher gerne willkommen, über Mittag kann man allerdings vor verschlossenen Türen stehen.

Besucher werden von den Khmer-Mönchen der Munirangsyaram-Pagode freundlich empfangen.

Den Beginn der hübschen, mit Blumen und Bäumen geschmückten **Uferpromenade** mit mehreren netten Cafés markiert die beeindruckende silberne Statue Ho Chi Minhs (►Berühmte Persönlichkeiten).

Ganz nahe liegt die Quang-Thanh-De-Pagode, die von der ehemals zahlenmäßig großen chinesischen Gemeinde der Stadt erbaut wurde. Auf dem Hauptaltar steht Quan Cong mit seinen Wächtern, links davon Thien Hau (Göttin des Meeres) und rechter Hand der Wächter des Glücks Ong Bon. Meist kann man an dem Tisch, an dem Räucherstäbchen verkauft werden, einen **Kalligraphen** sehen, der rote Gebetsrollen mit chinesischen Schriftzeichen beschriftet (Öffnungszeiten: tgl. 5.00–20.00 Uhr).

Quang-Thanh-De-Pagode

Umgebung von Can Tho

Viele Reisende besuchen Can Tho wegen der verschiedenen Bootstouren, die von hier aus angeboten werden. Man kann ein kleines Ruderboot mieten, Fahrten durch Apfelsinen- und Mangosteen-Plantagen unternehmen oder mit größeren Motorbooten den Mekong befahren. Empfehlenswert ist auf jeden Fall der Besuch eines so genannten **Schwimmenden Marktes** (floating market), auf dem allerlei Obst und Gemüse, aber auch Getränke und Küchengeräte zu erwerben sind. Selbst die Haare kann man sich hier schneiden lassen. Oftmals sind die kleinen Kähne so voll beladen, dass man meint, sie müssten gleich sinken; manche Hausboote tragen ein schiefes Gestänge und eine leichte Abdeckung, die mit Mühe den »Wohnbereich« der Familie verbirgt. An den über Kreuz stehenden Rudern einiger Sampans mühen sich Frauen und Männer ab.

★ Bootstouren auf dem Mekong

Zwei der drei größeren Schwimmenden Märkte der Gegend liegen westlich von Can Tho; der kleinere nur 7 km entfernt in Cai Rang, der größere, sehr hektische nach weiteren 10 km in Phong Dien.

★ Schwimmende Märkte

▶ CAN THO UND UMGEBUNG ERLEBEN

AUSKUNFT

Can Tho Tourist
20 Hai Ba Trung, Ninh Kieu, Can Tho
Tel. 0 71/82 18 52 und 82 76 74
Mo. bis Sa. 7.00–11.00,
13.00–17.00 Uhr
canthotourist.com.vn
canthotour@hcm.vnn.vn

FESTE

Im Mekongdelta findet alljährlich am
13.–15. Tag des vierten Mondmonats
(April/Mai) das *Khmer-Neujahrsfest*
statt.
Außerdem veranstalten die Khmer in
Soc Trang Mitte des zehnten Mondmonats (Oktober/November) das *Ghe
Ngo-Festival*, die berühmten Wett-
fahrten in ihren traditionellen Booten.

EINKAUFEN

Der lebhafte, bunte und lärmende
Markt von Can Tho nimmt quasi den
mittleren, für den Verkehr gesperrten
Teil der Hai Ba Trung Street vollständig ein. Von Geflügel über Fisch
und Meeresfrüchte, Gemüse, Obst bis
hin zu Reis und Teigwaren kann man
hier alles an Lebensmitteln bekommen, was das Herz begehrt.

AUSGEHEN

Verpassen sollte man nicht einen
Törn mit den lichterkettenbehangenen *Vergnügungsbooten* auf dem
Fluss, z. B. dem Ninh-Kieu-Schiff:
Hier geben Frauen und Männer
vietnamesische Opern, Lebensweis-
heiten und herzzerreißende Liebeslieder zum Besten (die Schiffe legen
jeden Abend zwischen 19.00 und
22.00 Uhr von der Uferpromenade in
Can Tho zur Rundfahrt auf dem Hau
Giang ab).

TAGESAUSFLUG

Ausflug mit der Cai Be Princess: Das
elegante traditionelle Holzboot startet
am Cai Be Floating Market (max. 35
Fahrgäste), tuckert weiter nach Vinh
Long mit Besuch im Obstgarten und
hält zum Lunch in Sa Dec, bevor es
wieder mit dem Auto nach Saigon
zurückgeht (Info: Tel. 08/51 09 25,
CaiBePrincessCruise@yahoo.com).

ESSEN

▶ **Preiswert**

① ***Quan Com Vietnam***
16 Nam Ky Khoi Nghia, Can Tho
Tel. 0 71/82 31 65
Netter Einheimischentreff in Can
Thos »Ess-Straße«. Sehr gute Reis-
und Nudelgerichte.

② ***Nam Bo***
50 Hai Ba Trung, Can Tho
Tel. 0 71/82 39 08
tgl. 8.00–23.00 Uhr
Lokal mit Panorama: Vom Balkon an
der Uferpromenade hat man das
abendliche Can-Tho-Treiben im Blick,
die westlich-vietnamesischen Gerichte
sind trotzdem sehr preiswert.

Phuong Thuy Restaurant
Vinh Long, Vinh-Long-Provinz
(ca. 35 km nordwestl. von Can Tho)
Direkt am Fluss gelegenes Aus-
flugslokal mit einem schönen Blick
über den Mekong, vietnamesisches
und internationales Essen.

ÜBERNACHTEN
▶ **Komfortabel**
② *Quoc Te International Hotel*
12 Hai Ba Trung, Can Tho
Tel. 0 71/82 20 80, Fax 82 10 39
E-mail: ksquo-ct@hcm.vnn.vn
Modernes kleines Hotel an der
Flusspromenade, gutes Restaurant
mit vietnamesischer und inter-
nationaler Küche.

③ *Saigon Can Tho Hotel*
55 Phan Dinh Phung, Can Tho
Tel. 0 71/82 58 31, Fax 82 32 88
E-mail: sgcthotel@hcm.vnn.vn
Modernes Hotel mit etwas über-
teuerten Zimmern an der Hauptstraße, teils ohne Fenster, Karaoke
und Sauna.

▶ **Günstig**
④ *Tay Ho*
36 Hai Ba Trung, Can Tho
Tel. 0 71/82 33 92
Eine preisgünstige Alternative zu
den Spitzenhotels in Can Tho
(Minihotel).

Baedeker-Empfehlung

▶ **Luxus**
① *Victoria Can Tho Hotel*
283 Tran Van Khoe Cai Khe Ward, Can Tho
Tel. 0 71/81 01 11, Fax 82 92 59
www.victoriahotels-asia.com
victoriact@hcm.vnn.vn
Wohnen am Flussufer in kolonialem
Flair: herrliche Zimmer mit Parkettböden und jeglichem Komfort. Zwei
Pools. Gutes Terrassenlokal.

Truong An Tourist Villas
Vinh Long, Vinh-Long-Provinz
(ca. 35 km nordwestl. von Can Tho)
Tel. 0 70/82 31 61, Fax 80 02 40
Die kleinen Bungalows dieser An-
lage findet man auf der Straße zur
Fähre, etwa 4 km außerhalb von Vinh
Long. Die parkähnliche Umgebung
am Fluss lädt zum Verweilen ein
(Minihotel).

Phuong Nam Hotel
92 Phan Dinh Phung,
Ca Mau, Minh-Hai-Provinz
(ca. 150 km südl. von Can Tho)
Tel. 07 80/83 17 52 und 87 70 39,
Fax 83 44 02
Bestes Hotel Ca Maus, Zimmer mit
Ventilator oder Klimaanlage, teilweise
auch mit TV. Frühstück ist inbegriffen
(Gästehaus).

Die Ortschaft Phung Hiep, 25 km südöstlich von Can Tho, ist ein ◀ Phung Hiep Verkehrsknotenpunkt, denn hier vereinigen sich mehrere Kanäle, deren längster in die entlegene Provinz Minh Hai führt. Auf einem die-
ser Wasserwege, dem Yang-Kanal, findet frühmorgens ebenfalls ein
kleiner Schwimmender Markt statt. Bei Touristen ist er sehr beliebt,
denn von einer Brücke kann man das Treiben auf dem Markt gut beobachten und natürlich auch fotografieren. Da Phung Hiep direkt an
der N 1 liegt, ist es sehr gut auch mit öffentlichen Verkehrsmitteln
zu erreichen.

Blick auf den Schwimmenden Markt von Phung Hiep

Per Boot lässt man sich auch zur Insel My Phuoc im Hau-Fluss, einem Seitenarm des Mekong, bringen. Auf der Fahrt durch die engen Kanäle muss man sich unter den mächtigen Wedeln der Kokospalmen, die weit über das Ufer wachsen, ducken. Gärten und hübsche Häuschen ziehen an einem vorbei. Hier kann man sich wie im **Garten Eden** fühlen, die vielfältigen Obstgärten besuchen und Jackfruits, Bananen, Ananas, Mangos, Papayas etc. probieren.

★
Soc Trang

Nach Soc Trang, dem Hauptort der gleichnamigen Provinz, gelangt man von Phung Hiep aus nach weiteren 30 km in südöstlicher Richtung. Ziel der Reisenden ist meist die nahe gelegene Matoc-Pagode der Khmer (auch: Chua Doi, Fledermaus-Tempel), die reichlich mit Darstellungen von Tänzerinnen und Tieren geschmückt ist. Eigentümlich erscheinen die großen **Fledermäuse**, die in den Bäumen rund um das Heiligtum leben. Wenn man am späten Nachmittag hier ist, sieht man, wie sie aufgrund der sinkenden Temperatur allmählich aufwachen, sich für ihre nächtlichen Raubzüge vorbereiten und losflattern. Einige haben gar eine Flügelspannweite von 1,50 m! Im Innenraum der Pagode kann man an den Wänden die Namen anderer Khmer-Gemeinden lesen und Bilder aus dem Leben Buddhas sehen. Erstaunlich ist die lebensecht wirkende Darstellung eines Mönchs, dem man sogar eine Brille aufgesetzt hat.

Provinz Minh Hai

Ca Mau

Als wirtschaftliches Zentrum der Minh-Hai-Provinz, der am dünnsten besiedelten Provinz des Mekong-Deltas hat der Ort Ca Mau – wie all die anderen Mekongstädte auch – in den letzten Jahren einen raschen Aufschwung genommen.

Da Minh Hai als einzige der Provinzen im Mekong-Delta von keinem der großen Mündungsarme des Mekongs mehr durchflossen wird, findet man hier viele stehende Gewässer mit Sümpfen und Mooren. Das Land ist bedeckt von dichten **Mangroven- und Sumpfwäldern**. Myriaden von Mücken schwirren durch die Luft. Der Ort selbst bietet nicht sehr viel Sehenswertes, doch vor allem Botaniker und Vogelkundler kommen in den Feuchtbiotopen der Umgebung voll auf ihre Kosten.

Neben einer katholischen und einer evangelischen Kirche gibt es in Ca Mau auch einen großen Cao-Dai-Tempel, der in den 1960er-Jahren erbaut wurde.

Ca Mau hat einen Markt, auf dem Fische, Schildkröten und Schlangen verkauft werden, letztere davon lebendig, denn nach Meinung der Feinschmecker isst man Schlangenfleisch am besten von frisch geschlachteten Tieren. Ein großer Teil der Reptilien wird vom Markt in Ca Mau nach Saigon gebracht und in den dortigen Spitzenrestaurants zubereitet.

Der U-Minh-Wald liegt direkt nördlich von Ca Mau. Dieser ungefähr 1000 km² große Urwald gilt als einer der größten geschlossenen Mangrovenwälder der Erde. Er ist Lebensraum für Vögel und Reptilien, die in diesem Sumpfland ideale Lebensbedingungen finden. Da das Areal dem Vietcong sehr gute Unterschlupfmöglichkeiten gewährte, diente es lange als Rückzugs- und Operationsgebiet gegen die US-Amerikaner. Diese versprühten Entlaubungsmittel, um dem unsichtbaren Feind seine natürliche Deckung zu nehmen. Zwar erholen sich die Bäume allmählich von dieser Zerstörung, doch droht dem Wald heute neue **Gefahr durch Abholzung**, einerseits zur Nutzholzgewinnung, andererseits, um Wasserflächen für die Fisch- und Shrimpszucht zu gewinnen. Maßnahmen der Regierung zur Eindämmung der Abholzung fruchten bisher noch wenig. Von Ca Mau aus kann man per Boot hierher gelangen.

★
U-Minh-Wald

> **?** **WUSSTEN SIE SCHON …?**
>
> ■ … dass die Mangrovenwälder im Mekongdelta im Süden Vietnams laut WWF (2005) die drittgrößten der Welt sind? Noch größere Wälder findet man nur noch in Kuba und Bangladesch.

Etwa 50 km südlich von Ca Mau liegen zwei Vogelschutzgebiete: Hiep Hung und Than Khanh. Es besteht die Möglichkeit, von Ca Mau aus Bootstouren dorthin zu unternehmen, doch man wird die scheuen Vögel nur selten aus der Nähe beobachten können.

Vogelschutzgebiete

Provinz Vinh Long

Von Wasser umgeben, von Booten und Pfahlbauten umringt wirkt die Insel, auf der das Zentrum Vinh Longs liegt, wie eine mittelalterliche Festung. In den Straßen geht es auf den ersten Blick sehr hektisch und laut zu, doch an der Uferpromenade mit ihren Cafés und Restaurants kann man in Ruhe das Leben an und auf dem Tien Giang beobachten. Vinh Long ist auch unter dem Namen Cuu Long (Neun Drachen) bekannt, der ja auch dem gesamten ►Mekong-Delta den Namen gibt. Die neue, an die »Golden Gate« in San Francisco erinnernde Hängebrücke über den Tien Giang (Oberen Mekong) wurde mit australischer Hilfe errichtet. Vinh Long ist ein guter Ausgangspunkt für Ausflüge in die herrliche Umgebung.

Vinh Long

Auf diesen Brücken werden die schmalen Kanäle des Mekong überquert.

Dicke halbrunde Barken voller Kokosnüsse, Rambutans und Reis, anmutig und doch kraftvoll kreuzpaddelnde Fährschifferinnen mit Kegelhut, Fischerkähne und Sampans mit aufgemalten wachsamen Augen am Bug – alles fließt, gleitet, tuckert mit dem Mekong. Fischer ziehen alle zehn Minuten ihre Netze aus den Kanälen, die mit spindeldürren Krakenarmen überm Wasser hängen. Merkwürdige Gestelle aus Bambus (»Affenbrücken«) ragen über tausend Wasserwege. Eine vor sich hindösende Wasserwelt abseits der Märkte und Touristenstopps. Nicht

★★
Fahrten zu den Inseln im Fluss

versäumen sollte man einen Ausflug auf die kleinen Inseln **Binh Hoa Phuoc** und **An Binh**, die nur mit dem Boot erreichbar sind. Zum Touristen-Programm hier gehören Besuche im vietnamesischen Betriebsalltag, zum Beispiel in der Reispapier- und Puffreis-Fabrik, beim Räucherstäbchen-Hersteller oder Litschi-Bauern. Auch der Cai-Be-Markt mit seinen »schwimmenden« Marktständen bietet sich als Abstecher an.

Sa Dec

Die ehemalige Hauptstadt der Provinz Dong Thap, Sa Dec (23 km westlich von Vinh Long), wurde bekannt als Drehort für die Verfilmung von **Marguerite Duras'** Roman »Der Liebhaber«. Auffallend sind die vielen Gärtnereien in der Stadt. In ganz Vietnam sind Schnittblumen außerordentlich begehrt – und die aus Sa Dec werden täglich bis nach Saigon transportiert.

Tra Vinh

Die meisten Touristen kommen nach Tra Vinh (67 km südöstlich von Vinh Long), um die Khmer-Tempel zu bewundern oder Störche zu beobachten.
Der 1000 Jahre alte **Sam-Rong-Ek-Tempel** (4 km südlich des Zentrums) könnte direkt aus Thailand oder Kambodscha hierher versetzt worden sein, denn er weist alle Merkmale der dort üblichen Tempelarchitektur auf. Dazu zählen die übereinander geschachtelten Dächer, die stilisierten Nagas auf den Dachfirsten und die Hörner an den Giebeln, die den Feuervogel Garuda symbolisieren. Im Innenraum findet man, wie im Hinayana-Buddhismus üblich, nur Darstellungen des historischen Buddha, diese aber in so großer Zahl, dass niemand genau weiß, wie viele es wirklich sind.

? WUSSTEN SIE SCHON …?

■ Die Mönche des Sam-Rong-Ek-Tempels erbetteln sich ihr Essen in einer zweimal am Tag stattfindenden Prozession. Die Menschen kommen zum Tempel und füllen den Mönchen ihre Bettelschalen mit Speisen. Durch diese gute Tat erhoffen sie sich eine bessere Wiedergeburt im nächsten Leben.

Hinter einem Lotosteich und Stupas wenige Kilometer außerhalb von Tra Vinh steht inmitten von Frangipani-Bäumen die An-Vuong-Pagode (Abb. ▶ S. 72). Die Tempelanlage selbst soll 1200 Jahre alt sein, doch das heutige Gebäude ist wesentlich jünger. Im Inneren des Heiligtums findet man Wand- und Deckengemälde, die Szenen aus dem Leben Buddhas zeigen. Die bei der letzten Renovierung des Tempels im Jahr 1939 hinzugekommenen Bilder erkennt man an den Uniformen der französischen Kolonialherren, die darauf zu sehen sind. Nach der Ernte wird neben dem Altar Reis von den umliegenden Feldern aufgehäuft, wo er von einer beeindruckenden goldenen Sakyamuni-Figur bewacht wird.

★
An-Vuong-Pagode

Mehr als 100 Störche leben auf dem Gelände der Hang-Pagode (6 km südlich von Tra Vinh). Am besten lassen sie sich am frühen Morgen beobachten, wenn sie über den Baumwipfeln kreisen, oder vor Sonnenuntergang. Eine noch größere Gruppe von ca. 300 Störchen kann man bei der Giong-Lon-Pagode (43 km südöstlich von Tra Vinh) antreffen.

Beobachtung von Störchen

★ Chau Doc

C 7

Provinz: An Giang
Einwohnerzahl: 105 000

Region: Mekong-Delta

Im Mekongstädtchen Chau Doc sind die Fischzüchter zu Hause: Im »Keller« unter dem schwimmenden Floßhaus oder dem Hausboot zappeln und gedeihen Tonnen von Fischen. Der Fremde kann bei Bootsfahrten auf dem Mekong tief ins Flussleben eintauchen. Aufgrund der starken ethnischen Mischung sieht man in der Region zahllose Tempel, Moscheen und Kirchen. Nach Kambodscha ist es nur ein Katzensprung.

Sehenswertes in Chau Doc

In Chau Doc leben die meisten Fischzüchter in Vietnam. Ihre Häuser schwimmen auf leeren Ölfässern auf dem Hau-Giang-Fluss (auch: Bassac), einem der acht Mekongarme. Vor allem **Welse** drängen sich in den Netzen unter dem Haus. Wird das Wasser in der Trockenzeit flacher, ziehen die Hausboote in die Mitte des Flusses, wo ihre »Untermieter« noch Luft zum Atmen haben.

Fischzüchter

Nördlich des Quan-Cong-Tempels kann man sich per Fähre zur Insel Con Tien mit ihrer Pfahlbautensiedlung bringen lassen. Auf einem kleinen Boot kann man die Fahrt auf dem Fluss aber mehr genießen und sich auch die Fischzuchthäuser ansehen.

Bootsfahrten

Leben am Mekong

Quan-Cong-Tempel
Zwischen den Marktständen auf der Gia Long Street ragt das imposante Portal des Quan-Cong-Tempels auf. Im Innenhof geht es meist recht turbulent zu, da viele Kinder hierher zum Spielen kommen. Auf dem Dach bewachen zwei Drachenfiguren die Anlagen, und im Tempel kann man zwei Schildkröten umherwandern sehen, die das Wohl der Pagode sichern sollen (im Buddhismus ist die Schildkröte ein Symbol für Unsterblichkeit). Auf dem Hauptaltar steht eine Büste des rotgesichtigen Generals Quan Cong: in eine grüne Robe gehüllt und gekrönt mit einer reich verzierten Krone.

Moscheen
Chau Doc hat auch mehrere Moscheen für die moslemische Cham-Gemeinde – so die Chau-Giang-Moschee auf der gegenüberliegenden Fluss-Seite und die Mubarak-Moschee, mit einer Koranschule für Kinder und Jugendliche. Während der Gebete, fünfmal am Tag, sollte man nicht stören.

✷ Sam Mountain (Sam-Berg, Nui Sam)

Im Nordwesten der Provinz An Giang ragen einige Bergkuppen auf, die die allerletzten Ausläufer des zu Kambodscha gehörenden Phnom-Damrei-Bergzugs darstellen. Einer dieser Kuppen ist der 3 km südlich von Chau Doc aufragende Berg Sam. »Sam« bedeutet im Vietnamesischen so viel wie **»Krabbe«** – und aus der Ferne sieht der Berg auch tatsächlich so aus. Mit seinen 230 m Höhe ist er zwar nicht besonders imposant, doch hat man von seiner Spitze einen weiten Rundblick über das ebene und kaum über den Meeresspiegel aufragende Mekong-Delta sowie bis weit nach Kambodscha hinein.

Rund um den Berg findet im Jahresverlauf ein **bezauberndes Farb-spiel** statt: Zwischen August und Dezember steht das Land bis zum Horizont unter Wasser, nur die von Holzbaracken dicht bebauten Dämme erheben sich wie mit einem Lineal gezogen aus der in der Sonne schimmernden Wasserwelt. Zum Jahresanfang bis April leuchten die nassen Reisfelder endlich in herrlichem Lindgrün, und im Mai und Juni sind die Ähren dann reif zur Ernte – ein Meer aus Gold, wogend und weit. Die untergehende Sonne taucht schließlich am Abend alles in ein feuerrotes Licht, bis der Himmel in Flammen zu stehen scheint.

Der Tempel der Chua Xu wurde in der ersten Hälfte des 19. Jahrhunderts gebaut und bis in die 1970er-Jahre hinein immer wieder verändert, sodass von der ursprünglichen Konstruktion nicht mehr viel übrig geblieben ist. Die Geschichte um die Person der Chua Xu und um den Bau des Tempels ist nicht ganz geklärt. Das wichtigste **Tempelfest** findet vom 23. bis zum 26. Tag des 4. Mondmonats statt. Dann kommen Pilger aus allen Landesteilen und übernachten in der Nähe des Tempels. Im Nebengebäude zur Linken sind zahllose Opfergaben zu Ehren der Chua Xu in Vitrinen ausgestellt: fein bestickte Paillettenkleider, mannshohe Perlmutt-Vasen, Perlenketten, Kronen und Goldbarren.

Tempel der Chua Xu

Im unteren Teil der Höhlenpagode auf der Westseite des Berges Sam wohnen Mönche. Gründerin der Pagode war die **Schneiderin Le Thi Tha**, die sich vor etwa 50 Jahren hierher zurückzog, um ein weltabgeschiedenes Leben zu führen. Der Legende nach traf Le Thi Tha bei ihrer Ankunft zwei Schlangen an, die sie zähmte und ebenfalls zu einem meditativen Leben bekehrte. Bei ihrem Tod verschwanden auch die beiden Schlangen. Das Grab Le Thi Thas sowie das eines ehema-

Chua Hang (Höhlenpagode)

 ## CHAU DOC ERLEBEN

AUSKUNFT

Saigon Mekong Green Tour (Saigon Tourist)
53 Bis, Le Loi, Chau Phu, Chau Doc
Tel. 0 76/56 23 45
www.mekonggreentours.com
Auskunft außerdem in den Hotels.

AUSFLUG

Mit täglich verkehrenden Booten (öffentlich oder mit dem Schnellboot vom Victoria-Hotel) gelangt man von Chau Doc nach Phnom Penh in Kambodscha (ca. 4 Std.).

FESTE

Via Ba (Ba Chua Xu) – Pilgerfest am Nui Sam
Zum chinesischen Neujahr und zum alljährlichen Via-Ba-Fest (Mai/Juni) strömen um Mitternacht Tausende Gläubige und Touristen auf den 230 m hohen Berg – Taoisten und Caodaisten, Christen ebenso wie Buddhisten und moslemische Cham, viele eigens aus dem Ausland, aus Hongkong, Taiwan und den USA angereist.

ESSEN

▶ Preiswert

Bassac Restaurant
32 Le Loi Street
Chau Doc
Tel. 0 76/86 50 10
tgl. 6.00–23.00 Uhr
Auf der herrlichen Flussterrasse vom
kolonial angehauchten Victoria Hotel
(s. u.) lässt es sich hervorragend
speisen: französische und vietnamesische Gerichte, begleitet von Weinen
und Cocktails.

Lam Hung Ky
71 Chi Lang
Chau Doc
Tel. 0 76/86 67 45
Restaurant in der Marktgegend mit
der besten chinesischen und vietnamesischen Küche der Stadt.

Tan Phat Restaurant
Hong Chong
Ha Tien
Tel. 0 77/85 44 04
Großes Lokal auf Pfählen mit wun-
derbarem Inselblick. Den Gästen werden Krabben und Fische ganz frisch –
fast »aus dem Netz heraus« – zubereitet.

Xuan Thanh Restaurant
Ecke Ben Tran Hau/Tham Tuong
Sam (beim Markt)
Ha Tien
Tel. 0 77/85 21 97
Bestes Lokal Ha Tiens, hier sollte
man eine der vielen lokalen Spezia-
litäten mit Kokosnuss probieren!

ÜBERNACHTEN

▶ Günstig

Thuan Loi
18 Tran Hung Dao Street, Chau Doc
Tel. 0 76/86 61 34, Fax 86 53 80
hotelthuanloi@hcm.vnn.vn
Auf Stelzen über dem Mekong treiben:
Minihotel mit 26 Zimmern, kleines
Restaurant.

Khai Hoan Hotel
239 Phuong Thanh, Ha Tien
Tel. 0 77/85 22 54
Kleine Pension in Flussnähe mit
freundlichen Zimmern, Klimaanlage
bzw. Ventilatoren vorhanden.

To Chau Hotel
4F Le Loi, Rach Gia
Tel. 0 77/86 37 18, Fax 86 21 11
Auch wenn das Gästehaus äußerlich
nicht so einladend wirkt, sind die
Zimmer in Ordnung und mit Klimaanlage oder Ventilator ausgestattet.
Großes Restaurant, Rad- und Boots-
verleih für Ausflüge in die Umgebung.

Baedeker-Empfehlung

▶ Luxus

Victoria Chau Doc
32 Le Loi Street, Chau Doc
Tel. 0 76/86 50 10, Fax 86 50 20
www.victoriahotels-asia.com
resa.chaudoc@victoriahotels-asia.com
Luxus in kolonialer Atmosphäre:
Gelungener Nachbau eines Kolonial-
palastes mit französisch-vietnamesischem
Flair. Direkt am Hau-Ufer gelegen.

ligen Oberbonzen (Mönchs) befinden sich ebenfalls im unteren Teil
der Pagode. Im oberen Teil kann man Statuen von A Di Da, dem
Buddha der Vergangenheit und vom historischen Buddha Sakyamuni
sehen; dahinter befindet sich in einer Grotte ein Schrein, der der
Göttin der Barmherzigkeit gewidmet ist.

Ganz in der Nähe der kambodschanischen Grenze, nur wenige Kilometer südwestlich des Sam-Berges, erinnert eine Pagode an die Überfälle der Roten Khmer auf vietnamesischem Gebiet zwischen 1975 und 1978. Offizielle Begründung war der historische Anspruch Kambodschas auf die Provinzen des Mekong-Deltas. In nur zwei Wochen im April 1978 sind insgesamt 3157 Zivilisten regelrecht abgeschlachtet worden, heute erinnern grauenhafte Fotos und ein Mahnmal an das Massaker. Ähnlich wie in der Cheung-Ek-Pagode bei den Killing Fields vor den Toren Phnom Penhs sind in Ba Chuc die Gebeine der Ermordeten aufgebahrt.

Ba Chuc

Inmitten einer reizvollen Landschaft in der Provinz Kien Giang liegt Ha Tien am Golf von Siam, nur 8 km von der kambodschanischen Grenze entfernt. Im Gegensatz zu anderen Gegenden des Mekong-Deltas findet man um Ha Tien neben weiten Sandstränden auch Kalksteinformationen mit einem ausgedehnten **Höhlensystem**, in dem Tempel errichtet wurden. Die Stadt besitzt alte Kolonialgebäude und lebt von Landwirtschaft und Fischfang. Wegen ihrer Nähe zu Kambodscha hat sie sich in den letzten Jahren aber auch zu einem Umschlagplatz für Schmuggelware aus dem Nachbarland entwickelt.

Ha Tien

Nordöstlich von Ha Tien auf einer Hügelkette, die als Nui Lang (Hügel der Gräber) bezeichnet wird, hat die Familie Mac ihre letzte Ruhestätte. Auf Initiative des ersten Kaisers der Nguyen-Dynastie Gia Long wurde 1809 die Grabstätte für die Familie Mac errichtet, als Dank dafür, dass sie ihm während des Tay-Son-Aufstandes Unterschlupf gewährt hatte. Die Gräber sind im traditionellen chinesischen Stil hufeisenförmig errichtet mit Darstellungen von Drachen, Löwen, Tigern und Phönixen. Das größte Grab hat der **Ahnherr Mac Cuu** selbst. Die Grabmäler befinden sich auf einer Hügelkette nordöstlich der Stadt, die als Nui Lang (Hügel der Gräber) bezeichnet wird.

★
Gräber der Familie Mac

Thach Dong, die »Steinhöhle« 3 km außerhalb von Ha Tien, beherbergt einen unterirdischen Tempel. Am Eingang steht ein Mahnmal, das an die 130 Opfer erinnert, die durch ein Massaker der Roten Khmer im Jahr 1979 ums Leben kamen. Im Inneren findet man Tafeln, die dem Jadekaiser und der Göttin der Barmherzigkeit gewidmet sind (Öffnungszeiten: tgl. 7.00–17.00 Uhr).

Eine Buddha-Figur wacht an den Gräbern der Familie Mac außerhalb von Ha Tien.

Mui Nai   Die Strände bei Ha Tien mit ihrem klaren und warmen Wasser und dem feinen Sand sind die einzigen des ganzen Mekong-Deltas. Wegen ihrer abseitigen Lage und der Nähe zur kambodschanischen Grenze sind sie aber bisher noch kaum erschlossen. Etwa 4 km südlich der Stadt bildet die Felsengruppe von Mui Nai eine Landzunge, an deren beiden Seiten Strände liegen.

Hon Chon   Wunderschön ist auch der 20 km südlich von Ha Tien gelegene Duong-Strand auf der Hon-Chon-Halbinsel. Hier findet man weite Sandstrände mit Palmen und klarem, aber oft sehr flachem Wasser, daneben aber auch Felsen, die sich ins Meer schieben und zu einem dahinter liegenden Kalkmassiv gehören, das sich von Ha Tien aus nach Süden erstreckt.

Hier haben sich wieder zahlreiche Höhlen ausgebildet. In einer davon, der **Hang-Tien-Grotte**, soll sich der spätere Kaiser Gia Long während des Tay-Son-Aufstandes 1784 versteckt gehalten haben. In der Nähe wird – leider unübersehbar – eine Zementfabrik betrieben.

Duong Beach   Nur wenige Kilometer weiter endet die Straße an einem buddhistischen Höhlentempel, Chua Hang. Von hier kann man weiter zum Duong Beach gehen, einem Kleinod mit Fischrestaurants und Booten. Die Vater-Sohn-Insel (Hon Phu Tu), einige hundert Meter vor der Küste, gleicht einer Säule, deren Sockel von den Wellen ausgewaschen wurde.

Duong Beach in der Nähe der Vater-Sohn-Insel

Das Zentrum von Rach Gia, am Golf von Siam im äußersten Westen des Mekong-Deltas gelegen, dehnt sich zwischen zwei kanalisierten Armen des Cai-Lon-Flusses aus. Rach Gia und Long Xuyen sind durch ein strickleiterartiges Kanalsystem miteinander verbunden, dessen Hauptkanal der Thoai Ha ist. Neben Anbau und Verarbeitung tropischer Früchte spielt der Fischfang in der Hafenstadt eine wichtige Rolle. Beim Spaziergang durch die Straßen Rach Gias entdeckt man prachtvolle Villen aus der Kolonialzeit und hübsche Cafés, eine Vielzahl von Geschäften und farbenfrohe Märkte. Insgesamt macht die Stadt einen sehr freundlichen und wohlhabenden Eindruck.

Rach Gia

Das **Rach-Gia-Museum** (27 Nguyen Van Troi Street) zeigt Grabungsfunde der historischen Stadt Oc Eo, deren Ruinen 12 km östlich von Rach Gia zu besichtigen sind (Mo.–Fr. 7.30–11.30, 13.30–16.30 Uhr, Sa. nur vormittags).

Nördlich des Stadtzentrums steht die 200 Jahre alte **Phat-Long-Pagode** (Große-Buddha-Pagode), die von den Khmer im theravada-buddhistischen Stil errichtet wurde, in der Quang-Trung-Straße. Besonders beeindruckend sind ihre geschnitzten Dächer und die Wandbilder mit Szenen aus dem Leben Buddhas. Inmitten eines großen Parks mit Lotosteich und Stupafeld kann man verweilen. Ungefähr 30 Mönche leben in den hinteren Gebäuden des Klosterareals.

✶ Cu Chi

D 7

Provinz: Stadtstaat Ho Chi Minh City   **Region:** Süden

Die berühmt-berüchtigten Tunnel von Cu Chi sind für Vietnamesen eine Erinnerung an den Widerstand gegen die südvietnamesische Regierung und an die Landsleute, die im Vietnamkrieg in diesem Tunnelsystem gestorben sind. Schulklassen, ehemalige Partisanen und Staatsgäste gehen hier ein und aus, vor allem in Ben Duoc, der größeren Anlage.

Die Besucher bekommen als Erstes einen **Film über die Geschichte** des Vietnamkriegs und des Tunnelbaus vorgeführt – aus der Sicht der jetzigen Machthaber, versteht sich. An einer Landkarte werden die Dimensionen der Tunnelanlage verdeutlicht und das einstige Gelände mit den Stützpunkten der Amerikaner, der südvietnamesischen Armee und des Vietcong erläutert. Zeichnungen und Querschnittsbilder veranschaulichen die Bauweise der Tunnel in drei Ebenen, jeweils bis zu 10 m Tiefe.

✶✶
Tunnelanlagen
🕐
Öffnungszeiten:
tgl. 7.30–17.30

Die Vietcong-Soldaten konnten durch die Tunnelanlage bis nach Cholon in die südvietnamesische Metropole gelangen. So war auch die kurze Besetzung der US-Botschaft (bzw. ihres Gartens) in Saigon durch Vietcong-Partisanen während des Tet-Festes 1968 einzig wegen dieser Tunnel möglich.

TUNNELANLAGEN VON CU CHI

✱ ✱ **In 3 m Tiefe ist die Luft stickig, der Schweiß bricht aus allen Poren, der kleine Rucksack schabt die Decke entlang, Haut und Haare werden bedeckt mit herunterrieselnder Erde. Manche Stellen sind auch in dem Touristentunnel so eng, dass man nur auf dem Bauch vorwärtsrobbend weiterkommt. Wer unter Platzangst oder Übergewicht leidet, sollte den Ausflug in das Tunnelsystem besser auslassen.**

🕐 Öffnungszeiten:
täglich 7.30–17.30 Uhr

Entstehung
In den 1930er- und 40er-Jahren dienten unterirdische Räume und Erdgräben als Versteck und Waffenlager für Guerillas, die gegen die Franzosen kämpften. Allmählich wurden diese durch Gänge miteinander verbunden; im Kampf gegen die Amerikaner wurde das Tunnelsystem weiter ausgebaut. Ganze Dörfer beteiligten sich an einfachsten Gerätschaften daran.

Ausdehnung
Das unsichtbare Netz reichte schließlich von der kambodschanisch-vietnamesischen Grenze, an der der Ho-Chi-Minh-Pfad (▶DMZ) entlangführte, bis nach Saigon ins Chinesenviertel Cholon. Am Ende des Krieges sollen bis zu 16 000 Vietcong-Soldaten mit ihren Familien in den insgesamt etwa 250 km langen Tunneln gelebt haben.

Schüsse aus dem Nichts
Ohne von dem unterirdischen Feind zu wissen, hatten amerikanische Truppen 1966 das Hauptquartier der 25. Infanterie-Division in der Nähe der Tunnel aufgeschlagen. Zunächst konnten sie sich die mysteriösen nächtlichen Überfälle auf das nach außen stark gesicherte Militärcamp nicht erklären – bis sie die Tunnel entdeckten. Rund 50 000 US-Soldaten durchstreiften damals das Gelände auf der Suche nach den gut getarnten Eingängen ins Tunnelreich.

Bombenteppiche
Die Dörfer in der Umgebung von Cu Chi wurden zwangsweise evakuiert und zur »free fire zone« erklärt. Mehrere Millionen Liter Gift und unzählige Bombenteppiche gingen auf das Gebiet herab, das schließlich durch Napalm fast vollkommen entwaldet war.

»Tunnelratten«
Die so genannten Tunnelratten sollten die Antwort werden, gelenkige GIs, extra trainiert für die Eroberung der Tunnel. Sie drangen einzeln in die Tunnel ein, erkundeten diese, erbeuteten Unterlagen, legten Minen und zerstörten die Räume. Viele kamen bei diesen Einsätzen im Nahkampf mit dem Vietcong oder in den tückischen Fallen ums Leben.

1 Eine Stadt unter der Erde
Die Partisanen lebten in drei Etagen in bis zu 10 m Tiefe unter der Erde. Die engen Schächte weiteten sich zu einem unterirdischen Labyrinth aus Schlaf- und Versammlungsräumen, Krankenstationen mit Operationstischen, Küchen, Gebetsräumen mit Schreinen, Werkstätten sowie Lager- und Bombenschutzräumen. Sogar Kinder kamen in den Tunneln zur Welt, die erst Jahre später das Tageslicht erblickten.

2 Eingänge
Winzige Klapptüren, die mit Laub und Gras bewachsen waren, führten in die Außenwelt. Alle waren durch primitive, aber wirkungsvolle Fallen gesichert. Manche Tunnelgänge sollen auch in einem Fluss geendet haben, was die Flucht bei Verfolgung oder Bombardierung einfacher machte.

3 Perfekte Tarnung
Die Belüftung war über unauffällige Bambusrohre gewährleistet, an den Lüftungsschächten baute man Pfeffer und Chili an, um Suchhunde zu verwirren. Später konnten die Hunde Vietnamesen nicht mehr von den Amerikanern unterscheiden, da der Vietcong angefangen hatte, amerikanische Seife, Rasierwasser und die Kleidungsstücke seiner Gefangenen zu benutzen.

4 Tödliche Fallen
Versuche, die Vietcong-Soldaten aus den Tunneln zu vertreiben, konterten diese mit vielen Tricks, beispielsweise Falltüren über Gräben, in denen angespitzte, teils mit Gift präparierte Bambusrohre lauerten – so genannte Booby traps. Es gab Scheintunnel oder Eingänge, die nur Attrappe waren und die Eindringlinge in Sprengfallen lockten. Auch Bomben und Minen unter der Grasnarbe wurden gelegt.

Die Nahrung der Tunnelbewohner war einfach: Maniok mit Salz, Pfeffer und gehackten Erdnüssen, Essensrationen aus erbeuteten Dosen. Der Rauch aus den unterirdischen Kochecken wurde kilometerweit umgeleitet, um keine Spuren zu verraten.

Überall verborgen im Dschungel waren kleine Eingänge, gerade mal 35 x 25 cm groß. Die Deckplatten wurden mit Gras und Laub getarnt.

Auch die Kommandozentrale lag unter der Erde. Die Angriffe auf Saigon während der Tet-Offensive wurden von Cu Chi aus geplant und koordiniert.

Der Reiseführer erläutert eine der tödlichen Fallen, mit denen die Tunneleingänge geschützt wurden.

CHỐNG KẸP NÁCH

© Baede

Alle unterirdischen Gebäude waren mit Tunneln von ca. 0,80 m Höhe und 0,60 m Breite verbunden. Für westliche Touristen wurde ein Abschnitt extra vergrößert (auf 1,20 m Höhe und 0,80 m Breite).

④ ②

②

KHONG CO

Der Gang über das Gelände ist nur mit Führer bzw. in einer Gruppe möglich. Dabei passieren die Besucher kaum wahrzunehmende Tunneleinstiege in der Größe von etwa 20 x 40 cm, in denen die Führer zur Demonstration verschwinden. Feldküchen und Lazarette, Falltüren, eroberte Panzer und überwachsene Bombenkrater sind oberhalb des Geländes zu sehen. Die Touristenpfade führen schließlich durch »Minenfelder« mit Platzpatronen.

◗ **CU CHI**

ANREISE

Die Tunnelanlagen sind von Saigon aus über die N 22 zu erreichen (ca. 60 km nordwestlich von Saigon); im Ort Cu Chi muss man rechts abbiegen und einige Kilometer den blauen Schildern entlang der Reisfelder folgen.

Die Vietnamesen wissen den Krieg nun zu verwerten, bis zur letzten Patronenhülse. Vor allem bei asiatischen Besuchern ist der **Schießplatz** beliebt – ein Schuss, ein Dollar. Nach Auskunft eines militärischen Experten sollte man allerdings auf dieses ohnehin fragwürdige Vergnügen verzichten: Die Gewehre (AK 47 und M 16) sollen alt und nicht besonders gut gewartet sein und stellen daher besonders für die Benutzer eine Gefahr dar.

Auf dem weitläufigen Gelände von Ben Douc können die Besucher auch den **Tempel Ben Duoc** mit seinem 40 m hohen, neunstöckigen Tempelturm besuchen, der 1995 am Ufer des Saigon-Flusses errichtet wurde. Im Innern sind die Namen von etwa 50 000 im Vietnamkrieg Gefallenen aus dieser Region in Stein graviert.

Umgebung von Cu Chi

Handwerksdorf Phu Binh

»Mot Thoang Viet Nam« (»Vietnam auf einen Blick«) – so nennt sich ein touristisches Projekt bei Cu Chi. Auf einem parkähnlichen, 22 ha großen Gelände mit einem kleinen See im Zentrum werden den Besuchern alte vietnamesische Handwerksberufe und traditionelle Künste vorgeführt. Eine Art **Mini-Vietnam** mit berühmten Bauten kann von einer Plattform aus besichtigt werden.

Die für ethnische Minderheiten und verschiedene Regionen charakteristischen Häuser – beispielsweise Lehmbauten in Mittelvietnam – sind in Originalgröße vorzufinden. Außerdem gibt es auf dem Gelände einen kleinen Zoo mit zahlreichen, in Vietnam beheimateten Pflanzen und Tieren, eine Zuckerfabrik, eine Reiswein-Destillerie und eine Reismühle, ein Freiluft-Restaurant, diverse Werkstätten, Ausstellungsräume mit Musikinstrumenten und Volkstrachten sowie Souvenirstände. Das Dorf soll einerseits als klassisches Touristenziel, andererseits als Ausbildungsstätte für traditionsreiche und typische Berufe dienen. Das Gelände liegt ca. 5 km von den Ben-Duoc-Tunneln entfernt, nahe dem Dorf Phu Binh.

Für Vietnamesen bietet Da Lat ein ausgesprochen exotisches Ambiente: Kühle Temperaturen, waldbedeckte Hügel, dazu Pflanzen wie Erdbeeren und Rosen.

✴ Da Lat

E 7

Provinz: Lam Dong (Hauptstadt)   **Region:** Zentrales Hochland
Einwohnerzahl: 187 000

Da Lat schmiegt sich zwischen die terrassierten Gemüsefelder und grünen Hügel der Hochebene zu Füßen von bis zu 2163 m hohen Bergen. Schon in der französischen Kolonialzeit wurde die reizvolle Berglandschaft zum Ferienziel und Erholungsort auserkoren und Da Lat zur »Stadt des ewigen Frühlings«.

Im Zentralen Hochland ist es in der Vergangenheit immer wieder zu Guerillakämpfen gegen die Zentralregierung gekommen. Die Bergvölker kämpfen für ihre Unabhängigkeit im vietnamesischen, kambodschanischen und laotischen Hochland. Als nach 1975 immer mehr Vietnamesen in den **»wirtschaftlichen Entwicklungszonen«** um Da Lat angesiedelt wurden, entstand die von westlichen Ländern unterstützte Widerstandsbewegung FULRO (»Vereinigte Front für den Kampf der unterdrückten Rassen«), die sich gegen die »Vietnamisierung« durch das kommunistische Regime in Hanoi wenden. Als Demonstrationen der Bergvölker in den Jahren 2001 und 2004 gewalttätig wurden, ist das gesamte Hochland für Touristen kurzfristig gesperrt gewesen.

FULRO

Die Bewohner von Da Lat leben vom Anbau von Gemüse, Obst und Blumen (vor allem Orchideen für den Export), von der Rinderzucht sowie vom Kunsthandwerk (Seidenwebereien, Stickereien und Holzschnitzkunst). Die süße und sirupartige Erdbeermarmelade und der Erdbeerwein aus Da Lat sind im ganzen Lande berühmt.

Sehenswertes in Da Lat

Um den Xuan-Huong-See klettern pittoreske Villen und baufällige Hexenhäuschen die Hügel hinauf – die architektonische Mischung in Da Lat liegt irgendwo zwischen Schloss und Plattenbau. Von der **französischen Kolonialzeit** zeugen noch einige Spuren, beispielsweise die Kathedrale, die Universität und das Pasteur-Institut, und bis 1975 trugen die Straßen noch französische Namen. Besonders entlang der Tran-Hung-Dao-Straße lassen sich alte, arkadenreiche Villen mit Terrassen oder Landhäuser aus groben Felsquadern entdecken – manche Häuser wurden renoviert und dienen heute als Gästehäuser.

Lam-Dong-Museum   Über die Phan Boi Chau und die Lu Tu Trong Streets gelangt man zu dem erhöht gelegenen Lam-Dong-Museum, das sich mit der Geschichte und der Kultur dieser Provinz beschäftigt. Vor allem Kunsthandwerk (Keramik, Webarbeiten, Schmuck und Trachten) der

Da Lat Orientierung

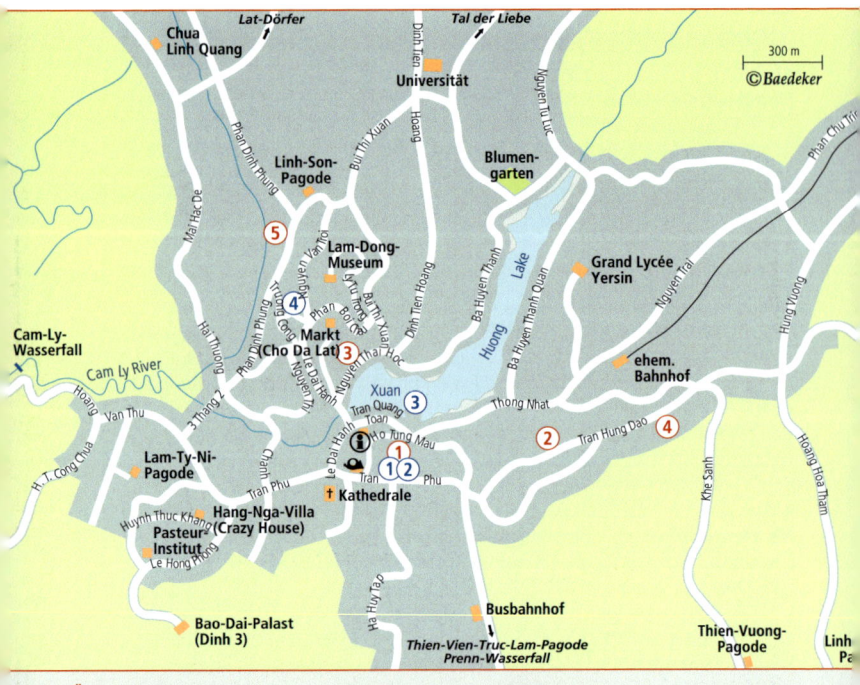

Übernachten		Essen	
① Sofitel Da Lat Palace	③ Empress Hotel	① Le Rabelais	④ Thanh Thanh
② Ana Mandara Villas Dalat	④ Villa Hotel 28	② Larry's Bar	
	⑤ Dream's Hotel	③ Thuy Ta	

Ein eher nüchternes Äußeres zeichnet die Bao-Dai-Villa aus.

Montagnards ist hier ausgestellt; unter den weiteren Stücken kann man eine Zigarrenkiste Kaiser Bao Dais bewundern (Öffnungszeiten: Di. bis Sa. 7.30–11.30 und 13.30–16.30 Uhr). Besonders schön ist von hier aus die **Aussicht** auf die Stadt und ihre Umgebung.

An der südlichen Seite des Zentrums breitet sich der von Villen umgebene Xuan-Huong-See aus, der den Namen einer vietnamesischen Schriftstellerin aus dem 17. Jahrhundert trägt. Der etwa 4 ha große See (Rundweg ca. 7 km) ist 1919 künstlich aufgestaut worden. **Tretboote** werden in der Nähe des Thanh-Thuy-Restaurants vermietet. An der Nordseite liegen ein 50 ha großer Golfplatz, auf dem schon Bao Dai (▶ Berühmte Persönlichkeiten) spielte, und wunderschöne Blumengärten (Öffnungszeiten: tgl. 6.00–18.00 Uhr) voller Rosen, Orchideen und Hortensien.

Xuan-Huong-See

Die Bahnlinie zwischen Saigon/Phan Rang und Da Lat war um 1930 erbaut worden. Heute ist die Strecke größtenteils stillgelegt. Vom Bahnhof (ca. 500 m östlich des Sees) fährt eine alte Eisenbahn zur Linh-Phuoc-Pagode im Ort Trai Mat. Während der halbstündigen nostalgischen Fahrt lernt man die Hügellandschaft und Kiefernwälder der Umgebung kennen. Von Trai Mat führt ein ca. 7 km langer ausgeschilderter Weg zum **Tiger-Wasserfall** (Thac Hang Cop). Begrüßt wird man von einer Tigerstatue, in deren aufgerissenes Maul gerne reingeklettert wird. Man kann an der Seite des beeindruckenden Wasserfalls über eine Treppe zum Fuß der Kaskade absteigen, oder oben in zwei Restaurants verweilen.

Bahnhof

Von der Hauptstraße im Süden Da Lats, der Tran Hung Dao Street, gelangt man in südlicher Richtung zu zwei Heiligtümern. Über die Hoanh Goa Tham kommt man zu der farbenfrohen Linh-Phong-Pagode, deren Portal ein lechzender Drachenkopf mit bedrohlich vorstehenden Augen ziert.

Linh-Phong-Pagode

► DA LAT ERLEBEN

AUSKUNFT

Da Lat Tourist
10 Quang Trung, Da Lat
Tel. 0 63/81 03 24, Fax 81 03 63
www.dalattourist.com.vn
dalattourist@hcm.vnn.vn

VERKEHR

Lien Khuong Airport: ca. 30 km südl.
von Da Lat, Tel. 0 63/84 33 74; Viet-
nam-Airline-Shuttlebus: 0 63/82 28 95,
tgl. Flüge aus Saigon.

FESTE

Da Lat Flower Festival
Alle zwei Jahre (2007, 2009) zwischen
dem 10. und 18. Dezember verwandelt
sich Da Lat in ein Blütenmeer: Orchideen, Rosen, Tulpen, wohin man
schaut. Es finden Wettbewerbe im
Blumenbinden statt, Musik und
Modeschauen, und als Höhepunkt
zieht ein Umzug mit farbenprächtig
dekorierten Wagen durch die Stadt.

Sa Ropu (Büffel-Opferfest)
Nach ertragreicher Ernte wird das
Büffel-Opferfest Sa Ropu zu Ehren des
Reisgottes Ndu gefeiert. Dabei fließt
der Can in Strömen, oder besser: Die
Feiernden saugen den hochprozenti-
gen Reiswein mit Bambusstrohhalmen
aus großen Tonkrügen.

EINKAUFEN

Cho Da Lat-Markt
Blumen-, Gemüse- und Obstberge
findet man in den Gassen und auf den
Treppen vor der Markthalle. Drinnen
stöbert man zwischen Lackwaren
und typischen Haushaltswaren sowie
Handarbeiten der Bergvölker.

ESSEN

► Erschwinglich

① **Le Rabelais**
12 Tran Phu (Sofitel Da Lat Palace)
Tel. 0 63/82 54 44
tgl. 12.00–22.00 Uhr
Elegantes französisches Restaurant mit
Seepanorama.

③ *Thuy Ta, »La Grenouillère«*
1 Yersin
(am Rand des Xuan-Huong-Sees)
Tel. 0 63/82 22 88
Außen hässlich, innen gemütlich:
Vietnamesische Speisen mit Seeblick
und Pianobegleitung oder traditioneller Volksmusik.

► Preiswert

④ *Thanh Thanh*
4 Tang Bat Ho
Tel. 0 63/82 18 36
tgl. 6.30–22.00 Uhr
Winziges vietnamesisches Restaurant
in einer Altstadtgasse mit gutem
Service und hervorragendem Essen.

AUSGEHEN

② *Larry's Bar*
Sofitel Da Lat Palace
tgl. 16.00 Uhr bis Mitternacht
Atmosphärische kleine Bar mit großer
Auswahl an Weinen, Bier, Cocktails
und sehr guter Pizza.

Farbenfrohe Webarbeiten der Lat

ÜBERNACHTEN

▶ Komfortabel

③ Empress Hotel
5 Nguyen Thai Hoc
Tel. 0 63/83 38 88, Fax 82 93 99
www.empresshotelvn.com
empresdl@hcm.vnn.vn
Auf einem Hügel gelegene, restaurierte Villa mit Seeblick von zehn der
insgesamt nur 19 eleganten Zimmer,
teils wunderschön mit Parkettböden,
italienischem Terrakotta und antikem
Telefon. Italienisches Restaurant.

▶ Günstig

④ Villa Hotel 28
28 Tran Hung Dao
Tel. & Fax 0 63/82 27 64
Kleines Hotel im rustikalen Land-
haus-Stil mit ordentlichen Zimmern
(Duschbad, teils Kamin), schönes
Gartenpanorama.

⑤ Dream's Hotel
151 Phan Dinh Phung
Tel. 0 63/83 37 48, Fax 83 71 06
dreams@hcm.vnn.vn
Mitten in der Stadt liegt dieses kleine
Minihotel mit großen Betten in nur
13 Zimmern (schönes Duschbad, TV,
Minibar, teils Balkon) – inklusive
großem Frühstücks-Büffet bei der
Familie in der Küche.

▶ Luxus

**② Ana Mandara
Villas Dalat & Spa**
Le Lai
Tel. 0 63/52 08 19, Fax 52 05 57
www.sixsenses.com/evason-dalat
reservations-dalat@evasonresorts.com
Eine Reise in die Vergangenheit:
17 französische und restaurierte Kolonialvillen aus den 1920ern verteilt
in einem Park: Die 57 Zimmer sind
eingerichtet mit eleganten, alten
»Oma«-Möbeln und Dekor, die Badewanne steht auf Löwenpranken.
»In-villa-dining«-Service in der eigenen Küche. Beheizter Pool, Weinkeller, exklusives Restaurant.

Baedeker-Empfehlung

① Sofitel Da Lat Palace
12 Tran Phu
Tel. 0 63/82 54 44, Fax 82 56 66
www.sofitel.com
sofitel@bdvn.vnd.net
Eine Klasse für sich: Restauriertes
Kolonialhotel, 43 Zimmer mit wunderschön nostalgischem Mobiliar – allein
das Badezimmer ist einen Aufenthalt
hier wert! Auf Wunsch werden Kochkurse angeboten.

Nimmt man die vorige Abzweigung an der Khe San Street, so führt
diese zur Thien-Vuong-Pagode, die vor allem wegen der riesigen
Buddhastatue, die auf einem Hügel oberhalb thront, besucht wird.
An Ständen werden hier kandierte Erdbeeren und Artischockentee
angeboten.

Thien-Vuong-Pagode

Auf der anderen Straßenseite erhebt sich die Kathedrale der Stadt,
die in den 1930er-Jahren erbaut und dem Hl. Nikolaus geweiht wurde. Bemerkenswert sind die 70 bunten **Glasfenster** aus Grenoble
und eine eher unauffällige Collage neben dem Altar. Diese wurde zu
Ehren der katholischen Märtyrer Vietnams aus Altpapier angefertigt,
um die Erneuerung des Katholizismus im Land zu versinnbildlichen.

Kathedrale

Bao-Dai-Palast (Dinh 3)

Öffnungszeiten: tgl. 7.30–11.30, 13.30–16.30

Der Palast Dinh 3 von Bao Dai (1913–1997, Abb. ▶S. 197) im Südwesten der Stadt wurde zwischen 1933 und 1938 erbaut und weist eine gewisse Ähnlichkeit mit der Art-déco-Architektur auf. Der **letzte Kaiser Vietnams** aus der Nguyen-Dynastie lebte hier mit seiner Familie in den 1940er-Jahren, später nur mit seiner Konkubine, nachdem die Kaiserin Nam Phuong und die Kinder bereits im französischen Exil weilten. Der zweistöckige, ockerfarbene Palast umfasst 26 Räume und einen großen Garten. Mitte der 1950er-Jahre ging auch der Kaiser endgültig nach Frankreich ins Exil, und Präsident Ngo Dinh Diem nutzte fortan den Palast.

Im Erdgeschoss liegen die Arbeitsräume Bao Dais, im obersten Stock die privaten Gemächer der Kaiserfamilie. Die Empfangshalle ist mit einem Piano, Sitzmöbeln und Jagdtrophäen ausgestattet. Rechts des Eingangs befindet sich das schlichte Arbeitszimmer mit einer Büste des Kaisers unter dem Foto seines Vaters Khai Dinh. Im Versammlungsraum im Erdgeschoss hängen einige Fotografien aus seiner Regierungszeit.

Am Ende des Flures betritt der Besucher den recht bescheiden wirkenden Thronraum mit einigen antiken Gegenständen (u. a. Jagdlanzen). Hier steht auch der hölzerne Badezuber der Mutter des Kaisers. Eine schmale Wendeltreppe führt in den ersten Stock, in dem früher Zimmer an Touristen vermietet wurden. Die ersten Zimmer dienten der Prinzessin Phuong Mai und den Prinzen Phuong Dung und Bao Long als Wohnräume. Es schließen sich die kaiserlichen Gemächer an, die nicht gerade durch besonderen Pomp auffallen. Bemerkenswert ist auch eine alte Holzkiste an der großen Treppe, in der Bao Dai seine Dampfbäder zu nehmen beliebte.

Vollkommen ungewöhnlich: das Crazy House

Hang-Nga-Villa (Crazy House)

Die oft gerühmte Hang-Nga-Villa – auch »Crazy House« genannt – in der Huynh Thuc Khang Street ist ebenfalls meist Ziel von Touristengruppen. Unter dem Motto »Back to the Nature« schuf die vietnamesische Architektin und Präsidententochter Hang Nga einen Garten aus verschrobenen Baumhäuschen und Hütten ohne Ecken und Kanten, teils in Tierform, mit Fantasie-Statuen, russischen Puppen, Spinnennetzen, Stalaktiten und »Bambus«-Brücken – alles aus Beton! Die recht skurril gestalteten Zimmer sind verschiedenen Tieren zugedacht und reichlich mit Dekor und Spiegeln ausgestattet. An das Gästehaus sind noch ein Café und eine Kunstgalerie angeschlossen.

In der Umgebung Da Lats gibt es einige Wasserfälle, der nächstgelegene ist der Cam-Ly-Fall nahe der Hoang Van Thu Street. Schon seit vielen Jahren gilt er als Touristenattraktion, auch für Vietnamesen. So tummeln sich auf den Wiesen **Ponys und Cowboys**, um ein (für Vietnamesen) exotisches Ambiente zu schaffen (zugänglich von 7.00–18.00 Uhr).

Cam-Ly-Fälle

🕐

Nördliche Umgebung von Da Lat

Wer einen Einblick bekommen möchte, wie die Vietnamesen sich am liebsten am Wochenende vergnügen, der sollte dem »Tal der Liebe« einen Besuch abstatten. Etwa 5 km nördlich des Stadtkerns liegt dieses gut besuchte Ausflugsgebiet, wo früher Kaiser Bao Dai auf Jagd ging. Ausgiebige Wanderungen in Pinienwäldern und Paddeln auf dem Stausee Ho Da Thien, Ponyreiten mit als Cowboys kostümierten Vietnamesen, Picknick und Souvenir-Kaufrausch sind hier möglich. Auch ein Campingplatz ist auf dem Gelände vorhanden. Bei gutem Wetter hat man einen wunderbaren **Panoramablick** über die Landschaft um Da Lat, besonders auf die beiden sagenumwobenen Gipfel des Langbiang-Berges (Öffnungszeiten: tgl. 6.00–17.00 Uhr).

★
Tal der Liebe

🕐

Der kleine künstliche See ist ebenfalls ein beliebtes und typisch vietnamesisches Ausflugsziel. Er liegt etwa 6 km außerhalb des Stadtzentrums im Osten inmitten von Pinienwäldern. Ponyreiten, Wanderwege um den See und jede Menge Souvenirstände und Lokale gehören hier zum vielfältigen Vergnügungsangebot. Um den See ranken sich einige traurige Geschichten und Legenden.

★
Seufzer-See

Im Umkreis von Da Lat zählen neun Dörfer zur **Lat-Dorf-Gemeinde**, wo allerdings unterschiedliche Dialekte gesprochen werden. Für den Besuch benötigt man eine Erlaubnis bzw. ein Ticket, Touristen sollten nur mit einem vom Reisebüro organisierten Ausflug dorthin aufbrechen. Die ethnischen Lat

❓ WUSSTEN SIE SCHON …?

■ Wenn Sie genau lauschen, können Sie das Seufzen von Hoang Tung und Mai Nuong am See vernehmen. Das glückliche Liebespärchen lebte hier vor mehr als 200 Jahren zusammen, bis Hoang Tung in den Krieg ziehen musste und angeblich im Kampf fiel. Aus lauter Kummer stürzte sich Mai Nuong in den See. Doch ihr Geliebter kehrte nach einigen Jahren nach Hause zurück und suchte seine Braut – vergeblich. So folgte er ihr voller Gram ins Wasser.

(sprich Lak) selbst leben in sechs Dörfern und zählen noch etwa rund 3000 Bewohner. Sie sind größtenteils katholisch und leben vom Gemüseanbau (z. B. Reis, süße Kartoffeln, Maniok, Bohnen), wobei immer noch Brandrodungsfeldbau praktiziert wird. Außerdem stellen sie Holzkohle her, die auf dem Markt in Da Lat verkauft wird.

In einem Lat-Dorf am Fuße des Langbiang-Berges, 12 km nördlich der Stadt, können einige private Pfahlbauten, die Kirche und eine winzige Webstube mit Souvenirshop besichtigt werden. Früher waren

Eingang ins Tal der Liebe

die Lat eine **matriarchalische Gesellschaft**, und auch heute noch zieht der Mann in das Haus seiner Frau bzw. ihrer Eltern, bis das Paar sich ein eigenes Heim bauen kann, und die Kinder nehmen weiterhin den Namen der Mutter an. Der Alltag der hier lebenden Lat ist heute aber größtenteils dem vietnamesischen angepasst: Die Kinder gehen auf eine vietnamesische Schule, in der Kirche erklingen die Gesänge im Wechsel in Lateinisch, in der Lat-Sprache und in Vietnamesisch. Die **traditionellen Trachten** – eine Art zweiteiliger Sarong – werden nur noch von den Alten oder zu ganz speziellen Anlässen getragen. Das Feilen der Zähne und das Einsetzen von Pflöcken ins Ohrläppchen findet man heutzutage nur noch selten bei den Dorfältesten.

Langbiang-Berg (Nui Ba)   In der Nähe des Lat-Dorfes liegt das Tor zum Langbiang-Berg. Mit einem Führer von Da Lat Tourist können die Gipfel in rund 2000 m Höhe von **Wandergruppen** und Vogelfreunden innerhalb von etwa drei Stunden erklommen werden. Der Weg führt vorbei an roten Rhododendren, wilden Orchideen, zahllosen Schmetterlingen, seltenen endemischen Vögeln und vielleicht auch einem Wildschwein. Ein Teil des Waldes ist bereits dem Kahlschlag bzw. der Holzkohleproduktion zum Opfer gefallen, vor allem an den unteren Hängen. Um die beiden höchsten Gipfel wächst noch immergrüner Wald. Je nach Wetterlage geben die Wolken von oben den sagenhaften Blick auf Da Lat und Umgebung frei.

! **Baedeker** TIPP

Easy Rider auf Vietnamesisch

Eine Gruppe von Motorradfahrern, die Englisch oder teils sogar Deutsch sprechen, kurven ihre Fahrgäste auf alten russischen und DDR-Maschinen auf (mehrtägigen) Touren durchs Hochland und Da Lat. Der Sozius sollte wissen: Es herrscht Helmpflicht in Vietnam, es gibt kaum Krankentransporte außerhalb der Städte und keinerlei Versicherungen (man wird angesprochen, Preise verhandeln!).

Südliche Umgebung von Da Lat

Thien-Vien-Truc-Lam-Pagode   Oberhalb des **Tuyen-Lam-Sees** (auch Quang Trung) liegt die von Ausflüglern gut besuchte Pagode Thien Vien Truc Lam. Von dem buddhistischen Gotteshaus bietet sich ein fantastischer Blick auf den benachbarten Berg und den 1982 angelegten Stausee. Hierhin führt auch eine **Seilbahn** von Robin Hill, einige Kilometer südlich der Stadt (Öffnungszeiten: tgl. 7.30–11.30, 13.30–17.00 Uhr).

Viele Vietnamesen lassen sich mit Motorbooten ans andere Ufer fahren: Dort befinden sich ein Campingplatz und Bungalows. Wer will, kann auf Elefanten reiten. Das Meditationskloster (1993) beherbergt einen vergoldeten Buddha sowie viele holzgeschnitzte Szenen aus dem Leben Buddhas. Interessierte Ausländer können hier eine individuelle Einweisung in die Kunst des Meditierens bekommen – nach vorheriger Anmeldung und gegen eine kleine Spende. Kloster und Stausee liegen etwa 5 km südwestlich von Da Lat (Öffnungszeiten: ⏱ tgl. 6.00–17.00 Uhr).

Mitten in einer Art Vergnügungspark liegt der Prenn-Wasserfall. Besucher können hinter dem rund 10 m hohen Wasserfall entlanggehen wie hinter einem gischtenden Vorhang. Am Wochenende herrscht hier Geschiebe und Gedränge. Im waldähnlichen Park können die Touristen auf einem Zeltplatz übernachten und Tretboot fahren, ein kleiner Zoo gehört ebenfalls zu den Attraktionen. Unvorstellbar, dass noch in den 1970er-Jahren hier einige Tiger ihr Unwesen trieben und die Touristen fern hielten. Der Prenn-Wasserfall befindet sich an der N 20, etwa 10 km von Da Lat entfernt.

Prenn-Wasserfall

Über die Nationalstraßen Nr. 20 und 27b sind die Seidenbetriebe in Cu Xa zu erreichen (ca. 25 km von Da Lat entfernt). Die Fahrt ins Tal führt zuerst vorbei an Kaffeeplantagen, Ananas- und Gemüsefeldern. In den vielen merkwürdigen Strohhäuschen am Straßenrand werden Pilze gezüchtet, die in dem feuchten Klima bestens gedeihen. Schließlich sind in der Gegend überall Maulbeerbäume zu sehen: Die Blätter der Bäume werden von den Seidenraupen mit Vorliebe gefressen.

In den hier ansässigen Familienbetrieben werden den interessierten Besuchern die einzelnen Phasen der **Seidenproduktion** demonstriert. Zum Beispiel die Zucht der Raupen, die Herstellung der Fäden und das maschinelle Aufspulen. Die Raupen verpuppen sich und produzieren den Seidenfaden, indem sie sich immer wieder um sich selbst drehen. Der daumendicke Kokon wird in einem Wasserkessel gekocht, bis sich der Faden löst und dann auf Spulen gedreht werden kann. Anschließend werden die Raupen gebraten und als Delikatesse verspeist.

★
Seidenweberdorf Cu Xa

Die Nationalstraße 20 (Richtung Saigon) führt nach etwa 30 km am **Lien-Khuong-Wasserfall** vorbei. Der etwa 100 m breite Wasserfall gehört in der Regenzeit zu den schönsten in der Gegend: Das Wasser des Da-Nhim-Flusses rauscht aus 20 m Höhe über die Felsen, gut zu sehen von der Terrasse des einfachen **Straßencafés Ngoc Hoa**. Von hier führen auch Treppen hinunter zum Flussbett.

Seidenkokons werden eingeweicht.

Auf der Fahrt von Da Lat nach Saigon bieten sich wunderbare Aussichten auf die Hügellandschaft. Besonders schön ist der Blick auf den Lien-Khuong-Wasserfall.

★ Dambri-Wasserfall
Ebenfalls auf dieser Straße gelangt man zu dem Dambri-Wasserfall (110 km südwestlich von Da Lat, bei Bao Loc den Schildern über eine holprige, nur teilweise asphaltierte Landstraße folgen).
Das enorme Rauschen kündigt den rund 50 m hohen Wasserfall schon am Parkplatz des kleinen Vergnügungsparkes an. In einer mächtigen Kaskade donnern die Wassermassen über mehrere Felsstufen steil abwärts und versprühen weithin ihre Gischt – ein ohrenbetäubendes Naturspektakel.

»Chicken Village«
An der Straße in Richtung ▶Nha Trang, nur 18 km von Da Lat entfernt, liegt das unter Travellern bekannte »Chicken Village« (eigentlich Lang Con Ga), das diesen Namen nach der 5 m hohen **Hühnerstatue** auf dem Dorfplatz bekam. Warum diese errichtet wurde, lässt sich nicht mehr genau sagen – vielleicht aus politischen oder religiösen Gründen, auch eine Liebesgeschichte wird manchmal genannt. Die Bewohner des Dorfes sind sehr arm und gehören zur ethnischen Minderheit der Koho.

★ Bao Loc-Pass
Wer Zeit hat, sollte mit dem Auto von Da Lat nach Saigon fahren statt zu fliegen – denn die Fahrt über den Bao-Loc-Pass wird von einer atemberaubenden Landschaft begleitet: Die Straße schlängelt sich an Tälern und tiefen Schluchten, Wasserfällen und nebelverhangenen Baumriesen vorbei. Auf der Bao-Loc-Hochebene erstrecken sich die weiten Teeplantagen und Maulbeerfelder – eine fast toskanaähnliche, sanft geschwungene Hügellandschaft mit weiß blühenden und intensiv duftenden Frangipani-Bäumen. Obststände mit Durian, der roten Drachenfrucht und Rambutan stehen dicht am Straßenrand. Die auffälligen Ziegelkamine längs der Straße sind mit Pfefferpflanzen bewachsen.

Mit einer Fläche von etwa 80 000 ha ist der Cat-Tien-Nationalpark (160 km nordöstlich von Saigon), der mittlerweile zu den Biosphären-Schutzgebieten der UNESCO gehört, einer der größten Vietnams. Berühmt ist er für seine Nashorn-Population. Es sind die einzigen **Java-Nashörner**, die auf dem asiatischen Festland leben. Neben Elefanten, Gibbons und Wildbüffeln beherbergt er mindestens 60 weitere Säugetierarten, etwa 300 Vogelarten, 40 verschiedene Reptilien- und 14 Amphibienarten. Zudem wurden rund 400 verschiedene Pflanzenarten, darunter 170 medizinisch verwertbare Kräuter und 52 Orchideenarten, gezählt.

★
**Cat-Tien-
Nationalpark**

Die Landschaft besteht aus vielen Seen, Flüssen, Wasserfällen, Lagunen und ausgedehnten Sumpfgebieten. Stufenartig fällt das Gelände aus den Truong-Son-Bergen nach Süden in die Ebene ab. An den vielen Seeplatten und Wasserlöchern kann man Wasservögel und Krokodile beobachten.

In dem Nationalpark leben noch etwa 9000 Angehörige ethnischer Gruppen, die vom Reis- und Obstanbau sowie den Erträgen aus Kaffee- und Cashewnuss-Ernten leben. Relativ gute Unterkunftsmöglichkeiten existieren am **Dong-Nai-Fluss**.

Von Saigon aus ist man ungefähr vier bis fünf Autostunden (N 20 bis Madagui, dann noch 23 km) bis zum Park unterwegs. Da der Eintritt nur mit offizieller Genehmigung des Forstamtes bewilligt wird, ist es am einfachsten, die Tour über eine Reiseagentur zu buchen.

Das Besondere am La-Nga-See ist, dass sich eine Siedlung darauf befindet. Neben Hausbooten besteht sie auch aus Holzhütten, die auf leeren Ölfässern gebaut wurden. Ähnlich wie in ►Chau Doc werden unter den Fußböden der Boote und Hütten Fische gezüchtet. Kurios sind auch die Boote, mit denen die Bewohner von Haus zu Haus fahren. Sie werden mit den Füßen gerudert.

La-Nga-See

✷ Da Nang

E 4

Provinz: Quang Nam–Da Nang
(Hauptstadt)

Region: Südliche Zentralküste
Einwohnerzahl: ca. 500 000

Da Nang gilt als »Tor« zu den drei UNESCO-Stätten in Zentralvietnam (Hue, Hoi An und My Son). Außer dem sehenswerten Cham-Museum und dem herrlichen, geschichtsträchtigen »China Beach« sind in der Großstadt selbst nicht viele herausragende Attraktionen zu sehen.

Vom 4. bis ins 14. Jahrhundert hinein gehörte die Gegend um Da Nang zum Königreich der Cham, erst Ende des 15. Jahrhunderts gründeten die Vietnamesen hier eine Siedlung. Aufgrund ihrer günstigen Lage wurde die Stadt immer wieder von Invasoren heimge-

Geschichte

sucht, weshalb sie einen Ruf als traditionelles **Widerstandszentrum** hat. Erst im 16. und 17. Jahrhundert begann sich Da Nang als Hafenort zu etablieren, da die Handelsschiffe hier oft warten und vor Anker gehen mussten, bevor ihre Ladung in Faifo (heute Hoi An) gelöscht werden konnte. Ab 1802, als Hue vietnamesische Hauptstadt geworden war, gingen in Da Nang alle Besucher des Hofes an Land. Der neue Nguyen-Kaiser Gia Long versprach den Franzosen für ihre Hilfe, die ihn auf den Thron brachte, eine Konzession für Da Nang (frz. Tourane) – allerdings wurde sie erst 1888, nachdem die Franzosen den Hafen mehrere Male beschossen hatten, erteilt.

Die Stadt wuchs stetig um die **südvietnamesische Luftwaffenbasis**, doch erst recht, nachdem die US-Truppen hier am 8. März 1965 gelandet waren. Vielen sind sicherlich noch die Fernsehbilder in Erinnerung, wie eine Vorhut Marines in der Da-Nang-Bucht an Land watet, mit Amphibienfahrzeugen, Hubschraubern und jungen Viet-

Da Nang *Cham-Museum*

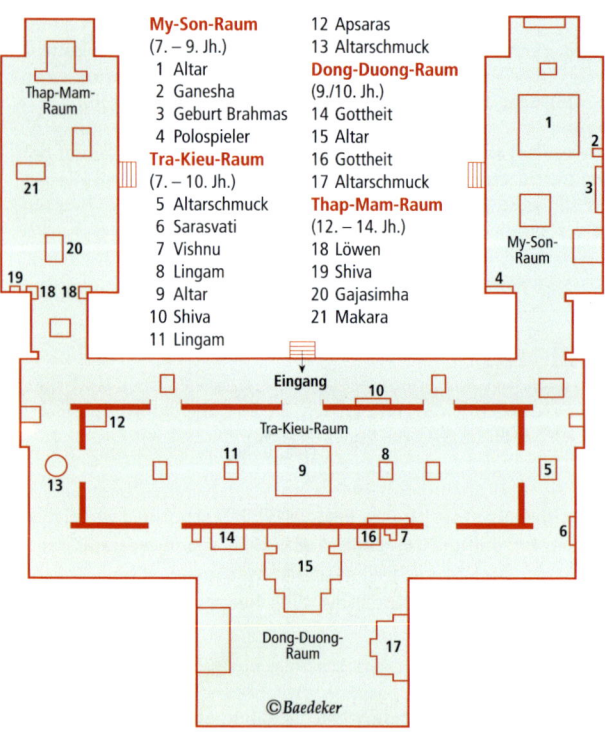

My-Son-Raum
(7. – 9. Jh.)
1 Altar
2 Ganesha
3 Geburt Brahmas
4 Polospieler
Tra-Kieu-Raum
(7. – 10. Jh.)
5 Altarschmuck
6 Sarasvati
7 Vishnu
8 Lingam
9 Altar
10 Shiva
11 Lingam
12 Apsaras
13 Altarschmuck
Dong-Duong-Raum
(9./10. Jh.)
14 Gottheit
15 Altar
16 Gottheit
17 Altarschmuck
Thap-Mam-Raum
(12. – 14. Jh.)
18 Löwen
19 Shiva
20 Gajasimha
21 Makara

Thap-Mam-Raum
Eingang
Tra-Kieu-Raum
My-Son-Raum
Dong-Duong-Raum

©Baedeker

namesinnen, die sie mit Blumengirlanden begrüßen. Binnen kurzer Zeit verwandelte sich Da Nang fast in eine amerikanischen Kleinstadt mit Krankenhäusern, Kinos, Bowlingbahnen, Parks und vor allem einer Menge Bars, da viele GIs ihre Wochenenden und Urlaubstage in Da Nang oder am China Beach (s. u.) verbrachten. Flüchtlinge aus den so genannten Feuer-frei-Zonen strömten in die Dienstleistungsbereiche, sie arbeiteten u. a. als Wäscher, Arbeiter, Prostituierte und Drogenhändler.

Da Nang profitierte allerdings nicht nur vom US-Militärstützpunkt, die Umgebung der »City of War« hatte unter den Kampfhandlungen auch stark zu leiden: 33 000 t Bomben wurden hier abgeworfen, Zehntausende starben. Von 1967 bis 1972 lag das deutsche **Lazarettschiff »Helgoland«** im Hafen von Da Nang vor Anker, in dem trotz amerikanischer Proteste Verwundete aller Kriegsparteien versorgt wurden. Im März 1975 starteten die Nordvietnamesen schließlich eine Großoffensive, die südvietnamesischen Truppen flohen, und der Vietcong konnte die Stadt ohne Gegenwehr für befreit erklären.

✷ ✷ Cham-Museum (Bao Tang Cham)

Die wichtigste Sehenswürdigkeit Da Nangs ist zweifellos das Cham-Museum mit seiner auf der Welt einzigartigen Sammlung zur Kunst der Cham. Man sollte einen Besuch keinesfalls versäumen, vor allem wenn man auch ►My Son besichtigen möchte. Es liegt an der südlichen Vuong-Straße in der Nähe des Han-Ufers. Das Museum soll demnächst um weitere Ausstellungsräume erweitert werden. In der Lagerhalle warten noch 1700 kleinere und größere Skulpturen auf ihre Präsentation.

Einzigartige Sammlung von Kunstwerken der Cham

Auf Initiative der École Française de l'Extrême Orient wurde 1915 mit dem Bau eines Museums begonnen. Bis zur tatsächlichen Eröffnung sollten allerdings noch 24 Jahre vergehen. Schon allein das Gebäude und die sorgfältige Präsentation der Exponate sind sehenswert. Auch der Garten mit den blühenden Frangipani-Bäumen und einer Reihe hervorragender Skulpturen schafft eine **besondere Stimmung** und einen Eindruck von der Epoche und der Herrschaft der Cham, die mehr als 1000 Jahre lang in Südvietnam geherrscht hatten. Leider sind die einzelnen Exponate nicht ausreichend erläutert, auch der kleine Katalog, den man am Eingang erwerben kann, bietet nur einen allgemeinen Überblick und bezieht sich nicht auf die ausgestellten Stücke.

🕐
Öffnungszeiten: tgl. 7.00–17.00; evtl. Pause: 11.30–13.30

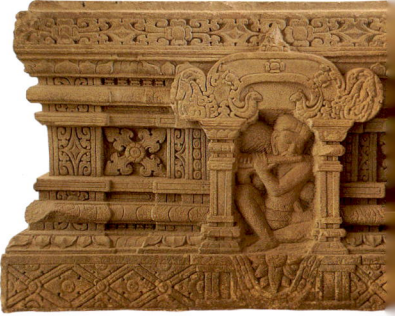

Die einfühlsame Darstellung des in seine Melodien versunkenen Flötenspielers wird viel bewundert (My-Son-Altar).

Durch die gelungene Präsentation gewinnen ...

... die außergewöhnlichen Exponate noch zusätzlich.

Im Wesentlichen handelt es sich bei der Kunst der Cham um **religiöse Kunst**; hier wie in ihren allgemeinen Glaubensvorstellungen sind sowohl buddhistische, hinduistische und islamische Elemente als auch lokale Einflüsse zu finden. Immer wieder trifft man auf Darstellungen von Löwen, Elefanten und Hindu-Gottheiten. Vor allem Shiva, die hinduistische Gottheit der Zerstörung und des Wiederaufbaus, wurde von den Cham als Verteidiger ihres Reichs verehrt. Shiva wird als kräftiger Mann oder symbolisch als Lingam (Phallus) gezeigt. Indonesische und Khmer-Einflüsse kann man an den Buddha-Skulpturen aus dem 9. Jahrhundert (Indrapura) erkennen. Die bekannteste und eigenwilligste Darstellungsform der Cham-Kunst ist aber die der Uroja, einer Art Ur-Mutter der Cham-Könige, die als Brust bzw. Brustwarze veranschaulicht wurde.

Auf zehn Räume und im Garten verteilt kann man rund 300 Exponate (Altäre, Friese, Reliefs und Statuen) aus dem 4. bis 14. Jahrhundert finden. Man beginnt den Rundgang mit den Skulpturen aus dem Tempeltal My Son (4.–11. Jh.).

My-Son-Raum ▶

Zu Beginn des 8. Jahrhunderts hatten sich die Cham-Königreiche zusammengeschlossen, ein eigener Kunststil entstand. Die unterschiedlichen Stilrichtungen, die bei Ausgrabungen zutage traten, wurden nach den verschiedenen Fundstellen benannt. Als Meisterwerk der frühen Bildhauerkunst gilt der Altar mit seinem herrlichen Fries. Auch der unvollendete Giebel mit der Darstellung der Geburt Brahmas aus dem Nabel Vishnus ist äußerst interessant.

Tra-Kieu-Raum ▶

Bei Tra Kieu befindet sich der Fundort Sinhapura. Die prachtvolle **Hauptstadt des Cham-Reiches** im 4. bis 8. Jahrhundert liegt 40 km südwestlich des heutigen Da Nang. Ein monumentaler Altar mit Szenen aus dem indischen Epos Ramayana beeindruckt im Tra-Kieu-Raum. Die Darstellung der Hochzeit Prinzessin Sitas aus dem 7. Jahrhundert zeigt nicht nur thematisch, sondern auch formal einen starken indischen Einfluss.

Dong-Duong-Raum ▶

Unter König Indravarnam II., der die Hauptstadt in den Norden (Indrapura) verlegte, fand eine Hinwendung zum Buddhismus statt. Ende des 9. Jahrhunderts wurde dort ein Kloster, später Dong Duong genannt, erbaut. Szenen aus dem Leben Buddhas sind auf den Altarreliefs zu finden.

Seit Beginn des 11. Jahrhunderts mussten sich die Cham aufgrund des Vordringens der Viet immer weiter nach Süden zurückziehen. Im Thap-Mam-Raum kann man an den Exponaten sehr gut den **Stilwandel** zwischen 12. und 14. Jahrhundert nachvollziehen. Die mythischen Wesen und die Shiva-Statue wirken gröber, nicht mehr so fein und elegant gearbeitet wie Beispiele aus früheren Epochen.

◄ Thap-Mam-Raum

Weitere Sehenswürdigkeiten in Da Nang

Der Cao-Dai-Tempel von Da Nang (35 Hai Phong Street) ist der zweitgrößte Vietnams nach dem in ► Tay Ninh. Auch hier wird der Innenraum von dem alles sehenden Auge des höchsten Wesens be-

Cao-Dai-Tempel

Da Nang Orientierung

Tran Cao Van Street
Bahnhof
Markt
Hospital
Hai Phong Street
Cao-Dai-Tempel
Provinzmuseum
Nguyen Thi
Le Duan Street
Tran Phu Street
① ①④
②
ⓘ
Ong
Le Duan Street
Ich Khiem
Ngo Gia Tu Street
Minh Khai Street
Stadion
Pasteur Street
Phan Dinh Phung Street
Phan Chu Trinh Street
Street
Huong Vuong Street
③
Han-Markt
Song Han
Hue, Nha Trang
Huong
Vuong
Trieu Nu Vuong Street
Tam Binh
Trong Street
Bus-bahnhof
Nguyen Trai Street
Street
④
Tran Quoc Toan
Phung St.
Yen Bai Street
Nguyen Tri
Thai
Phien Street
Le Hong Phong Street
Kathedrale
②
Bach Dang Street
Hoang Van Thu Street
Pham Ngu Lao Street
Le Dinh Duong Street
Tran Phu Street
Han River
300 m
©Baedeker
Hoang Dieu Street
Huynh Thuc Khang Street
Pham Chu Trinh Street
Tam-Bao-Pagode
Nu Vuong Street
Cham-Museum
③
Marmorberge
Hoi An
Ho-Chi-Minh-Museum

► DA NANG ERLEBEN

AUSKUNFT

Da Nang Tourism
76 Hung Vuong, Da Nang City
Tel. 05 11/82 19 69 und 89 27 93
www.danang.gov.vn

Saigon Tourist
357 Phan Chu Trinh, Da Nang City
Tel. 05 11/82 70 84
info@saigontouristdanang.com

VERKEHR

International Airport Da Nang (5 km
südwestlich): Tel. 05 11/81 18 11 und
83 03 39

! *Baedeker* TIPP

Da Nang Water Park

Wellenreiten mitten in der Stadt ist im
fantasievoll gestalteten Da Nang Water Park
möglich: Im Whirlpool, unter Wasserfällen
und auf steilen Riesenrutschen namens
»Kamikaze« vergnügen sich Jung und Alt.
Ein riesiges Lokal mit 500 Plätzen sorgt
für kulinarische Stärkung, und auf der Open-
air-Bühne finden regelmäßig Konzerte statt
(2 km südlich des Stadtzentrums Richtung
My-Khe-Strand, Öffnungszeiten: Mo. bis Mi.
9.00–19.00 Uhr).

FESTE

Liberation Day

Mit traditionellen Bootsrennen auf
dem Han-Fluss wird der »Befreiungs-
tag« jedes Jahr am 29. März gefeiert.

Cau Ngu Festival (Ca Ong)

Das »Wal-Festival« wird alljährlich
(Februar/März) von den Fischern der
umgebenden Dörfer zu Ehren der sie
beschützenden und wie Götter verehrten Wale gefeiert – mit geschmückten Booten, Opfergaben, traditionellen
Gesängen und Musik, Bootsregatten
und anderen (sportlichen) Wettbe-
werben.

EINKAUFEN

In Da Nang gibt es verschiedene
Märkte, durch die es sich zu bummeln
lohnt: die Markthalle an der Ecke Tran
Phu/Hung Vuong oder der Cho Con
an der Ecke Hung Vuong/Ong Ich
Khiem, in deren Läden man Kunst-
handwerk, vor allem Korbwaren, er-
stehen kann. Ein bunter Straßenmarkt
befindet sich zudem in der Hai Phong
Street östlich des Bahnhofs.
Non Nuoc Fine Art Village
Am Fuße der Marmorberge (Hoa Hai,
Ngu-Hanh-Son-Bezirk) kann man
Steinmetzen und Bildhauern über die
Schulter sehen und ihre Töpferwaren
und Marmor-Skulpturen erstehen,
z. B. Tiere, unzählige Buddhas in allen
Größen – oder wie wäre es mit einem
mannshohen Ho Chi Minh für das
eigene Wohnzimmer?

ESSEN

► Erschwinglich

① *Hana Kim Dinh*
15 Bach Dang
Tel. 05 11/83 00 24
tgl. 11.00–23.00 Uhr
Luftiges, schiffartiges Etablissement an
der Uferpromenade nahe der Brücke:
Mit Blick aufs Flusstreiben wird auf
der Terrasse oder klimagekühlt Internationales, Japanisches und Einhei-
misches serviert (Barbecue, Seafood
usw.). Bier, Cocktails.

② *Kim Do*
180 Tran Phu
Tel. 05 11/82 18 46
Gute asiatische und europäische
Küche, Spezialität: Meeresfrüchte.

▶ **Preiswert**
③ *Christie's Restaurant and Cool Spot*
112 Tran Phu
Tel. 05 11/82 40 40
tgl. 10.00–23.00 Uhr
Beliebtes Lokal und kleine Bar auf zwei Stockwerken: Das Essen ist ein Mix aus vietnamesisch-japanisch-westlichen Speisen.

④ *Huong Viet*
89 Tran Quoc Toan
Tel. 05 11/82 52 11
Klein, aber fein: Restaurant in der Innenstadt mit netter Bedienung und chinesisch-vietnamesischen Speisen, einige westliche Gerichte.

Außerdem: Viele preiswerte Seafood-Restaurants am My Khe Beach (einige zocken die Touristen ab, gut ist das Loi-Restaurant).

ÜBERNACHTEN
▶ **Komfortabel**
⑤ *Lang Co Beach Resort*
Loc Hai, Phu Loc (ca. 35 km von Da Nang International Airport)
Tel. 0 54/87 35 55, Fax 87 35 04
www.langcobeachresort.com.vn
langco@dng.vnn.vn
Zu schön, um wahr zu sein: Anlage im Stil der kaiserlichen Architektur von Hue an einer Traumlagune: 84 Zimmer in Bungalow-Villen mit TV, Minibar und Meeresblick, einfachere Zimmer auf einem Hügel.

③ *Sandy Beach Resort*
255 Huyen Tran Cong Chua,
Hoa Hai, Ngu-Hanh-Son-Bezirk
Tel. 05 11/83 62 16, Fax 83 63 35
sandybeachresort@vnn.vn
Große Strandanlage am schönen Non-Nuoc-Strand: Gut ausgestattete Zimmer und Bungalows, zwei Pools, zwei Tennisplätze, Kongresszentrum.

② *Bamboo Green Riverside*
68 Bach Dang, Da Nang
Tel. & Fax 05 11/83 25 91/92
riversidets@dng.vnn.vn
Mittelklasse-Herberge direkt an der Uferpromenade mit großen hübschen Zimmern mit (Balkon-)Blick auf den Fluss. Internet und Reisebüro.

▶ **Günstig**
④ *Tourane Hotel*
My-Khe-Strand (2 km vom Zentrum),
Phuoc My
Tel. 05 11/93 26 66, Fax 84 43 28
touranehotel@dng.vnn.vn
Zweistöckige Häuser mit großen klimagekühlten Zimmern, etwas »verplüscht«, aber dafür fast am Strand, teils Veranda. Tennisplatz, Pool.

⑥ *Lang Co Hotel*
Lang Co Beach, Phu Loc
Tel. 0 54/87 44 26, Fax 87 35 27
codolangco@dng.vnn.vn
Kleines Strandrefugium mit ordentlichen Gartenzimmern zum Meer (klimatisiert, Dusche) riesiges Seafood-Lokal.

Baedeker-Empfehlung

▶ **Luxus**
① *Furama Resort*
68 Ho Xuan Huong, China Beach
(Bac-My-Anh-Strand)
Tel. 05 11/84 73 33, Fax 84 76 66
www.furamavietnam.com
furamarn@dng.vnn.vn
Eine Luxus-Oase: Die reizvolle Anlage war die erste Fünf-Sterne-Herberge an einem vietnamesischen Strand und ist immer noch führend: Dreistöckige Häuser verteilen sich in einer weiten Garten-Lagunen-Landschaft, Zimmer mit viel Edelholz und Rattan, jeglichem Komfort und Veranda. Tauchunterricht, Golf, Riesenpool-Kanal-Landschaft.

herrscht, zudem zieren Bilder der wichtigsten Heiligen wie Laotse, Konfuzius, Jesus Christus und Buddha die Wände. Von 1975 bis 1986 war das Gotteshaus geschlossen, nun werden wieder viermal am Tag Messen gelesen (6.00, 12.00, 18.00 und 24.00 Uhr). Etwa 50 000 Gläubige sollen in Da Nang leben.

Umgebung von Da Nang

Monkey Mountain

Die lang gezogene Son-Tra-Halbinsel mit dem Monkey Mountain schützt Da Nang vor dem Wintermonsun. Tatsächlich leben hier auf dem Berg einige Affen. Allerdings kann man nur einen kleinen Teil Son Tras besuchen, da hier ein militärisches Sperrgebiet ausgewiesen ist; in Bai But ist ein riesiger Touristenkomplex in Bau.

My Khe (China Beach) und Bac-My-An-Strand

An der dem Südchinesischen Meer zugewandten Seite der Halbinsel liegt My Khe (7 km südöstlich vom Zentrum Da Nangs), der wahre China Beach, an dem sich amerikanische Soldaten von den Kampfhandlungen erholen konnten. Am Abend wird der Strand gerne von den jungen Leuten und Familien besucht. Es gibt hier mehrere Hotels, Strandlokale und viele Stände, an denen man frische Meerestiere essen kann.

★
Marble Mountains

Etwa 12 km südöstlich von Da Nang ragen relativ unvermittelt die Marble Mountains (Marmorberge oder Ngu Hanh Son) auf. Sie wurden von dem Kaiser Minh Mang (1820–1840) so genannt; die einzel-

Die Huyen-Khong-Höhle ist die größte und eindrucksvollste der Marmorberge.

nen fünf Berge tragen die Namen der Elemente Feuer, Wasser, Erde, Metall und Holz. Auf ihren Kuppen und in Höhlen befinden sich **Heiligtümer**, die während des Krieges von den Guerillas als Beobachtungsposten genutzt wurden – wegen ihrer optimalen Sicht auf den US-Flughafen. Beeindruckend ist auch der Blick auf die Küste. Angehörige des Cham-Volkes kamen hierher, um ihre hinduistischen Gottheiten zu verehren und errichteten später buddhistische Altäre in den Höhlen, die mit der Zeit zu bedeutenden Wallfahrtsstätten wurden. Nach dem Tod Ho Chi Minhs wurde der Marmor von den hiesigen Steinbrüchen für sein Mausoleum verwendet.

Der meistbesuchte Berg ist der **Thuy Son** (Wasser). Über in den Fels gehauene Treppen gelangt man zur Tam-Thai-Pagode, ursprünglich ein Cham-Heiligtum. Unter Minh Mang wurde an der Stelle 1825 die Pagode errichtet, in denen die Statuen des Buddha Sakyamuni (Vergangenheit), des Bodhisattva Quan Am (Zukunft und Göttin der Gnade) und eine Statue Van Thus (Weisheit) angebetet werden.

❓	WUSSTEN SIE SCHON …?

■ Der Legende nach brütete der Schildkrötengott an der Küste am Fuß der Marmorberge ein Ei aus. Als die Schale in fünf Teile – entsprechend den fünf Bergen – zersprang, schlüpfte eine Nymphe aus dem Ei.

Zweigt man vom Hauptweg nach links ab, führt ein steinerner Bogen in eine Grotte, in der eine sehr schöne Quan-Am-Statue steht. An diese Grotte schließt die Huyen-Khong-Höhle an – ursprünglich ein Ort animistischer Verehrung, der später ein **buddhistischer Pilgerort** wurde. An der Quan Am geht es links vorbei durch einen dunklen, etwas rutschigen Gang. Erst mit der Zeit kann man die imposante, aus dem Stein gehaute Buddha-Statue am anderen Ende der gewaltigen Halle ausmachen. Vier bunt bemalte Wächter bewachen den Eingang; in die hohe Decke der Höhle wurden Löcher gebrochen, durch die diffus Tageslicht scheint, sodass der Buddha in der Mittagszeit hell erstrahlt. Um ihn herum findet man einige Altäre und Heiligtümer, an denen hinduistische, buddhistische, taoistische und konfuzianische Götter verehrt werden. Zudem gibt es hier einige wundersame Gesteinsbildungen zu sehen, die als Storch, Fisch oder auch Elefant gedeutet werden. Eine Plakette erinnert daran, dass der Vietcong auch diese Höhle als Unterstand genutzt hatte. Eine Fraueneinheit hatte von hier 19 US-Flugzeuge mit nur 22 Raketen abgeschossen.

★ ★
◀ Huyen-Khong-Höhle

Vom nahen Aussichtspunkt bietet sich ein traumhafter Blick auf die anderen Berge, den Non-Nuoc-Strand, die Cham-Inseln und den Monkey Mountain.

Nur etwa 500 m vom Thuy Son Berg entfernt liegt der so genannte neue China Beach, der Non-Nuoc-Strand, der mit My Khe um den Namen und den »Ruhm« streitet. Es gibt schon einige Hotels und Restaurants – und auch hier ist der weitere touristische Ausbau in Gang.

Non Nuoc

Blick auf die Lagune von Lang Co

Wolkenpass (Deo Hai Van)

Etwa 30 km nördlich von Da Nang liegt der erste von drei Bergen des Truong-Son-Gebirges, das etwa in der Mitte des Landes die »schmale Taille« Vietnams markiert: der Ai Van Son (1176 m). Hier befindet sich die Wetterscheide des Landes. Auf der einen Seite kann noch die Sonne scheinen, während auf der anderen schwarze Wolken hängen und Regen hinunterpeitscht. Über diesen Ausläufer führt der Hai-Van-Pass, was so viel wie »Pass der Meereswolken« bedeutet. Von Süden her erreicht man auf der Nationalstraße 1 den Pass auf einer Höhe von 496 m; dem folgt eine **Serpentinenfahrt** bis auf den Gipfel mit faszinierenden Ausblicken. Man kann Fahrradfahrer und Mountainbiker bei dieser Herausforderung schwitzen sehen, aber auch kleine klapprige Busse, die auf der Strecke liegen blieben.

Der Hai Van-Tunnel ist wahrscheinlich der längste Tunnel Südostasiens (mit 6,3 km) und verkürzt seit 2005 die Reisezeit zwischen Da Nang und Hue um eine Stunde. Man kann aber weiterhin die steile und jetzt angenehm leere Kurvenstrecke über den Wolkenpass nehmen.

Lang Co

Wenn man den Pass nun auf der anderen Seite hinunterfährt und es langsam wieder etwas wärmer wird, kann man nach einiger Zeit die aquamarin leuchtende Lagune von Lang Co (ca. 40 km nördlich von Da Nang) erkennen. Einige riesige Fischernetze, die an Stangen über dem Wasser hängen, sind hier aufgestellt. In der Lagune werden zudem **Austern** gezüchtet, mit deren Perlmutt vietnamesische Künstler ihre Intarsien gestalten.

Zwischen Palmen erahnt man das Dorf Lang Co, das auf einer kleinen Landzunge liegt. Noch heute sind die Reste der früheren Brücke, die die Lagune überspannte, bevor der Vietminh sie 1947 zerstörte, zu erkennen. Viele Reisende legen hier einen Zwischenstopp ein, um etwas zu essen oder an dem nahe gelegenen Strand zu baden.

★ Delta des Roten Flusses

Region: Norden   **Fläche:** 15 000 km²

Obgleich das nördliche Delta des Roten Flusses nur wenige Meter über dem Meeresspiegel liegt, wurde es jahrhundertelang kanalisiert und kultiviert. So sieht man heute eine Landschaft, die von einem Netz aus alten Deichen und Dämmen durchzogen und mit Tempeln, Pagoden, Kirchen, Familiengräbern und Gemeindehäusern übersät ist.

Der Rote Fluss (Song Hong) entspringt in der südwestchinesischen Provinz Yunnan und durchfließt Nordvietnam auf den letzten 500 km seines insgesamt 1200 km langen Laufes. Zum System des Roten Flusses gehören weitere große Ströme wie der **Schwarze Fluss** und der **Klare Fluss**, mit denen er sich oberhalb von Hanoi beim Eintritt ins Tiefland vereinigt. Im Tiefland fächert sich der Rote Fluss in viele Arme auf, bevor er südlich der Hafenstadt Hai Phong ins Südchinesische Meer mündet.

Von Hanoi aus sollte man einen Abstecher in das Deltagebiet machen, auch wenn es außer der einzigartigen Parfüm-Pagode nur we-

Flusssystem

Delta des Roten Flusses Orientierung

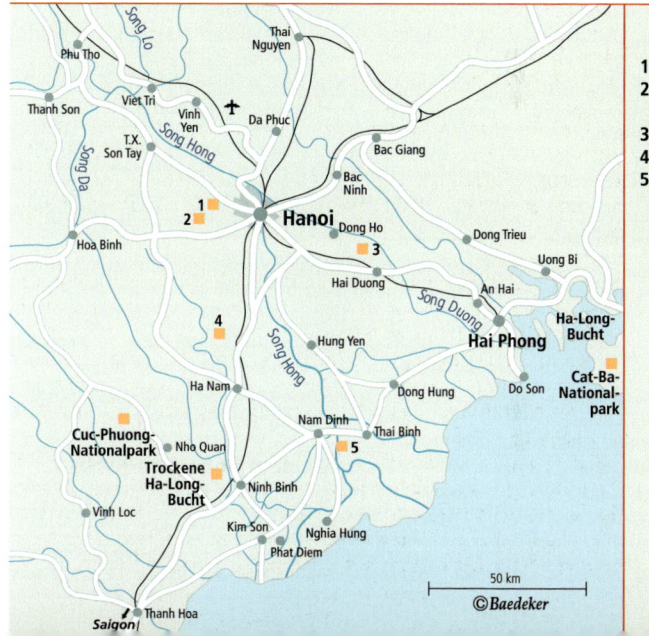

1 Thay-Pagode
2 Tay-Phuong-Pagode
3 But-Thap-Pagode
4 Parfüm-Pagode
5 Keo-Pagode

50 km

©Baedeker

Imposanter Einzug der Protagonisten des Wasserpuppen- theaters ...

VIETNAMESISCHE PUPPENKISTE

Flüsse und Kanäle durchziehen die weiten Delta-Landschaften Vietnams. Das Leben der Menschen hier wird von den Regenfällen des Monsuns bestimmt, und auch bei den Festen dreht sich meistens alles ums Wasser. So auch beim weltweit einzigartigen Wasserpuppentheater (mua roi nuoc).

Mit lauten Böllerschüssen werden die Zuschauer musikalisch begrüßt. Die Mitglieder eines kleinen **Orchesters** verleihen den Puppen ihre Stimmen. Sie sind in festliche, leuchtend-bunte Gewänder gekleidet und sitzen neben der »Bühne«, in diesem Fall dem Wasser. Normalerweise ist es ein See oder der Dorfteich. In Städten wie Hanoi, Saigon oder Hue gibt es auch speziell eingerichtete Wasserpuppen- theater mit einem Wasserbecken als Bühne. Links und rechts begrenzen zwei pfählerne Holz-Balustraden den Bühnenbereich. Hier werden zu Be- ginn der Aufführung bunte Fahnen aufgezogen – wie von Geisterhand. Das bräunliche Wasser schlägt kleine Wellen, und die weißen Rauchschwa- den der verhallenden Feuerwerkskör- per ziehen langsam über die Wasser- oberfläche.

Der Bauer führt durchs Programm

Da kommt Teu auf die Bühne, der **Conferencier**, der Spaßmacher und Vermittler zwischen Publikum und Akteuren. Die weißbemalte Puppe

mit verschmitztem Gesichtsausdruck stellt einen jungen Bauern dar, der in keinem Roi Nuoc fehlen darf. Er eröffnet die Darbietung und heißt die Zuschauer willkommen. Dann erklingt eine Bambusflöte und eine Musikerin fängt an zu singen.
Wie von Fäden gezogen, gleitet ein brauner **Wasserbüffel** aufs Wasser. Mit seiner breiten Schnauze taucht er immer wieder in die Fluten und spritzt dabei mächtig um sich. Schnaubend und prustend zieht er seine Bahnen durch das Wasser, mit einem Pflug und einem Bauern im Schlepptau – ein Bild, das in Vietnam genauso zur Landschaft gehört wie die Kegelhüte der Frauen. Alsbald tum- meln sich zu den Klängen einer volkstümlichen Melodie in dem Be- cken andere pflügende Bauern, reis- pflanzende Bäuerinnen und Fischer in ihren kleinen Booten.

Aus dem Leben gegriffen...

Die meisten Motive des Wasserpup- pentheaters entstammen dem Alltags- leben der vietnamesischen Reisbau- ern, das mit all seinen heiteren und

... und die Puppen-spieler des Thang-Long-Ensembles in Hanoi

traurigen Begebenheiten in kleinen unterhaltsamen Szenen nachgezeichnet wird: Es geht ums Entenhüten und Füchsejagen, um Bootsrennen oder um die Tücken des Fischefangens. Die Fische hüpfen dann munter umher, und die Fischer schlagen mit gespielter Unbeholfenheit ihre Reusen immer wieder daneben. Die Zuschauer amüsieren sich natürlich königlich, wenn die springlebendigen Fische entwischen und die Fischer leer ausgehen besonders, wenn zu guter Letzt im Eifer des Gefechts nicht dem Fisch, sondern einem kleinen, frechen Jungen die Reuse übergestülpt wird.

...oder aus der Geschichte

Andere Episoden wurzeln in den **Märchen, Legenden** oder anderen Theaterformen, deren Helden meist der nationalen Geschichte entstammen. Ein berühmter und besonders beliebter historischer Stoff dreht sich um den legendären König Le Loi, der im 15. Jahrhundert die Chinesen aus Vietnam vertrieb. Der Sage nach siegte er dabei mit einem magischen Schwert, das ihm die Götter überlassen hatten. In Aufführungen des Wasserpuppentheaters wird oft und gerne erzählt, wie Le Loi nach jenem Krieg eine Bootsfahrt auf dem Hoan-Kiem-See in Hanoi unternahm. Dort traf er auf eine riesige Schildkröte, die ihm das Schwert entriss und dann in

den Tiefen des Sees verschwand, um es seinen göttlichen Eigentümern wiederzugeben.

Feuchter Beruf

Am Ende der Aufführung erklingen noch einmal Trommeln und Zimbeln. Zu immer schnelleren Rhythmen gleiten, hüpfen und springen die **vier heiligen Tiere** durchs Wasser: der wundersame Vogel Phönix, das mythische Einhorn Kylin, der farbenprächtige Drache und die goldene Schildkröte. Denn wenn sie miteinander tanzen, verheißt dies in Vietnam Glück und Frieden.

Nach ihrem Auftritt verschwinden die Figuren in einem Wasserpavillon, der im hinteren Bereich des Beckens aufgebaut ist. Unter seinem geschwungenen Pagodendach befinden sich die Requisiten, die Puppenschar und auch die Puppenspieler. Diese agieren für das Publikum nämlich unsichtbar hinter Vorhängen aus geflochtenem Bambus. Dabei stehen sie bis zu den Hüften im Wasser! Die Puppen dagegen scheinen auf dem Wasser zu schweben. Mit 3–4 m langen Bambusstangen werden die Figuren bewegt, über Ruder und Schnüre können sie gedreht und gewendet werden, sodass man den Eindruck bekommt, sie seien geradewegs von den Reisfeldern und aus den Dörfern auf die Bühne gekommen.

nige wirkliche Sehenswürdigkeiten gibt. Unter all den historischen Bauwerken sind sicher die Thay-Pagode und die Tay-Phuong-Pagode (alle drei ▶Hanoi, Umgebung) tief im Landesinneren die schönsten Beispiele klassischer vietnamesischer Architektur. Viele Städte tragen noch immer schwer an den Zerstörungen des Vietnamkrieges, doch lohnen sich Abstecher in die Dörfer Bat Trang und Dong Ky, in denen Kunsthandwerk gefertigt wird. Zu den landschaftlichen Highlights gehören dagegen die ▶Trockene Ha-Long-Bucht und der Cuc-Phuong-Nationalpark.

Färbung durch unterschiedliche Sedimente

Die schroffen Gebirge und die relativ steilen Gefälle sorgen dafür, dass die Wasserläufe viel Schutt mit sich führen. Beim Roten Fluss überwiegen eisenhaltige Sedimente, was ihm seine rötlich-braune Farbe gibt, der Schwarze Fluss führt dagegen überwiegend dunkles, humushaltiges Material mit sich, und der Klare Fluss kommt aus einem Gebiet, wo wenig Erosionsmaterial anfällt, sodass keine besondere Färbung zu sehen ist. Schwere **Überschwemmungen** sind keine Seltenheit. Das Leben am Roten Fluss war daher immer auch ein Leben mit und gegen den Strom. Um die Auswirkungen der sommerlichen Monsunfluten in Grenzen zu halten, werden seit vorchristlicher Zeit Dämme und Deiche angelegt. Ihre Gesamtlänge beträgt heute mehr als 3000 km. Sie bewirken zwar eine Zähmung der Wassermassen, führen aber auch dazu, dass ein großer Teil der Sedimentfracht

Das Delta des Roten Flusses gilt als Wiege der vietnamesischen Kultur.

nicht mehr auf die Felder gelangt, sondern direkt ins Meer gespült wird. Dadurch wird der Boden seiner natürlichen Fruchtbarkeit beraubt, weshalb heute künstliche Düngung unabdingbar ist.

Besiedlung

Die fruchtbaren Schwemmländer des Roten Flusses können als Kernland und **Keimzelle Vietnams** angesehen werden. Ihre Besiedlung reicht bis zur bronzezeitlichen Dong-Son-Kultur zurück. Heute leben fast 40% der Vietnamesen im Deltagebiet, was einer Bevölkerungsdichte von fast 2000 Einw./km² entspricht. Charakteristisch sind die in der Nähe der Reisfelder auf Kuppen, Dünen und Dämmen errichteten Dörfer, die von Bambuszäunen geschützt werden. Auf diese Weise wird die weit gehende Autarkie des vietnamesischen Dorfes noch manifestiert. Die Häuser stehen ebenerdig und nicht, wie in Laos und Kambodscha üblich, auf Stelzen.

Wirtschaft

Mit 15 000 km² nimmt das landwirtschaftlich geprägte Delta des Roten Flusses nur ein Drittel der Fläche des Mekong-Deltas ein, ist aber für die Wirtschaft des Landes von ähnlich großer Bedeutung. Seine Schwemmlandböden gewährleisten **hohe Erträge**, auch das Klima ist günstig für den Anbau. Wie im Mekong-Delta wird der Hauptniederschlag durch den Sommermonsun verursacht. Da aber im Winter die Temperaturen im Delta des Roten Flusses wesentlich niedriger sind als dort, kommt es zur Nebelbildung mit einem beständigen Nieselregen, der auch in der Trockenzeit für genügend Bodenfeuchtigkeit sorgt. Daher kann die zweite Ernte im Jahr ohne künstliche Bewässerung eingebracht werden. Trotzdem exportiert das Gebiet keinen Reis, denn wegen der hohen Bevölkerungsdichte reichen die Erträge kaum zur Deckung des Eigenbedarfs.

Dien Bien Phu

B 2

Provinz: Lai Chau (Hauptstadt)   **Region:** Bergland des Nordens
Einwohnerzahl: 30 000

Der Weg nach Dien Bien Phu ist das Ziel. Eine reizvolle Fahrt über die Berge führt in die Provinzhauptstadt nahe der laotischen Grenze. Dien Bien Phu entpuppt sich für seine abgelegene Lage als überraschend große, aber nicht besonders attraktive Stadt. Auffallend viele französische Touristen tummeln sich hier – in Dien Bien Phu wurde das Ende der französischen Kolonialzeit besiegelt.

Fruchtbar und dicht besiedelt

Die kleine Stadt liegt in einem 18 km langen und 6–8 km breiten Hochtal, das der Fluss Nam Rom durchfließt. Die Region, die von Reisanbau lebt, ist sehr fruchtbar und dicht besiedelt. Milde Winter und warme Sommer zeichnen das Klima der **Bergregion** aus. Vor allem Thai und Muong leben hier, auch einige Vietnamesen, die von

▶ DIEN BIEN PHU ERLEBEN

AUSKUNFT

Dien Bien Tourism
7A–7/5 Road, Tan Thanh,
Dien Bien Phu
Tel. 0 23/82 48 41
Außerdem in den Hotels.

VERKEHR

Airport: Tel. 0 23/82 49 48, tgl. Flüge
von Hanoi; 45 Min.

EINKAUFEN

Auf dem täglichen Markt finden sich
auch die Angehörigen der Bergvölker
ein, um mit ihren Waren zu handeln,
vor allem aber an Wochenenden.

ESSEN

▶ **Preiswert**
Lien Tuoi Restaurant
an der N 42, ca. 500 m nördlich
des Armeemuseums
Tel. 0 23/82 49 19

Das einzige empfehlenswerte Lokal in
Dien Bien Phu, Speisekarte in Englisch
und Französisch.

ÜBERNACHTEN

▶ **Günstig**
Muong Thanh Hotel
25 Muong Thanh
(Him Lam, östlich des Kreis-
verkehrs)
Tel. 0 23/81 00 43,
Fax 81 07 13
Das beste Hotel im Ort mit 70
unterschiedlichen Zimmern im
Alt- und Neubau. Pool, gutes und
großes Restaurant mit Bar, viele
Reisegruppen.

Dien Bien Phu Mini Hotel
7 Be Van Dan
Tel. 0 23/82 43 19
Zentral gelegene Pension, einfache
Zimmer mit Bad (Minihotel).

der Regierung dazu ermutigt wurden. Obwohl die Landschaft durch
Brandrodungsfeldbau und Kriegsfolgen verunstaltet wurde, gibt es
immer noch einige sehr schöne Stellen, vor allem auf den Höhen.

Geschichte Dien Bien Phu wurde im Jahre 1841 gegründet und war immer wieder Ziel ausländischer Angriffe. Von den Franzosen wurde der strate-
gisch günstig gelegene Ort zu einer wichtigen Bastion ausgebaut.
Doch nach dem Zweiten Weltkrieg und mit dem Erstarken der Linken in Frankreich wandelte sich die öffentliche Meinung zum Kolo-
nialkrieg in Indochina. Obwohl für Mai 1954 bereits die **Genfer Friedenskonferenz** angesetzt war, befestigte das französische Militär die
Hochebene um Dien Bien Phu noch aus der Luft. Die Stellung sollte
uneinnehmbar sein, mehr als 16 000 Soldaten wurden hier stationiert, vor allem Fremdenlegionäre, unter denen auch viele ehemalige
Soldaten der deutschen Wehrmacht waren. Die vietnamesischen
Gegner erwiesen sich aber als besonders zäh. Trotz großer Schwierigkeiten gelang es ihnen, Waffen in das nur schwer zugängliche Gebiet
zu transportieren und langsam Stück für Stück das Land zu erobern.
Bei diesen Kämpfen waren auf beiden Seiten Tausende Opfer zu be-

klagen. Am Tag vor der Friedenskonferenz, am 7. Mai, ergab sich der Kommandant nach langer Belagerung schließlich, entgegen der Anweisung aus Paris, bis zum letzten Mann zu kämpfen. Dem seither legendären General Vo Nguyen Giap wird dieser Sieg, der zugleich das Ende des Indochinakriegs bedeutete, zugeschrieben.

Sehenswertes in Dien Bien Phu

Am Schauplatz der Schlacht kann man heute ein kleines Museum besuchen. Anhand von Schaubildern und Fotografien lassen sich die damaligen Ereignisse nachvollziehen (Öffnungszeiten: tgl. 7.30–11.00, 13.30–17.00 Uhr).   **Museum** ⊙

Der **strategische Hügel A1** mit dem Bunker kann schräg gegenüber dem Museum besichtigt werden. Ein Mahnmal erinnert an die Gefallenen; auf französischer Seite ist von 3000–10 000, auf vietnamesischer Seite von 20 000–40 000 die Rede.

Den Friedhof von Dien Bien Phu gegenüber dem Museum betritt man durch einen großen Torbogen. Auf einer weißen marmornen Wandfläche sind die Namen der gefallenen Vietminh verzeichnet. Eine Treppe im Eingangstor kann bestiegen werden und gibt einen guten Überblick über die schier endlosen Reihen von Gräbern mit rotschwarzem Stern.

Spielendes Kind in einem Panzer auf dem ehemaligen Schlachtfeld

Bunker de Castries Etwa 1,5 km entfernt, auf dem Weg zum Flughafen, liegt der Bunker des französischen Befehlshabers, Oberst de Castries, der am Nachmittag des 7. Mai 1954 kapituliert hatte. Sorgfältig wurden die Räume restauriert, in der Nähe stehen alte französische Panzer und Geschütze.

Umgebung von Dien Bien Phu

Tuan Chau Auf dem Weg von Dien Bien Phu nach ▶ Hanoi erreicht man nach 110 km nordöstlich Tuan Chau, einen größeren Marktort für die Schwarzen und Weißen Thai der Umgebung. Vor allem am frühen Morgen kann man sie in ihren wunderschön gearbeiteten **Trachten** sehen. Wem diese Art der Handarbeiten gefallen, der findet hier besonders schöne Tücher.

Son La Nach weiteren 40 km taucht die 660 m hoch gelegene Provinzhauptstadt Son La auf. Von weitem kann man schon den ehemaligen Festungsbau der Franzosen erkennen, in dem heute ein kleines Museum untergebracht ist. Südlich Son Las gibt es einige heiße Quellen, in denen man baden und entspannen kann. Ein kleiner Zoo, in dem u. a. Bären, Stachelschweine und Schildkröten leben, kann im forstwissenschaftlichen Zentrum (6 km westlich von Son La) besucht werden.

Hinweis Auf der weiteren Fahrt nach Hanoi sollte man auch in Hoa Binh und Mai Chau (▶ Hanoi, Umgebung) Halt machen.

DMZ (Demilitarized Zone, Entmilitarisierte Zone)

D 4

Provinz: Quang Tri   **Region:** Nördliche Zentralküste

Nirgends sonst in Vietnam kann man so eindrücklich die Spuren des Vietnamkrieges erleben wie in der entmilitarisierten Zone entlang des Ben-Hai-Flusses. Durchlöcherte Ruinen, Bunker, Soldatenfriedhöfe, Gedenkstätten, überwachsene Schützengräben und rostiger Kriegsschrott zeugen von den grausamen Schlachten, die hier einst tobten.

Die unpassenderweise »entmilitarisiert« genannte Zone war einer der am heftigsten umkämpften Orte während des Vietnamkrieges. Zwischen 1954 und 1975 galt der Ben-Hai-Fluss, genau am 17. Breitengrad, als **Demarkationslinie** zwischen Nord- und Südvietnam. Die DMZ (Demilitarized Zone) umfasste ein Gebiet von je 5 km auf beiden Seiten.

Diese Aufteilung in zwei provisorische Einflussbereiche war ein Produkt der Genfer Friedenskonferenz im Jahre 1954. Sie entstand unter der Maßgabe, dass bald Wahlen anstehen sollten, die aber niemals durchgeführt wurden. Wie auch in Deutschland wurde die Demarkationslinie dann zu einer politischen Grenze zwischen einem kommunistischen und einem kapitalistischen Staat.

Ziele in der DMZ

Als »Street without Joy« ist der 60 km lange Abschnitt der N 1 zwischen Hue und Quang Tri bekannt, da hier während der französischen Kolonialzeit besonders schwere Kämpfe mit den Vietminh stattfanden und die Franzosen die Straße daraufhin »route sans joie« nannten. **Bernard Fall**, ein amerikanischer Historiker, verfasste 1960 ein Buch über den Ersten Indochinakrieg, das er nach dem englischen Namen der Straße benannte. Sieben Jahre später fand er genau hier als Kriegsberichterstatter den Tod.

> ! *Baedeker* TIPP
>
> ### Warnung
> In den letzten 20 Jahren sind in dieser Region mehr als 5000 Menschen, meist verarmte Bauern, die Kriegsschrott sammelten, schwer verletzt oder getötet worden! An vielen Plätzen liegen noch immer scharfe Granaten, Artilleriegeschosse und Minen herum. Es empfiehlt sich daher, die wichtigen Stätten der DMZ nur mit einem Führer zu besuchen. Tagestouren werden von Hotels in Dong Hoi und Hue sowie in Dong Ha angeboten.

DMZ Orientierung

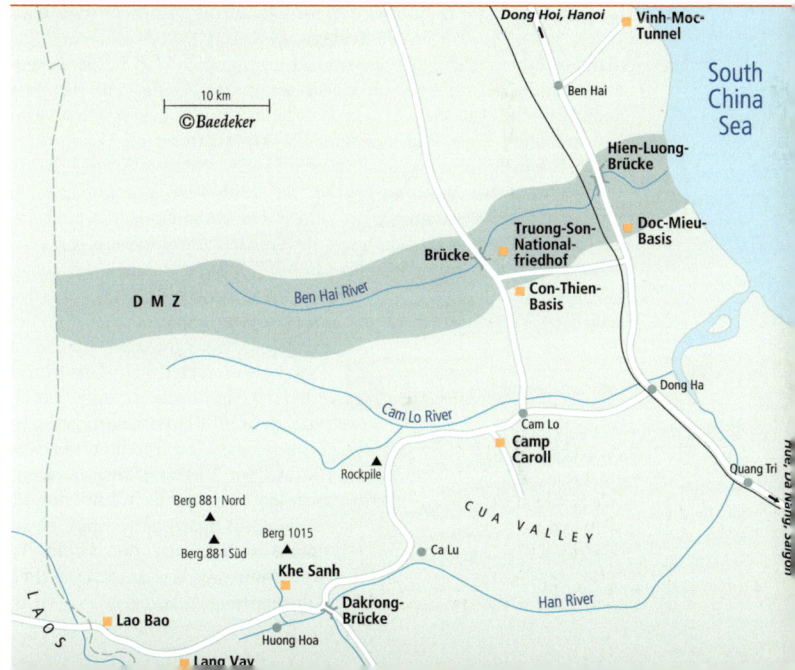

Quang Tri Die Stadt Quang Tri (59 km nördlich von Hue) wurde 1972 beinahe vollständig dem Erdboden gleichgemacht, nachdem nordvietnamesische Divisionen sie eingenommen hatten. Südvietnamesische Truppen und amerikanische B-52-Bomber hinterließen nach einer vier Monate dauernden Schlacht nur mehr Trümmer. Es heißt, auf den 4 km² großen Stadtkern seien in 82 Tagen Bomben mit der 7-fachen Sprengkraft der **Atombombe von Hiroshima** abgeworfen worden. Besichtigen kann man heute eine Gedenkstätte, die Reste der einst mächtigen Zitadelle des Kaisers Minh Mang mit kleinem Kriegsmuseum und die durchlöcherte Ruine der La-Vang-Basilika, die eindrucksvoll den Kampf um Quang Tri vor Augen führen.

Tour zum Ho-Chi-Minh-Pfad

Vorbei an Schlachtfeldern und Stützpunkten Die Fahrt auf der N 9 in westlicher Richtung führt von Dong Ha nach Khe Sanh (auch Huang Hoa), Schauplatz einer der berüchtigtsten Schlachten. Durch eine idyllische Landschaft mit Jackfruit-Bäumen, Pfefferpflanzen, Tee- und Kautschukfeldern gelangt man zum Schlachtfeld von Cam Lo. Ein Abstecher nordwärts führt zum **Truong-Son-Friedhof**. Hier stehen mehr als 10 000 Grabsteine und Kapellen (mit Namenslisten) zum Gedenken der Zehntausenden »Märtyrer« – Frauen und Männer, die beim Aufbau, Transport oder der Verteidigung des Ho Chi Minh-Pfades starben. Viele Gräber sind rein symbolisch und leer, da die Leichen nach dem Inferno nie gefunden werden konnten. Wieder zurück auf der N 9 biegt man nach 10 km zum ehemaligen **US-Stützpunkt Camp Carroll** ab, von dem nicht viel mehr als überwachsene Schützengräben und herumliegendes, rostiges Kriegsgerät übrig geblieben ist. Wieder auf der N 9, nachdem die Dau-Mau-Brücke überquert wurde, erkennt man den 230 m hohen Rock Pile, der von den Amerikanern als Wachposten genutzt wurde und stark umkämpft war. Nach weiteren 20 km kommt man zur **Dakrong-Brücke**, die 1975/1976 mit kubanischer Unterstützung wiederaufgebaut wurde. Die Kubaner halfen auch bei der Instandsetzung der schmalen Straße nach Aluoi (15 km südwestlich), die Teil des legendären **Ho-Chi-Minh-Pfades** war, ein verstecktes Wegenetz durch den Dschungel mit insgesamt 16 000 km. Auf den getarnten Wegen brachten die nordvietnamesische Armee und der Vietcong den Partisanen im Süden Nachschub. Der Ho-Chi-Minh-Pfad ist das beste Beispiel dafür, wie es den Vietnamesen gelingen konnte, die Überlegenheit der US-Armee im Vietnamkrieg zu überwinden. Mit einfachsten Mitteln, perfekter Organisation und Flexibilität wurde auf die Hightech-Kriegsführung der amerikanischen Streitkräfte geantwortet.

? WUSSTEN SIE SCHON …?

■ Nach Schätzung amerikanischer Experten gelangten in Spitzenzeiten pro Monat 5000 t Material per Träger, Fahrrad, Lastwagen etc. auf dem Ho-Chi-Minh-Pfad zu der Guerilla in Südvietnam. So konnte der entscheidende Schlag, die Tet-Offensive, gegen die Amerikaner vorbereitet werden.

Weiter südlich befindet sich der legendäre Hamburger Hill (Ap Bia Mountain), an dem im Mai 1969 einer der heftigsten Kämpfe stattfand.

Seit dem Jahr 2000 wird am »Ho-Chi-Minh-Highway« (auch Truong Son-Highway) gebaut. Diese insgesamt 3129 km lange Straße von Cao Bang an der chinesischen Grenze bis nach Ca Mau im Mekong-Delta soll als Alternative zur küstennahen und damit stets durch Überschwemmungen und Taifune gefährdeten N 1 dienen. Insgesamt 314 Brücken sind bei dem Milliardenprojekt geplant, das auch durch mehrere Nationalparks verläuft und nicht vor 2010 fertig sein wird. **HCM-Highway**

Die Bergfestung von Khe Sanh (65 km westlich von Dong Ha) war Anfang 1968 Schauplatz einer der berüchtigtsten Schlachten des Vietnamkrieges. Schon im Frühjahr 1967 gab es hier Kämpfe zwischen den US-Truppen und der nordvietnamesischen Infanterie, die sich in den umliegenden Hügeln postiert hatte. Gegen Ende des Jahres bemerkte die amerikanische Aufklärung, dass Zehntausende Soldaten und Massen von Waffen und Munition hierher verlegt wurden. Aus Angst vor einem zweiten ▶ Dien Bien Phu, wo die Franzosen vernichtend geschlagen worden waren, ließ General Westmoreland in wenigen Tagen 100 000 t Sprengstoff, Napalm- und Phosphorbomben auf die Umgebung der Basis abwerfen – nie zuvor war jemals ein Ort so vehement bombardiert worden. Tausende, wenn nicht Zehntausende Vietnamesen starben bei diesen Kampfhandlungen, von etwa 400 Opfern unter den GIs ist die Rede. Doch, was die Amerikaner nicht ahnten, Khe San war nur ein **Ablenkungsmanöver** für den eigentlichen Schlag, die Tet-Offensive. Während Militär und Medien mit Khe San beschäftigt waren, konnten Truppen der Nordvietnamesischen Volksarmee und der Südvietnamesischen Befreiungsfront Hue und Quang Tri erobern und sogar bis zur US-Botschaft in Saigon vordringen. **Khe Sanh**

Mahnmal am 17. Breitengrad

Heute liegt Khe San auf einem kahlen Hügel inmitten einer idyllischen Berglandschaft. Vor allem Metallsammler erinnern noch an das Kriegsgeschehen; die Umrisse des einstigen Flugfeldes lassen sich erahnen, da bis heute nichts darauf wachsen mag. Ein kleines Museum und einige Bunker sind zur Besichtigung geöffnet; sie zeigen Fotos und ein Gästebuch mit teils ergreifenden Eintragungen von US-amerikanischen Veteranen (Öffnungszeiten: tgl. 7.00–16.30 Uhr). ⏱

Tunnel von Vinh Moc Bei Ho Xa biegt man nach Osten ab und erreicht nach 13 km ein ehemaliges Versorgungslager und Versteck (Öffnungszeiten: tgl. 7.00 bis 16.30 Uhr). Die Tunnel von Vinh Moc waren denen von ▶ Cu Chi sehr ähnlich, denn sie entstanden, als sich Familien in der Nähe ihres Dorfes vergruben, um sich bei Bombenangriffen besser schützen zu können. Später übernahm der Vietcong das etwa 3 km lange Tunnelsystem als Stützpunkt. Ein kleines Museum zeigt die damaligen Lebensbedingungen auf. Viele Besucher finden diese Tunnel authentischer als die von Cu Chi.

Dong Hoi

D 4

Provinz: Quang Binh (Hauptstadt)   **Region:** Nördliche Zentralküste
Einwohnerzahl: ca. 90 000

Die stetig wachsende Hafenstadt am Fluss Nhat Le ist bester Ausgangsort für einen Besuch der UNESCO-Höhlen von Phong Nha. Im Süden und Norden der Stadt verlocken schöne Strände und Dünen mit neuen und attraktiven Hotelanlagen. Bis nach Laos sind es über das Truong-Son-Gebirge nur noch 40 km.

Umgebung von Dong Hoi

★★
Ke-Bang-Nationalpark Wegen ihrer kilometerlangen Gänge voller Stalaktiten und Stalagmiten ist die Phong-Nha-Höhle, etwa 50 km nordwestlich von Dong Hoi, 2003 zum **UNESCO-Weltkulturerbe** ernannt worden. Die Cham sahen sie im 9. und 10. Jahrhundert als wichtiges Heiligtum an; Inschriften und Reste von Altären sind in den Grotten noch zu erkennen. Der 1,5 km lange Hauptweg führt innerhalb der Höhle durch 15 Grotten, die man zu Fuß oder mit dem Boot auf dem unterirdi-

▶ DONG HOI ERLEBEN

AUSKUNFT

Quang Binh Tourist (Coseco)
18 Quach Xuan Ky, Dong Hoi
(neben Hotel Phuong Dong)
Tel. 0 52/82 82 28 und 82 20 86
Außerdem in den Hotels.

ESSEN

Gegenüber dem Huu Nghi Hotel auf der Quach Xuan Ky öffnen abends *Biergärten* und *Imbissstände*. Einige *preiswerte Lokale* liegen in der Nähe des Marktes am Ende der Quach Xuan Ky (die südliche Verlängerung der Truong Phap, die in Richtung Norden zum Nhat Le-Strand und zur Flussmündung führt).

▶ **Preiswert**
Anh Dao
Am Busbahnhof im Südwesten der Stadt
Vietnamesische Gerichte und einige Snacks.

ÜBERNACHTEN

▶ Komfortabel

Phong Nha Hotel
5 Truong Phap (etwas nördlich der
Stadt nahe Nhat-Le-Strand)
Tel. 0 52/82 49 71, Fax 82 49 73
Etwas außerhalb des Zentrums
gelegenes Hotel an der Flussmündung
mit 58 ordentlichen Zimmern, teils
Meeresblick.

▶ Luxus

Sun Spa Resort
My-Canh-Strand, Bao Ninh
Tel. 0 52/84 29 99, Fax 84 25 55
www.sunsparesortvietnam.com
sunspahcm@hcm.fpt.vn
Herrliche Strandanlage mit 234 be-
haglichen Balkon-Zimmern um einen
Riesenpool. Wassersport (Jet-Ski!),
Spa mit Massagepavillon am Strand,
Jacuzzi und Tennisplatz.

schen Fluss erkunden kann. Der bisher erforschte Teil der Höhle beträgt rund 19 km (Öffnungszeiten: tgl. 6.00–16.00 Uhr, im November und Dezember kann die Höhle wegen Überflutung geschlossen
sein). Im zum Höhlenkomplex gehörenden **Ke-Bang-Nationalpark**
leben rund 85 Säugetierarten (z. B. insgesamt zehn, teils endemische
Affenarten, darunter Languren und Gibbons, von denen vier Spezies
vom Aussterben bedroht sind).

✶ ✶ Ha-Long-Bucht

D 2

Region: Norden   **Fläche:** 1500 km²

**Eine Landschaft, in der Legenden wahr werden: Die rund 2000 In-
seln der Ha-Long-Bucht beflügeln die Fantasie eines jeden Besu-
chers – sie erinnern an Drachen, schlafende Riesen oder eine Kara-
wane von Kamelen. Im Laufe von Jahrmillionen entstand die landschaftliche Pracht aus wild überwucherten Kalksteinbergen, an
denen Dschunken mit rostroten Segeln vorbeiziehen.**

Ha Long bedeutet so viel wie »absteigender Drache«, im Gegensatz   **Entstehung**
zu Than Long (»aufsteigender Drache«), dem alten Namen der
Hauptstadt Hanoi. Der **Legende** nach kam vor Urzeiten ein riesiger
Drache vom Gebirge ins Tal hinab, um den Vietnamesen im Kampf
gegen ihre Feinde beizustehen. Wütend schlug er mit seinem
Schwanz um sich, spaltete so die Berge und schnitt riesige Kerben
und Täler in die Landschaft. Als er anschließend im Meer unter-
tauchte, verdrängte er so viel Wasser, dass das Land überflutet wurde
und fortan nur noch die steilen Felsen herausragten.
Eine **zweite Legende** erzählt von der himmlischen Drachenmutter
und ihren Kindern, die hier lebten und die Fischer beschützten. Als
eines Tages Piraten die Bucht und die Bewohner überfielen, spuckten
die Drachen Feuer gegen die Invasoren. Die Feuerbälle fielen als

Turmkarst Entstehung

  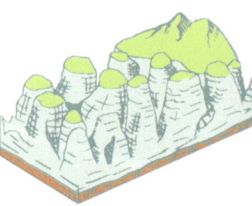

Oberflächenwasser versickert im porösen Untergrund. Durch Lösungsvorgänge entstehen Hohlräume.

Bei fortschreitender Verkarstung stürzen die Höhlendächer ein. Zwischen den Karstkegeln breiten sich sternförmige Dolinen aus.

Die Kräfte der Erosion bewirken, da[ss] sich diese Dolinen nicht nur seitli[ch] sondern auch in die Tiefe ausweite[n] Karsttürme entstehen.

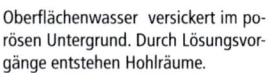

Pflanzendecke   Wasserdurchlässiger Kalkstein   Wasserundurchlässige Gesteinsschicht

graue Ascheklumpen ins Meer zurück und bildeten so bis heute die zerklüfteten Felsinseln. Die Drachenkinder legten sich danach erschöpft in der östlicheren Bai-Tu-Long-Bucht nieder, die somit nach ihnen benannt ist.

✷ ✷ Ziele in der Ha-Long-Bucht

Ha Long City
Die meisten Touristen starten die Erkundungstour in die spektakuläre Ha-Long-Bucht von Ha Long City aus – ehemals zwei idyllische Fischerorte, heute ein aufstrebender Urlaubsort mit Vergnügungszentrum (u. a. überteuertem Wasserpuppentheater), Delfinshows, Kasino, Luxusresorts und schummrigen Karaoke-Bars. Im westlicheren **Ortsteil Bai Chay** liegt das Pier für die rund 300 Ausflugsboote und Kähne, Dschunken und Raddampfer, die in die Ha-Long-Bucht fahren. Unter den Booten sind wahre Augenweiden mit leuchtend roten, gerippten Segeln und tempelartigen Aufbauten auf dem Oberdeck (z. B. die »Annam Junk«, www.annamjunk.com; die »Huong Hai Junk«, Tel. 033/84 50 42, huonghaijunk@hcm.vnn.vn; oder die »Jewel of the Bay«). Die beiden Ortsteile HaLong Citys, das touristischere Bai Chay mit seinen in den Himmel schießenden Hotelklötzen und **Hon Gai** mit seinem Kohleverlade-Hafen, sind erst seit kurzem durch eine Brücke verbunden. Zum Baden reizt keiner der beiden Orte, auch wenn in Bai Chay kürzlich ein heller Strand aufgeschüttet wurde und die Sonnenstühle mit bunten Schirmen an der Promenade in Reih und Glied stehen – das Wasser ist hier nicht sehr verlockend.

Kanufahrt
Per Kanu kann man einige der Höhlen hinter ihrer schmalen Öffnung erkunden und in die smaragdgrüne Lagune dahinter paddeln (z. B. in Hang Luon). Oder man macht paddelnderweise einen Abstecher in die **»schwimmenden« Fischerdörfer**, z. B. nach Van Gia,

wo selbst die Schule »schwimmt«. Manchmal ergibt sich hier mit den Dorfbewohnern ein Plausch und eine Einladung zum Tee auf die Veranda der wackligen kleinen Floßhäuschen. Die meisten Bewohner leben vom Fischfang und züchten Fische: Unter den Planken der Veranda zappelt es heftig in den Käfigen, wenn die Hausfrau die Fische mit zerhackten Artgenossen und Essensresten füttert.

Die Ausflugsboote tuckern an den herrlichen grün überwucherten Kalksteinriesen vorbei, von denen viele ihrer charakteristischen Form wegen nach Tieren (Schildkröte, Elefant, Büffel) benannt sind, oder sie tragen einfache Namen wie Nase, weil die Insel einem menschlichen Profil ähnelt.

★ ★
Fahrt durch die wundersame Kalksteinszenerie

Nicht nur die Kalkfelsen selbst, sondern auch die **Tropfsteine** in den Höhlen bieten der Fantasie genügend Spielraum, um Feen, Geister und Kobolde hineinzuinterpretieren. Auf einigen der Inseln kann man sich absetzen lassen, um eine der vielen Höhlen zu besichtigen. Die »Grotte der Hölzernen Pfähle« auf der von den Franzosen so genannten Ile des Merveilles verdankt ihren Namen den Bambuspfählen, mit deren Hilfe der Feldherr Tran Hung Dao 1288 die mongoli-

◄ Hang Dau Go

Eine Fahrt durch die geheimnisumwobene, märchenhafte Landschaft der Ha-Long-Bucht ist für viele das Highlight einer Vietnam-Reise.

Ha-Long-Bucht Orientierung

sche Flotte bei der **Schlacht am Bach Dang** versenken konnte. Einige davon werden in einer Tropfsteinhöhle aufbewahrt, die über 90 Stufen erreichbar ist und aus drei hintereinander liegenden Domen besteht.

Hang Thien Cung ▶ Von der Thien-Cung-Höhle, einer sehr schönen Höhle voller außergewöhnlicher Stalagmiten und Stalaktiten, hat man eine gute Sicht auf die ruhige, von kleinen Inseln und schroffen Korallenriffen umgebene Bucht. Bunte Lichtreflexe verstärken den wundersamen Eindruck.

Hang Trinh Nu ▶ In der Trinh-Nu-Höhle gibt es allerlei interessant geformte Stalagmiten und Stalaktiten zu sehen. Manche sollen dem Gesicht eines jungen Mädchens ähneln, denn eine Geschichte erzählt, ein Mandarin habe ein junges Mädchen aus einer armen Fischerfamilie hierher entführt und zu seiner Geliebten gemacht. Da sie bei einer Flucht ihre Familie in Gefahr gebracht hätte, beschloss das Mädchen, freiwillig in den Tod zu gehen. Seither wird das Eiland **Jungfrauen-Insel** genannt.

Hang Dong Tien/
Dong Me Cung ▶ Hat man sich durch die teilweise engen Gänge der Dong-Tien-Höhle gezwängt, kommt man in eine größere Halle voller Stalagmiten und Stalaktiten, von der ein Weg ins Freie führt. Auf einmal steht man vor einem wunderbar ruhigen, türkisblauen See, der von einigen Büschen und Sträuchern umgeben ist. Ebenso zauberhaft ist die wenig besuchte Me-Cung-Höhle.

Hang Sung Sot ▶ Die Hang Sung Sot wird mit elektrischem Licht effektvoll beleuchtet, was allerdings unnötig ist. Das Gewölbe ist riesig, selbst ganze Touristengruppen verteilen sich auf die drei Säle voller Stalaktiten und Stalagmiten. Der Rundweg eröffnet fast mystische Ausblicke auf die Tropfsteine im schimmernden Dunst.

✳ Cat-Ba-Insel und Nationalpark

Cat Ba ist das größte Eiland des seit 1986 naturgeschützten Archipels. Ungefähr die Hälfte der größtenteils felsigen Insel nimmt der Cat-Ba-Nationalpark ein (rund 28 000 ha). Die meisten der etwa 7000 Insulaner leben in **Cat Ba City** im Süden, das sich in ein kleines asiatisches St. Tropez verwandelt hat. Besonders im Sommer und an Wochenenden ist der Ort überlaufen, und es bricht regelmäßig Verkehrschaos aus. Eine Promenade zieht sich rund um die Bucht und den Hafen mit Hochhaushotels, Diskotheken und kümmerlichen Bäumchen. Die Altstadt im Westen ist etwas ruhiger, hier ducken sich noch bunte niedrige Häuschen entlang der Promenade, ein kleiner taoistischer Tempel wartet auf Besucher, und eine Markthalle bietet ganztägig frische Ware. Von Cat Ba City am östlichen Ende der Promenade führt ein Spaziergang zu den drei durchnummerierten **Cat-Co-Stränden**, teils entlang der Klippen. Tagesausflüge führen von Cat Ba zu Inseln und Höhlen in der nahe gelegenen Lan-Ha-Bucht, z. B. auf »Monkey Island«.

Asiatisches St. Tropez

 ## HA-LONG-BUCHT ERLEBEN

AUSKUNFT

Tourist Service Center
Bai Chay Pier (neues Touristen-Pier)
Ha Long-City
Tel. 0 33/84 41 90 und 84 74 81
www.halong.org.vn

VERKEHR

Anreise: nach Ha Long City mit Touristenbussen oder öffentlichen Bussen (ca. 3,5 Std.), Zug oder per Fähre ab Hai Phong (oder mit Tragflächenbooten aus China); Anreise nach Cat-Ba-Insel und in die Bai-Tu-Long-Bucht mit (Schnell-)Booten von Hai Phong oder (touristischen) Booten ab Ha Long City (Hong Gai). **In Ha Long City:** Rad, Mofa und Taxis.

AUSFLÜGE

In Ha Long City bekommt man am neuen Touristen-Pier (Bai Chay nahe Thang-Long-Hotel) Tickets und Boote für Ausflüge in die Bucht und auf die Cat-Ba-Insel (ab rund 25 Euro pro Boot und Tag, abhängig von der Bootsart). Ebenso kann man Ha-Long-Touren von Cat Ba aus starten.

EINKAUFEN

Nachtmarkt in Bai Chay (Ha Long City, tgl. 18.00–23.00 Uhr): Bummeln zwischen Promenade und Strand entlang von Souvenirständen: Essstäbchen oder Badeanzüge, Schuhe, Spielzeug und Schnickschnack türmen sich auf den Ständen, ein kleiner Jahrmarkt zieht Kinder magisch an.
Gold Hand Silk (Ha Long Road, Bai Chay): Boutique an der Promenade mit schicken Seidenkleidern und Seidenhemden, Kissenbezüge, Krawatten, bestickte Taschen.
Hong Ngoc Humanity Center (auf halbem Weg zwischen Hanoi und Ha Long City, Sao Dao, Hai Duong, Tel. 03 20/88 29 11): Riesiges Kunsthandwerks-Center: Schuhe, Krawatten und Seidenkleider, Tee-Services und Vasen, Schmuck, Skulpturen, Bücher, Gemälde usw. Bei kleineren Maßan-

fertigungen wartet man eine halbe Stunde in der Cafeteria. Gute Qualität, man kann trotzdem etwas handeln. Die Erlöse gehen an ein Behinderten-Ausbildungsprojekt.

ESSEN

▶ **Preiswert**

Kim Hang Restaurant
Ha Long Road, Bai Chay (ca. 4 km außerhalb vom Zentrum von Ha Long City)
Tel. 0 33/84 68 09
tgl. 12.00–22.00 Uhr
Ein fünfstöckiges Gebäude, auf jeder Etage ein Lokal: Hervorragendes vietnamesisches Essen zu Spottpreisen, Spezialität sind leckere Seafood-Menüs aus Krebs, Fischfilet, Garnelen und frittiertem Tintenfisch.

Phuong Oanh Restaurant
Ha Long Road, Bai Chay (gegenüber von Post und Thong Nhat Hotel)
Tel. 0 33/84 61 45
tgl. 6.00–22.00 Uhr

Kleines Lokal mit gutem vietnamesischem Essen (selten: Speisekarte in Englisch mit Preisen!), viele Meeresfrüchte, auch Frühstück.

Green Mango
1/4 Road (östliche Promenade nahe dem Holiday View Hotel), Cat Ba City
Tel. 0 31/88 71 51
tgl. 6.30 Uhr bis open end
Moderne Restaurant-Bar mit »Fusion-Food«: Variationen aus Tapas und Salaten, Vegetarisches und Seafood, vietnamesische Klassiker und Pasta sowie Süßigkeiten.

Duc Tuan
Promenade (etwa in der Mitte), Cat Ba City
Tel. 0 31/88 87 83
tgl. 6.00–23.00 Uhr
Vietnamesisches Lokal mit Sonnenuntergangs-Balkon im ersten Stock, große Speiseauswahl mit Seafood, Hühner- und Schweinegerichten, Hot Pots und Frühstück.

Blick aus der Dau-Go-Höhle

AUSGEHEN
Schon mal Karaoke versucht?
In ganz Ha Long City ist Karaoke *der* angesagte Abendspaß, und das schon seit Jahren. Wenigstens einmal sollte man dieses typisch asiatische Vergnügen ausprobieren, es gibt Karaoke-Anlagen in jedem Minihotel und in den riesigen Freiluft-Lokalen an der Promenade – wer sich traut ...

Trung Nguyen
Ha Long Road, Bai Chay,
Ha Long City
Tel. 0 33/84 43 38
tgl. 10.00–23.00 Uhr
Vietnamesische Kaffeehaus-Kette, das Open-air-Terrassenlokal an der Promenade ist Treff betuchter Jugendlicher und Touristen: Lichterketten, laute Diskomusik, Fruchtsäfte, Bier, Whiskey, Eis und Eiskaffee, Snacks.

Blue Note
Nui Ngoc Street, Cat Ba City
(hinter Post und Sunflower Hotel
in einer Quergasse)
Tel. 0 31/88 89 67
tgl. 17.00–2.00 Uhr
Kleine Bar mit spottbilligen und guten Cocktails, Bier und andere Alkoholika.

Flightless Bird
Promenade, Cat Ba City
Tel. 0 31/88 85 17
tgl. 18.30 bis open end
Nette Mini-Kneipe auf zwei Etagen mit Spielen, Dart, Zeitungen und Büchern – der Chef ist Neuseeländer.

ÜBERNACHTEN
▶ Luxus
Heritage Hotel
88 Ha Long Road (Uferpromenade),
Bai Chay, Ha Long City
Tel. 0 33/84 68 88, Fax 84 69 99
www.heritagehalong.com
heritagehalong@vnn.vn

Das beste Haus vor Ort (4 Sterne): 100 kleine Zimmer, teils mit Schaukelstühlen, Marmorbädern, Balkon. Der Pool ist die reinste Oase, wo man auch speisen kann. Karaoke-Disco, Massage, Sauna.

Au Lac Resort
Tuan-Chau-Halbinsel, Ha Long
(ca. 5 km vor Ha Long City)
Tel. 0 33/84 21 15, Fax 84 21 66
www.tuanchauresort.com.vn
tuanchauresort@hn.vnn.vn
53 wunderschön dekorierte Villen und Hotelzimmer am privaten Strand oder am Hügel (große Bäder, teils Jacuzzi). Pool, Karaoke, Fitnessraum, Golfplatz, Helikopterflüge über die Bucht, viele asiatische Gäste.

Baedeker-Empfehlung

Sunrise Resort
Cat Ba, Cat Co 3-Strand,
Ha Long-Bucht
Tel. 0 31/88 73-60/-64/-66, Fax 88 73 65
catba-sunriseresort@vnn.vn
Hier kann man es gut eine Woche aushalten (am besten zwischen Mai und November, ab Dezember kann es kalt und nass werden) – im besten Strandhotel der Ha-Long-Bucht! Herrliche kleine, villenartige Anlage in einer 100 m breiten Mini-Bucht. Jacuzzi, Pool, drei Restaurants, Wassersport.

▶ Komfortabel
Halong 1 Hotel
Bai Chay, Ha Long City
Tel. 0 33/84 63 20, Fax 84 63 18
Herrliche alte Kolonialvilla (nicht von der »Lobby« abschrecken lassen!): luftige Galeriegänge, alte Leuchter, mannshohe Vasen, Pfostenbetten, Flügeltüren und Balkonterrasse (in der Suite).

Thang Long Hotel
Bai Chay, Ha Long City
Tel. 0 33/84 64 58, Fax 84 57 44
www.bmc-thanglonghotel.com
 bmc-tlonghotel@vnn.vn
Neubau-Klotz gegenüber vom neuen
Touristen-Boots-Pier mit schön de-
korierten Zimmern.

Atlantic Hotel
Tuan-Chau-Halbinsel, Ha Long
Tel. 0 33/84 28 42, Fax 84 20 48
www.atlantichotel.com
atlantichotel@vnn.vn
Das lindgrüne Hotel präsentiert sich
im Bauhaus-ähnlichen Stil mit
schwungvollem Dach, luftiger Lobby
und Terrassenlokal: 52 gut eingerichtete Zimmer auf fünf Etagen (Sat-TV,
Tel., teils Balkon).

! *Baedeker* TIPP

Schlafen auf dem Wasser

Ein ganz besonderes Erlebnis ist eine Über-
nachtung an Bord inmitten der Ha-Long-
Bucht, um die markanten Felsinseln in
jeweils anderem Tageslicht und ohne die
Ausflugsmassen genießen zu können. Am
Abend taucht die Szenerie in ein weiches
rosafarbenes Licht, ganz zu schweigen
vom Mondlicht: In der Nacht umgeben die
Kalksteinriesen das Boot wie gespenstische
Wächter.

Holiday View Hotel
Road 1/4 (am östlichen Ende der
Promenade), Cat Ba City
Tel. 0 31/88 72 00, Fax 88 72 08-9
holidayviewhotel@vnn.vn
Hervorragendes Mittelklassehotel:
14-stöckiges Haus mit Balkonen,
(Terrassen-)Lokal mit Panoramablick
im 2. und 13. Stock, freundlich-pro-
fessioneller Service.

Baedeker-Empfehlung

Viethouse Lodge
Tuan-Chau-Halbinsel, Ha Long
Tel 0 33/84 22 07, Fax 84 22 08
www.viethouselodge.com
viethouselodge@vnn.vn
Eines der originellsten Gästehäuser in
Vietnam: ein rustikaler Ziegelsteinbau
am Hang mit toller Aussicht, 23 Zimmer
mit altem Dachgebälk und Pfeilern, schöne
auf alt getrimmte Flügeltüren, viel Rattan,
Terrakotta und Holz (Sat-TV, Internet-
anschluss). Terrassenlokal, Sauna, nettes
Personal, Touren.

▶ **Günstig**
Than An Hotel
Vuon Dao, Bai Chay, Ha Long City
Tel. & Fax 0 33/84 69 59
Minihotel mit 20 einfachen, aber
klimatisierten Zimmern und schweren
verzierten Holzmöbeln (Sat-TV,
Kühlschrank, Duschbad), Super-Aus-
blick vom Balkon, ruhig an einem
Hang oberhalb der Stadt gelegen.

Sunflower Hotel
Nui Ngoc Road, Cat Ba City
Tel. 0 31/88 88-90/-91, Fax 88 84 51
www.sunfloweronehotel.com
sales@sunfloweronehotel.com
Zehnstöckiges Hotel an der Prome-
nade mit guten Zimmern und Balkon-
Aussicht auf die Bucht und Hafen.

Rong Bien Hotel
Nui Ngoc Street (kleine Quergasse),
Cat Ba City
Tel. 0 31/88 87 30
Für Preisbewusste: Einfaches Miniho-
tel in der zweiten Reihe mit Gemein-
schaftsbalkon, aber die 24 Zimmer
sind für den absoluten – einstelligen! –
Spottpreis okay.

Mai Quyen Hotel
Van Don, Bai-Tu-Long-Bucht
Tel. 0 33/79 31 88, Fax 87 44 29
Modernes Hotel in origineller Form
mit russisch-orthodoxen Kuppelchen
oberhalb eines weiten Strandes:
Schöne Zimmer mit Mosaikboden,
Badewanne und kleiner Balkon mit
herrlichem Panorama.

Bai Tu Long Eco Resort
Bai Dai Beach, Van Don,
Bai-Tu-Long-Bucht
Tel. 0 33/79 31 56, Fax 79 36 74
in Hanoi: Tel. 04/7 54 85 24,
Fax 7 54 75 68
www.atiresorts.com
ati-baitulong@atiresorts.com
Schöne Anlage vor beeindruckender
Felskulisse mit 46 relativ einfachen
Reihenzimmern (Klimaanlage, Holz-

parkett, vietnamesisches TV) auf ver-
schieden große Stelzenbungalows
(Langhäuser) im Garten verteilt,
Strand ca. 100 m entfernt.

Quan Lan Eco Resort
Quan Lan (ca. 2 km vom Pier),
Bai-Tu-Long-Bucht
Tel. 0 33/87 74 71, Fax 87 72 57
in Hanoi: Tel. 04/7 54 85 24, Fax
7 54 75 68
www.atiresorts.com
ati-quanlan@atiresorts.com
Sieben rustikale, mit Palmblättern
gedeckte und spottbillige Stelzenhütten (Kaltwasserdusche, Ventilator)
direkt auf dem Strand und in den
Dünen an einer kleinen sauberen
Bucht, sehr idyllisch und einsam
(soll aber erweitert werden).
Open-air-Lokal.

Eine Fahrt über die Insel vermittelt einen Eindruck von ihrer wilden Karstlandschaft, die Straße schlängelt sich entlang der Reisfelder oder der zerklüfteten Küste mit den Garnelenzuchtbecken. Auffallend sind die für die Gegend typischen **Kalksteinformationen**, bewachsen mit subtropischen immergrünen Bäumen, die sich wie mit Tentakeln an den schroffen Felsen festhalten. Noch 1893 berichteten Seefahrer von **Piraten**, die sich nach ihren Beutezügen auf diese damals wilde Insel zurückzogen. Zu ihren schützenswerten Ökosystemen gehören zudem noch Sumpf- und Mangrovenwälder, kleine Süßwasserseen, Strände und die der Küste vorgelagerten Korallenriffe.

Die zerkarsteten Kalkwände mit ihren Höhlen (z. B. die Trung- **Tier- und** Trang-Höhle) bieten verschiedenen Arten von Makaken und Gib- **Pflanzenwelt** bons, Bergziegen sowie Fledermäusen Unterschlupf. Eine seltene Langurenart wurde ebenfalls hier entdeckt: der Goldkopf-Langur. Bei archäologischen Ausgrabungen wurden auch Spuren der primitiven **Cai-Beo-Kultur**, deren Angehörige vor rund 5600 Jahren gelebt haben sollen, sowie der **Ha-Long-Kultur** (2000 v. Chr.) gefunden. An der Küste wird der Karst von Mangrovenwäldern umgeben, die ein ein-

? **WUSSTEN SIE SCHON ...?**

■ Im Cat-Ba-Nationalpark gibt es Bäume, die im Volksmund als »chopstick tree« bezeichnet werden. Sie reagieren angeblich mit dunkler Verfärbung auf Giftstoffe, sodass die Essstäbchen der Kaiser aus diesem Holz gefertigt wurden.

zigartiges Biotop darstellen: Hier finden sich im Winter die Zugvögel aus dem Norden ein. Außerdem versammeln sich auf dem Gebiet des Nationalparks außergewöhnlich viele Reptilien (wie Geckos, Seeschlangen, Pythons) und Delfine. Etwa 700 Pflanzenarten, viele von pharmazeutischem Nutzen, kann man auf Cat Ba finden.

Bai-Tu-Long-Bucht Die benachbarte Bai-Tu-Long-Bucht ist sehr viel ruhiger als die Ha Long-Bucht, es gibt weniger spektakuläre Höhlen, aber dafür mehrere größere Strände.

Quan Lan ▶ Auf dem verschlafenen Inselchen Quan Lan werden Tiger Prawns (Riesengarnelen) und Fische gezüchtet, noch heute frönt man hier den uralten Traditionen wie dem Bootsrennen zum Dorffest. Eine regionale »Spezialität« ist der xa sung, ein Sandwurm aus dem Meer, der in manchen Nudelsuppen wiederzufinden ist. Die Fähren von Cam Pha auf dem Festland verkehren mehrmals täglich nach Quan Lan, ebenso von Hon Gai (Ha Long City).

Van Don ▶ Mit der Fähre gelangt man von Quan Lan zweimal täglich auf die nördlich gelegene Halbinsel Van Don (oder mit Hydrofoil-Tragflächenboot ab Ha Long City) – einem größeren Eiland, das herrlich zwischen den Kalkriesen liegt. Am Dai-Strand am östlichen Ende wirkt Van Don noch immer ländlich und verschlafen. Vor dem Strand und der herrlichen Kulisse aus buckligen Felsinseln verkehrt ein nicht enden wollender Strom aus Frachtern, Booten, alten Kähnen und Fähren – Van Don war vor rund 1000 Jahren der erste kommerzielle Fischereihafen unter der Ly-Dynastie.

★ Hai Phong

D 2

Provinz: Stadtstaat Hai Phong **Region:** Delta des Roten Flusses
Einwohnerzahl: 1,6 Mio.

Die drittgrößte Stadt Vietnams, das Industriezentrum Hai Phong, überrascht mit einem schönen alten Kolonialkern: breite Alleen, gesäumt von Flammenbäumen und umgeben von Kanälen und Flussläufen. Die Stadt dient manchen Reisenden als Ausgangspunkt für die Bootsfahrt auf die Cat-Ba-Inseln oder nach Ha Long City.

Geschichte Seit dem 2. Jh. n. Chr. war der nahe bei Hai Phong gelegene Bach Dang immer wieder Schauplatz von Kämpfen gegen die Chinesen und Mongolen: Im Jahre 938 sah sich der vietnamesische General Ngo Quyen mit einer übermächtigen chinesischen Flotte konfrontiert, woraufhin er im Flussbett mit eisernen Spitzen verstärkte Pfähle verankern ließ. Als die Chinesen dann in der Mündung des Bach Dang auftauchten, sandte er eine kleine Flotte wendiger Boote als Köder aus. Die Feinde griffen an, doch ihre schweren Schiffe wurden, als sie die Ebbe erreichten, von den Pfosten durchbohrt (▶auch

S. 51). Mehr als die Hälfte der Chinesen ertrank in dieser Schlacht. Ganz ähnlich konnte diese Kriegslist 1288 wiederholt werden, als sich 400 mongolische Schiffe in der Absicht, Vietnam zu erobern, näherten. In beiden Fällen waren die Siege so überwältigend und die Verluste der Gegner so immens, dass weitere Invasionspläne der Chinesen und Mongolen damit nun beendet waren.

HAI PHONG ERLEBEN

AUSKUNFT

Hai Phong/Vietnam Tourism
60A Dien Bien Phu, Hai Phong
Tel. 0 31/84 29 57 und 84 25 60
außerdem in den Hotels

FESTE

Do Son Büffelfest
Jedes Jahr wird in Do Son zu Ehren des Widerstandskämpfers Nguyen Huu Cao Mitte September ein Fest mit Stierkämpfen veranstaltet. Allerdings haben sie mit denen in Spanien nur wenig Ähnlichkeit: Verloren hat der, der als Erster davonläuft. Hinterher werden die Stiere dann heilig gesprochen und unter den teilnehmenden Dörfern als Loc, Geschenk der Geister, verteilt.

EINKAUFEN

Handelszentrum
Nördlich des Tam-Bac-Sees liegt das Handelszentrum Hai Phongs zwischen der Tran-Thinh-Straße und Cho Sat, voller Straßenmärkte, Blumenstände, Krämerläden und Eisenwarenhandlungen. Eine lokale Besonderheit sind die siamesischen Kampffische, die an vielen Straßenecken angeboten werden!

ESSEN

► Preiswert

① Sai Gon Café
107 Dien Bien Phu
Tel. 0 31/82 21 95
tgl. 7.00–23.00 Uhr

Beefsteak und Bratreis, Spaghetti, Sandwiches und andere Kleinigkeiten, »bia«, Whiskey und Cocktails serviert man in dem großen klimatisierten Lokal und Bar mit TV-Leinwand an der Hauptstraße, manchmal Live-Bands.

ÜBERNACHTEN

► Luxus

① Harbour View Hotel
4 Tran Phu
Tel. 0 31/82 78 27, Fax 82 78 28
www.harbourviewvietnam.com
Ausgerechnet am Hafen steht ein Luxushotel mit kolonialem Flair. Pool, Oldtimer-Touren durch die Stadt.

► Komfortabel

② Huu Nghi Hotel
60 Dien Bien Phu
Tel. 0 31/82 32 44, Fax 82 32 45
www.huunghi-hotel.com
huunghihotel@hn.vnn.vn
Modernes Stadthotel mit Pool und angenehmen, teils eleganten Vier-Sterne-Zimmern mit Balkon. Abends Piano-Begleitung in der Bar im 10. Stock (24 Std. geöffnet).

► Günstig

③ Ben Binh Hotel
6 Ben Binh Street (nahe Fähr-Pier)
Tel. 0 31/84 22 60, Fax 84 25 24
Ruhig in einem Garten gelegenes altes Gebäude, auf drei Etagen verteilen sich 22 relativ einfache Zimmer, die aber okay sind.

Hai Phong Orientierung

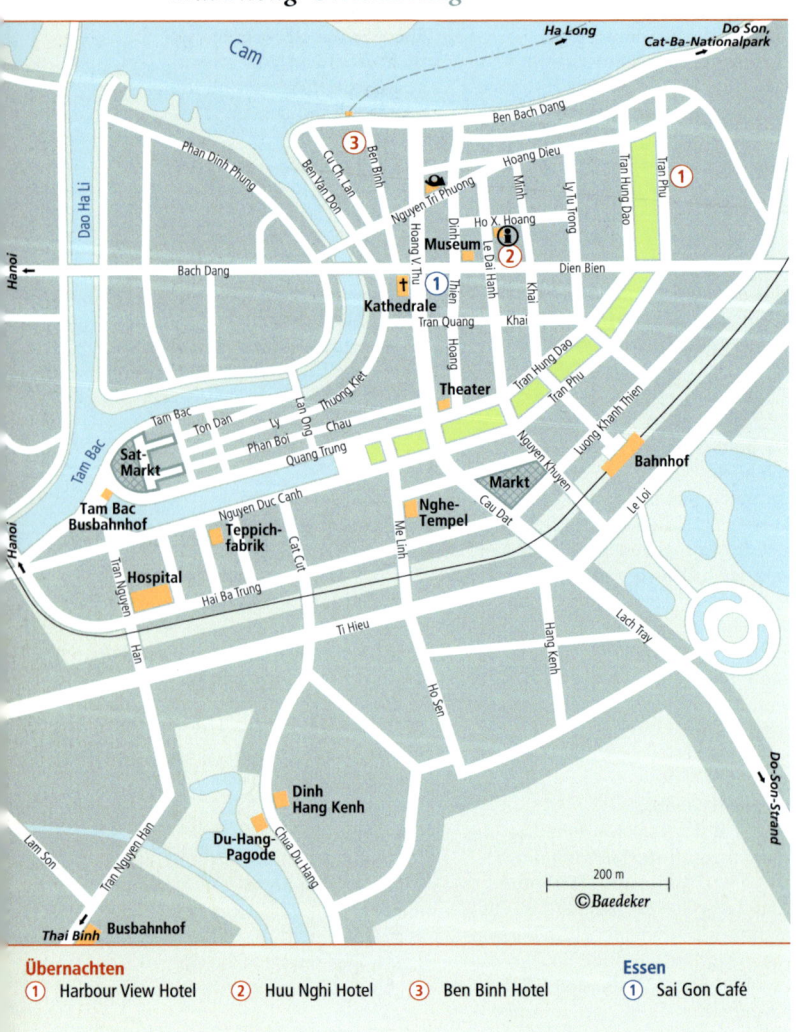

© Baedeker

Übernachten
① Harbour View Hotel ② Huu Nghi Hotel ③ Ben Binh Hotel

Essen
① Sai Gon Café

Während des 17. Jahrhunderts begann man damit, aus dem kleinen Fischerdorf und Militärposten eine **Hafenstadt** zu machen – doch die natürlichen Voraussetzungen waren dafür nicht die besten: Das Dorf lag in einem ca. 20 km vom Meer entfernten, sumpfigen Gebiet. Erst 1874, als die Franzosen Hai Phong übernommen hatten, konnte der Ort trockengelegt und eine Stadt gebaut werden. Nur wenige

Jahre später legten die Kolonialherren eine Versorgungsbasis an, womit der Grundstein für die noch heute bestehende Bedeutung des Hafens gelegt war.

Sehenswertes in Hai Phong

Etwas südlich, in der Hoang Van Thu Street, kommt man zur kürzlich restaurierten Kathedrale, die Ende des 19. Jahrhunderts erbaut wurde.

Kathedrale

In derselben Straße, einige Blocks weiter südlich, liegt gegenüber einer großzügigen Allee das lachsfarbene Theater, für dessen Bau zu Beginn des 20. Jahrhunderts die Materialien aus Frankreich eingeschifft wurden. An dem davor liegenden, weiten Platz starben im November 1946 vierzig Vietminh bei einer Auseinandersetzung mit den Franzosen.

Theater

Auch der Den Nghe, etwa 10 Min. zu Fuß in östlicher Richtung gelegen, ist äußerst eindrucksvoll. Der kleine, etwas eingezwängte Tempel wurde zu Beginn des 20. Jahrhunderts errichtet und Le Chan, einer Mitstreiterin der Trung-Schwestern (► Berühmte Persönlichkeiten), geweiht. Am Hauptaltar werden ihr Opfergaben dargebracht; besonders am 8. Tag des 2. Mondmonats, dem alljährlichen **Tempelfest**,

Den Nghe

Fein gearbeitete Holzschnitzereien schmücken den Nge-Tempel.

Hier entstehen die wunderbaren Teppiche Hai Phongs.

finden sich hier Teller mit ihrer Lieblingsspeise Krabben mit Reisnudeln. Der Den Nghe ist ansonsten für seine hübschen Holzschnitzereien bekannt.

Dinh Hanh Kenh Ursprung des Stadtteils Le Chan war das Dorf Kenh, dessen alter Dinh an der Straße Duong Hanh Kenh liegt. Im Allgemeinen werden Dorfgötter in diesen Gemeindehäusern verehrt, dieses aber ist König Ngo Quyen, dem Eroberer Südchinas (938), gewidmet. Das niedrige Gebäude mit dem geschwungenen Dach wurde gegenüber einem künstlichen See in Form eines Bootes angelegt. Viel Sorgfalt verwendete man für die Fassade und die erstaunlichen **Schnitzereien**. Mehr als 500 Holzreliefs sind hier zu finden, auf denen Szenen des täglichen Lebens dargestellt sind. Trotz ihres Alters von mehr als 200 Jahren sind die meisten noch im Originalzustand erhalten.

Umgebung von Hai Phong

Do Son Umgeben von satt grünen Wäldern und palmengesäumten Stränden ragt die Halbinsel Do Son etwa 20 km südlich von Hai Phong in den Golf von Tonkin. Der etwa 4 km lange Sandstrand ist in drei Abschnitte unterteilt und von einer Hügelkette geschützt. Ausflügler aus Hanoi oder Hai Phong fliehen auf die Peninsula gerne vor der Hitze der Städte und genießen unter Palmen und Kasuarinen die kühle Meeresbrise. Für die vielen Besucher stehen 40 mehr oder weniger vertrauenserweckende Hotels an dem 4 km langen Strand zur Verfügung. Seit 1994 gibt es auch ein Spielkasino, das erste Vietnams. Besonders empfehlenswert ist ein Spaziergang zur **Quelle des Drachen** und zum **Tempel Ba Da** am nördlichen Ende der Halbinsel. Dieser wurde einem jungen Mädchen gewidmet, das sich nach einer Liebesnacht mit einem Höfling umbrachte.

✳ ✳ Hanoi

Provinz: Stadtstaat Ha Noi   **Region:** Delta des Roten Flusses
Einwohnerzahl: ca. 3,5 Mio.

**»Die Stadt zwischen den Flüssen« – so nennen die Vietnamesen ih-
re Hauptstadt. Im Delta des Roten Flusses, wo einst Drachen und
Mongolen herrschten, liegt heute eine der schönsten Städte Asiens
– mit französischem Charme und typisch vietnamesischem Chaos.
In der historischen Altstadt schlägt das alte, etwas bemooste Herz
Hanois – zunehmend zwischen schicken Boutiquen und Cafés.**

Die Gegend um Hanoi wird als die Wiege der vietnamesischen Kul-   **Wiege der**
tur bezeichnet. Wenn auch im Bewusstsein der westlichen Welt Sai-   **vietnamesischen**
gon die Hauptrolle in der Kolonial- und Kriegsgeschichte des 19.   **Kultur**
und 20. Jahrhunderts spielt, so bleibt Hanoi in der immerhin 4000-
jährigen Geschichtsschreibung die zweifellos wichtigere Stadt. Hier,
aus dem Delta des Roten Flusses und den nahe liegenden Bergen,
entstammen die frühzeitlichen **Herkunftslegenden** des vietnamesischen Volkes, auch um die Stadt selbst und ihre Gründung ranken
sich zahlreiche mythologische Erzählungen.
Hanois Atmosphäre ist wie an keinem anderen Ort Vietnams von
den verschiedenen Epochen und ihren Vertretern geprägt. Könige
und Konfuzius, Kolonialherren wie Kaderschüler und neuerdings
auch Kapitalisten haben ihre Spuren im Stadtbild hinterlassen: Hunderte von Tempeln und Pagoden wechseln sich ab mit kolonialzeitli-
chen Fassaden und Art-déco-Villen, sozialistischen Renommierbau-

Highlights Hanoi

Tai Chi, Jogging und Aerobic am Hoan-Kiem-See
Für dieses sportliche Massenspektakel
muss man früh aufstehen und es gilt:
Am besten mitmachen!
▶ **Seite 244**

Wasserpuppentheater
Ein feuchtes Vergnügen: Hier lassen die
Vietnamesen die Puppen tanzen.
▶ **Seite 251**

Altstadtbummel
Sich-Treibenlassen im Gewirr der Gassen,
den Gerüchen folgen oder Exotisches einkaufen.
▶ **Seite 253**

Literaturtempel
In dem konfuzianischen Hauptheiligtum
wurden früher die höchsten Beamten des
Landes ausgebildet.
▶ **Seite 257**

Ho-Chi-Minh-Mausoleum
Bevor man dem verehrten Landesvater die
Ehre erweisen kann, sollte man sich auf
längeres Schlangestehen einstellen.
▶ **Seite 260**

Ethnologisches Museum
Wer was erfahren will über Vietnams
Völker, ihre Geschichte und Kultur, ihre
Sitten und Gebräuche, der ist hier richtig.
▶ **Seite 268**

ten und spiegelverglasten Hochhaustürmen und Kaufhäusern. Das hochmoderne Hanoi zeigt sich vor allem im **Bezirk am Westsee**: Villen, Mini-Hotels und Luxusherbergen sind am Ufer entstanden. Die vielen Parks, Seen und tamarindenüberschatteten Alleen geben Hanoi ein angenehmes und grünes Antlitz.

In der Nähe Hanois führten archäologische Funde auf die Spuren von bedeutenden Frühkulturen, etwa der Dong-Son-Epoche vor 2500 Jahren und der prähistorischen Hoa-Binh-Kultur. Hanoi diente in den vergangenen zwei Jahrtausenden unter verschiedenen Namen als **Residenz von Fürsten und Königen**, von Verwaltung und Militär, konfuzianischer Lehre und Wissenschaft, war aber auch oftmals Schauplatz von Machtkämpfen zwischen den konkurrierenden Dynastien. Vor allem im 18. und 19. Jahrhundert wurden die vielen Paläste dem Erdboden gleichgemacht. Relikte alter Festungen wie Co Loa (3. Jh. v. Chr.) und Dai La (9. Jh.) blieben dagegen erhalten.

Geschichte		
7. Jh.	Chinesen errichten die Festung Dai La.
1010	Die Ly-Dynastie verlegt ihren Sitz nach Dai La.
18. Jh.	Chinesen werden endgültig aus der Stadt vertrieben.
um 1882	Franzosen besetzen Hanoi.
1945	Ho Chi Minh ruft in Hanoi die Demokratische Republik im Norden aus.
1976	Hanoi wird landesweite Hauptstadt des vereinten Vietnam.
1986	Wirtschaftsreformen, auf dem Parteitag in Hanoi beschlossen, künden die Wende der vietnamesischen Politik an.
1996	US-Botschaft wird in Hanoi eröffnet.

Als Gründungsdatum Hanois gilt das Jahr 1010, als die vietnamesische **Ly-Dynastie** ihre Residenz in die dortige Festung Dai La verlegte. Unter der Ly-Dynastie entstanden im 11. Jahrhundert die Ein-Säulen-Pagode und der Literaturtempel, die erste Akademie in Vietnam, sowie das Beamtenwesen. Im Laufe der kommenden Jahrhunderte wurde Hanoi wiederholt von Invasoren (China, die Nguyen-Dynastie) erobert, verlor zwischenzeitlich seine Funktion als Hauptstadt und wurde mehrfach umbenannt. Erst seit Anfang des 19. Jahrhunderts heißt die Stadt Hanoi. Ab 1862/1863 konnten die Franzosen vom Süden aus weite Teile Vietnams unter ihren Einfluss bringen und schließlich um 1882 auch Hanoi besetzen. Die Stadt ernannten sie zur Hauptstadt ihres nördlichen Protektorats Tonkin und der gesamten **Kolonie Indochina**.

Die Brücke zum Jadeberg-Tempel wird auch ➔
»Ort, wo die Morgensonne ruht« genannt.

Morgendliche Tai-Chi-Übungen am Hoan-Kiem-See

Nach dem Zweiten Weltkrieg erklärte Ho Chi Minh am 2. September 1945 auf dem Ba-Dinh-Platz die Unabhängigkeit und rief die Demokratische Republik Vietnam (DRV) im Norden aus. Die französische Kolonialmacht erkannte diese Unabhängigkeit zuerst vertraglich an, besetzte jedoch kurz darauf Hanoi und Saigon erneut. Die kommunistischen Vietminh konnten erst 1954 nach acht Jahren Indochinakrieg aus dem Untergrund nach Hanoi zurückkehren und übernahmen die Macht im Norden des nun geteilten Landes – etwa 1 Million Menschen flüchteten in der Folgezeit in die südliche Republik. Nach dem Ende des **Vietnamkriegs** – bis Dezember 1972 fielen Bomben auf Hanoi – wurde Vietnam am 2. Juli 1976 als Sozialistische Republik Vietnam (SRV) wiedervereint und Hanoi erstmals landesweite Hauptstadt. Die Wende in der vietnamesischen Politik trat mit dem 6. Parteitag der Kommunistischen Partei in Hanoi (1986) ein, auf dem weit reichende wirtschaftliche Reformen beschlossen wurden. Ein weiteres Jahrzehnt verging, bis 1996 die US-Botschaft in Hanoi eröffnet wurde. Schließlich besuchte Clinton im Jahr 2000 Hanoi. Heute geben sich die Staatschefs aus aller Welt hier die Klinke in die Hand, denn Vietnam steht ganz oben auf der Liste der **Auslandsinvestitionen**, vor allem der Handel mit den Amerikanern hat sich in den vergangenen Jahren gleich mehrfach hintereinander verdoppelt. Aber auch die Touristen lassen Hanoi nicht mehr links liegen. Die vietnamesische Hauptstadt gehört heute ebenso auf die Sightseeingtour wie ihre südvietnamesische Schwestermetropole Saigon.

Um den Hoan-Kiem-See

★★
Hoan-Kiem-See

Auf den ersten Blick wirkt der Hoan-Kiem-See im Zentrum Hanois ziemlich klein, man kann ihn ohne große Eile in einer Stunde umrunden – aber trotzdem ist er die Seele Hanois. Schon am frühen Morgen geht es hier lebhaft zu. Man kann Jogger und Spaziergänger sehen oder Aerobictänzer zu Diskorhythmen beobachten. An der nordwestlichen Ecke des Sees trifft sich die kleine Gemeinde der vorwiegend älteren **Tai-Chi-Übenden**. Mittags verbringen viele, die in den nahe gelegenen Büros und Läden arbeiten, in dem Park am See ihre Pause, am Nachmittag spielen alte Männer chinesisches Schach und Kinder tollen herum. Auch am Abend ist noch einiges los, Liebespaare treffen sich, Familien gehen spazieren und viele Touristen streifen von hier aus noch einmal durch die Straßen der Altstadt.

Inmitten des Hoan-Kiem-Sees, dessen Name »See des zurückgegebenen Schwertes« bedeutet, fällt eine kleine Insel mit einem dreistufigen Pavillon, dem **Schildkrötenturm**, auf. Um diese rankt sich eine alte Legende, die von dem Nationalhelden Le Loi erzählt, der den Aufstand gegen die chinesischen Besatzer im 15. Jahrhundert anführte. Es heißt, Le Loi habe beim Fischen in diesem See ein glänzendes Schwert gefangen, mit dessen Hilfe er die Feinde Vietnams nach zehnjährigem Kampf besiegen konnte. Als er zurückkehrte, wollte er dem Geist des Sees danken, doch bei der Vorbereitung seiner Opfergaben ertönte ein lautes Donnergrollen und das Schwert flog aus der Scheide direkt in das Maul einer goldenen Schildkröte, die es den Göttern zurückbrachte. Noch heute ist diese Geschichte eine der populärsten in Vietnam, dargestellt kann man sie häufig im Wasserpuppentheater (▶Baedeker Special S. 216) sehen.

Über die rot lackierte The-Huc-Brücke gelangt man auf ein weiteres kleines Eiland mit dem Jadeberg-Tempel. Da die Brücke aufgrund der hübschen Lage sehr romantisch wirkt, wird sie »der Ort, wo die Morgensonne ausruht« genannt. Neben dem Übergang ragt ein 9 m hoher Obelisk mit chinesischen Schriftzeichen auf, die ihn als »Stift, um auf den blauen Himmel zu schreiben« bezeichnen. Der Jadeberg-Tempel (Den Ngoc Son, Öffnungszeiten: tgl. 8.00–17.00 Uhr) liegt wunderschön zwischen uralten Bäumen. Schon im 14. Jahrhundert war er hier erbaut und einer ausgewählten Gruppe gewidmet worden: dem General Tran Hung Dao, der die Mongolen 1288 besiegt hatte, dem Gott der Literatur Van Xuong, dem Physiker La To und dem Krieger Quan Vu. Das Gebäude, das man heute sehen kann, stammt aus dem 19. Jahrhundert und zeigt einige für die Nguyen-Dynastie typischen Elemente wie die auffallenden **Drachenköpfe**. Das eigentliche Highlight, wegen dem die meisten Touristen hierher kommen, befindet sich nicht im Hauptaltarraum, sondern in einem weiteren, außerhalb gelegenen Raum: der Panzer einer riesigen Schildkröte, die 1968 gefangen wurde.

The-Huc-Brücke und Jadeberg-Tempel

Im Hauptaltarraum des Jadeberg-Tempels

Hanoi Orientierung

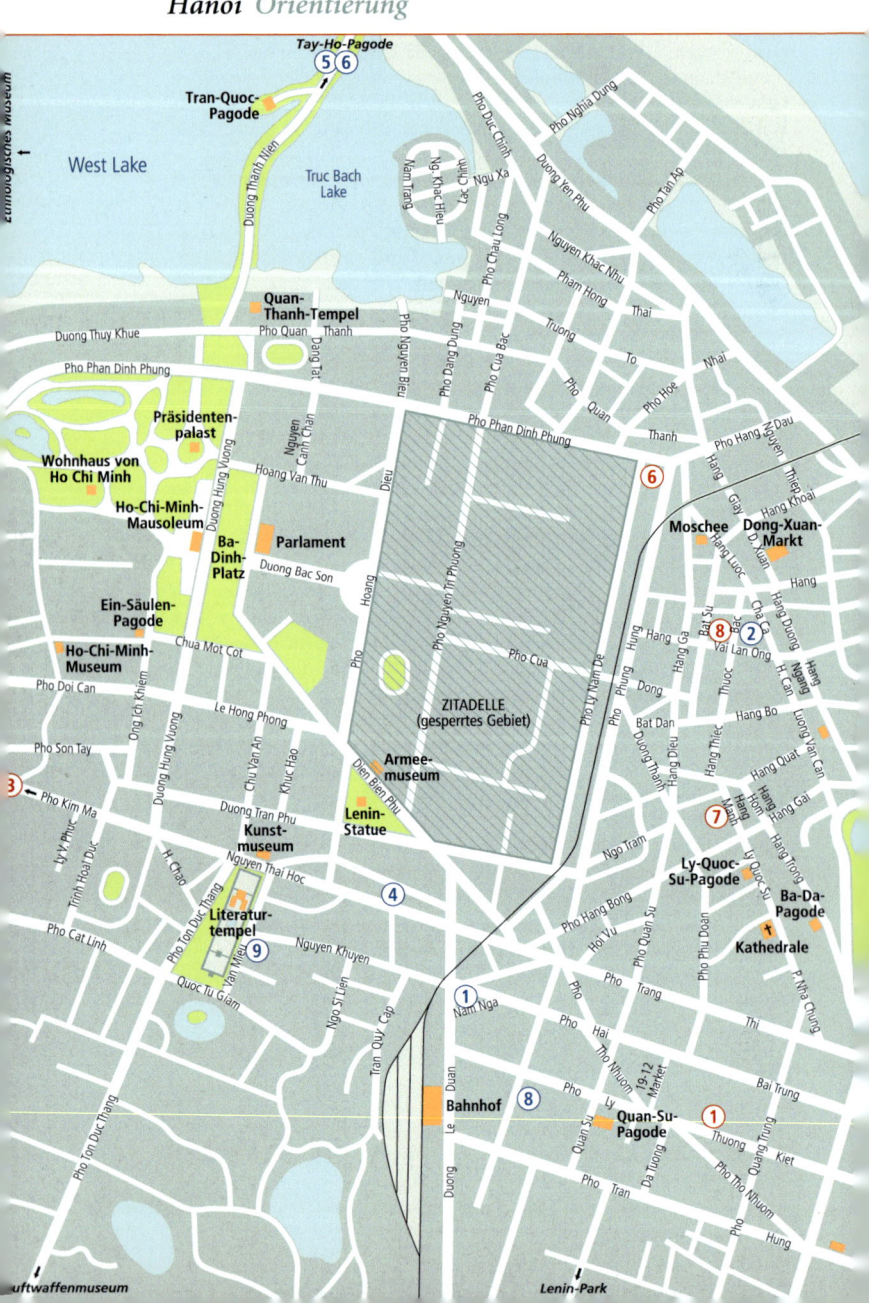

Tay-Ho-Pagode

⑤⑥

Tran-Quoc-
Pagode

West Lake

Truc Bach
Lake

Quan-
Thanh-Tempel

Präsidenten-
palast

Wohnhaus von
Ho Chi Minh

Ho-Chi-Minh-
Mausoleum

Parlament

Ba-
Dinh-
Platz

Ein-Säulen-
Pagode

Ho-Chi-Minh-
Museum

⑥

Moschee

Dong-Xuan-
Markt

⑧ ②

ZITADELLE
(gesperrtes Gebiet)

Armee-
museum

Lenin-
Statue

Kunst-
museum

⑦

④

Ly-Quoc-
Su-Pagode

Ba-Da-
Pagode

Literatur-
tempel

⑨

Kathedrale

③ Pho Kim Ma

①

Bahnhof

⑧

Quan-Su-
Pagode

①

Lenin-Park

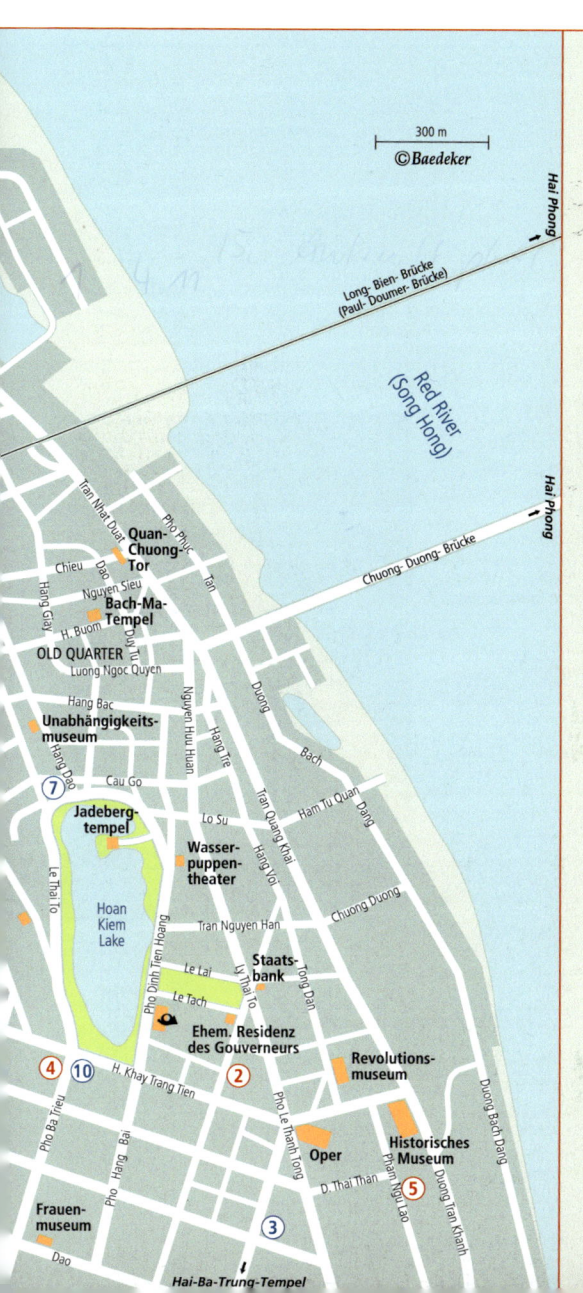

300 m

©Baedeker

Übernachten
① Sol Melía Hanoi
② Sofitel Metropole
③ Daewoo Hotel
④ Zephyr Hotel
⑤ Army Hotel
⑥ Chains First Eden Hotel
⑦ Hong Ngoc
⑧ Continental Hotel

Essen
① Indochine
② Cha Ca La Vong Restaurant
③ Nam Phuong
④ Brother's Café
⑤ Highland Coffee
⑥ Sen Restaurant
⑦ Kim Quy
⑧ Quan An Ngon
⑨ KOTO
⑩ Bobby Chinn

Hai Phong

Long- Bien- Brücke
(Paul- Doumer- Brücke)

Red River
(Song Hong)

Hai Phong

Chuong- Duong- Brücke

Tran Nhat Duat

Pho Phuc

Quan-
Chuong-
Tor

Chieu

Dao

Nguyen Sieu

Bach-Ma-
Tempel

H. Buom

Tan

Hang Giay

H. Duy Tu

OLD QUARTER

Luong Ngoc Quyen

Hang Bac

Unabhängigkeits-
museum

Hang Dao

Hang Be

Nguyen Huu Huan

Cau Go

Jadeberg-
tempel

Lo Su

Bach

Ham Tu Quan

Dang

Hoan
Kiem
Lake

Wasser-
puppen-
theater

Le Thai To

Tran Quang Khai

Hang Vol

Tran Nguyen Han

Chuong Duong

Le Lai

Ly Thai To

Le Tach

Staats-
bank

Tong Dan

Pho Dinh Tien Hoang

④ ⑩

H. Khay Trang Tien

Ehem. Residenz
des Gouverneurs

②

Revolutions-
museum

Duong Bach Dang

Pho Ba Trieu

Pho Hang Bal

Oper

Historisches
Museum

⑤

Pho Le Thanh Tong

D. Thai Than

Pham Ngu Lao

Duong Tran Khanh

Frauen-
museum

Dao

③

Hai-Ba-Trung-Tempel

▶ HANOI ERLEBEN

AUSKUNFT

Vietnam Tourism Hanoi
30A Ly Thuong Kiet,
Hoan Kiem, Hanoi
Tel. 04/8 26 41 54 und 8 26 40 89
www.vn-tourism.com
www.vietnamtourism.com

Saigon Tourist
55B Phan Chau Trinh,
Hoan Kiem, Hanoi
Tel. 04/8 25 09-23/-24
www.saigontouristhanoi.com

Bessere Auskünfte erhält man mitunter bei den Reisebüros oder im Hotel.

REISEVERANSTALTER

Asiatica Travel
1 A Trang Tien (links neben der Oper)
Tel. 04/9 33 17 02, Fax 9 33 17 04
www.asiaticatravel.com
mhoa@asiaticatravel.com
Stadtbesichtigungen, Trekkingtouren, Ausflüge in die Ha-Long-Bucht, Kajaktouren usw., nur Englisch und Französisch sprechende Guides.

VERKEHR

Noi Bai International Airport (ca. 30 km entfernt): Tel. 04/8 86 65 27; Shuttle-Busse von Vietnam Airlines ab der Altstadt, öffentlicher Bus Linie 7 und 17.
Hauptbahnhof: 120 Le Duan, Tel. Ticketreservierung 04/8 25 39 49 und 8 25 27 70, Auskünfte Tel. 04/9 42 36 97 (für Touristen: Schalter 2 – Vorsicht: In der Vergangenheit fuhren nicht immer alle Züge hier ab).
In der Stadt: am besten zu Fuß, mit dem Mofa-Taxi (als Sozius) oder im Cyclo (immer vorher verhandeln!) oder den billigen Taxameter-Taxis (pro km etwa 30 Cents, nur die neuen, sehr guten öffentlichen Busse sind noch billiger, es gibt einen Stadtplan mit eingetragenen Buslinien zu kaufen).

FESTE

Nationalfeiertag
Am 2. September wird die Unabhängigkeit hier ausgiebiger als anderswo mit einer militärischen Parade gefeiert (mitmarschierende Trachten-Träger und Frauen), Feuerwerks-Spektakel am Hoan-Kiem-See und Bootsrennen.

EINKAUFEN

In der *Altstadt* eignen sich vor allem die Straßen Hang Gai, Hang Bong, Hang Trong (Seidenwaren, Schneider), die schicke und teure Pho Na Tho, die Bao Hung und Hai Van (T-Shirts mit HCM-Konterfei) sowie Hang Bong (Kunsthandwerk) zum Bummeln und Einkaufen.
Shoppen bis Mitternacht: In der *Dong-Xuan-Markthalle*, dem größten Markt

Hanois, gibt es Frischfisch und Süßig-
keiten, Lackwaren und Karaokean-
lagen u. v. m. (Hang Khoai Ecke Dong
Xuan, Altstadt).
Craft Link (43 Van Mieu) und *Hoa
Sen Gallery* (51 Van Mieu): Beide
Kunsthandwerksläden am Literatur-
tempel leiten ihre Verkaufserlöse an
Straßenkinder-Projekte oder Mino-
ritätenvölker in den Bergen weiter.
Craft Collection (39A Ly Quoc):
Kunsthandwerk der Bergvölker und
schöne Auswahl an Souvenirs der
bekannten Ladenkette.

KULINARISCHES

Nom bo kho heißt ein leckerer Rind-
fleischsalat mit grünen (unreifen)
Papayastreifen und Erdnüssen, der
die Einheimischen zu den Garküchen
neben dem Thang-Long-Theater am
Hoan-Kiem-See zieht.
Bun cha, die nordvietnamesische Spezialität mit gegrilltem Fleisch und
Reisnudeln, frischen Kräutern, Chili
und Kohl, isst man am besten in der
Altstadtstraße Hang Manh.
Ein preiswertes Seafood-Lokal reiht
sich an das andere am Westsee-Ufer
in der *Thuy Khue*: urige Atmosphäre,
tolle Aussicht, Riesen-Auswahl an
lebendem Meeresgetier.

ESSEN

► Fein & Teuer
① *Indochine*
16 Nam Ngu
Tel. 04/9 42 40 97
tgl. 11.30–14.00, 17.30–22.00 Uhr
Ein Klassiker: Exzellente vieta-
mesische Küche in elegantem
Ambiente, traditionelle Musik am
Abend.

► Erschwinglich
② *Cha Ca La Vong Restaurant*
14 Cha Ca
Tel. 04/8 25 39 29

Für viele ein Muss in Hanoi! Berühmt
für seine Spezialität: Fisch mit Reisnudeln, Kräutern, Nuoc Mam und
Erdnüssen.

③ *Nam Phuong*
19 Phan Chu Trinh
Tel. 04/8 24 09 26
Elegantes Restaurant in einer wunder-
voll restaurierten französischen Villa.
Südvietnamesische Gerichte, traditionelle Musikdarbietungen.

④ *Brother's Café*
26 Nguyen Thai Hoc,
Tel. 04/7 33 38 66,
www.brothercafe.com
Mo. bis Sa. 11.30–14.00,
tgl. 18.30–22.30 Uhr
Herrliches altes Tempel-Gemäuer mit
Säulen und ruhiger Innenhof-Oase:
vietnamesisches Büffet, abends Bar.

⑤ *Highland Coffee*
34 Thanh Nien, West-See
Tel. 04/8 29 21 40
tgl. 7.00–23.00 Uhr
Zweistöckiges trendiges »Floating«-
Restaurant am Ufer des West-Sees,
man sitzt draußen unter Sonnenschirmen oder drinnen klimatisiert,
bei Musik und kleinen asiatischen und
internationalen Snacks, Suppen, Salaten, Wein und preiswerten Cocktails.

⑥ *Sen Restaurant*
10 Ngo 431, Au Co, West-See
Tel. 04/9 13 52 35 und 7 19 92 42
tgl. 11.00–14.00, 18.00–23.00 Uhr
Weit ab vom Zentrum, aber es lohnt
sich: Man speist in pagodenartigen
Pavillons mit Seeblick (open-air oder
im historischen Haus, insg. 500 Plätze)
bei traditioneller Live-Musik (Mo. und
Fr.) oder Pianobegleitung: Büffet mit
rund 60 vietnamesischen Spezialitäten
und »Klassikern« à la carte oder
Menüs.

► Preiswert

⑦ Kim Quy
3 Le Thai To, Hoan Kiem
Tel. 04/9 28 78 68
Angenehmes Restaurant und Bar,
schmaler Balkon im ersten Stock über
dem Hoan-Kiem-See: Speisen und
abends Menüs aus der vietnamesisch-
internationalen Küche.

⑧ Quan An Ngon
18 Phan Boi Chau
Tel. 04/9 42 81 62
An verschiedenen Ständen wird eine
riesige Auswahl frisch zubereiteter
Speisen angeboten, gegessen wird im
großen Hof unter Topfbäumen und
Segeltuchmarkisen oder in den
Räumen der angrenzenden Villa.

⑨ KOTO (Know one, teach one)
61 Van Mieu (rechts neben dem
Literaturtempel)
Tel. 04/7 47 03 37,
www.koto.com.au
tgl. 8.00–23.00 Uhr
Winziges Lokal eines australischen
Projektes für Straßenkinder, die hier
als Köche, Barkeeper und Kellner
ausgebildet werden: kleine asiatische,
westliche und vegetarische Gerichte,
Sandwiches, Fruchtsäfte, Milkshakes,
Cocktails usw. auf zwei Etagen.

AUSGEHEN

⑩ Bobby Chinn
1 Ba Trieu, Hoan Kiem
(südwestliche Ecke des Sees)
Tel. 04/9 34 85-77/-78
tgl. 11.00 Uhr bis Mitternacht und
später
Schickes Lokal und originelle Club-Bar
mit arabischem Touch (Wasserpfeifen
in einem Extra-Raum) zwischen
bunten Seidenvorhängen – preis-
gekrönt wegen der großen Auswahl an
Weinen und Spirituosen. Schuhe aus
und in die Kissen kuscheln!

ÜBERNACHTEN

► Luxus

① Sol Meliá Hanoi
44 B Ly Thuong Kiet, Hoan Kiem
Tel. 04/9 34 33 34, Fax 9 34 33 44
www.solmelia.com
melia.hanoi@solmelia.com
Hochhaushotel der 5-Sterne-Klasse
nahe des Hoan-Kiem-Sees mit allem
Luxus und berühmten Gästen wie
Fidel Castro.

Baedeker-Empfehlung

② Sofitel Metropole
15 Ngo Quyen, Hoan Kiem
Tel. 04/8 26 69 19, Fax 8 26 69 20
www.sofitel.com
sofitelhanoi@hn.vnn.vn
Hanois Traditionshotel aus dem Jahre
1911 wurde schon von den Schriftstellern Graham Greene und Somerset
Maugham gelobt. Komfortable Zimmer
und ein sehr guter Service, französisches
Restaurant, Bar, Swimmingpool sowie
Konferenzräume.

③ Daewoo Hotel
Daeha Centre, 360 Kim Ma Street,
Ba Dinh District
Tel. 04/8 31 50 00, Fax 8 31 50 10

www.hanoi-daewoohotel.com
reservation@daewoohotel.com
Aufgrund eines Jointventures mit
Südkorea entstand dieses moderne
15-stöckige Gebäude im Westen der
Stadt mit vielerlei Extras: Swimmingpool, Nachtclub, Fitnesscenter, Restaurants und Konferenzräume sind
nur einige ...

► **Komfortabel**
④ *Zephyr Hotel*
4–6 Ba Trieu, Hoan Kiem
Tel. 04/9 34 12 56, Fax 9 34 12 62
www.zephyrhotel.com.vn
Elegantes Hotel mit 40 eher kleinen
Zimmern, zentral und ruhig, teils mit
großem Balkon und Hoan-Kiem-
Seepanorama.

⑤ *Army Hotel*
33c Pham Ngu Lao
Tel. 04/8 25 28 96 und 8 26 55 41, Fax
8 25 92 76
armyhotel@fpt.vn
Nicht vom Namen abschrecken lassen! Dieses Hotel (84 Z.) ist zentral
und trotzdem ruhig in einer Seiten-
straße nahe des Historischen Museums gelegen. Die Einrichtung – in
einem ehemaligen Militärgästehaus –
ist zwar schlicht, aber in Ordnung.
Guter Service, großer Pool.

⑥ *Chains First Eden Hotel*
2 Phung Hung
Tel. 04/8 28 38 96, Fax 8 28 40 66
cfeden@hn.vnn.vn
Business-Hotel (42 Z.) mit Gesund-
heitszentrum, Sauna, Konferenz-
räumen und Restaurant. Das Chains
First Eden Hotel liegt im Norden des
Old Quarter in der Nähe der Long-
Bien-Brücke.

► **Günstig**
⑦ *Hong Ngoc*
34 Hang Manh, Hoan Kiem
Tel. 04/8 28 50 53, Fax 8 28 50 54
hongngochotel@hn.vnn.vn
Mini-Hotel mit großen Zimmern,
wunderschönen holzgeschnitzten
und perlmuttverzierten Möbeln, TV,
Klimaanlage, teils Balkon (mittlerweile gibt es von dieser sehr guten
Kette fast in jedem Bezirk Hanois ein
Hotel).

⑧ *Continental Hotel*
24 Hang Vai, Altstadt
Tel. 04/8 28 28 97, Fax 8 28 29 89
continental@fmail.vnn.vn
Angenehmes und zentrales Hotel mit
15 supergünstigen und gut ausgestatteten Zimmern (Badewanne, kleiner
Balkon). Reisebüro.

Seit mehr als 1000 Jahren behauptet sich in Vietnam eine weltweit
einzigartige Kunstform – allen MTV-Spots, Seifenopern und Game-
Boys zum Trotz: das Wasserpuppentheater (mua roi nuoc). Dabei
spielen die Menschen und Geschichten aus dem vietnamesischen Alltag die Hauptrolle. Farbenprächtige Holzpuppen und Figuren erheben sich aus dem Wasser wie ein **leibhaftiges Wasserballett**. Die
Spieler stehen übrigens hinter einem Vorhang tatsächlich noch heute
bis zur Hüfte im Wasser und lassen die schweren Puppen an meter-
langen unsichtbaren Bambusstangen und Schnüren wie von Zauber-
hand übers Wasser gleiten (57B Dinh Tien Hoang, Tel. 04/8 24 94 94,
tgl. 16.00, 18.30 und 20.00 Uhr; außerdem im Hanoi Water Park,
614 Lac Long Quan, Tay Ho).

** **
**Kim-Dong-
Wasserpuppen-
theater
(Thang-Long-
Ensemble)**

Pagodenzubehör findet man in der Hang Quat im Old Quarter.

Ba-Da-Pagode   Umrundet man den südlichen Teil des Sees, bietet sich ein Abstecher zur Kathedrale in der Nha Tho Street an. Auf dem Weg kommt man an dem arkadenverzierten Eingang der Ba-Da-Pagode vorbei, in der eine beeindruckende Sammlung von Buddha-Figuren zu sehen ist.

Kathedrale ▶   Für den Bau der Kathedrale Saint Joseph ließen die französischen Kolonialherren in den 80er-Jahren des 19. Jahrhunderts die bedeutendste Pagode Hanois (Chua Bao Thien) mit ihrem zehnstöckigen Turm schleifen. Besonders auffallend sind ihre bunten Glasfenster und die vielen Votivtäfelchen in der Marienkapelle im nördlichen Kirchenschiff. Ein Grab aus schwarzem Marmor liegt an der gegenüberliegenden Seite – hier wurde der letzte vietnamesische Kardinal beigesetzt, der 1990 verstorben ist. Der Haupteingang der Kathedrale ist nur zu den Messen geöffnet; ansonsten kann man sie über das Seitentor in der Nha Chung Street betreten (geschlossen von 13.00–14.00 Uhr).

Ly-Quoc-Su-Pagode   Folgt man der Ly Quoc Su Street nun in nördlicher Richtung, gelangt man zu der kleinen Ly-Quoc-Su-Pagode (13. Jh.), die den Namen eines buddhistischen Heilers, Lehrers und königlichen Ratgebers trägt. Er soll sogar den halluzinierenden König Ly Thanh Tong von dem Wahn befreit haben, ein Tiger zu sein. Sein Bildnis thront auf dem Altar, dahinter drei Buddhas. Flankiert ist er von einigen interessanten Statuen: vier Frauengestalten auf der einen und drei Mandarine auf der anderen Seite. Bei einem Rundgang um das Altarensemble kann man gegenüber der rückwärtigen Mauer einige alte Steinfiguren finden, die um 1500 datiert werden.

✳ ✳ Old Quarter (Das alte Viertel)

Wie in einem Bienenkorb geht es in den engen Gassen des alten Handelsviertel Hanois zu. Die Geschäftshäuser sind mit Kletterpflanzen bewachsen und mit Vogelkäfigen und -kästchen behängt, aus denen es zwitschert und zirpt, die Trottoirs sind voller Straßenstände und Garküchen, in denen lecker duftende Suppen angeboten werden, und der restliche Platz dazwischen ist mit Fahrrädern und Mofas zugestellt oder von spielenden Kindern und tratschenden Nachbarn bevölkert. Noch immer werkeln hier vereinzelt Nachfahren der **früheren Berufsstände**, etwa in der Straße der Bambuswaren (Hang Tre) oder der Hang Quat, in der religiöse Devotionalien verkauft werden. Rund ums Papier dreht sich alles in der Hang Ma und Schmuck kauft man in der Hang Bac. Wer sich für Zinnartikel interessiert, der sollte in die Hang Thiec und wen traditionelle Heilmethoden begeistern, der wird in der Lan Ong fündig.

Mehr und mehr verdrängen allerdings in den letzten Jahren die Designerboutiquen und Souvenirläden, die Galerien, Reisebüros und schicken Restaurants die alt eingesessenen Bewohner der typischen Wohn-Läden, die abends nur die Metallgitter vor der guten Stube zuziehen. Man kann sich getrost treiben lassen durch die Gassen – verlaufen ist kaum möglich, denn die Bahngleise begrenzen den Bezirk im Norden und die großen Straßen Phung Hung und Tran Nhat Duat im Osten und Westen. Von den vielen Cafés aus kann man das bunte Treiben in Ruhe beobachten.

Unter allen Ablenkungen, die diese Straßen bieten, übersieht man leicht eine architektonische Besonderheit des Viertels, das neben ▶ Hoi An die einzigen Handelshäuser aus dem

Atmosphärisches Viertel mit engen, lärmenden Straßen

> ## ! *Baedeker* TIPP
>
> **Typisches Röhrenhaus**
>
> Ein typisches Röhrenhaus kann man in der Ma May Street 87 anschauen (Pantoffeln anziehen!). Die einstigen Bewohner gehörten zur Gilde der Bambusmacher (ma may) und lebten in drei Generationen in dem herrlich restaurierten Holzhaus. Man beachte die fein geschnitzten Flügeltüren und -fenster mit den vier mythologischen Tieren und das Schmuckstück im 2. Stock: ein Bett mit Perlmutt-Verzierungen (Öffnungszeiten: tgl. 8.00–17.00 Uhr).

✳
Röhrenhäuser

15. Jahrhundert aufweist. Diese Häuser im Old Quarter sind allerdings nicht so exquisit verziert, sondern fallen vor allem wegen ihrer Form auf. Sie werden »tube houses« (Röhrenhäuser) genannt, denn von der Straße her sieht man nur einen kleinen Laden, oftmals nur 2 m breit, an den sich eine Werkstatt, mehrere Wohn-, Schlaf- und Lagerräume anfügen, sodass die Häuser oft 60–80 m lang sind! Da früher die **Steuern** nach der Größe der Ladenfront berechnet wurden und die Geschäfte bei Erbteilung entsprechend dividiert wurden, konnte sich diese Art des Hauses hier etablieren. Das gesamte Gebäude verfügt in relativ regelmäßigen Abständen über Innenhöfe, die Luft und Licht spenden, in denen Regenwasser aufgefangen und Gemüse angepflanzt wird; oft stehen hier auch Ställe für Kleintiere.

Manche Außenfassaden der »tube houses« wurden während der Kolonialzeit verändert und bekamen Balkone, als die Straßen verbreitert wurden, um Bürgersteige zu bauen. Doch einige der Besitzer waren reich oder einflussreich genug, sodass ihre Häuser ausgenommen wurden und auch heute im Straßenbild quasi »aus der Reihe tanzen«, wie man in der Hang Ba und der Ma May Street sehen kann.

Unabhängig-keitsmuseum

In dem Haus in der 48 Hang Ngang entwarf Ho Chi Minh die Unabhängigkeitserklärung der Demokratischen Republik Vietnam von 1945. Das Gebäude, in dem er während dieser Zeit lebte, beherbergt heute das Unabhängigkeitsmuseum (Museum of Independence, Öffnungszeiten: Di. bis So. 8.00–17.00 Uhr). In den oberen Räumen kann man noch die Original-Einrichtung sehen, unten gibt es eine kleine Fotoausstellung.

Bach-Ma-Tempel

Der Bach-Ma-Tempel in der Hang Buom Street ist das älteste und meistbesuchte Heiligtum dieses Viertels. Schon im 9. Jahrhundert gegründet, wurde es später dem Weißen Pferd (Bach Ma), dem Schutzgeist Thang Longs, geweiht. Das heutige Gebäude stammt aus dem 18. Jahrhundert, sein wertvollster Besitz ist die **kupferne Bach-Ma-Statue**, hier in seiner ursprünglichen Form als Erdgott Long Do dargestellt. An beiden Seiten des Altars fallen eine Pferde-Replik und zwei Wächterfiguren, die mit goldlackierten Zahnreihen gesegnet sind, auf (Öffnungszeiten: tgl. 7.30–11.00, 14.00–18.00 Uhr).

Ganz nach dem Pariser Vorbild geschaffen – die Oper Hanois.

✳ French Quarter (Französisches Viertel)

Einen harten Kontrast zu dem geschäftigen Treiben in den engen Straßen des Alten Viertels bieten die großzügig angelegten Boulevards des Französischen Viertels, südlich und östlich des Hoan-Kiem-Sees. Die erste französische Ansiedlung erfolgte 1874, an einer Stelle nahe der heutigen Oper. Viele einzigartige vietnamesische Bauwerke wurden dafür dem Erdboden gleichgemacht. Die Sehenswürdigkeiten in diesem Gebiet liegen nicht ganz so eng beieinander wie die um den Hoan-Kiem-See und im Old Quarter.

Koloniales Erbe entlang breiter Boulevards

Schon auf den ersten Blick kann man erkennen, dass die Oper Hanois ein bedeutendes Vorbild hatte: nämlich das Opernhaus in Paris. Für ihren Bau wurde das Land nahe des Roten Flusses erst urbar gemacht; nach zehnjähriger Bauzeit konnte sie 1911 eingeweiht werden. Lange Jahre war die Oper der ganze Stolz des französischen Hanoi, ihr kultureller und gesellschaftlicher Mittelpunkt – bis 1945 der Vietminh von ihrem Balkon die **Augustrevolution** proklamierte. Sie liegt an der Ecke Trang Tien und Le Thai To. Ihre Innenräume können leider nicht besichtigt werden.

✳ Oper

Das Historische Museum befindet sich nur einen Block weiter östlich (1 Pham Ngu Lao Street). Ein wenig versteckt hinter Bäumen kann man das Gebäude entdecken, eine Mischung aus vietnamesischem Palast und französischer Villa.
Gleich im ersten Raum wird man über die Dong-Son-Kultur (1200 bis 200 v. Chr.) unterrichtet. Die bedeutendsten Relikte dieser Zeit sind große **Bronzetrommeln**, die bei Zeremonien geschlagen wurden, bei Beerdigungen, um den Monsun herbeizurufen oder um Fruchtbarkeitsrituale zu vollziehen. Ein ganz besonders schönes Stück mit fein gearbeiteten Figuren (Wild, Menschen, Schiffe) ist im nächsten Raum zu finden: die Ngoc-Lu-Trommel. Weitere bedeutende Exponate auf dieser Ebene sind der meditierende Buddha aus der Phat-Tich-Pagode (11. Jh.), eine goldbeschriftete Lacktafel (11. Jh.) mit einem Gedicht von König Ly Thuong Kiet, das als erste Unabhängigkeitserklärung Vietnams angesehen wird, und einer Gruppe von fünf Holzpfosten, die von der glorreichen Schlacht am Bach-Dang-Fluss (1288) stammen.
Das obere Stockwerk ist beherrscht von der 3 m hohen **Stele mit der Würdigung Le Lois**, der der Widerstandsbewegung gegen die chinesische Besatzung (15. Jh.) vorstand. Interessante Ausstellungsstücke beziehen sich auf die Nguyen-Dynastie und ihr Leben am Hof von Hue sowie auf die Zeit der französischen Kolonialherrschaft. Der letzte Raumabschnitt ist dem Unabhängigkeitskampf unter der Führung Ho Chi Minhs gewidmet.

✳ Historisches Museum

Öffnungszeiten: Di. bis So. 8.30–17.00

Meditierender Buddha (11. Jh.)

**Revolutions-
museum**

Möchte man mehr über die vietnamesische Unabhängigkeitsbewegung erfahren, sollte man das Revolutionsmuseum einen Block weiter nördlich (216 Tran Quang Khai Street) aufsuchen. Das Kolonialgebäude war einst Sitz der Zollaufsicht. Heute wird hier die Geschichte der Befreiung von Beginn des 20. Jahrhunderts bis 1975 aufgezeigt (Öffnungszeiten: Di. bis So. 8.00–11.30, 13.30–16.30 Uhr).

✳
**Residenz
des Gouverneurs
von Tonkin**

Das **schönste Kolonialgebäude Hanois** wurde 1918 erbaut und wird heute als Gästehaus der Regierung bei hohen Staatsbesuchen genutzt. Leider kann man das schöne Anwesen in der Ngo Quyen Street nicht besichtigen. Möglicherweise wird die Terrasse Filmliebhabern bekannt vorkommen, denn einige Szenen des Filmes »Indochine« wurden hier gedreht.

✳
Trang Tien Street

Die Trang Tien Street, Hauptstraße des French Quarter, führt südlich des Hoan-Kiem-Sees direkt zur Oper. Auf dieser lebhaften Geschäftsstraße gibt es vielerlei Buchläden und Galerien, Cafés und Hotels.
An der Ecke zur Hang Bai steht das achtstöckige »Hanoi Plaza« mit Läden, Apartments und Büros. Südlich der Trang Tien beginnt das eigentliche **Villenviertel** des French Quarter, durch das sich schattige, kühle Boulevards ziehen. Ähnlich wie im Old Quarter haben diese vornehmen Gebäude hauptsächlich aus Geldmangel überlebt. Man kann hier vielfach europäische Einflüsse des frühen 20. Jahrhunderts finden, vom eleganten Neoklassizismus der 1920er-Jahre bis zum Art déco mit besonderer orientalischer Note.

✳
Frauenmuseum

In der 36 Ly Thuong Kiet Street sollte man einen Blick in das 1994 eröffnete Frauenmuseum werfen. Die Ausstellungsobjekte sind auf drei Stockwerken sehr schön präsentiert und auch in englischer Sprache erläutert. Anliegen der Sammlung ist es, die Rolle der Frau in der vietnamesischen Gesellschaft darzustellen, wobei auch die Götterwelt und die ethnischen Minderheiten nicht vergessen wurden. Besonders interessant sind die **kunsthandwerklichen Arbeiten** der Frauen der Viet, Khmer, Hmong, Ede, Cham und Dao (Öffnungszeiten: Di. bis So. 8.00–17.00 Uhr).

✳
**Hanoi Hilton /
Hoa-Lo-
Gefängnis**

Das legendäre »Hanoi Hilton«, das in den 1960er-Jahren weltweit zu zweifelhafter Berühmtheit gelangt ist, stand nur einen Block weiter westlich an der Kreuzung der Straßen Hai Ba Trung und Hoa Lu. Keineswegs handelte es sich hier um eine Luxusunterkunft, sondern um ein Gefängnis, in dem amerikanische Soldaten einsaßen und auch gefoltert wurden.
Seit 1997 ragt hier ein modernes Hochhaus empor, ein exklusives Hotel- und Konferenzzentrum (»Hanoi Tower«). In einem Rest des alten Gebäudes wurde ein **Museum** eingerichtet, um an die Gefangenen zu erinnern – an die amerikanischen wie an die vietnamesischen, die unter französischer Herrschaft hier eingekerkert waren (Öffnungszeiten: Di. bis So. 8.00–11.30, 13.30–16.30 Uhr).

An der nächsten Kreuzung biegt man links auf die Quan Su Street ab, um zur Botschafterpagode (Chua Quan Su, Öffnungszeiten: tgl. außer Sa. 8.30–11.30 und 13.30–16.00 Uhr) zu gelangen. Wie der Name schon sagt, wurde sie im 15. Jahrhundert errichtet, um Botschaftern aus benachbarten buddhistischen Ländern als Herberge zu dienen. Allerdings ist das heutige Gebäude nicht so alt, es stammt aus dem Jahre 1942.

Bis heute ist die Quan-Su-Pagode eine der bedeutendsten und **meistbesuchten Kultstätten** der Stadt. In dem großen Gebetsraum sitzen alte Frauen unter verräucherten Lampions und rezitieren Sutren. Am 1. und 15. des 5. Mondmonats drängen sich Pilger und Bettler im Vorhof, während drinnen eine riesige eiserne Lampe über den Gläubigen zu schweben scheint und die karmesinrot lackierten Buddhas durch die Nebelschleier der Räucherstäbchen leuchten.

**✳ Botschafter-
pagode
(Chua Quan Su)**

✳ ✳ Literaturtempel (Van Mieu)

Die Van-Mieu-Pagode ist nicht nur die großzügigste und schönste Tempelanlage der Stadt, sondern vor allem das konfuzianische Haupttheiligtum und die erste Universität Vietnams. Der Literaturtempel wurde 1070 unter Kaiser Ly Thanh Tong erbaut, die Nationalgalerie gründete sechs Jahre später König Ly Nhan Tong und widmete sie Konfuzius, der in Vietnam eine große und auch wohlhabende Anhängerschaft hatte. Es heißt, man habe die Gestaltung des

**Konfuzianisches
Heiligtum und
erste Universität
Vietnams**
🕐
Öffnungszeiten:
tgl. 8.00–17.00

Rotgolden erstrahlt das Innere des Literaturtempels.

Hanoi Literaturtempel

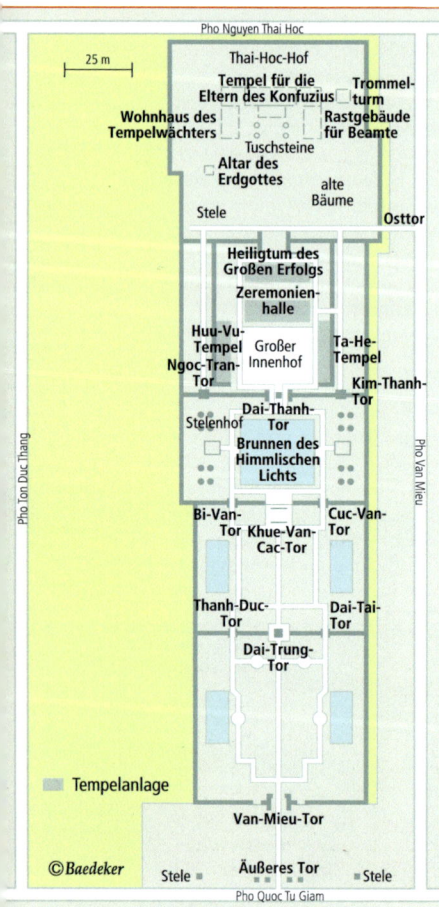

Pho Nguyen Thai Hoc

25 m

Thai-Hoc-Hof

Tempel für die
Eltern des Konfuzius

Trommel-
turm

Wohnhaus des
Tempelwächters

Rastgebäude
für Beamte

Tuschsteine

Altar des
Erdgottes

alte
Bäume

Stele

Osttor

Heiligtum des
Großen Erfolgs

Zeremonien-
halle

Huu-Vu-
Tempel

Großer
Innenhof

Ta-He-
Tempel

Ngoc-Tran-
Tor

Kim-Thanh-
Tor

Dai-Thanh-
Tor

Stelenhof

Brunnen des
Himmlischen
Lichts

Bi-Van-
Tor

Cuc-Van-
Tor

Khue-Van-
Cac-Tor

Thanh-Duc-
Tor

Dai-Tai-
Tor

Dai-Trung-
Tor

Pho Ton Duc Thang

Pho Van Mieu

Tempelanlage

© Baedeker

Stele

Van-Mieu-Tor

Äußeres Tor

Stele

Pho Quoc Tu Giam

Tempelkomplexes einem Heiligtum in seinem Geburtsort Qufu (China) nachempfunden. Heute wird der Literaturtempel als Sinnbild für die schwindende Bedeutung des Buddhismus während der Ly-Dynastie gedeutet, als die konfuzianische Glaubenslehre diesen zu verdrängen begann. Mit der Zeit wurde Van Mieu zum intellektuellen und spirituellen Zentrum des Königreichs, wodurch die Bildung sowohl am Hof als auch unter den Mandarinen und im Volk einen neuen Stellenwert bekam. Doch nicht nur Prüfungen wurden hier abgehalten; wie in anderen Pagoden wurden auch Arme und Kranke gespeist. Man betritt den nordsüdlich ausgerichteten Komplex, der aus einer Abfolge von fünf ummauerten Höfen besteht, von der Quoc Tu Giam Street her.

An beiden Seiten des Äußeren Tores wird der Besucher durch die Inschrift an den **Stelen** »ha ma« aufgefordert, vom Pferd zu steigen. So sollten auch die höchsten Würdenträger daran erinnert werden, dass sie von hier an den Weg zu Fuß fortsetzen sollten. Der Pfad führt zum großen **Van-Mieu-Tor** (15. Jh.), das mit Drachen verziert ist und nur an besonderen Feiertagen geöffnet wurde. Nachdem man es durchschritten hat, kommt man in einen kleinen, akkurat angelegten Park mit Rasenflächen und Bäumen. Durch das schlichtere **Dai-Trung-Tor** gelangt man in einen zweiten, ähnlich gestalteten Garten und zum Khue-Van-Cac-Tor (1805), dem zweistöckigen Pavillon, der in den dritten Hof führt. Sein oberer Teil ist von vier strahlenden Sonnen geschmückt; das Dach ist nach Yin-Yang-Art gedeckt.

★★
Stelenhof

Nun liegt der Stelenhof vor einem. In seiner Mitte befindet sich ein von Mauern eingefasster Teich: der Brunnen des Himmlischen Lichtes. An beiden Seiten ist er von Reihen steinerner Schildkröten flankiert, die steinerne Stelen tragen. Diese sind die **wertvollsten Stücke**

des Heiligtums, denn sie tragen die Resultate der Examina der konfuzianischen Akademie und auch die Namen von 1036 erfolgreichen Absolventen. Die 82 verbliebenen Stelen – 30 sind nicht mehr vorhanden – stammen aus den Jahren 1442 bis 1779.

Jede steht senkrecht auf dem Rücken einer Schildkröte, dem Symbol für Kraft und langes Leben. Zwar ist keine durchgehende Ordnung erkennbar, doch die beiden ältesten Stelen (1442 und 1448) findet man jeweils in der Mitte der ersten Reihe. Aus dem 15. und 16. Jahrhundert stammen die 14 kleinsten, die florale Motive und Yin-Yang-Symbole tragen, aber keine herrschaftlichen Drachen. Erst im 17. Jahrhundert war deren Darstellung erlaubt, wie man auf den 25 Stelen dieser Zeit sehen kann. Die übrigen 43 wurden im 18. Jahrhundert gefertigt. Sie sind die größten und imposantesten, mit zwei stilisierten Drachen und Flammen geschmückt.

Stelentragende Schildkröten

Durch das Tor des Großen Erfolges (Dai-Thanh-Tor) betritt man den vierten Hof und gelangt zu den eigentlichen Tempelgebäuden. Die Pavillons an beiden Seiten bargen einst Altäre und Statuen, die den 76 Schülern des Konfuzius gewidmet waren. Heute kann man hier Bücher und Souvenirs kaufen und eine Ausstellung ansehen.

Tor des Großen Erfolges (Dai-Thanh-Tor)

Die Zeremonienhalle, ein niedriges Gebäude mit einem geschwungenen Dach, ist von zwei Drachen, die einen Vollmond stützen, bekrönt. Im rotgolden gehaltenen Altarraum opferten der König und seine Mandarine, während Trommeln und Gongs ertönten. Zwei Bronzekraniche, die auf Schildkröten stehen, bewachen die Ahnentafel des Konfuzius. Auffallend sind die schönen **Schnitzereien,** die Drachen, Phönixe, Lotosblumen, Früchte, Wolken und Yin-Yang-Symbole zeigen. Diese Darstellungen stehen nach konfuzianischer Vorstellung für die Ordnung des Universums und für die gottgegebene Hierarchie der Gesellschaft – beides Prinzipien, die von den kommunistischen Machthabern nicht gerade begrüßt, aber dennoch toleriert wurden. Zuweilen kann man in der Halle traditionellen Konzerten beiwohnen.

★ Zeremonienhalle

Direkt hinter der Zeremonienhalle liegt das Sanktum, das einst sogar für den König verboten war. In der Mitte des abgedunkelten Raumes prangt eine Konfuzius-Statue, umgeben von seinen vier wichtigsten Schülern. Seitlich stehen auf zwei Altären Ahnentafeln von insgesamt zehn weiteren bedeutenden Schülern.

Heiligtum des Großen Erfolges

Fünfter Hof /
Thai Hoc-Hof

Der fünfte und letzte Hof (Thai Hoc-Hof) war einst Sitz der Nationalakademie, der ersten Universität des Landes. Sie wurde 1076 gegründet, ursprünglich um den Thronerben hier ausbilden zu lassen, später auch die Söhne der Mandarine und hohe Beamte. Dieses Verfahren wurde beinahe lückenlos bis 1802, als Kaiser Gia Long die Hauptstadt nach Hue verlegte, so durchgeführt. Dann wurde hier ein Tempel für die Eltern des Konfuzius eingerichtet. Allerdings zerstörten 1947 französische Bomben die Gebäude, die vor einigen Jahren restauriert wurden. In der ehemaligen Nationalakademie zeigt ein kleines **Museum** im Erdgeschoss ein Modell des Literaturtempels, historische Gewänder, hölzerne Druckplatten und papierne Schriften sowie Schreibutensilien der damaligen Studenten. Im 2. Stock befinden sich drei Altäre zu Ehren der Könige Ly Nhan Tong, Ly Thanh Tong und Le Thanh Tong.

? WUSSTEN SIE SCHON …?

■ Die Beamtenprüfungen für die herrschaftliche Verwaltung, die in der Nationalakademie durchgeführt wurden, waren ausgesprochen schwer. Im Zeitraum von 300 Jahren konnten nur 2313 Bewerber bestehen. Eine vornehme Geburt oder Beziehungen waren für die ausschließlich männlichen Bewerber von Vorteil.

✳ Ho-Chi-Minh-Mausoleum und Umgebung

Ba-Dinh-Platz

Der großzügig angelegte Ba-Dinh-Platz ist das politische und zeremonielle Zentrum der vietnamesischen Hauptstadt. An seiner westlichen Seite dominiert das Mausoleum Ho Chi Minhs den Platz, ihm gegenüber befindet sich die Nationalversammlung. Vor einer halben Million Menschen verlas Ho Chi Minh hier am 2. September 1945 die **Unabhängigkeitserklärung**; seither wird an dieser Stelle jedes Jahr eine Militärparade zum Gedenken abgehalten.

✳✳
Ho-Chi-Minh-
Mausoleum
🕐
Öffnungszeiten:
April bis Sept.
tgl. außer Mo. u. Fr.
7.30–10.30,
Nov. bis März
tgl. außer Mo. u. Fr.
8.00–11.00;
zwischen Sept. und
Nov. meist wegen
Restaurierung des
Leichnams geschlossen

In der Tradition großer kommunistischer Führer wurde die Leiche Ho Chi Minhs einbalsamiert, allerdings gegen dessen Willen. Er hatte hinterlassen: »Teilt meine Asche in drei Teile und bewahrt sie in drei Keramikurnen, die Sinnbild für Norden, Zentrum und Süden sein sollen«. Bis zum Jahre 1975 wurde er nicht öffentlich ausgestellt, doch heute ist das Mausoleum eine der Hauptattraktionen Hanois – für Vietnamesen wie für Touristen. Besonders an Wochenenden und Feiertagen ziehen Massen hierher, um »Onkel Ho« ihren Respekt zu erweisen. Auch wenn das Gebäude von außen nur wie ein düsterer Klotz wirkt, sollte man einen Besuch nicht versäumen. Durch die Eskorte der weiß gekleideten Soldaten, die feierliche Stille und die effektvolle Beleuchtung des Gesichts und der Hände Ho Chi Minhs ist der Gang durch die Hallen ein einmaliges Erlebnis.
Ausländische Besucher müssen Taschen und Kameras an der Rezeption in der Hung Vuong Street lassen, bevor sie sich am Sammelpunkt anstellen dürfen. Von diesem aus wird man ins Mausoleum eskortiert. Kein Einlass in Shorts, Miniröcken und Trägerhemdchen.

Keine Wohnung ohne sein Bild, keine Stadt ohne Statue und keine Politikerrede, in der man sich nicht auf ihn beruft – Ho Chi Minh

ONKEL HO

Von den meisten Vietnamesen wird er noch heute vertrauensvoll Bac Ho (Onkel Ho) genannt, obwohl nur wenig Privates über Ho Chi Minh bekannt ist. Sein Leben ist untrennbar verbunden mit der Geschichte seines Landes und dessen Kampf um Unabhängigkeit.

Er hinterließ kaum persönliche Aufzeichnungen und führte im Laufe seines Lebens etwa **50 verschiedene Namen**, meist Tarnnamen. Was weiß man über seine Person? Nur, dass er sehr kultiviert war – ein Ästhet, der Zeit seines Lebens unverheiratet blieb und sich vollkommen seiner Familie, dem gesamten vietnamesischen Volk, verschrieb.

Beginn seiner Laufbahn

Als Nguyen Sinh Cung kam er am 19. Mai 1890 in einem kleinen Dorf in der Nähe von Vinh als Sohn eines niederen Beamten zur Welt. Da sein Vater viel Wert auf Bildung legte, schickte er ihn 1905 auf das **französische Gymnasium** von Hue, obwohl er die französischen Kolonialherren und ihre lokalen Mandarine ablehnte – eine Haltung, die der Junge übernahm. Ho verließ 1911 das Land und reiste als Schiffsjunge nach Amerika und Europa, wo er u. a. in den Docks von Brooklyn und als Konditor bei Escoffier im Londoner Carlton-Hotel arbeitete. Schließlich gelangte er 1917 nach Paris und nahm wegen seines nationalistischen Engagements den Namen Nguyen Ai Quoc (Nguyen, der Patriot) an.

Schon damals erregte er Aufsehen, als er zur Zeit der Versailler Konferenz eine **Petition** veröffentlichte, die eine demokratisch gewählte Regierung für Indochina forderte. Einige Zeit war er Anhänger der französischen Sozialisten, doch als diese Gruppierung sich auflöste, wurde er – beeindruckt von der strikten Ablehnung des Imperialismus durch Lenin – zu einem Gründungsmitglied der Kommunistischen Partei Frankreichs. So begann Ho Chi Minhs Karriere als Revolutionär.

Ho Chi Minhs Wohnhaus in Hanoi

Befreiungsbewegung

1923 wurde er von der Kommunistischen Internationalen (Komintern) nach **Moskau** berufen und zum Sekretär für Kolonialfragen ernannt. Im Auftrag der Komintern unternahm Ho in den folgenden Jahren Reisen nach China, Westeuropa, Thailand und Hongkong. Vor allem junge Leute wurden von der ersten vietnamesischen Befreiungsbewegung angezogen, die er 1924 in Kanton organisierte. Doch der Anführer der chinesischen Nationalisten Chiang Kai Shek wandte sich drei Jahre später gegen die Kommunisten, sodass Ho gezwungen war, außer Landes zu fliehen.

Eine Zeitlang lebte er getarnt als buddhistischer Mönch in Thailand, doch zurück in Hongkong gründete er 1930 die KP Vietnams, die er wenig später auf Anweisung der Komintern in »Kommunistische Partei Indochinas« umbenennen musste. Wegen Anstiftung zum Aufstand verhängten die Franzosen die **Todesstrafe** über ihn. Ho wurde aufgrund fingierter Beweise festgenommen und wegen seines gesundheitlich schlechten Zustands in ein Krankenhaus gebracht. Doch mit Hilfe des Personals, das die französische Polizei von seinem angeblichen Tod überzeugen konnte, gelang ihm die Flucht. So lebte er einige Jahre im Untergrund, die meiste Zeit davon in Moskau. Erst Ende der 1930er-Jahre tauchte er wieder im südchinesischen Grenzgebiet auf, wo er den antikolonialen Widerstand organisierte.

Gründung der Vietminh

Nach 30 Jahren im Ausland betrat er schließlich Anfang 1941 wieder vietnamesischen Boden, wobei er nur die Kleidung und Sandalen, die er am Leib trug, einen Bambusstock und seine alte Schreibmaschine bei sich hatte – 51 Jahre alt, an Ruhr, Malaria und Tuberkulose erkrankt. Wieder daheim, nahm er den heute bekannten Namen Ho Chi Minh (**der nach Erleuchtung Strebende**) an, den er bis zu seinem Tod beibehielt.

In den Bergen Nordvietnams schlossen sich ihm Vo Nguyen Giap, Pham Van Dong und andere junge Soldaten an, mit denen er die Liga für die Unabhängigkeit Vietnams (Vietminh) aufbaute, einen Zusammenschluss antikolonialer Gruppen unter Führung

*Entsprechend der konfuziani-
schen Tradition ist »Onkel Ho«
auch nach seinem Tod noch
überall im Land präsent – in
Statuen, Büsten, Porträts oder
als Altarikone. Dabei lehnte er
selbst jede Art von Personenkult
ausdrücklich ab.*

der Kommunistischen Partei Vietnams. Ihr Ziel war, die Unabhängigkeit des Landes von der französischen
Kolonialmacht und der japanischen
Besatzung zu erkämpfen.

Doch erneut richteten sich die Ereignisse gegen ihn. Bei einer Reise nach
China wurde er 1942 unter dem
Verdacht, ein **französisch-japanischer
Spion** zu sein, festgenommen. Mehr
als ein Jahr lang musste er in verschiedenen Gefängnissen einsitzen –
in dieser Zeit schrieb er sein legendäres Gefängnistagebuch, eigentlich eine
Sammlung von Gedichten, nieder.

Partisanenkampf

Mittlerweile war die Situation in
Vietnam immer brisanter geworden,
und als die japanische Besatzung im
August 1945 endete, entstand ein
Machtvakuum. Der Vietminh war
nun, wenn auch nur für kurze Zeit,
in der Lage, das Land zu regieren,
doch die Franzosen eroberten schon
1946 die Macht zurück, und die
Regierung floh in den Dschungel
von Cao Bang. Von hier aus leitete
Ho Chi Minh den Partisanenkampf,
der erst 1954 bei **Dien Bien Phu** enden

sollte. Auf der Genfer Indochinakon-
ferenz wurde der 17. Breitengrad bei
Dong Ha als provisorische Demarkationslinie beschlossen. Die »vorüber-
gehende« Teilung des Landes sollte
aber mehr als 20 Jahre dauern.

In den nächsten 15 Jahren, als Präsident der Demokratischen Republik
Vietnam, führte Onkel Ho sein Land
auf einem teilweise ziemlich steinigen
sozialistischen Pfad, immer bemüht,
die Wiedervereinigung zu erreichen.
Sein Kampf gegen das von den USA
unterstützte Südvietnam machte ihn
zur **Symbolfigur** einer gegen das amerikanische Engagement in Vietnam
gerichteten Protestbewegung in Europa und Amerika. Allerdings konnte er
das vereinigte Vietnam nicht mehr
erleben. Er starb am 2. September
1969, dem vietnamesischen Nationalfeiertag. Sein Todestag wurde daraufhin auf den 3. September verlegt.

Inzwischen scheinen der Mythos und
das wirkliche Leben Hos in eine Art
Kult verschmolzen zu sein, der ihn an
die Spitze aller vietnamesischen Nationalhelden stellt – sicher entgegen
seinen eigenen Vorstellungen und
Wünsche.

Präsidenten-palast

Wenn man das Mausoleum verlässt und dem Weg weiter folgt, gelangt man zum ehemaligen Präsidentenpalast und dem Haus Ho Chi Minhs, das sich ebenfalls auf dessen Grundstück befindet. In den Jahren 1900 bis 1908 war die Residenz des Generalgouverneurs von Indochina gebaut worden; heute werden hier Staatsgäste empfangen. Für Publikum bleibt der Palast geschlossen.

Ho-Chi-Minh-Haus

Nach der Unabhängigkeit 1954 zog Ho Chi Minh zwar offiziell in die ehemalige Residenz, meinte aber, sie sei nun Besitz des gesamten Volkes. Er ließ sich ganz in der Nähe ein bescheideneres Haus bauen. Als es ihm dort im Sommer zu heiß wurde, entwarf er eine kleine **Stelzenhütte**, die in idyllischer Lage an einem kleinen See errichtet wurde. Die ebenerdig gelegenen Räume sind mit Schreibtisch, Telefon und Tisch ausgestattet, sein Studien- und Schlafzimmer oben sind noch so erhalten, wie er sie zurückgelassen hat.
Ho Chi Minh lebte hier in den letzten elf Jahren seines Lebens (ab 1958), auch während des Vietnamkrieges. Was links wie ein Gästezimmer aussieht, ist der Eingang zu seinem Bunker. Es heißt, Ho sei dem Garten und seinem Karpfenteich sehr zugetan gewesen (Öffnungszeiten: tgl. 8.00–11.30 Uhr).

Ein-Säulen-Pagode

Ganz in der Nähe liegt die Ein-Säulen-Pagode (Chua Mot Cot) – wie der Schildkrötenturm auf dem Hoan-Kiem-See ein Wahrzeichen Hanois. Unter den Hunderten von Pagoden, die die Ly-Könige im 11. Jahrhundert stifteten, ist diese sicherlich die ungewöhnlichste.

Besucherschlangen vor dem Ho-Chi-Minh-Mausoleum

Das hölzerne Quan-Am-Heiligtum ist nämlich nur etwa 3 m² groß und wird lediglich von einer einzigen Säule, die mitten aus dem See ragt, getragen. In dieser Form soll sie Abbild einer Lotosblüte, dem buddhistischen Symbol für die Erleuchtung, sein. Wie man leicht erkennen kann, handelt es sich bei dem, was man heute sieht, nicht um das Originalbauwerk, denn der nachträglich, aus Beton gegossene Pfeiler (1954) beeinträchtigt das Bild erheblich!

Über die Entstehung der Pagode ist nicht viel bekannt, doch eine **Volkslegende** erzählt, sie sei 1049 unter dem König Ly Thai Tong entstanden. Im Traum erschien ihm Quan Am, wie sie auf ihrem Lotosthron saß und ihm einen männlichen

Ein weiteres Wahrzeichen Hanois: die Ein-Säulen-Pagode

Säugling entgegenstreckte. Kurze Zeit später gebar die Königin einen Jungen. Aus Dank ließ Ly Thai Tong daraufhin die Pagode erbauen. Allerdings hatte er sechs Jahre, bevor er den Thron bestieg, schon einen Sohn (1022), sodass man einer weniger romantischen Version eher Glauben schenken kann: Danach träumte der König, dass Quan Am ihn eingeladen habe, mit ihr auf dem Lotosthron zu sitzen. Die königlichen Ratgeber sahen dies aber als schlechtes Omen an und wirkten auf ihn ein, eine Pagode in Lotosform zu bauen, um ein langes Leben zu erlangen.

Dahinter wächst ein Bodhibaum, ein Ableger des Baumes, unter dem Buddha die Erleuchtung fand. Ho Chi Minh bekam den Setzling im Jahre 1958 bei einer Indien-Reise geschenkt.

🕐 Öffnungszeiten: tgl. 8.00 – 18.00

Am 100. Geburtstag Ho Chi Minhs, dem 19. Mai 1990, wurde das große, moderne Gebäude, etwa 100 m westlich der Ein-Säulen-Pagode, mit sowjetischer Hilfe erbaut. In dem Museum wird seine Person und die besondere Rolle, die er für das Land gespielt hat, gewürdigt. Kleine Ausstellungen beschreiben sein Leben, die vietnamesische Revolution und die Entwicklung des Sozialismus auf der ganzen Welt. Dabei sind auch persönliche Gegenstände zu sehen wie Dokumente und Fotografien, aber auch die Verkleidung, die er trug, als er aus Hongkong floh (Öffnungszeiten: Di. bis So. 8.00–11.30, 13.30–16.00 Uhr).

✳ **Ho-Chi-Minh-Museum**

🕐

In östlicher Richtung gelangt man vom Ho-Chi-Minh-Museum über den Ba Dinh Square auf die Dien Bien Phu Street, eine Straße mit knorrigen alten Bäumen und schönen Kolonialgebäuden. Etwa

✳ **Armeemuseum**

Öffnungszeiten:
tgl. 8.00–11.30
und 13.00–16.30,
Mo. und Fr.
geschlossen

500 m vom Platz entfernt steht vor dem weißen, arkadengeschmückten Armeemuseum eine Lenin-Statue. Auch wenn man sich nicht allzu sehr für Militärisches interessiert, lohnt sich ein Besuch, da hier ein informativer Überblick über die Geschichte Vietnams – auch in englischer Sprache – gegeben wird. Der Hof des Museums steht voller Waffen: u. a. eine russische MiG 21, Artillerie aus Dien Bien Phu, Flakgeschütze aus dem Vietnamkrieg und Wrackteile amerikanischer Flugzeuge, u. a. eines B-52-Bombers. Die Ausstellung beginnt im zweiten Stockwerk. Eine Besonderheit ist das **Diorama der Schlacht von Dien Bien Phu**. Begleitend kann man ein Video in englischer Sprache ansehen. Dem gegenüber ist die Ausstellung zum Krieg gegen die Amerikaner relativ farblos, vor allem Medaillen sind hier zu sehen.

Cot-Co-Flaggenturm

Auf dem Gelände des Armeemuseums steht auch der 33 m hohe Flaggenturm Cot Co, eines der wenigen Relikte der Zitadelle, die Kaiser Gia Long im frühen 19. Jahrhundert erbauen ließ. Von oben bietet sich ein schöner Blick auf die Stadt. Allerdings kann man den Turm nicht immer besteigen.

West-See und Umgebung

West-See

Der Distrikt um den West-See, auch »Hanois Beverly Hills« genannt, kam in letzter Zeit als Villenviertel in Mode. Um den See herum liegen schöne Hotelbauten und Konferenzzentren, Parkanlagen und Clubs. Hier entstand auch die **Chua Tran Quoc**, Hanois älteste Pagode. Im 17. Jahrhundert errichteten Dorfbewohner am südöstlichen Ende des Sees einen Damm, wodurch ein kleiner fischreicher See (Truc Bach) entstand.

Die Sehenswürdigkeiten des West-Sees sind an seiner Südseite nur etwa 500 m vom Binh Dinh Square entfernt, sodass man die Besichtigung der dortigen Sehenswürdigkeiten gut mit einem Abstecher zum See (oder umgekehrt) verbinden kann.

Der Name Truc Bach geht auf einen Sommerpalast zurück, der unter den Trinh-Herrschern im 18. Jahrhundert erbaut wurde und später eine Art Asyl für Konkubi-

? WUSSTEN SIE SCHON …?

■ … wie der West-See entstanden sein soll? Vor langer Zeit ließ ein Mönch eine Glocke mit Bronze aus der kaiserlichen chinesischen Schatzkammer gießen, in der ein goldenes Kalb lebte. Das Kalb hörte ihren hellen Klang und folgte ihr, da es annahm, es sei der Ruf seiner Mutter. Als das Läuten aufhörte, verirrte sich das Kalb und drehte sich in seiner Verzweiflung andauernd um die eigenen Achse. So entstand eine Mulde, die sich mit Wasser füllte. Es heißt, das goldene Kalb lebe immer noch am Grunde des Sees.

Truc-Bach-See

nen und andere »gefallene« Frauen war, die hier mit dem Weben feiner weißer Seide (truc bach) beschäftigt wurden. Man kann den Truc-Bach-See herrlich mit dem Fahrrad umrunden, die schmalen Straßen sind kaum befahren und sehr ruhig.

Der Palast existiert nicht mehr, doch steht am Südostufer des Sees der Quan-Thanh-Tempel, der unter König Ly Thai To errichtet und dem Wächter des Nordens (Tran Vo) geweiht wurde. Die 3 m hohe Statue Tran Vos aus schwarzer Bronze (1677) auf dem Hauptaltar zeigt den taoistischen Gott mit seinen zwei Tiersymbolen: Schlange und Schildkröte. Im Altarraum sind auch Tafeln mit Gedichten und Parallelsentenzen (Weisheiten, die paarweise an benachbarten Säulen hängen) zu sehen. Einige davon sind mit aufwändigen Perlmuttintarsien verziert. Auf dem Weg zurück zur Hauptstraße fällt am Eingangstor eine große Bronzeglocke auf, die ebenfalls aus dem Jahr 1677 stammt.

✱ **Quan-Thanh-Tempel**

🕐 Öffnungszeiten: tgl. 8.00 – 16.30

Direkt gegenüber liegt ein kleiner Park mit einem Denkmal für die Flakhelfer, die hier während des Vietnamkrieges stationiert waren. Im Besonderen wird hier der Landung des **Stabsoffiziers John McCain** gedacht, der mit dem Fallschirm im Oktober 1967 in den Truc-Bach-See sprang und mehr als fünf Jahre lang im berüchtigten »Hanoi Hilton« (►S. 256) gefangen gehalten wurde. Danach kehrte in die Vereinigten Staaten von Amerika zurück, wo er Senator von Arizona wurde und viel für die Normalisierung der Beziehungen zwischen Vietnam und den USA tat. Diese kleine Anlage ist heute ein beliebter Treffpunkt, an dem Familien picknicken und viele Getränkeverkäufer und Cyclofahrer auf Kundschaft warten.

Denkmal

Skulpturengruppe in der Tran-Quoc-Pagode

Auf der von Flamboyants gesäumten Uferstraße (Thanh Nien Street) gelangt man zu Hanois ältestem Heiligtum, der Tran-Quoc-Pagode, die auf einer kleinen Insel im West-See liegt. Man nimmt an, dass sie bereits im 6. Jahrhundert während der frühen Ly-Dynastie gegründet wurde, die für kurze Zeit die 1000 Jahre währende chinesische Herrschaft unterbrach. Auf einer steinernen Stele (1639) am Eingang steht geschrieben, dass die Pagode im frühen 17. Jahrhundert, als der Buddhismus wieder erstarkte, vom Roten Fluss hierher verlegt wurde. Über einen Damm gelangt man zur Tempelanlage. Innen wirkt der Tempel pompös mit vielen Buddhas und diversen Wächtergestalten zwischen rotgoldenen Säulen, und auch die Gestaltung mit Gärten und Höfen, insbesondere der Stupa-Garten und der elfstöckige Pagodenturm, beeindrucken sehr (Öffnungszeiten: Mo. bis Sa. 7.00 – 11.30 und 13.30 – 18.00, So., Fei. 7.00 – 18.00 Uhr).

✱ **Tran-Quoc-Pagode**

Ethnologisches Museum

Öffnungszeiten:
Di. bis So.
8.30–17.00

Im April 1998 wurde das Ethnologische Museum in der Nguyen Van Huyen Street am West-See eröffnet. Es besticht durch seine großzügige Anlage – der Bau wurde einer Bronzetrommel nachempfunden. Mit Hilfe gut erläuternder Wandtafeln, Grafiken und Übersichten (auch in Englisch) erfährt man sehr viel über das Leben und die vielfältige Kultur der ethnischen Minderheiten, die oftmals in Vietnam selbst noch als unterentwickelt angesehen werden.

Der erste Teil befasst sich mit der größten und dominierenden Gruppe der Viet, der Vietnamesen selbst. Weiter geht es zur Abteilung der Muong, Tho und Chut, in der Szenen (z. B. Beerdigung) und Geräte aus dem Alltagsleben gezeigt werden. Der erste Raum im oberen Stockwerk beschäftigt sich mit den Thai, Tay und Nung, vor allem mit verschiedenen Hausmodellen und Trachten.

✔ NICHT VERSÄUMEN

- Wasserpuppentheater und Ahnenkult in der Abteilung der Viet
- Rahmen der Dao, der speziell Hochzeitsfrisuren Halt gab
- Batik- und Färbearbeiten der Hmongfrauen
- Kalebassen bei den Khmer

Da das Ethnologische Museum in einem erst teilweise erschlossenen Gebiet liegt, empfiehlt es sich, mit dem Taxi dorthin zu fahren und den Fahrer bis zum Ende der Besichtigung warten zu lassen (vorher Gebühr vereinbaren!).

Nähere Umgebung von Hanoi

Auch wenn Hanoi selbst so viel Interessantes zu bieten hat, sollte man von hier aus mindestens einen **Ausflug** unternehmen. Die schöne ▶Deltalandschaft des Roten Flusses ist von Deichen durchzogen, Dörfer mit alten Gemeindehäusern, Grabanlagen in den Reisfeldern sowie Tempel und andere Heiligtümer ziehen an einem vorbei. Gerade einige der schönsten Pagoden des Landes liegen in der näheren Umgebung der Hauptstadt. Wer sich für Kunsthandwerk interessiert, hat außerdem die Möglichkeit, einige Handwerksdörfer aufzusuchen und zuzusehen, wie hier Schnitzereien oder Töpferwaren entstehen. Alle folgenden Ziele können bei einem Tagesausflug besucht werden. Am besten, man bucht von Hanoi aus direkt die entsprechende Tour oder man mietet sich einen Wagen mit Fahrer.

Hung-Tempel und Co-Loa-Zitadelle

★
Hung-Tempel

Mythos und Geschichte scheinen sich hier zu verflechten – an den Tempeln der legendären Hung-Könige begegnet man dem **Ursprung Vietnams**. Denn es heißt, die Hauptstadt Van Langs, des sagenumwobenen ersten vietnamesischen Reiches, habe unweit der Stelle gelegen, wo sich der Rote, der Schwarze und der Klare Fluss vereinigen. Nur 12 km westlich der Industriestadt Viet Tri beim Dorf Phong Chau ragt ein fast kegelförmiger Hügel aus der Ebene des Roten Flusses empor. An seinem Fuße liegen idyllisch zwei kleine Seen.

Schon allein die besondere Schönheit dieses Ortes erklärt, warum hier der Tempel zu Ehren der Hung-Könige errichtet wurde. Obwohl die reale Existenz der Hung-Dynastie unter den Wissenschaftlern heute noch umstritten ist, werden deren Könige von den meisten Vietnamesen als Schöpfer ihres Landes angesehen. Auch **Ho Chi Minh** sammelte hier seine Truppen vor der Befreiung Hanois, um dieser Vorfahren zu gedenken und ihr Erbe zu verteidigen.

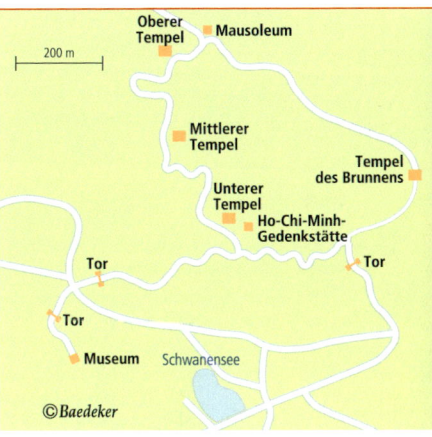

Hung-Tempel Orientierung

Die schlichte Tempelanlage zieht sich über drei Ebenen. Fast 500 Stufen sind bis zum obersten Tempel zu erklimmen, wo früher die Versammlungshalle der Herrscher stand, die hier Opfergaben für den Erdgott darboten. Vom Parkplatz her kommend gelangt man zuerst zu einem kleinen **Museum**, in dem Funde (13.–10. Jh. v. Chr.) aus der Umgebung wie Pfeilspitzen, Keramik und Schmuck, aber auch Bronzetrommeln aus der Dong-Son-Epoche (3.–5. Jh. v. Chr.) zu sehen sind.

Tempelfest

Wie Ho Chi Minh gewünscht hatte, kommen das ganze Jahr über Pilger hierher, um der Vorfahren zu gedenken. Doch ganz besonders lebhaft geht es hier zur Zeit des Tempelfestes, um den 10. Tag des 3. Mondmonats zu. Fliegende Händler, Gaukler, Buden und Imbiss-Stände bieten allerlei Abwechslung. Auf dem Schwanensee werden **Bootsrennen** veranstaltet.

★
Tam Dao

Das nördliche Hügelland der Provinz ist geprägt von Teeplantagen, Bambushainen und Fächerpalmen. Zu Beginn des 20. Jahrhunderts errichteten die Franzosen hier ihren ersten Ferienort Tam Dao (930 m, ca. 35 km östlich der Hung-Tempel) vor der Kulisse der bis zu 1400 m hohen Berge. In den diversen Kriegen wurde der Ort stark beschädigt, nur noch wenige Gebäude aus der Kolonialzeit sind erhalten. Inzwischen hat man allerdings damit begonnen, zu restaurieren und neue Kur- und Erholungseinrichtungen aufzubauen.

Co-Loa-Zitadelle

Schon die ersten vietnamesischen Reiche nahmen ihren Anfang in der Ebene des Roten Flusses – das legendäre Van Lang der Hung-Könige wie auch Au Lac (258–207 v. Chr.), das König An Duong von der imposanten Zitadelle Co Loa (Alte Schnecken-Stadt, 16 km nördlich von Hanoi) aus regierte. Heute ist nur noch wenig von der einstigen Pracht zu sehen, sodass es nur lohnt, im Vorbeifahren einen Stopp hier einzulegen, um zwei Tempel und einen 1000 Jahre alten Banyan-Baum anzusehen. Am Eingang erinnern Statuen an König An Duong und seine Tochter. Dem vorgelagerten Teich werden Zauberkräfte zugesprochen. Bei der Co-Loa-Zitadelle soll in Zukunft ein »National Tourism Park« eingerichtet werden. Die drei Befestigungsringe, Kanäle und das Grab von My Chau sollen restauriert werden. Eröffnung des Touristenparks soll 2010 sein, am tausendjährigen Geburtstag Hanois.

✳ ✳ But-Thap-Pagode (Chua But Thap)

Domizil der schönsten Quan-Am-Figur

Die wohl schönste Tempelfigur Vietnams findet man in der Pagode des kleinen Dorfes Dinh To, etwa 25 km östlich von Hanoi. Die 1647 von Mönchen gegründete Pagode liegt inmitten der Felder direkt hinter einem Deich.

✳ ✳
Quan-Am-Statue

Der Altarraum birgt eine Fülle kunstvoller Statuen. Doch eine sticht alle anderen aus: die gold- und lackverzierte Darstellung der **Göttin der Barmherzigkeit** (3,7 m hoch). Aus ihrem reich verzierten Sockel entspringt ein Ungeheuer mit einer Lotosblüte, aus der sich Quan Am in Meditationshaltung erhebt. Ein Armpaar liegt in ihrem Schoß,

ein anders ist vor der Brust gefaltet; 16 weitere wachsen aus ihrem Rücken und hielten früher die Attribute der Göttin. Weitere, kleiner gestaltete Arme – mit jeweils einem Auge in der Handfläche – umgeben die Figur wie ein Fächer. Es heißt, Buddha habe sie ihr gegeben, um das Ungeheuer zu ihren Füßen zu besiegen. Auf dem Kopf trägt Quan Am eine Krone aus Buddha-Köpfen mit einem Amitabha im Zentrum. Begleitet wird sie von Kim Dong, dem Goldkind, und Ngoc Nu, der Jadetochter. Ungewöhnlicherweise trägt die Statue auf dem Sockel eine Inschrift, die den Stifter und das Entstehungsjahr (1656) nennt. Man

Chua But Thap *Orientierung*

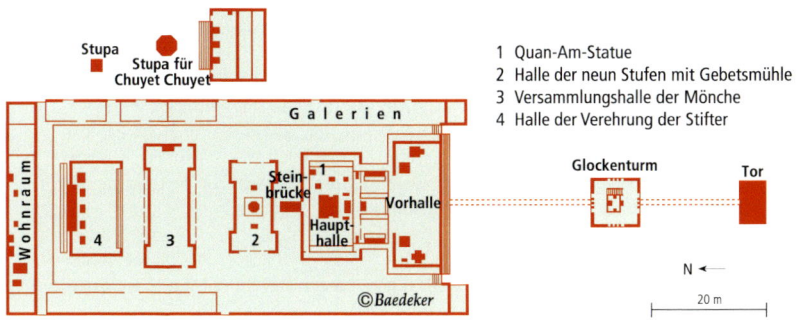

Stupa
Stupa für
Chuyet Chuyet

Galerien

Wohnraum

Stein
brücke

Vorhalle

Haupt-
halle

4   3   2

©Baedeker

1 Quan-Am-Statue
2 Halle der neun Stufen mit Gebetsmühle
3 Versammlungshalle der Mönche
4 Halle der Verehrung der Stifter

Glockenturm   Tor

N ◄

20 m

meint, die Hände würden sich bewegen – so wirkt die außergewöhn-
liche Figur durch das Spiel von Licht und Schatten. Bemerkenswert
sind zudem die Darstellung eines Fastenbuddhas an der linken Seite
des Altars und die Figuren der 18 Arhats (La Han, ►Baedeker Special
S. 42) an den Seitenwänden.

Den Übergang zu den drei folgenden, für die Anlage vietnamesischer
Pagoden ansonsten nicht üblicher Gebäude bildet eine reich verzierte
Steinbrücke. In der folgenden Halle der neun Stufen steht eine 6 m
hohe hölzerne Gebetsmühle (13. Jh.). Sie wird während des Pagoden-
festes am 24. Tag des 3. Mondmonats in einer feierlichen Zeremonie
in Bewegung gesetzt, wodurch alle auf Zettelchen geschriebenen Gebete in ihrem Inneren als gesprochen gelten.

**Halle der
neun Stufen**

Es empfiehlt sich, den Ausflug zur Chua But Thap mit einem Besuch
der Handwerksdörfer (► S. 275) zu verbinden. Dong Ky liegt nahe
der N 1a, Bat Trang und Dong Ho nicht weit von der N 5 entfernt.

Hinweis

✳ ✳ Parfüm-Pagode (Chua Huong)

Auf dem Weg zur Parfüm-Pagode an der Landstraße 6 liegen noch
zwei weitere interessante Stopps: Etwa 10 km südwestlich von Hanoi
kann man das **Seidendorf Van Phuc** besuchen und natürlich auch
Seidenstoffe und -kleider kaufen.
Insgesamt etwa 13 km südwestlich von Hanoi hat das **Museum des
Ho-Chi-Minh-Pfades** eröffnet und bietet einen eindrucksvollen Überblick über dieses auch kriegsentscheidende Wegenetz im Dschungel
auf dem Grenzterrain von drei Ländern.
Auf der Straße zur Parfüm-Pagode befindet sich ein weiteres speziali-
siertes Handwerksdorf, das Dorf **Chuong** (auch Phuong Trung), in
dem die berühmten Hüte in allen Variationen hergestellt und verkauft werden.

**Sehenswürdig-
keiten unter-
wegs**

Pilgerort am »Berg der duftenden Spuren« So idyllisch und geheimnisvoll wie die Parfümpagode, die berühmteste Pilgerstätte im Norden Vietnams, liegt kaum eine andere Sehenswürdigkeit des Landes versteckt. Nur mit dem Boot kann man den Huong Tich Son, den »Berg der duftenden Spuren« (60 km südwestlich von Hanoi) erreichen, der das Quan Am geweihte Heiligtum birgt. Diese Fahrt führt durch ein überflutetes Tal zwischen Karstbergen, in dem Fischer und Bauern auf den überschwemmten Feldern arbeiten. Am Ufer und ein wenig weiter taleinwärts kann man Tempelchen sehen, die mit der Legende, die sich um die Parfümpagode rankt, in Verbindung stehen sollen.

Legende Ein König hatte einst eine wunderschöne Tochter. Doch sie wollte keinen der Bewerber, die ihr Vater vorschlug, zum Manne nehmen, sondern sich vollkommen dem Buddha verschreiben. Sie versteckte sich in einem Tempel, und als auch Drohungen und Versprechungen sie nicht umstimmen konnten, befahl der König seinen Soldaten, sie zu töten. Ein weißer Tiger rettete die Prinzessin und brachte sie in eine einsame Berghöhle. Ihr Vater erkrankte nun aber an Lepra, wurde blind und verlor seine Hände. Keiner der Ärzte und Heilkundigen konnte ihm helfen. Allerdings sagte ihm ein buddhistischer Weiser, er könne gerettet werden, wenn ihm ein Untertan seine Hände und Augen geben würde. Doch keiner erklärte sich dazu bereit. Doch als die Kunde davon auch die Prinzessin in ihrer Höhle erreichte, brachte sie dem Vater das Opfer. Nachdem er gerettet war, wollte der König den Spender besuchen und belohnen. So wurde er zu der Höhle

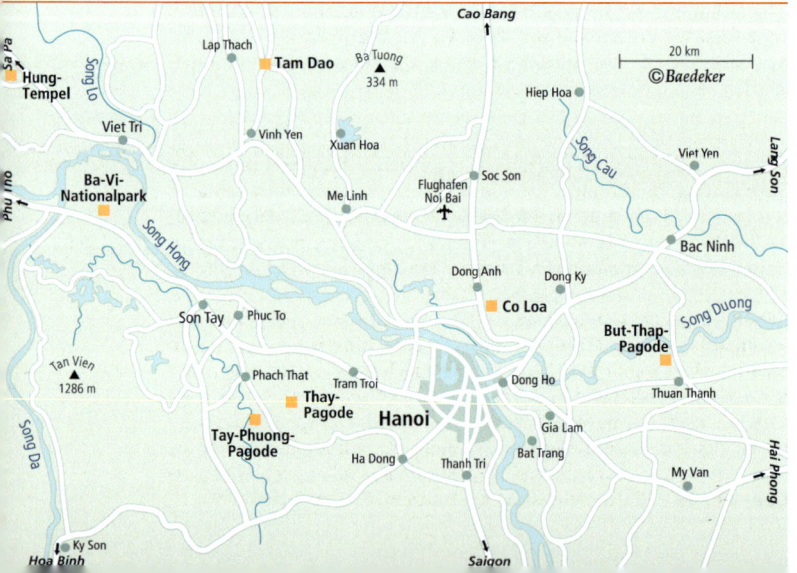

Umgebung Hanois *Orientierung*

Pilgerboote auf dem Weg zur Parfüm-Pagode

geführt und erkannte seine Tochter. Diese war mittlerweile zum Buddha geworden und hatte ihre Augen und Hände zurückerhalten. Daraufhin erkannte er seinen Fehler und verschrieb sich ebenfalls dem Buddhismus.

Thien-Tru-Pagode

Nachdem man das Boot verlassen hat, beginnt – sofern man nicht die Seilbahn nimmt – der anstrengende Teil des Besuchs – ein steiler, nur teilweise im Schatten liegender Pfad führt hinauf zur Chua Thien Tru, einem Heiligtum aus dem 15. Jahrhundert (ca. 2 Std.). Hier findet man eine **Steinstatue Quan Ams**, die 1793 gefertigt wurde, nachdem die Tay-Son-Rebellen ihre bronzene Vorgängerin gestohlen und zu Kanonenkugeln umgeschmolzen hatten.

Parfüm-Pagode

Weiter führt ein Pfad in die weit geöffnete Höhle, die von den Vietnamesen als großes Drachenmaul angesehen wird. Sie liegt an der Seite einer großen Mulde, die von Bäumen und Sträuchern bewachsen ist. Ein Mitglied der Trinh-Familie hat die Inschrift **»Die schönste Grotte unter dem Südlichen Himmel«** in den Fels meißeln lassen. Stufen leiten hinunter in das Innere der über 50 m hohen Höhle. Eingehüllt in Weihrauchschwaden kann man vergoldete Buddhas in der Dunkelheit erkennen; Pilger murmeln die magischen Grußworte »Nam mo A Di Da Phat« (»Gelobt sei Amitabha Buddha«). Schon seit ihrer Gründung im 17. Jahrhundert zieht die Pagode neben Pilgern auch Dichter und Gelehrte an, deren Verse in Stelen graviert wurden. Trotz der Besuchermenge und der vielen fliegenden Händler bietet sich hier eine beeindruckende Szenerie. Vor allem in den Monaten März und April suchen vietnamesische Anhänger das Heiligtum auf. Vom Gipfel bietet sich eine faszinierende Aussicht.

Tay-Phuong-Pagode (Chua Tay Phuong)

**Schlichter Bau
im Tam-Quan-Stil**

Die im Dorf Thac Xa (42 km westlich von Hanoi) gelegene Chua Tay Phuong (Pagode des Westens) gehört zu den ältesten Pagoden Vietnams (8. Jh.). Moosbewachsene Stufen führen den Hügel hinauf zu der Tempelanlage im Tam-Quan-Stil. Seit ihrer Gründung war die Pagode mehrmals zerstört und wiederaufgebaut worden, doch ihre heutige Grundstruktur geht im Wesentlichen auf das 16. Jahrhundert zurück.

✱

**Sammlung
außergewöhn-
licher Holz-
skulpturen**

Berühmt ist sie für ihre einmalige Sammlung von mehr als 70 mannshohen Skulpturen, die aus dem Holz des Jackfruit-Baumes gefertigt wurden. Einige von ihnen sind heute im Museum der Schönen Künste in Hanoi zu bewundern. Vor allem die **18 Arhat-Figuren** (18. Jh.), vollkommen lebensecht aussehende Abbildungen von Mönchen und Asketen, sind sehenswert. Man findet sie hinter dem Hauptaltar. Ihre realistische, individuelle Gestaltung soll den Status der Arhats, die kurz vor dem Eintritt ins Nirwana stehen, als Menschen und Buddhismus-Schüler verdeutlichen. Im ganzen Land bekannt sind zudem die imposanten Wächterfiguren (Abb. ▶S. 42).

✱ ✱ Thay-Pagode (Chua Thay)

**Ideale Kulisse
für das Wasser-
puppentheater**

Es sieht so aus, als ob sich die lang gezogene Thay-Pagode (6 km östlich der Tay-Phuong-Pagode) an einen Kalksteinfelsen schmiegen würde, vor dem sich der malerische Drachen-See ausbreitet. Nur

Die Pagode am Drachensee mit dem kleinen Schutzgeisttempel ist die Kulisse für eines der schönsten Wasserpuppentheater des Landes.

40 km südwestlich von Hanoi liegt dieses Heiligtum (11. Jh.) im Dorf Sai Son. Der Name der Pagode bedeutet »Pagode des Meisters«, doch man nennt sie auch Thien Phuc Tu, was »Pagode des Himmlischen Segens« heißt.

Zu Ehren des **Heilkundigen Tu Dao Hanh**, des Meisters, der hier im Dorf lebte und viele Wunder vollbracht haben soll, wurde die Anlage errichtet. Allerdings war er nicht nur Mönch, sondern auch ein ausgesprochener Liebhaber des Wasserpuppentheaters (►Baedeker Special S. 216), für das er den reizenden Seepavillon errichten ließ. Tu Dao Hanh hatte der Legende nach drei Inkarnationen: als Meister (Mönch), als König Ly Nhan Tong und als Buddha.

Die dunklen Gebetshallen sind voller Statuen – fast 100 sollen es sein. Die ältesten stammen noch aus den Tagen der Gründung der Pagode, doch die beiden auffallendsten sind zwei riesige Wächterfiguren aus dem 15. Jahrhundert, die aus Lehm und Pappmaché gefertigt wurden. Jede von ihnen wiegt 1000 kg, und es heißt, sie seien die **größten ihrer Art in Vietnam**. Auf dem ersten Altar stehen ein Buddha und ein Bildnis des Meisters in einem gelben Gewand. Rechts wird in einem Schrein verschlossen der Sarg des Meisters aufbewahrt, der nur am Tempelfest (5. bis 7. Tag des 3. Mondmonats) geöffnet wird und betrachtet werden kann. Dann findet auch das Wasserpuppen-Fest statt.

Baedeker TIPP

Schlangendorf Le Mat

Wen's vor Schlangen nicht gruselt, der sollte einen Abstecher nach Le Mat im Gia-Lam-Distrikt machen. Hier haben sich mehrere Familien auf die Züchtung von Schlangen und die Herstellung von Schlangenschnaps spezialisiert. In den Restaurants kann man Schlangenfleisch und die dazugehörigen Alkoholika genießen und geht dabei sogar therapeutisch vor: Denn die Schlangenprodukte sollen gegen Gelenkschmerzen und Bronchitis helfen und die Potenz steigern.

★
Wächterfiguren

Handwerksdörfer

Dong Ho

Dong Ho ist in Nordvietnam als »Dorf der Neujahrsbilder« (►auch S. 82) bekannt. Das Neujahrsfest Tet ist das wichtigste Fest im Jahr, an dem der Küchengott Tao Quan in den Himmel auffährt, um zu berichten, wie sich die Familie verhalten hat (► Baedeker Special S. 116). Die hier gefertigten bunten **Holzschnitte**, die man an diesem Tag aufhängt, zeigen alte Geschichten und Legenden, vor allem Glücksmotive wie wohlgenährte Kinder, Schweine, Fische oder Hähne. Dong Ho liegt am rechten Ufer des Song Duong, nur wenige Kilometer von Hanois Zentrum entfernt.

Bat Trang

An der anderen Seite des Roten Flusses im Gia-Lam-Distrikt (ca. 7 km östlich von Hanoi) findet man Bat Trang, das auf Keramik und Töpferwaren spezialisiert ist. Schon im 15. Jahrhundert wurden hier Ziegel und Steingut produziert, heute leben etwa 2000 Familien in

Bat Trang, die vorwiegend die traditionelle **blau-weiße Keramik** produzieren. An den Straßenständen und in den Ausstellungsräumen lässt sich alles finden von kleinen Figürchen und Essstäbchen-Haltern bis zu riesigen Tierskulpturen und Übertöpfen.

Weitere Umgebung von Hanoi

Bei Ausflügen von zwei bis drei Tagen kann man noch einige weitere Gesichter Vietnams kennen lernen. Für Naturliebhaber bieten sich die wunderbare Landschaft der ► Trockenen Ha-Long-Bucht mit der alten Hauptstadt Hoa Lu und dem Cuc-Phuong-Nationalpark oder auch der Ba-Vi-Nationalpark (s. u) an. Wer sich für Kunst interessiert, sollte einen Besuch der Keo-Pagode, einem

Direkt an der Straße kann man sich aussuchen, was am besten gefällt ...

Meisterwerk der Schnitzkunst, nicht versäumen. Um das Bergland des Nordens und verschiedene ethnische Gruppen kennen zu lernen, sollte man eine Fahrt nach Hoa Binh, ►Sa Pa oder ►Dien Bien Phu unternehmen. Touren zu allen diesen Zielen werden von Hanoi aus angeboten. Auch hier empfiehlt es sich, eine Tour zu buchen oder einen Wagen mit Fahrer zu mieten.

Ba-Vi-Nationalpark
Zahllose Seen, Bäche, Wasserfälle und Grotten sind die Sehenswürdigkeiten dieses Gebiets, wo der Schwarze in den Roten Fluss mündet (65 km westlich von Hanoi). Mit den umliegenden Naturreservaten umfasst der Ba-Vi-Park eine Fläche von rund 7000 ha. Seine höchste Erhebung ist der **Dinh-Vua-Berg** (1296 m). Drei Pagoden in bis zu 1200 m Höhe werden von den Tagesausflüglern aus Hanoi gern besucht. Es sollen hier 38 Säugetierarten leben. Am leichtesten bekommt man Gibbons und Makaken, Bergziegen und Fledermäuse zu Gesicht. Ende des 19. Jahrhunderts wurden hier nahezu 5000 subtropische Pflanzenarten gezählt, von denen heute vermutlich nur noch die Hälfte existiert, was mit dem Brandrodungsfeldbau der hier lebenden Muong und Dao zusammenhängt. Der Nationalpark ist auch für seine **Mythen** berühmt, die von Erd- und Wassergeistern erzählen und in der Vorstellung der Bergvölker eine große Rolle spielen. Es gibt hier einige einfache Gästehäuser für Touristen (Pass mitnehmen!). Von Hanoi aus gelangt man über die N 11 via Son Tay zum Nationalpark.

Das Kulthaus von Tay Dang am Fuß des Ba Vi sollte bei einem Ausflug zum Park unbedingt ebenfalls besucht werden. Besonders sehenswert sind die Holzschnitzereien im Inneren, die Szenen aus dem Landleben zeigen. **Dinh Tay Dang**

Der nahe gelegene See Dong Mo und seine Umgebung haben sich zu einem beliebten Bade- und Wanderrevier entwickelt, das sogar einen 18-Loch-Golfplatz aufweist. **Dong-Mo-See**

Hoa Binh und Umgebung

Wie ein vorzeitlicher Garten Eden mutet die Landschaft um Hoa Binh (74 km südwestlich von Hanoi, 2,5 Std.) mit ihren unvermittelt aus der Ebene ragenden Karstkegeln und weitläufigen Bambusdickichten an. Landschaftsbild und Stimmung scheinen symbolhaft für Vietnam zu sein. Hoa Binh ist als Standort des größten vietnamesischen Wasserkraftwerkes bekannt, das einst mit sowjetischer Hilfe erbaut wurde, allerdings immer noch nicht in Betrieb ist. **Hoa Binh**

Von Hoa Binh aus kann man einige Dörfer der Muong wie Xom Mo, Ban Dam und Giang besuchen, alle weniger als 10 km von Hoa Binh entfernt. Die Familien wohnen hier auf großen Pfahlbauten (Langhäusern), Kleinvieh und Geflügel tummelt sich auf den Wegen. Man lebt hier vor allem von Reis- und Gemüseanbau. Boote fahren von Hoa Binh etwa 25 km flussaufwärts zu den **Dao-Dörfern** Duong und Phu. **Dörfer in der Umgebung**

Das Dorf und das Tal **Mai Chau**, etwa 40 km südlich von Hoa Binh gelegen, sind wegen ihrer schönen Kulisse aus Reisfeldern und in der Ferne beeindruckenden Bergketten weithin bekannt. Hier leben Weiße Thai in schön verzierten Stelzenhäusern, in denen Touristen bei Familien übernachten können. Auf dem Dorfmarkt werden allerlei Produkte der Gegend angeboten.

Für einen Besuch bei den Thai lohnt die Weiterfahrt nach Westen bis auf die Hochebene von **Moc Chau** (ca. 70 km südwestlich von Hoa Binh). Die Thai-Siedlungen liegen wunderschön in einer bezaubernden Berglandschaft.

Muong-Frau mit Kind

Ho-Chi-Minh-Stadt

►Saigon

★ ★ Hoi An

Provinz: Quang Nam – Da Nang   **Region:** Südliche Zentralküste
Einwohnerzahl: rund 80 000

Ein Hauch von China weht über der alten Hafenstadt Hoi An mit ihren engen Straßen und niedrigen Häusern, die sich unter eigentümlichen Ziegeldächern zu ducken scheinen. Vor allem die Tran Phu Street und ihre nähere Umgebung, wo die schönen Handelshäuser, Tempel und Pagoden liegen, wirken wie ein asiatisches Freilichtmuseum.

Geschichte   Der einstige Cham-Hafen Hoi An lag schon lange Zeit an den Handelswegen zwischen Ost und West, bevor sich im 16. und 17. Jahrhundert Chinesen aus Fujian – später auch Japaner, Holländer und Inder – hier niederließen und den Ort zu einem wichtigen **Handels-**

Darstellung der Wandlung des Karpfens in einen Drachen

zentrum machten. Schiffe aus aller Welt steuerten den Hafen an, um an den wichtigen Messen und Börsen hier teilnehmen zu können.

Mit dem China-Handel verlor die Stadt, die damals »Hai Pho« (Ort am Meer) genannt wurde, allerdings an Bedeutung, und die Mündung des Thu Bon versandete. Während des Tay-Son-Aufstandes (1771–1788) wurde die Stadt der fremden Kaufleute beinahe zerstört; doch die Chinesen bauten ihr Viertel wieder auf, nicht so die Japaner. Unter den Nguyen-Kai-

> **!** *Baedeker* TIPP
>
> **Cao Lau**
>
> Ganz unasiatisch erinnern die Nudeln bei der kulinarischen Spezialität Cao Lau an Spätzle, die mit Sojabohnensprossen, einigen Scheibchen Schweinefleisch in einer leichten Suppe – mit dem Aroma von Sternanis und Minze – schwimmen und von Reismehlkräckern und Röstzwiebeln gekrönt werden. Der Original-Cao-Lau soll nur vom Wasser eines bestimmten Brunnens zubereitet werden.

sern und der französischen Kolonialmacht, die Hoi An den Namen »Faifo« gab, wurde Da Nang wegen seiner besseren Verkehrslage favorisiert. Das nun abgelegene und vernachlässigte Hoi An wurde so zu einem **Versteck der Widerstandsgruppen** gegen die Franzosen und später auch gegen die Amerikaner, was es auch schweren Angriffen aussetzte.

★★
Altstadt

Das alte Hoi An ist relativ klein und überschaubar. Da der Ortskern mit seiner einmaligen Konzentration von Wohn- und Handelshäusern, Versammlungshallen, Pagoden, Schreinen und Tempeln, den Brunnen, dem zentralen Markt und der Werft erhalten geblieben ist, gibt es sehr anschaulich das Bild einer südostasiatischen Stadt in der Vergangenheit wieder.

Im Wesentlichen besteht das historische Zentrum aus drei Straßen, die sich parallel zum Flussufer hinziehen und teilweise für Autos und Motorräder gesperrt sind. Noch heute ist die **Tran Phu Street**, die älteste dieser Straßen, die Hauptschlagader Hoi Ans mit den wesentlichen Sehenswürdigkeiten, aber auch mit jeder Menge Geschäfte, Galerien und Restaurants. Einen Block weiter südlich verläuft die **Nguyen Thai Hoc Street** mit ihren schönen Geschäftshäusern und traditionellen Apotheken. Direkt am Flussufer folgt dann die lebhafte **Bach Dang Street**; hier gibt es einige nette Cafés und Restaurants, von denen aus man in aller Ruhe das Treiben auf dem Fluss und auf der Straße beobachten kann. 1999 wurde die Altstadt Hoi Ans von der Unesco als Weltkulturerbe anerkannt. Östlich dieser drei Straßen liegt der Markt der Stadt mit einer großen Halle und vielen Straßenständen. Folgt man der Phan Boi Chau Street in derselben Richtung, stößt man auf einige Relikte französischer Kolonialarchitektur.

Interessant ist das besondere System, wie die **Dachziegel** bei den alten Häusern ineinander greifen. Man nennt es »yin-yang« nach der Art, wie die abwechselnd konkav und konvex geformten Steine aneinander gefügt wurden. Die Reihen schließen dann meist mit verzierten, häufig bunt glasierten chinesischen Münzen ab.

◄ Architektonische Besonderheiten

Die überdachte Japanische Brücke verband früher die Viertel der Chinesen und Japaner miteinander.

Ein anderes typisches Detail in Hoi An sind die **»Augen«** (mat cua), die den Eingang eines Hauses oder eines religiösen Gebäudes bewachen. Dabei wurden zwei dicke hölzerne Stifte, mit einem Durchmesser von ca. 20 cm, wie Nägel in den Türsturz getrieben, um Bewohnern und Besuchern Schutz vor dunklen Mächten zu geben. An der Phuoc-Kien-Versammlungshalle kann man sie als Yin-Yang-Symbol mit zwei Drachen, die der Sonne huldigen, finden; am Tan-Ky-Haus dagegen in Blumenform und oftmals einfach als achteckiges Amulett.

Immer wieder wird einem bei der Besichtigung Hoi Ans ein mythologisches Wesen mit dem Körper eines Fisches und dem Kopf eines Drachen begegnen, an Wetterfahnen, Laternenhaltern oder Dachbalken. Der **Karpfen** (cá chép), Symbol für Wohlstand und Erfolg, soll in dieser Form, die seine Verwandlung zum Drachen zeigt, daran erinnern, dass nichts im Leben von allein geschieht. Um ein Drache zu werden und so Unsterblichkeit zu erlangen, muss ein Fisch nämlich drei Tore passieren, so wie ein Schüler drei Examina machen muss, bevor er ein Mandarin werden kann, was eine Menge Geduld und harter Arbeit erfordert.

Sehenswertes im Zentrum Hoi Ans

Japanische Brücke Die schlichte Japanische Brücke (Japanese Covered Bridge), am westlichen Ende der Tran Phu Street gelegen, verband einst das japanische mit dem chinesischen Viertel der Stadt. Am westlichen Ausgang sind zwei einfache Hunde-Statuen, am östlichen Ende zwei Affen zu sehen. Man vermutet deswegen, der Bau der Brücke habe zwei Jahre gedauert, er sei im Jahr des Affen begonnen und im Jahr des Hundes beendet worden. Der Überlieferung nach soll die Brücke nach schweren **Erdbeben** in Japan erbaut worden sein, die von den Geomanten (► auch S. 67) einem riesigen Drachen zugeschrieben wurden. Sein Kopf soll in Indien, der Schwanz in Japan und sein Herz in Hoi An gelegen haben. So baute man den Übergang auf steinernen Pfeilern, die als Schwert symbolisch sein Herz durchbohren sollten – und gleichzeitig erhielt man eine schützende überdachte Brücke über den schlammigen Wasserlauf. Ende des 16. Jahrhunderts entstand die erste Brücke über den schmalen Arm des Thu Bon, mehrmals wurde sie zerstört und wieder aufgebaut. Man nimmt an, dass bei den Arbeiten im Jahre 1763 auch die **Brückenpagode** (Chua Cau) entstand, die an der nördlichen Seite »angebaut« und dem taoistischen Gott Tran Vo Bac De (dem Herrscher des Nordens) geweiht wurde, dem Macht über Wind, Regen und andere schlechte Einflüsse zugeschrieben werden.

Öffnungszeiten: tgl. 8.00 – 18.00

Hoi An Orientierung

Übernachten
① Life Resort Hoi An ④ Dong An Beach Hotel
② Victoria Hoi An Resort ⑤ Ancient House Resort
③ Ha An Hotel ⑥ Thanh Xuan Hotel

Essen
① Café des Amis ④ Good Morning Vietnam
② Han Huyen ⑤ Brother's Café
③ Hong Phuc ⑥ Tam Tam

▶ HOI AN ERLEBEN

AUSKUNFT

Hoi An Tourist Service
Tran Hung Dao 6 (im Hoi An Hotel)
Tel. 05 10/86 13 62, Fax 86 16 36
Außerdem in den Hotels und Reise-
büros (vor allem Tran Hung Dao
gegenüber Hoi An Hotel)

VERKEHR

Da Nang International Airport
(ca. 25 km nördlich von Hoi An):
Tel. 05 11/81 18 11 und 83 03 39.

SAMMELTICKET

Für die Hauptsehenswürdigkeiten der
Stadt werden Sammeltickets verkauft,
die jeweils für ein Museum, eine
Versammlungshalle, ein altes Wohnhaus und die japanische Brücke bzw.
den Quan-Cong-Tempel gelten.

*Lecker: Hoi Ans Spezialität »white rose«,
schmackhafte Küchlein aus Maniokmehl
und feinstgeschnittene Krabben oder
Krebse. Dazu wird ein Dip aus Limone,
Zucker und Fischsauce mit knusprigen
Röstzwiebeln gereicht.*

FEST

Hoi An Legendary Night
Am Vorabend des Vollmonds (14. Tag
des Mondkalenders) erleuchtet jeden
Monat die Altstadt im Schein von
seidenen Lampions und Lichterketten,
Lichterballons steigen in den Abend-
himmel, traditionelle Musik und
Schauspiel werden in den Gassen und
alten Häusern aufgeführt.

EINKAUFEN

Einkaufsparadies Hoi An
Viele Souvenirläden im Zentrum laden zum Herumstöbern und Kaufen
ein. Angeboten wird von Intarsienarbeiten, Schnitzereien, Stickereien
über T-Shirts und Puppen, Opiumpfeifen, vietnamesischer Keramik bis
hin zu besonders schön verzierten
Essstäbchen einfach alles (Handeln
nicht vergessen!).
Markt Tran Phu Street: In der Markthalle und an zahlreichen Ständen
drum herum kann man von Früchten
und Gemüse, Geflügel und Fisch,
Korbwaren und Heilkräutern bis zu
Küchengeräten und Keramik alles
Mögliche erstehen.
Hoi An Handicraft Workshop
(9 Nguyen Thai Hoc, tgl. 8.00 bis ca.
19.00 Uhr): Große Palette an schönen
Souvenirs und Kunsthandwerk, tgl.
traditionelle Musikaufführungen. Etwas weiter: *Reaching Out* (103 Nguyen
Thai Hoc, tgl. 8.00–21.00 Uhr).
In der *Le Loi Street* bieten Schneider
ihre Dienste an. Über Nacht kann man
sich hier zu günstigen Preisen Kleider,
Anzüge, Pyjamas, Kimonos, Blusen
und Röcke in westlichem oder asia-
tischem Design nähen lassen.
Vorsicht beim Seidenkauf: »vietnamese
silk« ist Kunststoff, »Thai silk« steht
dagegen für echte Rohseide. Wer auf
Nummer sicher gehen will, verbrennt
am besten einen Faden zur Probe:
wenn's schmilzt, hat man Polyester in
der Hand. Echte Seide riecht wie
verbranntes Haar.

KOCHKURSE

Wer den typisch vietnamesischen Geschmack und Speisen wie Cao Lau
oder Hot Pot zu Hause nicht missen,
die Kräuter richtig einsetzen und das
Gemüse nicht mehr verkochen lassen
möchte, kann vietnamesisch kochen
lernen – der neueste Trend in Hoi An.
Viele Restaurants bieten mehr oder
weniger aufwändige Schnupperkurse
an, z. B.: *Vy's Cooking School* im Cargo
Club, 107 Nguyen Thai Hoc, Tel.
05 10/91 04 89. *Red Bridge Cooking
School*, Thon 4, Cam Thanh, Tel.
05 10/93 32 22 (Gang über den Markt
mit Englisch sprechendem Guide,
Bootsfahrt zum Restaurant, Kochen
mit Blick auf den Fluss, 3–4 Std.,
Kosten inkl. Zutaten ca. 15 US$).

ESSEN

► Erschwinglich

① *Café des Amis*
52 Rue Bach Dang
Tel. 05 10/86 16 16
Keine Speisekarte, man wählt zwischen
Seafood oder Vegetarisch und lässt sich
dann mit einem leckeren 5-Gänge-
Menü überraschen. Schön mit Blick
aufs Wasser gelegen.

► Preiswert

② *Han Huyen*
Bach Dang
Tel. 05 10/86 14 62
Kleines, schwimmendes Restaurant an
der Flussbiegung nahe der Japanischen
Brücke. Küche mit chinesischem
Einschlag und vorzüglichen Spezia-
litäten wie auf Zuckerrohr gegrillte
Garnelen, die in Reiskuchen mit
frischen Kräutern gerollt werden.

③ *Hong Phuc*
86 Bach Dang
Tel. 05 10/86 25 67
Herrlich an der Flusspromenade gelegenes Restaurant in einem alten Han-

delshaus mit vielen Fisch-Spezialitäten
(zum Beispiel eingewickelt im Bana-
nenblatt) und der regionalen
Köstlichkeit: Cao Lau-Nudelsuppe.

④ *Good Morning Vietnam*
34 Le Loi
Tel. 05 10/91 02 27
Leckere italienische Speisen und Weine
werden in der mittlerweile in vielen
Touristenorten ansässigen Pizzeria-
Kette serviert.

AUSGEHEN

⑤ *Brother's Café*
27 Phan Boi Chau
Tel. 05 10/91 41 50
tgl. 10.00–22.00 Uhr
Hervorragend vietnamesisch speisen
in einer Kolonialvilla im tropischen
Garten direkt am Flussufer, auch
Cocktails, Weine und Bier.

⑥ *Tam Tam*
110 Nguyen Thai Hoc
Tel. 05 10/86 22 12
tgl. 10.00–1.00 Uhr
Populäres Café-Restaurant und Bar in
der Altstadt auf zwei Etagen mit
schmalem Balkon, von dem sich das

In den Schneidereien kann man günstig nähen lassen.

Treiben auf der Straße beobachten lässt, oder mit kuschligen Sofas in der Ecke, vietnamesisch-internationale Küche (von Tapas über Steak bis Pasta), gute Weinauswahl, Cocktails.

ÜBERNACHTEN

▶ **Komfortabel**

③ *Ha An Hotel*
6 Phan Boi Chau, Cua Dai Beach
Tel. 05 10/93 31 77, Fax 91 42 80
Eine ruhige Oase mit schönem Garten, sehr liebevoll ausgestattete Zimmer (Rosenblüten, CD-Player), zuvorkommender Service. Kostenloser Fahrradverleih.

④ *Dong An Beach Hotel*
Cua Dai
Tel. 05 10/92 78 88, Fax 92 77 77
www.donganbeachhotel.com
donganbeachhotel@dng.vnn.vn
Zweistöckige Strandanlage der gehobenen Mittelklasse rund um einen Pool: 81 Zimmer teils mit Balkon (Meeres-, Lagunen-, Fluss- oder Stadtpanorama) und Parkettboden.

⑤ *Ancient House Resort*
61 Cua Dai (Strandstraße, ca. 1 km außerhalb von Hoi An an der Straße zum Strand)
Tel. 05 10/92 33 77, Fax 92 34 77
www.ancienthouseresort.com
hoangthinhha@dng.vnn.vn
Schöne, etwas verschachtelte zweistöckige Anlage mit ziegelgedeckten Häuschen gruppiert um eine traditionelle Villa mit 42 Zimmern der Mittelklasse, Veranda mit Blick auf Fluss oder Garten. Großer Pool.

Le Domaine de Tam Hai
Tam Hai, Nui Thanh (Insel ca. 45 km vor Hoi An, 15 Min. mit Boot)
Tel. 05 10/54 51 03, Fax 54 51 05
www.ledomainedetamhai.com
resa@ledomainedetamhai.com

Kleines Inselparadies: zwölf palmblattgedeckte, originelle und im vietnamesischen Stil dekorierte Bungalows (klimatisiert, Mini-Bar, Tel.) unter Palmen am Strand, teils große luftige Bäder. Pool, französisches Restaurant und Cocktailbar.

▶ **Günstig**

⑥ *Thanh Xuan Hotel*
22–23 Nhi Trung
Tel. 05 10/91 66 96, Fax 91 66 97
www.thanhxuanhotel.com
thanhxuanhotel@dng.vnn.vn
Modernes dreistöckiges Stadthotel etwas abseits der Altstadt, mit 30 ordentlichen, teils hellen Zimmern (schönes Bad), eigenes Restaurant.

▶ **Luxus**

① *Life Resort Hoi An*
1 Pham Hong Thai
Tel. 05 10/91 45 55, Fax 91 45 15
www.life-resorts.com
hoian@life-resorts.com
Viel gelobtes Hotel am Flussufer: stilvoller Kolonialnachbau mit 94 geräumigen und schicken Zimmern auf zwei Etagen, kleine Terrassen, Pool, Spa-Abteilung.

Baedeker-Empfehlung

② *Victoria Hoi An Resort*
Cua Dai Beach
Tel. 05 10/92 70 40, Fax 94 70 41
www.victoriahotels-asia.com
victoriahoian@dng.vnn.vn
Pure Eleganz im besten Strandhotel Hoi Ans (10 Min. vom Zentrum entfernt): 4-Sterne-Luxus unter französischem Management mit wunderschönen Bungalows und Zimmern mit Balkon: Meeresblick oder Aussicht auf Flussmündung – das Ganze angelegt im Stil eines Fischerdorfes.

Einige hundert Meter nördlich der Brücke, am westlichen Ende der Phan Dinh Phung Street, findet man einen geheimnisvollen Schrein unter einem alten Banyan-Baum, an dem ebenfalls der Herrscher des Nordens verehrt wird, damit jener die Brücke vor Schaden schützen solle.

Am westlichen Ende der Brücke steht das fast 200 Jahre alte Phung-Hung-Haus (Phung Hung Old House, 4 Nguyen Thi Minh Khai Street), das sich seit acht Generationen im Besitz derselben Familie befindet. Besonders hübsch sind die geschnitzten Fensterläden und der freischwebende Ahnenaltar im oberen Stockwerk. Man kann im Buchladen schmökern und eine Keramikausstellung bewundern (Öffnungszeiten: tgl. 8.00–19.00 Uhr).

Phung-Hung-Haus

Im Museum der Sa-Huynh-Kultur (149 Tran Phu), das schräg gegenüber vom östlichen Brückenausgang liegt, kann man einige archäologische Fundstücke bewundern, die ein Bild aus der Zeit vor den Cham-Herrschern wiedergeben.

Museum der Sa-Huynh-Kultur

Wenige Meter weiter trifft man auf das beeindruckende Portal der Versammlungshalle der Chinesen aus Kanton (Cantonese Assembly Hall, 176 Tran Phu). Die eingewanderten Chinesen organisierten sich nach ihren Herkunftsregionen und erbauten fünf Versammlungshallen, die als eine Art Treffpunkt, aber auch **religiöses Zentrum** dienten. Selbst heute kann man noch sehen, dass hier keine museale Atmosphäre herrscht, sondern sich das Alltagsleben abspielt.

✱
Versammlungshalle der Chinesen aus Kanton
🕐
Öffnungszeiten: tgl. 6.30–18.00

Detailreich geschmücktes Portal: Versammlungshalle der Fujian-Chinesen

Vom Grundaufbau gleichen sich die Hallen, denn die Hauptgebäude und Altäre wurden alle auf einer Achse angelegt. Allerdings wird der Blick vom Eingang her auf die Götterfigur versperrt, da Mauern oder »blinde« Türen dazwischengebaut wurden, um die bösen Geister zu täuschen und abzuhalten. Zunächst gelangt man in einen kleinen Vorhof, dem sich eine Torhalle mit Geistertür, Erinnerungstafeln und Inschriften anschließt. Dann kommt man in den Innenhof, den meist eine Miniatursteinlandschaft, Bäume und andere Pflanzen zieren. Beiderseits schließen sich Versammlungs- und Geschäftsräume an. Nun erst folgt der **Tempelbereich**, dessen Größe und Ausstattung sich nach dem Reichtum der Gemeinde richtet. In der Regel sind die Räume von lackierten und bemalten Holzsäulen und fein geschnitzten Altären mit Götterfiguren und Ahnentafeln geprägt. Auffallend sind zudem die Firste, die fast überbordende Reliefs und Mosaike aus Porzellanscherben tragen.

Kleiner Hausaltar

Die Halle der Kanton-Chinesen, erst 1884 erbaut, hat keine alten und wertvollen Schätze vorzuweisen, aber einen besonders schönen Innenhof mit Pflanzen. Sofort sticht einem der aufwändige Springbrunnen mit dem bunten, keramikverzierten Drachen und Karpfen ins Auge. Am Hauptaltar wird der rotgesichtige Quan Cong verehrt, ein chinesischer General aus der Zeit der Han-Dynastie. Ungewöhnlich an der Gestaltung dieses Gebäudes ist die Verbindung von Granitsäulen und -stürzen mit holzgeschnitzten Balken.

Quan-Than-Haus
🕐
Öffnungszeiten:
tgl. 8.00 – 18.00

Das Quan-Than-Haus (Old House of Quan Than, Nr. 77) gehört zu den ältesten und besterhaltenen Privatgebäuden der Stadt (aus dem Jahr 1690). Die Anlage dieses Hauses – eigentlich zwei Bauten, die durch einen Innenhof und einen überdachten Gang miteinander verbunden sind – ist **charakteristisch für Südchina** und Hoi An. Von der Straße aus sieht man nur ein dunkles, holzverkleidetes Ladengeschäft, dem folgt ein luftiger und lichter Innenhof und schließlich das Wohnhaus, dessen äußerstes Ende Küche, Toilette und Brunnen einnehmen. Wunderbar sind die feinen Holzschnitzereien und die grünen Keramikziegel am First und vor allem die verschiedenen Hausaltare.

Keramik-Museum

Schräg gegenüber kann man das Keramik-Museum (Museum of Trade Ceramics, 80 Tran Phu) besichtigen. Es zeigt eine kleine Sammlung von Keramik aus verschiedenen Orten, mit denen Hoi An im 16. und 17. Jahrhundert Handelsbeziehungen unterhielt. Zudem wird man hier genauer über die **typische Dachdecktechnik** (yin und yang) in Hoi An unterrichtet. Mindestens genauso interessant wie die Ausstellung ist es aber, durch Haus und Hof zu streifen und einen Blick über bzw. auf die Dächer der Stadt zu werfen (Öffnungszeiten: tgl. 6.30–18.00 Uhr).

Wie man sich bei der Besichtigung der Versammlungshalle der Chinesen aus Fujian (Phuoc Kien Assembly Hall, 46 Tran Phu) gut vorstellen kann, gehörte diese Anlage der größten und einflussreichsten chinesischen Gruppe Hoi Ans. Ein relativ neuer Torweg führt in die beeindruckende Anlage mit ihren grünen Höfen und überbordend geschmückten Hallen. Nach Erzählungen geht der Ursprung des Heiligtums bis in das späte 17. Jahrhundert zurück, als man eine wertvolle Buddha-Statue am Flussufer fand, der zu Ehren eine Pagode errichtet wurde. Allerdings wurde sie mit der Zeit vernachlässigt, sodass die Chinesen aus Fujian den Tempel für Thien Hau umwidmeten. Am Hauptaltar kann man eine über 200 Jahre alte, goldüberzogene **Pappmaché-Statue** sehen. Flankiert wird sie von ihren beiden Helfern, dem grüngesichtigen Thien Ly Nhan (der mehr als 1000 Meilen weit hören kann) und dem rotgesichtigen Thuan Phong Nhi (der mehr als 1000 Meilen weit sehen kann). Ein auffallendes Wandbild am Eingang zeigt die Göttin in einem Sturm, wie sie schützend über einer Dschunke wacht.

★ ★
Versammlungshalle der Chinesen aus Fujian
🕐
Öffnungszeiten: tgl. 8.00 – 18.00

Ziel vieler kinderloser Paare

Ziel vieler kinderloser Paare und schwangerer Frauen ist der zweite Altarraum hinter dem **Hauptheiligtum**. Hier werden drei himmlische Frauen verehrt, denen ein großer Einfluss auf das Schicksal der Kinder nachgesagt wird. Es heißt, die mittlere entscheide, ob eine Frau schwanger wird, die rechte könne das Geschlecht beeinflussen und die linke überwache die Geburt selbst. Ihnen sind noch zwölf Hebammen zur Seite gestellt, von denen jede den Neugeborenen während des ersten Lebensjahres etwas beibringt, beispielsweise zu saugen, zu lächeln oder sich umzudrehen. Links davon steht der eigentliche Hauptaltar dieses Raumes, an dem den sechs Ahnen gehuldigt wird, die als Erste im 17. Jahrhundert Fujian verließen und sich in Hoi An (damals Faifo) ansiedelten. In einer kleinen Vitrine steht eine Figur des berühmten vietnamesischen Arztes Le Huu Trac.

Wer ein vollkommen anderes Gesicht Hoi Ans kennen lernen möchte, der sollte einen Abstecher in die **Phan Boi Chau Street** machen. Hier lag einst das französische Viertel mit stuckverzierten Stadthäusern, Kolonnaden und Balkonen. Zu besichtigen ist das private Haus von Tran Duong (Nr. 25, Öffnungszeiten: tgl. 9.00–18.00 Uhr).

Französisches Viertel
🕐

Vor der Quan-Cong-Pagode

Quan-Cong-Tempel (Chua Ong)

Zurück in der Tran Phu Street fällt gegenüber dem Markteingang die bunte Front des Quan-Cong-Tempels (Chua Ong) aus dem 17. Jahrhundert auf. Einst als religiöses Zentrum der Einwanderer aus der chinesischen Provinz Quang Nam errichtet, wird hier Ong Quan Cong, ein legendärer General (3. Jh.), verehrt. Rechts und links wurden ihm der Militärmandarin Chau Xuong und der Verwaltungsmandarin Quang Binh zur Seite gestellt. Sein rotes und sein weißes Pferd halten zudem Wache. Den Karpfen, ein Symbol für Geduld, das in den chinesischen Bauten Hoi Ans oft zu sehen ist, findet man hier in einer besonders netten Form wieder: als bunt glasierte Dachfiguren und Wasserspeier (Öffnungszeiten: tgl. 6.30–18.00 Uhr).

Historisches Museum

Durch den hinteren Ausgang des Tempels oder über den Eingang in der Nguyen Hue Street gelangt man in Hoi Ans Historisches Museum, das ebenfalls in einer früheren Pagode untergebracht ist. Sehr interessant sind einige alte Stadtpläne des damaligen Faifo. Doch besonders hübsch ist der **beschauliche Innenhof** mit den vielen Pflanzen und Holzverzierungen (Öffnungszeiten: tgl. 6.30–18.00 Uhr).

★
Versammlungshalle der Chinesen aus Trieu Chau

Folgt man der Straße weiter (vom Markt an heißt sie nicht mehr Tran Phu Street, sondern Nguyen Duy Hieu), gelangt man zur Versammlungshalle der Chinesen aus Trieu Chau (Trieu Chau Assembly Hall), die von Kaufleuten aus Chaozhou oder Trieu Chau 1776 erbaut wurde. Auch wenn man mittlerweile schon vielerlei schöne Ornamente und Dekorationen gesehen hat, sind hier noch ganz besondere **Holzschnitzereien** zu entdecken. Ong Bon, ein chinesischer Marinegeneral, der Macht über Wind und Wellen haben soll, wird hier verehrt. Um seine Statue herum verläuft ein Fries voller Vögel, Insekten und kleiner Tiere – so realistisch, dass man beinahe meint, ein Zirpen und Rascheln hören zu können. Auf dem Altar selbst sind Szenen vom Leben am Land und auf dem Meer zu sehen, an den Türen davor zwei chinesische Damen, die die neueste japanische Haarmode ausprobieren (Öffnungszeiten: tgl. 6.30–18.00 Uhr).

Etwas mehr als die Hälfte des Weges zurück stößt man auf die Querstraße Le Loi; folgt man ihr rechter Hand, so stößt man einen Block weiter auf die Phan Chu Trinh Street. Genau an dieser Ecke befindet sich die 200 Jahre alte Kapelle der Familie Tran (Tran Family Chapel). Wie die der anderen chinesischen Clans war auch dieses Gebäude ursprünglich als **Kaufmannshaus** (s. u.) errichtet worden, doch mit der Zeit überwog für die Familie die religiöse Bedeutung des Ortes. Zentraler Punkt ist hier der große Altarraum, in dem die Ahnen verehrt werden. Noch heute treffen sich hier die Tran, die einst durch Handel reich und einflussreich wurden und zu deren Vorfahren auch Mandarine gehörten, einmal im Jahr. Bei diesen Gelegenheiten werden Familienthemen besprochen, und es wird der Ahnen gedacht.

Etwas versteckt liegt die kleine, aber ebenfalls sehr schöne Kapelle der Truong-Familie neben dem Pho-Hoi-Restaurant in der 69 Phan Chu Trinh. Ihr Besuch ist über das Ticket nicht vorgesehen (▶S. 282); auf Anfrage darf man aber eintreten und sich umsehen. Das Haus ist voller interessanter Familienandenken und Schnitzereien.

Das schönste und meistbesuchte der alten Kaufmannshäuser ist das Tan-Ky-Haus (101 Nguyen Thai Hoc). Da englisch- und französischsprachige Fremdenführer in dem zweistöckigen Gebäude einiges zu dessen Architektur und Geschichte erzählen, geben sich die Reisegruppen hier die Klinke in die Hand. Das fast 200 Jahre alte Gebäude mit seinen exquisiten Schnitzereien und Einlegearbeiten ist sehr gut instand gehalten und wird von der Stadt als Vorzeigeobjekt betrachtet. Es wurde von einem Mitglied der zweiten Generation der Tan-Ky-Familie, die aus politischen Gründen im späten 16. Jahrhundert aus China geflohen war, errichtet.
Durch einen engen, etwas düsteren Laden und den reich geschmückten Wohnraum gelangt man in den Innenhof. Dann geht es weiter in den hinteren Teil, in dem man die Küche und den Ausgang zum Fluss sieht. Von hier aus konnte die Handelsware direkt in die Lagerräume im oberen Stockwerk gebracht werden, um sie vor Überflutung zu schützen. Interessant ist die Verwendung des dunklen **Jackfruit-Holzes**, das resistent gegen Termitenbefall sein soll, für die Hauptpfeiler. Fantasievoll und verspielt sind die filigranen Schnitzereien, aber ganz besonders apart ist die Fülle von Perlmuttintarsien (Öffnungszeiten: tgl. 6.30–18.00 Uhr).   ⏱

Außerhalb des Zentrums

Folgt man der Nguyen Truong To Street (nördliche Verlängerung der Le Loi), so passiert man einige Marktstände und stößt direkt auf das Tor zum Tiger-Tempel, wie man an den farbenfrohen Statuen unschwer erkennen kann. Das Heiligtum selbst ist eher schlicht, nur mit chinesischen Kalligrafien geschmückt.

Süßes Strandleben am Cua Dai Beach

Chuc-Thanh-Pagode

Biegt man vor dem Tiger-Tempel links ab, geht es auf einer etwas staubigen Straße vorbei an kleinen Wohnhäusern mit hübschen Gärten und Grabanlagen zu zwei idyllisch gelegenen Pagoden. Hier ist es ganz ruhig und einsam – ein angenehmer Gegensatz zu dem lebhaften Treiben im Zentrum Hoi Ans. Nach etwa 700 m hat man die Chuc-Thanh-Pagode erreicht. Sie wurde schon 1454 von Minh Hia, dem ersten buddhistischen Mönch in Hoi An, gegründet. Das heutige Gebäude ist zwar jünger, doch einige alte Kultgegenstände wie ein karpfenförmiger Gong und Glocken sind noch zu sehen. Bäume, Bougainvillea und andere Blumen schmücken das Gelände der Pagode. Linkerhand befindet sich eine kleine Anlage mit bunten Stupas und moosbewachsenen Gräbern (Abb. ►S. 71).

Phuoc-Lam-Pagode

Folgt man dem eingeschlagenen Weg weitere 500 m, gelangt man (über einen kleinen Kanal) zur Phuoc-Lam-Pagode, die Mitte des 17. Jahrhunderts erbaut wurde. Es heißt, der junge Mönch An Thiem meldete sich Ende des Jahrhunderts an Stelle seiner Brüder zur Armee, in der er rasch zum General aufstieg. Nach dem Krieg ging er zurück ins Kloster und fegte, um sich von seinen Sünden reinzuwaschen, 20 Jahre lang den Markt von Hoi An. Nach dieser Buße wurde er zum Oberbonzen der Phuoc-Lam-Pagode ernannt. Frangipanibäume und Blumenbeete umgeben das Heiligtum. An der Seite sieht man ein kleines Feld mit moosbedeckten Gedenksteinen, die auch mit Keramikmosaiken geschmückt sind.

! Baedeker TIPP

Bootstouren

Bootsausflüge entlang des Thu Bon führen zu Inseln im Fluss und Handwerksdörfern, z. B. nach Thanh Ha, einem Töpferdorf, oder zur Cam-Kim-Insel, auf der Holzschnitzereien, aber auch Boote und Möbel hergestellt werden. Etwas weiter entfernt vor der Küste liegen die Cham-Inseln: Das kleine Cu-Lao-Cham-Archipel lebt seit Jahrhunderten vom Handel mit Schwalbennestern.

Umgebung von Hoi An

Möchte man sich nun nach all den Besichtigungen am Strand erholen, so fährt man auf der Tran Hung Dao Street in östlicher Richtung. Nach ca. 20-minütiger Radfahrt durch ein Wohngebiet und Reisfelder ist man am weißen Cua Dai Beach angelangt. Der Strand ist sehr sauber und weitläufig, sodass man in einiger Entfernung der Getränkestände und Händler Sonne und Meer in Ruhe genießen kann. Der weitere **Ausbau zum Touristenzentrum** ist im Gange, wie an den vielen neuen Hotels und Restaurants zu sehen ist.

Cua Dai Beach

★★ Hue

D 4

Provinz: Thua Thien–Hue   **Region:** Nördliche Zentralküste
Einwohnerzahl: 280 000

Die einstige Kaiserstadt schmiegt sich zwischen die Ausläufer der Annamitischen Berge und das Meer. Ihre Gärten, Seen und Kanäle und ihre reizvolle Lage am »Fluss der Wohlgerüche« verklärten die Dichter schon im 18. Jahrhundert auf romantische Weise. Heute ist die Kaiserstadt mit dem höfischen Flair und einem Hauch frankophilen Lebensstils von der UNESCO als Weltkulturerbe geschützt.

Im Wesentlichen lässt sich die Stadt in drei Teile gliedern, von denen jeder seinen eigenen Charakter erhalten hat. Unbedingt sehenswert ist die großartige Zitadellenanlage mit der Kaiserstadt am nördlichen Ufer des Parfümflusses. Östlich des Dong-Ba-Kanals liegt Phu Cat, einstmals Handelszentrum, heute ein überfülltes Viertel voller Läden, Pagoden und chinesischer Versammlungshallen; und am Südufer des Parfümflusses hat sich die europäische Stadt ausgebreitet, das moderne Verwaltungszentrum Hues, in dem viele der Hotels und Restaurants liegen, mit seinen schönen Straßen und Villen. Die Landschaft im Süden der Stadt ist von pinienbestandenen Hügeln geprägt, zwischen denen man immer wieder Gräber und Pagoden entdeckt. Hier ließen sich auch die Nguyen-Kaiser ihre Mausoleen bauen. Dazwischen schlängelt sich der Parfümfluss, so benannt nach den Blüten und Baumharzen, die er mit sich führt. Fahrten mit den **Drachenbooten** durch das romantische Flusstal bleiben unvergesslich. Mit dem Fahrrad und Boot kann man zudem Ausflüge zu der berühmten Thien-Mu-Pagode oder zum Thuan An Beach unternehmen.

Drei Teile – eine Stadt

Hue gehörte bis 1306 zum Reich der Cham, als das Land nördlich Da Nangs im Rahmen eines Friedensvertrages an die Vietnamesen abgetreten wurde. Doch erst **Kaiser Gia Long** (1802–1820), der Gründer der Nguyen-Dynastie, gab Hue als Kapitale seines Reichs seine herausragende Bedeutung. In seine Regierungszeit fallen nicht

Geschichte

nur die Anlage der Zitadelle, sondern auch die von Deichen, Brücken und Kanälen sowie der Bau der Mandarinstraße, die Hue mit Saigon und Hanoi verband. Später wurde Hue zu einem wichtigen Zentrum des Buddhismus, der Künste und Gelehrsamkeit.

Stadtplan **S. 307**

1885 eroberten die **Franzosen** Hue. Die Kolonialherren ließen die Nguyen zwar weiter dem Namen nach Herrscher sein, aber ohne den entsprechenden Einfluss. Damit verlor Hue seinen Status als Landeshauptstadt und versank für fast 20 Jahre in eine Art Dornröschenschlaf. Die Zweiteilung Vietnams durch die Genfer Konferenz 1954 schlug Hue dem Süden zu.

Im **Vietnamkrieg** starben viele tausend Menschen auf beiden Seiten, die Zitadelle wurde beinahe vollkommen in Schutt und Asche gelegt. Mittlerweile dauert die Mammutaufgabe, Hue wiederaufzubauen, schon mehr als 20 Jahre an. Durch die UNESCO, die die Kaiserstadt und die Kaisergräber 1993 zum **Weltkulturerbe** erklärte, bekamen diese Initiativen eine gewaltige Unterstützung, was nicht nur den historischen Gebäuden zugute kam, sondern auch die traditionellen kunsthandwerklichen Fertigkeiten wiederbelebte.

> **!** *Baedeker* TIPP
>
> **Kulinarische Spezialitäten**
> Die bekannteste Leckerei in Hue ist Banh Khoai, das sind kleine knusprige Pfannkuchen mit Shrimps, Schweinefleisch und Bohnensprossen, zu denen es eine Erdnuss-Sesamsauce und als Beilage meist Sternfrucht, grüne Banane, Salat und Minzblätter gibt.
> Auch Nudeln sind in Hue sehr beliebt, besonders in Form einer speziell gewürzten Variante der Reisnudelsuppe, die – je nach Fleischart – Bun Bo, Bun Ga und Bun Bo Gio Heo (Rindfleisch, Hühnchen oder Rind- und Schweinefleisch) heißt.

★ Zitadelle

Die glorreichen Tage Hues begannen, als Kaiser Gia Long im Jahre 1802 den Bau der Zitadelle anordnen ließ. Doch nicht nur eine Festung sollte daraus werden, sondern eine Wohnstadt für die kaiserliche Familie und die Beamten, eigentlich eine idyllische **»Stadt in der Stadt«** mit kleinen Dörfchen, Reisfeldern, künstlichen Bergen, Tempeln, Gärten, Seen und Alleen. Angelegt wurde sie als Viereck mit drei konzentrischen Umfriedungen hinter einem hoch aufragenden Flaggenturm. Hinter der Mauer lag die Kaiserstadt mit Verwaltungsgebäuden, Gärten und dynastischen Tempeln, doch die kaiserlichen Paläste der Verbotenen Stadt waren das eigentliche Zentrum der Zitadelle. Der englische Reisende George Finlayson war so fasziniert, dass er 1821/1822 schrieb, die Kaiserstadt sei von derart schlichter Eleganz, Größe und Perfektion, dass alle anderen asiatischen Städte im Vergleich zu ihr wie das Werk von Kindern erscheinen würden.

Was von der einstigen Kaiserstadt übrig blieb
🕐 Öffnungszeiten: tgl. 7.00–17.00

Heute kann man nur noch etwa 80 der einstmals 300 Gebäude erkennen – aber auch die sind fast alle verfallen. Schlachten, Feuer, Taifune und Überschwemmungen trugen dazu bei, doch vor allem die

← *Vor den Mauern der Zitadelle*

Durch das Mittagstor betraten offizielle Gäste den Palast von Hue.

Bombardierungen während des Vietnamkrieges (Tet-Offensive 1968) haben den jetzigen Zustand der 1833 vollendeten Anlage verursacht. An einigen Ecken ist der einstige Zauber zwar noch (oder wieder) spürbar, trotzdem ist Hues wichtigste Sehenswürdigkeit auch ein trostloser Ort.

Geomantische Vorgaben

Nach dem Vorbild Pekings sollte Hue zur prächtigsten Stadt des Landes werden. Die Geomantie bestimmte bei ihrer Planung auch die kleinsten Details. Lange wurde nach dem günstigsten Ort für die Anlage gesucht, um die wichtige Harmonie zwischen dem Kaiser und seinen Untertanen, dem Himmel und der Erde, den Menschen und der Natur zu sichern. Dabei wurde der gesamte Komplex nach Südosten zum **Hügel Nui Ngu Binh** (Schirm des Kaisers), der böse Mächte abhalten sollte, ausgerichtet. Die zwei kleinen Inseln im Parfümfluss symbolisieren den guten Geist des Blauen Drachen in Opposition zur Aggression des Weißen Tigers. Falls dies als Schutz nicht ausreichen sollte, wurde die insgesamt 520 ha große Anlage noch von einem 7 m hohen und 20 m breiten Wall und einem 23 m breiten und 4 m tiefen Wassergraben umgeben. Nach den geomantischen Bauprinzipien bekam die Zitadelle einen fast quadratischen Grundriss, denn sie war Symbol für die Herrschaft auf der Erde – auch die Vorstellung der Erde war die einer quadratischen Scheibe.

Flaggenturm und Kanonen

Noch vor dem Eingang zur Kaiserstadt sieht man am Fluss kleine Pavillons, in denen früher Edikte verlesen wurden. Dahinter ragt der 21 m hohe, dreistufige Flaggenturm auf, über dem während der Tet-

Offensive 25 Tage lang die Vietcong-Fahne mit dem gelben Stern wehte. Seitlich reihen sich die neun heiligen Kanonen auf, die für die vier Jahreszeiten und die fünf Elemente (Erde, Feuer, Metall, Holz und Wasser) stehen. Wie die dynastischen Urnen außerhalb des Pavillons der Berühmten Seelen symbolisierten sie das Reich.

Kaiserstadt

Vier Tore führten in die Kaiserstadt, doch das beeindruckendste ist das **Mittagstor**. Besucher müssen in der Blütezeit des Nguyen-Reiches überwältigt gewesen sein, wenn sie über die Dächer mit den gelb und grün glasierten Ziegeln blickten, die Pavillons voller rotgoldener Lackarbeiten betraten und zwischen den Lotosteichen lustwandelten. Doch nach 1945 wurde die gesamte Anlage vernachlässigt, und die Kriegshandlungen taten ein Übriges zu ihrer Zerstörung. Doch die Gebäude, die noch stehen und sorgfältig restauriert wurden, sind sehr beeindruckend, vor allem die Halle der Höchsten Harmonie und der Generationentempel.

★
Mittagstor

Durch das majestätische Mittagstor (Ngo Mon), das 1833 unter Minh Mang erbaut wurde, betritt man die Kaiserstadt. Fünf Eingänge hat dieses Portal, von dem der mittlere allein dem Kaiser vorbehalten war. Die beiden kleineren auf jeder Seite waren den Militärund Verwaltungs-Mandarinen zugedacht, während zwei riesige Durchgänge in den Seitenflügeln für die **kaiserlichen Elefanten** bestimmt waren.

Hue Zitadelle

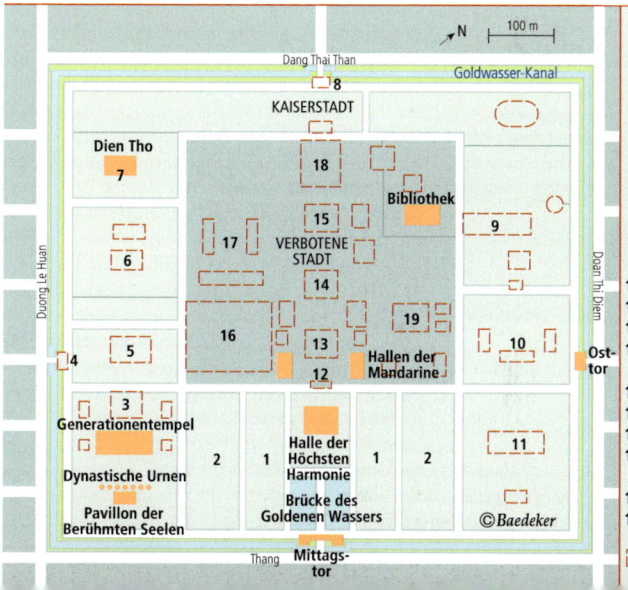

1 Park
2 Stallungen
3 Tempel der kaiserlichen Ahnen
4 Westtor
5 Phung-Tien-Tempel
6 Wohnbereich der Kaisermutter
7 Schatzkammer der Kaisermutter
8 Nordtor
9 Bibliothek
10 Schatzkammer
11 Generationentempel
12 Goldene Pforte
13 Palast der Gesetze des Himmels
14 Kaiserlicher Palast
15 Palast der Kaiserin
16 Kaiserlicher Harem
17 Wohnbereich der Konkubinen
18 Ruhepavillon
19 Theater

- - - - nicht erhaltene Gebäude

Der untere Teil des Mittagstores wurde aus großen Steinquadern errichtet. Auf diesem thront ein eleganter Pavillon, in dem der Kaiser wichtigen Zeremonien beiwohnte. Hier verkündete auch der letzte Nguyen-Herrscher Bao Dai (▶Berühmte Persönlichkeiten) 1945 seinen Rücktritt. Der mittlere Teil des Daches ist mit glasierten Ziegeln in königlichem Gelb, die seitlichen Teile sind in Grün – der Farbe des Adels – gedeckt. Ins Auge fallen auch die wunderbar verzierten Dachfirste, die Glückssymbole wie Drachen, Fledermäuse, Goldmünzen, Orchideen und Chrysanthemen tragen.

Brücke des Goldenen Wassers

Zwischen zwei Teichen voller Lotosblüten führt dann die Brücke des Goldenen Wassers (Cau Trung Dao), die ebenfalls nur für den Herrscher bestimmt war, auf den Hof der Feierlichkeiten.

Hof der Feierlichkeiten

Auf diesem breit angelegten Hof nahmen die Mandarine bei offiziellen Anlässen Aufstellung. 18 steinerne Stelen markieren die genauen Punkte entsprechend der neunstufigen Rangordnung, getrennt nach Zivilisten (links) und Militärs (rechts).

✷✷ Halle der Höchsten Harmonie

Wie durch ein Wunder hat die Halle der Höchsten Harmonie (Dien Thai Hoa, 1805) alle militärischen Angriffe überstanden. Sie wurde mehrmals restauriert und erstrahlt heute wieder im alten Glanz. In dem in rot-goldenen Lackarbeiten schwelgenden **Thronsaal** empfing der Kaiser Gesandte und wohnte wichtigen Feierlichkeiten bei. Er saß dabei erhöht unter einem schweren goldenen Baldachin, trug eine goldene Tunika und Krone, die mit neun Drachen verziert war. Diese Anlässe waren allerdings außerordentlich selten, und auch seinen Beamten zeigte sich der Herrscher kaum, um die Aura des Geheimnisvollen weiter zu nähren, die eng mit der kaiserlichen Macht verbunden war. In dem Raum hinter dem Thron, in dem heute Souvenirs verkauft werden, bereitete sich der Kaiser einst auf seine großen Auftritte vor.

Die Bronzeurnen symbolisieren die Kaiser der Nguyen-Dynastie aus Hue.

Die verfallenen Mauern nördlich der Halle der Höchsten Harmonie umschlossen die Verbotene Stadt (auch Forbidden Purple City oder Tu Cam Thanh) mit den Palästen der Kaiser und Kaiserinnen. Außer der kaiserlichen Familie hatten hier nur die Konkubinen und Eunuchen Zutritt – und natürlich all das Personal, das für

Verbotene Stadt ihr Wohlergehen und die Pracht des Anwesens verantwortlich war. Heute liegt hier ein ödes Feld voller Geröll und trockenem Gras vor einem. Man muss seine Fantasie spielen lassen, um sich das damalige Leben hier vorstellen zu können.

Nur sehr wenige Bauten sind auf dem Gelände erhalten, so beispielsweise die Hallen der Mandarine, in denen man sich kaiserliche Roben ausleihen und für ein Foto posieren kann. In der Mitte vor ihnen lag einst der **Palast der Himmlischen Gesetze**, in den sich der Kaiser bei politischen Entscheidungen zurückzog (in der rechten Halle werden Souvenirs verkauft).

Liebevoll wurde die kaiserliche Bibliothek wieder aufgebaut, ein hübsches Gebäude mit Garten und Teich. Es entstand in der Regierungszeit Minh Mangs und wurde auf Anordnung Khai Dinhs, der sie mit Mosaiken verzieren ließ, umgebaut. Innen kann man historische Aufnahmen von Hue ansehen, Souvenirs kaufen und einem Flötenspieler lauschen.

Der nahe gelegene achteckige Pavillon ist das einzige weitere (wieder aufgebaute) Gebäude der Verbotenen Stadt. Ursprünglich hatte es noch ein Pendant. Es heißt, die Kaiser zogen sich gerne hierher zurück, um Musik zu hören.

Am südwestlichen Rand der Kaiserstadt gibt es noch ein paar sehenswerte Gebäude, die auch als Tempel der Ahnen bezeichnet werden. Man erreicht sie am einfachsten, wenn man wieder bis zum Mittagstor zurückgeht und dann nach rechts abbiegt.

Durch den dreistöckigen Pavillon der berühmten Seelen (Hien Lam Cac, 1821) mit seinen interessanten Schnitzarbeiten gelangt man auf den Hof, auf dem die bedeutenden Neun Dynastischen Urnen (Cuu Dinh) stehen.

Diese etwa 2 m hohen Bronzeurnen – sie sind die besten Beispiele hiesiger Handwerkskunst – wurden auf Anordnung Minh Mangs in den Jahren 1835 bis 1837 gegossen. Jede von ihnen trägt fein ziselierte Ornamente (meist Landschaftsdarstellungen), die die Schönheit und Einzigartigkeit Vietnams preisen sollten. An einigen kann man zudem auch Spuren von Geschosseinschlägen finden. In der Mitte der Reihe steht die größte und **meistverzierte Urne** (ca. 2600 kg), die dem Gründer der Nguyen-Dynastie, Gia Long, zugedacht war.

Drachen – Symbole kaiserlicher Macht – zieren die Dachfirste der Halle der Höchsten Harmonie.

★
Bibliothek

Pavillon

Tempel der Ahnen

Pavillon der berühmten Seelen

★ ★
Neun Dynastische Urnen

✳
Generationen-
tempel

Auf der anderen Seite des Hofes steht der lang gestreckte Generationentempel (The Mieu), den Minh Mang 1821 zu Ehren seines Vaters errichten ließ. **Zehn Altäre** mit den Ahnentafeln der Herrscher und ihrer Gemahlinnen reihen sich in der Gedenkstätte aneinander. Offiziell regierten 13 Kaiser zwischen 1802 und 1945, doch einigen blieb die Anerkennung und die Aufnahme in den Tempel versagt. Auf jedem Altartisch liegen eine Schlafmatte, Decken und andere persönliche Gegenstände sowie Bilder des Monarchen. An den jeweiligen Todestagen wird ihrer im The-Mieu-Tempel in einer kleinen Feier gedacht. Nördlich davon liegt der **Tempel der kaiserlichen Ahnen** (Hung Mieu, 1804) zu Ehren der Eltern Gia Longs.

Dien Tho

In der nordwestlichen Ecke der Verbotenen Stadt befinden sich die restaurierten ehemaligen Gemächer der Königsmutter, wo später der letzte Kaiser Bao Dai gewohnt hat. Heute sind in diesem Palast antikes Mobiliar und kostbare königliche Gewänder zu sehen, und im Empfangssaal hilft eine kleine Fotoausstellung dabei, sich das höfische Leben von einst vorzustellen.

An den Ufern des Parfümflusses

✳
Ausflüge
mit dem
Drachenboot

Nicht versäumen sollte man die Fahrt mit den bunten Drachenbooten auf dem Parfümfluss. Auf diesem Wege kann man nicht nur die idyllische Landschaft genießen, sondern sich auch zu einigen besonderen Sehenswürdigkeiten abseits der Hauptstraßen bringen lassen. In der Regel wird bei den organisierten Bootsausflügen ein Stopp bei der Thien-Mu-Pagode, dem Hon-Chen-Tempel oder einem der interessanteren Mausoleen eingelegt, meist dem Tu Ducs, Khai Dainhs oder Minh Mangs (▶Kaisergräber, s. u.).

✳
Thien-Mu-
Pagode

Die Geschichte der Thien-Mu-Pagode (Linh-Mu-Pagode oder Pagode der Himmelskönigin) ist eng mit zwei Legenden verbunden. Dem Fürsten Nguyen Hoang war am Song Huong eine alte Frau erschienen, die ihm sagte, er solle eine Fackel anzünden und in östlicher Richtung am Fluss entlanggehen, bis das Feuer erlösche. An dieser Stelle solle er dann seine Stadt erbauen. Später ließ Hoang hier zu Ehren der alten Frau, die er für eine Götterbotin hielt, eine Pagode errichten. Die andere Version besagt, die Greisin sei auf einem drachenkopfförmigen Berg erschienen und habe vorausgesagt, dass einer kommen werde, der hier eine Pagode errichten und dem Land immer währenden Wohlstand bringen werde. Wie auch immer – Nguyen Hoang wird der Bau der Pagode im Jahre 1601 zugeschrieben, was sie zu der **ältesten Pagode Hues**

? WUSSTEN SIE SCHON …?

■ Der alte Austin im Garten der Thien-Mu-Pagode war das Fahrzeug, mit dem der Mönch Thich Quang Duc (Berühmte Persönlichkeiten) im Juni 1963 nach Saigon fuhr, um sich aus Protest gegen das Diem-Regime selbst zu verbrennen.

Mit den Drachenbooten kann man sich geruhsam auf dem Parfümfluss zur Thien-Mu-Pagode und den kaiserlichen Grabanlagen fahren lassen.

macht. Schon von weitem kann man den Turm der Pagode erblicken, die auf einer Anhöhe über dem Fluss steht, etwa 4 km stromaufwärts am früheren Platz eines Cham-Heiligtums. Der Phuoc-Duyen-Turm (1844) hat sieben Stockwerke, von denen jedes eine Inkarnation Buddhas darstellt; auf seiner Spitze wurde ein Auffangbecken für Regenwasser gebaut, da das Wasser als Quelle des Glücks angesehen wird. Zu beiden Seiten stehen Pavillons, die eine große Glocke (1710) und eine stelentragende Schildkröte (1715) beherbergen. Auf der steinernen Tafel ist die Geschichte der Pagode und des Buddhismus in Hue beschrieben. Von der Plattform vor diesen Bauten bietet sich ein traumhaft schöner Blick auf das romantische Flusstal.

★
◄ Aussicht

Durch einen Torbogen, geschützt von sechs bunt bemalten Wächterfiguren, gelangt man zum **Haupttheiligtum**, vor dem ein lachender Bronze-Buddha steht.

★ ★ ## Kaisergräber (Royal Mausoleums)

Die Grabanlagen der Kaiser, die südlich der Stadt in der Nähe des Flusses liegen, sind neben der Zitadelle Hues Hauptattraktion. Diese berühmten Ruhestätten von sieben der 13 Nguyen-Herrscher sind alle ähnlich angelegt, zeigen aber trotzdem den Geschmack und die Vorlieben der einzelnen Kaiser. Schon zu Lebzeiten wurden sie nach deren Vorgaben gebaut; Tu Duc (1847–1883) verbrachte hier sogar einige Jahre seines Lebens.

Parkanlagen des Todes
⏱
Öffnungszeiten alle Gräber:
tgl. 7.00–17.00

Manchmal dauerte es Jahre, um den geeigneten Ort zu finden, dem auch die Geomanten und Astrologen des Hofes zustimmen konnten. Ideal waren schützende Berge im Norden, möglichst auch im Osten und Westen und eine Öffnung nach Süden zum Wasser. Wo diese Bedingungen nicht naturgegeben waren, passte man das Areal an. Oftmals wurden auch künstliche Seen, Wasserfälle und Hügel zugefügt, zum einen, um die geomantischen Gegebenheiten zu verbessern, zum anderen, um eine möglichst malerische, parkähnliche Umgebung zu schaffen, wie man an den **Mausoleen Tu Ducs und Minh Mangs** sehen kann.

Auch wenn sie sich in manchen Punkten unterscheiden, so besitzt doch jedes Mausoleum folgende drei Teile: einen Tempel zur Verehrung von Kaiser und Kaiserin, in dem die Reliquien der kaiserlichen Familie aufbewahrt wurden, einen Stelenpavillon mit der Lobpreisung des Herrschers, der von steinernen Elefanten, Pferden, Soldaten und Beamten bewacht wird, und schließlich – möglichst auf einem Hügel – das eigentliche Grabmal, das von dicken Mauern umgeben ist. Üblicherweise wurde der wahre Ort des Grabes aber geheim gehalten aus Angst vor Grabräubern und Staatsfeinden; in extremen Fällen wurden aus diesem Grund alle, die an der Beisetzung beteiligt waren, hinterher getötet.

Man erreicht die Grabanlagen am besten mit dem Auto oder Fahrrad. Zu den Mausoleen Tu Ducs, Dong Khanhs und Minh Mangs kann man auch von den Bootsanlegestellen zu Fuß gelangen.

★ ★
Minh Mangs Grabanlage (Lang Hieu)

Als einziges der Kaisergräber liegt das Minh Mangs (1820–1841) westlich des Parfümflusses (12 km von Hue entfernt). Von vielen wird die nach chinesischem Vorbild geschaffene Anlage, die sich harmonisch in die Landschaft einfügt, für die schönste Ruhestätte gehal-

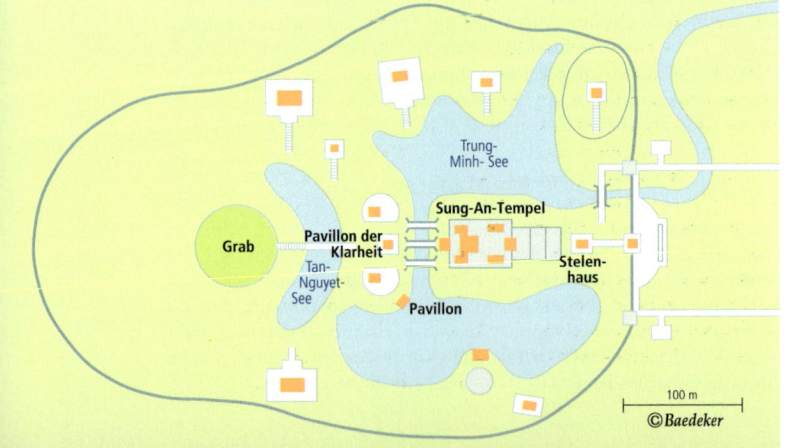

Hue Grabanlage Minh Mangs

Trung-Minh-See

Sung-An-Tempel

Grab

Pavillon der Klarheit

Tan-Nguyet-See

Pavillon

Stelenhaus

100 m

©Baedeker

Nach chinesischem Vorbild geschaffen: die Grabanlage Minh Mangs.

ten. Der zweite Nguyen-Herrscher Ming Manh interessierte sich sehr für Architektur. Er vollendete auch nach dem Tod Gia Longs die Zitadelle in Hue und plante sein Mausoleum mit einem symmetrischen Aufbau entlang einer Ost-West-Achse. Errichtet wurde die Grabanlage in den Jahren 1841 bis 1843 unter seinem Nachfolger.

Das große Eingangsportal führt zum Ehrenhof mit den steinernen Mandarinen und Elefanten, die als Garde dienten, und zum Stelenpavillon mit der Lobrede, die sein Sohn Thieu Tri geschrieben hatte. Durch mehrere Höfe hindurch gelangt man in den rot-golden ausgestatteten **Sung-An-Tempel**, in dem Minh Mang und die Kaiserin verehrt werden. Bestechend schön sind die Säulen und Balken sowie die vielen antiken Stücke, die den Raum zieren.

Drei Brücken spannen sich über den Trung-Minh-See, wobei die mittlere allein dem Kaiser vorbehalten war. Nun steht man vor dem eleganten **Minh-Lau-Pavillon** (Pavillon der Klarheit), von dem sich ein wunderbarer Blick über den mondsichelförmigen Tan-Nguyet-See bietet. Angeschlossen ist ein kleiner Garten, dessen sorgfältig angepflanzte Beete früher einmal das chinesische Schriftzeichen für ein langes Leben formten. Vorbei an duftenden Frangipani-Bäumen weist eine Treppe mit Drachensäulen den Weg zum eigentlichen Grab Minh Mangs, einen von Pinien bewachsenen Hügel, der von einer runden Mauer umschlossen wird.

Die meistbesuchte, aber auch besonders schöne Anlage Lang Khiem (7 km von Hue entfernt) wurde zwischen 1864 und 1867 erbaut. Tu Duc (1847–1883) war nicht nur Kaiser in einer Zeit, als die Unabhängigkeit Vietnams stark gefährdet war, sondern auch und vor allem ein **romantischer Poet**, der sich am liebsten in seinem Garten

✷ ✷
Tu Ducs
Grabanlage
(Lang Khiem)

Hue Grabanlage Tu Ducs

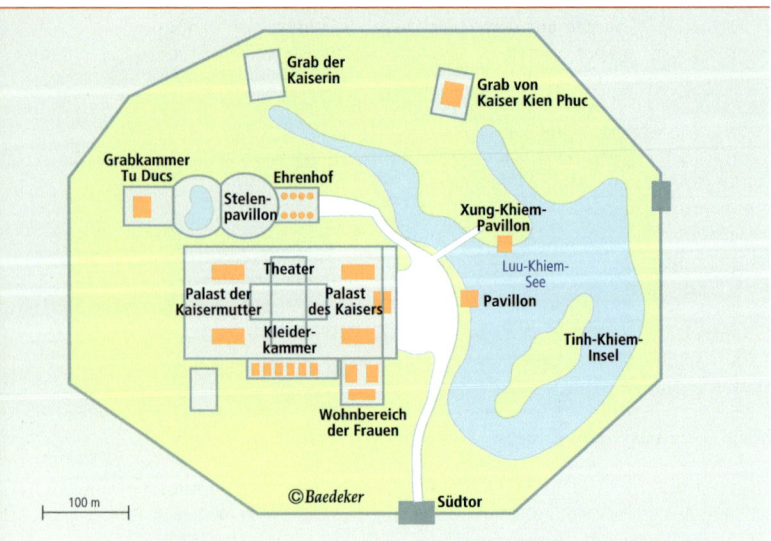

Grab der Kaiserin

Grab von Kaiser Kien Phuc

Grabkammer Tu Ducs

Ehrenhof

Stelen-pavillon

Xung-Khiem-Pavillon

Luu-Khiem-See

Theater

Palast der Kaisermutter

Palast des Kaisers

Pavillon

Kleider-kammer

Tinh-Khiem-Insel

Wohnbereich der Frauen

100 m

©Baedeker

Südtor

vor der Welt versteckte. So lebte er 16 Jahre lang in dieser von einer Mauer geschützten, künstlich geschaffenen Landschaft und verbrachte seine Zeit mit Bootfahren, Angeln, Meditieren, Dichten und Teetrinken.

Man betritt die Anlage durch das südliche Tor, von dem ein Weg vorbei an einem Teich voller Wasserlilien und Lotosblumen zu einem hübsch verzierten Pavillon führt. Auf der anderen Seite des Sees kann man den **Xung-Khiem-Pavillon** sehen, der vor wenigen Jahren mit Hilfe der UNESCO restauriert worden ist. Tu Duc hat sich gerne hierher zum Schreiben zurückgezogen. Heute kommen vietnamesische Familien zum Picknick. Stufen führen vom See hinauf zu einem Portal mit drei Eingängen, wobei der mittlere, gelb gestrichene dem Kaiser vorbehalten war. Weiter gelangt man durch einen Vorhof zum **Hoa-Khiem-Tempel**, den Tu Duc als Palast des Kaisers nutzte. Nach seinem Tod wurden hier die Totentäfelchen aufgestellt, wobei auffällt, dass dasjenige Tu Ducs kleiner ist als das der Kaiserin. Hinter dem Tempel stand linkerhand einst das Theater. Gegenüber befanden sich die Kleiderkammer und nahebei die Unterkünfte seiner Frauen und Konkubinen.

Am Luu-Khiem-See entlang gelangt man zum Grab des Kaisers. Als Erstes muss allerdings der von steinernen Elefanten, Pferden und Wächtern geschützte Ehrenhof passiert werden. Militär-Mandarine sind beim genaueren Hinsehen an ihrem Schwert zu erkennen, während die Mandarine aus der Verwaltung ein Zepter tragen. Weiter geht es zum **Stelenpavillon** mit der größten Stele des Landes (20 t schwer, fast 5000 Schriftzeichen). Üblicherweise verfassten die Söhne der Kaiser die Lobrede auf den Vater, doch der kinderlose Tu Duc musste voller Trauer seinen Nachruf selbst schreiben. Dahinter schließt sich ein halbmondförmiger kleiner See, hinter dem wiederum die von einer Mauer umgebene Grabkammer des Kaisers liegt. Tu Duc soll aber tatsächlich an einem anderen geheimen Ort bestattet sein. Sein Adoptivsohn Khien Phuc, der nur sieben Monate regierte, und die Kaiserin liegen in einem Kiefernwäldchen jenseits des Sees begraben.

Die grandiose Ruhestätte Kaiser Khai Dinhs (1916–1925) ist das zuletzt erbaute Mausoleum der Nguyen-Herrscher und zugleich ein Beispiel für den Niedergang vietnamesischer Kultur während der Kolonialzeit. Khai Dinh war eine **Marionette der Franzosen**, der auch von französischer Lebensart und Architektur sehr angetan war. Statt Ziegelsteinen wurde für den Bau, der auch sonst europäische Einflüsse zeigt, Beton verwendet. Selbst die Gesichter der steinernen Mandarine im Ehrenhof zeigen eine Mischung aus vietnamesischen und europäischen Zügen.

★
Khai Dinhs
Grabanlage
(Lang Ung)

Die Grabanlage thront majestätisch auf dem Chau-Berg (10 km von Hue entfernt) mit Blick auf eine weiße Quan-Am-Statue. Vor ihrem Bau hatte Khai Dinh die Gräber chinesischer Adliger entfernen lassen, die diesen Ort schon zuvor wegen seiner besonders schönen und auch geomantisch günstigen Lage ausgesucht hatten. Eine breite, steile Treppe, die von imposanten Betondrachen gesäumt ist, führt

Üppig mit Porzellan und Majolika ausgeschmückte Vorhalle Khai Dinhs

hinauf zum Ehrenhof mit den obligatorischen Statuen von Mandarinen, Elefanten und Pferden und zu dem achteckigen Stelenpavillon.
Noch höher liegt der **eigentliche Grabbau**, der aus drei ineinander
übergehenden Räumen besteht. Mosaike aus bunten Glas- und Kera-
mikscherben schmücken die Wände und Decken. Dargestellt sind
u. a. die vier Jahreszeiten. Etwa 9 m unter dem Thron mit der Bron-
zestatue des Kaisers, der ein Zepter aus Jade hält, befindet sich die eigentliche Grabkammer. Im dritten Raum steht schließlich der Altar
zur Verehrung Khai Dinhs.

Dong Khanhs
Grabanlage
(Lang Dong
Khanh)

Das Grab Dong Khanhs (1885–1889) liegt nur 500 m von dem Tu
Ducs entfernt. Im Jahre 1889 erbaut, ist es das kleinste der Kaisergräber, aber mit einer besonderen individuellen Note. Obwohl Dong
Khanh der erste von den Franzosen eingesetzte Nguyen-Herrscher
war, hält sich das Gerücht, er sei von ihnen beseitigt worden. Auffallend ist die Zweiteilung des Mausoleums, wobei der mit einer Mauer
umgebene Part Tempel, Pavillons und Höfe umschließt. In etwa
100 m Entfernung liegt der terrassenförmig angelegte, offene Teil mit
Ehrenwache, Stelenpavillon und Grabkammer.

Thieu Tris
Grabanlage
(Lang Xuong)

Thieu Tris Grab ist eine verkleinerte Ausgabe der Ruhestätte seines
Vorgängers Minh Mang. Allerdings ist seine Ausrichtung nach Nordwesten ungewöhnlich. Sie wurde auch als ungünstig angesehen, sodass noch heute viele Leute glauben, dies sei der Grund, dass Vietnam nur wenige Jahre nach dem Bau (1847/1848) unter französische
Herrschaft geriet. Selten kommen Besucher hierher, obwohl die
Tempel und Pagoden durchaus sehenswert sind.

Weitere Sehenswürdigkeiten in Hue

Hue-Museum

Das Hue-Museum (3 Le Truc, Öffnungszeiten: tgl. 7.00–17.00 Uhr)
präsentiert vielerlei Gegenstände aus dem Besitz der Nguyen-Kaiser,
wie Möbel, Gewänder, Porzellan und vieles mehr. Allein das Gebäude, der schöne Long-An-Palast, ist einen Besuch wert. Er wurde ursprünglich 1845 innerhalb der Kaiserstadt erbaut, dann aber an seine
jetzige Stelle versetzt. Kaiser Khai Dinh ließ den Palast 1923 als Museum einrichten.

Provinzmuseum

Direkt gegenüber liegt das Provinzmuseum. Es ist im Di-Luan-Pavil-
lon (1808) untergebracht, der früheren Schule für Prinzen und Söhne hoher Mandarine. Drei verschiedene Ausstellungen sind hier zu
sehen: In der Mitte wird die archäologische und völkerkundliche
Sammlung mit beeindruckenden Begräbnisstatuen der Ede gezeigt.
Eine interessante Abteilung, die sich mit regionaler Architektur, Industrie und Landwirtschaft beschäftigt, befindet sich im westlichen
Gebäude, während die Räume im östlichen Teil der jüngeren Geschichte, vor allem dem Krieg gegen die USA, gewidmet sind (Öffnungszeiten: tgl. außer Do. 7.00–11.00 und 13.30–17.00 Uhr).

Hue *Orientierung*

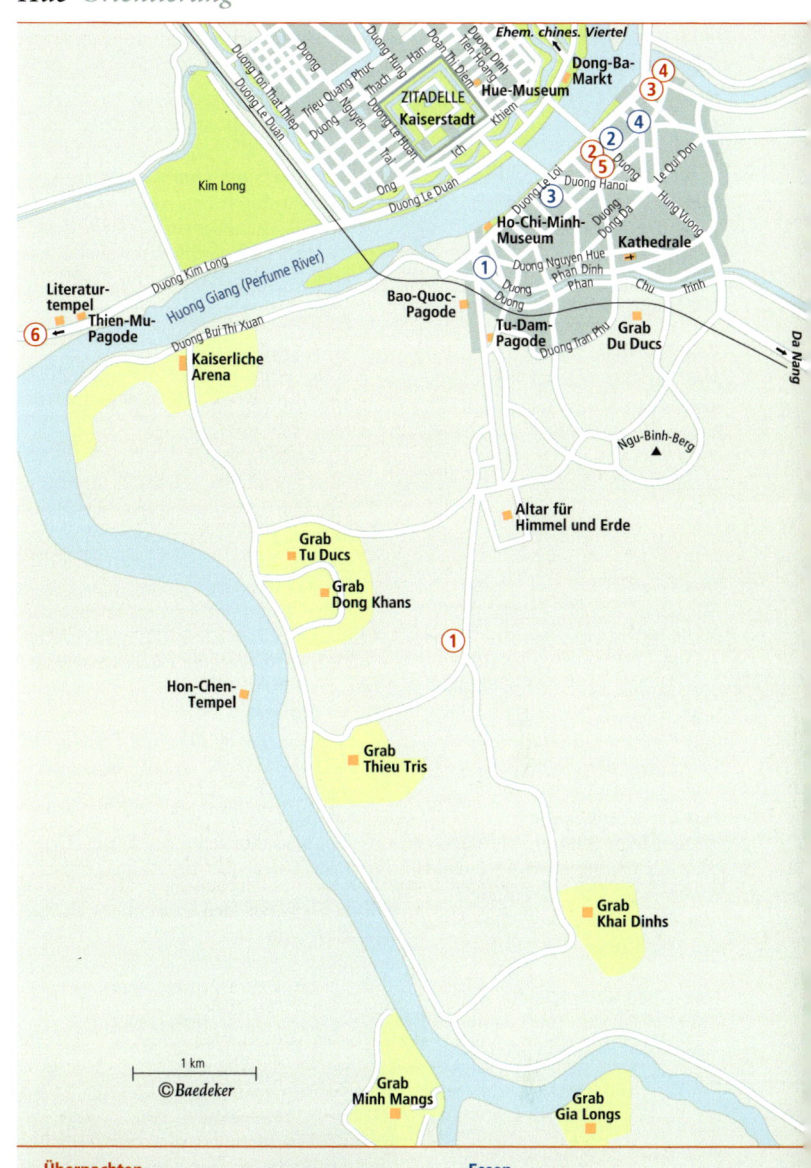

▶ HUE ERLEBEN

AUSKUNFT

Hue Tourist
18 A Le Loi, Hue
Tel. 0 54/82 16 26

Vietnam Tourism
14 Nguyen Van Cu, Hue
Tel. 0 54/82 83 16

Außerdem im Huong Giang Hotel

VERKEHR

Phu Bai-Hue Airport (ca. 15 km süd-
östlich von Hue): Tel. 0 54/82 32 49.
International Airport Da Nang: Tel.
05 11/81 18 11 und 83 03 39.
Seehafen am Thuan-An-Strand und
Pier am Hotel Huong Giang

FESTE

Hue Festival
Alle geraden Jahre (2006, 2008...)
findet das mehrtägige Hue Festival
im Juni mit klassischer Hofmusik
und Tänzen statt. Ausstellungen und
Modeschauen, Folklore, Drachen-
flug-Wettbewerbe und Feuerwerk
sind einige der Highlights.

Fest der Ringkämpfe
In dem Dorf Sinh am südlichen
Ufer des Huong (Parfüm-Flusses)
versammeln sich im Januar/Feb-
ruar Tausende junger Männer zu
den traditionellen Ringkämpfen.

Hon-Chen-Tempelfest
Zweimal jährlich im 3. und
7. Mondmonat (Februar/März
und Juli/August): Am Parfüm-
Fluss westlich von Hue und im
Dorf Cat Hai treffen sich die
Gläubigen zu Schauspielauffüh-
rungen und Prozessionen, kleine
Lichterschiffchen und Boote er-
leuchten den Fluss.

EINKAUFEN

Im mehrstöckigen *Dong-Ba-Markt*
soll es die schönsten Kegelhüte in
ganz Vietnam geben: verziert mit
zarten Scherenschnitten, die im Ge-
genlicht durch den leicht transparen-
ten Hut durchscheinen. Außerdem
das übliche Marktangebot wie Obst
und Gemüse, Fleisch und Fisch.

ESSEN

▶ Erschwinglich

① *An Dinh Palace*
78A Nguyen Hue und 97 Phan
Dinh Phung (Eingänge)
Tel. 0 54/83 30 19
tgl. 12.00–14.00, 17.00–22.00 Uhr
Hochherrschaftlich speisen in der
ehemaligen Villa von Kaiser Bao Dais
Mutter: Kulinarisch-Typisches aus der
Region verzehrt der Gast hier zwi-
schen Stuck und verzierten Säulen,
Deckenmalereien und Ehrenschreinen
in zwei Speisesälen (viele Gruppen).

▶ Preiswert

② *Song Huong Floating Restaurant*
3 Thang 2 Park, Le Loi Street
Tel. 0 54/82 37 38
tgl. 8.00–21.00 Uhr
Am Flussufer nahe der Trang-Tien-
Brücke liegt das auf Pfählen erbaute

Restaurant. Hier kann man Hue-Küche probieren, es gibt aber auch internationale Gerichte.

③ **Banh Khoai Thuong Tu**
6 Dinh Thien Hoang
(nahe der Phu-Xuan-Brücke)
Tel. 0 54/52 73 48
Die Spezialität des Hauses sind Banh Khoai: Pfannkuchen mit Garnelen, Fleisch, Sojasprossen und Nuoc Leo, einer Erdnuss-Sesam-Sauce.

AUSGEHEN
④ **Why Not**
21 Vo Thi Sau
Tel. 0 54/82 47 93
tgl. 18.00–23.00 Uhr
Poolbillard und Dart spielt man in dieser kleinen Bar bei westlichen und vietnamesischen Klassikern, Pizza, Snacks, frischen Fruchtsäften und Cocktails, Wein oder Bier.

ÜBERNACHTEN
► **Luxus**
① **Pilgrimage Village**
130 Minh Mang Road
(ca. 3 km Richtung Kaisergräber)
Tel. 0 54/88 54 61, Fax 88 70 57
www.pilgrimagevillage.com
Ein Dorf für Pilger: Im traditionellen Stil errichtete Anlage, rustikal, aber elegant: zweistöckige Ziegelsteinhäuser mit 50 Zimmern, je zwei Balkons, ruhiger exotischer Garten, Pool mit kleinem Wasserfall und Bar.

② **Saigon Morin**
30 Le Loi
Tel. 0 54/82 35 26, Fax 82 51 55
www.morinhotel.com.vn
sgmorin@dng.vnn.vn
Herrlich protziger Kolonialbau aus dem Jahr 1901: 130 restaurierte (teils »aufgestockte«) Zimmer mit Balkon (leider an einer Hauptstraße), dafür eine wahre Oase im Innenhof mit Springbrunnen, schönem Café am Mini-Pool, drei Restaurants und Dachbar. Nach dem Kaisergräber-Marathon unbedingt die Fußmassage genießen (gute Internetangebote).

► **Komfortabel**
③ **Century Riverside**
49 Le Loi
Tel. 0 54/82 33 90, Fax 82 33 94
cenhuevn@dng.vnn.vn
Moderner 4-Sterne-Klotz am Ufer des Parfümflusses, der mit 158 unterschiedlichen, teils eleganten Zimmern überrascht, schöner kleiner Pool, Massage, Fitness-Center, Disko. Fünf Restaurants und Bars.

④ **Huong Giang Hotel**
51 Le Loi
Tel. 0 54/82 21 22, Fax 84 55 55
www.huonggiangtourist.com
hghotel@dng.vnn.vn
Renoviertes Hotel der gehobenen Mittelklasse. Hübscher Garten, in der Nähe der Dap Da Brücke an der zentralen Kreuzung des Ostufers. Exzellentes Restaurant, Pool, Reisebüro.

► **Günstig**
⑤ **Indochine Hotel (Dong Duong)**
2 Hung Vuong
Tel. 0 54/82 38 66, Fax 82 60 74
indochine-hotel@dng.vnn.vn
Nahe dem Fluss gelegenes Alt- und Neubauhotel mit unterschiedlich ausgestatteten Zimmern (klimatisiert, Sat-TV).

⑥ **Morin Bach Ma Hotel**
Km 19, Bach Ma National Park, Phu Loc (ca. 30 km von Hue Airport)
Tel. 0 54/87 11 99, Fax 87 11 77
Villa-Hotel im französischen Stil mit zwölf schlichten, aber gut ausgestatteten Zimmern (Sat-TV, Minibar, Tel.) und kleiner Balkon. Nachtclub, Restaurant.

Europäisches Viertel

Die Hauptstraße des Französischen Viertels ist die parallel zum Song Huong verlaufende Le Loi Street. Hier liegt auch die Quoc Hoc High School, in der neben Ho Chi Minh auch General Vo Nguyen Giap, der Sieger von Dien Bien Phu, und der ehemalige Präsident Ngo Dinh Diem zur Schule gingen. Nur wenige Schritte weiter liegt das **Ho-Chi-Minh-Museum** mit den obligatorischen Fotografien und Erinnerungsstücken (Öffnungszeiten: Di. bis So. 7.30–11.30, 13.30–16.30 Uhr). Wie eine Mischung aus Kirche und Pagode wirkt die **Kathedrale** Notre Dame in der Nguyen Hue Street. Sie wurde 1962/1963 auf Veranlassung des Erzbischofs von Hue, Präsident Diems Bruder, Ngo Dinh Thuc, erbaut.

Bao-Quoc-Pagode / Tu-Dam-Pagode

Am westlichen Rand des europäischen Viertels liegen zwei durchaus sehenswerte Pagoden: die Chua Bao Quoc auf dem Ham-Long-Hügel man erreicht ihn stadtauswärts über die Dien Bien Phu Street und biegt gleich nach dem Bahnübergang rechts ab.
Nur 500 m südlich, an der Ecke Dien Bien Phu und Tu Dam Street, steht die Tu-Dam-Pagode (1690–1695).

Umgebung von Hue

Thuan An Beach

Ungefähr 13 km nordwestlich von Hue (4 km von der Straße nach Da Nang entfernt) mündet der Parfümfluss in eine große Lagune, die von einer langen Sandbank geschützt wird. Jenseits der Lagune

Im Süden des Europäischen Viertels steht die Kathedrale der Stadt.

liegen das Dorf Thuan An und dahinter der Strand. Hier gibt es Getränkestände und kleine Seafood-Lokale, Liegestühle und Sonnenschirme. Doch schlendert man nur ein paar hundert Meter weiter, ist man ungestört. Auf dem Weg zum Strand passiert man zahllose Grabmäler und imposante Tempelgräber von vietnamesischen Familien, die als »Boat people« ins Exil geflohen waren, und nach ca. 6 km das **Dorf Duong No**, in dem Ho Chi Minh (► Baedeker Special S. 261) als Kind einige Jahre lebte. Das mit Gras gedeckte, einfache Holzhaus kann besichtigt werden.

Der Bach Ma (Hai Van) Nationalpark (22 000 ha) zieht sich vom zentralen Hochland bis in die Küstenregion und gilt als der feuchteste Regenwald Vietnams mit mehr als 8000 mm Regen pro Jahr, meist zwischen September und Dezem-

> ! **Baedeker** TIPP
>
> **Wandern im Nationalpark**
> Sechs nicht sehr lange Wanderwege führen durch den Regenwald des Nationalparks. Am besten besucht man den Park nach der Regenzeit ab März bis Juni. Sechs rustikale und restaurierte Backstein-Villen aus der Kolonialzeit dienen heute wieder als Gästehäuser, ebenso gibt es einen Zeltplatz und Mietjeeps (Infos: Phu Loc, Hue, Tel. 054/87 13 30, www.bachma.vnn.vn).

ber (inklusive Blutegel). Von den Bergen Bach Ma (1450 m) und Noc (1259 m) bietet sich bei gutem Wetter ein spektakuläres Panorama bis zur Küste. Enge und steil abfallende Schluchten sind mit Bächen und Flüssen durchzogen, viele hohe Wasserfälle speisen idyllische Badepools, beispielsweise der Do-Quyen-Wasserfall mit seinen insgesamt 300 m hohen Kaskaden. Die Szenerie ist besonders zur Blütezeit der roten Rhododendren im Februar beeindruckend. **Bach-Ma-Nationalpark**

Zur hier lebenden Fauna gehören rund 330 Vogelarten und mindestens 55 Säugetierspezies. 1992 wurde eine für ausgestorben gehaltene **Antilopenart namens Saola** hier entdeckt. Ein anderer rarer Exot ist der Muntjak, eine dem Hirsch verwandte Art. Einige wenige Tiger und vielleicht auch noch Leoparden pendeln offenbar im dichten Grenzgebiet zwischen Vietnam und Laos. Selbstauslösende Kameras an Plätzen mit hohem Wildwechsel sollen den (teils deutschen) Wissenschaftlern vor Ort jetzt Klarheit verschaffen. Eines scheint sicher: Die hiesige Elefantenherde hat sich nach Laos zurückgezogen. Illegaler Holzeinschlag und Wilderei machen dem Nationalpark zu schaffen. Ein Kilo Rhinozeros-Horn bringt laut WWF bis zu 60 000 US-Dollar ein, das Geweih einer bestimmten Rehart etwa 3000 US-Dollar. Der Nationalpark liegt rund 45 km südwestlich von Hue (N 1, Abzweig bei Truoi).

Die heißen Quellen von Thanh Tan (ca. 30 km nordwestlich von Hue) sind ein beliebtes Wochenendziel der Vietnamesen, wobei die Frauen nur in T-Shirts und Shorts in die mit 60 °C heißem und sprudelndem Nass gefüllten Wasserbecken steigen. Das Thermalbad besteht aus mehreren Becken und privaten Bereichen sowie einem Restaurant (Handtuch mitnehmen). **Thanh Tan**

Phu Cam (Phuoc Vinh) Das Dorf der Hutmacher Phu Cam liegt am südlichen Ufer des An-Cuu-Flusses. Seit mehreren hundert Jahren und vielen Generationen stellen die Frauen in aufwändiger Weise und mit höchster Fingerfertigkeit die filigranen konischen Hüte aus (gebügelten!) Palmblättern her, für die die Region so bekannt ist. Sie sind hauchdünn und verziert mit Seidenfäden, gemalten Landschaftsbildern oder Poesiesprüchen.

Lang Son

D 2

Provinz: Lang Son (Hauptstadt)   **Region:** Bergland des Nordens
Einwohnerzahl: 70 000

Die Provinzhauptstadt Lang Son eignet sich bestens als Ausgangspunkt für Touren ins Bergland des Nordens, z. B. nach ►Dien Bien Phu, ► Sa Pa oder in den Ba-Be-Nationalpark. Die Stadt selbst boomt zwar seit der Wiederaufnahme des Grenzverkehrs nach China (1992), ist aber wenig attraktiv.

Grenzstadt nach China Nach dem Einmarsch Vietnams in Kambodscha reagierte China 1979 mit einer Art **Straffeldzug**, was Lang Son, den neben Lao Cai (►Sa Pa) wichtigsten Grenzübergang nach China, empfindlich traf. Seit der Wiederaufnahme des Grenzverkehrs (1992) floriert der legale und illegale Handel, da Lang Son über eine gute Straßen- und Bahnverbindung nach Hanoi verfügt. Von Hanoi aus kann man mit

 LANG SON ERLEBEN

AUSKUNFT

Lang Son Tourist Service
41 Le Loi, Vinh Trai, Lang Son
Tel. 0 25/87 20 36

EINKAUFEN

Unweit der Stadt bei einem weithin sichtbaren Granitfelsen wird jeden Tag der Markt von Kya Lu abgehalten. Schon am frühen Morgen sieht man hier Frauen der Tay, Nung und Dao, die Gemüse, Obst und kunsthandwerkliche Produkte verkaufen.

ESSEN

In Lang Son kann man in den Lokalen in der Le Loi und der Tran Dang Ninh Street gut essen, doch auch die Gerichte in den Garküchen und an Marktständen sind nicht zu verachten, vor allem Nudelgerichte, Spanferkel und Ente.

ÜBERNACHTEN

► **Günstig**
Mao Son Hotel
Tran Dang Ninh
(am Ky Lua Markt)
Tel. 0 25/87 68 18
Das beste von mehreren ziemlich einfachen Hotels in der Hauptstraße, die Zimmer haben aber teilweise einen schönen Blick auf den Phai-Loan-See.

dem Zug (ca. 8 Std.) nach Lang Son gelangen oder mit dem Bus (ca. 6 Std.), was wegen des schlechten Straßenzustands recht anstrengend ist. Allerdings macht die schöne Berglandschaft, durch die man fährt, vieles wett.

Umgebung von Lang Son

Wenn man vom Markt von Kya Lu etwa 1 km hinunter zum Fluss geht, kommt man zu dem kleinen **Ky-Cung-Tempel**, der sich unter der Brücke am nördlichen Ufer zu verstecken scheint. Er wurde vor über 500 Jahren Quan Tuan Tranh gewidmet, der tapfer gegen die Chinesen gekämpft hatte. Im Innenraum des Heiligtums ist ein Bild Ho Chi Minhs zu sehen, der Lang Son im Jahre 1960 einen Besuch abstattete.

Im Bergland des Nordens

Etwa 2 km weiter nördlich kann man zwei schöne Höhlen besichtigen. In der **Tam-Thanh-Höhle** gibt es einen tiefen Teich und einen beeindruckenden Aussichtspunkt. Durch ein natürliches Fenster im Felsgestein überblickt man die Reisfelder der Umgebung. Den Reiz der **Nhi-Thanh-Höhle** machen ihre schönen Stalaktiten und Stalagmiten sowie ein kleiner Höhlenbach aus.

Am Markt von Dong Dang, dem 14 km entfernten Grenzposten, wird man auch Angehörige der Tay und Thai sehen. Verkauft werden hier vor allem Wasserbüffel, Lebensmittel, russische Motorräder und **Dong Dang** chinesische Billigwaren. Auf den Hügeln zwischen Lang Son und Dong Dang sind noch einige **japanische Festungen** aus dem Zweiten Weltkrieg zu entdecken.

✳ Ba-Be-Nationalpark

Der größte natürliche See Vietnams, der Ho Ba Be, bildet den Kern des gleichnamigen Nationalparks nördlich von Lang Son in der Provinz Cao Bang. Inmitten von immergrünem Regenwald und bis zu 1800 m hohen Karstbergen, die aus der Ebene zu wachsen scheinen, erstreckt sich der 9 km lange See über drei Täler. Mit blühenden Orchideen, Flamboyants sowie Palmen sind die Hügel bewachsen, die den Lebensraum für Affen, Flughörnchen, asiatische Bergziegen und Fledermäuse bilden. Zur Flora gehören rund 450 Spezies, darunter viele Bambus- und Rattange-

Blühender Flamboyant

wächse. Vermutlich leben in dem Gebiet noch Tiger und Leoparden sowie einige Herden Makaken. Mit dem Boot können Ausflüge zu nahe gelegenen Tay- und Hmong-Dörfern sowie zur Puong-Höhle (nördliches Seeufer) unternommen werden. In deren Nähe stürzt auch der imposante **Dau-Dang-Wasserfall** aus 45 m Höhe in die Tiefe. Der Eingang des Parks, in dem auch Gästehäuser zum Übernachten bereitstehen, befindet sich zwischen Nha Phac und Cho Ra.

Cao Bang

Cao Bang, die Hauptstadt der gleichnamigen Provinz und Grenzort zu China, liegt rund 40 km nordöstlich des Nationalparks. Im Jahre 1979 wurde sie von den Chinesen fast zerstört, doch heute profitiert Cao Bang vom Grenzverkehr mit dem großen Nachbarn.

✶ ✶ Mekong-Delta

C/D 7/8

Region: Süden   **Fläche:** 70 000 km²

Im Mekong-Delta trifft man auf ein Stück echtes Südostasien: kaum größere Städte, dafür aber reichlich ländliches Gepräge. Das schwülwarme Klima und die üppige Vegetation machen das Mekong-Delta zum Inbegriff einer tropischen Landschaft. Eine gewisse Schläfrigkeit liegt über dem Land, die beim Besucher mehr als anderswo in Vietnam die richtige Urlaubsstimmung aufkommen lässt.

»Neun-Drachen-Fluss«

Der Mekong ist einer der großen Ströme Asiens, der Südvietnam auf den letzten 200 km seines 4800 km langen Laufes durchfließt. Er entspringt im tibetischen Hochland, fließt als Lancang Jiang durch Südwestchina, bildet dann die Grenze zwischen Burma und Laos, fließt weiter durch Laos und markiert erneut die Grenze zwischen zwei Staaten, nämlich Laos und Thailand. Danach tritt er in das kambodschanische Tiefland ein, wo er sich bei Phnom Penh in zwei Ströme teilt, den Tien Giang (Oberer Mekong) und den Hau Giang (Unterer Mekong, Bassac). In Vietnam fächern sich diese beiden Flüsse in **acht Hauptarme**, einen Kanal und zahlreiche Nebenarme auf, die an verschiedenen Stellen ins Meer münden und ein riesiges Delta bilden. Obwohl er nur acht Mündungsarme hat, wird der Mekong in Vietnam auch als Song Cuu Long bezeichnet: »Neun-Drachen-Fluss«, nach der in der chinesischen Mythologie heiligen Zahl 9.

Überschwemmungen

Alle 2–5 Jahre kommt es im Delta zu schweren Überschwemmungen. Dank der vom Mekong und seinen Nebenflüssen mitgeführten Sand- und Schlammfracht bleibt die **Bodenfruchtbarkeit** erhalten. Außerdem wächst das Mekong-Delta dadurch jährlich um rund 80 m weiter ins Meer hinaus. So liegen die Überreste der antiken Hafenstadt Oc Eo, die zum Reich von Funan gehört hatte und im 7. Jahrhundert aufgegeben worden war, heute rund 30 km weit im Landesinneren.

Besiedlung

Da das Deltagebiet im Norden nahtlos in das kambodschanische Tiefland übergeht, ist es nahezu die einzige Region Vietnams, zu der Nachbarvölker ungehinderten Zugang hatten. Daher siedelten hier die verschiedensten Volksgruppen, und noch heute weist das Mekong-Delta einen hohen Anteil an **ethnischen Minderheiten** auf. Seit dem 1. Jahrhundert n. Chr. war es Teil des Königreichs von Funan, und nach dessen Niedergang (7. Jh.) gehörte es rund 1000 Jahre lang zu den verschiedenen Herrscherhäusern der Khmer. Im 17. Jahrhundert wurde es schließlich zum Auffangbecken für chinesische Flüchtlinge, die ihr Land unter der Qing-Dynastie verlassen mussten. Außerdem zogen sich die Cham auf der Flucht vor den Vietnamesen hierher zurück. Diese nahmen die Region auf ihrer Wanderung nach Süden erst ab dem 18. Jahrhundert in Besitz und gliederten es dem Kaiserreich der Nguyen-Dynastie ein. Da in Kambodscha genug Möglichkeiten zum Reisanbau vorhanden waren, war das Mekong-Delta zu dieser Zeit ein überwucherter, versumpfter und malariaverseuchter Landstrich. Erst die Franzosen, die ab 1861 vom Mekong-Delta Besitz ergriffen und es als Cochinchina ihrem Kolonialreich einverleibten, machten die Gegend urbar und durch umfangreiche Trockenlegungsmaßnahmen zur **größten Reiskammer des Landes**. Mit 19 Millionen Einwohnern stellt das Mekong-Delta heute einen der am dichtesten besiedelten und wirtschaftlich erfolgreichsten Räume Vietnams dar.

Von Kanälen und Wasserarmen durchzogenes Deltagebiet

Sowohl die Kambodschaner als auch die Vietnamesen wohnen in Dörfern inmitten ihrer landwirtschaftlichen Nutzflächen. Im Gegensatz zu den sonst in Vietnam üblichen kompakten Haufendörfern bestimmen **lockere Streusiedlungen** das Bild. Die Häuser stehen häufig auf Stelzen. Bei diesem in Laos, Kambodscha und Thailand verbreiteten Haustyp liegt der Wohnbereich auf zwölf Rundpfeilern und wird über eine Leiter mit fünf, sieben oder neun Sprossen erreicht – denn eine gerade Anzahl bringt Unglück. Der darunter liegende Raum ist für die Haustiere reserviert. Diese Konstruktion sorgt für eine bessere Luftzirkulation und bietet Schutz vor Hochwasser.

Wirtschaft Mit Ausnahme der Mangrovensümpfe in Küstennähe wird das Gebiet landwirtschaftlich intensiv genutzt und gilt neben dem Delta des Roten Flusses als eine der beiden großen Reisschüsseln des Landes. Obwohl das Mekong-Delta weniger als 10% der Landesfläche einnimmt, kommt rund die Hälfte der vietnamesischen Reisernte von hier. Damit hat es auch wesentlichen Anteil daran, dass Vietnam

Mekong-Delta *Orientierung*

Die Menschen im Mekong-Delta leben am und vom Wasser.

nach Thailand der **zweitgrößte Reisexporteur der Welt** ist. Trotzdem ist man von der früher vor allem von den Franzosen gepflegten Reismonokultur mittlerweile abgekommen und baut stattdessen eine Vielzahl tropischer Früchte an wie z. B. Zuckerrohr und Kokospalmen. Auch die Krabben- und Fischzucht hat in den letzten Jahren stark zugenommen.

Das Mekong-Delta ist relativ gut durch Straßen und viele neue riesige Brücken erschlossen. Dennoch ist ein Fortkommen mühsam, denn immer wieder müssen die Mündungsarme des Mekong mit größeren und kleineren Fähren überquert werden. Der wechselnde Wasserstand ist allerdings auch dafür verantwortlich, dass nicht alle Flüsse ganzjährig schiffbar sind. In den Trockenmonaten März und April behindern manchmal Sandbänke die Schifffahrt. Deshalb wird das Land zusätzlich von einem insgesamt 5000 km langen **Kanalnetz** durchzogen, auf dem der Warentransport unabhängig von der Wasserführung der Flüsse stattfinden kann. **Verkehr**

Das Mekong-Delta gehört zu den Gegenden, die unter dem Krieg am meisten zu leiden hatten. Die dichten Urwälder boten dem Vietcong ideale Unterschlupfmöglichkeiten, von denen aus er die feindlichen Truppen mit einem Dschungelkrieg überziehen konnte. So verwundert es nicht, dass gerade dieses Gebiet durch die **Entlaubungsaktionen der Amerikaner** besonders in Mitleidenschaft gezogen wurde, um den Vietcong seiner natürlichen Deckung zu berauben. Die schlimmen Folgen für den Tropenwald sind auch heute noch zu sehen – in den stark dezimierten natürlichen Waldbeständen und dem deformierten Wachstum von Bäumen und Blättern. Die größte Gefahr für den Wald droht heutzutage aber von der Wirtschaft, denn zur Gewinnung neuen Ackerlandes werden immer größere Teile des natürlichen Waldbestandes und der Mangroven gerodet. **Kriegsfolgen**

So hängen die Körner an den langen Rispen, bevor sie geerntet werden.

OHNE FLEISS KEIN REIS

Die Farbe Grün in allen Schattierungen bestimmt das Landschaftsbild Vietnams. Vor allem in den beiden Reiskammern des Landes, dem Mekong-Delta im Süden und dem Delta des Roten Flusses im Norden, scheint sich ein Mosaik verschiedener grüner Flächen vor einem auszubreiten: von den zarten Nuancen der jungen Setzlinge über die verschiedenen satten und kräftigen Töne der Pflanzen während der Reifeperiode bis zum grün-gelben Braun der erntereifen Felder.

Pickende Wasserhühner und schwerfällig trabende Wasserbüffel, immer begleitet von weißen Kuhreihern, vervollständigen das Idyll, dem man nicht die unendliche Mühe ansieht, die den Reisbau von der Aussaat bis zur Ernte begleiten.

Eine harte Arbeit

Die Reiskörner der letzten Ernte muss man über Nacht einweichen, bevor sie in schlammige Aussaatbeete gestreut werden. Hierbei handelt es sich um besonders gutes Farmland, das möglichst **konstant bewässert** werden kann. Nach einem Monat, wenn die Schösslinge etwa 20 cm groß sind, werden sie einzeln ausgerupft und in die sorgfältig vorbereiteten Reisfelder

gesetzt. Diese müssen vorab gepflügt, unter Wasser gesetzt und geeggt worden sein, damit sich die schwere lehmige Erde zu einem idealen Nährboden verwandelt. Traditionell werden die Felder mit Hilfe der **Wasser-**

Oft wird der Reis an den Straßenrändern ausgebreitet. Die Körner trennen sich leicht von den Halmen, wenn die Gespanne und Wagen darüberfahren, zudem trocknen sie hier gut.

büffel und Ochsen bereitet. Zwar kann man heute auch vereinzelt Traktoren sehen, doch das Bild der Reisbauern, die hinter ihren Büffeln durch die Felder stapfen, gehört noch immer zu den ewig gleichbleibenden Bildern Vietnams.

Bevor die Schösslinge büschelweise in die matschigen Reisfelder gepflanzt werden, zupft man die oberen Enden ihre Halme auseinander. Das soll nämlich die Ernte ertragreicher machen. Nun werden sie **in engen Reihen** in den Boden gedrückt. Diese Arbeit ist unglaublich anstrengend für die Menschen, die mit dauernd gekrümmten Rücken im Wasser stehen und zudem der sengenden Sonne ausgeliefert sind. Um die Qual etwas zu erleichtern, wird den Arbeitern und Arbeiterinnen manchmal ein wenig Marihuana in ihr Mittagessen gemischt.

Damit die Reispflänzchen während der folgenden Wachstumsphase weder vertrocknen noch verfaulen, muss der **Wasserstand** täglich kontrolliert und möglichst gleichmäßig gehalten werden. Denn um eine reiche Ernte zu erhalten, muss eine konstante Bewäs-serung gewährleistet sein, die zudem dem Wachstumsgrad der Pflanze angemessen ist. In Gegenden, in denen die Bauern vom Regen abhängig sind, bleibt nur Hoffen und Beten, dass es nie zu viel oder zu wenig sein wird. Um die **Reisgöttin** günstig zu stimmen, führen sie dann aufwändige und sorgfältig vorbereitete Zeremonien durch. Hat dies nicht den gewünschten Erfolg, so muss jeder Tropfen in Wassereimern mit dem Joch herbeigeschleppt werden. In Regionen, in denen der Reis künstlich bewässert werden kann, haben es die Bauern besser. Meist kann aus den die Felder umfließenden Hauptkanälen Wasser geschöpft werden. Dadurch ist es an manchen Orten möglich, dass zwei- oder dreimal im Jahr geerntet werden kann.

Allerdings übersteigt eine effektive Arbeitseinteilung und Kontrolle dieses Systems, das bei größeren Flächen angewandt wird, meist die Möglichkeiten einzelner Familien oder Clans. Hierfür ist die **Kooperation** ganzer Dörfer oder Distrikte notwendig. Ein Deichinspektor entscheidet dann, wann und wieviel Wasser zugeführt

Reis über Reis: Auf den Märkten wird er in zahlreichen Sorten angeboten.

wird, er leitet die Arbeiter an, die Deiche und Dämme zu reparieren und zu räumen, und er entscheidet auch, welche Felder zuerst Wasser zu bekommen haben.

Während nun darauf gewartet wird, dass der Reis reift, kann man außer bewässern nur noch **Unkraut jäten**. Manchmal ziehen die Bauern mit

Weltweit gibt es insgesamt mehr als 100 000 verschiedene Reissorten ...

ihren Familien während dieser Zeit in eine Hütte am Feld, um den Reis immer im Auge behalten zu können. Früher setzte man auch Fische und Enten ein, um das Ungeziefer in den Reisfeldern zu bekämpfen, heute verwenden die Farmer zum Teil Pestizide, um ihren Reis zu schützen und einen hohen Ertrag zu sichern. Kurz vor der Ernte, nach 90 bis 130 Tagen, wird das Feld schließlich ausgetrocknet, um so das Korn endgültig reifen zu lassen. Auch die **Ernte** ist eine außerordentlich harte Arbeit. Mechanische Mittel sind kaum im Einsatz, da die auf langen Rispen wachsenden

Körner schlecht von Maschinen geerntet werden können. So werden die Halme büschelweise mit der **Sichel** geschnitten. Von Betrieb zu Betrieb hilft man sich gegenseitig mit den Arbeitern aus. Nach der Ernte wird der Reis dann gedroschen, manchmal schon in kleinen Maschinen auf dem Feld. Doch man sieht auch die Frauen mit den **Dreschflegeln** in den Dörfern arbeiten. Oftmals liegen auf den Straßen auch Reisgarben, denn wenn die Autos darüberfahren, trennen sich Reiskorn und Halm von alleine – und ein Arbeitsgang ist somit gespart. Am Straßenrand bleiben die Körner dann eine Weile zum **Trocknen** liegen. Schließlich werden sie in die Dörfer gebracht, verkauft oder in Scheunen gelagert. Denn erst wenn der Reis richtig versorgt ist, wird das große Erntefest gefeiert.

Und nun kann der immer wiederkehrende Kreislauf von Säen, Pflanzen, Bewässern, Ernten und Dreschen, der seit ewigen Zeiten den Lebensrhythmus der Vietnamesen bestimmt, von neuem beginnen.

Von ►My Tho aus sollte man eine **Bootsfahrt** auf dem nördlichsten Mekongarm, dem Tien Giang, zu den üppigen Obstgärten bei Ben Tre unternehmen. Cau Lanh ist das geeignete Ziel für Vogelkundler. Man erreicht den Ort über Vinh Long (►Can Tho), von dem aus Interessierte auch zu den Khmer-Pagoden bei Tra Vinh fahren können. In ►Can Tho erwarten den Besucher nicht nur angenehme Hotels und Restaurants, sondern auch schwimmende Märkte und Obstplantagen. In südlicher Richtung liegt dann das **urtümliche Sumpfland** von Ca Mau (►Can Tho). Von dem Küstenort Rach Gia (►Chau Doc) fahren Boote zur Insel Phu Quoc mit ihren einmaligen Stränden. Wer noch weiter in den westlichen Teil des Deltas vordringen möchte, sollte Ha Tien (►Chau Doc) und ►Chau Doc nahe der kambodschanischen Grenze besuchen.

Sehenswertes im Delta

✳ My Lai

E 5

Provinz: Quang Ngai   **Region:** Südliche Zentralküste

Auch wer nur wenig von Vietnam weiß, hat den Namen My Lai vermutlich schon gehört. Traurige Berühmtheit erlangte das Dorf 12 km nördlich der Provinzhauptstadt Quang Ngai durch einen brutalen Einsatz der US-Armee am 16. März 1968, der als das Massaker von My Lai in die Geschichte eingehen sollte.

Der Bezirk Son My war bekannt als Hochburg des Vietcong. Nachdem in der Gegend im März 1968 einige amerikanische Soldaten verwundet und getötet worden waren, reagierte die Army mit einem **Vergeltungsschlag**. Während einer so genannten Search-and-destroy-Aktion wurde das Dorf dem Erdboden gleichgemacht und die gesamte Bevölkerung – mehr als 500 Personen, fast ausschließlich Frauen, Kinder und Alte – auf das Grausamste misshandelt und getötet. Weil ein »Verräter« aus den eigenen Reihen seine Erinnerungen nicht mehr für sich behalten konnte und wollte, wurden die Gräueltaten ein Jahr später bekannt. Er berichtete der Presse von den wahren Vorfällen und legte zum Beweis Fotografien vor. So erfuhr die Öffentlichkeit, dass bei diesem Einsatz wehrlose Menschen zusammengetrieben und in Gräben mit Maschinengewehrsalven niedergemäht wurden. Es kam zu Verstümmelungen und Massenvergewaltigungen an Mädchen und Frauen;

Massaker von My Lai

 MY LAI

ANREISE

ca. 170 km nördlich von ►Qui Nhon bzw. ca. 110 km südlich von ►Hoi An gelegen

Um zu der Gedenkstätte zu gelangen, fährt man von der Provinzhauptstadt Quang Ngai auf der N 1 in östlicher Richtung und überquert den Tra-Khuc-Fluss. Hinter der Brücke zweigt ein beschilderter Weg nach Osten ab.

Säuglinge und Kinder waren geradezu abgeschlachtet worden. Amerika war zutiefst erschüttert. Niemand wollte wahrhaben, dass die jungen Männer, die zur Verteidigung von Freiheit und Menschenrechten nach Vietnam geschickt worden waren, sich als Mörder von Babys und Greisen entpuppten. Zwar wurde unter dem Druck der Medien eine **Untersuchungskommission** eingesetzt, doch diese profilierte sich vor allem dadurch, den Vorfall weiter zu verschleiern – zumal sich herausstellte, dass es sich bei My Lai um keinen Einzelfall gehandelt hatte.

Gedenktafel für die Opfer des Massakers

Lediglich ein einziger der Beteiligten, Lieutenant William Calley, kam vor Gericht. In der ersten Instanz noch zu lebenslänglichem Gefängnis verurteilt, wurde er von einem Teil der Öffentlichkeit vehement unterstützt und zum Märtyrer stilisiert. Schließlich begnadigte Präsident Nixon ihn frühzeitig, was einer gesetzwidrigen Einmischung in die Gerichtsbarkeit der Vereinigten Staaten gleichkam.

✷ Gedenkstätte

Gegen das Vergessen

🕐 Öffnungszeiten: tgl. 7.00–18.00

My Lai war nur eines von vier Dörfern in der Gegend von Son My, in denen zur gleichen Zeit Massaker stattfanden. Heute liegen die Weiler wieder idyllisch eingebettet zwischen Reisfeldern und Palmenhainen. An die Ereignisse des 16. März 1968 erinnert die Son-My-Gedenkstätte am Ort des einstigen Geschehens. Wie eine friedliche Parklandschaft wirkt die Anlage auf den ersten Blick, doch das **monumentale Kriegsdenkmal** stört diesen Eindruck sogleich wieder. Dann liest man die Tafeln an den wenigen Palmen, die besagen, dieser Baum habe einst vor der Hütte jener Familie gestanden und zeige immer noch die Einschusslöcher und Brandspuren von damals. Kleine Wege führen durch die Wiesen, vorbei an den Grabplatten mit den Räucherstäbchen zum Gedenken an die Toten. Auf ihnen steht jeweils geschrieben, wessen Haus einst an dieser Stelle stand und wie viele Familienmitglieder (mit Namen und Altersangabe) bei dem Massaker ums Leben kamen. Fast ausschließlich handelte es sich um Kinder und alte Leute. Zudem werden Massengräber genannt.

Das **Museum** zeigt die Aufnahmen eines amerikanischen Armee-Fotografen und gibt detaillierte Informationen über den Krieg und die Ereignisse um My Lai im Besonderen. Zudem sind persönliche Gegenstände der Opfer zu sehen, die in den Trümmern geborgen wurden. Im benachbarten Gebäude wird auf Anfrage ein Dokumentationsfilm vorgeführt, den das niederländische Fernsehen zum 30. Jahrestag des Massakers gedreht hat.

✳ ✳ My Son

Provinz: Quang Nam–Da Nang   **Region:** Südliche Zentralküste

Wenn man vor den Ruinen der Tempelstadt My Son im Hügelland von Song Thu Bon steht, lässt sich die einstige Größe des religiösen und kulturellen Zentrums der Cham (4.–13. Jh.) nur noch erahnen. Die Vergänglichkeit einer Hochkultur wird einem vor Augen geführt – in eigentümlichem Kontrast zu der wuchernden Natur, die sich durch alle Ritzen und Spalten drängt.

Gut 20 km von der Kapitale Tra Kieu entfernt ließ der Cham-König Bhadravarman (4. Jh.) in einem fast vollständig von Bergen umgebenen Talkessel ein Heiligtum errichten, das man dem **hinduistischen Gott Shiva** weihte. Etwa drei Jahrhunderte später wurden die ersten, ursprünglich aus Holz errichteten Tempel durch Ziegelbauwerke ersetzt. Nachfolgende Generationen erweiterten die Anlage ständig und fügten weitere Sakralbauten hinzu. Man nimmt heute an, dass die Tempelstadt als Reich der Götter und Gottkönige angesehen wurde, in dem viele Priester, Tänzerinnen und Diener lebten. Die französischen Wissenschaftler teilten die Gebäude nach ihrem Fund in Gruppen ein und benannten diese nach dem Alphabet. Innerhalb dieser Gruppen wurden die einzelnen Bauten numerisch unterschieden. Als

Geschichte

Aus allen Ritzen sprießt es hier: Tempelruinen des Cham-Heiligtums

der Vietcong sich Ende der 1960er-Jahre in My Son versteckte, überzog die amerikanische Luftwaffe das Gebiet mit einem **Bombenteppich**. Die meisten der einzigartigen Tempeltürme wurden dabei zerstört, auch der legendäre A1-Kalan, den die Franzosen als schönstes Ziegelbauwerk Asiens bezeichnet hatten. Auch heute kann man auf dem Gelände noch Bombenkrater sehen, vor allem im Bereich E und F, wo sie als kleine Teiche voller Wasserlilien ganz harmlos wirken. Seit 1981 wird diese einmalige historische Stätte mit finanzieller Unterstützung der in Stuttgart ansässigen »Freunde der Cham-Kultur« restauriert, 1999 wurde das Heiligtum in die Unesco-Liste des Weltkulturerbes der Menschheit aufgenommen.

✷ ✷ Relikte der Tempelstadt

Anlage

🕐
Öffnungszeiten:
tgl. 6.30–16.30;
Tanz- und Musik-
aufführungen
tgl. außer Mo.
9.30 u. 10.30

Obwohl an der Anlage von My Son über Jahrhunderte hinweg gebaut wurde, findet man hier nur Tempelgruppen, die aus Turm (Kalan), Bibliothek, Meditationshalle (Mandapa) und Nebengebäuden bestehen – nicht die für die spätere Cham-Architektur typischen Drei-Turm-Heiligtümer. Die Tempeltürme symbolisieren dabei den **hinduistischen Weltenberg Mehru**, den Wohnsitz der Götter. Ihren Innenraum bildete ein schlichtes, schmuckloses Sanktum, in dessen Mitte ein Kultbild des verehrten Gottes stand. Meist war es das phallische Symbol Shivas, ein Lingam. Südlich des Kalans lag die Bibliothek, in der rituelle Gegenstände aufbewahrt wurden. Die Mandapa befand sich außerhalb der Tempelmauern: eine rechteckige Halle, in die sich die Priester zur Vorbereitung der Zeremonien zurückzogen und in denen Tempeltänze aufgeführt wurden. Unklar ist nach wie vor, wie selbst die höchsten Türme der Anlage **ohne Mörtel** aus gebrannten Ziegeln aufgeschichtet werden konnten. Eine Theorie besagt, dass die Cham statt Mörtel eine Art Harz, vermischt mit gemahlenen Muschelschalen und Ziegelstaub, benutzten. Im Gegensatz dazu gibt es auch die These, dass die ungebrannten Ziegel zu einem Gebäude aufgetürmt wurden, das dann mit Erde umgeben und komplett gebrannt worden sei.

▶ MY SON

ANREISE

ca. 40 km südwestlich von ▶Hoi An gelegen.

Da sich die Hitze in dem Tempeltal staut, sollte man schon frühmorgens nach My Son aufbrechen. Nur so kann man bei erträglichen Temperaturen das Gelände erkunden.

SICHERHEITSHINWEIS

Man sollte unbedingt auf den vorgegebenen Wegen bleiben, da noch viele (bisher nicht explodierte) Minen und Bomben auf dem Areal vermutet werden.

Vom Eingang her kommt man auf die **Gruppen B, C und D** zu, die noch vergleichsweise intakt sind und eine Ahnung davon geben können, wie die Anlage einst ausgesehen haben mag. Man nimmt an, dass sich das religiöse Zentrum im Kalan B1 befunden hat, von dem heute nur

My Son Orientierung

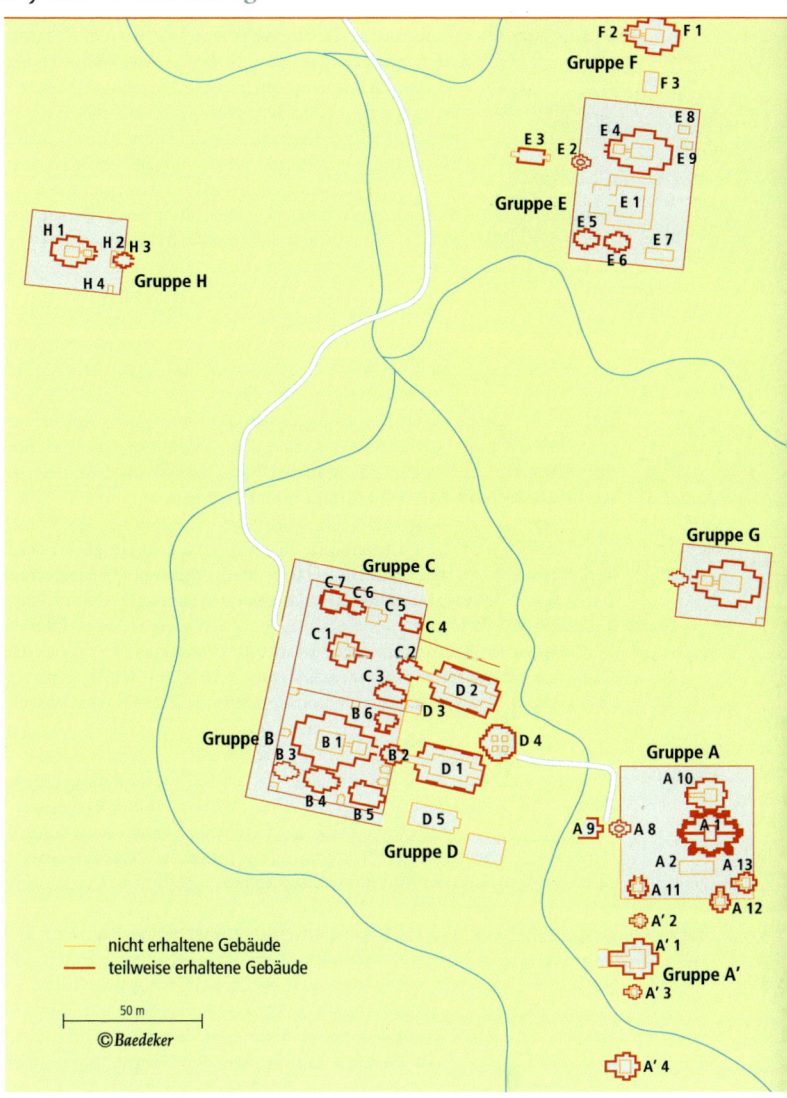

nicht erhaltene Gebäude
teilweise erhaltene Gebäude

50 m
© Baedeker

noch die Basis vorhanden ist. Unter seinem Fundament wurde vor wenigen Jahren ein **Lingam** entdeckt, der heute vor dem Gebäude zu sehen ist. Steininschriften, die in der Nähe gefunden wurden, besagen, dass der Lingam zu Ehren des Gottkönigs Bhadresvara, einem

Uroja-Sockel

Abkömmling Shivas und des Königs Bhadravar-mans, im 11. Jahrhundert errichtet wurde. Die zwei kleineren Tempel (B3 und B4) an der Südseite von B1 waren den Kindern Shivas, Skanda und Ganes-ha, geweiht. Glücklicherweise ist B5 mit seinem bootsförmigen Dach besser erhalten. Hier wurden einst Kultgegenstände und heilige Texte aufbe-wahrt. An seinen Außenwänden kann man schöne Steinmetzarbeiten erkennen, aber auch Einschuss-löcher, die von den Scharmützeln des Vietcong mit den Amerikanern stammen. Über den Eingängen an beiden Seiten sind Flachreliefs angebracht, die zwei Elefanten zeigen, wie sie ihre Rüssel um eine Palme schlingen. Im Innenraum von B6 wurde in einem Becken das **heilige Wasser** aufbewahrt, mit dem bei rituellen Handlungen der Lingam übergossen wurde. Es stellt eine Beson-derheit dar, denn es ist das Einzige, das aus der Cham-Kultur be-kannt ist. Zwischen B5 und B6 führte das mit B2 bezeichnete, zer-störte Tor zur Anlage D1, einer Gebetshalle, in die sich die Priester vor dem Gottesdienst zur Meditation zurückzogen.

Gruppe C Ganz ähnlich war die Gruppe C (8. Jh.) angelegt, ursprünglich von B durch eine Mauer getrennt. Ihr Hauptturm C1 ist noch einigerma-ßen intakt. Kleine Götterstatuen und einen verzierten Türsturz kann man hier bewundern. Doch die Shiva-Statue in menschlicher Gestalt, die einst im Sanktum stand, wurde schon vor vielen Jahren nach Da Nang ins Cham-Museum gebracht. Außen ist ein Garuda, ein my-thologisches Vogelwesen mit menschlichen und katzenartigen Zügen, zu sehen.

Gruppe D In den ehemaligen Meditationshallen D1 und D2 sind **Ausstellungs-räume** mit Cham-Plastiken eingerichtet. Bereits die französischen Archäologen nannten den Platz zwischen den Bauten Stelenhof. Mittlerweile wurden hier besonders schön verzierte Stelen, Altarteile, Götterstatuen, Leisten und Säulen aufgestellt.

Gruppe A Weiter führt ein Weg in östlicher Richtung über einen Bach zur völ-lig zerstörten A-Gruppe, einst der Stolz der gesamten Tempelstadt. Nach dem, was man heute sieht, muss der hervorragende **Kalan A1** (10. Jh.) bei den gezielten Angriffen wie ein Kartenhaus zusammen-gefallen sein. Ungewöhnlicherweise hatte er als einziges Cham-Bau-werk ein Ost- und ein Westtor. Die Ruinen der Gruppe A sind fast völlig überwuchert.

Gruppe G Von den A-Relikten gelangt man auf den Hügel zur Gruppe G. Ihr Hauptkalan ist in keinem guten Zustand, aber man kann einige inte-ressante Figuren entdecken, deren Gesichter an Teufelsfratzen erin-nern. An seiner südöstlichen Ecke steht eine skurrile Gestalt, die einem Wasserspeier ähnelt. Vor der kleinen Anlage stößt man auf einen Sockel, dessen Fundament von Brüsten eingefasst ist, dem Symbol für die Urmutter Uroja.

Die Gruppen E und F (7. Jh.) findet man, wenn man einem kleinen Trampelpfad in nördlicher Richtung folgt. Dieser Bereich ist nahezu vollkommen zerstört, die Tümpelchen sind eigentlich Bombenkrater. Um die überwucherten Tempelreste stehen einige Stelen und Lingams, eine runde Lingam-Basis, ein Nandi und eine kopflose Statue.

Gruppen E und F

★ My Tho

D 7

Provinz: Tien Giang (Hauptstadt)   **Region:** Mekong-Delta
Einwohnerzahl: 120 000

Das Marktstädtchen am Tien-Giang-Fluss My Tho ist an drei Seiten von Wasser umgeben. Was liegt näher, als hier per Boot in die Alltagswelt des Mekong-Deltas einzutauchen, inklusive diverser Kostproben an Reiswein, Kokos-Süßigkeiten und »Elefantenohrfisch«?

Sehenswertes in My Tho

Am östlichen Ufer des Kanals liegt das **chinesische Viertel** My Thos, in dem noch immer emsig gehandelt wird. Vor den engen Läden sind Zuckerrohr, getrockneter Fisch und Wassermelonen aufgetürmt, die auf ihren Transport nach Saigon warten.

Etwa 1 km nordöstlich findet man die **Vinh-Trang-Pagode**, die 1820 erbaut wurde und eine Vielzahl von Buddha- und Bodhisattva-Figuren aufweist. Durch ständige Veränderungen und Renovierungen hat der Tempel mittlerweile Ähnlichkeit mit einem vor Verzierungen überbordenden Palast. Betritt man die Pagode, so sieht man zur Rechten den Speise- und Schlafsaal der hier lebenden Mönche. Im **Hauptheiligtum**, hinter dem Innenhof mit seinem sehenswerten Miniaturberg gelegen, beeindrucken die feingeschnitzten Pfeiler mit ihrem Goldschmuck. Auch die 60 Statuen, darunter 18 Arhats, sind sehenswert. Teiche, Gärten und Grabanlagen umgeben die Tempelanlage (Öffnungszeiten: tgl. 7.30–12.00 und 14.00–17.00 Uhr).

Auf dem Miniaturberg der Pagode werden auch Naturgeister verehrt.

My Tho Orientierung

Übernachten
① Chuong Duong Hotel   ② Rang Dong

Essen
① Cuu Long Restaurant   ② Truong Luong

Räucher-stäbchenfabrik

Auf dem Weg zur Pagode kann man auch an kleineren Betrieben (u. a. für Süßigkeiten) Halt machen. An der Ecke Anh Giac und Nguyen Trung ist zu sehen, wie Räucherstäbchen hergestellt werden: Dafür werden Bambusspäne in eine parfümierte Mischung aus Sägemehl und Leim getaucht und dann mit gelber Farbe überzogen. Vor dem Haus trocknen sie anschließend.

Umgebung von My Tho

Tan-Lon-Insel

Die Tan-Long-Insel ist mit Booten erreichbar, die vom Le-Loi-Boulevard in My Tho ablegen und nur fünf Minuten für die Überfahrt brauchen. Auf der palmengesäumten »Drachen-Insel« kann man schöne Spaziergänge durch Obstplantagen unternehmen oder sich im Inselrestaurant verköstigen.

Insel des Kokos-nussmönchs

Öffnungszeiten:
tgl. 8.00–11.30,
13.30–18.00

Wenige Kilometer außerhalb von My Tho befindet sich auf der so genannten Phönixinsel Phung das Refugium des 1990 verstorbenen Kokosnussmönchs Ong Dao Dua. Es handelt sich um eine jener im Mekong-Delta zahlreich vertretenen **Sekten**, die ihre Blütezeit während der Teilung des Landes hatten. Im Jahre 1945 hatte Nguyen Tanh Nam, der Begründer der Sekte, seine Familie verlassen und war

Mönch geworden. Er entwickelte seine eigene Glaubenslehre (Tinh Do Cu Si), die eine Einheit von Christentum und Buddhismus propagierte, und verfocht die friedliche Wiedervereinigung von Nord- und Südvietnam, weshalb er von der Regierung im Süden mehrfach eingesperrt wurde. Wie andere Glaubenslehren auch, wurde die Dao-Dua-Sekte von der kommunistischen Führung bekämpft, aber dennoch gab es bis in die 1980er-Jahre hinein eine Gemeinde auf der Insel. In ihrer **Blütezeit** während der 1960er-Jahre zählte die Sekte gar einige tausend Mitglieder. Die Bauten der ehemaligen Sekte erinnern mit ihren drachenverzierten Säulen und einem vielstufigen Thron, von dem aus der Kokosnussmönch Audienz hielt, an eine Kombination aus Vergnügungspark und Weltraumbahnhof. Mittlerweile machen sie einen vernachlässigten Eindruck und lassen nur noch entfernt den Wohlstand erahnen, der auf der Insel einst geherrscht hat. Obwohl vor den Toren My Thos gelegen, gehört die Insel des Kokosnussmönchs verwaltungsmäßig schon zur Nachbarprovinz Ben Tre.

> **? WUSSTEN SIE SCHON …?**
>
> ■ Seinen Namen, Kokosnussmönch, erhielt der Gründer der Dao-Dua-Sekte, weil er sich angeblich jahrelang nur von Kokosnüssen ernährte.

Etwa 10 km westlich von My Tho befindet sich eine Schlangenfarm (Dong Tam), in der Kobras und Pythons gezüchtet werden. Die **Verwendungsmöglichkeiten** sind vielfältig: Aus dem Gift der Schlangen werden Seren extrahiert, die Schlangenhaut wird zu Leder verarbeitet, und schließlich gilt Schlangenfleisch für viele Gaumen auch als Delikatesse. Außerdem enthält die Schlangenfarm eine Abteilung mit missgebildeten Schildkröten und Fischen, deren Erbgut vermutlich durch das Versprühen von Agent Orange im Vietnamkrieg verändert worden ist (Öffnungszeiten: tgl. 7.00–18.00 Uhr).

Schlangenfarm

Mit der Fähre kann man von My Tho aus auch nach **Ben Tre** (12 km südlich) fahren, das auf einer Insel zwischen den Mekong-Armen Cua Dai und Co Cien liegt. Während des Vietnamkriegs galt Ben Tre als **Hochburg des Vietcong**, der hier schon Ende der 1950er-Jahre Fuß fassen konnte; später wurde die Stadt amerikanischer Militärstützpunkt. Nirgends sonst waren die Kämpfe zwischen Regierungstruppen und Amerikanern gegen die

Beim Abladen der Fracht

▶ MY THO ERLEBEN

AUSKUNFT

Tien Giang Tourist
Nr. 8, 30 Thang 4
(auch: 30/4, Uferstraße), My Tho
Tel. 0 73/87 31 84 und 87 34 77
7.00–17.00 Uhr

Ben Tre Tourist
16 Hai Ba Trung, Ben Tre
Tel. 0 75/82 23 92 und 82 21 97
9.00–18.00 Uhr
Beide vermitteln Bootstouren, auch
Fahrrad- und Mietwagenverleih.

EINKAUFEN

Entsprechend seiner Stellung als
wichtiger Handelsort für das Um-
land besitzt My Tho einen großen,
turbulenten Markt zwischen Bao-
Dinh-Kanal und Nguyen Hue.
Neben Bergen exotischer Früchte,
Reissäcken, Ständen voller frisch
gerupften Geflügels, eingelegter
Fischspezialitäten und verschiedener
Nudelsorten findet man hier kleine
Läden, die Fischernetze und Haus-
haltsgegenstände anbieten.

KULINARISCHES

Hu Tieu My Tho – eine leckere
regionale Spezialität, die man nicht
verpassen sollte: Die deftige Nudelsuppe ist mit Meeresfrüchten,
Hühner- und Schweinefleisch angereichert und wird in der ganzen
Stadt kochend heiß serviert.

ESSEN

▶ **Preiswert**
① *Cuu Long Restaurant*
28–30 Thang 4
Tel. 0 73/87 07 79
Hier kann man schön sitzen und dem
Treiben auf dem Mekong zusehen, das
Essen ist gut, aber etwas teuer.

② *Truong Luong*
Tel. 0 73/85 54 41
Nettes Gartenlokal an der N 1 kurz
vor dem Ortseingang. Auch Helmut
Kohl war hier schon einmal zu Gast!

ÜBERNACHTEN

▶ **Komfortabel**
① *Chuong Duong Hotel*
10–30 Thang 4 (Uferpromenade)
Tel. 0 73/87 08 75, Fax 87 42 50
Am Fluss gelegenes bestes Hotel vor
Ort mit Klimaanlage, teils Balkonen
und Flusspanorama. Schönes Terrassenlokal an der Uferpromenade.

▶ **Günstig**
② *Rang Dong*
25–30 Thang 4
Tel. & Fax 0 73/87 44 00
Minihotel mit geräumigen Zimmern,
teilweise mit Blick auf den Mekong.

In der Region (auch in Vinh Long bei
Can Tho) werden immer öfter Gast-
familien über die lokalen Touristen-
büros als einfache, teils traditionelle
Unterkünfte vermittelt (DZ 5–8 Euro).

Aufständischen so hart, nirgends wurden solche Mengen an Napalm
und Agent Orange abgeworfen und nirgends waren die Verluste unter der Bevölkerung so groß wie hier. So wurde Ben Tre zur »Insel
der 1000 Witwen« und der nahe gelegene Ort Luong Hoa zum »Dorf
der Witwen«, da nur noch Frauen dort leben.

Mitten in der Stadt Ben Tre liegt die **Vien-Minh-Pagode**, in der die Göttin der Barmherzigkeit verehrt wird. Auch der zentrale Markt und die Reisweinfabrik im Süden der Stadt sind sehenswert. Mit dem Auto kann man innerhalb einer Stunde den südöstlich gelegenen Ort Ba Tri mit dem reizvollen Nguyen-Dinh-Chieu-Tempel erreichen.

Storchreservat Thap Muoi

Die sumpfige Umgebung der Stadt Cao Lanh (ca. 95 km westlich von My Tho) eignet sich gut zur Tierbeobachtung. In einem kleinen Vogelschutzgebiet leben vor allem **weiße Störche**, die Wappentiere des Mekong-Deltas, die sich von Besuchern wenig stören lassen.

Naturschutzgebiet Tam Nong

Ein weiteres Naturreservat liegt in der Nähe des kleinen Städtchens Tam Nong (knapp 50 km nördlich von Cao Lanh) und ist auf dem Landweg oder per Boot erreichbar, wenn auch ziemlich mühsam. Das Gebiet bietet Hunderten von Vogelarten, u. a. **Kranichen und Purpurreihern**, Lebensraum. Allerdings erfordert deren Beobachtung viel Geduld, denn diese Vögel sind nicht an Menschen gewöhnt und zeigen sich nur selten. Daher bleibt das Gebiet echten Liebhabern vorbehalten.

✷ ✷ Nha Trang

E 6

Provinz: Khanh Hoa (Hauptstadt)   **Region:** Südliche Zentralküste
Einwohnerzahl: ca. 300 000

Kosmopolitischer als in der Hafenstadt Nha Trang badet man nirgends in Vietnam. Schon die französischen Kolonialherren und Ex-Kaiser Bao Dai, US-Soldaten und russische Arbeiter auf Erholungsurlaub schlenderten über den 6 km langen Strand am türkisblauen Meer entlang, umgeben von den Bergen in der Ferne. Eine Abwechslung vom faulen Stranddasein sind die berühmten mehr als 1000 Jahre alten Cham-Türme.

Internationaler Badeort

In Nha Trang herrschen internationaler Trubel und Nightlife, hier vergnügen sich Rucksackreisende, Pauschalurlauber und vietnamesische Familien. Die kulinarische Palette reicht von Bratreis und deutschen Bratwürsten bis zu exzellentem Seafood in den Biergärten am Meer. Eine Armada aus Fliegenden Händlern versorgt die Urlauber am Strand mit Massagen, frischem Kokosnusssaft, Drachenfrüchten und eisgekühltem Bier und maniküert auf Wunsch die Fingernägel gleich im Liegestuhl. Aktiv kann man beim **Wassersport** werden: Nha Trang hat die höchste Konzentration an Tauchschulen in Vietnam. Rund 70 vorgelagerte Inseln eignen sich für Bootsausflüge, und 25 Tauchplätze warten auf Erkundung.

Bunt und lebhaft geht es zu beim Fischmarkt am Hafen.

Sehenswertes in Nha Trang

Alexandre-Yersin-Museum

Sollte man nach einer Weile genug von Sonne und Strand haben, kann man die Tran Phu Street in nördlicher Richtung entlangschlendern und das Pasteur-Institut mit dem Alexandre-Yersin-Museum besuchen. Seine Ausstellung befasst sich mit dem Schweizer Arzt, der sich im Jahre 1893 hier niederließ. Yersin wird in Nha Trang fast als Held verehrt, allerdings nicht für seine herausragende Leistung – die Entdeckung des Pestbazillus –, sondern vor allem dafür, dass er aufgrund seiner meteorologischen Kenntnisse **Taifune** voraussagen konnte und so das Leben vieler Fischer rettete.

Einige seiner Arbeitsgegenstände wie Teleskope und Barometer sind hier zu sehen. Außerdem zeigt die Bibliothek, wie weit sein Interessengebiet gespannt war – von Medizin über Gartenbau zu Bakteriologie und Astrologie. Das Pasteur-Institut, in dem das Museum untergebracht ist, wurde von Yersin selbst im Jahre 1895 gegründet (Öffnungszeiten: Mo. bis Fr. 8.00–11.00, 14.00–16.30 Uhr, Sa. 14.00–16.30 Uhr).

Kathedrale

In südwestlicher Richtung stößt man auf die Thai Nguyen Street, die zu zwei weiteren Sehenswürdigkeiten der Stadt führt. Die Kathedrale an der Ecke zur Nguyen Trai Street wurde 1933 erbaut. Sehr schön sind ihre Buntglasfenster.

Vermutlich hat man schon von weitem den großen weißen Buddha gesehen, der über die Stadt zu wachen scheint. Er sitzt auf einem Lotosthron oberhalb der Long-Son-Pagode, nur wenige hundert Meter von der Kathedrale entfernt. Dieses Heiligtum wurde 1930 erbaut. Über seinem Hauptaltar thront ein beeindruckender bronzener Buddha, die Wände zieren Gemälde mit Jataka-Szenen. Hinter der mittleren Säulenhalle führt eine Treppe vorbei an fliegenden Händlern und Bettlern auf den Hügel. Hier oben war die **imposante Buddha-Statue** im Jahre 1963 als Symbol für den Kampf der Buddhisten gegen das repressive Diem-Regime errichtet worden. Auf ihrem Sockel sind Bilder von Mönchen und Nonnen zu sehen, die sich aus Protest selbst verbrannten, darunter auch Thich Quang Duc (▶ Berühmte Persönlichkeiten). Von dem Hügel bietet sich ein wundervoller Blick auf Nha Trang und die Küste.

★
Long-Son-Pagode

Im Süden der Stadt liegt die Bao-Dai-Villa, bestehend aus fünf Häusern, inmitten eines wunderschönen Parks. Heute ist in dem auf den Klippen über dem Meer thronenden Art-déco-Gebäude ein Hotel untergebracht. Von dem Gartenrestaurant hat man eine faszinierende Aussicht auf die Küste, den Hafen und die vorgelagerten Inseln.

Bao-Dai-Villa

 # NHA TRANG ERLEBEN

AUSKUNFT
Khanh Hoa Tourist
1 Tran Hung Dao, Nha Trang
(neben Vien Dong Hotel)
Tel. 0 58/82 22 57
Außerdem in Hotels und unzähligen Reisebüros

VERKEHR
Cam Ranh Airport, 60 km südlich,
Tel. 0 58/82 67 68 und 98 99 18.
Außerdem Flughafen in der Stadt
(Tel. 0 58/82 37 97)

FESTE
Merian/Po Nagar-Fest
Die Schutzgöttin der Stadt, Yang Ino Po Nagar, wird aus dem Cham-Tempel in einer Prozession alljährlich (März bis Mai) zum Strand gebracht und dort gebadet, ihr Gewand wird ausgetauscht – alles begleitet von Opfergaben, Musik, Theater und Tänzen.

AUSGEHEN
② **Nha Trang Sailing Club**
72 Tran Phu, Nha Trang
Tel. 0 58/82 65 28
tgl. 7.00–2.00 Uhr
Sehen und gesehen werden im seit Jahren angesagtesten Clublokal: Hier treffen sich meist Ausländer auf der Strandterrasse zu indisch-italienisch-vietnamesischem Food. Beach-Party mit Lagerfeuer, Tanz und Cocktails.

ESSEN
▶ **Erschwinglich**
① **Ngoc Suong**
16 Tran Quang Khai, Nha Trang
Tel. 0 58/82 70 30
tgl. 11.00–23.00 Uhr
Exzellentes Lokal nahe des Segelklubs, vielerlei Meerestiere schwimmen hier in den Bassins. Man muss nur aussuchen, wonach einem der Sinn steht – ob Muscheln, Krabben, Hummer oder Qualle.

▶ Preiswert

③ Dua Xanh Restaurant
(auch: Coco Verde, Green Coconut)
Nguyen Binh Khiem, Nha Trang
(nahe der Strandstraße am
nördlichen Ende)
Tel. 0 58/82 36 87
Restaurant mit Garten und klimati-
siertem Raum, man serviert hervorragende Meeresfrüchte, Fischgerichte
in allen Variationen, drinnen oder auf
der Terrasse.

④ Cyclo Café
5A Tran Quang Khai, Nha Trang
Tel. 0 58/52 42 08
tgl. 7.00–23.00 Uhr
Hübsches kleines Lokal mit vietna-
mesisch-italienischer Speisekarte,
auch Vegetarisches, westliches
Frühstück, Müsli und Snacks.

ÜBERNACHTEN

▶ Luxus

**Evason Hideaway & Spa
at Ana Mandara**
Van Ninh, Ninh Hoa (ca. 50 km
nördlich von Nha Trang)
Tel. 0 58/82 98 29, Fax 72 82 23
www.sixsenses.com/
hideaway-anamandara
Inseloase mit Naturmaterialien,
wohin man schaut: 50 rustikal-
landestypische, aber sehr komfortable
Villen am Strand, zwischen den
Felsen oder am Hügel in einer
ruhigen Bucht: mit Schaukelstühlen,
eigenem kleinen Pool und persön-
lichem Weinkeller!

Sofitel Vin Pearl Resort & Spa
Hon Tre (»Bambus-Insel«, ▶S. 335)
Tel. 0 58/59 81-46/-88, Fax 59 81 99
info@vinpearlresort.com
Größtes Luxushotel Vietnams auf
einer Insel: fünfstöckige Strandanlage
mit 232 Zimmern, einige Häuschen
am Strand. Pool, mehrere Restaurants, Kinderclub, Tennisplatz und
Nachtclub. Exklusiver Shiseido-Spa.

Baedeker-Empfehlung

① Ana Mandara Resort & Spa
86 Tran Phu, Nha Trang
Tel. 0 58/82 98 29, Fax 52 58 28
Tel. in Deutschland: 0 61 02/7 99 68 13
www.sixsenses.com/evason-anamandara
Herrliche First-Class-Strandanlage:
17 Bungalows (teils Meerblick) mit
74 luxuriösen Zimmern, wunderschönes Dekor und »Himmelbetten«.
Zwei Restaurants, Pool, Wassersport.

Ana Mandara Resort

▶ Komfortabel

② Nha Trang Lodge Hotel

42 Tran Phu, Nha Trang
Tel. 0 58/81 09 00, Fax 82 88 00
www.nt-lodge.com
Preisgünstiges Mittelklassehotel (ca.
100 Z.) im Zentrum, der Palmenstrand liegt nur über der Hauptstraße.
Tennis und Wassersport, Pool.

③ Vien Dong Hotel

1 Tran Hung Dao, Nha Trang
Tel. 0 58/82 16 06, Fax 82 19 12
viendonghtl@dng.vnn.vn
Hotel mit hübsch ausgestatteten
Zimmern, Pool, Restaurant, Ein-
kaufsläden.

▶ Günstig

Whale Island Resort

Hon Ong, Van Ninh (Insel ca. 60 km
nördlich von Nha Trang)
Tel. 0 58/84 05 01 und 81 16 07,
Fax 82 22 51
www.whaleislandresort.com
decouvrir@dng.vnn.vn

Auf der gleichnamigen Robinson-
Insel wohnt man in 23 originellen,
stilvoll und doch rustikal eingerich-
teten Pfahl-Bungalows am Strand
(Moskitonetz, Ventilator). Viel Holz,
Rattan und Terrakotta, der Clou ist
das Bambus-Bett, man kann sich auch
draußen in die Hängematte werfen
(einige billigere Zimmer). Seafood-
Lokal (Vollpension inkl. Transport
von Nha Trang).

Paradise Resort

Doc Let-Strand, Ninh Hoa
(ca. 50 km nördlich von Nha Trang)
Tel. 0 58/67 04 80
Fax 67 04 79
www.vngold.com/doclet/paradise/
paradise_doclech@hotmail.com
Rustikale einfache Bungalows mit
Meeresblick direkt am Strand, die
Gäste werden mit Vollpension
inklusive Fisch, Obst und nicht alkoholischen Getränken rund um die
Uhr alternativ-alles-inklusive versorgt. Kajak, Sportfischen, Billard.

Eine kleine Galerie widmet sich dem Schaffen von Long Thanh, einem berühmten vietnamesischen Fotografen. Zu sehen sind wunderbar stimmungvolle Motive aus dem Alltag seiner Landsleute in
Schwarzweiß. Long Thanh ist über die Grenzen seiner Heimatstadt
bekannt und hat seine Bilder auch schon in Deutschland ausgestellt
(126 Hoang Van Thu, Öffnungszeiten: tgl. 7.00–19.00 Uhr).

**Galerie Long
Thanh**

🕐

Vom Hafen des Fischerdörfchens Cau Da (5 km südlich des Zentrums) kann man mit dem Boot Touren zu den **Karstinselchen** vor
der Küste machen. Kleine runde Korbboote bringen einen zu den
bunten Ausflugskähnen, auf denen auch ein reichhaltiges Mahl
(Meeresfrüchte und Fisch) zubereitet und serviert wird. Man hat zudem ausgiebig Gelegenheit, in hübschen Buchten zu baden und zu
schnorcheln. Oft gibt es auch eine »schwimmende Bar«, an der man
sich, faul im Wasser treibend, erfrischen kann. Der Ablauf der angebotenen Touren variiert etwas, manchmal besucht man die Fisch-
zuchtstation auf der Insel Tri Nguyen, besser bekannt als Hon Mieu.
Berühmt sind die Eilande, vor allem Hon Yen (Schwalbeninsel), für
ihre **Vogelnester**, aus denen die »Bird's nest soup« zubereitet wird.

**★ ★
Bootstouren**

Nha Trang Orientierung

Po-Nagar-Türme

Schiffsbau-werft

Nguyen Cong Tru

2 Thang 4

Dam-Markt

Phan Boi Chau

Le Loi

Phan Chu Trinh

Phuong Sai

Tran Qui Cap

Buddha-Statue

Long-Son-Pagode

Phan Rang, Saigon

Thong Nhat

Hoang Van Thu

Le Thanh Phuong

Yersin

Thai Nguyen

Hai Ba Trung

Khanh-Hoa-Museum

Alexandre-Yersin-Museum

Pasteur

Ly Thanh Ton

Hospital

Yersin

Bahnhof

Quang Trung

Tham

Ly Tu Trong

Dao

Hoa

† Kathedrale

Nguyen Trai

Hoa Lu

Nguyen Chanh

Hoang

Tran Hung

Tran Phu

South China Sea

Le Hong Phong

Huyn Thuc Khang

Bach Beng

Le Thanh Ton

Nguyen Thien Thuat

Hung Vuong

Kriegerdenkmal

Hong

Ngo Gia Tu

Dang

Ngo Duc Ke

To Hien Thanh

Me

Linh

Phu Dong

300 m

©Baedeker

Flughafen

Bao-Dai-Villa, Ozeanograph. Institut, Cau-Da

Übernachten
① Ana Mandara Resort & Spa
② Nha Trang Lodge Hotel
③ Vien Dong Hotel

Essen
① Ngoc Suong
② Nha Trang Sailing Club
③ Dua Xanh Restaurant
④ Cyclo Café

Zweimal im Jahr, wenn die Jungen schon ausgeflogen sind, werden die zum Großteil aus Speichel bestehenden Nester von den Klippen gesammelt. Im gesamten asiatischen Raum gelten sie als Delikatesse und potenzförderndes Mittel. Auf Hon Lao (Monkey Island) lebt eine Affenfamilie, die sich gerne von den Ausflüglern füttern lässt. Man sollte jedoch Abstand halten, da diese Affen nicht selten auch mal zubeißen. Hon Tam (die Seidenraupen-Insel mit Hotel und Parasailing) sowie die kleineren Hon Mun und Hon Mot, Hon Thi und Hon Heo (Letztere mit Wasserfällen) warten auf Schnorchler und Sonnenbadende.

> ! **Baedeker** TIPP
>
> **Ökoboom in Vietnam**
>
> Die Insel Hon Tre (Bambus-Insel) wird derzeit unter dem »Öko-Motto« ausgebaut: Dies beinhaltet in Vietnam allerdings Attribute wie Betonimitationen von Bäumen, gigantische Luxusresorts mit Golfplatz und Jet-Ski-Raketen auf dem Wasser. Der Clou: Ab 2006 verbindet eine 3 km lange Seilbahn Hon Tre mit Nha Trang auf dem Festland. Die Fahrtzeit der Gondel auf die Insel soll neun Minuten betragen.

✳ ✳ Türme von Po Nagar

Auf dem Weg zu den Po-Nagar-Türmen (Thap Ba, 1½ km nördlich des Zentrums) führt die Xom-Bong-Brücke über den Cai-Fluss,

⏱
Öffnungszeiten:
tgl. 8.00 – 17.00

vorbei an einem kleinen Hafen mit seiner farbenfrohen Fischerflotte, blau-roten Kanus und runden Korbbooten. Mitten unter ihnen ragt ein riesiger Felsblock aus dem Wasser. Auf diesem wurde ein **chinesischer Schrein** errichtet, zu dem die Fischer kleine Opfergaben bringen, bevor sie in See stechen. Von dem Tempelhügel aus bietet sich ein sagenhafter Blick auf dieses Szenarium.

Das Heiligtum war Po Nagar, der Muttergöttin der Cham, geweiht, die während der hinduistischen Kulthandlungen zu Bhagavati, der Gattin des Gottes Shiva, wurde. Über die Jahrhunderte hinweg waren die Tempel von Kauthara, wie sie unter den Cham genannt wurden, mehrfach Angriffen der Malaien, Khmer und Chinesen ausgesetzt. So kommt es, dass von den acht Cham-Türmen oder Kalanen, die zwischen dem 7. und dem 12. Jahrhundert auf dem Cu-Lao-Hügel erbaut wurden, heute nur noch vier stehen.

Mittlerweile wurde aus der Anlage eine gut besuchte, buddhistische Kultstätte, wie man an dem Räucherwerk und den vielfältigen Opfergaben erkennen kann.

Die Besucher gelangen über eine Treppe auf den Hügel, vorbei an Bettlern und Händlern, wohingegen die damaligen Pilger durch die Mandapa (einer Meditationshalle) schritten, deren Säulenreste noch zu sehen sind. Von hier führten Stufen direkt zum Haupttempel (geöffnet tgl. von 6.00–18.00 Uhr).

Mandapa

Der dreistöckige, 23 m hohe Nordturm, der im Jahre 817 unter Harivarman I. errichtet wurde, gilt als eines der schönsten Beispiele der Cham-Architektur. Auf seinem Sockel erhebt sich ein massiver Bau,

★
Nordturm mit Po-Nagar-Statue

der mit Doppelpilastern und lotosbesetzten Arkaden geschmückt ist. Über dem Portal ist ein tanzender, vierarmiger Shiva (Nataraja) zu sehen, dessen Fuß auf einem Nandikopf steht und der von Musikern eingerahmt ist. Am Türrahmen und an den Wänden des Vorraums sind Inschriften in Sanskrit angebracht, die von Opfern an die Göttin

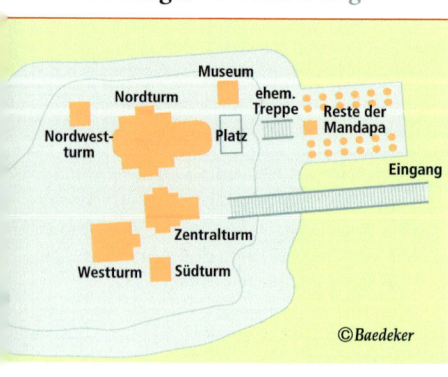

Po Nagar Orientierung

berichten. Dann führt ein Gang mit pyramidenförmigem Dach zum **Sanktum**, an dessen Dunkelheit man sich erst gewöhnen muss. Ursprünglich stand hier ein goldener Lingam, der von den Khmer schon im 10. Jahrhundert gestohlen wurde. Später wurde er durch die Po-Nagar-Statue ersetzt, die man heute hier sehen kann. Allerdings ist ihr Kopf nicht mehr der alte, denn das Original wurde von den Franzosen entwendet. Das neue Haupt verleiht ihr ein puppenhaftes Aussehen, was durch den gelben Umhang, der ihre zehn Arme versteckt, noch verstärkt wird. Neben der Figur wachen zwei Elefanten aus Eisenholz (8./9. Jh.). Es sind die einzigen erhaltenen Cham-Skulpturen dieser Art. In dem an der hinteren Wand stehenden Kleiderschrank werden die verschiedenen Gewänder der Po Nagar aufbewahrt, die während aufwändiger Zeremonien dreimal im Jahr (Tet, 30. März und 15. Juli) gewechselt werden. Noch immer wird sie als Schutzgöttin der Stadt verehrt und ihre Statue zum Merian-Fest (März) im Fluss gebadet.

Zentralturm Die drei kleineren Türme sind weniger verziert und auch schlechter erhalten als der Nordturm. Sehr angegriffen ist der mittlere Kalan (12. Jh.). Ihn besuchen vor allem kinderlose Paare, die an seinem Lingam um Fruchtbarkeit beten.

Südturm Im südlichsten Kalan (12. Jh.) kann man einen beeindruckenden Lingam sehen. Der Turm besteht aus zwei Teilen, einem gewölbten Dach und einem nahezu quadratischen Bau mit Vestibül.

Nordwestturm Der Nordwestturm aus dem späten 10. Jahrhundert ist heute nicht mehr zugänglich. Er war einst Ganesha, dem elefantenköpfigen Sohn Shivas, geweiht. An seinen Außenwänden sind noch Darstellungen von Tiergöttern zu erkennen: im Süden Garuda, im Norden ein Löwe und im Westen ein Mensch auf einem Elefantenkopf.

Museum In dem kleinen angegliederten Museum kann man Fotos von den Restaurationsarbeiten und einige Sockelteile sehen.

Umgebung von Nha Trang

Will man ruhiges Strandleben genießen, sollte man zur Hon-Chong-Bucht, etwa 500 m nördlich von Po Nagar, fahren. Zwar ist ihr Küstenabschnitt nicht so gepflegt wie der Stadtstrand, doch das Wasser ist wunderbar klar und leuchtet türkisblau in der Sonne. An der Südseite findet man glatte Findlinge, von denen einer einen Abdruck aufweist. Die Einheimischen erzählen, er stamme von einem Riesen.

Hon-Chong-Bucht

Auf der Fahrt in Richtung Norden lädt der weiße Sand von Doc Let (50 km von Nha Trang) auf der Halbinsel Hon Khoi zu einem Zwischenstopp ein. Hier spenden Palmen und Kasuarinen Schatten; zudem sind zwei einfachere Strandresorts, ein Restaurant, Umkleidemöglichkeiten und Erfrischungsstände vorhanden. Vor der Küste sieht man die Korbboote aus dem nahe gelegenen Fischerdorf vorbeischaukeln.

Doc Let

Eine kleine Halbinsel und Taucherparadies namens Hon Ong verheißt Robinson-Träume. Bei der »Wal-Insel« tauchte in den 1930er-Jahren schon Jaques-Yves Cousteau hinab in die Meereswelten, um die Fauna unter Wasser zu erforschen. Mit etwas Glück kann man hier tatsächlich den namensgebenden Walen und Walhaien bei einem Tauchgang begegnen, ebenso Rochen (am besten April bis Juli). Man kann surfen, schnorcheln, Katamaran segeln, tauchen, sonnenbaden und dem Nichtstun frönen (zu erreichen ist die Insel, ca. 60 km nördlich von Nha Trang, über die Halbinsel Hon Gom, mit einer kurzen Bootsfahrt)

Hon Ong (Whale Island)

Phan Rang

E 7

Provinz: Ninh Thuan (Hauptstadt)
Einwohnerzahl: 140 000

Region: Südliche Zentralküste

Phan Rang ist eine Doppelstadt, die zusammen mit Thap Cham am Chai-Fluss einige Kilometer vom Meer entfernt liegt. Den Ort kann man links liegen lassen und sich den eigentlichen Attraktionen widmen: den berühmten Cham-Türmen von Po Klong Garai und dem schönen weiten Strand. Kakteen, Dünen und Flamboyants prägen die Region und überraschenderweise Weinreben.

✳ Türme von Po Klong Garai

An der Nationalstraße 20 nach Da Lat (8 km westlich von Phan Rang) erheben sich inmitten einer wüstenhaften Landschaft die vier imposanten Türme von Po Klong Garai. Ende des 13. Jahrhunderts, während der Regierungszeit Jaya Simhavarmans III., wurden die hin-

Besterhaltenes Beispiel der Cham-Baukunst

▶ PHAN RANG ERLEBEN

AUSKUNFT

Phan Rang Tourist
Thong Nhat, Ecke Nguyen Trai,
Phan Rang
Tel. 0 68/83 64 05

VERKEHR

Cam Ranh Airport (ca. 80 km nördl.
von Phan Rang): Tel. 0 58/82 67 68
und 98 99 18

FESTE

Kate-Fest
Mit dem dreitägigen Fest der Cham
im siebten Mondmonat (September/
Oktober) des Khmer-Kalenders beginnt das Neujahr dieser muslimi-
schen Bevölkerungsgruppe; es wird
mit folkloristischen Tänzen und
Gesängen, einer Prozession und
rituellen Handlungen in den Tem-
peltürmen begangen.

KULINARISCHES

Wer schon immer einmal einen gerösteten Gecko (ky nhong) kosten
wollte, hat hier die Gelegenheit, diese
regionale knusprige Spezialität mit
(unreifer) grüner Mango zu genießen.

ESSEN

▶ Preiswert
Hiep Thanh
18 A Le Hong Phong
Angenehmes Lokal mit leckeren Ge-
richten, beispielsweise Hühnchen mit
Lotossprossen und Zitronensaft.

ÜBERNACHTEN

▶ Komfortabel
Den Gion Ninh Chu Resort
Ninh Chu-Strand, Van Hai (6 km
außerhalb von Phan Rang)
Tel. 0 68/87 40-47/-48, Fax 87 44 31
www.dengionninhchu.com
dongthuantourist@hcm.vnn.vn
Modernes Hotel am langen Strand
mit angenehmen Zimmern in Back-
stein-Bungalows (TV, Sat-TV), teils
Meerblick, Terrakotta-Dekoration im
antiken Cham-Design-Tennisplatz,
Pool und Campingzelte am Strand.
Open-air-Lokal mit Seafood und
Barbecue. Am Wochenende besser
reservieren.

Saigon Ninh Chu Hotel
Khanh Hai, Ninh Hai
Tel. 0 68/87 39-00/-01, Fax 87 30 23
www.ninhthuanpt.com.vn/
ninhchutourist
ninhchuhotel@hcm.vnn.vn
Dreistöckiges Strandhotel der guten
Saigon-Tourist-Kette: 48 unterschiedliche und große Zimmer (klimatisiert,
Tel.) und Bungalows. Zwei Restaurants, Karaoke-Bar.

▶ Günstig
Thong Nhat Hotel
99 Thong Nhat 343, Phan Rang
Tel. 0 68/82 72 01, Fax 82 29 43
thongnhathotel_pr@hcm.vnn.vn
Renoviertes vierstöckiges Hotel
(16 Z.) in guter Lage.

Öffnungszeiten:
tgl. 7.30–18.00

duistischen Tempel auf einem Granithügel erbaut. Das Heiligtum ist
dem legendären Fürsten Po Klong Garai gewidmet, der in der Cham-
Mythologie dem hinduistischen Gott Shiva gleichkam. Gemeinsam
mit der Urmutter Po Nagar rangierte er selbst über den Gottkönigen
der Dynastie.

Eine Treppe führt zu der von Kaktusgestrüpp umgebenen Anlage. Durch einen Steinbogen gelangt man zu dem 21 m hohen **Hauptkalan**, dessen dreistöckiges Dach stark gegliedert ist. Auffallend sind dabei seine lotosförmigen Ecktürme und Götterfiguren in den Nischen. Der Turm öffnet sich nach Osten zur Meditationshalle, deren Grundmauern noch erhalten sind. Südlich davon steht die Bibliothek,

> ! **Baedeker** TIPP
>
> **Cham-Museum**
> Wer sich für die Cham-Kultur interessiert, kann in Phan Rang das kleine Cham-Museum in der 17 Ngyuen Trai besuchen. Zu sehen sind Tonscherben, Schmuck, einige Statuen und andere Ausgrabungsgegenstände (Öffnungszeiten: Mo. bis Fr. 8.00–11.00, 14.30–16.30 Uhr).

deren geschwungenes Dach Abschlüsse in Form von zwei Büffelhörnern zeigt. Eine ähnliche Form ist an den Fenstern zu sehen. Aufgrund der Affinität Po Klong Garais zu Shiva finden sich im Heiligtum viele Symbole und Darstellungen des Gottes: der tanzende, sechsarmige Shiva (Nataraja) über dem Eingang des Hauptturmes, das Reittier Shivas (Nandi) im Vorraum oder der Mukhalingam (stilisierter Phallus), der für Schöpfungskraft und Männlichkeit steht, im Allerheiligsten. Dieser ist zudem mit dem Gesicht und den Insignien von Po Klong Garai ausgestattet. Früher, so heißt es, sei der Nandi regelmäßig von den Bauern »gefüttert« worden, damit er ihnen eine gute Ernte beschere. Dieser Brauch wird auch heute noch zum **Kate-Fest** (Oktober), dem Neujahrsfest der Cham, durchgeführt.

Auf einer kleinen Anhöhe ragen die Türme von Po Klong Garai auf.

Weitere Ziele in der Umgebung von Phan Rang

Ninh Chu Beach 6 km östlich von Phan Rang erstreckt sich ein herrlicher halbmondförmiger Strand mit gelben Sand und klarem Wasser: Ninh Chu. Es gibt ein Paar teils recht ausgefallene Hotels mit Bungalows und einige Strandimbisse an dem wochentags meist leeren Strand.

Türme von Po Ro Me Die Türme von Po Ro Me (15 km südlich von Phan Rang), die im 17. Jahrhundert auf einem Hügel errichtet wurden, gelten als die **letzten wichtigen Cham-Bauten**. Leider ist das Heiligtum zu Ehren Po Ro Mes, des letzten Herrschers des unabhängigen Champa, stark zerstört. Einige Besonderheiten des späten Baustils sind noch zu erkennen, so z. B. die ausgeprägten Ecktürme auf dem Dach des mittleren Turms.

Sehr interessant ist das bunt bemalte Halbrelief, das Shiva als schnurbärtigen König Po Ro Me zeigt, bewacht von zwei Nandis. Westlich der Anlage – nach Auffassung der Cham in Richtung

Bei Phan Rang und Nha Trang liegen die Hauptanbaugebiete der Drachenfrucht.

der toten Ahnen – findet man einen grob behauenen Erinnerungsstein (kut) für den König. Denn nachdem die Cham 1471 aus ihrer Hauptstadt Vijaya fliehen mussten und ihr Reich langsam zerbrach, konnte der Standard ihrer Bildhauerkunst nicht beibehalten werden. So orientierten sie sich an ihren Ahnen und deren Verehrung von Naturgottheiten, die in Form einfacher Steine dargestellt wurden. Dieser Tempelkomplex gilt ebenfalls noch als Cham-Heiligtum. Auch hier wird jedes Jahr das Kate-Fest gefeiert.

Cham-Dörfer In der Gegend leben noch immer viele Cham, zu erkennen an ihren turbanartig um den Kopf gewickelten Tüchern. Noch heute feiern sie wie Moslems in aller Welt das Fastenfest Ramadan. Viele Bewohner leben mittlerweile vom **Kunsthandwerk**: Das östlich der N 1 gelegene Weberdorf My Ngiep stellt auf noch traditionelle Weise Webwaren und Kleidung her. Das Dorf Bau Truc kann man besuchen, um Töpferwaren zu erstehen und den Produktionsprozess an den Öfen zu beobachten. Beim Cham-Dorf Tuan Tu (ca. 5 km südlich von Phan Rang) erstrecken sich die schönen Nam-Cuong-Dünen.

Ca Na Ein feiner weißer Strand, türkisblaues Meer und ein reizvolles Korallenriff erwarten Sonnenhungrige und Schnorchler in Ca Na (32 km südlich von Phan Rang). Einige kleine Restaurants und Strandhütten bieten Erfrischungen an, allerdings nahe der viel befahrenen N 1, wie auch die meisten der bisher einfachen Unterkünfte sowie ein koreanisches Tauchresort. Auf der Fahrt hierher kommt man vorbei an Eukalyptushainen und Reisfeldern sowie Obstgärten mit kaktusartigen, rankenden Pflanzen, an denen exotische Früchte wachsen. Es handelt sich dabei um die **Drachenfrucht** (thanh long), die ungefähr so groß wie eine Mango ist. Ihre weiche, purpurrote Schale hat grüne Fortsätze, und wenn man sie aufschneidet, hat man weißes Fruchtfleisch mit schwarzen Kernen vor sich. Manchmal werden die Drachenfrüchte an Straßenständen zum Verkauf angeboten. Wer tropische Früchte liebt, sollte sie auf jeden Fall probieren. Ihr Geschmack erinnert ein wenig an den der Kiwi.

✷ ✷ Phan Thiet · Mui Ne

E 7

Provinz: Binh Thuan (Hauptstadt)
Einwohnerzahl: 170 000

Region: Südliche Zentralküste

Es dauerte nur wenige Jahre, und der »Geheimtipp« an der südlichen Küste bei der Hafenstadt Phan Thiet hatte sich rumgesprochen. Wen wundert's, denn Mui Ne ist eine traumhafte Halbinsel mit einer weit und lang geschwungenen Bucht unter Kokospalmen. Trotzdem beherrschen noch die Fischer mit ihren Kuttern, Körben und Netzen den wunderschönen Strand. Es sei denn, die Kiter und Surfer kommen zum »Fun-Cup«.

Sehenswertes in Phan Thiet und Umgebung

Der rund 16 km lange Strand der Halbinsel bis zu den Dünen beim Kap Ne (Mui Ne) ist paradiesisch und macht mittlerweile Nha Trang als internationalem Badeort Konkurrenz. Die Bevölkerung lebt noch vom **Fischfang**: Kaum sind die zappelnden Fische im Netz vom gesamten Dorf in vereinten Kräften an den Strand gezogen, wird der Fang in Körbe aussortiert und der Preis verhandelt. Unter einem Dach von Kokospalmen führt die Strandstraße vorbei an kleinen Fischersiedlungen, aber auch immer mehr Bungalowanlagen und vielen Restaurants.

✷ ✷
Strand und Dünen

Der kleine Ort **Mui Ne** besitzt einen regen Hafen und einige kleine Fabriken für die Fischsaucen-Pro-

> ! **Baedeker** TIPP
>
> **Fischsauce Nuoc Mam**
> Ein Dip darf in Vietnam bei keinem Essen fehlen. Seine Grundlage bildet Nuoc Mam – eine salzige, scharfe Sauce, die aus fermentierten Sardellen hergestellt und beim Kochen und Würzen wie Salz gebraucht wird. Jede Köchin hat ihr eigenes Rezept für Nuoc Mam und variiert es passend zum jeweiligen Gericht als Dip oder Salatsauce mit Limettensaft, Knoblauch, Chili und Zucker.

duktion. Am Ende der Halbinsel Mui Ne leuchten rot-orange bis gelb-weiße Sandhügel, die mit Jeeps oder zu Fuß erobert werden. In Mui Ne wird nicht nur auf dem Meer sondern auch auf dem Sand

»gesurft« – auf Plastikschalen geht's die Dünenberge hinunter. Gleich hinterm Palmenhain kann man die erhitzten Füße zischend ins Süd-chinesische Meer tauchen. Oder in den **»weißen See«** (Bau Tranh): Dies sind eigentlich drei kleine malerische Seen, die inmitten von schneeweißen Sanddünen nahe der Hon-Hghe-Bucht liegen und in denen sich die Dünen zwischen Lotosblüten widerspiegeln. So herr-lich das Küsten-Palmen-Meerespanorama von hier oben ist, die Mülldeponie liegt leider auch nicht weit.

Je weiter man die Straße 706 entlang der Küste nach Nordosten auf der Halbinsel Hon Gom fährt, desto ruhiger wird es, nur die Hirten scheuchen ihre Kühe und Ziegen über den neuen »Highway« im Nordosten von Mui Ne.

Suoi Tien
(Fairy Springs)
Eine sehr beliebte Wanderung (ca. 1 Std.) führt an einem Bach ent-lang vom Meer beim Dorf Ham Tien (kurz vor Mui Ne) ebenfalls durch die Dünen, vorbei an den rot leuchtenden Felswänden des kleinen **»Red Sand Canyons«** bis zur Quelle Suoi Tien, wo eine klei-ne Kaskade sprudelt.

Auf dem Weg nach Phan Thiet erhebt sich nahe dem Mui-Ne-Strand auf dem Ngoc-Lam-Hügel das südlichste Heiligtum der Cham: die drei kleinen, 1999 restaurierten **Pho-Shanu-Türme** (8. Jh.). Sie sind

Die Halbinsel lockt mit paradiesischen Stränden.

weniger verziert als die berühmten Po-Nagar- oder Po-Klong-Garai-Türme bei ▶Phang Rang und wurden der Königin Po Shanu gewidmet. Von hier oben hat man einen schönen **Panoramablick** über die Küste und die Stadt Phan Thiet.

Der 1897 von den Franzosen erbaute Leuchtturm vom Kap Khe Ga wartet rund 25 km südwestlich von Mui Ne auf Besucher. Der größte und älteste Leuchtturm Vietnams steht auf einer kleinen Insel und lässt sein Licht in der Nacht noch immer über die Küste der Provinz Binh Thuan streifen.

Bei Mui Ne gibt es Dünen wie in der Sahara.

Der schier endlose, meist schattenlose **Tien-Thanh-Strand** am Festland lockt offenbar nicht nur die Otter an, die hier gesehen worden sind – auch hier entstehen derzeit neue Unterkünfte. **Khe Ga-Leuchtturm**

Den beeindruckenden Ganh-Son-Mini-Canyon kann man auf dem Weg nach Khe Ga von der Straße aus sehen (Touren hierher sollten nur mit offiziellen guides gemacht werden, da die Gefahr von Treibsand und alten Minen besteht – die Gegend war einst ein amerikanisches Militärgelände namens LZ Betty). ◀ **Ganh Son Canyon**

Die Stadt Phan Thiet liegt rund 20 km von der sonnenverwöhnten Halbinsel Mui Ne entfernt und ist berühmt für ihre **Fischsauce Nuoc Mam**, die in ganz Vietnam ausgeliefert wird und auf keinem Esstisch fehlen darf. Die Region ist eine der größten Fischfangregionen Vietnams. Früh morgens kann man sich in Phan Thiet ein Bild von dem regen Treiben im Hafen an der Tran-Hung-Dao-Brücke machen, wenn die bunten Kähne der städtischen Fischfangflotte zurückgekehrt sind, ebenso auf dem trubeligen Fischmarkt (südliches Ende der Trung Trac). Ein kleines Schmuckstück ist der alte **Wasserturm** der Stadt: Geschmückt mit dreigiebligem und himmelwärts geschwungenem Dach erhebt er **Phan Thiet**

? WUSSTEN SIE SCHON …?

■ Die vietnamesischen Fischer verehren Wale als eine Art Schutzgötter. In Phan Thiet werden gestrandete Wale auf einem eigenen Friedhof beim Van Thuy Tu Tempel bestattet.

sich am Ca-Ty-Fluss. Der Van-Thuy-Tu-Tempel in der Ngu Ong (Fisherman Street, Duc-Thang-Bez.) wurde bereits 1762 erbaut und gilt als nationales Denkmal. Hier kann man ein 22 m langes Walskelett besichtigen.
Die Ong-Pagode in der Tran Phu Street wird vor allem von kinderlosen Frauen besucht, die hier um Nachwuchs beten. Im rechten Raum kann man eine große Maske für den Drachentanz sehen.

▶ PHAN THIET · MUI NE ERLEBEN

AUSKUNFT
Binh Thuan Tourist
82 Trung Trac, Phan Thiet City
Tel. 0 62/81 68 21
www.muinebeach.net

Vidotour Travel
65 Nguyen Dinh Chieu, Mui Ne,
Ham Tien, Phan Thiet
Tel. 0 62/84 76 99, Fax 84 77 27
www.vidotourtravel.com

Außerdem in den Hotels.

VERKEHR
Täglicher Direktzug zwischen Saigon
und Phan Thiet (7.30 Uhr Abfahrt in
Saigon, 13.45 Uhr Abfahrt in Phan
Thiet, Shuttle-Busse zum Strand in
Mui Ne).

AUSFLÜGE
Binh Thuan Tourist veranstaltet
Ausflüge auf die vorgelagerten Inseln,
etwa die nahe gelegene winzige Lao

Cau und auf die mit 20 000 Vietnamesen bewohnte Phu Quy, ca. 100 km
östlich der Küste.

FESTE
Das dreitägige Kate-Festival der Cham
wird alljährlich im September/Okto-
ber mit traditionellen Kostümen und
Speisen, Tänzen und Gesängen an
den Po-Shanu-Türmen begangen.

WASSERSPORT
Beste Winde für *Surfer und Kiter*
mit 18–30 Knoten wehen zwischen
November und Anfang April an der
Küste von Mui Ne und ziehen die
internationale Surfer- und Kiter-Schar
an.
Alljährlich im Februar jagen hier die
Surfer zum »Fun-Cup« um die Wette
über die Wellen, und die Kiter gehen
in die Luft.
Es gibt mehrere *Kite-Schulen,* man
trifft sich beispielsweise im coolen
Jibe's in der Mitte des Strandes
(90 Nguyen Dinh Chieu, km 13,
www.windsurfing-vietnam.com,
www.surf-vietnam.de, www.kite-
boarding-vietnam.com).

ESSEN
▶ Erschwinglich
Forest Restaurant
67 Nguyen Dinh Chieu,
Ham Tien, Phan Thiet
Tel. 0 62/84 75 89
tgl. 10.00–15.00, 18.00–23.00 Uhr
Großes uriges Lokal mit Cham-De-
koration, klassische vietnamesische
Küche, aber auch Tapas, Pasta und
Salate, Gegrilltes, Hummer und
Steaks, Weine und Cocktails. Tradi-
tionelle Musik- und Folklorebeglei-
tung, Kochkurse.

Jibe's Club

Paradise Beach Club
im Coco Beach Resort
Tel. 0 62/84 71-11/-12
Sehr gute vietnamesische und internationale Küche, relativ große Auswahl an Bieren und Weinen.

► **Preiswert**
Luna d'Autunno
km 12, Nguyen Dinh Chieu, Ham Tien, Mui Ne
Tel. 0 62/84 73 30
Ein richtiger Italiener mit Holzofen-Pizza, Antipasti, Pasta und Salaten.

ÜBERNACHTEN
► **Luxus**
Cham Villas
32 Nguyen Dinh Chieu,
Ham Tien, Mui Ne
Tel. 0 62/74 12 34, Fax 74 11 47
www.chamvillas.com
reservations@chamvillas.com
Üppig grüne Anlage am Strand mit 14 palmblattgedeckten Bungalows, King-size-Himmelbetten, Pool, auch deutsche Speisen im Restaurant.

► **Komfortabel**
Coco Beach Resort
km 12,5, 58 Nguyen Dinh Chieu, Ham Tien, Mui Ne
Tel 0 62 84 71 11, Fax 84 71 15
www.cocobeach.net
paradise@cocobeach.net
Wunderschöne Pfahlhäuschen am

Mui-Ne-Strand mit deutsch-französischem Management. Klimaanlage, Pool, sehr gute Küche.

Palmira Resort
km 11, Mui Ne
Tel. 0 62/84 70 04, Fax 84 70 06
www.palmiraresort.com
cocogarden@palmiraresort.com
20 zweistöckige Villen im mediterranen Stil gruppieren sich leicht verschachtelt um den riesigen Pool.

Bamboo Village Resort
km 11,8, Mui Ne
Tel. 0 62/84 70 07, Fax 84 70 95
www.bamboovillageresort.com
bamboo-village@hcm.vnn.vn
Schöne Anlage aus etwa 40 achteckigen, eng stehenden Bambus-Rattan-Hütten und Steinhäusern mit Palmblätterdach, teils Meeresblick, reizvoll möbliert mit geschnitzten Holzbetten. Pool mit Open-air-Lokal.

Baedeker-Empfehlung

Victoria Phan Thiet Resort
Binh Thuan, Phan Thiet
Tel. 0 62/84 71 70, Fax 84 71 74
www.victoriahotels-asia.com
victoriapt@hcm.vnn.vn
Weitläufige Vier-Sterne-Anlage mit 60 palmgedeckten Cottages, Meeresblick von der Terrasse, Poollandschaft und Golfplatz.

Auf dem 694 m hohen Berg Ta Cu (Takou) im gleichnamigen **Natur-schutzgebiet** liegt die wahrscheinlich längste Buddha-Statue Vietnams: Der liegende Sakyamuni-Buddha misst ganze 49 m von den Zehenspitzen bis zum erleuchteten Haupt und hat eine Schulterhöhe von 18 m. Man erreicht ihn durch eine rund zweistündige Wanderung oder schneller mit der Seilbahn. Oben empfängt das mehr als 100 Jahre alte Linh-Son-Truong-Tho-Kloster die Pilger und Besucher (Ta Ku liegt bei Tan Lap, ca. 30 km südwestlich von Phan Thiet, es gibt ein kleines Gästehaus).

Ta Cu
(auch: Takou)

✷ Phu Quoc (Insel)

Provinz: Kien Giang   **Region:** Mekong-Delta
Einwohnerzahl: 80 000

Ruhe und Einsamkeit an insgesamt 40 km langen Stränden, Kokospalmen und Dschungel-Kulisse im Hinterland: Das ist Phu Quoc (sprich: Fu Wok), das größte Eiland Vietnams nahe der kambodschanischen Grenze. Der urlaubende Insulaner kann in kleinen Hotels und Bambushütten an der Westküste in idyllische Sonnenuntergänge blinzeln.

Ortschaften finden sich in Phu Quoc fast nur an der Küste, das urwaldbedeckte Inselinnere ist nahezu menschenleer. Die meisten Siedlungen liegen auf der flacheren Westseite der Insel, die größte ist Duong Dong mit ungefähr 10 000 Einwohnern. Bislang bilden Fischfang und -verarbeitung den Haupterwerb der Bevölkerung. Eine wesentliche Einnahmequelle ist die berühmte **Fischsauce** Phu Quocs, die in ganz Vietnam Anklang findet (Jahresproduktion: ca. 10 Mio. l).

Sehenswertes in Phu Quoc und Umgebung

Strände Die vietnamesische Regierung hat Großes vor mit dem Eiland und will allein hierher bis 2020 zwei bis drei Millionen Urlauber locken – im Jahr, versteht sich – so viel wie heute in ganz Vietnam! Die Insel hat zweifellos Potenzial: Im Westen und Süden liegen menschenleere Strände, die schönsten Badebuchten sind oft versteckt und nur über staubige Pfade und Kletterpartien zu erreichen (der Khem-Strand im Süden ist derzeit noch militärisches Sperrgebiet, da die benachbarten Kambodschaner die Insel ebenfalls beanspruchen). Der **Bai Truong** (Long Beach) südlich des Hauptortes Duong Dong präsentiert sich mit einem rund 20 km langen goldgelben Sandstrand unter Palmen bis zum kleinen Fischerhafen An Thoi an der Südspitze der Insel, nur unterbrochen von Felsen und Fischerdörfern. Auf rund 3 km erstreckt sich der mit Bungalowanlagen und (teils mehrgeschossigen) Hotels bisher erschlossene Bereich. Der schön geschwungene **Bai Ong Lang** (nördlich von Duong Dong) verheißt über einige Kilome-

 PHU QUOC ERLEBEN

AUSKUNFT

Auskunft im Saigon Phu Quoc Resort
Tel. 0 77/84 86 24 und 84 85 42
(dort auch ATM-Apparat)
www.phuquoc.info
www.vietnamphuquoc.com

VERKEHR

Flughafen Phu Quoc: in der Hauptsaison mindestens fünf Flüge täglich von Saigon sowie einige Flüge in der Woche via Rach Gia (Tickets Tel. 0 77/84 63 44 und 84 60 86).

Boote: tgl. drei Tragflächen-Schnellboote ab Rach Gia (2,5 Std.) und eine unbequeme Fähre (6–8 Std.); in der Regenzeit abhängig vom Wetter. (Sehr unregelmäßige, langsame Fähren ab Ha Tien).

ESSEN

► Preiswert

Tropicana Resort
Idyllisches Terrassenlokal und Bar am Bai Truong mit gutem Seafood, vietnamesischen und europäischen Gerichten.

Phu Quoc Resort Thang Loi
Wen es nach deutschen Gerichten gelüstet, der speist am Bai Ong Lang im urigen Open-air-Terrassenlokal.

Rainbow Bar
Bai Truong, nahe Saigon Phu Quoc Resort
Open-air-Strandlokal mit Snacks, Salaten, Sandwichs und Hamburger für den kleinen Hunger zwischendurch.

ÜBERNACHTEN

► Komfortabel

Saigon Phu Quoc Resort
1 Tran Hung Dao, Bai Truong (Long Beach)
Tel. 0 77/84 69 99 und 84 65 10, Fax 84 71 63
www.sgphuquocresort.com.vn, www.vietnamphuquoc.com
Die beste Anlage auf der »Pfefferinsel«: geschmackvolle Zimmer in Bungalows und Häuschen mit Meeresaussicht: für »Präsidenten« mit eigenem Jacuzzi, für »Tarzane« und »Robinsons« Mittelklasse mit Badewanne und TV. Pool am schmalen Palmenstrand, zwei Bars, großes Lokal. Sauna, Dampfbad, Karaoke und Tauchschule.

Tropicana Resort
Tran Hung Dao, Bai Truong (Long Beach)
Tel. 0 77/84 71 27, Fax 84 71 28
www.tropicanavietnam.com
reservation@tropicanavietnam.com
Kleine nette Strandanlage mit neun klimatisierten Bungalows und einigen billigeren Zimmern im Garten. Pool, Speiselokal mit Meerblick, Fahrrad- und Motorradvermietung, Windsurfen, Bootsausflüge auf die Inseln.

► Günstig

Phu Quoc Resort Thang Loi
Bai Ong Lang, P.O.Box 73
Tel. 0 77/98 50 02, Fax 0 77 84 61 44
www.phu-quoc.de
thangloiresort@hotmail.com
15 Bambushütten unter Palmen mit Meerblick von der kleinen Veranda (Moskitonetz, teils Warmwasser-Dusche, Strom nur abends). Spartanisch, aber familiäre Atmosphäre unter deutscher Leitung.

Beach Club Resort
Bai Truong
Tel. 0 77/98 09 98
www.beachclub-vietnam.com
Einfache Zimmer und Palmblattgedeckte Bungalows am Strand, familiär und nett. Yoga-Kurse.

Spielende Kinder am Strand

ter Ruhe und Abgeschiedenheit mit felsigen Abschnitten. Der wunderschöne **Bai Sao** nahe An Thoi im tiefen Süden wird an Wochenenden und Feiertagen vorwiegend von Vietnamesen besucht.

Ausflüge Die Fischer in An Thoi oder Ausflugsboote (ab Bai Truong) bringen die Touristen zu den **vorgelagerten Inseln** zum Schnorcheln und Tauchen, etwa zur Schildkröteninsel (Hon Doi Moi) im Norden und zum winzigen An-Thoi-Archipel im Süden mit Korallenriffen im kristallklaren Wasser. Die Tauchgründe zählen zu den besten in Vietnam mit Sichtweiten von bis zu 50 m. Man kann aber auch trocken bleiben und Wanderausflüge zu einigen kleineren Wasserfällen und Quellen im dichten, bergigen Hinterland des **Phu-Quoc-Nationalparks** machen, zu Höhlen und Pfefferplantagen sowie Perlenzuchtfarmen an der Küste. Die Insel heißt übersetzt nicht ohne Grund »99 Berge«, allerdings sind die bis zu 603 m hohen Insel-Berge im Norden derzeit noch militärisches Sperrgebiet. Beste Zeit für Inselexkursionen ist die Trockenzeit im Winter.

Duong Dong Der Hauptort Duong Dong besitzt nicht viele touristische Attraktionen, alles Sehenswerte konzentriert sich um das Hafenbecken: eine kleine Flotte, vietnamesische Imbissstände, die Fischsaucenfabriken und Dinh Cau: ein Tempel mit Leuchtturm zu Ehren der Thien-Hau-Meeresgöttin, an dem im Oktober Tempelfest gefeiert wird.

Qui Nhon

E 6

Provinz: Binh Dinh (Hauptstadt)   **Region:** Südliche Zentralküste
Einwohnerzahl: 230 000

Auf der Reise entlang der Küste bietet sich die Hafenstadt Qui Nhon (auch: Quy Nhon) als Zwischenstopp an. Man kann von der Halbinsel (zwischen Nha Trang und Hoi An) Ausflüge zu Cham-Türmen, der Gedenkstätte in ▶My Lai und ins Hochland unternehmen. Oder auch nur am Strand unter Kokospalmen liegen, den Fischern zusehen und frische Meeresfrüchte verspeisen.

Die Provinz-Hauptstadt Qui Nhon, die auf den alten Cham-Hafen Shri Banoi zurückgeht, liegt etwa 10 km östlich der N 1 auf einer Halbinsel an der Mündung des Song Cai. Eine der großen amerikanischen Militärbasen hat sich hier in den 1960er-Jahren befunden, und noch immer ist die Spitze der Landzunge aus militärischen Gründen gesperrt. Wegen der **großen Feuchtigkeit** – die Stadt wird oft von Taifunen und starken Regenfällen heimgesucht – sind viele der Häuser moosbefallen und wirken ein wenig ungepflegt.
Die beste Tuong-Theatergruppe Vietnams hat in Qui Nhon ihren Sitz!

Farbenfrohe Grabstätten im buddhistischen Teil des Friedhofs

Sehenswertes in Qui Nhon

Zentrum der Stadt ist der lebhafte und bunte Lon-Markt, auf dem Obst und Gemüse aus der Region verkauft werden.

Lon-Markt

Nur einige Straßenzüge weiter, zwischen Markt und Stadion, steht in der Tran-Cao-Van-Straße der 300 Jahre alte Long-Khanh-Tempel. Schon von weitem kann man die 17 m hohe Buddha-Statue (1972) sehen, die aus einem Lilienteich ragt. Die Ursprünge des Tempels gehen bis zum Jahre 1700 zurück, doch immer wieder wurde er zum Opfer von Verwüstungen. Das erklärt sein modernes Erscheinungsbild – die letzte Renovierung fand Ende der 1970er-Jahre statt.

Chua Long Khanh

Im Norden der Stadt kommt man an einem riesigen Friedhofsgelände vorbei. Es besteht aus einem Soldatenfriedhof sowie buddhistischen und katholischen Gräberfeldern. Wenn man sich ein wenig Zeit nimmt, entdeckt man hier alte und auch relativ neue Grabanlagen, schlichte und aufwändige Steine mit Bildern oder Ornamenten – alle sind bunt bemalt. Die buddhistischen Ruhestätten erkennt man daran, dass sie mit einer Lotosblüte bekrönt sind oder ein Hakenkreuz als Glückssymbol tragen.

Friedhof

Umgebung von Qui Nhon

Viele Relikte der Cham-Kultur sind in der Umgebung Qui Nhons zu finden, denn die einstige Hauptstadt der Cham, Vijaya, lag nur 35 km nördlich in der Nähe des Dorfes Dap Da. Nach dem Fall von

Cham-Türme

Indrapura im Jahre 982 hatten die Cham sich hier niedergelassen, und obwohl der Ort immer wieder Angriffen der Khmer und der Vietnamesen ausgesetzt war, konnte er seine Stellung lange behaupten. Erst 1471 konnte Vijaya eingenommen und zerstört werden, die Vietnamesen dehnten ihr Reich weiter aus und drangen in den Süden vor. In der Umgebung der **einstigen Hochburg** entstanden im 11. und 12. Jahrhundert einige Türme, die nach Materialien (Silber etc.) benannt wurden, was aber nichts mit ihrer einstigen Ausstattung zu tun hat.

Am Stadtrand von Qui Nhon (ca. 1 km nördlich des Zentrums) kann man in der Nähe der N 1 die Zwillingstürme von **Thap Doi** (11. Jh.) entdecken. Im Gegensatz zu den für die Cham-Architektur typischen, meist abgestuften Dächern haben die Türme von Thap Doi

 # QUI NHON ERLEBEN

AUSKUNFT

Binh Dinh Tourist
10 Nguyen Hue (an der Strandstraße),
Le Loi, Qui Nhon
Tel. 0 56/89 25 24

Saigon Tourist
24 Nguyen Hue, Qui Nhon
Tel. 0 56/81 99 22 und 82 82 35
www.saigonquynhonhotel.com.vn
Auskunft außerdem in den Hotels.

VERKEHR

Qui Nhon Phu Cat Airport
(36 km nördlich von Qui Nhon):
Tel. 0 56/82 29 53

ESSEN

In der Tha Doi am nordwestlichen Stadtrand am Kanal (nahe der Thap-Doi-Cham-Türme) verköstigen einige einfache und preiswerte Lokale ihre Gäste mit Seafood-Gerichten.

▶ Preiswert
Seaview Café
25 Nguyen Hue (Strandstraße, neben der Tourist-Info)
Tel. 0 56/89 17 91
Einfaches Open-air-Lokal mit Snacks und Erfrischungen.

ÜBERNACHTEN

▶ Luxus
Life Wellness Resort & Spa
Ghenh Rang, Bai Dai, Qui Nhon
(16 km südlich)
Tel. 0 56/84 01 32, Fax 84 01 38
www.life-resorts.com
quynhon@life-resorts.com
Traumhafte Anlage an einem mit Felsen durchsetzten Strand: 63 Zimmer mit allem Komfort und Meerespanorama aus der Badewanne oder von der Terrasse. Pools, Spa mit Tai-Chi- und Yogakursen.

▶ Komfortabel
Hai Au Hotel
489 An Duong Vuong, Qui Nhon
Tel. 0 56/84 64 73, Fax 84 69 26
ks.haiau@dng.vnn.vn
Mittelklassehotel am Strand nahe der Stadt, mit Pool und gutem internationalen Restaurant.

▶ Günstig
Yaly Hotel
89 Hung Vuong, Pleiku
Tel. 0 59/81 48 58, Fax 81 76 19
Zentral gelegenes Minihotel (35 Z.), angenehme Zimmer mit und ohne Klimaanlage.

geschwungene, pyramidenförmige Aufbauten vorzuweisen. An ihren Ecken sitzen Garuda-Figuren. Mit Unterstützung der UNESCO konnten die Türme in den letzten Jahren rekonstruiert bzw. restauriert werden.

Pleiku

Eine landschaftlich herrliche Straße (Nr. 19) führt ins Hochland zum 163 km westlich gelegenen Flecken Pleiku (Plei Ku). Etwa auf der Hälfte der Strecke windet sich die Straße über den An-Khe-Pass und man sollte einen Blick in die Ebene zurückwerfen, wo sich der Fluss Ha Giao bis zur Küste schlängelt. Die Route passiert den Giang-Pass und viele Dörfer der Bahnar, die noch die traditionellen Gemeinde-Langhäuser aufweisen. Kautschukplantagen, Wälder und Hänge voller Kaffeesträucher weisen den Weg zum Plateau von Pleiku im Zentralen Bergland Vietnams. In diesem

! *Baedeker* TIPP

Einfühlungsvermögen gefragt

Beim Besuch der Dörfer ethnischer Minderheiten ist Einfühlungsvermögen vonnöten. Es empfiehlt sich, mit Führern hierher zu kommen, die einem einige fremde Dinge erläutern können.

dünn besiedelten Gebiet lag einst der Kommandoposten der südvietnamesischen Armee für die gesamte Bergregion. Nicht nur Agent Orange wurde regelmäßig versprüht, auch Bomben fielen hier mehrmals – besonders im Jahre 1972. Heute prägen nüchterne, schmucklose Bauten in einer nebligen, oft verregneten Landschaft das Stadtbild. Lediglich der **Markt** ist recht interessant, zu dem schon am frühen Morgen die Bewohner der umliegenden Dörfer kommen, um Auberginen, Schalotten, Pastinaken und Knoblauch zu verkaufen. Von Touristen wird Pleiku meist in Verbindung mit Buon Ma Thuot besucht, um das Bergland kennen zu lernen und Siedlungen der Minderheiten (Jarai, Bahnar, Ede) zu besuchen.

Jarai-Dörfer

Auf dem Weg nach Kon Tum liegen einige Dörfer der Jarai. Doch zuerst kommt man nach ca. 14 km zur Bien-Ho-Teefabrik, nach weiteren 1 km an die Yaly-Fälle. Schon hier wird man Jarai begegnen, die in den Reisfeldern und Kautschukplantagen arbeiten oder in riesigen Körben Waren von Dorf zu Dorf transportieren. Vor allem die Trachten der Frauen sind auffällig: sehr farbenfroh und horizontal gestreift. Nur wenige Kilometer von dem Wasserfall entfernt liegen die Dörfer Plei Mrong und Plei Mun mit ihren Langhäusern. Interessant sind auch die geschnitzten Holzstatuen auf ihren Gräberfeldern.

Thap Bac (Banh It)

Nahe der Abzweigung (N 19) bei An Nhon (ca. 20 km nördlich von Qui Nhon) tauchen inmitten der hügeligen Landschaft vier reich verzierte Türme (Thap Bac) aus dem 12. Jahrhundert auf. Die so genannten Silbertürme waren eine der ersten Kalan-Gruppen, die – wie später üblich – auf einem Berg errichtet wurden. Von hier oben bietet sich eine wunderbare Aussicht über die Landschaft und die anderen Cham-Türme der Umgebung.

✳
Sa Huynh
An einer halbmondförmigen Bucht mit goldenem Sand taucht das hübsche Fischerdorf Sa Huynh (etwa 115 km nördlich von Qui Nhon) vor einem auf. Der schöne, palmengesäumte Strand lädt zu einer Rast auf dem Weg nach ▶ My Lai oder ▶ Hoi An ein. In dem kleinen Hotelrestaurant werden gute Fischgerichte angeboten, zudem gibt es Obst- und Getränkeverkäufer. Wer will, kann mit dem Boot eine Fahrt zu der nahen Insel Genh Nhu machen.

✳ ✳ Sa Pa

B 1

Provinz: Lao Cai		**Region:** Bergland des Nordens
Einwohnerzahl: 38 000		

Eine idyllische Lage zwischen tonkinesischer Alpenkulisse (den Hoang-Lien-Bergen) und Reisfeldern auf endlos gestuften Terrassen, Bergvölker in bunten Trachten und herrliche Wanderwege – Sa Pa konnte nicht lange vom Touristenstrom unberührt bleiben, so weit abseits der Ort auch liegt.

Schon die Franzosen bauten das Bergdorf in den 1920er-Jahren zu einem Luftkurort aus. Mittlerweile boomt das Bergstädtchen und

Terrassenfelder ziehen sich an den Bergen bei Sa Pa entlang.

Die schmucke Stadt ist Ausgangspunkt für unerschrockene Trekkingfreunde.

droht besonders an den Wochenenden vor lauter Touristengruppen aus allen Nähten zu platzen. Zur Freude der Fliegenden Händler aller Bergstämme.

Ursprünglich waren verschiedene Minderheitengruppen um Sa Pa ansässig, vor allem die kleinen, indigoblau gekleideten Hmong und die größeren Roten Dao, deren Frauen imposante rote Turbane tragen. Seit alters her bauen sie in der kühlen Region Obst, Gemüse, Tee und Zimt an. Außer seinen trubeligen, bunten Märkten hat Sa Pa wenig Interessantes zu bieten; man besucht den Ort wegen seiner Lage in einer ausgesprochen reizvollen Landschaft und um **Bergtouren** zu unternehmen. So kann man den Fan Si Pan, mit 3143 m der höchste Gipfel Vietnams, erklimmen (sehr anstrengend, mindestens 3 Tage). Sa Pa ist der kälteste Ort in Vietnam: Wer hierher im Winter (Dez. bis Febr.) kommt, sollte warme Kleidung einpacken, besonders für die Nächte (dies gilt auch für den Frühling und ab August).

Ausflüge in die Umgebung

Von Sa Pa aus besteht die Möglichkeit zu Ausflügen mit dem Mofataxi, dem Jeep oder dem Pferdewagen. Dies ist allerdings eine recht teure Angelegenheit. Außerdem ist es viel reizvoller, die Gegend auf den engen, z. T. auch steilen Pfaden zu Fuß zu erkunden. Einen Führer zu nehmen ist sinnvoll. Falls der Weg zu weit erscheint, kann man sich auf der Hauptstraße (bis zur jeweiligen Abzweigung ins Tal) von den vorbeikommenden Mofataxis mitnehmen lassen.

Mofa, Auto oder Pferd

► SA PA ERLEBEN

AUSKUNFT

Sa Pa-Tourism
28 Cau May, Sa Pa
Tel. 0 20/87 19 75
www.sapatourism.com

VERKEHR

Der schöne »*Victoria*«-*Express* der
gleichnamigen Luxus-Hotelkette verkehrt mehrmals wöchentlich zwischen Hanoi und Lao Cai, außerdem
die täglichen Züge der Staatsbahn
(7–10 Std., auch ordentliche Schlaf-
wagen-Abteile, es gibt unterschiedliche Standards zum gleichen Preis!);
ab Lao Cai geht es mit öffentlichen
Bussen bzw. Touristenbussen nach
Sa Pa.

EINKAUFEN

Märkte der Bergstämme
Jeden Samstag strömen unzählige
Touristen nach Sa Pa zum legendären
»Wochenend-Markt«. Auch in der
Woche findet dieser Markt mit den
Angehörigen der Bergstämme statt
(wenn auch etwas kleiner), und er
ist nicht so überlaufen.
In der weiteren Umgebung gibt es
Ausweichmöglichkeiten auf andere
ebenso »bunte« Märkte an anderen
Tagen.
Übrigens: Die mit *Indigo* gefärbte
Kleidung färbt leicht ab.

ESSEN

► Erschwinglich

Top Mountain View Bar
24 Dong Loi
Tel. 0 20/87 12 45
Im vierten Stock des Chaulong
Sapa Hotels, mit guter Auswahl
an Getränken und tollem Berg-
Panorama.

► Preiswert

Mimosa
Cau May
Tel. & Fax 0 20/87 13 77
tgl. 8.00–23.00 Uhr
Etwas abseits der Hauptstraße und gut
versteckt oberhalb einer Treppe: In
dem kleinen Lokal kann man vietnamesisch und vegetarisch essen, Seafood oder Wildschwein, Pasta oder
Pizza, zum Frühstück gibt's sogar
Nutella!

The Gecko
Ham Rong
Tel. 0 20/87 15 04
tgl. 7.00–22.00 Uhr
Nette kleine Bar mit gemütlichen
Sofa-Ecken (auch für Nichtraucher)
und Restaurant »La Petite Bouffe«
unter französischer Leitung (außer-
dem fünf preiswerte Zimmer mit
Bad).

Baguette & Chocolat
Tha Bac
Tel. 0 20/87 17 66
tgl. 7.00–22.00 Uhr
Hilfsprojekt und Ausbildungsstätte
(www.hoasuaschool.com) für be-
nachteiligte Kinder, aber auch Res-
taurant, Bäckerei, Café, Bar und
Minihotel: Unten verspeist man kleine
Gerichte und Backwaren am Kamin
in kuschligen Sitzecken, im ersten
Stock gibt es vier sehr schöne, wenn
auch einfache Zimmer mit Dusch-
Bad und kleinem Balkon.

ÜBERNACHTEN

► Komfortabel

Chaulong Sapa Hotel
24 Dong Loi
Tel. 0 20/87 12 45, Fax 87 18 44
www.chaulonghotel.com
info@chaulonghotel.com

Einst das beste Hotel im Zentrum, heute etwas überteuerte Herberge aus einem Neubau (große Zimmer mit Balkon und Bergpanorama) und einem burgartigen Altbau (Zimmer vorher angucken!).

Bamboo Sapa Hotel
Cau May
Tel. 0 20/87 10 75, Fax 87 19 45
www.sapatravel.com
bamboosapa@hn.vnn.vn
Dreistöckiges Neubauhotel mit sehr schönen und behaglichen Zimmern, teils Deko-Kamin, Chaiselounge und Balkon (Sat-TV, Tel., Heizung), toller Bergblick, gutes Reisebüro.

ATI Sapa Rose Valley Resort
Muong Hoa Road (1 km vor Sa Pa)
Tel. 0 20/87 10 56, Fax 87 22 35
www.atiresorts.com
ati-sapa@atiresorts.com

Kurz vor der Stadt verteilen sich die großen Stelzenbungalows an einem steilen Hang mit herrlicher Aussicht: die Zimmer sind recht einfach, aber geräumig und ruhig (Sat-TV, teils Badewanne).

Auberge Hotel
Cau May
Tel. 0 20/87 12 43, Fax 87 16 66
auberge@sapadiscovery.com
Nettes Gästehaus aus der Kolonial-zeit, das an ein Schweizer Chalet erinnert. Von den Zimmern im oberen Stockwerk hat man einen wunderbaren Ausblick auf die Berg-landschaft.

Ham Rong Hotel
Ham Rong
Tel. 0 20/87 12 51, Fax 87 13 03
www.vietnamhotels.biz/hamronghotel
hoanglienhotelsp@hn.vnn.vn

Farbenfroher Bergvölker-Markt in der Umgebung von Sa Pa

Auf dem Weg nach Lao Cai

In zwei alten französischen Villen übernachtet der Gast in geräumigen Zimmern mit Kamin. Empfehlenswertes Restaurant, das für seine Schlangenfleischgerichte bekannt ist.

▶ **Günstig**
Hoang Lien Hotel
8 Cau May
Tel. 0 20/87 11 78, Fax 87 11 76
hoanglienhotelsp@hn.vnn.vn

Auffälliges Hotel im Kolonialstil mit 30 teilweise sehr großen und spottbilligen Zimmern, Minibar, Sat-TV, Badewanne.

Vuong Hoan Guesthouse
79 Phan Dinh Phuong (Pho Moi), Lao Cai Stadt
Tel. & Fax 0 20/83 53 71
Einfaches Hotel in Lao Cai mit sehr kleinen Zimmern und Kachelbad. Essen kann man in Lao Cai ganz gut in dem vietnamesischen Eck-Lokal Hiep Van gleich gegenüber.

Baedeker-Empfehlung

▶ **Luxus**
Victoria Sapa
Tel. 0 20/87 15 22, Fax 87 15 39
www.victoriahotels-asia.com
resa.sapa@victoriahotels-asia.com
First-Class-Hotel am Rande der Stadt im Landhausstil, sehr gemütliche Zimmer, teils mit Himmelbetten und Balkon. Tennisplatz, Badminton, beheizter Innen-Pool!

Cat Cat

In der näheren Umgebung Sa Pas gibt es einige Hmong-Dörfer, zu denen man wandern kann. Das beliebteste ist sicherlich Cat Cat im Muong-Hoa-Tal (ca. 3 km entfernt). Man nimmt die Straße westlich des Marktplatzes, bis man zu einer französischen Villa mit Türmchen (das Nationalparkbüro) kommt, und biegt dann links auf einen Pfad ab, der nach unten in das Tal führt.
Schon bald sieht man dann die Holzhütten inmitten von Obstbäumen und Bambusdickicht. Unterhalb des Dorfes gelangt man über eine Treppe und Hängebrücke zu einem Wasserfall, einem angenehmen Ort für eine kleine Rast. Von hier sind es noch etwa 4 km bis zu der größeren Hmong-Siedlung Sin Chai.

Lao Chai

Eine andere Wanderung führt in südliche Richtung durch das Hmong-Dorf Lao Chai bis nach Ta Van (ca. 11 km), in dem Giay und Dao leben. Auf diesem Weg sieht man hübsche Dörfchen und eine fantastische Landschaft. Am Wegesrand sind Steine mit eingeritzten Zeichen zu finden, von denen man annimmt, es handle sich um eine alte **Hmong-Schrift**. Man sieht Körbe mit Indigoblättern zum Färben der Kleider der Schwarzen Hmong, Hirten auf dem Rücken von Wasserbüffeln kreuzen den Weg. An den Bächen bewegen sich die »coi gia gao« mit dem typischen Klack-klack auf und ab: Es sind Reisschäl-Vorrichtungen aus Holz, die allein durch das Wasser betrieben werden. Wegen der Schlangen und der vielen wild bellenden Hunde in den Dörfern sollte man immer einen Stock bei sich führen. In den Dörfern selbst sind die Einwohner auf Touristen eingestellt und fast alle im Souvenir-Verkauf tätig – Alte wie Kinder, mehr oder weniger hartnäckig.

Nordöstlich von Sa Pa kann man auf der Straße nach Lao Cai zu der Siedlung Ta Phin gelangen, wo Rote Dao leben. Nach ungefähr 6 km sollte man einer Abzweigung nach links folgen. Durch ein wundervolles Tal mit Reisterrassen erreicht man Ta Phin nach etwa 5 km. Die Bewohner von Ta Phin haben sich auf die Herstellung von **Handarbeiten** (Mützen, Taschen usw.) spezialisiert und verkaufen ihre Produkte über die Firma Craft Link bis nach Hanoi und Saigon. Eine kleine Kooperative mit Souvenirshop ist in dem Ort zu besichtigen.

Ta Phin

Zudem werden Trekking-Touren (3–5 Tage) auf den Fan Si Pan angeboten. Der höchste Berg Vietnams (3143 m) erhebt sich inmitten des Hoang-Lien-Son-Naturreservats, 9 km von Sa Pa entfernt. Allerdings ist die Tour nicht zu unterschätzen: Für den rund 14 km langen Weg muss man wieder hinunter auf 1200 m und eine wacklige Bambusbrücke überqueren. Dann beginnt der eigentliche Aufstieg (Höhenunterschied ca. 2000 m) auf teilweise überwucherten Pfaden durch Pinienwälder und Bambusdickichte. Als Belohnung für all die Mühen breitet sich auf dem Gipfel vor einem das atemberaubende Panorama der Berge Nordwest-Vietnams aus – im Süden reicht der Blick bis in die Son-La-Provinz und im Norden bis zu den Gipfeln Yunnans in China. Allerdings ist das Wetter ein kritischer Faktor bei der Tour auf den Fan Si Pan: Es wechselt sehr schnell, und schon viele waren wegen Nebel, Regen

✱ Fan Si Pan

> **! Baedeker TIPP**
>
> **Verhalten bei den Bergvölkern**
>
> Bei einem Besuch der Angehörigen der Bergstämme bitte nicht den Hausaltar berühren, fotografieren oder mit dem Finger darauf zeigen! Häuser mit einem Bündel aus Bambus, Hühnerfedern oder Blättern über dem Eingang sollte man nicht betreten – die Bewohner haben gerade Ehekrach, sind krank oder haben einen Todesfall zu beklagen und wollen schlicht ihre Ruhe. Kinder fotografiert man am besten nicht oder nur nach Einwilligung, denn es besteht der (Dao-)Glaube, dass ihr Geist durch den Schnappschuss eingefangen wird.

oder Kälte gezwungen, umzukehren. Alleine sollte man sich keinesfalls auf den Weg machen! Ein Führer, der die Wege kennt und einen durch das Dickicht führen und Wasserquellen finden kann, ist auf dieser Route unverzichtbar. In den Hotels »Auberge« und »Mountain View Hotel« können kompetente Guides vermittelt werden.

★ ★ Saigon (Ho-Chi-Minh-Stadt)

D 7

Provinz: Stadtstaat Ho Chi Minh City		**Region:** Süden	
Fläche: 2000 km²		**Einwohnerzahl:** 3,5 Mio. (Stadtgebiet)	

Saigon bezaubert jeden Besucher: Die südvietnamesische Metropole am gleichnamigen Fluss beeindruckt mit ihren Kolonialbauten in weichen Ockertönen und den schattigen Alleen unter Tamarinden, den chinesischen Tempeln und lauter berühmten Schauplätzen aus Literatur- und Filmgeschichte.

Drei Stadtviertel Der Reiz Saigons liegt in der Mischung der Viertel, die jeweils ihr charakteristisches Gesicht bewahrt haben: herausragend der ehemals **französische Stadtkern**, das eigentliche Saigon, und Cholon, die alte **Chinesensiedlung**. Gia Dinh war der dritte und vietnamesischste der Orte, aus denen die Großstadt Saigon zusammenwuchs. Auch wenn die Kommunisten sie und ihre ländlichen Nachbarregionen ab 1975 mit dem Namen Ho Chi Minh betitelten, hat kein Einwohner je aufgehört, den alten Stadtkern am Hafen so zu nennen, wie er seit Jahrhunderten heißt: Saigon.

Aufstrebende Metropole Mehr und mehr verändert sich das Stadtbild durch die in den vergangenen Jahren im Eiltempo hochgezogenen spiegelverglasten Hotels und Bürotürme. Das alte Saigon mit seinen bröckelnden Fassaden, den arkadengeschmückten Villen der Kolonialzeit und vom Monsun angegrauten Plattenbauten, den Straßenhändlern mit ihren Obstkarren und den unzähligen Essensständen scheint dem Antlitz einer aufstrebenden Metropole allmählich zu weichen, mit einer modernen Fassade, wie sie in den Nachbarländern und so genannten Tigerstaaten Asiens schon zu finden ist.

Den Saigonern wird allgemein ein **lockerer Lebensstil** nachgesagt im Gegensatz zu den Bewohnern der politischen Zentrale in Hanoi, die dafür als verlässlicher und weitsichtiger gelten. Besonders in der Architektur, den Restaurants und der Mode lassen sich die modernen westlichen Einflüsse erkennen. Hinter den neuen Kulissen, aber auch mitten auf der Straße behaupten sich weiterhin die alten Traditionen. Der vietnamesische Alltag läuft wie eh und je im Freien ab: Männer beugen sich konzentriert über Brettspiele, dem Konzert aus Fahrrad-

! *Baedeker* TIPP

Überblick

Um sich einen ersten Überblick über Saigon zu verschaffen, lohnt sich das Panoramalokal im 33. Stock des Saigon Trade Centers (37 Ton Duc Thang), von dort kann man das Chaos erstmal aus sicherer Distanz beobachten.

*Quirliger Verkehr zwischen modernen Hochhausfassaden →
und Bürotürmen – in Saigon stehen die Zeichen auf Aufbruch.*

klingeln und Hupen zum Trotz, Schuhputzer winken dem Spaziergänger zu, der unter hohen Bäumen durch die Boulevards flaniert,
und eine Frau mit leckerem Imbiss in den Körben ihrer Schultertrage spült die leeren Reisschüsseln im Rinnstein.

Geschichte

17. Jh.	Vietnamesische Nguyen-Herrscher erobern das Gebiet.
1862	Saigon wird Hauptstadt des französischen Kolonial-reichs Cochinchina.
2. Weltkrieg	Japaner besetzen Saigon.
ab 1945	Franzosen verteidigen Saigon gegen die Truppen Ho Chi Minhs.
1954	Saigon wird Hauptstadt der Republik Südvietnam.
30.4.1975	Kommunisten marschieren in Saigon ein.
ab 1986	Reformpolitik unter Doi Moi
1994	Aufhebung des US-Embargos

An der Stelle der heutigen Metropole lagen schon vor über 1000 Jahren Khmer-Dörfer. Die Vietnamesen siedelten sich erst Ende des
17. Jahrhunderts, als die Nguyen-Herrscher von Hue immer weiter
in den Süden vordrangen, hier an.
Der erste Kontakt mit Franzosen in Südvietnam und in Saigon ging
mit der Missionierung einher. Doch bald schon folgten den Mönchen französische Truppen. Von 1859 bis 1975 stand Südvietnam
unter **fremder Herrschaft**. Saigon wurde zur Hauptstadt des französischen Kolonialgebietes Cochinchina. Der sumpfige Untergrund der
Stadt wurde trockengelegt, aus Kanälen wurden breite Straßen gemacht wie die Nguyen-Hue-Allee. Die Zeit der französischen Planta-
genbesitzer, der opiumrauchenden Kolonialisten und der eleganten
Caféhäuser war angebrochen, erste Eisenbahnstrecken wurden gebaut. Der Gouverneurspalast, die Kathedrale Notre Dame, das
Opernhaus, das Postamt und die prächtigen Villen entstanden in dieser Epoche. Reisende aus dieser Zeit fühlten sich im fernen Vietnam
an eine französische Provinzstadt erinnert, wie Somerset Maugham
schrieb. Im Zweiten Weltkrieg besetzten die Japaner die Stadt und
wurden daraufhin der Vietminh aus dem Norden bekämpft. Am 2. September 1945 rief Ho Chi Minh in Hanoi Vietnam
zur **unabhängigen Republik** aus. Ungeachtet dessen kehrten die
Franzosen als Kolonialmacht nach Saigon zurück, machten den ehemaligen Kaiser Bao Dai erneut zum Regierungschef und verteidigten
die Stadt gegen die Soldaten Ho Chi Minhs.
Nach diesem ersten Indochinakrieg und der daraus resultierenden
Teilung Vietnams (1954) machte der neue, anfangs von den USA unterstützte Präsident Ngo Dinh Diem Saigon zur Hauptstadt der Republik Südvietnam. Saigons Einwohnerzahl nahm in diesen Jahren
rapide zu (auf 1 Million). Die Kriegsgefechte rückten immer näher

an die Stadt heran. Am 31. Januar 1968 gelang den Vietcong-Kämpfern bei ihrer **Tet-Offensive** der bis dahin größte Coup – das Eindringen in den Garten der US-Botschaft. Doch zur einschneidendsten Veränderung kam es nach der Machtübernahme der Kommunis-

ten mit dem Einmarsch in Saigon am 30. April 1975. Unzählige Betriebe, Handwerksstuben und Restaurants mussten schließen und verschwanden von heute auf morgen von der Bildfläche. Enteignete Ladenbesitzer wurden über Nacht zu besitzlosen Boat people. Der einst so pulsierende und leichtlebige Alltag wich Bürokratismus und Fünfjahresplänen. Seit den Reformen durch die neue Politik des Doi Moi (ab 1986), dem liberalen Investitionsgesetz (1988) und der Aufhebung des US-Embargos (1994) sorgten viele der zwei bis drei Millionen Auslandsvietnamesen mit Investitionen bzw. ihrer Rückkehr dafür, dass Saigon heute wieder »boomt«.

Der Wirtschaftsboom in Saigon bringt einige Schattenseiten mit sich. Viele Vietnamesen aus dem Umland wollen an den Geschäften teilhaben und bleiben doch auf der Strecke. Man schätzt die Zahl der **Obdachlosen** in Saigon auf mehr als eine halbe Million Menschen, darunter besonders viele elternlose Kinder aus den ländlichen Provinzen. An den jungen Straßenhändlern kommt kein Tourist vorbei – wie kleine Schatten folgen sie den potenziellen Kunden. Kinderarbeit ist trotz Schulpflicht weit verbreitet, da viele verarmte Eltern ihre Kinder lieber zum Geldverdienen auf die Straße schicken, denn ab der 6. Klasse kostet der Schulbesuch Geld. Nicht selten schlagen ganze Familien des Nachts ihre Lager auf Bastmatten am Straßenrand auf, unweit der großen Hotels und Flaniermeilen.

Schattenseiten des Booms

Highlights *Saigon*

Historisches Museum
Die Vergangenheit Vietnams wird hier an Kunstgegenständen aus den jeweiligen Epochen verdeutlicht.
► Seite 378

Thien-Hau-Pagode
Wem eine Bootsfahrt bevorsteht, der kann in der schönsten Pagode Cholons die Göttin des Meeres um Schutz bitten. Danach lohnt ein Bummel im Gassengewirr des chinesischen Viertels.
► Seite 381

Binh-Tay-Markt
Kaum einer, der im Marktgebäude und den Gassen rundum nicht fündig wird!
► Seite 383

Tempel des Jadekaisers
Eintauchen in eine Welt voller Paukentöne und Weihrauchschwaden!
► Seite 384

Giac-Lam-Pagode
Das älteste Gotteshaus Saigons ist gleichzeitig eines der schönsten.
► Seite 389

Saigon Orientierung

④ Bahnhof

Vinh-Nghien-Pagode
Flughafen

Truong Dinh

Nguyen Thong

Ly Chinh Thang

Frauen-
museum

Tran Quoc Toan

3 Thang 2

Dien Bien Phu

Cach Mang Thang Tam

Ba Huyen Thanh Quan

Vo Thi Sau

Tu Xuong

Pasteur

ⓘ

Dien Bien Phu

Pham Ngoc Thach

Chua Ba

Cao Thang

Nguyen Dinh Chieu

Xa-Loi-Pagode

Ngo Thoi Nhiem

Truong Dinh

Le Qui Don

Nam Ky Khoi Nghia

⑨

Nguyen Dinh Chieu

Kriegsreste-
Museum

Vo Van Tan

Nguyen Thi Minh Khai

⑩

Cach Mang Thang Tam

H.T. Cong Chua

Nguyen Thi Minh Khai

Pasteur

⑩ Cong Quynh

Bui Thi Xuan

Le Thi Rieng

Nguyen Trai

Nguyen Du

Wieder-
vereinigungs-
halle

Nam Ky Khoi Nghia

Le Duan

Kathedrale
Notre Dame

†

Thai-Binh-
Markt

Nguyen Trai

Le Lai

Ly Lu Trong

Mariamman-
Tempel

Truong Dinh

Le Thanh Ton

Nguyen Trung Truc

Nguyen Du

⑦

Revolutions-
museum

⑥

Cong Quynh

Pham Ngu Lao

Bui Vien

⑪

Ben-Thanh-
Markt

⑫

Rathaus

ⓘ

⑧

Le Loi

①

Oper

⑤

Tran Hung Dao

Nam Ky Khoi Nghia

Le Loi

Thendayyutthapani-
Tempel

⑥

Don Khoi

⑧

②

③

⑪

Mac Thi Buoi

De Tham

Co Bac

Nguyen Thai Hoc

Yersin

Nguyen Thai Binh

Kunst-
museum

Ham Nghi

Pasteur

Ton That Dam

Nguyen Hue

Ngo

Duc Ke

⑦

Co Giang

Phung-Son-Tu-
Pagode

Calmette

Pho Duc Chinh

Nguyen Cong Tru

Nguyen Tat Thanh

Ton Duc Thang

②

Ben Chuong Duong

Ben Nghe Channel

Ben Van Don

Ben Chuong Duong

Ben Van Don

Ho-Chi-Minh-
Museum

Übernachten

1. Rex Hotel
2. Hotel Majestic
3. Caravelle Hotel
4. Omni Saigon Hotel
5. Continental Hotel
6. Kim Do Royal City Hotel
7. Duxton Hotel Saigon
8. Asian Hotel
9. Liberty 1 Que Huong Hotel
10. Saigon Boutique Hotel
11. Le Le Hotel

Essen

1. Restaurant Hoi An
2. Vietnam House
3. Camarque
4. Tell
5. Thanh Nien
6. Chu Bar
7. Quan An Ngon
8. Café Brodard
9. Canh Buom
10. Lang Nuon Nam Bo
11. Dong Du Restaurant
12. Pho 2000

Le-Van-Duyet-Pagode

Trang-Hung-Dao-Tempel

Nguyen Huu Cau

Tran Quang Khai

Dinh Tien Hoang

Hai Ba Trung

Vo Thi Sau

Pagode des Jadekaisers

Ton Duc Thang

Dien Bien Phu

Thi Nghe Channel

Nguyen Van Thu

Mai Thi Luu

Khiem

Phung K. Khoan

Nguyen Dinh Chieu

Nguyen Binh

Tran Cao Van

Mac Dinh Chi

Hai Ba Trung

Nguyen Thi Minh Khai

ehem. US-Botschaft

Kriegs-museum

Historisches Museum

Le Duan

Nguyen Du

Ton Duc Thang

Zoologischer Garten

Ly Lu Trong

Le Thanh Ton

Hai Ba Trung

Thi Sach

Don Dat

Moschee

Dong Du

Ton-Duc-Thang-Museum

Me-Linh-Platz

Saigon River

Thu-Thien-Fähre

N

300 m

© *Baedeker*

▶ SAIGON ERLEBEN

AUSKUNFT

Vietnam Tourism
234 Nam Ky Khoi Nghia, 3. Bez.,
Saigon
Tel. 08/9 31 67 76 und 8 29 07 76
außerdem in der Dong Khoi, 18 Nam
Quoc Cang und Pham Ngu Lao
www.vietnamtourism.com

Saigon Tourist
49 Le Thanh Ton, 1. Bez., Saigon
Tel. 08/8 29 89 14 und 8 23 01 00
www.saigon-tourist.com
www.saigontourist.net

REISEVERANSTALTER

Far East Tourist
158 Le Lai, 1. Bezirk, Saigon
Tel. 08/9 25 60 99, Fax 9 25 61 00
www.fareasttourist.com
fareasttour@hcm.fpt.vn

Trails Of Indochina
10/8 Phan Dinh Giot, Tan Binh
Bezirk, Saigon
Tel. 08/8 44 10 05, Fax 8 44 33 50
www.trailsofindochina.com
phong@trailsofindochina.com
toi@fmail.vnn.vn

Focus Asia
70 Pham Ngoc Thach (Green Star
Building, 4. St.), 3. Bezirk, Saigon
Tel. 08/8 20 77 87, Fax 8 20 77 86
www.focus-asia.de
info@focus-asia.biz
Deutscher Reiseveranstalter mit
langjährigem Sitz in Saigon, Touren
auch in die Nachbarländer

VERKEHR

Tan Son Nhat International Airport
(7 km vom Zentrum): Visitors Information and Service Center, Tel.
08/8 48 67 11 und 8 48 53 83,
www.saigonairport.com (tgl. 9.00 bis

23.00 Uhr; Shuttlebus der Vietnam-
Airlines und öffentlicher Bus Nr. 152)
Saigon Hauptbahnhof: 1 Nguyen
Thong, Tel. 08/8 46 65 28 und
8 36 01 05, Tickets über Saigon Rail-
way Tourist Center: Tel. 08/8 36 79 70
und 08/8 36 76 40.

In der Stadt: Zu Fuß oder mit dem
Cyclo, auch: Xyclo (handeln und nicht
nachts! Viele Straßen sind gesperrt für
Cyclos, die oft Umwege fahren müssen, also nicht wundern ...); Mofa-
Taxis (handeln!) oder Taxameter-
Taxis, moderne Stadtbusse (Linien-
plan z. B. am Ben Thanh Markt zu
kaufen, s. u.).
Fußgänger-Tipp: Der Saigoner Verkehr ist eine Art knatternder Auto-
Scooter auf zwei und vier Rädern –
niemand käme auf die Idee, sein Mofa
oder Cyclo an einer Kreuzung zu
stoppen, es sei denn eine Ampel zeigt
unmissverständlich rot. Touristen
sollten sich beim Überqueren einer
Straße ohne Ampel am besten an
einen vietnamesischen Fußgänger
»hängen« und in seinem »Schatten«
das motorisierte Chaos überwinden.

FESTE

Magazine wie »Time out« und »Metro« sind voller Veranstaltungshinweise und liegen oft in Hotels und Bars aus.

Neujahrsfest

Zum Neujahrsfest Tet verwandelt sich ein Teil Saigons in ein Blumenmeer, besonders auf der Nguyen-Hue- und Tran-Hung-Dao-Allee. Auf den Blumenmärkten decken sich die Bewohner Saigons mit den allseits beliebten Aprikosen-, Pfirsichzweigen und Orangenbäumchen für die feierliche Dekoration ihrer Wohnungen ein (►Baedeker Special S. 116).

Cyclo-Rennen

Alljährlich im März findet ein Wettfahren der Cyclo-Fahrer Saigons statt, die dann ausnahmsweise mal wieder die großen Innenstadt-Boulevards befahren dürfen – ein Spaß zugunsten karitativer Vereine.

EINKAUFEN

Die meisten Souvenirshops, Galerien und Seiden-Boutiquen liegen in der *Dong Khoi* und *Hai Ba Trung*; die *Le Loi* ist auch bekannt für Lederwaren. Asiatische Antiquitäten und Nachbildungen findet man z. B. in der *Le Cong Kieu* nahe dem Kunstmuseum. *Thanh Tuy* (125 Le Thanh Ton, neben Norfolk Hotel, 1. Bez., tgl. 8.00–18.30 Uhr): Alteingesessenes kleines Seidengeschäft, das gute Maßanfertigungen liefert.
Fabriken: Zuschauen bei der Produktion und kaufen kann man bei Lam Son-Lackwaren mit allerlei Kunsthandwerk (106 Nguyen Van Troi, gegenüber Omni-Hotel) sowie bei Tay Son: Lackwaren, Möbel usw. (198 Vo Thi Sau).
Ben-Thanh-Markt: Auf dem Ben-Thanh-Markt im Südwesten des Stadtzentrums wird in mehreren Markthallen die gesamte Palette vietnamesischer Waren und Handelsgüter feilgeboten.
Entlang der Straße 22 nach Tay Ninh kommt man an *Tan Binh* vorbei, einem Distrikt, der für seine vielen Handwerksstätten und Holzschnitzereien bekannt ist. Möbel, Korbwaren, Keramik und Spielzeug bekommt man etwa in *Dong Duong*, 28/3 A Cach Mang Thang Tam Street, Ward 15, (Tel. 08/8 64 03 28).

KULINARISCHES

Ben Thanh Nightmarket: Abends ab 18.00 Uhr kann man in den Straßen östlich und westlich des Ben Thanh-Markts an vielen kleinen Imbissen Platz nehmen und mit den Vietnamesen schmausen: Seafood und Spezialitäten aus dem ganzen Land zu festen Preisen.
Viele preiswerte *Seafood-Lokale* finden sich auf den Straßen Thich Sach und Le Thanh Ton im 1. Bezirk.
Die *Restaurantschiffe* am Saigon-Fluss und *Dinner-Flussfahrten* sind zu festlichen Gelegenheiten bei Saigonern und Reisegruppen sehr beliebt: internationale, chinesische und vietnamesische Menüs bei Orchesterbegleitung und manchmal gewöhnungsbedürftigem Gesang (tgl. einstündige Fahrten ab ca.19.30 Uhr an der Bach-Dang-Promenade, z. B. mit dem dreistöckigen Boot von Saigon Tourist: Tel. & Fax: 08/8 23 03 93).

ESSEN

▶ Fein & Teuer

① *Restaurant Hoi An*
11 Le Thanh Ton
Tel. 08/8 23 76 94
Feinschmeckerlokal mit edlem Kolonial-Ambiente, gediegene Einrichtung, sehr schmackhafte Menüs. Auch Geschäftsleute kommen gern hierher.

② *Vietnam House*
93–95 Dong Khoi
Tel. 08/8 29 16 23
tgl. 10.00–22.00 Uhr
Nettes, ruhiges Ambiente. Die leckeren vietnamesischen Gerichte sind ein guter Einstieg in die Landesküche.

▶ Erschwinglich

③ *Camarque*
16 Cao Bat Quat
Tel. 08/8 24 31 48
tgl. 11.30–14.00, 18.30 Uhr bis Mitternacht
Gartenrestaurant unter Palmen, französische und internationale Speisen, mit angesagter »Vasco's Bar«, Fr. und Sa. Livemusik.

④ *Tell*
5 Nguyen Binh Khiem (beim Zoo)
Tel. 08/8 29 88 69
Wer es nicht lange mit Reis und Nudelsuppe aushält: typisch deutsch-schweizerische Küche in einem netten, ruhigen Lokal mit Garten.

⑤ *Thanh Nien*
11 Nguyen Van Chiem
Tel. 08/8 21 59 09
tgl. 7.00–22.30 Uhr
Schönes Open-air-Lokal mit Live-Band, auch klimagekühlte Räume, vietnamesische und vegetarische Gerichte.

⑥ *Chu Bar*
158 Dong Khoi
Tel. 08/8 21 39 07
tgl. 18.00 Uhr bis Mitternacht
Hier sitzt man im modernen Ambiente mit Blick auf die Dong Khoi Street bei gutem Wein oder einem Cappuccino. Auch kleine Gerichte.

⑦ *Quan An Ngon*
138 Nam Ky Khoi Nghia, Quan Mot
Tel. 08/8 25 71 79
Das Lokal ist mittlerweile eine Institution, es geht laut und lebhaft zu, und man muss auch mal Schlange stehen. Vor den Augen der Gäste werden zahlreiche Speisen frisch zubereitet. Sehr schmackhafte Gerichte!

► Preiswert

⑧ Café Brodard
131 Dong Khoi
Tel. 08/8 21 39 66
tgl. 6.30–22.30 Uhr
Legendäres Café-Bar-Restaurant mit
opulentem Frühstück, Spezialität:
Torten, Eiscreme, große Weinkarte.

⑨ Canh Buom
127 Pasteur Street
Tel. 08/8 22 20 00
tgl. 10.00–23.00 Uhr
Wie wäre es mit Wildschwein, Schildkröte oder Lachs? Man kann auch ganz
»normal« speisen in dem beliebten
vietnamesischen Freiluftlokal, z. B.
Seafood-Curry-Feuertopf (Lau Cari
Hai San) für 2 Personen. Die nicht
bestellten Appetizer gleich zurückge-
ben, sonst werden sie berechnet.

⑩ Lang Nuon Nam Bo
209 Cach Mang Tam
Hier gibt es bo tung xeo – »Hinrichtung in Scheibchen«, so heißt die
Spezialität des Hauses. Dahinter verbirgt sich vietnamesisches Barbecue:
marinierte Rindfleisch-Scheibchen mit
Ingwer und Zwiebeln gebraten.

⑪ Dong Du Restaurant
57 Dong Du
Tel. 08/8 29 50 45
tgl. 8.00–14.00, 17.00–22.00 Uhr
Hervorragende vietnamesische und
französische Küche. Angenehmes
Ambiente mit »tropischem Regen«,
freundlicher Bedienung und dezenter
Musik.

⑫ Pho 2000
Phan Chu Trinh
Tel. 08/8 21 27 88
tgl. 6.00 Uhr bis Mitternacht
Suppenküche, in der im Jahr 2000 Bill
Clinton seine wahrscheinlich erste
Schüssel Pho löffelte ...

AUSGEHEN

Saigon Saigon Bar
19 Lam Son Square (Caravelle Hotel)
Tel. 08/8 23 49 99
tgl. Live-Musik ab 23.00 Uhr
Wenn die Hausband mit Pop- und
Rock-Klassikern auf der luftigen Ca-
ravelle-Dachbar im 10. Stock loslegt,
mundet auch der fünfsternepreisige
Cocktail (na, wie heißt er wohl?):
»Good morning Vietnam«.

Sax n'Art
28 Le Loi
Tel. 08/8 21 84 72
tgl. 18.00 Uhr bis Mitternacht
und später
Jazz-Club von Vietnams führendem
Saxophonisten Tran Manh Tuan: In
dem angesagten Club geht abends die
Post ab auf zwei Etagen, viele bekannte
einheimische Bands und Sänger treten
hier auf.

Baedeker-Empfehlung

Q Bar
7 Lam Son Square (im Stadttheater
gegenüber Caravelle)
Tel. 08/8 23 34 79
tgl. 18.00 Uhr bis Mitternacht
und später
Legendäre Bar im rechten Flügel des
Stadttheaters: uriges Kellergewölbe,
schicke und coole Leute, gute Cocktails,
oft Live-Musik. Nebenan das empfehlenswerte Qucina-Lokal.

ÜBERNACHTEN

► Luxus

① Rex Hotel
141 Nguyen Hue
Tel. 08/8 29 60 43 und 8 29 21 85,
Fax 8 29 65 36
www.rexhotelvietnam.com
rexhotel@hcm.vnn.vn

Luxushaus (227 Z.) mit dem vielfältigsten Service: Schönheitssalon, Massagen, Akupunktur, Schneiderei, Geschenkeladen, Swimmingpool u. v. m. Auch wenn man nicht hier wohnt, sollte man einen Drink auf der Dachterrasse nehmen – zwischen Bäumchen, Bambuskäfigen mit zwitschernden Vögeln und Skulpturen.

② **Hotel Majestic**
1 Dong Khoi
Tel. 08/8 29 55 17, Fax 8 29 55 10
www.majesticsaigon.com.vn
majestic@majesticsaigon.com.vn
An der Uferpromenade des Saigon River. Eines der schönsten Hotels (175 Z,) der Stadt, teils etwas düstere und laute Zimmer (zur Dong Khoi). Empfehlenswert ist es – auch für Nicht-Gäste – einen Drink auf der schönen Dachterrasse zu nehmen und die laue Abendstimmung über dem Fluss zu genießen.

③ **Caravelle Hotel**
19 Lam Son Square (neben Stadttheater)
Tel. 08/8 23 49 99, Fax 8 24 39 99
www.caravellehotel.com
rsvn@caravellehotel.vnn.vn
Renoviertes Fünf-Sterne-Hochhaushotel aus den 1960er-Jahren, heute mit jeglichem Luxus, mehreren Restaurants, schönem Pool, Spa & Fitness Center.

④ **Omni Saigon Hotel**
253 Nguyen Van Troi, Phu Nuan Bez.
Tel. 08/8 44 91 22, Fax 8 44 91 98
www.marcopolohotels.com/saigon
info@omnisaigonhotel.com
Eines der besten Hotels der Stadt, etwas außerhalb des Zentrums.

Baedeker-Empfehlung

⑤ **Continental Hotel**
132–134 Dong Khoi
Tel. 08/8 29 91 01, Fax 8 29 09 36
www.continental-saigon.com
Kolonialer Klassiker aus dem Jahr 1880: Geschichtsträchtig wohnen wie einst Graham Greene und Somerset Maugham zwischen Edelholz und Marmor (z. B. Greenes Zimmer 214) – die »gewöhnlichen« Zimmer sind ebenso schön (und preiswerter), teils mit ruhigem Gartenblick. Im Innenhof eine herrliche Bar-Oase unter Frangipani-Bäumen.

► **Komfortabel**
⑥ **Kim Do Royal City Hotel**
133 Nguyen Hue Avenue
Tel. 08/8 21 59 14, Fax 8 21 59 13
www.kimdohotel.com
kimdohotel@fmail.vnn.vn
Im Herzen der Stadt, bequem und freundlich. Schöner Blick aufs Saigoner Treiben vom Terrassenrestaurant im 4. Stock.

⑦ *Duxton Hotel Saigon*
63 Nguyen Hue
Tel. 08/8 21 29 99, Fax 8 24 18 88
www.duxton.com
enquires@saigon.duxton.com.vn
Zentrales schickes Businesshotel mit
200 Zimmern, japanischem und
amerikanischen Grill-Restaurant, Spa,
Karaoke, Pool.

⑧ *Asian Hotel*
150 Dong Khoi
Tel. 08/8 29 69 79, Fax 8 29 74 33
asianhotel@hcm.fpt.vn
Mitten im Geschehen: familiäres
kleines Hotel mit unterschiedlich
großen und angenehmen Zimmern
(teils Balkon), ganz oben mit Terrasse
und luftig-weitem Blick übers Treiben.

▶ **Günstig**
⑨ *Liberty 1 (Que Huong) Hotel*
167 Hai Ba Trung
Tel. 08/8 29 41 27, Fax 8 29 09 19
www.libertyhotels.com.vn
quehuong1@quehuonghotel.com.vn

Gute 50-Zimmer-Herberge der
Liberty-Kette im ruhigen Diplomaten-
und Wohnviertel.

⑩ *Saigon Boutique Hotel*
57 Pham Viet Canh
Tel. 08/8 33 05 40, Fax 8 31 24 70
www.saigonboutiquehotel.com
info@saigonboutiquehotel.com
Nur 20 moderne, aber unterschiedliche Zimmer auf vier Etagen, kleines
Businesscenter, angeschlossene Kunstgalerie mit »Bar 57«.

⑪ *Le Le Hotel*
171 Pham Ngu Lao
Tel. 08/8 36 86 86, Fax 8 36 87 87
www.vngold.com/hcm/lelehotel
lelehotel@hcm.fpt.vn
Komfort im Backpackermilieu: Die 40
schönen, hellen Zimmer sind okay,
mit Balkon und Minibar (Heißwasser-
Dusche, Klimaanlage oder Ventilator,
Sat-TV, Tel.).

Das koloniale Saigon (Zentrum)

Die Franzosen hinterließen ein reiches architektonisches Erbe, sodass
Reisende im späten 19. Jahrhundert Saigon als das **»Paris des Ostens«** beschrieben. Einige der Kolonialgebäude im heutigen touristischen Zentrum (vor allem des 1. Bezirks) gehören zu den Wahrzeichen der Stadt, z. B. das Rathaus und die Kathedrale. Noch immer
strahlen die verbliebenen Villen ein bisschen mediterranes Flair aus,
auch wenn sie sich heute in den Hochhaustürmen spiegeln. Alle Sehenswürdigkeiten im Zentrum Saigons kann man von der Kathedrale
aus zu Fuß innerhalb von 30 Minuten erreichen.

**Kolonialvillen
und spiegel-
verglaste Neu-
bauten**

Hôtel de Ville und Umgebung

Das Hôtel de Ville ist eine der Hauptattraktionen in Saigon und zieht
unzählige Besucher an – tagsüber die Touristen und abends die Bewohner Saigons. Das gelb-weiße **Musterbeispiel kolonialfranzösi-
scher Architektur** mit dem roten Ziegeldach am nördlichen Ende des
Nguyen Hue Boulevards wurde in den Jahren 1901 bis 1908 erbaut.

**✱
Hôtel de Ville
(Rathaus)**

*Eine der Hauptattraktionen:
das reich verzierte Rathaus*

Säulen, Ziergiebel, Balkone und allerhand Stuckarbeiten sowie ein kleiner Glockenturm verleihen dem Amtsgebäude ein vornehmes Aussehen. Manchem Besucher mag es etwas befremdlich erscheinen, dass ausgerechnet in diesem verschnörkelten Haus heute das **Volkskomitee** der Stadt seinen Sitz hat. Auf dem mit Bonsai-Bäumchen geschmückten Platz vor dem Hôtel de Ville hat Ho Chi Minh (▶ Baedeker Special S. 261) mit einem Kind auf dem Schoß Platz genommen – und so dient Onkel Ho jeden Abend Hunderten von Vietnamesen als geduldiger Statist für Erinnerungsfotos.

Vor allem an Wochenenden kreist ein nicht enden wollender Strom von Mofas durch die umliegenden Boulevards. Eltern flanieren mit den herausgeputzten Jüngsten über den Platz und kaufen ihnen allerlei laut tönendes Spielzeug, Luftballons und Plastikpistolen. Aber Vorsicht: Auch Taschendiebe halten sich an diesem lebhaften Ort mit Vorliebe auf!

Hotel Rex

Das Gebäude des heutigen Rex-Hotels – zu erkennen an der goldblinkenden Krone auf dem Dach – steht seit rund vier Jahrzehnten an einer der zentralen Kreuzungen Saigons (Ecke Nguyen Hue/Le Loi). Das Haus besitzt einen legendären Ruf. Vor allem die mit kitschigen Accessoires geschmückte Dachterrasse ist ein **beliebter Treffpunkt** für Touristen und reiche Saigoner. Hier sitzt man zwischen lichterkettenbehangenen Bonsai-Bäumen, Bambuskäfigen mit zwitschernden Vögeln und Elefantenskulpturen. Sogar eine Miniaturkopie der Ein-Säulen-Pagode hat hier ihren Platz gefunden. Im Theatersaal fanden während des Vietnamkrieges die Pressekonferenzen der US-Armee statt. Jeden Nachmittag um 17.00 Uhr luden die Offiziere des JUSPAO (Joint United States Public Affairs Office) die Kriegsberichterstatter aus aller Welt, um die neuesten Erfolge ihrer Kriegsführung zu verkünden. In Graham Greenes Roman »Der stille Amerikaner« kann man den Ablauf einer solchen Pressekonferenz nachlesen.

**Thendayyuttha-
pani-Tempel**

Einen Block weiter südlich des Rex-Hotels steht der schönste der drei Hindu-Tempel Saigons: der Thendayyutthapani-Tempel (Eingang: 66 Ton That Thiep). Sein Innenraum ist mit bunten Kacheln und Lampen verziert, Bilder von Hindugottheiten, Nehru und Gandhi schmücken die Wände. Rechts des Heiligtums führt eine Treppe auf die Dachterrasse, die ein Turm voller fein gearbeiteter Götterstatuen krönt.

Entlang des Dong Khoi Boulevards

Der berühmte Dong Khoi Boulevard – einst als Rue Catinat die **elegante Flaniermeile** zwischen kolonialen Prachtbauten –, gesäumt von Tamarinden, Straßencafés und Geschäften, erstreckt sich von der Kathedrale Notre-Dame bis zum Ufer des Saigon-Flusses. Noch heute ist, trotz der vielen Baustellen und fliegenden Händler, ihr einstiger Charme spürbar.

Dong Khoi Boulevard (ehem. Rue Catinat)

Am nördlichen Ende der Dong Khoi stößt man auf die Kathedrale Notre-Dame. Der interessanteste christliche Sakralbau Saigons erhebt sich unübersehbar auf einem großen Platz inmitten eines lebhaften Kreisverkehrs. Das neoromanische Gotteshaus ist um 1880 aus rötlichen Backsteinen erbaut worden. Die beiden quadratischen Türme im neogotischen Stil prägten lange Zeit die Silhouette der Stadt, heute werden sie von spiegelverglasten Bürohochhäusern und dem benachbarten Shoppingcenter Diamond Plaza überschattet. Das Innere der Kathedrale ist wochentags zwischen 7.00 und 11.00 sowie 15.00 und 16.00 Uhr für Besucher geöffnet. Beachten sollte man den **Altar** mit blauem Ave-Maria-Schriftzug und Heiligenschein – beides in Neon! Notre-Dame ist bei den vietnamesischen Katholiken sehr beliebt, und daher trifft man hier häufig auf prächtige Hochzeitsgesellschaften.

★ **Kathedrale Notre-Dame**

Inmitten spiegelverglaster Hochhäuser ragt der backsteinrote Bau der Kathedrale auf.

Platz der Pariser Kommune

Auf dem Platz vor der Kathedrale (Platz der Pariser Kommune) steht eine Statue der Jungfrau Maria. Hier treffen sich abends die Bewohner Saigons zum Plausch und einem kleinen Imbiss. Stände mit Hubschraubern und Autos, die aus alten Getränkedosen gefertigt wurden, sind inmitten der Getränke- und Postkartenverkäufer zu finden.

Hauptpostamt

Ein weiteres Bauwerk aus der Kolonialzeit befindet sich gegenüber der Kathedrale. Das Hauptpostamt (1886–1891) beeindruckt durch eine **kuppelförmige Deckenkonstruktion** mit gusseisernen Trägern. Die hohe Halle ist mit viel Glas, alten Landkarten, Deckenventilatoren und Kronleuchtern ausgestattet. Auf einem überdimensionalen Porträt wacht Ho Chi Minh am Ende der restaurierten Halle über das postalisch-nostalgische Geschehen (Öffnungszeiten: tgl. 6.30 bis 21.30 Uhr).

Hotel Continental

Das Hotel Continental (Lam Son Square, 132–143 Dong Khoi) ist berühmt geworden durch Graham Greenes **»Der stille Amerikaner«** (▶Literaturempfehlungen). Im damaligen Verandalokal am Straßenrand ließen die Romangestalten das vietnamesisch-französische Leben an sich vorbeiziehen, bewunderten die anmutigen Frauen in ihren langen, geschlitzten Ao Dais und diskutierten die neuesten Kriegsereignisse. Hier traf in den frühen 1950er-Jahren der Romanheld und britische Journalist Fowler erstmals den »stillen Amerikaner« und Geheimagenten Pyle, der ihm sein vietnamesisches Mädchen ausspannen sollte.

Kuppelkonstruktion in der Hauptpost

Nur wenige Schritte weiter gelangt man zu dem **Stadttheater**, einem auffälligen weißen Bau zwischen den traditionsreichen Hotels Continental und Caravelle.

Das Gebäude ist von dem französischen Architekten Ferré als Opernhaus entworfen und 1899 feierlich eingeweiht worden. Bis 1975 tagte hier die südvietnamesische Nationalversammlung. Von den Kommunisten wurde das Haus 1976 wieder zum Stadttheater umfunktioniert. Heute führt man hier vietnamesische und westliche Stücke auf, aber auch Modenschauen und Popkonzerte finden in dem schönen Bauwerk statt.

Am Ufer des Saigon Rivers

Am Me-Linh-Platz erhebt sich die monumentale Statue vom Krieger Tran Hung Dao, der im 13. Jahrhundert die Mongolen unter Kublai Khan besiegte und heute friedfertig über den Saigon-Fluss in die Ferne schaut. Sehr früh am Morgen betreiben meist ältere Frauen und Männer entlang der

Geschichtsunterricht im Ho-Chi-Minh-Museum

Uferpromenade ihre **Tai-Chi-Übungen**. Am Abend nach Sonnenuntergang kommen dann die Saigoner hierher, um zu plauschen, grünen Tee zu trinken, zu spielen oder Zeitung zu lesen. Die Pärchen rücken in den winzigen Liegestühlen eng aneinander. Man flaniert in lauer Abendluft, teils in glitzerndem Outfit, teils im bequemen seidenen Pyjama-Anzug. Die Restaurantschiffe liegen in einer Reihe hinter bunten Lichterketten am Kai, schmachtende Liebeslieder schallen von Bord.

★
Uferpromenade (Bach Dang/Ton Duc Thang)

Am südlichen Ende der Uferstraße führt eine Brücke über den Fluss zum Ho-Chi-Minh-Museum. Das 1861/1862 errichtete Verwaltungsgebäude war einst Sitz der französischen Schifffahrtsgesellschaft. An dieser Stelle betrat am 5. Juni 1911 ein junger Mann namens Nguyen Tat Thanh das Schiff, mit dem seine Reise in andere Teile der Welt begann. Etwa drei Jahrzehnte später kehrte er in seine Heimat zurück und wurde schließlich zum heute noch allseits verehrten Präsidenten Ho Chi Minh (►Baedeker Special S. 261).

Die fünf Ausstellungsräume mit vielen Fotografien, Dokumenten, Zeitungsartikeln, Modellbauten, Skulpturen und persönlichen Alltagsgegenständen Ho Chi Minhs sind auf zwei Etagen verteilt; im Raum 4 befinden sich beispielsweise Kleidungsstücke von Ho Chi Minh, seine rostige Schreibmaschine und ein Gehstock. Von der Terrasse oder dem kleinen Café im Hof lässt sich das Hafengeschehen gut beobachten.

Ho-Chi-Minh-Museum
🕐
Öffnungszeiten:
Di. bis So.
7.30–11.30,
13.30–16.30,
Fr. 13.30–16.30

Der markante Uhrturm des Ben-Thanh-Marktes bei Nacht

Ben-Thanh-Markt und Umgebung

Am anderen Ende der Le Loi, im Südwesten des Stadtzentrums, liegt der Ben-Thanh-Markt. Das Marktgebäude mit seinem markanten Uhrturm hat sich zu einem Wahrzeichen der Stadt entwickelt. Im Jahre 1914 sind auf dem traditionellen Marktplatz die Hallen erbaut worden. Die Markthalle und der Platz mit dem lebhaften chaotischen Kreisverkehr davor sind leider auch zu einem beliebten Treffpunkt für **Taschendiebe** geworden. Also Vorsicht im Marktgedränge!

Kunstmuseum — Das Kunstmuseum (Bao Thang My Thuat, 97A Pho Duc Chinh) ist in einem sehr schönen cremefarbenen Gebäude untergebracht. Hier ist eine der interessantesten Sammlungen des Landes zu sehen: von der Oc-Eo-Kultur über Werke des sozialistischen Realismus bis zu zeitgenössischen Strömungen, einige Werke sind verkäuflich. Sehr hübsch ist auch das zugehörige Gartencafé (Öffnungszeiten: Di. bis So. 7.30–11.30 und 13.30–16.30 Uhr).

Wiedervereinigungshalle und Umgebung

Wiedervereinigungshalle (Thong Nhat)
Öffnungszeiten: tgl. 7.30–11.30, 13.00–16.00

Westlich der Kathedrale führen alle Straßen zur Wiedervereinigungshalle (Besuchereingang: 106 Nguyen Du Street). Ganz im Kontrast zu den herrlichen Kolonialbauten präsentiert sich der dreistöckige Palast der Einheit, der bis 1975 als Präsidentenwohnsitz diente, eher nüchtern. Das moderne Gebäude wurde 1966 nach dem Entwurf des vietnamesischen Architekten Ngo Viet Thu gebaut. Zuvor stand an dieser Stelle der Norodom-Palast, der 1868 für den französischen Generalgouverneur errichtet worden war. In den 1950er-Jahren regierte und wohnte der **Diktator Ngo Dinh Diem** mit seiner Familie in dem Kolonialgebäude. Am 27. Februar 1962 wurde der Bau durch Bomben stark beschädigt, als rebellierende Soldaten der südvietnamesischen Armee einen Angriff auf den Präsidentenwohnsitz flogen. Diem überlebte das Attentat und ließ die Ruine abreißen. Vier Jahre später wurde das neue größere Bauwerk mit mehr als 100 Räumen und dem Hubschrauberlandeplatz auf dem Dach eröffnet. Es wurde zum Zentrum der Kämpfe um Saigon: Am Morgen des 30. April 1975 konnte die Weltöffentlichkeit gar am Fernsehgerät verfolgen, wie ein nordvietnamesischer T-54-Panzer das Eisentor niederwalzte und kommunistische Soldaten das Gebäude besetzten. Vom Dach wurde die Fahne der Demokratischen Republik Vietnam gehisst. Im darauf folgenden Winter fanden hier die Verhandlungen über die Wiedervereinigung statt – daher der heutige Name. Im Inneren dominiert ein westlich geprägter, eher funktionaler Stil mit riesigen Versammlungs- und Konferenzsälen. Reichlich pompös wurden dagegen die Bankethallen ausgestattet. Im ersten Stockwerk befinden sich die ehemaligen Empfangs- und Wohnräume des Präsidenten. Außerdem stehen zur Besichtigung offen: Tanzsäle, ein kleines Kino und zahlreiche Räume mit roten Teppichen und wallenden Vorhängen, Ledersesseln und antiken Stühlen. Im Keller liegen unterirdische **Fluchttunnel** und eine Art Kommandozentrale. Neben seiner Funktion als Museum dient das Gebäude heute noch internationalen Kongressen und Empfängen.

Mit vielen Zahlen und Fakten, Dokumentationen und Fotografien aus dem Vietnamkrieg wartet das ehemalige »Museum der amerikanischen Kriegsverbrechen« (28 Vo Van Tan Street) auf. Der Ort wurde vor einigen Jahren in »Kriegsreste-Museum« umbenannt, damit

★★
Kriegsreste-Museum

sich die zahlreichen US-Veteranen unter den Besuchern nicht beleidigt fühlen. Das Museum wurde bereits im September 1975 eröffnet und auf insgesamt sechs Ausstellungsräume und eine Freifläche mit einigen Panzern, Kampfflugzeugen und Abwehrgeschützen aus amerikanischen Beständen erweitert. Der Besucher sollte auf Bilder (größtenteils von US-Fotografen) gefasst sein, die deutlich alle nur denkbaren **Kriegsgräuel** zeigen.
Im ersten und zweiten Raum mit dem Titel »Historische Wahrheiten« und »Kriegsopfer« sind die meisten der grauenhaften Kriegsbilder zu sehen, z. B. aus ▶ My Lai, wo am 16. März 1968 insgesamt 504 Dorf-

Kriegsgerät aus dem Vietnamkrieg

Öffnungszeiten:
tgl. 7.30–11.35
und 13.30–16.30

bewohner erschossen wurden. Schautafeln beschreiben auch den Kampf der verwundeten US-Veteranen um Anerkennung als »Agent-Orange-Opfer« in den USA. In Einweckgläsern sind einige durch die chemischen Kampfmittel missgebildete Föten konserviert, die bis vor einigen Jahren noch in einem Saigoner Krankenhaus gesammelt wurden. Verschiedene Waffen werden im dritten Raum gezeigt, der letzte Raum erinnert an die vietnamesischen Kriegshelden. Am Ende des Geländes verbirgt sich hinter der Eisentür in einer massiven Mauer die Ausstellung zur **Gefängnisinsel Con Dao** (► Vung Tau). In drei Gebäudeteilen sind Modelle der »Tigerkäfige« genannten Zellen (2,70 x 1,50 x 3,00 m), einige Folterinstrumente sowie eine Guillotine aus der französischen Kolonialzeit zu besichtigen. Die letzte Hinrichtung damit fand noch im Jahre 1960 statt! Souvenirshops bieten Kriegsandenken (vermeintlich echte Feuerzeuge, Uhren, Patronenhülsen) und allerlei Kunstgewerbe zum Verkauf an. Schräg gegenüber wartet ein kleines Wasserpuppentheater auf Besucher.

Xa-Loi-Pagode

Die Xa-Loi-Pagode, ein moderner buddhistischer Bau aus dem Jahr 1956, ist vor allem wegen ihrer historischen Bedeutung interessant. Das Gotteshaus (89 Ba Huyen Thanh Quan Street, nahe Dien Bien Phu Street) galt in den frühen 1960er-Jahren als **Zentrum des Widerstandes** gegen den diktatorischen Präsidenten Ngo Dinh Diem.

Als Heiligtum des Hinayana-Buddhismus wirkt die Xa-Loi-Pagode mit einer einzigen dominierenden Buddha-Statue beinahe leer.

Rund 400 buddhistische Mönche und Nonnen hatten sich hier zum Schutz vor den Repressalien seines Regimes versammelt. Einige hatten sich in Protestaktionen sogar selbst verbrannt, wie der Mönch Thich Quang Duc (▶Berühmte Persönlichkeiten), dessen Denkmal heute unweit der Pagode an der Kreuzung Nguyen Dinh Chieu/Cach Mang Thang Tam Street zu sehen ist. Die Bilder seiner spektakulären Verzweiflungstat gingen damals um die Welt und schwächten das Ansehen des katholischen Präsidenten erheblich. Im August 1963 wurde die Xa-Loi-Pagode schließlich von Soldaten gestürmt. Die Mönche und Nonnen wurden festgenommen. Heute wird der Tempel von buddhistischen Vietnamesen gerne besucht, vor allem an Wochenenden und Feiertagen. Viele Händler bieten ihre Räucherstäbchen, Blumenketten und andere Devotionalien feil, und das Zwitschern der Glücksvögel mischt sich mit dem Klang der Trommeln und den buddhistischen Gesängen.

Öffnungszeiten:
tgl. 7.00–11.00 und
14.00–17.00

? WUSSTEN SIE SCHON …?

■ Das Hakenkreuzsymbol, auf das man in Vietnam immer wieder stößt z. B. auf dem Gebäude der Xa-Loi-Pagode, ist ursprünglich ein glückbringendes Zeichen des indischen Buddhismus.

Am Eingang der Pagode ragt ein imposanter siebenstöckiger Turm empor. Auf dem Gelände zur Rechten steht eine weiße Quan-Am-Statue, vor der sich die Gläubigen mit Räucherstäbchen verbeugen. Das Gebäude mit dem doppelten Dach präsentiert sich ganz im realsozialistischen Baustil.
Im Inneren dominiert der ungefähr 5 m hohe **vergoldete Sakyamuni-Buddha** in Meditationspose auf dem Lotospodest. Die große Halle ist geschmückt mit 14 Wandbildern, die wichtige Stationen im Leben des Erleuchteten schildern (eine Tafel rechts des Eingangs erklärt die nummerierten Gemälde in Englisch, links in Französisch). Links hinter der Buddha-Statue befindet sich ein Schrein zum Gedenken an Thich Quang Duc und die anderen Mönche, die sich selbst verbrannt haben. Er ist in der linken Figur, die Perlen hält, dargestellt.

Entlang des Le Duan Boulevards

Am Ende des Le Duan Boulevards öffnet sich das Tor zum Zoologischen und Botanischen Garten. Schnell taucht man aus den lebhaften Straßen voller Mofa-Geknatter und Abgasen in eine ruhige, nach frisch geschnittenem Gras und Frangipani-Blüten duftende Welt. Sie wurde von den Franzosen Germain und Pierre im Jahre 1864 geschaffen und besitzt auch heute noch großen Reiz für junge Pärchen und Spaziergänger. Schön ist vor allem die **Orchideen-Sammlung**. Einige Raubkatzen, Elefanten sowie viele Vögel sind in den teilweise sehr engen Gehegen und Käfigen zu sehen. Eine Besonderheit sind die **Komodo-Echsen**, ein Geschenk der indonesischen Regierung. Auf dem gleichen Grundstück sind außerdem Jahrmarktsbuden und Kinderkarusselle aufgebaut.

Zoo/Botanischer Garten

Öffnungszeiten:
tgl. 7.00–20.00

★★
Historisches
Museum

Öffnungszeiten:
Mo. bis So.
8.00–11.00,
13.30–16.00

Auf dem Gelände des Botanischen Gartens befindet sich das 1929 gegründete Historische Museum der Stadt. Ein Besuch des schönen Gebäudes lohnt sich wegen der Vielzahl interessanter Exponate, zu denen auch eine Dong-Son-Trommel aus der Bronzezeit gehört.

In den Räumen 11 bis 14 sind einige guterhaltene Ausgrabungsstücke aus dem Mekong-Delta und der Umgebung Saigons ausgestellt. Beachtenswert ist zudem die fast 4 m hohe Kopie der berühmten »Lady Buddha mit den tausend Armen« (Quan Am, ▶ S. 1) aus der But-Thap-Pagode im Raum 7. Außerdem sind in dem Museum auch Buddha-Statuen aus verschiedenen Epochen und Teilen Asiens zu sehen sowie Kleider und Möbel aus der Nguyen-Epoche. Trachten und Alltagsgegenstände der Minderheiten aus dem Süden Vietnams kann man im Raum 15 bewundern.

✔ NICHT VERSÄUMEN

- Raum 7 mit Keramiken aus der Le-Dynastie (15.–17. Jh.)
- Raum 8 mit Schiffsmodellen, Kleidungsstücken und Instrumenten der Tay-Son-Dynastie (18. bis frühes 19. Jh.)
- Raum 10 mit Keramikvasen aus verschiedenen asiatischen Ländern

Über Raum 10 betritt man das kleine **Wasserpuppentheater**, in dem tagsüber Vorführungen stattfinden, sobald sich etwa fünf Zuschauer eingefunden haben. Bei den Aufführungen spielen legendäre Tiere wie Drachen, Löwen, Schildkröten und Phönixe eine Hauptrolle. Drei oder vier Spieler, die hinter der Bühne bis zum Bauch im Wasser stehen, bewegen die Figuren an langen Bambusstangen. In der ersten Reihe muss man mit feuchten Überraschungen rechnen (▶Baedeker Special S. 216).

Zum Neujahrsfest drängen sich in Cholon die Menschen auf den Straßen.

Cholon Orientierung

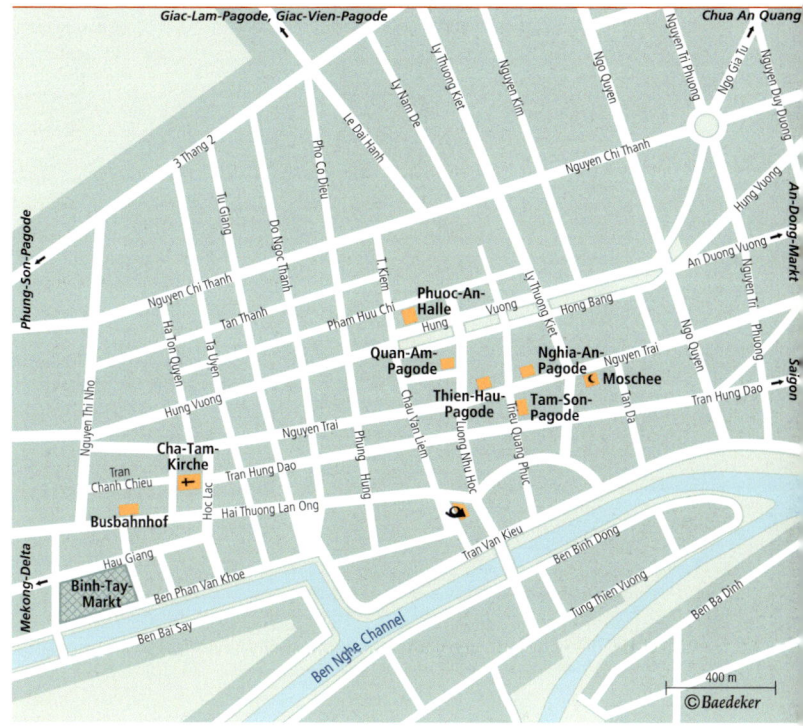

Giac-Lam-Pagode, Giac-Vien-Pagode ▪ Chua An Quang

Phung-Son-Pagode

An-Dong-Markt

Saigon

Mekong-Delta

Ly Thuong Kiet · Nguyen Kim · Ngo Quyen · Nguyen Tri Phuong · Duong Duy Duong

Le Dai Hanh · Nguyen Chi Thanh · Hung Vuong · An Duong Vuong · Nguyen Tri · Phuong

3 Thang 2 · Tu Giang · Do Ngoc Thanh · Pho Co Dieu · T. Kiem · Ly Thuong Kiet · Hong Bang · Ngo Quyen

Nguyen Chi Thanh · Tan Thanh · Pham Huu Chi · Hung · Vuong · Nguyen Trai · Tran Hung Dao

Ha Ton Quyen · Ta Uyen · Chau Van Liem · Ly Thuong Kiet · Quang Phuc · Tan Da

Nguyen Thi Nho · Hung Vuong · Nguyen Trai · Phung · Hung · Luong Nhu Hoc

Tran Chanh Chieu · Tran Hung Dao · Hoc Lac · Hai Thuong Lan Ong · Tran Van Kieu

Hau Giang · Ben Phan Van Khoe · Ben Bai Say · Ben Nghe Channel · Ben Binh Dong · Tung Thien Vuong · Ben Ba Dinh

Phuoc-An-Halle

Quan-Am-Pagode

Nghia-An-Pagode

Moschee

Thien-Hau-Pagode

Tam-Son-Pagode

Cha-Tam-Kirche

Busbahnhof

Binh-Tay-Markt

400 m

© Baedeker

Cholon (Chinesisches Viertel)

Der älteste erhaltene Teil Saigons ist Cholon im Südwesten der Stadt, in dem die aus Südchina geflüchteten Chinesen und ihre Nachfahren seit rund 300 Jahren Handel treiben – auf dem Bürgersteig, auf Märkten und in engen Gassen. Nach süßlichen Opiumschwaden schnuppert man heute jedoch vergebens. An den Hauseingängen hängen zwar wie einst die roten Papierstreifen mit chinesischen Schriftzeichen – Glücksbringer vom letzten Tempelbesuch. Doch in den Hauptstraßen weist nicht mehr allzu viel auf das exotische Chinesenviertel hin. Am besten lernt man die Gegend kennen, wenn man sich einfach in das Gassengewirr stürzt. Die Märkte sind voller exotischer Gerüche und scheinen durch die Menschen und den Lärm zu vibrieren. In Cholon stehen außerdem die meisten der mehr als **180 Pagoden und Tempel** Saigons, viele entlang der Nguyen Trai Street. Zumindest einen sollte man besuchen: Man scheint inmitten der Gläubigen in eine Welt voller eigentümlicher Gottheiten, farbenfroher Verzierungen und riesiger Räucherspiralen einzutauchen.

✳ ✳ Thien-Hau-Pagode (Chua Ba)

Die Angaben zum Baujahr des »Tempels der himmlischen Frau« schwanken zwischen Ende des 18. und Mitte des 19. Jahrhunderts. Er wurde von den Chinesen errichtet und ist der Göttin des Meeres gewidmet. Das beliebte taoistische Gotteshaus in der 710 Nguyen Trai Street wurde mehrfach restauriert. Vor allem wegen seiner **kunstvollen Fassaden- und Dachdekorationen** mit bunten Keramik-figuren ist der pittoreske Tempel einen Besuch wert. Das Bauwerk gilt als typisches Beispiel südchinesischer Tempelarchitektur.

Schönste Pagode Cholons
🕐 Öffnungszeiten: tgl. 6.00–17.30

Im 17. Jahrhundert, als viele Chinesen vor den kriegerischen Auseinandersetzungen zwischen der Ming- und Qing-Dynastie auf dem Seeweg in Richtung Vietnam flohen, vertrauten sie der Göttin und baten sie um Schutz vor Seeungeheuern, Stürmen und Piraten. Als Dank bauten sie nach ihrer Ankunft diesen reich verzierten Tempel.

Über dem Haupteingang ist ein Wandgemälde zu sehen, auf dem Thien Hau dargestellt ist. An beiden Seiten wachen bunt gekleidete Mandarine mit Kopfschmuck. Im ersten Innenhof hängen entlang der Wände zahlreiche Marmortafeln bzw. rote Papierstreifen mit chinesischen Schriftzeichen – es sind die Namen von Spendern und deren Wünsche, manchmal auch mit der Spendensumme (▶auch S. 71). Das Ergebnis

❓ WUSSTEN SIE SCHON …?

■ Der Legende nach lebte das Mädchen Thien Hau vor rund 1000 Jahren in der chinesischen Provinz Fujian. Eines Tages bat sie die reichen Besitzer und Kapitäne der großen Fischerboote um Erlaubnis, mit ihnen auf See fahren zu dürfen. Da ihr dies verweigert wurde, musste sie mit einem kleinen Boot vorlieb nehmen. Ein plötzlich aufziehender Sturm verschonte das Mädchen, während alle anderen ausgelaufenen Schiffe untergingen. Seitdem wird Thien Hau als Schutzpatronin der Seefahrer und Fischer verehrt.

der vielen guten Taten hängt über den Zetteln: Bilder von den aus Spenden finanzierten Bauten, darunter auch die Polyklinik und eine Schule. Von diesem Lichthof kann man die zahlreichen farbigen Figuren entlang des **Dachfirstes** genauer betrachten: Die hier versammelten Gelehrten und Wächter, Könige und Prinzessinnen, Drachen und Hexen erzählen chinesische Legenden. Es wirkt ein bisschen wie in einem Puppentheater – doch so realistisch, dass man meint, die Figuren müssten jeden Moment zum Leben erwachen.

✳ **Erster Hof**

Im zweiten Hof sind an der Dachkante auch gehörnte Teufelsgestalten zu sehen. Riesige Räucherspiralen, bestehend aus Sandelholz und den Blättern des Kapok-Baumes, verbreiten ihre Rauchschwaden: Sie brennen zwei Wochen bis zu sechs Monaten – je länger, desto besser, denn der Rauch, so sagt man, trägt die Wünsche von den roten Wunschzetteln weiter zur himmlischen Göttin Thien Hau. In den

✳ **Zweiter Hof**

← *So lange die Räucherspiralen in der Thien-Hau-Pagode brennen, überträgt der Rauch Botschaften an die Götter und verstorbenen Ahnen.*

kleinen Öfen im Hof schicken die Angehörigen symbolisch Papier-Geschenke an die Verstorbenen ins Jenseits: Geld oder Kleidung wie Schuhe und Hüte, Autos und Häuser aus Papier werden darin verbrannt. Zudem werden zum Gedenken Räucherstäbchen in den Bronzebecken angezündet.

Heiligtum

Der Hauptschrein besteht aus drei goldbemalten Thien-Hau-Statuen in bestickten farbenprächtigen Gewändern; die mittlere Figur wird beim Umzug im 3. Mondmonat durch die Straßen getragen. Beachtenswert ist der linke Schrein mit der **Fruchtbarkeitsgöttin Kim Hue**. Ihr huldigen häufig Ehepaare, um für Nachwuchs zu bitten. Und damit dies auch klappt, steht auf dem Altarpodest ein kleines Bett mit Vorhang – rein symbolisch, versteht sich. Ein hölzernes Schiffsmodell in dieser Ecke soll an die Seereise der Thien Hau erinnern.

Weitere Räume

Auf der rechten Seite befindet sich eine etwa 200-jährige bronzene Glocke, die bei jeder Spende angeschlagen wird. Hinter einer Theke sitzen die Tempelangestellten und malen Wunschzettel für die Gläubigen – diese bunten Papierstreifen werden zu Hause dann vor die Tür gehängt. In den hinteren und seitlichen Räumen sind weitere Götter und Helden zu sehen, u. a. der General Quan Cong und der Gott Than Tai, der für Vermögen und Glück zuständig ist. Vor allem an den Feiertagen strömen zahlreiche Gläubige in diesen Tempel. Am 23. Tag des 3. Mondmonats finden neben der alljährlichen Prozession auch kantonesische Gesänge und Tänze statt.

Sehenswürdigkeiten um die Nguyen Trai Street

Nghia-An-Hoi-Quan-Tempel (Chua Ong)

⏱

Öffnungszeiten: tgl. 6.00–18.00

Der Nghia-An-Hoi-Quan-Tempel wurde 1840 zu Ehren des legendären und gottgleich verehrten Generals Quan Cong errichtet. Der tapfere **Held der »Drei Königreiche«** wird für seinen Mut, Gerechtigkeitssinn und seine Weisheit bewundert. In seinem Aufbau erinnert das Heiligtum an den zuvor beschriebenen Tempel; ebenfalls mit zwei begrünten Innenhöfen vor dem Hauptaltar.

Über dem Eingang fällt außen ein hervorragend geschnitztes Holzboot auf. Mit ihm soll der General von China nach Vietnam gelangt sein. Auf dem Hauptaltar sitzt eine 3 m hohe Statue des Generals in einer Glasvitrine. Rechts und links wird er flankiert von seinen Mitkämpfern, den Generälen Chau Xuong und Quan Binh. In dem rechten Schrein befindet sich eine Statue von der Meeresgöttin Thien Hau und im linken hockt der Gott der Finanzen, Than Tai. Jedes Jahr werden **mehrere Feste** zu Ehren Quan Congs begangen, z. B. am 24. Juni und am 15. Tag des 1. Mondmonats.

Vor der Quan-Am-Pagode (12 Lao Tu Street) warten schon Scharen von fliegenden Händlern auf Kunden, die ihnen Räucherstäbchen abkaufen oder die in Käfige gesperrten Vögelchen freilassen wollen, um etwas für ihr Karma zu tun. Allerdings sollte man sich etwas Zeit lassen und das Heiligtum von außen genauer ansehen. Die Dächer sind mit Szenerien voll kleiner Figuren, Häuser und Tempel geschmückt. Zwei grimmig blickende Wächter und zwei steinerne Löwen bewachen den Eingang der Pagode, um böse Geister abzuhalten. Auf vergoldeten Paneelen sind Szenen des höfischen Lebens abgebildet mit Tänzern, Musikern und Schachspielern. Als die Gemeinde aus Fujian vor etwa 100 Jahren die Kultstätte erbauen ließ, wurde sie Quan Am gewidmet, doch eine Statue der Himmelskönigin (A Pho) wird auf dem Hauptaltar verehrt. Im offenen Hof dahinter sind viele Gottheiten und Heilsfiguren zu finden, darunter auch die weißgewandete Quan Am, die viele Gläubige anzieht. In einem kleinen Raum auf der rechten Seite kann man den Kalligraphen sehen, der die roten Gebetszettelchen und **Spendenquittungen** beschriftet.

★
Quan-Am-Pagode

Binh-Tay-Markt

Im zweigeschossigen Binh-Tay-Markt, seinem Innenhof und den umliegenden Gassen reihen sich Marktstände aller Art aneinander. An manchen Ecken stapeln sich Keramiktöpfe und Plastikschüsseln, an anderen sind kunterbunte Süßigkeiten oder getrocknete Fische aufgetürmt. Kaum ein Wunsch wird hier unerfüllt bleiben. Die Händler sind Touristen gewohnt, man kann sich ungestört umsehen.

★
Binh-Tay-Markt (Cho Binh Tay)

Allerdings sollte man dabei seine Tasche nicht außer Acht lassen! Der Markt befindet sich im westlichen Teil Cholons an der Thap Muoi Street.

In der Hai Thuong Lan Ong Street südlich der Cha-Tam-Kirche findet man Geschäfte, die sich auf die traditionelle **vietnamesische Medizin** spezialisiert haben. Schon allein durch die vielfältigen Aromen, die

? WUSSTEN SIE SCHON …?

■ dass der Aberglaube in die Heilkräfte von Substanzen und Extrakten tierischer Herkunft in Vietnam noch weit verbreitet ist? Gekochtes Affenhirn für ein gesundes Leben, potenzbringender Tigerpenis, Rhinozeros-Horn gegen Nasenbluten oder Delikatessen wie Schlangenfleisch und Frösche sowie Tigerwein gehören zum asiatischen Alltag.

in der Luft schweben, müsste man den Weg hierher finden. Auf den Straßen sind Wurzeln und Blätter zum Trocknen ausgelegt. Beim Blick in die dunklen Läden sieht man alte Männer und Frauen, die kleine Mengen verschiedener Pulver abwiegen und in Mörsern Ingredienzen zusammenmischen.

Heiligtümer in Norden und Westen der Stadt

✳
Pagoden- und Tempeltouren

Wenn man alle Pagoden, Tempel, Klöster, Moscheen, Hinduschreine und andere religiöse Versammlungsstätten zusammenrechnet, gibt es rund **tausend Sakralbauten** in Saigon. Einige besonders sehenswerte sind nördlich und westlich des Zentrums zu finden. Allerdings liegen sie relativ weit auseinander. Doch die Fahrer von Taxis, Motorradtaxis und Cyclos sind durchaus auf die Wünsche ausländischer Besucher Saigons eingestellt. Ihre Stadtpläne mit den eingezeichneten Sehenswürdigkeiten helfen beim Austüfteln einer individuell zugeschnittenen Tour.

✳ ✳ Pagode des Jadekaisers und Umgebung

Buddhistisch-taoistische Prunkpagode

Der Phuoc-Hai-Tu-Tempel ist auch unter dem Namen Chua Ngoc Hoang (Pagode des Jadekaisers) bekannt, denn so wird der Jadekaiser auf Vietnamesisch genannt. Seine Figur gehört zu den meistverehrten Gestalten der taoistischen Philosophie und steht in der Rangfolge über allen Göttern, allen mythologischen Heiligen und Königen. Der Ngoc Hoang gilt als der **Weltenherrscher**. Ihm und seinen Gehilfen wird nachgesagt, das Schicksal beeinflussen, über Leben und Tod, Sieg oder Niederlage entscheiden zu können.

Über einen schönen Hof gelangt man in das taoistische Heiligtum.

Saigon *Pagode des Jadekaisers*

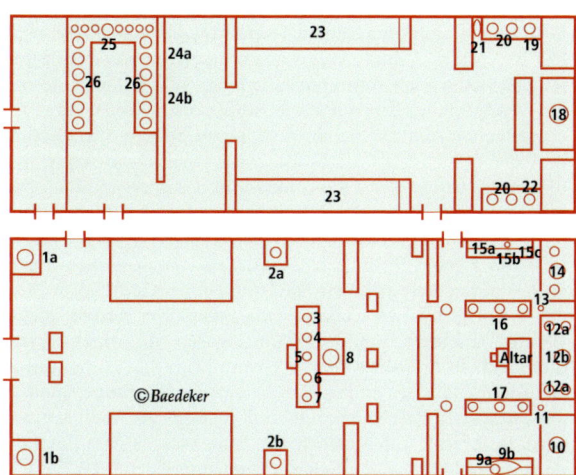

1a Tho Than (Tho Dia, Gott der Erde)
1b Mon Quan (Gott des Tores)
2a General, der den weißen Tiger besiegte
2b General, der den grünen Drachen besiegte
3   Phat Mau Chuan De (Mutter der fünf Buddhas der Himmelsrichtungen)
4   Diang Vang Vuong Bo Tat (König der Hölle)
5   Sakyamuni (Buddha der Vergangenheit)
6   Quan Am (Göttin der Barmherzigkeit)
7   Thich Ca Buddha (Basrelief)
8   Duoc Su Buddha (Glaskasten)
9a Dai Minh Vuong Quang (auf einem Phönix reitend)
9b Die Tien Nhan (Gottmenschen)
10 Phat Mau Chuan De (Mutter der fünf Buddhas der Himmelsrichtungen)
11 Sonnengott
12a Tu Dai Kim Cuong (die »Vier großen Diamanten«)
12b Ngoc Hoang (Jadekaiser)
13 Göttin des Mondes
14 Ong Bac De (Reinkarnation des Jadekaisers)
15a Wächter Thien Lois (oben)
15b Thien Loi (Gott des Blitzes)
15c militärische Befehlshaber von Ong Bac De (unten)
16 Bac Dau (Gott des nördlichen Polarsterns und des langen Lebens)
17 Nam Tao (Gott des südlichen Polarsterns und des Glücks)
18 Thang Hoang (Höllenvorsteher)
19 Am Quan (Gott des Yin)
20 Thuong Thien Phat Ac
21 Thanh Hoangs rotes Pferd
22 Duong Quan (Gott des Yang)
23 Höllendarstellungen
24a Dia Tang Vuong Bo Tat (König der Hölle)
24b Thi Kinh (Beschützerin von Mutter und Kind)
25 Kim Hoa Thanh Mau (Herr der Frauen)
26 12 Frauenfiguren

Der gut besuchte Tempel (73 Mai Thi Luu Street) besteht aus zwei nebeneinander liegenden Gebäuden. Er wurde von Chinesen aus der Provinz Guangdong Ende des 19. Jahrhunderts errichtet und 1906 feierlich eingeweiht. Das von außen recht unauffällige Gebäude gehört zu den Meisterwerken der chinesischen Tempelbaukunst und beeindruckt durch hervorragende Holzschnitzarbeiten, Skulpturen und Farben. Die Pagode wurde inzwischen mehrfach restauriert, zuletzt im Jahre 1985. Im Inneren sind unzählige taoistische Gottheiten und buddhistische Gestalten in schönster Pracht vereinigt. In diesem Tempel können Besucher ihre Schuhe anbehalten, sollten aber über die hohe Türschwelle hinwegsteigen, nicht darauf treten.

Öffnungszeiten:
tgl. 6.00–18.00 Uhr, die Mönche beten zwischen 16.00 und 17.00 Uhr. Das Pagodenfest findet am 9. und 10. Tag des Neuen Jahres nach dem Tet-Fest statt.

Eingangsbereich ▶ Auf dem Vorhof befinden sich in der Mitte und zur rechten Seite kleine Teiche mit **Schildkröten**, die von Gläubigen gestiftet wurden. Die Vietnamesen und Chinesen verehren die Schildkröte als Symbol für ein langes Leben. Wenn man dem Tempel eine Schildkröte schenkt, kann man somit auf eine lange glückliche Existenz hoffen. Ein Wächterhäuschen mit einem imposanten Bronzekessel für Räucherstäbchen steht direkt vor dem Tempeleingang. Im Gebäude passiert der Besucher als Erstes die Wächterhäuschen und Schreine für die beiden Götter der Erde (links) und des Tores (rechts), dann folgen Devotionalienstände. Am Eingang zum eigentlichen Tempelbereich wachen die beiden überdimensionalen Generäle des Jadekaisers: Zur Linken thront ein General auf einem weißen Tiger (Bach Ho), zur Rechten steht ein weiterer Himmelsgeneral in Siegerpose auf einem grünen Drachen (Thang Long). Der nächste kleine Altar ist mit diversen buddhistischen Figuren und Lichterketten geschmückt. In der Mitte sitzt in einer Vitrine ein Sakyamuni-Buddha aus Sandelholz. Am linken Rand steht die **18-armige Quan Am**, die als Göttin der Barmherzigkeit und zugleich als Bodhisattva verehrt wird. In ihren Händen hält sie u. a. eine Muschel, das Buch der buddhistischen Lehre, einen Kelch und einen Weidenzweig, verschiedene Waffen wie Schwert und Beil, eine Kette und das Rad der Lehre.

Hauptaltar ▶ Dahinter befindet sich der Hauptaltar mit dem Jadekaiser in seinen prächtig-glitzernden Gewändern. Rauchschwaden durchziehen den Raum, und immer wenn eine Opfergabe dargebracht wurde, ertönen Glöckchen oder eine Pauke. Vor dem Altar sind die Spenden aufgetürmt, z. B. Obst und Räucherstäbchen oder auch mal ein Sack Reis für die hier lebenden Mönche. In der Mitte des Schreines steht die **Figur des Jadekaisers**, aus Pappmaché geformt und mit Goldfarbe bemalt. Zu beiden Seiten gesellen sich seine vier Wächter und Schüler. Vor ihm reihen sich sechs lebensgroße Gestalten auf, von denen die beiden mittleren die Himmelsgötter Nam Tao (Gott des südlichen Polarsternes, rechts) und Bac Dau (Gott des nördlichen Polarsternes, links) darstellen – diese beiden entscheiden über das Schicksal der Lebenden und der Toten. In dem Altarkasten rechts vom Jadekaiser befindet sich Phat Mau Chuan De mit ihren 18 Armen und drei Gesichtern. Auf der linken Seite ist ein anderer Gehilfe des Jadekaisers zu sehen: Ong Bac De, der auf einer Schildkröte steht und eine Schlange in Händen hält. Weitere himmlische Gottheiten und Helden sind im Raum entlang der Wände aufgestellt. Ein dunkler Holzrahmen mit prachtvollen Tieren und mythologischen Szenen umgibt den Altar.

Weitere Räume In einem kleineren, meist sehr verqualmten Raum (links) bekommt der Besucher einen **Einblick in die Hölle** und das Schicksal der Verstorbenen – hier sind die Götter zu Hause, die gute Taten belohnen und schlechte bestrafen. Hinter dem Altar, den die Gläubigen bzw. Hinterbliebenen manchmal im Uhrzeigersinn umkreisen, versammeln sich auf einem Podest der Höllenkönig Thang Hoang mit sei-

Der Jadekaiser inmitten seiner Wächter und Schüler

nem roten Holzpferd, die Götter des Weiblichen (yin) und des Männlichen (yang) sowie Mandarine. Ganz links in weißem Gewand und weißer Haube sitzt der Finanzgott Than Tai vor einer weiteren Spendenbox – an ihn wenden sich vor allem die Geschäftsleute und erhoffen seinen Segen und ein gutes Einkommen.

An den Wänden zeigen Holzschnitzereien auf zehn Tafeln die unzähligen Qualen in der Hölle, wenn das Karma des Verstorbenen ein schlechtes war. Sehr eindringlich wird anhand von **Folterszenen** das Schicksal dargestellt, das den Gläubigen dann erwartet. Über die grausamen Darstellungen wachen die zehn Höllenrichter. An der rückwärtigen Wand gegenüber des Altars kann der Gläubige aber wieder Hoffnung schöpfen und auf eine Wiedergeburt hoffen, denn hier erteilt Thi Kinh (eine Erscheinungsform Quan Ams) ihren Segen. Die Figur auf der Holztafel ist mit einem Baby im Arm dargestellt, da sie auch als Beschützerin der Mütter und Kinder gilt.

Davor liegt noch ein winziger, oft mit beißendem Rauch gefüllter Raum mit zwölf kleinen Keramikfiguren, die alle Babys im Arm halten. Sie stellen die himmlischen Frauen sowie die zwölf Tierkreiszeichen aus dem chinesischen Mondkalender dar. Besonders Eltern oder kinderlose Ehepaare beten hier. Außerdem symbolisiert jede dieser in Seidengewändern gehüllten Figuren eine gute oder schlechte Eigenschaft des Menschen.

Wer nun zurück in den Hauptaltar-Raum geht, gelangt auf der anderen Seite durch einen schmalen Gang in einen weiteren Raum, in dem die Fotografien der beiden Tempelgründer sowie eine weitere Quan-Am-Figur stehen. Von hier kann man über eine Treppe auf die **Terrasse** steigen, von der man einen Blick auf das farbig gestaltete

Dach werfen kann. Wie die meisten taoistischen Tempel und älteren vietnamesischen Gebäude ist es mit grünen Keramikziegeln und den vier mythologischen Tieren geschmückt: Drache, Einhorn, Phönix und Schildkröte.

✳ Le-Van-Duyet-Tempel

Prunkvolles Heldengrabmal

🕐

Öffnungszeiten: tgl. 6.00–18.00

Ein angenehm ruhiger, sehenswerter Tempel liegt abseits der normalen touristischen Route in der einst ländlichen Region Gia Dinh. Heute wird der nördliche Bezirk Binh Thanh genannt. General Le Van Duyet zu Ehren wurde dieses wunderschöne alte Holzgebäude (126 Dinh Tien Hoang/Ecke Bach Dang) als Grabmal errichtet. Le Van Duyet (1763–1832), der als **großzügiger Regent** galt, herrschte unter der Nguyen-Dynastie in der Gia-Dinh-Provinz. Während dieser Zeit gewährte er den ausländischen Schiffen Zugang zum Hafen, ließ die Katholiken ihren Glauben frei ausüben und die Chinesen ihren Handel ohne Einschränkungen mit den Kambodschanern betreiben. Als Oberbefehlshaber hatte der General zudem entscheidenden Anteil an der Niederschlagung des Tay-Son-Aufstandes.

Der Tempel, ein Beispiel für die so genannte Khai-Dinh-Architektur, besteht aus mehreren luftigen Hallen. Farbenfrohe Mosaike und Keramiken in Gestalt kleiner Gelehrter, Drachen und Tiger begrüßen die Besucher bereits an der Außenwand und am Dach. Dekorative Details und Antiquitäten lassen sich im Tempel entdecken, gleichzeitig kann man diskret die Rituale der vietnamesischen Besucher verfolgen. Dazu gehören beispielsweise das Schütteln der nummerierten Holzstäbchen aus einem Holzbecher (zur Weissagung) und das Hochwerfen von Holzklötzchen, die bei der richtigen Lage ebenfalls Glück bringen. Die **prächtigen Altäre** sind eingerahmt von holzgeschnitzten rotgoldenen bzw. marmornen Säulen, um die sich Drachen, Phönixe und Einhörner winden. Im mittleren und hinteren Raum hängen zwei Porträts des verehrten Generals. Die Tempeldiener, die bei Spenden den Gong ertönen lassen, sind an manchen Tagen durch die Weihrauchschwaden kaum mehr wahrzunehmen. Besonders am Todestag des Generals, dem 1. Tag des 8. Mondmonats, sowie am Tet-Feiertag strömen die Massen hierher, um die Toten zu ehren.

✳ Vinh-Nghiem-Pagode

Zentrum der buddhistischen Gemeinde

🕐

Öffnungszeiten: tgl. 6.30–11.30 und 13.30–18.30

Der während des Vietnamkrieges errichtete (1964–1971) Chua Vinh Nghiem ist für die buddhistische Gemeinde Saigons die wichtigste Pagode der Stadt. Ihr weit geschwungenes, zweifach gestaffeltes Dach trägt Drachen als Giebel sowie Phönixköpfe. Mit japanischer Hilfe wurde der Bau im Stile nordvietnamesischer Pagoden errichtet. Direkt an der Straße zum Flughafen (399 Nguyen Van Troi Street) erhebt sich der etwa 40 m hohe, siebenstöckige Glockenturm, der auf jeder Etage eine Statue der Quan Am birgt. Nur an wichtigen buddhistischen Feiertagen ist der Zugang zum Pagodenturm erlaubt.

In der großen Haupthalle finden häufig **Zeremonien** statt wie Beerdi- **Haupthalle**
gungsfeiern, bei denen die Teilnehmer an der weißen Kleidung und
den weißen Stirnbändern zu erkennen sind. Der Altar ist mit drei
großen Buddha-Statuen bestückt: in der Mitte der 6 m hohe Buddha
Sakyamuni, zu beiden Seiten seine Schüler Van Thu (der Weise) und
Pho Hien (der Glückbringende). Jeweils
neun Gemälde an den beiden Seitenwänden erzählen die Geschichte der La
Han, der 18 Bodhisattvas und Heiligen.
Auf den Schreinen im hinteren Teil der
Halle sind unzählige Ahnentafeln mit
den Fotografien Verstorbener und ihren
Lebensdaten aufgestellt. Zuerst wird ein
Bild des Toten auf dem Altar platziert
und nach 100 Tagen gegen die hölzernen Täfelchen ausgetauscht – so soll seine Seele Ruhe in den heiligen Räumen
finden. Für kürzlich Verstorbene oder
an Todestagen werden vor der Quan-
Am-Statue ganze (fleischlose) Mahlzeiten geopfert, meist kleine Schälchen mit
Reis, Gemüse und Suppen sowie Tee
oder Wasser.

✷ ✷ Giac-Lam-Pagode und Umgebung

Die Giac-Lam-Pagode (Chua Giac Lam)
ist nicht nur das älteste Gotteshaus in
Saigon, sondern ebenso eines der
schönsten – auch wenn das flache Gebäude mit den gelben und roten Ziegeln

Gestaffeltes Dach der Vinh-Nghiem-Pagode

von außen eher unscheinbar wirkt. Links vom Eingang, an der Lac
Long Quan Street (nördlich von Cholon), sieht man zuerst den
siebenstufigen **Pagodenturm**, der über eine Wendeltreppe bestiegen
werden kann. Er birgt symbolische Reliquien von berühmten Mönchen sowie Buddha-Statuen auf jeder Etage. Von oben hat der Besucher einen weiten Panoramablick über den lebhaften Tan-Binh-Be-
zirk und Saigon. Als die Pagode 1744 von dem chinesischstämmigen
Ly Thuy Long erbaut wurde, war dies ein Hügel voller Bäume und
Blütensträucher. Oft trafen sich Gelehrte und Poeten in dieser pittoresken Szenerie, um Gedichte zu schreiben oder zu rezitieren. Im
Garten der Anlage befindet sich auf der linken Seite ein großer
Bodhibaum, der 1953 als Geschenk aus Sri Lanka nach Vietnam gebracht wurde. Davor steht eine weiße Quan-Am-Statue auf einem
Podest aus Lotosblüten. Die Göttin der Barmherzigkeit hält dabei ei-
ne Flasche mit Weihwasser in der Hand. Acht Äbte wurden im hinteren Teil in Stupas beigesetzt.

**Ältestes
Gotteshaus
Saigons**
🕐
Öffnungszeiten:
tgl. 7.00–11.30 und
13.30–18.00

Mönch am Hauptaltar der Giac-Lam-Pagode

Wenn man die Pagode durch den kleinen Seiteneingang betritt, sollte man sich gleich seiner Schuhe entledigen. Wendet man sich nun gleich nach links, kommt man direkt zum **Hauptaltar**. Als Erstes fallen die mächtigen Säulen aus dem Holz der Jackfruit-Bäume auf; ihre feinen Schnitzereien auf dunklem Palisanderholz zeigen u. a. Fledermäuse, Seerosen und die vier mythologischen Tiere Drache, Einhorn, Schildkröte und Phönix. Der Altarpodest ist von einem vergoldeten und reich verzierten Holzrahmen umgeben und beeindruckt mit einer Ansammlung von diversen hölzernen Buddhas, Bodhisattvas und Wächtern. Auf der hinteren Ebene in der Mitte befindet sich der **Buddha der Vergangenheit**, eingerahmt von seinen Lieblingsschülern Ananda und Kasyapa. In der mittleren Reihe stehen vor ihnen der Sakyamuni-Buddha aus Bronze und der dicke lachende Di-Lac-Buddha. Neben Di Lac thront der Jadekaiser aus Bronze. In der vordersten Reihe versammeln sich vier Bodhisattvas um einen weiteren Sakyamuni-Buddha. Die Statuen sind teilweise sehr alt und wurden aus Hue nach Saigon gebracht. An den Wänden wachen die 18 hölzernen La Han und die zehn Höllenrichter. In der linken Ecke des Raumes ertönt eine bronzene Glocke, wenn Gläubige hier nach einer kleinen Spende ihre Wunschzettel anbringen. Oft sind es Wünsche nach Genesung von alten oder kranken Menschen, mit Namen, Alter und Adresse versehen. Auch die rechte Ecke enthält ein interessantes Utensil des vietnamesischen traditionellen Glaubens: den Den Duoc Su – eine Art Medizin-Baum aus Holz, für dessen 49 kleine Öllampen die Gläubigen Kerosin spenden und an den sie Wunschzettel anheften.

Weitere Statuen Zurück am Eingang kann man die farbigen Portraits von neun Mönchen sehen, die hier gelebt haben. Gegenüber befindet sich ein Schrein für die 18-armige Quan Am und zwei weitere Bronzefiguren. Ein kleiner, leicht zu übersehender Altar im hinteren Teil dieses Raumes birgt den ältesten Buddha: Es ist die mehr als 300 Jahre alte Holzfigur eines Sakyamuni. Insgesamt findet man in der Pagode mehr als 120 Buddha-Statuen.

Jeweils am 1. und 15. des Mondmonats gedenken die im Tempel lebenden Mönche ihrer verstorbenen Äbte in einer feierlichen Zeremonie, an anderen Tagen versammeln sie sich mehrmals täglich zum Gebet. Sehr häufig finden hier Beerdigungsfeiern statt – daher die vielen Bänke und Tische mit Teeservices.

Diese Pagode ist der Giac-Lam-Pagode sehr ähnlich und liegt in der gleichen Straße – etwa 500 m entfernt, jedoch etwas versteckt am Rande eines Vergnügungsparkes in der Nähe des Dam-Sen-Sees. Über einen staubigen Weg durch ein Wohngebiet gelangt man zu diesem verträumten Holzbau in ländlicher Umgebung, der etwa 140 Statuen birgt. Der Mönch Hay Tinh hatte das Gebäude um 1850 auf einer Insel inmitten des sumpfigen Gebiets errichten lassen.

Zum **Hauptaltar** geht es zuerst in den hinteren Teil des Gebäudes: Hier trifft man wieder auf Buddha und seine verschiedenen Erscheinungsformen sowie die buddhistischen Schüler Ananda und Kasyapa. Von der Wand blicken die zehn Höllenfürsten, die 18 Bodhisattvas und diverse Wächterfiguren. Detaillierte, kunstvolle Schnitzereien aus Teakholz zieren den Altar, den Altarrahmen und die Säulen. Rechts davon sitzt die Göttin der Barmherzigkeit in einem Schrein. Auch hier steht ein Medizin-Baum mit 49 Lichtern und Wunschzetteln in der Ecke. Durch eine Tür erreicht man eine **idyllische Gartenterrasse** mit zahlreichen hoch gewachsenen Bonsai-Bäumen. Im Garten sind die verstorbenen Äbte in prachtvollen Stupas beigesetzt.

Zum benachbarten Vergnügungspark geht es vom Tempel über eine Holzbrücke am östlichen Rand der Anlage oder über die Hoa Binh Street. Der Dam Sen Water Park ist einer der größten und modernsten Vergnügungsparks in Saigon für alle Altersstufen mit Ruderbooten, Riesen-Wasserrutsche, »Space Spiral« und Mini-Eisenbahn. Unzählige Imbisse, Suppenküchen und Cafés sowie ein »Schwimmendes« Lokal versorgen die vornehmlich vietnamesischen Besucher. Es gibt ein Sportcenter mit Tennisplatz, Billardtischen, Bowling- und Fitness-Center. Im Health & Beauty Club werden Massagen, Akkupunktur, Jacuzzi und andere entspannende Behandlungen angeboten (3 Hoa Binh, 11. Bez., Saigon, www.damsenpark.com.vn).

Umgebung von Saigon

Wenn man von den turbulenten Straßen Saigons genug hat, bietet es sich an, einen Ausflug in die schöne Umgebung der Stadt zu unternehmen. Da die öffentlichen Verkehrsmittel etwas langsam und unzuverlässig sind, sollte man eine Tour buchen oder einen Wagen mit Fahrer mieten. Am beliebtesten ist die Fahrt nach Nordwesten zu den berühmt-berüchtigten Tunneln von ▶Cu Chi und zum fremdartigen Tempel der Cao Dai in ▶Tay Ninh. Innerhalb eines Tages kann man auch nach ▶My Tho fahren, wo man einen ersten Eindruck vom ▶Mekong-Delta bekommen kann. Wer allerdings diese besondere Landschaft eingehender per Boot erkunden will, sollte mehrere Tage einplanen. Ebenso ist der Badeort ▶Vung Tau durchaus einen Abstecher wert, doch auch hier lohnt es sich, ein oder zwei Übernachtungen einzuplanen. Naturliebhaber sollten sich auf dem Weg nach ▶Da Lat einen Besuch des Cat-Tien-Nationalparks nicht entgehen lassen.

★
**Giac-Vien-Pagode
(Chua Ho Dat)**
🕐
Öffnungszeiten:
tgl. 7.00–18.00

**Dam Sen
Water Park**
🕐
Öffnungszeiten:
Mo. bis Fr.
9.00–18.00, Sa., So.
und Fei. 7.00–19.00

**Tipps für
Ausflüge**

Can Gio Die Region ist wegen ihres **Mangrovenwaldes** berühmt, der als erstes vietnamesisches Biosphären-Reservat von der Unesco anerkannt worden ist. Die durch den Schwemmsand des Saigon-Fluss gebildete »Insel« Can Gio (ca. 80 000 ha, 55 km südöstlich von Saigon) wird als »grüne Lunge« Saigons bezeichnet. Der Mangrovenwald, wo die Bäume wie auf gespreizten Stelzen im trüben Wasser stehen, bietet vielen **Tieren** Unterschlupf, darunter allein 137 Fischarten und 31 Reptilienspezies, wie Warane. Eine Kolonie von etwa 800 Makaken (langschwänzige, meerkatzenartige Affen) lebt hier und lässt sich gerne füttern. Allerdings wird hier auch die eher umweltschädliche Garnelenzucht betrieben. Touristen können bei Ausflügen in Motorbooten durch die dichten Mangrovenkanäle fahren und in einfachen »Öko«-Pensionen oder einem Mittelklassehotel am Strand übernachten (www.cangioresort.com). Auf der Südseite liegt ein rund 10 km langer, aber etwas rauer und windiger Strand, der nächstgelegene von Saigon – hier versorgen Imbissstände die Besucher mit Fisch und Meeresfrüchten (Infos: Can Gio Ecotourism, Tel. 08/8 74 33 33).

★★ Tay Ninh · Cao-Dai-Tempel

D 7

Provinz: Tay Ninh   **Region:** Süden

Tay Ninh liegt zu Füßen des Nui Ba Den und ist berühmt für seinen farbenfrohen Cao-Dai-Tempel. Diese einzigartige Religionsgemeinschaft hat in der Provinzhauptstadt ihren Hauptsitz – während vier Gottesdiensten vom frühen Morgen bis spät in die Nacht kann man an den Gebeten und Ritualen der Caodaisten teilnehmen.

In den 1940er-Jahren besaßen die Cao Dai großen wirtschaftlichen und politischen Einfluss sowie eine etwa 20 000 Mann starke Privatarmee, die in wechselnden Allianzen agierte. Wegen ihrer **oppositionellen Haltung** wurde die Cao-Dai-Sekte einst vom katholischen Präsidenten Diem bekämpft und unterdrückt. Aber auch mit dem Vietcong und den Nordvietnamesen konnten sich die Caodaisten offenbar nicht anfreunden – zeitweilig kämpften sie an der Seite der südvietnamesischen Armee gegen die Kommunisten. Unter deren Regierung (ab 1975) wurden sie an der Religionsausübung gehindert. Ihre Besitztümer hat man beschlagnahmt. Erst seit Mitte der 1980er-Jahre hat sich das Verhältnis zu den politischen Machthabern wieder normalisiert.

Der Heilige Stuhl der Cao Dai Cao Dai bedeutet »der Hohe« oder »der Große Palast« und ist gleichbedeutend mit Gott. Ein gewisser Ngo Van Chieu begründete den Glauben der Cao Dai im Jahre 1926, als sich Gott angeblich zum dritten und endgültig letzten Mal auf Erden manifestierte. So entstand eine **kunterbunte Mischung** aus den moralischen Lehren des

Buddhismus, des Konfuzianismus, des Taoismus, des Christentums und des Islam. Noch heute bedienen sich die Anhänger okkulter Praktiken, um die göttlichen Botschaften aus dem Universum empfangen zu können: Medien werden dabei in Trance versetzt, es erscheinen plötzlich Botschaften in versiegelten Briefumschlägen.

In den 1950er-Jahren hatte die bizarre Sekte ihre Blütezeit und soll damals aus rund 4 Millionen vietnamesischen Mitgliedern bestanden haben. Heute schätzt man maximal 1 bis 2 Millionen Anhänger weltweit.

✳ ✳ Tempelanlage Cao Dai

Der beigefarbene Bau des Haupttempels ähnelt einer barocken Kirche mit zwei quadratischen Glocken- bzw. Trommeltürmen im vorderen Teil. Zwischen den Türmen befindet sich ein geschwungenes Dach, auf dem eine Di-Lac-Figur (Buddha der Zukunft) thront. Am linken Turm prangt die Figur des ersten weiblichen Kardinals (First

Tempelgestalt

Schon das Äußere des Tempels schwelgt in Farben und Formen.

Lady Cardinal), am rechten der erste Papst der Cao Dai. Die Symbole darunter stehen für das Böse (links) und das Göttliche (rechts). Überall, z. B. über dem Haupteingang und auf dem Altar, wacht ein **überdimensionales Auge**, von dem helle Strahlen ausgehen – es symbolisiert das göttliche Auge. An den Seitenwänden des Tempels ist das Auge von einem Dreieck umgeben; einige Betrachter sehen darin das Zeichen auf dem Ein-Dollar-Schein, für die Caodaisten ist dies aber ein Zeichen für Gerechtigkeit. Zu den zahlreichen Abbildungen gesellen sich die glückbringenden mythologischen Figuren: Drachen (für die Weisheit), Schildkröten (Langlebigkeit), das Einhorn (Frieden) und der Phönix (Wohlstand). Und auch die hinduistische Dreieinigkeit von Brahma, Shiva und Vishnu darf natürlich keinesfalls fehlen.

! **Baedeker** TIPP

Gottesdienst ohne Gedränge
Der Gottesdienst um 12.00 Uhr ist oft überfüllt mit Touristen, weil Tagesausflügler von Saigon aus Zeitgründen nur diesen besuchen können. Deshalb sollte man 1 oder 2 Tage für Tay Ninh einplanen und einen der anderen Gottesdienste anschauen. Man kann den Aufenthalt mit einer Fahrt zu den Tunneln von Cu Chi kombinieren.

Im **Inneren** des Gotteshauses stößt man auf ein Kabinett aus Figuren und Statuen, bekannt aus Religion und Mythen, Weltliteratur und Politik. Auf einem Wandgemälde am Eingang sieht man u. a. den

Messen um 6.00, 12.00, 18.00 u. 24.00 ▶
französischen Dichter Victor Hugo und den chinesischen Revolutionär Sun Yatsen als Heilige, die auf eine Tafel mit dem caodaistischen Leitspruch »Gott und Humanität, Liebe und Gerechtigkeit« weisen. Der Hauptaltar ist bestückt mit Laotse (hinten links), dem Sakyamuni-Buddha (Mitte) und Konfuzius (rechts), in der zentralen Reihe der Bodhisattva in Gestalt der barmherzigen Göttin Guan Yin (links), in der Mitte der geistige Papst Ly Tai Pe und der sagenumwobene General Quan Cong (rechts), davor Jesus Christus und eine weitere Figur namens Khuong Thai Cong. Seit 1934 ist der Stuhl des Papstes unbesetzt, da es bisher keinen gebührenden Nachfolger im wirklichen Leben zu geben scheint. Die riesige Weltkugel mit dem göttlichen Auge steht unübersehbar im Mittelpunkt des Altarbereichs. Hier werden auch Relikte und Ahnentafeln verstorbener Würdenträger aufbewahrt.
Der **mosaikbelegte Fußboden** steigt zum Altar in neun flachen Absätzen an. Die Zahl 9 symbolisiert die neun Stufen zur Glückseligkeit und Vollkommenheit und gleichzeitig die neun verschiedenen Hierarchien im Caodaismus vom Papst über die Bischöfe und Kardinäle bis hin zu den einfachen Gläubigen. Die Halle ist von einer blau getünchten Himmelsdecke überwölbt, die mit blitzenden Spiegel-Sternchen und Halbmonden besprenkelt ist und von imposanten Säulen getragen wird: Um die kunterbunten, reich verzierten Säulen in zwei Zwölferreihen schlingen sich Drachenwesen und Ranken.

Wie eine kunterbunte Kulisse wirkt das Heiligtum auf den ersten Blick. ➔

Verhalten im Tempel Besucher betreten den Tempel durch einen kleinen Eingang zur Rechten des Gebäudes, die Schuhe werden hier abgestellt. Auf **angemessene Kleidung** sollte geachtet werden. Von der Balustrade im Innern lässt sich der Gottesdienst sehr gut verfolgen; allerdings ist Ruhe und Zurückhaltung dabei unerlässlich. **Fotos und Filmaufnahmen** dürfen während der Zeremonie gemacht werden, einige Gläubige verbitten sich jedoch das Filmen und Fotografieren als Einzelne – am besten, man fragt sie um Erlaubnis. Bei Besichtigung des Tempels nach der Zeremonie sollte man nicht durch die Mitte der Halle gehen, sondern zwischen den Säulenreihen. Die Gläubigen betreten den Tempel nach Geschlechtern getrennt durch verschiedene Eingänge, von Touristen wird dies offensichtlich nicht mehr erwartet.

Gottesdienst Es gibt insgesamt vier Gottesdienste jeden Tag: um 6.00, um 12.00, um 18.00 Uhr und um Mitternacht. Die rund einstündigen Zeremonien sind sehr eindrucksvolle Schauspiele und erfolgen nach einem strikt festgelegten, **hierarchischen Ablauf** sowie fester Platzordnung und vorgegebenen Gebetspositionen. Im unteren Bereich versammeln sich die Priester viermal täglich in ihren blauen, roten und gelben Gewändern sowie die Laien, die Tin Do, in ihren weißen Kleidern. Die Vertreter des Konfuzianismus tragen rot, die des Buddhismus gelb und blaue Kleidung steht für Taoismus. Frauen können theoretisch auch Würdenträgerinnen sein, tragen jedoch stets weiße Kleidung. Ein traditionelles Orchester und ein Chor begleiten die Gebete.

Tay Ninh und Umgebung

Nui Ba Den (Berg der Schwarzen Dame) Ein Ausflugsziel, rund 11 km nordöstlich von Tay Ninh, ist der meist wolkenverhüllte Ba-Den-Berg. Dieser 986 m hohe »Black Lady Mountain« ist mit einer **romantischen Legende** verbunden: Die junge, hübsche Schneiderin Ly Thi Thien Huong kam oft hierher zum Beten. Eines Tages wurde die Jungfrau von einem Räuber bedroht, aber ein junger Mann namens Le Si Triet rettete das Mädchen. Beide verliebten sich ineinander und wollten bald heiraten. Doch der Geliebte musste in den Krieg ziehen, und so ging Thien Huong erneut alleine zum Beten auf den Berg. Diesmal konnte ihr niemand helfen, als ein Räuber wieder über sie herfiel. Sie stürzte bei der Flucht in einen Spalt. Eine andere Version weiß, dass bei ihrem Tod noch ein Dritter im Spiel gewesen ist – ein Mandarin, dem sie seit langem versprochen war. Noch heute, Jahrhunderte später, erscheint die Black Lady gelegentlich den weit gereisten Pilgern, die ihr Opfergaben wie einer Göttin darbringen und sich Wunder erhoffen.

Im Vietnamkrieg wurde der unwegsame Berg als Versteck vom Vietcong, zeitweilig aber auch als Hubschrauberlandeplatz von den Amerikanern genutzt. Heute betreiben hier Paraglider ihren luftigen Sport. Rund zwei bis drei Stunden dauert der teils beschwerliche Aufstieg über Felsen und Bäche, vorbei an Andenkenbuden und Es-

▶ TAY NINH ERLEBEN

AUSKUNFT

Tay Ninh Tourist
210B Duong 30 Thang 4, Tay Ninh
(im Hoa Binh Hotel, s. u.)
Tel. 0 66/82 23 76

FESTE

Cao-Dai-Feste
Die Cao-Dai-Sekte hält ihre Haupt-
messen jeden Monat am 14. und am
monatsletzten (30.) Tag um Mitternacht ab. Weitere Feste finden jährlich
am 15. Januar, 15. Juli und 15. Oktober
statt. Bereits Tage zuvor versammeln
sich Tausende von Caodaisten und
Pilgern mit ihren bunten Gewändern
im Haupttheiligtum in Tay Ninh zu
gemeinsamen Gebeten.

Frühlingsfest am Nui Ba Den
Tausende Vietnamesen ziehen im
Anschluss an die Tet-Feiertage (Feb-
ruar/März) jedes Jahr pilgernd auf den
Berg und in die Tempel, Berge von
Obst und ganze Schweine opfernd.

KULINARISCHES

In der Region Tay Ninh bereichern
Skorpione den Speiseplan – gebraten
mit Dattelsauce oder frittiert mit Chili
machen die giftigen Tierchen neuerdings den traditionellen Delikatessen
wie Grillen, Termiten, Grashüpfern
und Heuschrecken Konkurrenz. Angeblich kostet ein knackig-leckerer
Skorpion mehr als den durchschnittlichen Tagesverdienst.

ESSEN

▶ Preiswert
Thanh Thuy
neben dem Hoa Binh-Hotel
Tel. 0 66/82 76 06
Klassische vietnamesische Kost
rund um Nudelsuppe, Hühner-
und Schweinefleisch.

ÜBERNACHTEN

▶ Günstig
Hoa Binh Hotel
210–30 Thang 4
Tel. 0 66/82 13 15,
Fax 82 23 45
Einfaches Hotel mit sozialistischem
Charme und 57 schlichten Zimmern,
das beste der Stadt.

---

sensständen, Tempeln und einigen Grotten. Ausländer dürfen offiziell nur bis zur schlichten Black-Lady-Pagode (Chua Ba) in rund
300 m Höhe (ca. 45 Minuten auf steinernen Stufen oder mit der Seilbahn) aufsteigen. Zur Tet-Zeit findet am Berg ein großes Tempelfest
statt, das Tausende von Vietnamesen anzieht. Es gibt einige einfache
Gästehäuschen am Fuß des Berges, die zu dieser Zeit ausgebucht
sind. Vom **Mieu-Son-Than-Tempel** auf dem Gipfel ergibt sich bei gutem Wetter ein Panoramablick über den Dau-Tieng-See und den
idyllischen, palmengesäumten Vam-Co-Dong-Fluss.

Auf dem Weg nach ▶ Cu Chi passiert man eine Kleinstadt, deren   **Trang Bang**
Name im Vietnamkrieg um die Welt ging. Der vietnamesische Fotograf Nick Ut war kurz nach einem **Napalmbombenabwurf** am 8. Juni

1972 in dem Ort angekommen, aus dem die Bauern und andere Dorfbewohner vor den Flammen flüchteten. Ein nacktes neunjähriges Mädchen lief schreiend auf ihn zu – der Mann drückte auf den Auslöser. Das Bild erschütterte die Öffentlichkeit weltweit und prägt noch immer wie kein anderes die Erinnerung an den Vietnamkrieg. Die junge Phan Thi Kim Phuc (▶Berühmte Persönlichkeiten) hatte schwere Verbrennungen erlitten, an denen sie noch heute leidet. Bei einem persönlichen Treffen in den USA hat sie dem Befehlsgeber des Angriffs 1996 vergeben, wie so viele Vietnamesen es taten. Der ehemalige Offizier, der damals der Meinung gewesen sein will, das Dorf sei frei von Zivilbevölkerung, arbeitet seit Jahrzehnten als Friedenspastor in Amerika. Für das historische Foto erhielt Nick Ut den Pulitzer-Preis (Abb. ▶S. 59).

★ ★ Trockene Ha-Long-Bucht

C/D 2

Region: Delta des Roten Flusses

Alles andere als trocken ist die Märchenlandschaft in Tam Coc. Wie dunkle Wächter stehen die Karstberge und Kegel in der reizvollen Gegend um die Provinzhauptstadt Ninh Binh und das Dorf Tam Coc. Sie erheben sich aus den Reisfeldern und werden nur deswegen trocken genannt, weil sie nicht direkt im Meer liegen, wie das geologische Pendant in der nördlicheren Ha-Long-Bucht.

Tam Coc
In Tam Coc befindet sich eine Bootsanlegestelle, von der man in die unvergleichliche Landschaft aufbricht. So gleitet man vorbei an hohen Felsen und Reisfeldern und taucht schließlich in die dunkle Welt der **Drei Grotten** (Tam Coc) ein (2–3 Std.).

Bich-Dong-Pagode
Nur 2,5 km entfernt von der Bootsanlegestelle liegt die Bich-Dong-Pagode, die auf zwei Ebenen in einen Berg gehauen wurde. An seinem Fuß liegt die Haupthalle, ein zweiter Raum weiter oben enthält einige hölzerne Buddha-Statuen. Über eine steile Treppe erreicht man die Grüne Grotte mit den drei Buddhas der Vergangenheit, der Gegenwart und der Zukunft und Darstellungen der Göttin der Barmherzigkeit (Quan Am). Der Klang der Glocken und der Weihrauchduft im Tempel entführen die Besucher in die spirituelle Welt des Buddhismus. Vom Gipfel des Berges hat man einen einmaligen Ausblick über die Trockene Ha-Long-Bucht.

! *Baedeker* TIPP

Sonnenschutz nicht vergessen!
Bei einer Bootsfahrt durch die Ha-Long-Bucht sollte man unbedingt einen Sonnenhut oder -schirm mitnehmen, denn die Sonne brennt unbarmherzig zwischen den Kalkbergen.

Waldbedeckte Kalksteinkegel ragen aus den Reisfeldern um Ninh Binh auf.

Hoa Lu

Mitten in der Trockenen Ha-Long-Bucht befindet sich der Ort Hoa Lu, einst Hauptstadt des vietnamesischen Reiches, über idyllische Nebenstraßen und Dämme zwischen Reisfeldern, Lotuseichen, Palmen und grün überwucherten Karstfelsen zu erreichen – ein schöner Ausflug per Fahrrad. Nachdem im Jahr 939 das Joch der chinesischen Zentralregierung abgeschüttelt worden war, zerfiel das Land zunächst in eine Vielzahl kleiner Fürstentümer. Im Jahre 968 verlegte der Gouverneur Dinh Bo Linh die Hauptstadt von Co Loa in seine Heimat Hoa Lu, die vor möglichen Angriffen der Chinesen besser geschützt war, da sie mitten in den Kalkbergen und Karstfelsen »versteckt« war. Als Kaiser Dinh Tien Hoang ergriff er die Macht und baute in Hoa Lu seinen Hofstaat auf. Während zweier kurzlebiger Dynastien behielt Hoa Lu den neuen Status bei. 1009 ergriffen die Herrscher der Ly-Dynastie die Macht und verlegten die Hauptstadt nach Thang Long (Hanoi). Von der Zitadelle der alten Hauptstadt, die Tempel, Schreine und den Regierungssitz des Kaisers beherbergte, ist nicht mehr viel übrig geblieben. Es existieren aber noch **zwei Tempel**, die an die beiden Hauptherrscher erinnern, die in Hoa Lu regierten.

Relikte einer alten Reichshauptstadt

Der Dinh-Tempel (11. Jh.) wurde zu Ehren des Kaisers Dinh Tien Hoang erbaut. Sein vorderer Raum ist mit schönen Schnitzereien versehen und mit Schriftzeichen, die vom Ruhm des Königs künden.

Den Dinh Tien Hoang

Figur aus dem Dinh-Tempel

In der dahinter liegenden Halle ist eine der ältesten Herrscherstatuen Vietnams zu sehen. Sie stellt Dinh Tien Hoang dar. Begleitet wird er von seinen drei Söhnen: auf der linken Seite der älteste Sohn Dinh Lien, rechts die beiden jüngeren Hang Lang und Dinh Tue.

Der **Le-Dai-Hanh-Tempel** ähnelt stark dem daneben-liegenden Den Dinh, ist aber einfacher gestaltet. Er ist etwa 600 Jahre jünger und wurde zum Gedenken an den Le Dai Hanh, erster Kaiser der frühen Le-Dy-nastie, errichtet. In der hinteren der beiden Hallen findet man die Statuen des Kaisers und seiner Frau Duong Van Nga, die schon mit seinem Vorgänger Dinh Tien Hoang verheiratet war.

Daneben steht die Statue ihres Sohnes Le Ngoa Trieu, der im Jahre 1005 noch zu Lebzeiten seines Vaters Kaiser wurde. Die Gräber der beiden Herr-scher befinden sich hinter den Tempeln am Hügel Ma Yen: Unten liegt die Grabstelle für Le Dai Hanh, auf der Kuppe die von Dinh Tien Hoang. Von dort oben genießt man einen herrli-chen Blick über die Landschaft der Trockenen Ha-Long-Bucht.

✱ Cuc-Phuong-Nationalpark

Ältester Natio-nalpark Vietnams

Öffnungszeiten:
tgl. 9.00–11.00,
13.30–16.00

Der Cuc Phuong Nationalpark (25 000 ha) befindet sich im äußers-ten Nordwesten der Provinz Ninh Binh (ca. 50 km von Ninh Binh-City, ca. 140 km von Hanoi entfernt). Es ist der älteste, bereits 1962 eingerichtete Nationalpark Vietnams. Das Gebiet beeindruckt durch seine karstigen Kegelberge und den **Primärwald**, einer der letzten im Norden Vietnams. Das dichte Blätterdach von teils Jahrhunderte al-ten, bis zu 50 m hohen Baumriesen mit mannshohen Brettwurzeln lässt oft nur Dämmerlicht bis zu den Schlingpflanzen und Moosen am Boden durchdringen (einer der Giganten misst einen Stammum-fang von sagenhaften 25 Metern).

Flora und Fauna

Der Nationalpark beherbergt nahezu 2000 Baum- und Pflanzenarten, sowie rund 90 verschiedene Säugetierarten (davon etwa 40 Fleder-mausspezies). Mehr als 320 Vogelarten und 40 Amphibien- und Rep-tilienarten wurden nachgewiesen. Die für Vietnam endemischen De-lacour-Languren, eine seltene Affenart, wurden 1987 im National-park wiederentdeckt, nachdem sie schon als ausgestorben galten. Zu ihrer Erhaltung gründete die Zoologische Gesellschaft Frankfurt 1991 ein Primatenschutzprojekt, 1993 wurde das **Endangered Prima-te Rescue Center** (www.primatecenter.org) eröffnet, in dem derzeit etwa 130 Tiere in 15 Arten leben und später ausgewildert werden sollen (davon sind sechs in keiner anderen Einrichtung der Welt zu sehen, etwa der Graue Kleideraffe). Die in der freien Wildbahn fast ausgerotteten Vietnam-Sikahirsche (Axis-Hirsche) werden in Gehegen gehalten. Außerdem leben im Cuc Phuong Nationalpark noch Kragenbär, Nebelparder, Leopard, Serau und Muntjak – die man allerdings nicht bei einem touristischen Ausflug zu sehen bekommt. Dafür lassen sich zahllose Schmetterlinge blicken, vor allem im April/Mai.

Die bis zu 600 m hohen Karstberge beherbergen einige Höhlen, wie die Nguoi Xua. Die Grotten waren Fundorte von mindestens 7000

! **Baedeker** TIPP

Wandern im Nationalpark

Wanderwege führen zu den bisher erschlossenen Attraktionen (max. 18 km). Die Exkursionen dauern ein bis drei Tage (übernachtet wird in einem Dorf der Muong). Die Führer sprechen teilweise Englisch. Beste Besuchszeit ist Oktober bis Dezember und März/April. Wer Ruhe sucht, sollte die Wochenenden, vietnamesische Feiertage und Ferien meiden (Tel. 030/84 80 06, dulichcucphuong@hn.vnn.vn).

Jahre alten prähistorischen Steinwerkzeugen, Knochenresten und Keramikwaren. Es kommt leider immer wieder zu **Wildereien** und illegalem Holzeinschlag im Nationalpark. Auch der Ansturm von rund 80 000 Touristen im Jahr (meist Vietnamesen) hat negative Auswirkungen auf den Park und das ökologische Gleichgewicht: Die Zufahrtsstraße wurde asphaltiert und ein künstlicher See mit Hotels und teils komfortablen Bungalows (10–25 US$), Campingplatz und Restaurants angelegt. Außerdem verläuft die neue N 2 (der so genannte Ho-Chi-Minh-Highway, eine zweite Verbindung zwischen Hanoi und Saigon) im Buoi-Flusstal quer durch den Nationalpark.

Einst lebten im Nationalpark große Rudel Axis-Hirsche. Eine Zuchtstation versucht sie heute wieder in freier Wildbahn auszusetzen.

▶ TROCKENE HA-LONG-BUCHT ERLEBEN

AUSKUNFT

Ninh Binh Tourist
Tran Hung Dao Road, Hoa Lu,
Ninh Binh
Tel. 0 30/87 12 63
Außerdem in den Hotels.

EINKAUFEN

Einige *Kunsthandwerksdörfer* warten
auf Kundschaft: Van Lan bei Tam Coc
bietet hübsche Stickereien auf Tischdecken, Servietten usw.

ESSEN

Auf der Le Hong Phong in Ninh Binh
City (vor der Brücke über den Fluss
Van) servieren Open-air-Lokale frisch
gezapftes vietnamesisches Bier und
kleine Snacks.

▶ Preiswert

Van Long Restaurant
Gia Van (15 km nordwestlichvon
Ninh Binh nahe Van Long Hotel)
Tel. 0 30/64 12 48
Open-Air-Ausflugslokal mit Stelzen-
häusern (auch klimatisiert) und her-
vorragenden Menüs mit vielen
vietnamesischen Leckereien.

ÜBERNACHTEN

▶ Komfortabel

Thuy Anh Hotel
55 A Truong Han Sieu,
Ninh Binh City
Tel. 0 30/87 16 02, Fax 87 69 34
www.thuyanhhotel.com
thuyanhhotel@hn.vnn.vn
Modernes Stadthotel mit freundli-
chem Personal und 37 hellen,
ordentlichen Zimmern. Bar im
5. Stock, Dachrestaurant im 7. Stock.
Reisebüro. Auto- und Fahrradverleih.
Nebenan ein kleines Speiselokal: Thao
Son Tuu (die Speisekarte ziert ein
ziemlich lustiges »Deutsch«).

Van Long Eco Hotel
Gia Van, Gia Vien (ca. 20 km
nordwestlich von Ninh Binh)
Tel. & Fax 0 30/64 12 90
www.thaoson-vanlong.com.vn
info@thaoson-vanlong.com.vn
Großer moderner Hotelkomplex am
Van-Long-Pier: elegante Zimmer
(Sat-TV, Tel.), Freiluft-Lokal in
Garten-Pavillons, Pool, Tennisplatz,
Wellnessabteilung mit diversen Mas-
sagen. Guter Komfort fürs Geld, wenn
auch keine Spur von »Öko«.

▶ Günstig

Anh Dzung Hotel
Tam Coc (gegenüber der Eintritts-
Kasse; ca. 10 km westlich von Ninh
Binh)
Tel. 0 30/61 80 20, Fax 61 80 37
anhdzung_tamcoc@yahoo.com
Gutes mehrstöckiges Hotel mit riesi-
gen »Suiten« und gutem Preis-Leis-
tungs-Verhältnis.

The Long Hotel
Tam Coc (ca. 10 km westlich von
Ninh Binh)
Tel. 0 30/61 80 77, Fax 61 81 33
Hübsches kleines Hotel mit tollem
Panorama über die Trockene Ha-
Long-Bucht von der Terrasse: gute,
teils kleine und klimatisierte Zimmer
(Sat-TV, Tel.) auf drei Etagen. Großes
Restaurant.

✳ Keo-Pagode

Am Ufer eines Sees zwischen schattigen Bäumen liegt die buddhisti-sche Keo-Pagode (ca. 50 km östlich von Ninh Binh), ein bemerkens-wertes Beispiel traditioneller vietnamesischer Holzbauweise und Schnitzkunst. **Traditioneller Holzbau mit Schnitzkunst**

Sie wurde im 12. Jahrhundert gegründet und dem Mönch Khong Minh Khong geweiht, der den Kaiser Ly Than Tho von der Lepra heilte. Unter den Herrschern der Ly-Dynastie (11. und 12. Jh.) erhielt der Buddhismus seine größte Förderung durch den Staat. Als dies nachließ, verfielen viele der Tempelanlagen, so auch die ursprüngli-chen Gebäude der Keo-Pagode. Erst im 16. und 17. Jahrhundert er-fuhr der Buddhismus eine Renaissance, und aus dieser Zeit stammen auch die meisten der heutigen Gebäude der Keo-Pagode. Gleichzeitig bildete sich ein neuer Baustil heraus, der unter dem Namen **Tam Quan** (nach dem dreiflügeligen Eingangsportal) bekannt wurde und auch in China Verbreitung fand. Er ist hier als Original aus den 17. Jahrhundert zu finden, verziert mit Schnitzarbeiten, die Wolken-motive, Sonnen und Drachen zeigen.

Die Vorhalle erscheint wegen ihres tief heruntergezogenen Daches sehr breit und niedrig; sie birgt Wächterfiguren und eine Statue des Erdgottes. In der mittleren, fast quadratischen Halle stehen Altäre für Opfergaben und Räucherstäbchen. Schließlich findet man in der Haupthalle, die wiederum recht breit wirkt, ein **Pantheon** mit Buddhas und Bodhisattvas. Die Statuen stammen fast alle aus dem 19. Jahrhundert, nur die Figur der Göttin der Barmherzigkeit ist älter (17. Jh.). **Tempelanlage**

In ihrer Konstruktion weicht die Keo-Pagode von der üblichen Dreiheit der Gebäude ab, denn hinter der Haupthalle folgt die Halle zur Verehrung des Mönchs **Minh Khong**. Sein Heiligtum wird nur zum Tempelfest (s. u.) geöffnet. Das letzte Bauwerk entlang der Nord-Süd-Achse bildet ein dreistöckiger Glo-ckenturm mit zwei Bronzeglocken aus den Jahren 1687 und 1796. Seine vielfältigen Schnitzarbeiten an Säulen und Balken sind einmalig. Der schwere Aufbau wird von massiven Säulen gestützt.

Alle drei Jahre, am 15. Tag des 9. Mondmo-nats, findet ein **Tempelfest** statt. Dann wer-den auch **Bootsrennen** ausgetragen. Die Boo-te dazu werden in den überdachten Galerien des Hofes aufbewahrt.

Der Glockenturm ist ein Meisterwerk vietnamesischer Schnitzkunst.

Schon früh am Tage beginnt die Erntearbeit in den Reisfeldern.

Weitere Ziele in der Umgebung

Van Long Natur-schutzgebiet

Im Van Long Naturschutzgebiet (ca. 23 km nordwestlich von Ninh Binh) kann man auf den Kanälen eine **idyllische Bootstour** durch die Schilflandschaft zwischen den Kalkbergen unternehmen und der Vogelwelt lauschen, während die Bootsleute die Bambusboote stehend durchs grüne Wasser »staken«. Mit etwas Glück lassen sich Delacour-Languren blicken, die letzte große Population in Vietnam (am besten man startet sehr früh morgens oder spät abends, wenn die Touristengruppen wieder weg sind).

Phat Diem / Kim Son

Die Gegend südlich von Ninh Binh war traditionell eine Hochburg des Katholizismus in Vietnam. Obwohl 1954 bei der Machtübernahme der Kommunisten über 100 000 Christen nach Südvietnam flohen, ist heute noch rund die Hälfte der Einwohner katholisch. Dies erkennt man auch daran, dass fast jeder Ort seine Kirche hat, deren Türme zwischen den Reisfeldern aufragen. Besonders beeindruckend ist die Kathedrale von Phat Diem (28 km südlich von Ninh Binh), die im Krieg stark zerstört, danach aber wiederaufgebaut wurde. In den 80er- und 90er-Jahren des 19. Jahrhunderts war sie im Auftrag des vietnamesischen Priesters Tran Luc, auch bekannt unter dem Namen Père Six, erbaut worden. Sein Grab befindet sich auf dem Hof zwischen Kirchenschiff und Glockenturm. Im Jahre 1933 wurde hier der **erste vietnamesische Bischof** geweiht. Die Katholikenverfolgung (1954–1975) führte zur Verhaftung der Priester und zur Schließung des Seminars, doch aufgrund der Doi-Moi-Politik entspannte sich die Situation Mitte der 1980er-Jahre. Heute gilt der imposante Gebäudekomplex wieder als Zentrum der Katholiken Vietnams.

★

Kathedrale ▶

🕐

Öffnungszeiten: tgl. 7.30–11.30 und 14.30–17.00, Messe: Mo. bis Fr. 5.00 und 17.00, Sa. und So. 5.00, 10.00 und 16.00

Die Anlage besteht aus mehreren Gebäuden und vereinigt in ihrer Konstruktion westliche und östliche Stile sowie in ihrer Ausstattung buddhistische und christliche Elemente. So birgt der freistehende Glockenturm nicht nur eine riesige Glocke, sondern auch eine buddhistische Trommel. Um den Glockenturm herum sind Statuen der vier Evangelisten aufgestellt. Daneben sieht man zwei große Steinplatten, die den Mandarinen der Region als Sitzgelegenheit dienten, um die Rituale eines Gottesdienstes zu studieren. Auf diese Weise sollten wohl Vorbehalte gegenüber dem Christentum abgebaut werden.

Den Innenraum prägen lackierte, vergoldete Pfeiler aus Eisenholz und zahlreiche Altäre. Am eindrucksvollsten ist der **Hochaltar an der Rückfront**, der aus einem einzigen Granitblock besteht. Darstellungen von sechs Märtyrern erinnern an die Christenverfolgungen während der Nguyen-Dynastie im 19. Jahrhundert. Neben dem Hauptgebäude befinden sich kleinere Kapellen – am eindrucksvollsten ist St. Peter mit herrlichen Schnitzarbeiten – und dahinter drei künstliche Grotten sowie ein weiterer Glockenturm. Gärten sowie Wohn- und Seminargebäude für die Priesteranwärter, die hier ihre Ausbildung absolvieren, schließen sich an.

In einem Ausgrabungsfeld bei **Dong Son**, das sich etwa 8 km nordwestlich von Thanh Hoa befindet, wurden die bis zu 1 m großen rituellen Bronzetrommeln gefunden, die der Dong-Son-Kultur (8.–13. Jh.) ihren Namen gaben. Einige schöne Exemplare sind in den historischen Museen Saigons und Hanois zu besichtigen.

Bis heute ist nicht geklärt, welche Bedeutung das sternförmige Zeichen im Zentrum der Schlagfläche hatte. Darstellungen von Schiffen und Seevögeln auf den Bronzetrommeln legen die Vermutung nahe, dass die Bewohner einst aus der malaiisch-indonesi-

Eine schöne Sammlung von Dong-Son-Trommeln kann man im Historischen Museum Hanois bewundern.

schen Inselwelt über das Meer kamen und sich mit den in Nordvietnam ansässigen sino-tibetischen Bewohnern vermischten. Außer diesen einmaligen Relikten fand man bei den Grabungen auch Beile, Dolche und Gürtelschnallen.

Heute wird die Dong-Son-Kultur als **Wiege der vietnamesischen Zivilisation** angesehen. Sie erstreckte sich über die Einzugsbereiche des Song Ma und Song Hong und wird von den Vietnamesen auf die gleiche Stufe mit den mythologischen Hung-Königen (▶Hung-Tempel) und ihrem Königreich Van Lang gestellt.

Sam Son Zu den schönsten Badegebieten Nordvietnams zählen die weiten Sandstrände von Sam Son (16 km südöstlich von Thanh Hoa). Diese Strände wurden schon von den Franzosen geschätzt, die hier ihre Kolonialvillen bauten. Später kamen vermehrt Touristen aus den Ländern des Ostblocks. Heute sieht man auch viele westliche Besucher. Sam Son ist auch ein beliebtes Ausflugsziel für die wohlhabenden Einwohner Hanois. Entsprechend weit gefächert ist auch das Angebot an Unterkünften, das von alten französischen Kolonialvillen über Hotelkästen der sozialistischen Zeit bis zu modernen Bungalows reicht.

Kim Lien Das Dorf Kim Lien, in dem Ho Chi Minh seine Kindheit verbrachte, liegt nur 14 km nordwestlich von Vinh. Geboren war er am 19. Mai 1890 in dem nur 1 km entfernten Hoang Tru, aus dem seine Mutter stammte. Nachdem die Familie den Ort verlassen hatte, verfiel das einfache Haus zusehends. Die Dorfbewohner begannen allerdings 1955 mit dem Wiederaufbau. Zu besichtigen ist heute das hübsch renovierte Wohnhaus mit Schreibpult, Büchern und Spielsachen des kleinen Ho. In einem nahe gelegenen Museum werden Fotografien von den verschiedenen Reisen Ho Chi Minhs gezeigt.

✱ Vung Tau

D 7

Provinz: Ba Ria–Vung Tau (Hauptstadt)   **Region:** Süden
Einwohnerzahl: ca. 200 000

Eine hügelige Halbinsel an der Südküste zieht die Vietnamesen in Scharen an und gibt der Hafenstadt Vung Tau ein gewisses Rimini-Flair, besonders an Wochenenden und in den Ferien. Liegt es an den herzzerreißenden Legenden dieser Region? An den Stränden kann es nicht liegen, denn die sind anderswo schöner – ausgerechnet vor dem trubeligen Strandbad wird Öl gefördert.

Sonderwirt-schaftszone Vung Tau wurde 1979 zur Sonderwirtschaftszone mit internationaler Beteiligung erklärt, denn das der Küste vorgelagerte Schelf birgt reiche Öl- und Gasvorkommen. So hat sich das Städtchen seit den 1980er-Jahren zum **größten Ölförderzentrum in Vietnam** entwickelt, anfangs vor allem mit sowjetischer Hilfe. Noch heute kann man den sowjetischen Einfluss spüren, auf einigen Speisekarten Vung Taus finden sich – auch in kyrillischer Schrift angeboten – russische Gerichte wie Borschtsch. Mittlerweile haben sich auch westliche Firmen hier angesiedelt und beuten die Ölvorkommen gemeinsam mit den Vietnamesen aus. So ist die Provinz mit dem bedeutenden Tiefseehafen zu einem Magneten für ausländische Investoren in Südvietnam geworden. Die ersten spiegelverglasten Bürohäuser überragen bereits die Palmen an der Strandpromenade.

Fischerboote am Strand von Vung Tau

Vung Tau steckt voller Legenden. Eine Liebesgeschichte rankt sich beispielsweise um den Nui Lon, den großen Berg im Norden. Hier rettete einst ein tapferer Mann das Mädchen Mai vor den Klauen eines Tigers, die damals noch den dichten Urwald am Berg durchstreiften. Er schlug dem Tiger mit seinem Schwert den Kopf ab. Als Dank für die heroische Tat gab der Großvater dem Helden das Mädchen zur Frau und nannte den Berg fortan Tuong Ky (das glückliche Zusammentreffen). **Legenden**

Die Legende des kleineren Nui Nho im Süden handelt dagegen von der Meeresprinzessin, die in einen Goldfisch verwandelt wurde und ihrem geliebten Ehemann und Fischer nur alle fünf Jahre auf dem kleinen Berg in Menschengestalt begegnen durfte.

Sehenswertes in Vung Tau

Der Weiße Palast, die Bach-Dinh-Villa, thront oberhalb der Küstenstraße Tran Phu und ist über einen steilen Weg zu erreichen. Das restaurierte Kolonialgebäude wurde gegen Ende des 19. Jahrhunderts erbaut und diente zunächst dem französischen Gouverneur Paul Doumer als Sommersitz. In den Jahren 1909/1910 wurde der antikolonial eingestellte Nguyen-Kaiser Thanh Thai von den Franzosen hier gefangen gehalten, ehe er auf die Insel Réunion verbannt wurde. **★ Bach-Dinh-Villa**

Später nutzten auch Kaiser Bao Dai und die südvietnamesischen Präsidenten Ngo Dinh Diem und Nguyen Van Thieu das Haus als Erholungsort. Im Garten wachsen duftender Frangipani und Bougainvilleen. Von hier kann man einen fantastischen Blick auf die Stadt und den Bai-Truoc-Strand genießen.

Das Innere der Villa besticht heute durch den **Charme längst vergangener Zeiten**. Auf zwei Etagen sind das Original-Mobiliar und Fundstücke aus einem gesunkenen Schiff zu bewundern. Dazu gehören u. a. verrostete Kanonenrohre, kambodschanische Bronzestatuen, Porzellanwaren der Qing- und Ming-Dynastie und eine große Bronzetrommel (Öffnungszeiten: tgl. 7.00–17.00 Uhr).

Bai Truoc
Der Bai-Truoc-Strand bildet eine geschwungene Bucht zwischen den beiden Hügeln Nui Lon und Nui Nho und verläuft parallel zur Straße Quang Trung. Zum Baden eignet sich dieser Küstenabschnitt nicht. Dafür kann man am Bai Truoc hervorragend die Fischer beobachten.

Nui-Nho-Leuchtturm
Ein kleiner Weg führt von der breiten Küstenstraße in der Nähe des Hai-Au-Hotels auf den Gipfel des Nui Nho (ca. 3 km). In 170 m Höhe steht der 1910 erbaute Leuchtturm, dessen Licht noch 35 Meilen vor der Küste zu sehen ist. Der Blick ins Hinterland reicht bei guter Sicht weit über die Obstbäume und Kaffeeplantagen, Gummibaumwälder, Reisfelder und Sanddünen.

Tinh-Xa-Pagode
Die buddhistische Tinh-Xa-Pagode wurde in den Jahren 1969 bis 1974 am Westhang des Nui Nho erbaut. Wegen des liegenden Buddhas ist das Heiligtum wirklich sehenswert, doch am Wochenende sollte man die Pagode eher meiden. Von weitem weist die 21 m hohe Fahnenstange den Weg. Ihre 42 Ringe stellen die 42 Seiten aus Buddhas Gebetsbuch dar. Eine kleine ansteigende Budenstraße mit Souvenirs und Devotionalien führt zu dem unscheinbaren Eingangstor,

Die Hauptattraktion der Tinh-Xa-Pagode ist ihr liegender Buddha.

das von dem Gott des Guten (Than Thien) und dem Gott des Bösen (Than Ac), den Wächtern am Eingang zum Nirwana, flankiert ist.

Der Hauptschrein beeindruckt mit dem 11 m langen **liegenden Buddha**, der eine marmorne Hülle besitzt. Sein wunderschön geschnitzter Holzrahmen mit Pfauen, Affen, Blumen und Schlingpflanzen soll den Ort versinnbildlichen, an dem Buddha ins Nirwana einging. Wendet man sich beim Verlassen der Halle nach links, gelangt man zu einem höher gelegenen Raum mit drei meditierenden Buddha-Figuren. Über eine enge Treppe zur Linken erreicht man die Dachterrasse, auf der das 11 m lange, bepflanzte Drachenboot Thuyen Bat Nha mit bunten Keramikmosaiken steht. Es symbolisiert das buddhistische Gefährt, mit dem die Menschen das Meer des Leidens durchqueren und schließlich überwinden können – wie einst Buddha selbst. Beachtenswert ist auch die 3 ½ t schwere Turmglocke aus Bronze, die von den Gläubigen mit Wunschzetteln beklebt wird. Eine der Nonnen schlägt sie dann mit einem Riesenbolzen an, damit die Wünsche auch in Erfüllung gehen. Von hier bietet sich eine schöne Aussicht auf die zahlreichen religiösen Statuen, die über Vung Taus Küste wachen.

Bai Dua

Der Bai-Dua-Strand ist vor bunten Sonnenschirmen kaum noch zu erkennen und entpuppt sich als schmaler Sandstreifen zwischen Kaimauer und sanft anrollenden Wellen, seitlich von schwarzen Felsen begrenzt.

★
Jesus-Statue

Diese Figur gibt Vung Tau ein gewisses brasilianisches Flair: Wie in Rio de Janeiro breitet Jesus seine Arme schützend über die Halbinsel aus. Bei der Rundfahrt um den Nui Nho wird jeder Cyclo-Fahrer hinter dem Bai-Dua-Strand seinen westlichen Gästen einen Stopp beim »Catholic Buddha« empfehlen. Eine Treppe windet sich zu dem 1971 von den Amerikanern erbauten und 33 m hohen Jesus-Monument hinauf. Im Innern der weißen Betonfigur sind weitere 130 Stufen zu erklimmen. Von seinen 18 m weit ausgebreiteten, begehbaren Armen bietet sich schließlich ein weiter Blick aus 136 m Höhe über Meer und Stadt (Öffnungszeiten: tgl. 7.30–11.30 und 13.30–17.00 Uhr). ⊘

Hon-Ba-Tempel

Wieder zurück an der Hauptstraße kann man die kleine Insel Hon Ba sehen, auf der 1881 ein Mann namens Ho Quang Minh einen Tempel erbaut hat. Im Jahre 1939 wurde er von den Franzosen beschossen, teilweise zerstört und erst 1971 wieder vollkommen instand gesetzt. Unter dem Gebäude soll sich ein **Keller** befinden, in dem sich patriotische Vietnamesen zu geheimen Treffen gegen die Kolonialherrscher versammelt haben. Die 200 m Distanz zur Insel können bei Ebbe trockenen Fußes über die Felsen überwunden werden. Eng wird es hier aber am 15. Tag des Monats, wenn Pilger mit glühenden Räucherstäbchen und anderen Gaben auf die winzige Insel strömen.

▶ VUNG TAU ERLEBEN

AUSKUNFT

Ba Ria – Vung Tau Tourist
207 Vo Thi Sau, Ward 2, Vung Tau
Tel. 0 64/85 64-45/-46
www.vungtautourist.com.vn

VERKEHR

Airport: keine Flüge nach Vung Tau,
aber dreimal wöchentlich Flüge von
Saigon mit dem Flugzeug nach Con
Dao (Co Ong Airport auf Con Son,
1 Std.; oder zweimal wöchentlich von
Vung Tau mit dem Helikopter, 1 Std.)
bzw. per Tragflächenschiff von Vung
Tau (11 Std.).
Boote: Tragflügelboote verkehren
zwischen Saigon und Vung Tau
(45 Min.)

FESTE

Fest des Nghinh Ong
Am 16. Tag des 8. Mondmonats
(September) begehen die Fischer
von Vung Tau den Todestag der
gestrandeten Wale: Mit Opfergaben
am Lang-Ca-Ong-Tempel, Gong-
schlägen und feierlichen Umzügen.

ESSEN

▶ Erschwinglich

Whispers
15 Nguyen Trai
Tel. 0 64/85 60 28
Fast immer gut besuchte Bar und
Restaurant mit Steaks, frischem Fisch
vom Grill und anderen europäischen
Speisen (Hamburger, Pizza, Salate
usw.) – alles in riesigen Dimensionen.

▶ Preiswert

Hue Anh Restaurant
446 Truong Cong Dinh
Tel. 0 64/85 66 63
tgl. 9.30–22.00 Uhr
Großes Gartenlokal, auch klimagekühlte Räume (300 Plätze),
riesige Auswahl an vietnamesischen
Gerichten.

ÜBERNACHTEN

▶ Luxus

Anoasis Beach Resort & Residence
Domain Ky Van, Long Hai
(ca. 20 km nordöstlich von Vung Tau)
Tel. 0 64/86 82-27/-28, Fax 86 82 29
www.anoasisresort.com.vn,
www.anoasisresidence.com.vn
anoasisresort@hcm.vnn.vn
Weitläufige und preisgekrönte Anlage
am schönen Strand: von Studio-
Appartments bis luxuriöser Pent-
house-Villa im tropischen Garten
(insg. 30 Bungalows), teils mit priva-
tem Jacuzzi. Olympiareifer Pool, zwei
Restaurants, Bars, Business Center,
Kid's Club.

▶ Komfortabel

Petro House
63 Tran Hung Dao
Tel. 0 64/85 20 14, Fax 85 20 15
www.vietnamhotelinfo.com/
petrohousehotel
petro.htl@hcm.vnn.vn

Eleganter Kolonialbau in der Stadt mit Zimmern und Appartements, kleiner Pool, exklusives vietnamesisches Restaurant »Sao Mai« (und französisch), Reservierung empfohlen.

Sammy Hotel
157 Thuy Van
Tel. 0 64/85 47 55, Fax 85 47 62
sammyhotel@hcm.vnn.vn
Modernes Drei-Sterne-Hotel mit 120 Zimmern am Ende des Bai-Sau-Strandes, Restaurant, Business-Center

Saigon Con Dao Resort
18–24 Ton Duc Thang, Con Dao-Insel
Tel. 0 64/83 03-36/-37, Fax 83 05 67
www.saigoncondao.com
sgtcd@hcm.vnn.vn
Die kleine Anlage schmiegt sich vor die grünen Berghänge auf der noch untouristischen Hauptinsel. Bungalows und Reihenzimmer in fünf Gebäuden (40 Zimmer mit Sat-TV, Tel., Minibar), Veranda mit Meerespanorama oder Blick in den Garten. Pool, zwei Restaurants, Fitnessgeräte, Sauna und Tennisplatz.

Baedeker-Empfehlung

Binh An Village
1 Tran Phu (1 km außerhalb des Zentrums)
Tel. 0 64/51 00 16, Fax 81 02 64
www.binhanvillage.com
vungtau@binhanvillage.com
Ein schickes, architektonisch herausragendes Strandrefugium (das seinen Preis hat): nur zehn Strandvillen mit Terrassen, ganz unterschiedlich und wunderschön antik-asiatisch dekoriert und möbliert, teils Wandgemälde, viel Terrakotta, mit originellem Open-air-Bad. Zwei herrlich gestaltete Pools (Süß- und Meereswasser) über dem Meer, eine in den Fels gebaute Open-air-Bar, Restaurant mit gelegentlichen Jazz-Konzerten an Wochenenden.

Bai Sau

Bai Sau, der 8 km lange hintere Strand, versteckt sich zum größten Teil hinter einer Reihe von Straßenrestaurants und Bretterbuden entlang der verlängerten Ha Long Street, die hier Thuy Van heißt. Der breite Strandabschnitt ist von Sonnenschirmen, Liegestühlen und Kasuarinas gesäumt, Motorscooter brausen durchs Wasser.
Es gibt Umkleideräume und Restaurants, und selbst wer seinen Badeanzug vergessen hat, könnte in den Boutiquen des »Ocean Park Centers« fündig werden. Während der zentrale Strand am Wochenende sehr belebt ist, erstreckt sich am Ende ein weites menschenleeres Stück Küste.

Lang Ca Ong (Walgrab)

Der dreiteilige Gebäudekomplex in der Hoang Hoa Tham Street birgt die Knochen von einigen Walen, die an der Küste Vung Taus gestrandet und verendet sind. Fast alle Fischer im Süden glauben ehrfurchtsvoll an die Wunderkraft der imposanten Säugetiere, und daher werden Wale bis heute hoch verehrt. Im Jahre 1911 hatten die Fischer Vung Taus schließlich genug Geld gesammelt, um eine angemessene Grabstätte für mittlerweile drei am Bai Truoc vergrabene Wale zu erbauen. In dem Tempel werden die Knochen hinter den drei mit Holzschnitzarbeiten verzierten Altären aufbewahrt.

Bau Dau

Der Bau-Dau-Strand im Nordwesten der Halbinsel ist von den bewaldeten Hängen des Nui Lon umgeben, aus denen mal ein Tempel, mal eine Riesenstatue (wie die Jungfrau Maria oder die Göttin der Barmherzigkeit), hervorschaut. Der kleine ruhige Strand liegt unterhalb einer nicht gerade pittoresken Kaimauer. Das Wasser in der Bucht ist flach und ruhig, der Sand von Steinen durchsetzt. In den kleinen Restaurants und einfachen Cafés oberhalb des Strandes sitzt es sich besonders bei Sonnenuntergang sehr angenehm.

★
Thich-Ca-Phat-Dai-Pagode
🕐
Öffnungszeiten:
tgl. 7.00–17.00

Über die Tran Phu Street gelangt man zur Thich-Ca-Phat-Dai-Pagode, die im Norden Vung Taus am Fuße des Nui Lon liegt. In dem weitläufigen Park sind die verschiedenen Stationen aus Buddhas Leben anhand von großen Statuen dargestellt (1961–1963 errichtet). Da der 5 ha große Park sehr gut besucht wird, finden sich hier auch zahlreiche Kinder ein, die den Besuchern wie kleine Schatten hartnäckig folgen. Gleich links hinter dem Eingang unterrichtet eine kleine **Ausstellung** über Geschichte und Gegenwart der ehemaligen Gefängnisinsel Con Dao (s. u.).

Eine Treppe bringt die Besucher zu den Hauptattraktionen: Eine etwa 10 m hohe, auf Lotosblüten sitzende Statue des Sakyamuni befindet sich rechter Hand, dahinter der achteckige, 19 m hohe Bao-Thap-Turm, der des Erleuchteten Asche enthalten soll. An den vier Ecken der Turm-Plattform stehen Urnen mit heiliger Erde von den vier wichtigen Orten in Buddhas Leben: aus Lumbini, seinem Geburtsort im heutigen Nepal, aus Uruvilva, dem Ort, an dem er die Erleuchtung erlangte, aus Isipatana, wo er predigte, und aus Kusina-

Trockenfisch in allen Varianten

gari, wo er das endgültige Nirwana erreichte. Eine andere Figur auf der linken Seite des Geländes zeigt den Erleuchteten, wie ihm ein Affe und ein Elefant Obst reichen.

Umgebung von Vung Tau

Wem es in Vung Tau zu hektisch und laut wird, kann sich ins 25 km weiter nördlich gelegene Long Hai zurückziehen. Hier ist alles noch etwas ruhiger und weniger touristisch. Die beiden angrenzenden Long Hai und Phuoc Hai Beaches sind **kilometerlange weiße Sandstrände** mit Schatten spendenden Palmen. Eine kleine Villa dient als Hotel im äußersten Norden des kleinen Fischerortes. Allerdings sollte man darauf gefasst sein, dass viele Saigoner an den Wochenenden hierher kommen. **Long Hai**

Nördlich von Vung Tau sprudeln mehr als 70 heiße Quellen in einem mangrovenbewachsenen Waldgebiet nahe der Küste. Der größte Pool ist ca. 100 m² groß und 1 m tief. Am Wochenende wird das Gelände nahe der Landstraße 23 zum Ziel vieler vietnamesischer Ausflügler. Das Gebiet um die Quellen wurde zum großen **Freizeit- und Erholungszentrum** ausgebaut. Hier empfangen mehrere unterschiedlich ausgestattete Bungalows des Saigon Binh Chau Eco Resorts mit insgesamt 200 Zimmern die Gäste (Tel. 0 64/87 11 31, Fax 87 11 30, saigonbinhchauecoresort@hcm.vnn.vn), es gibt ein großes Restaurant, Tennisplätze und Golfanlage. Neben heißen Bädern (auch in kleinen separaten Familien-Pools) kann man sich bei Massagen, Schlammpackungen und in der Sauna entspannen. **Binh Chau (Xuyen Moc)**

Rund 200 km vor der Küste Vung Taus liegen die 14 Inseln des Con-Dao-Archipels im Südchinesischen Meer. Die bergige Hauptinsel ist ab 1862 von den Franzosen und später von den Südvietnamesen und Amerikanern als Internierungsstätte für **politische Gefangene** und Regimegegner benutzt worden. 10 000–12 000 Vietnamesen wurden in den als »Tigerkäfige« bezeichneten Zellen des berüchtigten Lagers gefangen gehalten und gefoltert. Zu den berühmtesten Häftlingen gehörte Ton Duc Thang, der Stellvertreter Ho Chi Minhs und spätere Präsident Vietnams. **Con-Dao-Inseln**

Das Inselreich, das seit 1982 unter Naturschutz steht, zeichnet sich durch eine reichhaltige **Flora und Fauna** aus. Allein 360 Baumarten soll es hier geben; unter den Tieren seien nur Wale, Delfine, Seevögel, Schildkröten, Seekühe und Warane genannt. Die Inseln besitzen nicht nur traumhaft schöne Sandstrände, sondern auch wunderbare Korallenriffe. Derzeit ist Con Dao von Fischern und einigen tausend Soldaten bewohnt. Doch soll der Tourismus stärker ausgebaut werden, eine Hotelanlage der Mittelklasse und kleinere Pensionen gibt es bereits. Zudem existieren Pläne, ein Casino zu bauen und den Inseln den Duty-Free-Status zu geben. Bislang werden dreimal pro Woche Flüge von Saigon und Vung Tau aus angeboten, ebenso Fähren.

GLOSSAR ZU GEOGRAFIE, RELIGION UND KULTUR

A Di Da vietnamesische Form für ▶Amitabha

Agent Orange Entlaubungsmittel (krebserregend und genschädigend), das von den Amerikanern während des Vietnamkrieges in großen Dosen eingesetzt wurde

Amitabha Buddha der Vergangenheit und des unermesslichen Glanzes

Animismus Glaube an Geister in Naturelementen wie Bäumen und Steinen

Annam Protektorat des französischen Indochina, entspricht dem Küsten- und Hochland Mittelvietnams

Ao Dai traditionelles Kleidungsstück vietnamesischer Frauen

Apsara himmlische Tänzerin, meist in Reliefs dargestellt

Arhat Mönch, der in das Nirwana eingegangen ist

Avalokiteshvara einer der am häufigsten verehrten ▶Bodhisattvas, bedeutet »der Herr, der voll Mitleid auf die Welt herabschaut«; s. auch ▶Quan Am

Bodhi-Baum Baum, unter dem Buddha die Erleuchtung fand

Bodhisattva ein nach buddhistischer Auffassung erleuchtetes Wesen, das sich durch Tugend und Mitgefühl auszeichnet und auf den Eintritt ins Nirwana verzichtet, um anderen den richtigen Weg zu zeigen

Bonze vietnamesischer buddhistischer Mönch

Brahma einer der drei höchsten hinduistischen Götter, wird als erschaffende Gottheit verehrt

Buddha der Erleuchtete, Ehrentitel für Siddharta Gautama

Cao Dai vietnamesische Religionsgemeinschaft, die von allen großen Weltreligionen und der humanistischen Tradition Europas beeinflusst ist

Cay Son Baum, aus dessen Harz Lack hergestellt wird

Champa Hindu-Königreich, das vom 4. bis 14. Jahrhundert über große Teile Vietnams herrschte

Chu Nho traditionelle chinesische Zeichenschrift

Chu Nom vietnamesische Schriftzeichen, eng mit den Chinesischen verwandt; heute noch in alten Schriften und Tempeln erhalten

Chua ursprünglich buddhistischer Tempel oder Kloster; inzwischen auch für Tempel anderer Glaubensrichtungen gebraucht

Cochinchina Protektorat des französischen Indochina, südliches Drittel Vietnams

Cyclo Fahrradriksha

Den Gedenktempel für historische Persönlichkeiten und mythische Figuren

Di Lac vietnamesischer Name für dicken lachenden Buddha der Zukunft; stellt einen Mönch des 10. Jahrhundert dar

Dien kleiner taoistischer Tempel

Dinh Gemeindehaus in einem vietnamesischen Dorf, birgt meist einen Schutzgeisttempel

Doi Moi vietnamesische Form der Perestroika; wurde als Reformkurs zur wirtschaftlichen Liberalisierung 1986 beschlossen

Dong Landeswährung

endemisch in der Biologie verwendete Bezeichnung für Spezies, die nur in einer bestimmten, klar definierten Umgebung vorkommen (z. B. Inseln, Bergmassive, Hochflächen, Täler, Flusssysteme, Seen oder Meeresbuchten).

Ganesha Sohn Shivas mit Elefantenkopf

Garuda Fahrzeug Vishnus, mythisches Vogelwesen mit Klauen und einem menschlichen Körper

Geomantie Lehre von der Wahrsagung aus der Erde, versucht bei der Anlage und dem Bau von Gebäuden die Strömungen der Erdenergie zu berücksichtigen (▶S. 67)

Gia Pha hölzerne Tafel mit dem Namen der Verstorbenen, steht auf dem Haus- oder Ahnenaltar

Hinayana-Buddhismus frühe, strenge Form des Buddhismus, die keine Erlösung durch Bodhisattvas kennt, sondern nur von innen, durch eigene Anstrengungen des einzelnen (Lehre des Kleinen Fahrzeugs)

Ho-Chi-Minh-Pfad Route, auf der die nordvietnamesische Armee und der Vietcong den Partisanen im Süden Nachschub lieferten; führte größtenteils durch Laos und Kambodscha (▶S. 58 und 224)

Höllenrichter ▶Thang Hoang

Indochina Oberbegriff für Vietnam, Laos und Kambodscha; geht auf chinesische und indische Einflüsse in der Region zurück

Jadekaiser höchster Gott des Volkstaoismus

Jataka Prosaerzählung der altbuddhistischen Literatur mit eingestreuten Versen, in denen Szenen aus einem früheren Leben Buddhas (als Mensch, Dämon oder Tier) als vorbildlich geschildert werden

Kalan Turmheiligtum der Cham, in dem sich eine Götterfigur, ein Gottkönigrelief oder ein Lingam befindet

Karma im Buddhismus das die Form der Wiedergeburten eines Menschen bestimmende Handeln bzw. das durch ein früheres Handeln bedingte gegenwärtige Schicksal

Khmer ethnischer Kambodschaner

Konfuzius chinesischer Philosoph (ca. 551–479 v. Chr.), entwickelte eine Art moralischen Kodex, der die Verpflichtungen des einzelnen gegenüber Familie, Staat und Gesellschaft festschrieb

La Han ▶Arhat

Lingam phallisches Symbol für Shiva, meist Steinsymbol, das sich über der ▶Yoni erhebt

Lotos wichtiges Sinnbild des Buddhismus, steht für Reinheit

Mahayana-Buddhismus spätere volkstümliche Form des Buddhismus (im Gegensatz zum ▶Hinayana-Buddhismus), der allen Menschen die Erlösung verspricht und Hilfe von außen, besonders durch ▶Bodhisattvas zulässt; vor allem in Tibet, China, Vietnam, Korea und Japan verbreitet

Maitreya Buddha der Zukunft, soll 4000 bis 5000 Jahre nach ▶Sakyamuni auf die Erde kommen, um den Buddhismus erneut zu verkünden; wird meist in einer Dreiergruppe mit Sakyamuni und ▶Amitabha dargestellt.

Mandapa offene oder geschlossene Pfeilerhalle eines hinduistischen Tempels

Mandarine Staatsbeamte (Zivilisten oder Militärs), die durch Prüfungen ermittelt wurden (▶S. 259, 260)

Mehru Weltenberg, Sitz der Götter

Moi »Wilde«, abschätzige Bezeichnung, womit meistens Bergstämme (auch Montagnards genannt) gemeint sind

Naga mythisches Wesen, halb Schlange, halb Mensch

Nandi symbolische Darstellung Shivas als Stier

Nghe Tempel für Schutzgeister

Ngoc Hoang vietnamesischer Name für den ▶Jadekaiser

Nirwana Begriff aus der buddhistischen Lehre (Verlöschen, Verwehen); bezeichnet den Zustand, der nach dem Stillstand des Rads der Wiedergeburten erreicht wird

NLF National Liberation Front, offizieller Name für den Vietcong

Nuoc Mam Fischsauce, die fast jedes vietnamesische Gericht enthält (▶S. 341)

Oc Eo indisiertes Königreich (auch Funan genannt), das im südlichen Vietnam vom 1. bis zum 6. Jahrhundert herrschte

Po Nagar Muttergöttin der Cham

Quan Am vietnamesischer Name der Göttin der Barmherzigkeit; höchster weiblicher ▶Bodhisattva; dargestellt als Quan Am Bo Tat (stehend und die Flasche für Wunderwasser haltend), Quan Am Thi Kinh (mit Kind) oder Quan Am Thien Tu (als Sinnbild der Gutmütigkeit, mit tausend Armen)

Quan Cong heldenhafter General aus dem 3. Jahrhundert

Quoc Ngu im 17. Jahrhundert entwickelte lateinische Umschrift des Vietnamesischen

Roi Nuoc Wasserpuppentheater (▶Baedeker Special S. 216)

Sakyamuni historischer Buddha, geboren als Prinz Siddharta Gautama (ca. 563–483 v. Chr.), der den Buddhismus begründete

Sampan leichtes, flaches Boot

Shiva einer der drei höchsten hinduistischen Götter, wird als Gott der Zerstörung und der Fruchtbarkeit verehrt

Stele aufrecht stehende Steinplatte oder -säule, z. B. um Geschichte eines Tempels oder das Wirken eines Königs zu dokumentieren; stehen oft auf Schildkröten, dem chinesischen Symbol für ein langes Leben

Stupa buddhistischer Sakralbau, Turm zur Aufbewahrung von Reliquien, in Vietnam meist Grabstätte für Mönche

Sutren auswenig zu lernende Sätze über Opfer und rituelle Gebräuche

Tam-Quan-Stil Name für die seit dem 17. Jh. entwickelte Stilrichtung im Tempelbau, bezieht sich auf ein dreiteiliges Tor, das in die Anlage führt; das dahinter liegende Heiligtum besteht aus drei hintereinander liegenden Räumen

Taoismus in China entstandene Philosophie (3./4. Jh. v. Chr.), die die Harmonie der in der Natur wirkenden Kräfte zum obersten Prinzip erklärt

Tet vietnamesisches Neujahrs- oder Frühlingsfest

Tet-Offensive Großoffensive der Nationalen Befreiungsfront in allen Provinzen Südvietnams am vietnamesischen Neujahrsfest 1968, wodurch die USA zum Rückzug aus Vietnam veranlasst wurde

Thang Hoang Bezeichnung für die taoistischen Könige und Richter, die den 10 Höllen vorstehen

Thap vietnamesische Bezeichnung für Turm

Theravada Schule des ▶Hinayana-Buddhismus

Thich Ca vietnamesische Bezeichnung für den historischen Buddha (▶Sakya-muni) in den Darstellungen als Thich Ca Cuu Long (als Kind, umgeben von neun Drachen) oder als Thich Ca Mau Ni (meditierend)

Thien Hau Himmelskönigin und Schutzgöttin der Seeleute

Thung Chai große runde Weidenkörbe, mit Pech versiegelt, dienen als Ruderboote

Tonkin Protektorat des französischen Indochina, nördlicher Teil Vietnams; auch Name eines Gewässers im Norden (Golf von Tonkin)

Van Mieu Literaturtempel, erste Universität Vietnams, in der Mandarin-prüfungen abgehalten wurden (▶S. 259)

Vietcong verkürzte Form von »Viet Nam Cong San« (Vietnamesische Kommunisten), wurde benutzt für die von der Kommunistischen Partei organisierten Widerstandsgruppen

Vietminh verkürzte Form von »Viet Doc Lap Dong Minh« (Vietnamesische Front für Unabhängigkeit), wurde 1941 als national-kommunistische Ein-heitsfront gegen die japanische und französische Besatzung gegründet

Vishnu einer der drei höchsten hinduistischen Götter; Gott der Gnade und Güte, der die Ordnung des Universums aufrechterhält

Yoni Symbol für das weibliche Geschlechtsteil, Gegenstück zum ▶Lingam

REGISTER

a

b

VERZEICHNIS DER KARTEN
& GRAFISCHEN DARSTELLUNGEN

BILDNACHWEIS

IMPRESSUM

Ausstattung:
255 Abbildungen, 41 Karten und grafische
Darstellungen, eine große Reisekarte

Text:
Beate Szerelmy und Martina Miethig;
mit Beiträgen von Dr. Heinrich Motzer sowie
Andrea Lotter, Sabine Stahl und Helmut Linde

Bearbeitung:
Verlagsbüro Wais & Partner
(Eva Schürg, Isabelle D. Oster)

Kartografie:
Christoph Gallus, Hohberg; MAIRDUMONT,
Ostfildern (Reisekarte)

3D-Illustrationen:
jangled nerves, Stuttgart

Gestalterisches Konzept:
independent Medien-Design, München
(Kathrin Schemel)

Chefredaktion:
Rainer Eisenschmid, Baedeker Ostfildern

5. Auflage 2008
Völlig überarbeitet und neu gestaltet

Urheberschaft:
Karl Baedeker Verlag, Ostfildern

Nutzungsrecht:
MAIRDUMONT GmbH & Co KG; Ostfildern

Sprachführer in Zusammenarbeit mit Ernst
Klett Sprachen GmbH, Stuttgart, Redaktion PONS
Wörterbücher

Anzeigenvermarktung:
MAIRDUMONT MEDIA
Tel. 0049 711 4502 333
Fax 0049 711 4502 1012
media@mairdumont.com
http://media.mairdumont.com

Printed in China
Gedruckt auf 100% chlorfrei gebleichtem Papier

BAEDEKER VERLAGSPROGRAMM

LIEBE LESERINNEN, LIEBE LESER,

ein herzliches Dankeschön, dass Sie sich für einen Baedeker Allianz Reiseführer entschieden haben. Er wird Sie zuverlässig auf Ihrer Reise begleiten und Sie nicht im Stich lassen.

Natürlich beschreibt er die wichtigen Sehenswürdigkeiten, aber er empfiehlt auch die nettesten Kneipen und Bars, dazu Hotels für den großen und kleinen Geldbeutel, gibt Tipps für Restaurants, Shopping und für vieles mehr, was eine Reise zum Erlebnis macht. Dafür haben die Autoren Sorge getragen. Sie sind für Sie regelmäßig nach Vietnam gereist und haben all ihre Erfahrungen und Kenntnisse in diesen Reiseführer gepackt.

Trotzdem: Die Erfahrung zeigt, dass Fehler und Änderungen nach Drucklegung, für die der Verlag keine Haftung übernehmen kann, nicht ausgeschlossen werden können. Für Kritik, Berichtigungen und Verbesserungsvorschläge sind wir Ihnen außerordentlich dankbar. Schreiben Sie uns, mailen Sie uns oder rufen Sie an:

▶ **Verlag Karl Baedeker GmbH**
Redaktion
Postfach 3162
D-73751 Ostfildern
Tel. (0711) 4502-262, Fax -343
E-Mail: info@baedeker.com

Besuchen Sie uns auch im Internet unter www. baedeker.com. Hier finden Sie jeden Monat den aktuellen Reisetipp der Redaktion und das gesamte Verlagsprogramm. Hier können Sie auch lesen, wer Karl Baedeker war und wie er seinen ersten Reiseführer geschrieben hat. Mit seinen über 175 Jahren ist der Karl Baedeker Verlag der älteste Reiseführer-Verlag der Welt.

www.baedeker.com

⊙ ZU GEWINNEN: STADTREISE NACH LONDON

Unter allen Einsendungen verlost der Verlag am Jahresende – unter Ausschluss des Rechtswegs – eine Städtekurzreise für zwei Personen nach London.
Freuen Sie sich auf ein spannendes Wochenende in London. Natürlich ist ein Baedeker Allianz Reiseführer London auch dabei!